Paramahansa Yogananda
(5 Ocak 1893 – 7 Mart 1952)
Premavatar, Sevginin İnsan Halinde Vücuda Gelişi (Sayfa 313'deki dipnota bkz.)

Bir Yoginin Otobiografisi

Paramahansa Yogananda

Önsöz
M. A., D. Litt., D. Sc. W. Y. Evans-Wentz

"Belirtiler ve harikalar görmedikçe iman etmeyeceksiniz."
John-Yuhanna 4:48

İngilizce orijinal adı:
Autobiography of a Yogi
Self-Realization Fellowship, Los Angeles (Kaliforniya)

ISBN-13: 978-0-87612-083-5
ISBN-10: 0-87612-083-4

Türkçeye çeviren: Self-Realization Fellowship
Copyright © 2015 Self-Realization Fellowship

Tüm hakları mahfuzdur. Kitap eleştirileri için yapılan kısa alıntılar dışında, "Bir Yoginin Otobiyografisi'nin" *(Autobiography of a Yogi)* hiçbir kısmı, Self-Realization Fellowship, 3880 San Rafael Avenue, Los Angeles, California 90065-3219, U.S.A'dan yazılı izin alınmadan, herhangi bir şekilde –bilinen veya gelecekte icat edilecek (elektronik, mekanik veya başka bir şekilde; fotokopi, kayıt veya herhangi bir bilgi kayıt sistemi dahi olsa)– yayınlanması, çoğaltılması, kayıtlanması, iletimi veya görüntülenmesi yasaklanmıştır.

Bir Yoginin Otobiyografisi, Almanca, Arapça, Bengalce, Bulgarca, Çince, Danca, Estonca, Fince, Fransızca, Gucaratça, Hintçe, Hırvatça, Hollandaca, İngilizce, İspanyolca, İsveççe, İtalyanca, İzlandaca, Japonca, Kannada, Kazakça, Lehçe, Macarca, Malayca, Marathi, Nepali, Norveççe, Oriya dili, Portekizce, Rumence, Rusça, Sanskrit, Tamilce, Taylandça, Teleguca, Türkçe, Urduca, Vietnamca ve Yunanca dillerinde yayınlanmıştır.

 Self-Realization Fellowship, International Publications Council (İnternasyonel Yayın Konseyi) tarafından onaylanmıştır.

The *Self-Realization Fellowship* adı ve yukarıda gösterilen, tüm SRF kitap, kayıt ve diğer yayınlarında yer alan ambleminin varlığı yayının Paramahansa Yogananda'nın kuruluşu tarafından yapıldığının ve onun öğretilerinin aslına uygun bir şekilde yayınlandığının güvencesidir.

Self-Realization Fellowship tarafından Türkçe 1. Baskı, 2015
First edition in Turkish from Self-Realization Fellowship, 2015

Bu baskı: 2015
This printing: 2015

ISBN-13: 978-0-87612-266-2
ISBN-10: 0-87612-266-7

1074-J2691

PARAMAHANSA YOGANANDA'NIN SPİRİTÜEL MİRASI

Tüm Yazılı Eserleri, Dersleri ve Konuşmaları

Paramahansa Yogananda, Self-Realization Fellowship[1]'i 1920'de kurdu. Amacı öğretilerinin bütünlük ve saflığıyla gelecek kuşaklara kalması ve tüm dünyaya yayılmasıydı. Amerika'ya geldiği ilk yıllardan beri üretken bir yazardı. Dengeli yaşamayı, yoga bilimi olan meditasyonu, ve tüm büyük dinlerin temellerindeki birlikteliği, üne kavuşturan birçok eseri vücuda getirdi.. Bu özgün ve uzaklara erişen miras, bugün, dünyanın her köşesinde milyonlarca gerçek-arayanı esinlendirerek yaşamaktadır.

Self-Realization Fellowship, büyük üstadın açıkça ifade ettiği isteklerine uygun olarak, *The Complete Works of Paramahansa Yogananda*'nın sürekli olarak yayında kalması görevini yapmaktadır. Bu görev Yoganandaji hayattayken yayınlanan kitapların yeniden basılmasından öte, 1952 yılında vefatına kadar Self-Realization Fellowship dergisinde makaleler dizisi olarak yayınlanan veya hiç yayınlanmamış fakat detaylı not ve kayıtlarının tutulduğu çeşitli konuşma ve derslerini de baskıya hazırlamayı da içermektedir.

Paramahansa Yogananda, Self-Realization Fellowship yayın konseyinin başına geçecek yakın müritlerini şahsen seçerek eğitmiş ve onları öğretilerini yayına hazırlamak için yönlendirmiştir. SRF yayın konseyinin üyeleri (hayat boyu dünyadan el çekme ve kendini düşünmeden hizmet etme andını içen rahip ve rahibeler) Paramanahsaji'nin yönergelerini kutsal bir emir olarak görürler. Amaçları sevgili dünya öğretmenlerinin evrensel mesajını orijinal güç ve doğruluğunu bozmadan yaşatmaktır.

---

[1] Kelime anlamı "Kendini-İdrak Derneği". Paramahansa Yogananda, Self-Realization Fellowship adının "Kendini-idrak yoluyla Tanrı ile birliktelik ve gerçeği arayanların türüyle arkadaşlık" anlamına geldiğini açıkladı. (Bkz. "Self-Realization Fellowship'in Amaçları ve İdealleri".)

Paramahansa Yogananda tarafından tasarlanan yukarıdaki amblem, kurduğu ve öğretilerinin kaynağı olma yetkisini verdiği, kâr amacı gütmeyen kuruluşun simgesidir. SRF adı ve amblemi tüm Self-Realization Fellowship yayın ve kayıtlarına konulmuştur. SRF ad ve ambleminin varlığı yayının Paramahansa Yogananda'nın kuruluşu tarafından yapıldığının ve onun öğretilerinin aslına uygun bir şekilde yayınlandığının güvencesidir.

– *Self-Realization Fellowship*

"Amerikalı Ermiş"
LUTHER BURBANK'ın
Anısına İthaf Edilmiştir.

TEŞEKKÜR

Bu kitabın yazılması sırasındaki gösterdiği çabalardan dolayı editörüm Bayan L. V. Pratt'a [Tara Mata] derinden teşekkür boçluyum. Hindistan gezisi günlüğünden alıntılar yapmama izin veren Bay C. Richard Wright'a çok teşekkür ederim. Dr. W. Y. Evans-Wentz'e sadece önsöz için değil, kitapla ilgili önerileri ve teşvikleri için de minnettarım.

PARAMAHANSA YOGANANDA

28 Ekim 1946

İÇİNDEKİLER

Fotoğraf ve resimlerin listesi xi
W. Y. Evans-Wentz'in Önsözü xiv
Giriş xvi

Bölüm

1. Ailem ve Çocukluğum 1
2. Annemin Vefatı ve Mistik Bilezik 12
3. İki Bedenli Ermiş (Swami Pranabananda) 19
4. Himalayalar'a Doğru Engellenen Kaçışım 26
5. "Parfüm Ermişi" Mucizelerini Gösteriyor 39
6. Kaplan Swami 47
7. Levite Olan Ermiş 55
8. Hindistan'ın Büyük Bilim Adamı ve Kâşifi Jagadis Chandra Bose 61
9. Nur Saçan Ermiş ve Kozmik Aşkı (Üstat Mahasaya) 70
10. Üstadım Sri Yukteswar ile Karşılaşıyorum 79
11. İki Züğürt Brindaban'da 92
12. Üstadımın Manastırındaki Yıllar 101
13. Uyumayan Ermiş (Ram Gopal Muzumbar) 129
14. Kozmik Bilinçle Bir Tecrübe 136
15. Karnabahar Hırsızlığı 145
16. Yıldızları Saf Dışı Ediş 155
17. Saşi ve Üç Safir 165
18. Mucize Yaratan Bir Müslüman (Afzal Han) 172
19. Kalküta'daki Üstadım Serampore'de Beliriyor 177
20. Keşmir'i Ziyaret Etmiyoruz 180
21. Keşmir'i Ziyaret Ediyoruz 186
22. Taş Bir Heykelin Kalbi 196
23. Üniversite Diplomamı Alıyorum 202
24. Swami Düzeni'ne Girip, Rahip Oluyorum 209
25. Ağabeyim Ananta ve Kız Kardeşim Nalini 218

26. *Kriya Yoga* Bilimi 224
27. Ranchi'de Bir Yoga Okulu Kuruyorum 234
28. Kashi'nin Yeniden Doğuşu ve Keşfedilişi 242
29. Rabindranath Tagore ile Okulları Kıyaslıyoruz 247
30. Mucizelerin Kanunu 252
31. Kutsal Ana ile Bir Röportaj (Kashi Moni Lahiri) 263
32. Rama'nın Ölüyken Diriltilişi 273
33. Babaji, Modern Hindistan'ın Yogi-Mesihi 282
34. Himalayalar'da Bir Saray, Materyalize Oluyor 291
35. Lahiri Mahasaya'nın Mesihsel Yaşamı 303
36. Babaji'nın Batı'ya Karşı İlgisi 316
37. Batı'ya Gidiyorum 325
38. Luther Burbank - Güller Arasında Bir Ermiş 340
39. Therese Neumann, Stigmatist Katolik 346
40. Hindistan'a Dönüyorum 354
41. Şiirsel Güney Hindistan 367
42. Üstadımla Son Günlerim 381
43. Sri Yukteswar'ın Yeniden Dirilişi 398
44. Mahatma Gandhi ile Wardha'da 416
45. Ananda Moyi Ma "Nur Saçan Ana" 434
46. Yemeden Yaşayan Kadın Yogi (Giri Bala) 441
47. Batı'ya Geri Dönüyorum 452
48. Kaliforniya, Encinitas'ta 457
49. 1940-1951 Yılları 463

Paramanhansa Yogananda: Yaşamında ve ölümünde bir yogi 483
Paramanhansa Yogananda'nın onuruna Hindistan Hükümeti tarafından
    çıkartılan hatıra pulu 484
Paramahnasa Yogananda'nın Kriya Yoga öğretisiyle ilgili
    diğer kaynaklar 485
Paramahansa Yogananda'nın yazdığı diğer eserler (İngilizce) 486
Paramahansa Yogananda'nın ses kayıtları 489
Self-Realization Fellowship'in yayınladığı diğer eserler 490
Self-Realization Fellowship'in Guruları 491
Self-Realization Fellowship'in Amaç ve İdealleri 492

FOTOĞRAFLAR

Yazar *(kapak resmi) ilk sayfa* ii
Sri Yogananda'nın annesi, Gurru (Gyana Prabha) Ghosh 6
Sri Yogananda'nın babası, Bhagabati Charan Ghosh 7
Sri Yogananda altı yaşında 11
Ananta, Sri Yogananda'nın ağabeyi 16
Sri Yogananda'nın kız kardeşleri: Roma, Nalini ve Uma 16
Swami Pranabananda: Benares'ten "İki Bedenli Ermiş" 24
Swami Kebalananda, Yogananda'nın Sanskritçe öğretmeni 36
Sri Yogananda'nın aile evi, Kalküta 36
Nagendra Nath Bhaduri, "levite olan ermiş" 58
Jagadis Chandra Bose, Hindistan'ın büyük bilim adamı 67
Üstat Mahasaya (Mahendra Nath Gupta) 74
Kutsal Ana 76
Swami Gyanananda ve Sri Yogananda 86
Sri Yukteswar, Yogananda'nın gurusu 89
Sri Yukteswar Meditasyon Mabedi, Serampore 90
Sri Yogananda, 1915'te 90
Lord Krishna, Hindistan'nın en büyük ermişi 98
Jitendra Mazumdar, Brindaban'daki yol arkadaşı 99
Ram Gopal Muzumdar: Uyumayan Ermiş 130
Sri Yukteswar'ın Orissa, Puri'deki sahil aşramı 142
Sri Yukteswar lotus duruşunda 143
Yoganadaji, 16 yaşında 170
Tanrı "Shiva" kimliğinde, Yogilerin Kralı 183
Self-Realization Fellowship / Yogoda Satsanga Society of India
    Uluslararası Merkezi 189
Sri Rajarsi Janakananda, SRF/YSS eski başkanı (1952-55) 191

Bir Yoginin Otobiyografisi

Sri Daya Mata, SRF/YSS eski başkanı (1955-2010) 191
Sri Mrinalini Mata, SRF/YSS başkanı 191
Prabhas Chandra Ghosh ve Paramahansa Yogananda Kalküta'da 205
Sri Jagadguru Shankaracharya SRF-YSS Merkezinde, 1958 213
Sri Daya Mata ilahi birlik (vecd) halinde 223
Samadhi halindeki bir Batılı - Rajarsi Janakananda (J. J. Lynn) 233
Yogoda Satsanga Şube Aşramı 241
Kashi, Ranchi Okulu'ndaki öğrenci 245
Rabindranath Tagore 249
Shankari Mai Jiew, Trailanga Swami'nin müridi 271
Lahiri Mahasaya 278
Mahavatar Babaji, Lahiri Mahasaya'nın Gurusu 290
Mahavatar Babaji'nin zaman zaman yaşadığı mağara 295
Lahiri Mahasaya, Sri Yukteswar'ın gurusu 307
Panchanon Bhattacharya, Lahiri Mahasaya'nın müridi 314
Sri Yogananda'nın 1920'de çektirdiği pasaport fotoğrafı 329
Delegeler, Dinler Kongresi - Boston, 1920 330
Sri Yogananda Alaska yolunda, 1924 yazı 331
Yoga kursu, Denver, Colorado 332
Los Angeles'ta yoga dersi öğrencileri 333
Sri Yoganada George Washington'un Anıt Kabrinde, 1927 335
Sri Yogananada Beyaz Saray'da 336
Meksika Cumhurbaşkanı Emilio Portes Gil Sri Yogananda ile 338
Yoganadaji Xochimilco Gölü'nde, Meksika 1929 338
SRF/YSS İnternasyonal Genel Merkezi'ndeki Paskalya Ayini, 1925 339
Luther Burbank ve Sri Yogananda, Santa Rosa, 1924 345
Therese Neumann, C. R. Wright ve Yogananda 352
Sri Yukteswar ve Sri Yogananda, Kalküta 1935 355
Serampore Aşramı'nın balkonunda grup halinde yemek yerken, 1935 358
Sri Yogananda Damodar'da, Hindistan, 1935 359
Ranchi Okulu öğrencileri kuruluş yıldönümü kutlaması 360
Ranchi'deki Yogoda Okulu ve Aşramı 360
Sri Yogananda yerli kız öğrenciler okulunda,1936 361

Fotoğraflar

Ranchi'deki Yogoda Satsanga erkek öğrenciler okulu 361
Yogoda Math, Dakshineswar, Hindistan..364
Sri Yogananda ve yol arkadaşları Mathura'daki Yamuna Nehri'nde................365
Ramana Maharshi ve Yoganandaji...378
Sri Yukteswar ve Sri Yogananda dini geçit töreninde, Kalküta, 1935............380
Serampore Aşramı'nın avlusunda grup halinde, 1935 382
Kalküta'daki Yoga dersi öğrencileri...383
Krishananda ehli dişi arslanla *Kumbha Mela'da* 388
Sri Yogananda ve Bay Wright, Swami Keshabananda ile
  Brindaban, 1936 393
Puri'deki Sri Yukteswar Anıtsal Tapınağı..396
Mahatma Gandhi ve Yogananda, Wardha Aşramı, 1935 418
Ananda Moyi Ma, "Nur Saçan Ana" ve Paramahansa Yogananda..............436
Sri Yogananda Taj Mahal'de, Agra, 1936..439
Giri Bala, "yemek yemeyen Bengal"li ermişxx
Yoganadaji, kuzeni Prabhas Chandra Ghosh ile birlikte............................449
Paramahansa Yogananda ve Sri Daya Mata, 1939...................................458
Paramahansa Yogananda ve Sri Rajarsi Janakananda, 1933 458
Self-Realization Fellowship İnziva Aşramı, Encinitas - Kaliforniya.............460
Sri Yogananda SRF Encinitas İnziva Bahçesinde, 1940...........................461
Sri Yogananda, Pasifik Palisades'te, Kaliforniya, 1950............................464
Self-Realization Fellowship Türbe Gölü ve Gandhi Dünya Barışı Anıtı.......465
Kaliforniya Vali Vekili Muhterem Goodwin J. Knight Yoganandaji
  ile birlikte Hindistan Merkezi'nin açılışında, 1951 467
Self-Realization Fellowship Tapınağı, Hollywood, Kaliforniya..................467
Sri Yogananda, Encinitas, Kaliforniya, 1950 472
Hindistan Başkonsolosu Bay B. R. Sen SRF-YSS Merkezi'nde 477
Sri Yogananda *mahasamadhi*'sinden bir saat önce, 7 Mart 1952...............481

ÖNSÖZ

W. Y. Evans-Wentz
M. A., D. Litt., D. Sc.
Jesus Koleji, Oxford

Doğu'nun bilgelik gelenekleri ve yogayla ilgili birçok klasik kitabın çevireni, *Tibet'in Ölüler Kitabı, Tibet'in Büyük Yogisi Milarepa, Tibet Yogası ve Gizli Doktrinleri*'nin yazarı.

Yogananda'nın *Otobiyografi*'sinin; bir yabancının Hindistan'ın bilge kişileri hakkında yazdığı bir kitap değil, bizzat o ırk ve kültüre sahip biri tarafından yazılmış az sayıdaki İngilizce kitaptan biri olması, onun değerini ve önemini çok daha artırıyor. Yani yogiler hakkında bir yogi tarafından yazılmış bir kitap...

Modern Hindu ermişlerinin olağanüstü yaşamlarının ve güçlerinin görgü tanığı ve aktarıcısı olarak kitabın hem zamanımıza uygun hem de edebi bir değeri vardır. Hindistan'da ve Amerika'da karşılaşma mutluluğuna erdiğim ünlü yazara gelince, dilerim her okuyucu ona layık olduğu değeri ve minneti gösterebilir. Onun olağandışı yaşamının belgesi, Batı'da şimdiye kadar yayınlanmış olanların içinde, kesinlikle Hindistan'ın ruhsal dünyasının, Hindu anlayışının ve kalbinin derinliklerini en iyi şekilde meydana çıkaranlardan biridir.

Yaşam hikâyesi burada anlatılan bilgelerden biriyle karşılaşmak benim için büyük bir ayrıcalık olmuştu. Sri Yukteswar Giri adındaki muhterem ermişin bir fotoğrafı, benim *Tibet Yogası ve Gizli Doktrinler*[2] adlı eserimin ilk sayfasında yer aldı. Sri Yukteswar ile Bengal Körfezi üzerindeki Orissa - Puri'de karşılaştım. Orada sahile yakın olan sakin bir aşramın önderiydi. Asıl uğraşı bir grup genç müridin ruhsal eğitimiyle ilgilenmekti. Bana Birleşik Devletler, tüm Amerika kıtası ve İngiltere'de yaşayan halkların mutluluğuna duyduğu ilgiyi ifade etti ve beni uzak kıtalardaki etkinlikler, özellikle de 1920'de belli bir görevle Batı'ya yolladığı çok sevdiği baş müridi Paramahansa Yogananda'nın Kaliforniya'daki faaliyetleri hakkında sorguya çekti.

[2] Oxford University Press, 1958.

Önsöz

Sri Yukteswar, yumuşak sesli, hoş tavırlı, varlığı insana huzur veren ve müritlerinin kendisine gösterdiği saygıya layık bir kişiydi. Kendi cemaatinden olsun ya da olmasın, onu tanıyan herkes, onu en yüksek mevkiye yerleştirirdi. Beni karşılamak için aşramının kapısında, dünyalık arzulardan el etek çekmiş olanların giydiği safran renkli cüppesinin içinde, uzun, dik ve çileciliği benimseyen duruşunu hâlâ dün gibi hatırlarım. Saçları uzun ve hafif dalgalı, yüzüyse sakallıydı. Bedeni kaslı ancak narin, yürüyüşü enerjikti. Her gün inanç sahibi Hindular'ın Hindistan'ın her bölgesini temsilen, "Dünyanın Efendisi" diye anılan ünlü Jagannath'ın Tapınağı'na hac ziyaretine geldikleri kutsal Puri şehrini yeryüzündeki meskeni olarak seçmişti. Sri Yukteswar 1936'da, bu şehirde, yaşamının zafer içinde sona erdiğini bilerek, fani dünyaya gözlerini yumdu.

Sri Yukteswar'ın yüce karakteri ve kutsallığı üzerine bu tanıklığı yazabilme imkânı elde ettiğim için gerçekten çok memnunum. Üstat, inzivaya çekilmekten hoşnut bir şekilde, kendisini samimiyetle ve sükût içinde, müridi Paramahansa Yogananda'nın bütün çağlar için tarif ettiği o ideal yaşama vermişti.

GİRİŞ

"Paramahansa Yogananda ile karşılaşmam, hayatımın unutulmaz bir olayı olarak belleğime silinmez bir gravür gibi nakşedilmiştir... Yüzüne baktığımda, adeta parlaklığı gözleri kamaştıran bir nur gördüm – tam anlamıyla etrafına manevi bir ışık saçıyordu. Onun sonsuz kibarlığı, incelikle bezenmiş şefkati beni güneşin tatlı sıcaklığı gibi sardı... Ruhani kişiliği, anlayış ve sezgilerinin dünyevi sorunlara da ulaşmasını engellemiyordu. O, Hindistan'ın antik irfanını dünyaya yayan, Hindistan'ın gerçek bir elçisiydi."

– Dr. Binay R. Sen,
Hindistan'ın geçmiş ABD Büyükelçisi

Paramahansa Yogananda'yı tanıyanlar için, onun kendi yaşamı ve kişiliği, dünyaya sunduğu antik bilgelikteki yetkisi ve otantikliğinin inandırıcı bir şahidiydi. Kişiliğinden yayılan ruhani ışığın, bu kitabın sayfaları içinde de yer aldığı, *Bir Yoginin Otobiyografisi*'nin birçok okuru tarafından da doğrulanmıştır. 60 yıldan daha önce yayınlandığında bir şaheser olarak adlandırılan bu eser sadece büyüklüğü şüphesiz bir yaşamın öyküsü değildir. Doğu'nun ruhani düşünselliğinin ve özellikle de Tanrı ile direk bireysel iletişim biliminin, bir tanıtımıdır. Böylece, Batı'da bugüne dek sadece birkaç kişinin ulaşabildiği bu düşünce ve bilgilere halkın da ulaşabilmesini sağlamıştır.

Bir Yoginin Otobiyografisi günümüzde, tüm dünyada klasik bir ruhani eser olarak tanınmaktadır. Bu bölümde, kitabın yazılışı ve basımının olağandışı hikâyesini sizlerle paylaşmak istiyoruz.

Eserin yazılışı çok önceden gelen bir vahiyle açıklanmıştı. Modern çağlarda yoganın yeniden doğuşunun öncülerinden biri olan, 19. yüzyılın saygıdeğer üstadı Lahiri Mahasaya şöyle demişti: "Benim ölümümden 50 yıl kadar sonra, batıda yogaya artan ilgi nedeniyle, yaşamımdan bahseden bir eser yazılacak. Yoga mesajı tüm dünyayı kucaklayacak. İnsanların aralarındaki kan kardeşliğini pekiştirmelerine yardımcı olacak. İnsanlığın, kardeşliği, aynı babanın çocukları olarak algılamalarına yol açacak."

Giriş

Yıllar sonra, Lahiri Mahasaya'nın yüce müridi Swami Sri Yukteswar üstadının vahiyinin Sri Yogananda ile ilişkisini açıkladı: "Yoga mesajının yayılması için senin payına düşeni yapmalısın, o kutsal hayatın hikâyesini yazmalısın."

Lahiri Mahasaya'nın ölümünden tam 50 yıl sonra 1945 yılında Paramahansa Yogananda *Bir Yoginin Otobiyografisi*'ni yazmayı bitirdi. Kitap gurusunun buyruklarını fazlasıyla yerine getiriyordu: Lahiri Mahasaya'nın yaşamını ilk kez İngilizce dilinde detaylarıyla sunuyor ve Hindistan'ın çok eski ruhani bilimini dünyaya tanıtıyordu.

Paramahansa Yogananda *Bir Yoginin Otobiyografisi*'ni yazma projesi üzerinde uzun yıllar çalıştı. En eski ve yakın müritlerinden biri, Sri Data Mata [3] şöyle anımsadı:

"1931 yılında Mount Washington'a geldiğimde, Yoganadaji *Otobiyografi* üzerinde çalışmaya çoktan başlamıştı. Bir gün, onun çalışma odasında sekreterlik görevlerimi yaparken, kitabın ilk yazılan bölümlerinde birini, "Kaplan Swami" bölümünü görme ayrıcalığına eriştim. Bana metnin yazmakta olduğu kitabın bir bölümü olduğunu söyledi ve dosyalayarak saklamamı istedi. Kitabın birçok bölümleri daha sonra 1937 ila 1945 yılları arasında yazıldı."

Sri Yogananda, Haziran 1935'ten Ekim 1936'ya kadar gurusu Swami Sri Yukteswar'ı son bir kez ziyaret etmek için Avrupa ve Filistin yoluyla Hindistan'a gitti. Oradayken, *Otobiyografi*'de çok canlı bir şekilde tasvir ettiği ermişlerin hikâyeleri ve kitapta yer alan olaylarla ilgili bilgileri topladı. Daha sonraları "Sri Yukteswar'ın Lahiri Mahasaya'nın hayatını yazmamı istediğini hiç unutmadım. Hindistan seyahatim sırasında Yogavatar'ın direk müritleri ve akrabalarını bulmak için önüme gelen hiçbir fırsatı kaçırmadım. Onlarla görüşmelerimde detaylı notlar aldım. Verilen tüm bilgi ve tarihleri değişik kaynaklardan doğruladım. Eski resimleri, mektupları ve dokümanları topladım" demişti.

1936 yılının sonlarında Birleşik Devletler'e dönüşünden sonra, Yoganandaji zamanının çoğunu seyahati sırasında kendisi için Güney Kaliforniya'daki Encinitas'ta inşa edilen inziva yerinde geçirdi. Burası, yıllar önce başladığı kitabı bitirmesi için ideal bir yerdi.

Sri Daya Mata'nın sözleriyle: "Deniz kıyısındaki barış dolu inziva merkezinde geçirdiğimiz günler hâlâ çok canlı olarak hafızamda. Organizasyonla

---

[3] Sri Daya Mata, Parmahansa Yoganada'nın Los Angeles şehrini üstten seyreden Mount Washington tepesinde kurduğu manastıra 1931 yılında katıldı. 1955'ten 2010 yılındaki vefatına kadar Self-Realization Fellowship'in başkanı olarak hizmet etti.

xvii

ilgili birçok başka sorumlulukları nedeniyle *Otobiyografi* üzerinde her gün çalışamazdı. Yine de, akşamlarının çoğunu ve bulabildiği tüm boş zamanları kitabı yazmaya harcardı. 1939 veya 1940'dan itibaren kitap üzerine yoğunlaşarak tüm zamanını kitaba ayırdı. Gerçekten bir tüm zaman, yani sabahın erken saatlerinden ertesi sabahın erken saatlerine kadar! Tara Mata, kız kardeşim Ananda Mata, Sraddha Mata ve kendimden oluşan küçük bir mürit grubu ona yardım etmek için yanında bulunurduk. Tamamlanmış her parçayı editörlük görevini yapan Tara Mata'ya verirdi."

"Ne değerli anılar! Yaşadığı kutsal deneyimleri yazarken manen yeniden yaşardı. Onun ilahi amacı, kişinin kendi İlahi idrakinden doğan veya büyük üstatlar ve ermişlerle beraberken kendisine malum olan vahiyleri ve hissettiği sevinci okurlarla paylaşmaktı. Dikte ederken sık sık durup, vücudu hareketsiz, gözleri semaya çevrilmiş bir vaziyette Tanrı ile birliktelik içinde *samadhi*'ye girerdi. Tüm oda olağanüstü bir kuvvetle yayılan ilahi sevginin buharıyla dolardı. Böyle anlarda sadece orada bulunmak, biz müritleri, yüce bilinç konumlarına yükseltirdi."

"Nihayet, 1945 yılında, kitabın tamamlandığı çok sevinçli güne ulaştık. Paramahansaji, kitabın son cümlesini olan 'Ya Rabbim, bu rahibe çok büyük bir aile verdin!' ile yazmayı bitirdi. Kalemini bırakarak sevinçle haykırdı: Bitti, hepsi tamamlandı. Bu kitap milyonlarca kişinin hayatını değiştirecek. Ben bu dünyadan ayrıldığımda da benim haberimi yayacak."

Kitap bitince, yayıncıyı bulmak Tara Mata'nın görevi oldu. Paramahansa Yogananda, Tara Mata ile 1924 yılında San Francisco'da yaptığı konuşma ve dersler dizisi sırasında tanışmıştı. Tara Mata, ender sahip olunan bir ruhani kavrayışla, Yoganandaji'nin en gelişmiş müritlerinden oluşan küçük grubun üyesi olmuştu. Yoganandaji onun yüksek editörlük yeteneklerine saygı gösterir ve karşılaştığı insanlar içinde en zeki kimselerden biri olduğunu söylerdi. Onun Hindistan'ın kutsal kitaplarındaki bilgeliklerle ilgili engin bilgi ve anlayışını takdir eden Yoganasaji bir kez, "Benim büyük gurum Sri Yukteswarji'den başka, Hint felsefesi hakkında konuşmaktan en çok zevk aldığım kimse Tara Mata'dır" demişti.

Tara Mata metni alarak New York'a gitti. Ancak, yayıncı bulmak kolay bir iş değildi. Takdir edilebileceği gibi geleneksel düşünceler çizgisindekilerin büyük eserlerin gerçek önemini hemen anlamaları beklenemez. Atom çağının doğmasıyla insanlık bilincinin gelişerek madde, enerji ve düşüncenin birliğini anlamaya yeni başladığı o günlerin yayıncıları, "Himalayalar'da Bir

Giriş

Saray, Materyalize Oluyor" ve "İki Bedenli Ermiş" gibi bölümleri içeren bir kitap için henüz hazır değildiler!

Tara Mata bir yıl boyunca yaşadığı sıcak su ve merkezi ısıtması olmayan, mobilyasız dairesinden her gün yayınevlerini dolaşmaya çıkardı. Sonunda, başarılı sonucun haberini telgrafla bildirdi: Saygın bir New York yayınevi, The Philosophical Library, *Otobiyografi*'yi yayınlamayı kabul etmişti. Sri Yogananda haberi, "onun bu kitap için yaptıklarını anlatamam... Eğer onun çabaları olmasaydı bu kitap asla basılmazdı" diyerek karşıladı.

1946 Noel'inden bir iki gün önce uzun zamandır beklenen kitap Mount Washington'daki SRF genel merkezine ulaştı.

Kitap, dünya basını ve okuyucular tarafından coşkun bir övgü ve takdir yağmuruyla karşılandı. Columbia University Press yayınevinin "Review of Religions" adlı dergisinde haber şöyleydi: "Yoga şimdiye kadar İngilizce veya herhangi bir dilde hiç bu kitapta olduğu gibi sunulmamıştır." *The New York Times*, "Nadir bir ifşa" diye ilan etti. *Newsweek*: "Yogananda'nın kitabı bir vücuttan çok bir ruhun otobiyografisi... İnançlı bir yaşamı derin ve etraflı bir şekilde açıklayan, hayranlık uyandırıcı bir çalışma. Doğu'nun özlü deyişlerinin zekice kullanıldığı bir eser" diye bildirdi.

Çeşitli zamanlarda yayınlanan diğer kitap eleştirilerinden bazı alıntılar aşağıda özetlenmiştir:

San Fransisco Chronicle: "Kolayca okunabilir bir tarzda... Yogananda, yoganın ikna edici bir resmini çiziyor. 'Alay etmeye gelenler', 'dua etmek' için kalıp oturabilirler."

United Press: "Yogananda Doğu'nun ezoterik doktrinlerini son derece içtenlikle ve hoş bir nükteyle izah ediyor. Kitabı spiritüel maceraya dolu bir yaşam hikâyesi olarak, okuyucuyu mükâfatlandırıyor."

The Times of India: "Bu bilgenin hayat hikâyesi okuyucuyu büyülüyor."

Saturday Review: " ... Batılı okuyucu ilgiyle eline almaktan ve etkilenmekten kendini alamıyor."

Grandy's Syndicated Book Reviews: "İnsanı büyüleyen, esinlendiren; nadir bir edebi eser."

West Coast Review of Books: "Dini inançlarınız ne olursa olsun, *Bir Yoginin Otobiyografisi*'nin insanın ruhsal gücünün sevindirici bir doğrulaması olduğunu göreceksiniz."

News - Sentinel, Fort Wayne, Indiana : "Tam anlamıyla vahiy... insanın ateşli bir raporu... bu kitabın insan ırkına kendisini daha iyi anlaması için yardım

etmesi lazım... ifadenin en doruğundaki bir hayat hikâyesi... nefes kesici... bu kitap en elverişli ve hayırlı zamanda gelmiştir... hoş bir nükte ve inandırıcı bir samimiyetle anlatılmış... herhangi bir roman kadar sürükleyici ve cezbedici."
Sheffield Telegraph, İngiltere: "...anıtsal bir eser."

Kitabın diğer dillere çevrilmesiyle birlikte, dünyadaki çeşitli gazete ve dergilerde de kitapla ilgili yazılar ortaya çıkmaya başladı.

Il Tempo Del Lunedi, Roma: "Okuyucuyu cezbedip, büyüleyecek sayfalar, çünkü her insanın kalbinde uyku halinde olan özleme ve amaca seslenmekte."

Haftalık Çin Dergisi, Şanghay: "Bu kitabın içeriği tamamıyla olağandışı... özellikle de mucizeleri sadece geçmiş yüzyıllara atfetme alışkanlığındaki günümüz Hıristiyanları için...Felsefi kısımlar çok enteresan. Yogananda din ayrılıklarının üstündeki bir düzeyde... Okumaya çok değer bir kitap."

Haagsche Post, Hollanda: "Öylesine derin bir bilgeliğin, eksikleri tamamlayan parçaları ki, insanın dili tutuluyor ve onu kalıcı olarak değişime uğratıyor."

Welt und Wort, Almanya'nın aylık edebi dergisi: "Aşırı etkileyici... *Bir Yoginin Otobiyografisi*'nin eşsiz değeri, bir yoginin ilk kez sessizliği bırakarak, tüm spiritüel deneyimlerini anlatmasından kaynaklanıyor. Şimdiye dek böyle bir açıklama şüpheyle karşılanırdı. Ancak dünyanın bugünlerdeki durumu, kitabın değerinin kabul edilmesini gerektiriyor. ...Yazarın bütün gayesi, Hindistan'ın Yogasını, Hıristiyan öğretisinin karşısına rakip olarak değil de onları, aynı hedefe doğru elele giden, yol arkadaşları, müttefikler olarak sunmak."

Eleftheria, Yunanistan: "Bu; okuyucunun, sayesinde düşünce ufkunun sonsuzluğa doğru genişlediğini göreceği ve kalbinin, renk ve ırk ayırımı yapmadan bütün insanlık için çarpabilmeye kadir olduğunu idrak edebileceği bir kitap. Vahyedilmiş denilebilecek bir kitap."

Neue Telta Zeitung, Avusturya: "Bu yüzyılın en önemli ve en derin mesajlarından biri."

La Paz, Bolivya: "Çağımızın okuyucusu nadiren, *Bir Yoginin Otobiyografisi* gibi güzel, derin ve hakikati içeren bir kitap bulacaktır... Öylesine bilgi dolu ve kişisel tecrübelerle zengin... Kitabın en göz kamaştırıcı bölümlerinden biri, ölümden sonraki yaşamın gizemleriyle ilgili."

Schleswig-Holsteinische Tagespost: "Bu sayfalar, büyüleyici bir yaşamı, rastlanması imkânsız bir kuvvet ve açıklıkla ortaya seriyor; görülmemiş yücelikteki bir kişilik baştan sona okuyucunun nefesini kesiyor... Bu önemli yaşam öyküsünün, spiritüel bir devrim getirme gücünde olduğunu kabul etmeliyiz."

Kitabın 2. baskısı çabucak hazırlandı, 1951 yılındaysa 3. baskı yayınlandı. Bu baskıda, metne eklemeler ve değişiklikler yapıldı, geçerliliğini yitiren kuruluşla ilgili bazı aktivite ve planlarını anlatan kısımlar çıkarıldı. Ayrıca, Paramahansa Yogananda, 1940-1951 yıllarını kapsayan son bölümü kitaba ekledi. Yeni bölüm için yazdığı dipnotta şöyle diyordu: "Kitabın bu 3. baskısındaki [1951] 49. Bölüm birçok yeni bilgiyi içeriyor. Bu bölümde, kitabın ilk iki baskısını okuyan birçok okurun Hindistan, yoga ve Vedik felsefe hakkındaki sorularını cevapladım."[4]

Sri Yogananda, 1951 baskısındaki yazarın notunda şöyle diyordu: "Binlerce okurdan aldığım mektuplardan son derece etkilendim. Kitabın birçok dile çevrilmiş olması gerçeği ve okurların yorumlarından aldığım izlenim, beni Batı'nın bu sayfalarda 'Antik yoganın modern insanın yaşamında zahmete değer bir yeri var mı?' sorusuna cevap bulduğuna inandırıyor.

Yıllar geçtikçe, "binlerce okur" milyonlara dönüştü. *Bir Yoginin Otobiyografisi*'nin zamana dayanıklı, evrensel çekiciliği daha da belirginleşti. İlk yayınlanışından 60 yıl sonra, hâlâ en çok satan metafizik ve esinlendirici kitaplar listelerinde yer alıyor. Nadir bir harika! Birçok dildeki çevirileri, şimdi, üniversite düzeyindeki Doğu felsefesinden İngiliz edebiyatına, psikoloji, sosyoloji, antropoloji, tarih, hatta işletme yönetimi derslerinde kullanılmakta. Lahiri Mahasaya'nın yüzyıldan önce haber verdiği gibi, yoga mesajı ve yoganın antik

---

[4] Yayınlayanın aşağıdaki notunda açıklandığı gibi, Paramahansa Yogananda'nın yaptığı ilave değişiklikler kitabın 1956 yılında yayınlanan 7. baskısında yer aldı:

"1956 yılında yayınlanan bu baskı, Paramahansa Yogananda tarafından 1949 daki Londra baskısı için yapılan değişiklikleri ve 1951 yılında yapılan ilave değişiklikleri içeriyor. 25 Ekim 1949 tarihli Londra Baskısı için Not'da, Paramahansa Yogananda şöyle diyor: 'Londra baskısının gerçekleşmesi bana değişiklik ve metne küçük eklemeler yapma olanağını verdi. Son bölümdeki yeni malzemeye ilaveten, Amerika baskısının okurlarının gönderdiği soruları eklediğim dipnotlarda cevapladım.'

"Yazarın 1951 yılında daha sonra yaptığı değişiklikler, kitabın 1952 yılında yayınlanan 4. baskısında yer alacaktı. O tarihte, kitabın yayın hakkı New York'taki bir yayınevine aitti. 1946 yılında baskıya hazırlanırken, kitabın her sayfası için metal bir galvanize klişe yapılmıştı. Dolayısıyla, bir virgül eklemek bile istense, tüm klişenin kesilip açılması ve virgülü içeren yeni satırın ilave edilerek yeniden lehimlenmesi gerekiyordu. Yeniden lehimlemenin gerektirdiği ek masraflardan ötürü, New York yayınevi, yazarın 1951'de yaptığı değişiklikleri 4. baskının kapsamına almadı."

"1953 yılının sonuna doğru Self-Realization Fellowship (SRF), *Bir Yoginin Otobiyografisi*'nin tüm yayın haklarını New York yayınevinden satın aldı ve 1954 ve 1955 yıllarında 5. ve 6. baskıları yayınladı. Ancak, galvanize klişeleri değiştirmek için gereken iş yükünün büyüklüğü SRF yazı işleri bölümünün bu değişiklikleri yapmasını engelledi. Bu görev 7. baskı hazırlanırken tamamlandı ve değişiklikler bu baskıda yer aldı."

1956'dan sonra, Paramahansa Yogananda'nın, vefatından önce Tara Mata'ya verdiği direktiflere uygun olarak bazı ilave değişiklikler yapıldı.

Bir Yoginin Otobiyografisi'nin ilk baskılarında yazarın unvanı, Bengal'de çok sıklıkla duyulan sessiz veya yarı sessiz "a" harfini atlayarak, "Paramhansa" olarak verildi. Daha sonraki baskılarda, standart Sanskrit tercüme, "Paramahansa" kullanıldı. Bu ünvan, "en yüksek veya yüce" anlamındaki parama ile "kuğu" anlamındaki "hansa" kelimelerinden oluşan, bir kişinin kendi gerçek kutsal varlığını en yüce bir şekilde idraki mertebesine, kendi kişiliğinin ilahiyle birleşmesine ulaştığını simgeler.

meditasyon geleneği tüm dünyayı kucaklamış bulunuyor.

Metafiziksel dergi *New Frontier*, Ekim 1986 sayısında şöyle yazıyor: "Sayısız milyonlarca kişiyi uyandıran *Bir Yoginin Otobiyografisi* adlı eseriyle tanınan Paramahansa Yogananda; Gandhi gibi dinselliği topluma, toplumun olağan düşünceleriyle uyum içinde olacak şekilde getirdi. Yogananda 'yoga' sözünün günlük yaşama girmesine herkesten daha çok katkıda bulundu."

American Institute of Vedic Studies'in direktörü, saygın bilim adamı, Dr. David Frawley, iki ayda bir yayınlanan *Yoga International* dergisinin Ekim/Kasım 1986 sayısında düşüncelerini şöyle ifade etmiş: "Yogananda'nın Batı'da yoganın babası olduğu söylenebilir.– Popülerlik kazanan sadece fiziksel yoga değil, spiritüel yoga, kendini-idrakın bilimi, yoganın gerçek anlamı."

Kalküta Üniversitesi Profesörü Ashutosh Das, Ph. D., D. Litt., şöyle beyan etmiş: "*Bir Yoginin Otobiyografisi*'nin yeni çağın bir Upanishad'ı olduğu söylenebilir... Tüm dünyadaki gerçeği arayanların, spiritüel susuzluğunu giderdi. Biz, Hintliler, Hindistan'ın ermişleri ve felsefesi hakkındaki bu kitabın olağanüstü bir popülerlik kazanmasını büyülenerek gözledik. Hindistan'ın ebedi gerçeğin kanunu olarak benimsediği *Sanatana Dharma*'sının ölümsüz nektarının *Bir Yoginin Otobiyografisi*'nin altın sürahisi içinde sunulmasının verdiği tatmin ve övüncü hissettik."

Komünist yönetim altındaki eski Sovyetler Birliği'nde bile, kitaba ulaşabilen küçük bir azınlık içinde derin bir ilgi uyandırdığı açıktı: Hindistan Anayasa Mahkemesi emekli yargıçlarından biri, V. R. Krishna Iyer'in St. Petersburg (o zamanki adıyla Leningrad) yakınlarındaki bir şehri ziyareti sırasında yanındaki profesörlere: "Öldükten sonra acaba ne olduğunu düşündünüz mü diye sorunca... profesörlerden biri sessizce içeriden bir kitap getirdi; *Bir Yoginin Otobiyografisi*. Çok şaşırdım! Marx ve Lenin'in materyalistik felsefesinin yönetimi şekillendirdiği bir ülkede, resmi bir kuruluşun görevlisi bana Paramahansa Yogananda'nın kitabını gösteriyordu. Profesör: 'Hindistan'ın ruhu bize yabancı değil, bu kitapta yazılı herşeyin gerçekliğini kabul ediyoruz' dedi."

India Journal gazetesinin 21 Nisan 1955 nüshası: "Her yıl yayınlanan binlerce kitabın bazıları eğlendirir, bazıları öğretir, diğer bazılarıysa terbiye eder. Bunların üçünü birden yapabilen bir kitabı bulmak epeyce zordur. *Bir Yoginin Otobiyografisi* daha da nadir bulunan bir eser: Zihinsel ve ruhsal yeni ufuklar açan bir kitap."

Kitap; son yıllarda, eleştirmenler, kitabevleri ve okurlar tarafından, modern çağların en etkileyici spiritüel eserlerinden biri olarak adlandırıldı. Harper Collins yayınevinin yazarlar ve bilim adamlarından oluşan konseyi *Bir Yoginin Otobiyografisi*'ni "Yüzyılın en iyi 100 spiritüel kitabı" listesine koydu. Tom

Butler-Bowdon, 2005'te yayınlanan *50 Spiritüel Klasik* adlı eserinde kitaptan "şimdiye dek yazılmış en aydınlatıcı ve eğlendirici kitaplardan biri olma ününe hak kazanmış" olarak bahsetti.

Paramahansa Yogananda, kitabın son bölümünde, dünyanın tüm dinlerinin bilge ve ermişlerinin, çağlar boyunca ettikleri derin vaadi şöyle tekrarlıyor:

"Tanrı Sevgidir; O'nun yaradılış için öngörmüş olduğu plan sadece sevgi içinde kök salabilir. İnsan kalbine teselli veren, âlimce usavurmadan ziyade, bu basit düşünce değil midir? Hakikatin iç çekirdeğinin derinliklerine nüfuz edebilmiş her ermiş, ilahi bir planın var olduğuna ve bu planın harikuladeliğine şahitlik etmiştir."

Yayınlanmasının ikinci 50 yıllık dönemi devam ederken, ümidimiz, *Bir Yoginin Otobiyografisi*'nin okurlarının –ister ilk kez okuyan isterse de yaşam boyunca kalbinde yaşatanlar olsun– yaşamın derin hikmetlerinin kalbinde yatan deneyüstü gerçeklere kendi ruhlarının açılmasını görmeleridir.

SELF-REALIZATION FELLOWSHIP

Temmuz 2007
Los Angeles, Kaliforniya

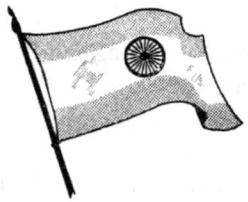

ADALETİN EBEDİ KANUNU

1947'de bağımsızlığına kavuşan Hindistan'ın bayrağı koyu safran, beyaz ve koyu yeşil şeritlerden oluşur. Lacivert *Dharma Chakra* (Kanunun Çarkı), MÖ 3. yüzyılda İmparator Asoka tarafından diktirilen Sarnath Taş Anıtı üzerinde yer alan çizimin reprodüksiyonudur.

Çark, adaletin ebedi kanununu sembolize etmek için seçilmiştir ve dünyanın en şerefli hükümdarının anısını onurlandırmaktadır. "Tarihte onun kırk yıllık saltanatının bir eşi yoktur" diye yazar İngiliz tarihçi H. G. Rawlinson. "Çoğu defalar Marcus Aurelius, St. Paul ve Konstantin ile kıyaslanmıştır. Asoka; İsa'dan 250 yıl önce, savaşa karşı duyduğu dehşeti ve vicdan azabını başarıyla sonuçlanan bir seferinden hemen sonra ifade ederek savaş yoluyla devlet polikası yürütülmesinin yanlış olduğunu ilan edebilecek cesareti göstermiştir.

Asoka'nın devraldığı hükümdarlık; Hindistan, Nepal, Afganistan ve Belucistan'ı içine alıyordu. İlk enternasyonalist olarak Asoka, birçok hediye ve takdisleriyle birlikte dini ve kültürel misyonerlerini Burma, Seylan, Mısır, Suriye ve Makedonya'ya gönderdi.

"Maurya Hanedanlığı'nın üçüncü kralı Asoka, tarihin en büyük filozof krallarından biriydi. Enerji ve ihsan, adalet ve hayırseverlik hiç kimsede, onda olduğu gibi bir araya gelmemiştir. O, kendi zamanının ifadesiydi ve aynı zamanda karşımıza oldukça modern bir figür olarak çıkmaktadır. Uzun süren hükümdarlığı sırasında bize sadece bir hayalperestin emelleri gibi gözüken şeylere ulaştı: Hayal edilebilecek en büyük maddi gücün tadına varırken aynı zamanda bir barış ve huzur ortamı da oluşturdu. Engin hükümdarlığının çok ötelerinde, bazı dinlerin rüyası olmuş olan evrensel düzenin, bütün insanlığı kucaklayan bir düzenin farkına vardı." İşte bilim adamı P. Masson-Oursel, onun hakkındaki izlenimlerini böyle dile getiriyordu.

"*Dharma* (kozmik düzen) bütün varlıkların mutluluğunu amaçlar." Kayaya kazılı fermanlarında ve taş sütunlar üzerindeki yazıtlarında (ki günümüze kadar kalmışlardır) Asoka, çok uzaklara erişen imparatorluğunun halklarına sevecenlikle, mutluluğun kökeninin ahlaklılık ve tanrısallıkta olduğunu salık veriyordu.

Modern Hindistan, binlerce yıl boyunca ülkeyi sarmış olan itibar ve refahını yenilemeyi kendine amaç edinmekle yeni bayrağında "tanrıların sevgilisi" imparatoru Asoka'nın anısına saygılarını ifade etmektedir.

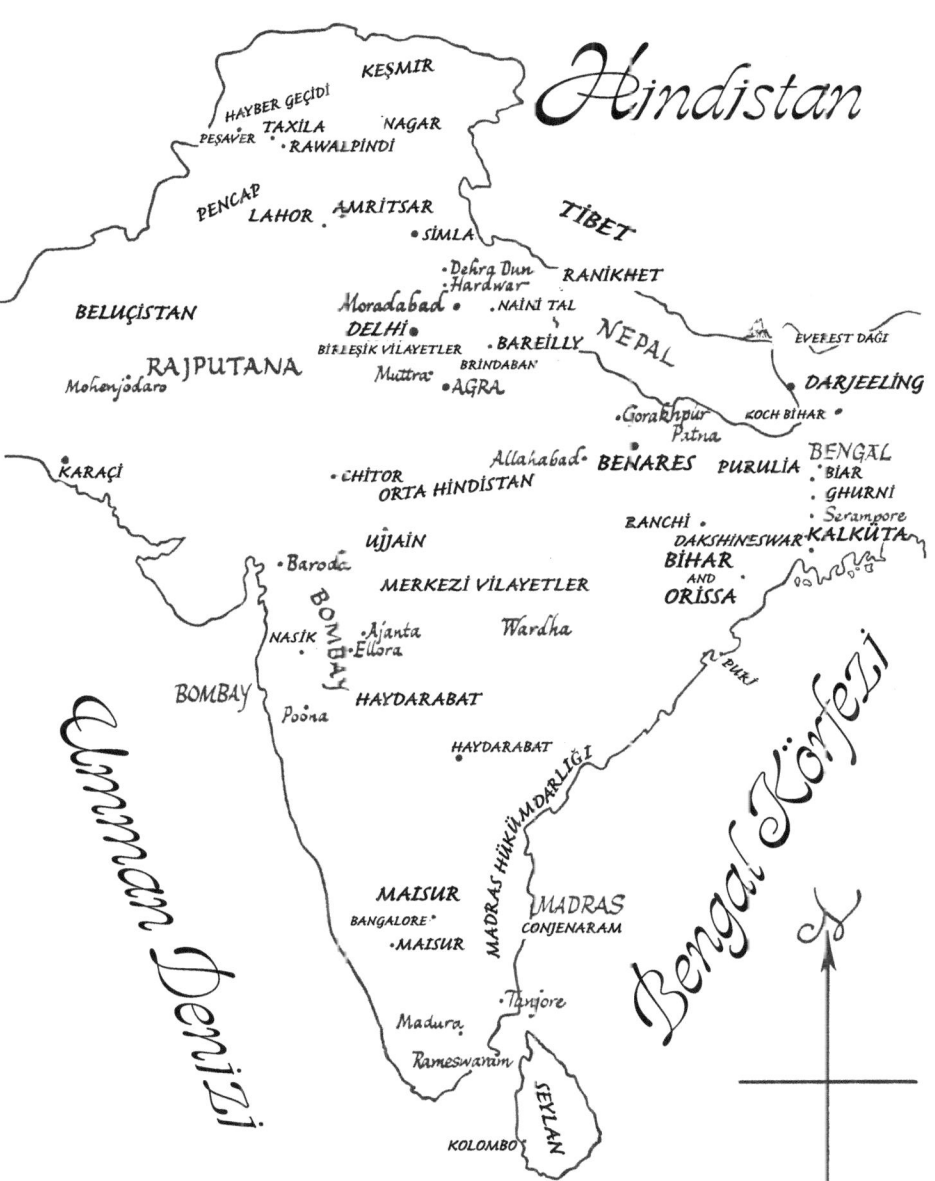

"1947'den önce. Günümüzde kuzeybatıdaki bölgeler Pakistan'ın, kuzeydoğudaki bölgeler Bengaldeş'in egemenliği altındadır."

BİR YOGİNİN OTOBİYOGRAFİSİ

BÖLÜM 1

Ailem ve Çocukluğum

Çok uzun zamandan beri, Hint kültürünün karakteristik özelliği, şaşılmaz gerçekleri arayış ve bununla el ele giden üstat[1]-mürit ilişkileri olmuştur.

Hayat yolum beni, Mesih gibi bir ermişin karşısına çıkardı; onun güzel yaşamı yüzyıllar tarafından şekillendirilmişti. Kendisi, Hindistan'ın gerçek refahını temsil eden en büyük üstatlardan birisiydi. Bu üstatlar, her kuşakta ortaya çıkarak, Hindistan'ın eski Mısır ve Babil'in yazgısına uğramamasını sağladılar.

En eski anılarım, bir önceki yaşamımın tarihi belirsiz işaretlerini kapsar. İçimde uzak bir yaşamda Himalaya karları arasında yaşayan bir yogi[2] olduğuma dair hatıralar canlanırdı. Geçmişe attığım bu anlık bakışlar, boyutsuz bir bağlantıyla aynı zamanda geleceğin vizyonunu da birlikte getirirdi.

Çocukluğun çaresiz sınırlamalarını halen hatırlarım. Kendimi özgürce ifade edememek ve yürüyememek beni bilinçli bir şekilde gücendirirdi. Bedensel yetersizliğimin farkına vardığımda içimden dua etmeye başlardım. Güçlü duygusal yaşantım zihnimde kendini birçok dilde açığa vuruyordu. Dillerin içsel kargaşası arasında gitgide, halkımın kullandığı Bengalce heceleri duymaya ve tekrarlamaya alıştım. Küçük bir çocuğu avutucu o eğlenceler! büyüklerin gözünde oyuncaklarla ve ayak parmaklarıyla oynamanın bir başka şekli!

Psikolojik tahrik ve bedenimin tepki yetersizliği bende inatçı ağlama nöbetlerine yol açardı. Bu nöbetlerin ailemde genel bir şaşkınlık uyandırdığını hatırlarım. Daha mutlu anılar da canlanıyor gözümün önünde: Annemin şefkati, hecelerken dilimin sürçmesi, ilk küçük ve sarsak adımlarım. Bu çabuk unutulan ilk zaferler, kendine güvenin temelini oluştururlar.

Uzak geçmişe uzanan anılarım aslında yalnız bana özgü ve hayret verici bir olay olarak görülmemeli. Birçok yoginin yaşamla ölüm arasında geçiş yaparken benlik-bilinçlerini kesintisiz olarak sürdürmüş oldukları

---

[1] Guru: Ruhani öğretmen. *Guru Gita* (17. beyit), guruyu "karanlığı dağıtan" olarak, çok uygun bir şekilde tanımlar; (*gu*, "karanlık" ve *ru*, "dağıtan ya da "defeden").

[2] Yogayı (birlik) uygulayan; Tanrı üzerine meditasyonun çok eski bilimi. (Bkz. bölüm 26: "Kriya Yoga Bilimi.")

bilinmektedir. Eğer insan sadece bir bedense, bedeni yok olduğunda kimliği de kaybolur. Fakat ermişlerin yüzyıllar boyunca söyledikleri doğruysa insan, özünde maddeden oluşmamış ve sonsuza kadar var olan bir ruhtur.

Garip olmasına karşın çocukluk dönemlerine ait canlı anılara çok sık rastlanır. Sayısız ülkelere yaptığım seyahatler sırasında çeşitli insanlardan çok eskiye ait anılarını dinlemiştim.

5 Ocak 1893'te Kuzeydoğu Hindistan'da, Himalaya Dağları'na yakın Gorakhpur'da doğdum. Çocukluğumun ilk sekiz yılı bu kentte geçti. Dört kız, dört erkek, sekiz kardeştik. Ben, Mukunda Lal Ghosh[3], ikinci erkek ve dördüncü çocuktum.

Annem ve babam Bengalli idiler ve Kshatriya[4] kastına mensuplardı. Her ikisi de ruhani bir karakterle kutsanmışlardı. Sakin ve vakarlı olan karşılıklı sevgileri kendini asla basit bir zevk düşkünlüğüyle açığa vurmazdı. Mükemmel bir anne-baba uyumu, kargaşa içinde devinen sekiz genç yaşam için huzur dolu bir merkez oluşturuyordu.

Babam Bhagabati Charan Ghosh, nazik, ciddi hatta bazen de haşindi. Biz çocuklar onu çok sevmemizin yanı sıra belirli bir saygı mesafesini de korurduk. Çarpıcı bir matematikçi ve mantıkçıydı, temelde zekâsı tarafından yönlendirilirdi. Ancak annem, kalplerin kraliçesi olarak, bizi sadece sevgi yoluyla eğitti. Annemin ölümünden sonra babam, içsel duyarlılığını daha çok dışa vurdu. O zaman bakışları sanki annemin bakışlarına dönüştü.

Annem hayattayken onun sayesinde biz çocuklar, kutsal yazıtlarla erken yaşlarda tanıştık. Annem disiplin uygulaması gerektiği zamanlarda Ramayana ve Mahabharata'dan[5] uygun hikâyeler okurdu; böyle durumlarda cezalandırmayla öğüt el ele giderdi.

Babama saygı işareti olarak, onu işten dönüşünde karşılamak üzere, öğleden sonraları annem bizi özenle giydirirdi. Babam Hindistan'ın en büyük şirketlerinden biri olan Bengal-Nagpur Demiryolları'nda genel müdür yardımcısıyla kıyaslanabilecek bir pozisyondaydı. İşi seyahatle ilgili olduğu için çocukluğum boyunca ailecek çeşitli şehirlerde yaşadık.

Annemin eli, ihtiyacı olanlara karşı açıktı. Babam da nazik ve yardımseverdi, ancak hesabını bilirdi. Annem bir keresinde, fakirleri doyurmak için iki

---

[3] İsmim 1915'te, binlerce yıldır süregelen Swami Rahipler Düzeni'ne katıldığımda Yogananda olarak değiştirildi. 1935'te üstadım buna ilaveten dinsel bir unvan olan *Paramahansa*'yı bahşetti. (Bkz. sayfa 210 ve 384.)

[4] Yöneticilerle savaşçıların dahil olduğu, ikinci kast.

[5] Bu çok eski destanlar; Hindistan'ın tarih, mitoloji ve felsefesinin birikimidirler.

hafta içinde, babamın aylık gelirinden çok daha fazlasını harcadı.

Babam anneme "Senden bütün istediğim, hayır işlerini ölçülü bir çerçeve içinde tutman," dedi. Ancak, böylesine nazik bir uyarı bile annem için dayanılmaz bir eleştiriydi. Biz çocuklara bir uyuşmazlık olduğunu sezdirmeden bir araba çağırttı.

"Hoşça kalın, annemin evine gidiyorum!" dedi. Bilinen en eski ültimatom! Şaşkınlığın verdiği şokla büyük endişeye kapıldık. Dayımız gelip, babamın kulağına, yılların süzgecinden geçtiği şüphesiz, bilgece tavsiyeler fısıldadı. Babamın gönül alıcı bir iki lafından sonra, annem arabayı geri yolladı. Annem ve babam arasında tanık olduğum yegâne sorun böylece çözümlendi. Fakat çok karakteristik bir tartışmayı hep hatırlarım:

"Lütfen, kapıya gelen şu çaresiz kadın için bana on rupi verir misin?" Annemin tebessümü ikna ediciydi.

"Neden on rupi, bir rupi yeterli." Babam kendini haklı çıkarmak için devam etti: "Babam ve dedemin ani ölümüyle, yoksullukla ilgili ilk tecrübemi edindim. Kilometrelerce yürüyerek okula gitmeden önce tek kahvaltım küçük bir muzdu. Daha sonra üniversitede, öyle ihtiyacım vardı ki, zengin bir yargıçtan ayda bir rupi yardım talep ettim. İsteğimi, bir rupinin bile önemli olduğunu söyleyerek reddetti."

"O bir rupinin reddini nasıl acıyla hatırlıyorsun." Annem kalbinden yükselen ani bir mantıkla: "Sen de bu kadının, acil ihtiyacı olduğu on rupinin reddedilişini acıyla hatırlamasını mı istiyorsun?"

"Sen kazandın!" Bozguna uğramış kocaların unutulmaz yüz ifadesiyle cüzdanını açtı, "İşte on rupi, iyilik dileklerimle birlikte ver ona."

Babam yeni olan her öneriye "hayır" demeye meyilliydi. Annemin sempatisini anında kazanan yabancıya karşı tavrı, onun alışıldık temkinliliğinin bir örneğiydi. Babamı her zaman yargılarında dengeli ve aklı başında bulmuşumdur. İsteklerimi iyi bir nedenle destekleyebildiğim takdirde, dilediğim şeye her zaman ulaşmamı sağlamıştır. İster bir tatil, isterse yeni bir motosiklet olsun.

Babam çocuklarının küçüklüğünde onlara karşı katı bir disiplinciydi; kendine karşıysa gerçek bir Spartalı gibi sertti. Örneğin, tiyatroya asla gitmez, eğlenceyi onun yerine spiritüel egzersizlerde ve *Bhagawad-Gita*'yı [6] okumakta arardı. Lüks tüketime karşı çıkar, tek bir çift ayakkabıyı eskiyene kadar

---

[6] Mahabharata Destanı'nın bir bölümünü oluşturan bu yüce Sanskrit şiir Hindular'ın İncili'dir. Mahatma Gandhi "*Bhagawad - Gita* üzerine düşünceye dalan herkes, onda her geçen gün yepyeni bir anlam ve taze bir sevinç bulacaktır" diye yazmıştır.

giyerdi. Oğulları, popüler olmaya başlayınca, arabalar aldılar; o ise günlük işine giderken tramvayı kullanmakla yetindi.

Babam güçlü olmak için asla para biriktirmeye çalışmadı. Örneğin, Kalküta Urban Bankası'nı kurduktan sonra, hisselerin bir kısmını elinde tutarak kazanç sağlamayı reddetti. Çünkü bu iş, onun için, boş zamanını değerlendirmek için yaptığı basit bir şeydi.

Emekli olduktan birkaç yıl sonra, Bengal-Nagpur Demiryolları'nın hesaplarını kontrol etmek için İngiltere'den gelen bir muhasebeci, şaşkınlıkla, babamın fazla mesaileri için hiçbir talepte bulunmamış olduğunu ortaya çıkardı. Şirkete, "bu kişi üç memurun işini yapmış" dedi ve "Şirketin ona 125.000 rupi (41.250 dolar) borcu var" diye ilave etti. Şirketin saymanı babama bu meblağ üzerine yazılmış bir çek yolladı. Babamsa olaya hiç önem vermediğinden aileye bu meseleden bahsetmeyi unutmuştu. Çok sonraları, banka hesabında büyük bir tutarı fark eden en küçük biraderim Bishnu kendisine sorunca:

"Maddi kâr için heyecanlanmak niye? Kendine hâkim olmayı amaç edinmiş bir insan ne kazançtan sevinç duyar, ne de kayıptan üzüntü. İnsanın bu dünyaya beş kuruşsuz geldiğini ve yine meteliksiz terk edeceğini bilir," diye cevap verdi.

Evlilik hayatlarının ilk yıllarında annemle babam büyük bir üstadın, Benaresli Lahiri Mahasaya'nın müritleri oldular. Bu ilişki babamın münzevi tabiatını daha da güçlendirdi. Annem bir keresinde en büyük ablam Roma'ya dikkate değer bir itirafta bulundu: "Babanla ben karı-koca olarak yılda sadece bir gün birlikte yatarız, o da çocuk sahibi olmak için!"

Babam Lahiri Mahasaya ile Bengal-Nagpur Demiryolları'nda çalışan bir işçi olan Abinash Babu[7] vasıtasıyla tanışmıştı. Abinash Babu Gorakhpur'da, gencecik kulaklarımı birçok Hintli ermiş hakkındaki hikâyelerle doldurmuştur. Hikâyelerine her seferinde üstadının (guru) olağanüstü ihtişamına saygısını ve hayranlığını belirterek nihayet verirdi.

"Babanın nasıl olup da Lahiri Mahasaya'nın müritliğine girdiğini sana hiç anlattılar mı?" Tembel bir yaz öğle sonrasıydı. Abinash ilgimi uyandıran bu soruyu yönelttiği sırada bizim evin avlusunda oturuyorduk. Meraklı bir beklentiyle kafamı salladım.

"Sen doğmadan yıllar önce şefimden (baban) Benares'teki gurumu ziyaret etmek için bana bir hafta izin vermesini rica ettim. Baban planımla alay etti. 'Dini bir fanatik olmak mı istiyorsun?' diye sordu, 'eğer ilerlemek istiyorsan ofis işlerine konsantre ol.'

---

[7] Babu (bey) Bengalce'de ismin sonuna konur.

O gün üzgün üzgün eve dönerken bir tahtırevanla giden babana rastladım. Taşıyıcıları savarak, adımlarını benimkine uydurdu. Bana tavsiyede bulunmaya çalışarak, dünyevi başarıya erişmek için gayret göstermenin avantajlarına değindi. Onu kayıtsızca dinlerken kalbim 'Lahiri Mahasaya! Seni görmeden yaşayamam.' diye yineliyordu.

Yolumuz bizi öğle sonrası güneşinin, ışıklarıyla uzun, yabani otları dalgalandırdığı, sakin bir tarlanın kenarına getirdi. Hayranlıkla durakladık. Aniden tarlanın içinde, bizden biraz ötede, büyük üstadımın formu beliriverdi.[8]

'Bhagabati, çalışanlarına karşı çok katısın!' Sesi hayretler içindeki kulaklarımızda yankılandı. Geldiği kadar esrarengizce kayboluverdi. Diz çökmüş, 'Lahiri Mahasaya! Lahiri Mahasaya!' diye heyecanla tekrarlıyordum. Babansa bir an için şaşkınlıktan donakalmıştı.

'Abinash, yarın sadece *sana* değil, *kendime* de Benares'e gitmek için izin veriyorum. Seni kayırmak için istediği anda cisimleşebilen bu büyük Lahiri Mahasaya ile tanışmalıyım. Karımı da alarak, bu üstattan bizi spiritüel yola başlatmasını isteyeceğim. Bizi ona götürecek misin?'

'Şüphesiz.' Olayların böylesine hızla lehime dönmesi ve duamın mucizevi bir şekilde kabul edilmesi karşısında kalbim sevinçle dolmuştu.

Ertesi akşam birlikte trenle Benares'e hareket ettik. Şehre vardığımızda, kalan yolun bir kısmını at arabasıyla katederek, gerisini de yürüyerek gurumun gözlerden ırak evine ulaştık. Salona girerek, alışıldık lotus pozisyonunda kilitlenmiş oturmakta olan üstadımın önünde eğildik. İnsanın içine işleyen bakışlarını babanın üzerine dikerek, 'Bhagabati, çalışanlarına karşı çok katısın' dedi. Sözleri iki gün önce tarlada söyledikleriyle aynıydı. 'Abinash'a beni ziyaret etmesi için izin vermene, senin de karınla beraber ona eşlik etmene memnun oldum.'

Sonra annen ve babanı *Kriya Yoga*'nın[9] spiritüel uygulamasına başlattı. Babanla ben, bu unutulmaz vizyondan sonra kardeş müritler olarak birbirimize yakınlaştık. Lahiri Mahasaya senin doğumunla ciddi bir biçimde ilgilendi. Senin yaşamının onunkiyle kesin bir bağlantısı olacak; üstadın takdisi asla şaşmaz."

Lahiri Mahasaya ben doğduktan kısa bir süre sonra bu dünyayı terk etti. Fotoğrafı işlemeli bir çerçeve içinde, babamın tayin olduğu çeşitli şehirlerdeki mihrabımızı şereflendirdi. Çoğu sabah ve akşamları annemle ben, bu doğal

---

[8] Büyük üstatların sahip olduğu fenomenal güçler 30. Bölümde (Mucizelerin Kanunu) açıklanmıştır.

[9] Lahiri Mahasaya tarafından öğretilmiş olan, duyusal kargaşanın yatıştırılarak insanın kozmik bilinçle giderek artan bir bütünlüğe ulaşmasını mümkün kılan yogik bir teknik. (Bkz. 26. Bölüm.).

Bir Yoginin Otobiyografisi

GURRU GHOSH (Gyana Pabha Ghosh)
(1868-1904)
Paramahansa Yogananda'nın annesi, Lahiri Mahasaya'nın müridi

türbenin karşısında, ona kokulu sandal ağacı macununa daldırılmış çiçekler sunarak meditasyon yapmakla geçirirdik. Birleşen imanlarımızla beraber, günlük ve lavanta sakızlı tütsülerle Lahiri Mahasaya'nın şahsiyetinde kendini bütünüyle açığa vuran ilahi vasfı onurlandırırdık.

Fotoğrafının hayatımda etkili bir rolü vardı. Ben büyüdükçe üstadın düşüncesi de benle birlikte büyüdü. Meditasyonda sık sık fotoğraf-imajını, küçük çerçevesinden dışarıya çıkarak yaşayan bir form almış, karşımda otururken görürdüm. Aydınlık saçan bedeninin ayaklarına dokunmaya yeltendiğimde, değişerek yine fotoğraf halini alıverirdi! Çocukluk yerini ergenliğe bıraktığında, Lahiri Mahasaya'nın zihnimde çerçeveye kapatılmış bir imaj olmaktan çıkarak, yaşayan ve aydınlatan bir varoluşa dönüştüğünü hissettim. Zorluk ve karışıklık anlarında sık sık ona dua ederek, içimde teselli eden rehberliğini bulurdum.

Başlangıçta, artık fiziksel olarak yaşamadığı için büyük üzüntü duymuştum. Ancak, onun gizlice her an, her yerde var oluşunu keşfettikten sonra mateme son verdim. Üstat, kendisini görememekten endişe duyan müritlerine sık sık "Ben her zaman ruhani görüş alanınızdayken (*kutastha*), ne diye et ve kemiklerimi görmeye gelirsiniz?" diye yazmıştı.

Yaklaşık sekiz yaşındayken Lahiri Mahasaya'nın fotoğrafı kanalıyla

Ailem ve Çocukluğum

BHAGABATİ CHARAN GHOSH
(1853-1942)
Paramahansa Yogananda'nın babası, Lahiri Mahasaya'nın müridi

mucizevi bir şekilde şifa bulmakla kutsandım. Bu tecrübe sevgimi daha da derinleştirdi. Bengal-Ichapur'da ailemle birlikteyken Asya kolerasına yakalanmıştım. Hayatımdan ümit kesilmişti; doktorlar hiçbir şey yapamadılar. Yatağımın başucundaki annem kendinden geçmiş bir şekilde, başımın üzerinde asılı olan Lahiri Mahasaya'nın resmine bakmamı işaret etti.

"Zihnen O'nun önünde eğil!" Rûkû etmek için ellerimi bile kaldıramayacak kadar zayıf olduğumu biliyordu. "Eğer gerçekten imanını göstererek içinden O'nun önünde secde edersen hayatın bağışlanacak!"

Gözlerimi fotoğrafa diktiğimde vücudumu ve bütün odayı kaplayan, göz kamaştıran bir ışık gördüm. Mide bulantısı ve diğer kontrol dışı belirtiler kayboldu; tamamen iyileşmiştim. Bir anda kendimi, üstadına karşı sınırsız itikadını takdir ettiğim annemin ayaklarına eğilip dokunabilecek kadar güçlü hissettim. Annem başını defalarca küçük resme yaslayarak:

"Ey, her yerde var olan üstat, nurun oğluma şifa verdiği için sana teşekkür ederim!" O zaman, annemin de öldürücü olan hastalıktan hızla iyileşmeme neden olan parlak ışığı görmüş olduğunu anladım.

Sahip olduğum en kıymetli eşyalardan biri o fotoğraftır. Babama Lahiri Mahasaya'nın kendisi tarafından verildiğinden, kutsal bir titreşim taşır.

Fotoğraf mucizevi bir asla sahiptir. Hikâyesini babamın kardeş müridi Kali Kumar Roy'dan dinledim.

Üstadın, fotoğrafının çekilmesinden hiç hoşlanmadığı açıktı. Karşı çıkmasına rağmen bir gün, arasında Kali Kumar Roy'un da bulunduğu bir grup müritle birlikte üstadın fotoğrafı çekildi. Ama fotoğrafçı, bütün müritlerin görüntüleri temiz çıktığı halde, ortada, mantıken üstadın görüntüsünü bulmayı ümit ettiği yerde bir boşluktan başka bir şey olmadığını keşfederek şaşkınlığa düşmüştü. Bu fenomen geniş bir çevrede tartışıldı.

Usta bir fotoğrafçı olan Ganga Dhar Babu bu ele avuca sığmayan figürün kendisinden kurtulamayacağını ileri sürerek övündü. Ertesi sabah, guru arkasında bir perdeyle birlikte tahta bir bankın üzerinde otururken, Ganga Dhar Babu teçhizatıyla birlikte çıkageldi. Başarı için her önlemi alarak, hırsla tam on iki poz çekti. Ancak, kısa bir süre sonra, tahta bank ve perdenin görüntülerine rağmen üstadın görüntüsünün bütün fotoğraflarda yine eksik olduğunu fark etti.

Ganga Dhar Babu gözleri yaşlı ve gururu darmadağın bir şekilde gurusuna koştu. Aradan saatler geçtikten sonra, Lahiri Mahasaya sessizliğini bozarak bir yorumda bulundu:

"Ben Ruh'um. Fotoğraf makinen her yerde var olan görülemeyeni nasıl yansıtabilir?"

"Anlıyorum ki yapamaz! Fakat Kutsal Ermiş, bedensel tapınağınızın fotoğrafını çekebilmeyi çok arzuluyorum. Görüşüm öyle darmış ki, bugüne kadar Ruh'un içinizde bütün varlığıyla ikâmet ettiğini fark edemedim."

"Öyleyse, yarın sabah gel. Sana poz vereceğim."

Fotoğrafçı kamerasını yeniden odakladı. Bu sefer kutsal figür, gizemli bir görünmezlikle örtünmeden, keskin hatlarla çıkmıştı. Üstat başka bir resim için asla poz vermedi. En azından ben başka bir resmini görmedim. Fotoğraf bu kitapta yayınlanmıştır.[10] Lahiri Mahasaya'nın evrensel bir kasta ait olan açık tenli görüntüsünden hangi ırka dahil olduğunu tahmin edebilmek zordur. Tanrı ile irtibatından doğan sevinç, muammalı tebessümünde kendini hafifçe açığa vurur. Gözleri dış dünyaya önemsiz bir ilgiyi ifade edercesine yarı-açık, aynı zamanda da içsel istiğrakını ele vererek yarı-kapalıdır. Yeryüzünün zavallı cazibelerine aldırmazlıkla bakar, cömertliğine sığınan insanların ruhsal sorunlarınaysa her an tamamıyla uyanıktır.

Üstadın fotoğrafının kudreti sayesinde iyileştikten sonra, beni etki

---

[10] Sayfa 307. Fotoğrafin kopyaları Los Angeles'taki Self-Realization Fellowship Merkezi'nden edinilebilir.

altında bırakan ruhani bir görüntüyle karşılaştım. Bir sabah yatağımda otururken derin bir düşünceye dalmıştım.

"Kapalı gözlerin karanlığının ardında ne var?" Zihnimi kurcalayan bu düşünce gitgide güçlendi. Bir anda içsel ekranımda şiddetli bir flaş çaktı. Mağaralarda meditasyon pozisyonunda oturan ermişlerin ilahi görüntüleri alnımın içindeki geniş ve aydınlık ekran üzerine minyatür bir film şeridi gibi yansıyıverdi.

"Sizler kimsiniz?" diye yüksek sesle sordum.

"Biz Himalaya yogileriyiz." Bu göksel cevabın kalbimi nasıl heyecanla titrettiğini anlatabilmem çok zor.

"Ah! Himalayalar'a gidip, sizler gibi olabilmeye can atıyorum!" Görüntü kayboldu, fakat gümüş renkli ışınlar sonsuza doğru gitgide genişleyen halkalar halinde yayılmaktaydı.

"Bu harikulade parlaklık ne?"

"Ben Ishwara'yım[11], ben Işığım." Ses, bulutların uğultusu gibiydi.

"Seninle bir olmak istiyorum!"

İlahi vecdim yavaş yavaş kaybolmaktayken, Tanrı'yı arama yolunda hep aynı vasıfta kalan bir miras olarak şu ilhamı kurtarabildim:

"O, sonsuz ve bitip-tükenmeyen sevinç." Bu hatıra o vecd gününden sonra uzun süre canlı kaldı.

Zihnimde tazeliğini koruyan başka bir anımın izini hâlâ taşımaktayım. Bir sabah büyük ablam Uma ile Gorakhpur'daki evimizin avlusunda bir ağacın altında oturuyorduk. Dalgın gözlerimi yakındaki olgun *margoza* meyvelerini yiyen papağanlardan ayırabildiğim anlarda bana, Bengalce ilk okuma kitabımı çalışmamda yardım ediyordu.

Uma, bacağındaki bir çıbandan yakınarak, gidip bir kavanoz merhem getirdi. Ben de bu merhemden birazını koluma sürdüm.

"Niçin sağlıklı koluna merhem sürüyorsun?"

"Yarın burada bir çıban çıkacağını hissediyorum abla. Senin merhemini şişecek olan yerde deniyorum."

"Seni küçük yalancı!"

"Abla, yarın olacakları görene kadar bana yalancı deme." Bu haksızlık karşısında öfkelendim. Uma bundan etkilenmeksizin alay ederek sözlerini üç kez tekrarladı. Ona üstüne basarak cevap verirken ses tonumda sarsılmaz bir kararlılık vardı:

---

[11] Tanrı'nın Kozmik Yönetici vasfını içeren Sanskritçe bir kelime; kökü, yönetmektir. Hindu kutsal yazıtları, her biri değişik bir felsefi anlam taşıyan, Tanrı'ya ait bin ismi içerir. Ishwara olarak Tanrı, istenciyle bütün evrenleri düzenli devirler içinde yaratan ve tekrar çözendir.

"İçimdeki istencin gücüyle söylüyorum ki, yarın kolumun tam burasında büyük bir çıban çıkacak, *senin* çıbanınsa şu ankinin tam iki misli olacak!"

Ertesi sabah işaret ettiğim yerde büyük bir çıban buldum. Uma'nınkinin boyutlarıysa iki misline erişmişti. Feryat ederek anneme koştu. "Mukunda büyücü oldu!" Annem ciddiyetle, kelimelerin gücünü asla zarar vermek için kullanmamam gerektiğini söyledi. Onun talimatını her zaman hatırlayarak, takip ettim.

Kolumdaki çıban ameliyatla alındı. Doktorun müdahelesinden kalan yara izi bugün de hâlâ mevcuttur. Sağ kolumda, insanın gerçek sözlerinin gücünü sürekli hatırlatan bir iz.

Uma'ya sarfettiğim bu basit, görünüşte zararsız ancak derin konsantrasyonla söylenmiş sözler, bomba gibi patlayarak kesin, incitici etkiler oluşturmaya elverişli gizli bir güce sahiptiler. Daha sonra anladım ki, sözlerin titreşen patlayıcı gücü bir insanın hayatını güçlüklerden kurtarmak için bilgece yönlendirilebilir, böylece incitici bir iz bırakmaksızın iş görebilirlerdi.[12]

Ailem Punjap'taki Lahor'a taşındı. Orada Kutsal Ana'nın Tanrıça Kali[13] formundaki bir resmini edindim. Resim evimizin balkonundaki mütevazı tapınağa bir kutsallık bahşetti. Bu noktada ettiğim her duanın kabul edileceğine samimiyetle inanmıştım. Bir gün Uma ile birlikte orada dikilerek, iki çocuğun bizim evden oldukça dar bir sokakla ayrılmış olan iki binanın çatıları üzerinde uçurtma uçuruşunu seyrediyordum.

"Niçin bu kadar sessizsin?" Uma şakalaşarak beni itti.

"Kutsal Ana'nın bana istediğim her şeyi vermesinin ne harikulade olduğunu düşünüyordum."

"Sanırım sana şu iki uçurtmayı verirdi!" Kardeşim dalga geçerek güldü.

"Neden olmasın?" Uçurtmalara sahip olmak için sessizce duaya başladım.

Hindistan'da iplerine zamkla keskin cam parçaları yapıştırılmış uçurtmalarla kazımaca maçları yapılır. Her oyuncu hasmının tuttuğu uçurtmanın ipini kopartmaya çalışır. Çatılar üzerinde salınan başıboş bir uçurtmayı yakalamak pek eğlencelidir. Uma ile ben, çatısı olan ve girintili bir balkonda olduğumuz için, ipi kopartılmış bir uçurtmanın elimize gelmesi olanaksız gözüküyordu; ipi doğal olarak dama takılacaktı.

Sokağın karşısındaki oyuncular maça başladılar. Bir ipin kesilmesiyle

---

[12] Sesin sonsuz potansiyeli bütün atomsal enerjilerin ardındaki kozmik titreşim gücü olan yaratıcı kelime *Aum'dan* (Om) türer. Net bir algılayış ve derin konsantrasyonla söylenmiş her söz gerçekleştirme gücüne sahiptir. İlham verici sözlerin yüksek sesle ya da sessizce tekrarı Coueizm'de (Emil Coue'nin ortaya attığı, kendine telkinle şifa yöntemi) ve psikoterapinin benzer sistemlerinde etkili bulunmuştur; gizemi zihnin titreşim nispetindeki artışta yatar.

[13] Kali, Tanrı'nın ebedi Doğa Ana vasfının sembolüdür.

SRİ YOGANANDA ALTI YAŞINDA

uçurtma anında benim yönüme doğru uçtu. Rüzgârın aniden durması üzerine uçurtma bir an durakladı; bu esnada ipi karşıdaki apartmanın çatısındaki bir kaktüse sıkıca dolanıverdi. Yakalayabilmem için uzun, mükemmel bir ilmek oluşmuştu. Mükafatı Uma'ya sundum.

"Bu sadece olağanüstü bir rastlantıydı, duana bir cevap değil. Eğer diğer uçurtma da sana gelirse, o zaman inanacağım." Kardeşimin kara gözleri şaşkınlığını sözlerinden daha çok ele veriyordu. Dualarıma hararetle devam ettim. Diğer oyuncunun kuvvetli bir çekişi uçurtmasını aniden kaybetmesine neden oldu. Sevgili asistanım kaktüs, rüzgârda dans ederek bana doğru yol alan uçurtmayı, yine ipini kavrayabileceğim bir ilmekle garantiye aldı. İkinci zaferimin ganimetini de Uma'ya uzattım.

"Kutsal Ana seni gerçekten dinliyor! Bütün bu olanlar bence pek tekin değil!" diyerek, ürkmüş bir ceylan gibi kaçtı kardeşim.

BÖLÜM 2

Annemin Ölümü ve Mistik Bilezik

Annemin en büyük arzusu ağabeyimin evlenmesiydi. "Ah! Ananta'nın karısının yüzünü gördüğümde cenneti yeryüzünde bulmuş olacağım!" Annemden sık sık duyduğum bu sözler, ailenin devamından yana olan güçlü Hint geleneğinin bir ifadesiydi.

Ananta nişanlandığı zaman ben yaklaşık on bir yaşındaydım. Annem Kalküta'daydı ve neşe içinde evlilik hazırlıklarını organize ediyordu. Babamla ben Kuzey Hindistan-Bareilly'deki evimizde yalnızdık. Babam Lahor'daki iki yıl hizmetinden sonra oraya tayin edilmişti.

Daha önce iki ablam, Roma ve Uma'nın görkemli evlilik törenlerine şahit olmuştum, fakat Ananta için (en büyük ağabey olarak) planlar gerçekten en ince ayrıntısına kadar özenle hazırlanıyordu. Annem her gün uzak mesafelerden Kalküta'ya gelen çok sayıdaki akrabaları karşılıyordu. Onları rahatça ağırlayabilmek için Amherst Caddesi 50 numaradaki geniş bir ev tutulmuştu. Her şey hazırdı. Ziyafet için nefis yiyecekler, abimin üzerinde kız evine taşınacağı süslü rengârenk tahtırevan, renkli ışıklar, kocaman karton fil ve develer, İngiliz, İskoç ve Hintli orkestralar, profesyonel komedyenler, geleneksel törenleri yöneten rahipler…

Babamla ben, neşe içinde, aileye seremoni zamanında katılmayı planlıyorduk. Ancak büyük günden kısa bir süre önce bir kâbus gördüm.

Rüyayı gece yarısı Bareilly'de gördüm. Babamın yanında, tek katlı evimizin çardağında uyurken, cibinliğin garip bir şekilde kıpırdamasıyla uyandım. Cibinliğin ince perdeleri aralandı ve annemin sevgili şeklini gördüm.

"Babanı uyandır!" Sesi fısıltı halindeydi. "İlk tren bu sabah saat 4'te. Beni görmek istiyorsanız, bu treni yakalayıp acele Kalküta'ya gelin!" Hayaleti andıran şekil kayboldu.

"Baba, baba, annem ölüyor!" Sesimdeki dehşeti fark eden babam anında doğruldu. Ağlayıp dövünerek ona ölümcül haberi verdim.

"Bu halüsinasyonlara aldırma." Babam her yeni durum karşısındaki tipik olumsuzluğunu gösterdi. "Annenin sağlığı mükemmel; kötü bir haber alırsak, yarın hareket ederiz."

Annemin Ölümü ve Mistik Bilezik

"Bugün yola çıkmadığımız için kendini asla affetmeyeceksin!" Şiddetli üzüntüm, tatsızlıkla ilave etmeme neden oldu, "Seni ben de asla affetmeyeceğim!"

Sabah üzüntümü doğrulayan telgrafla birlikte geldi: "Annenin durumu tehlikeli; evlilik ertelendi, bir an önce gelin!"

Babamla beraber çılgın gibi yola düştük. Dayılarımdan biri bizi bir aktarma noktasında karşıladı. Bu arada, bir tren silueti gürüldeyerek gitgide bize doğru yaklaşıyordu. İçimdeki kargaşadan doğan bir kararlılıkla kendimi rayların üzerine atmak istedim. O anda annemden mahrum kalmış halde, kupkuru ve çıplak görünen dünyaya tahammül edemeyeceğimi hissediyordum. Annemi dünyadaki en yakın arkadaşım gibi severdim. Onun teselli verici siyah gözleri çocukluğumun önemsiz trajedilerinin sığınağı olmuştu.

Amcama son bir soru sormak için durakladım:

"Hala hayatta mı?"

Suratımdaki ümitsizliği okumakta gecikmedi. "Tabii ki hâlâ yaşıyor!" Ona zorlukla inandım.

Kalküta'daki evimize vardığımızda sadece ölümün sersemletici gizemiyle yüz yüze geldik. Elim ayağım kesilmiş, neredeyse cansızlaşmıştım. Dünyayla ve kendimle barışabildiğimi yeniden kalbimde hissetmem yıllar aldı. Haykırışlarım göğün kapılarını sarsarak, en sonunda Kutsal Ana'ya ulaştı. Onun sözleri cerahatlenmiş yaralarıma en son şifayı verdi.

"Seni ömürler boyunca birçok annenin nazik şefkatiyle gözetmiş olan benim. Aradığın iki kara gözü, kaybettiğin o güzel gözleri benim bakışlarımda gör!"

Sevgili annemizin yakıma töreninden hemen sonra babamla ben Bareilly'ye döndük. Her sabah erkenden, evimizin önündeki düz, altuni yeşil çayırı gölgeleyen sheoli ağacına doğru dokunaklı bir anma ziyareti yapıyordum. Şiirsel anlarda, beyaz sheoli çiçeklerinin kendilerini gönüllü bir sunuşla, otla kaplı mihrap üzerine saçıverdiklerini düşünüyordum. Gözyaşlarımı sabah çiyiyle karıştırarak tanyerinde, başka bir dünyaya ait bir ışığın belirişine sık sık tanık oldum. Allah'a karşı şiddetli özlem sızıları hücum etti üzerime. Himalayalar'a doğru içimde güçlü bir çekim hissettim.

Kutsal tepelere yaptığı ziyaretten yeni dönen kuzenlerimden biri, bizi Bareilly'de ziyarete geldi. Onun anlattığı yogiler ve Swami'lerin[1] yüksek dağlarda sürdürdükleri yaşamları hakkındaki hikâyelerini merakla dinledim.

"Gel, Himalayalar'a kaçalım!" Bir gün yaptığım bu teklif ev sahibimizin genç oğlu Dwarka Prasad'ın kulağına pek hoş gelmedi ve planımı babamı görmeye gelen ağabeyime çıtlattı. Küçük bir çocuğun kurduğu, uygulanması

---

[1] 'Swami'nin Sanskrit kökünün anlamı "Ben'iyle (*Swa*) bir olan" dır. (Bkz. 24. Bölüm.)

hiç de kolay olmayan bu plana gülüp geçmek yerine, Ananta beni gülünç duruma düşürmeyi tercih etti.

"Turuncu renkli cüppen nerede? Onsuz swami olamazsın!"

Sözleri beni incitmek yerine tam tersine, açıklanamaz bir heyecanla titreterek, gözümün önünde, bir rahip olarak Hindistan'ı dolaştığım resmini canlandırdı. Belki de eski bir yaşamın anılarını uyandırdı; her halükârda, çok eski çağlarda kurulmuş bu rahipler düzeninin cüppesini giyeceğimi düşündüm.

Bir sabah Dwarka ile laflarken Tanrı'ya karşı bir çığ gibi benliğimi kaplayan bir sevgi hissettim. Duygusal yaşantımı anlamlı sözlerle açığa vuruşum arkadaşımın sadece kısmen dikkatini çekmişti ama ben bütün dikkatimle kendimi dinliyordum.

O öğle sonrası, Himalayalar'ın eteklerindeki tepelerden biri olan Naini Tal'e doğru kaçmaya başladım. Ananta ısrarla beni takip etti. Üzgün bir şekilde eve, Bareilly'ye geri dönmeye zorlandım. İzin verilen tek hac yolculuğum, tan vaktinde, *sheoli* ağacınaydı. Yüreğim, kaybedilmiş iki annem için ağlıyordu: Biri dünyevi, diğeri İlahi.

Annemin ölümünün ailemizde açtığı yara onarılamazdı. Babam geriye kalan yaklaşık kırk yıl içinde asla yeniden evlenmedi. Küçük sürüsüne, hem anne hem baba olmak gibi zor bir görevi üzerine alarak, dikkati çekecek kadar daha şefkatli, daha kolay ilişki kurulabilir biri oldu. Ailenin çeşitli problemlerini sükûnet ve anlayışla çözdü. İş saatlerinden sonra bir münzevi gibi odasına çekilerek, tatlı bir huzurla *Kriya Yoga* alıştırmalarını yaptı. Annemin ölümünden uzun bir süre sonra, ailemin yaşamını daha rahatlatacak detayları üstlenmek üzere İngiliz bir hemşireyi hizmete almaya yeltendim. Babam reddederek başını salladı: "Bana hizmet annenle birlikte sona erdi." Gözleri, yaşam boyu süren bağlılıkla uzaklara daldı. "Başka bir kadından hizmet kabul etmeyeceğim."

Annemin ölümünden on dört ay sonra, bana bir mesaj bıraktığını öğrendim. Ananta ölüm yatağında annemin yanındaydı ve sözlerini kaydetmişti. Annem; bana ölümünden sonraki bir yıl içinde mesajının verilmesini istemiş olmasına rağmen, Ananta gecikmişti. Annemin kendisi için seçtiği kızla evlenmek üzere pek yakında Kalküta'ya gidecekti.[2] Bir akşam beni yanına çağırdı.

"Mukunda, sana garip bir mesajı vermek için gönülsüzdüm." Ses tonunda teslimiyet vardı. "Senin evi terk etme arzunu alevlendirmekten korkuyordum. Fakat nasıl olsa sen, ilahi bir şevkle yanıyorsun. Geçenlerde seni Himalaya yolundan geri döndürdüğümde kesin bir karara vardım. Kutsal

---

[2] Ailelerin çocukları için eş seçtiği Hint geleneği çağlar boyunca süregelmektedir. Mutlu evliliklerin yüzdesi Hindistan'da yüksektir.

sözümü yerine getirmeyi daha fazla erteleyememem lazım." Ağabeyim bana küçük bir kutu uzatarak annemin mesajını iletti.

Annem şöyle demişti: 'Bu sözlerim son takdisim olsun sevgili oğlum Mukunda! Doğumunu takip eden bir dizi olağanüstü olayı sana anlatma zamanı geldi. Bebek olarak kollarıma konduğunda, senin için çizilmiş yolu ilk bilen ben oldum. Sonra seni Benares'teki gurumun evine götürdüm. Kalabalık bir mürit grubunun arasında, derin meditasyon halinde oturan gurumu zorlukla görebiliyordum.

Seni pışpışlarken, üstadın dikkatini çekerek kutsaması için dua ediyordum. İçimdeki sessiz talebim gitgide şiddetlenince, guru gözlerini açarak, yaklaşmamı işaret etti. Diğerleri yol açtılar; Kutsal ayaklarına secde ettim. Lahiri Mahasaya seni kutsamak üzere elini alnına koyarak, kucağına oturttu.

'Küçük anne, oğlun bir yogi olacak. Spiritüel bir lokomotif gibi, birçok ruhu Allah'ın hükümdarlığına taşıyacak', dedi.

Gizli duam her şeyi bilen üstadım tarafından onaylandığı için kalbim sevinçle doldu. Doğumundan kısa süre önce bana bu yolu takip edeceğini söylemişti.

Daha sonra oğlum, senin İlahi Işık vizyonuna ben ve kız kardeşin Roma tanık olduk; yandaki odadan yatakta hareketsiz duran seni izledik. Küçücük yüzün aydınlanmıştı; İlahi'yi aramak için Himalayalar'a gideceğini söylediğinde sesin derinden bir kararlılıkla yankılandı.

Bu belirtilerden oğlum, senin yolunun dünyevi hırslardan çok uzaklara uzandığını anladım. Şimdi, ölüm döşeğinde sana anlatacağım, hayatımın en ilginç olayı da bunun daha da büyük bir delili oldu.

Bu olay, Pencap'ta bir ermişle olan görüşmemdi. Ailecek Lahor'da yaşıyorken, bir sabah hizmetçi odaya girdi. 'Hanımefendi, kapıya tuhaf bir sadhu[3] geldi, Mukunda'nın annesini görmekte ısrar ediyor', dedi.

Bu basit sözlerle içimde derin bir ezgi yankılandı; bir an önce ziyaretçiyi selamlamaya gittim. Ayaklarında eğildiğimde, karşımda gerçek bir Allah adamının durduğunu sezdim.

'Ana, dedi, büyük üstatlar yeryüzündeki ikâmetinin uzun sürmeyeceğini bilmeni istiyorlar. Gelecek ilk hastalığın, sonuncusu olacak.[4]' Panikten ziyade büyük bir huzur titreşimi hissettiğim bir sessizlik oldu. Sonunda

---

[3] Münzevi; kendini dünyevi hazlardan feragat etmeye ve spiritüel disipline vakfetmiş kişi.

[4] Bu sözlerle, annemin kalan ömrünün kısa olduğunu gizlice bildiğini fark edince, ilk kez, onun neden ağabeyim Ananta'nın evlilik plânlarında ısrar ettiğini anladım. Düğünden önce öldüyse de, onun doğal annece arzusu, evlilik törenini izlemek olmuştu.

Yoganandaji (ayakta) lise öğrencisiyken, ağabeyi Ananta ile birlikte.

En büyük abla Roma (solda) ve kız kardeş Nalini, Yoganadaji'nin çocukluğunun geçtiği evde Sri Yogananda ile beraber. Kalküta, 1935.

Yoganandaji'nin ablası Uma, genç kızken. Kalküta.

sözlerini sürdürdü: 'Gümüş bir muskaya göz kulak olacaksın. Onu sana bugün vermeyeceğim; sözlerimdeki gerçeği ispat için tılsım, sen yarın meditasyon yaparken elinde cisimleşecek. Ölüm yatağında en büyük oğlun Ananta'ya, muskayı bir yıl sakladıktan sonra ikinci oğlun Mukunda'ya vermesini söyleyeceksin. Mukunda tılsımın anlamını büyük velilerden öğrenecek. Muskayı, bütün dünyevi ümitlerden el etek çekmeye ve Allah yolundaki gayretli arayışına başlamaya hazır olduğu zaman almalı. Muskayı birkaç yıl elinde bulundurduktan ve tılsım amacını gerçekleştirdikten sonra, kaybolacak. En gizli yerde saklasa bile muska, geldiği yere geri dönecek.'

Ermişe sadaka[5] teklif ettim ve önünde saygıyla eğildim. Sadakayı almadan, beni kutsayarak gitti. Ertesi akşam yumulmuş ellerle meditasyon yaparken, ermişin söz verdiği gümüş muska elimde belirdi. Muskanın soğuk ve pürüzsüz temasını hissettim. İki yıldan fazladır ihtimamla muhafaza ettikten sonra onu, şimdi Ananta'ya emanet ediyorum. Benim için üzülme, çünkü büyük üstadım tarafından Sonsuz Olan'ın kollarına sevk edilmiş olacağım. Elveda çocuğum; Kozmik Ana seni koruyacak."

Muskaya sahip olduğum anda beni aydınlatan bir şimşek benliğimi sardı. Uyur vaziyetteki birçok anı uyanıverdi. Tılsım, yuvarlak ve tuhaf bir antika olarak, Sanskritçe karakterlerle kaplıydı. Anladım ki muska, adımlarıma görünmeksizin yön veren, eski yaşamlarımdaki öğretmenlerimden geliyordu. Gerçekte daha belirgin başka bir işaret de varmış; ancak, muskanın kalbindeki peçeyi tamamen kaldırmak doğru değil.[6]

---

[5] Sadhular'a saygı işareti olan bir gelenek.

[6] Muska astral olarak üretilmiş bir objeydi. Suptil yapıdaki bu tür objeler eninde sonunda bu dünyamızdan kaybolmalıdırlar. (Bkz. Bölüm 43.)

Muskanın üzerinde bir *mantra*, yani kutsal (chant) kelimeleri kayıtlıydı. Sesin ve '*vach*'ın (insan sesi) potansiyel gücü hiç bir yerde Hindistan'da olduğu kadar derince araştırılmamıştır. Evren boyunca akseden Om vibrasyonu (İncil'deki 'kelime' ya da 'çağlayan suların sesi'), üç oluşuma veya *guna*'ya sahiptir. Yaradılış, muhafaza ediliş ve tahrip oluş (*Taittiriya Upanishad* 1:8). İnsan bir kelime sarf ettiği vakit, Om'un bu üç tabiyatından birini hareket geçirir. Bu, bütün kutsal yazıtların, insanın neden gerçeği konuşması gerektiği hakkındaki talimatlarının ardında yatan kuralsal sebeptir.

Sahip olunmuş muska üzerindeki Sanskrit *mantra*, doğru telaffuz edildiği takdirde, ruhsal yarar sağlayan bir güçtür. İdealce oluşturulmuş Sanskrit alfabesi, her biri belirlenmiş, değişmez bir telaffuza sahip elli harften ibarettir. George Bernard Shaw; yirmi altı harfin, başarısızca, sesin yükünü taşımaya çalıştığı Lâtin kökenli İngiliz alfabesinin sessel yetersizliğini anlatan zeki ve nükteli bir deneme yazmıştı. Shaw alışıldık acımasızlığıyla ("İngiliz diline yeni bir alfabenin kabul edilişi bir sivil savaşa neden bile olsaydı... Bunu çok görmezdim"), kırk iki karakterli yeni bir alfabenin benimsenmesini ileri sürüyor. (Wilson'un *The Miraculous Birth of Language* - Lisanın Mucizevi Doğuşu - Philosophical Library, N. Y. adlı kitabındaki önsözüne bakınız.) Böyle bir alfabe, elli harfinin kullanılışının telaffuz bozukluklarını önlediği Sanskritçe'nin mükemmelliğine yaklaşabilirdi.

İndus Vadisi'ndeki yazıtların keşfi, birçok bilim adamının, Hindistan'ın Sanskrit alfabesini

Bu muskanın, sonunda hayatımın derin mutsuz şartlarında nasıl yok oluverdiğini ve kaybının nasıl bir üstada kavuşmamın habercisi olduğunu da bu bölümde anlatmam mümkün değil.

Ancak şunu söylemek mümkün: Himalayalar'a erişme girişimleri bozguna uğratılan küçük çocuk, muskanın kanatlarıyla çok çok uzaklara uçtu.

Sami kaynaklardan 'ödünç aldığı' yolundaki aktüel teoriyi reddetmesine yol açtı. Yakın bir süre önce Mohenjo-Daro ve Harappa'da bir kaç büyük Hindu şehri, yapılan kazılarla toprak üzerine çıkarılmıştı."Bunlar, Hindistan toprağında, bizi neredeyse izi kalmayacak kadar eski bir devre geri götüren; uzun, eski bir tarihe sahip bir kültürün bariz kanıtını ortaya koymaktadır." (Sir John Marshall, *Mohenjo-Daro and the Indus Civilization, 1931.*)

Eğer insanın bu gezegen üzerindeki fevkalade antikliğiyle ilgili Hindu teorisi eksiksizse dünyanın en eski dili olan Sanskrit'in, aynı zamanda en mükemmel dili de olduğunu açıklamak mümkünleşir. (Bkz. Sayfa- 80 dipnot.) "Sanskrit Lisanı", diyordu Asya Cemiyeti'nin kurucusu Sir William Jones, "antikliği ne olursa olsun, harika bir yapıya sahip; Yunanca'dan daha kusursuz, Latince'den daha malumatlı ve her ikisinden de daha zarifçe ince manalı."

"Klasik öğrenimin yeniden canlanışından beri" diye belirtiyor *The Encyclopedia Americana*, "kültür tarihinde Sanskrit'in (Batılı bilimciler tarafından) 18. yüzyılın son zamanlarında keşfinden daha önemli bir olay olmamıştır. Linguistik bilimi (dil bilimi), mukayeseli gramer, mukayeseli mitoloji, din bilimi ya varlıklarını Sanskrit'in keşfine borçludurlar ya da onun tetkikinden derince etkilenmişlerdir."

BÖLÜM 3

İki Bedenli Ermiş

"Baba, evden kaçmayacağıma söz verirsem, Benares'e bir gezi yapmama izin verir misin?"

Seyahat etmeye olan aşırı sevgim babam tarafından nadiren engellenmişti. Çocukken bile, yalnız başıma birçok şehri ve hac yerini ziyaret etmeme izin verirdi. Genellikle bir veya birkaç arkadaşım bana eşlik ederlerdi; babamın sağladığı birinci sınıf biletlerle rahatça seyahat ederdik. Bir demiryolları memuru olarak pozisyonu, aile içindeki göçebeler için tam anlamıyla tatmin ediciydi.

Babam isteğimi göz önüne alacağına söz verdi. Ertesi gün beni çağırarak, Bareilly'den Benares'e bir gidiş-dönüş biletiyle birlikte bir miktar para ve iki mektup uzattı.

"Benares'te oturan arkadaşım Kedar Nath Babu'ya bir iş teklifim var. Ne yazık ki adresini kaybettim. Fakat, umarım bu mektubu ortak arkadaşımız olan Swami Pranabananda vasıtasıyla ona iletebilirsin. Kardeş müridim olan Swami, yüksek derecede ruhani bir mevkiye erişti. Onunla temas kurmaktan fayda göreceksin; ikinci mektupsa seni tanıtmaya yarayacak."

Şu sözleri eklerken babamın gözleri parıldıyordu: "Sakın evden tüymeye yeltenme!"

On iki yaşımın gönül hoşnutluğuyla yola çıktım. (Zaman, yeni yerleri ve yabancı simaları görmekten aldığım zevki asla söndüremedi.) Benares'e vararak derhal Swami'nin konağına doğru devam ettim. Ön kapı açıktı; ikinci kattaki uzunca, hole benzeyen odaya doğru yürüdüm. Yerden hafifçe yüksek bir platform üzerinde, sadece peştamal giymiş, oldukça iri cüsseli bir adam lotus pozisyonunda oturuyordu. Başı ve kırışıksız yüzü yeni tıraşlıydı; beni görünce dudaklarında takdis eden bir gülümseme gezindi. Davetsiz geldiğim düşüncesine kapılmayayım diye, beni eski bir arkadaş gibi selamladı.

"*Baba Anand.* (Sevgili oğlumun üstüne nur saçılsın.)" Çocuksu bir sesle, yürekten bir hoş geldin ifadesiyle beni karşılamıştı. Eğilerek ayaklarına dokundum.

"Siz Swami Pranabananda mısınız?"

Kafa sallayarak onayladı. "Peki sen Bhagabati'nin oğlu musun?" Bu sözler, ben daha babamın mektubunu uzatmaya fırsat bulamadan ağzından çıkmıştı. Şaşkınlıkla, artık lüzumsuz görünen takdim mektubunu uzattım.

"Tabiki Kedar Nath Babu'yu senin için bulacağım."

Ermiş, düşünceleri okuma yeteneğiyle beni bir kez daha hayrete düşürüyordu. Mektuba şöyle bir göz atarak, babam için sevgi dolu birkaç söz söyledi.

"Biliyor musun, ben iki emekliliğin tadını birden çıkarıyorum. Biri, zamanında kendisi için demiryollarında çalışmış olduğum babamın sayesinde. Diğeriyse, kendisi için bu yaşamdaki dünyalık görevlerimi vicdan rahatlığıyla tamamlamış olduğum Göklerdeki Babam'ın."

Bu açıklamayı oldukça üstü kapalı buldum. "Göklerdeki Baba'dan ne tür bir emeklilik alıyorsunuz? Kucağınıza para mı düşürüveriyor?"

Güldü. "Dipsiz bucaksız bir huzurun emekliliğini kastediyorum. Uzun yıllar süren derin meditasyonun bir ödülü. Paraya artık fazla ihtiyacım yok. Sayılı maddi ihtiyaçlarım fazlasıyla karşılanmış durumda. İkinci bir emekliliğin önemini daha sonra anlayacaksın."

Ermiş, sohbetimizi ansızın sonlandırarak, ölü gibi hareketsiz kaldı. Adeta taş kesilmişti. İlk anda gözleri, sanki ilginç bir şeyi gözlüyormuş gibi kıvılcımlandı, sonra donuklaştı. İlgisizliğinden utanmıştım; bana henüz babamın arkadaşını nerede bulabileceğimi bile söylememişti. Rahatsızca kıpırdayarak, ikimizden başka kimsenin bulunmadığı çıplak odada etrafıma bakındım. Boş bakışlarım sedirin altındaki tahta takunyalara ilişti.

"Küçük bey[1], üzülme. Görmeyi istediğin adam yarım saat içinde seninle birlikte olacak." Yogi zihnimi okuyordu. Şu anda pek de zor görünmeyen bir başarıydı bu!

Tekrar, derinliğine varılamayan bir sessizliğe daldı. Saatim otuz dakika geçtiğini haber verdiğinde Swami doğruldu.

"Sanırım Kedar Nath Babu kapıya yaklaşıyor" dedi.

Birisinin merdivenlerden çıktığını duydum. İçimdeki hayret, algı yetersizliğine dönüşmüştü; düşüncelerim kargaşa içinde koşuşuyordu. Nasıl olmuştu da babamın arkadaşı bir habercinin yardımı olmaksızın çağrılmıştı. Vardığımdan beri Swami benden başka hiç kimseyle konuşmamıştı!

Apar topar odadan çıkarak merdivenleri indim. Basamakların yarısında orta boylu, açık tenli ve zayıfça bir adamla karşılaştım. Acelesi var gibiydi. "Siz Kedar Nath Babu musunuz?" Sesim heyecanlıydı.

---

[1] Birçok Hindu ermiş bana *"Choto Mahasaya"* diye hitap etmiştir. "Küçük bey" anlamına gelir.

"Evet. Sen de beni burada bekleyen, Bhagabati'nın oğlu değil misin?" Arkadaşça bir tavırla gülümsedi.

"Bayım, nasıl oldu da buraya geldiniz?"

"Bugün başıma gelen herşey esrarengiz! Bir saatten kısa bir süre önce Swami Pranabananda bana yaklaştığında, Ganj'daki banyomu yeni bitirmiştim. O vakitte orada olduğumu nereden bildiği hakkında hiçbir fikrim yok. 'Bhagabati'nin oğlu evimde seni bekliyor' dedi, 'Benimle gelir misin?' Memnuniyetle kabul ettim. El ele yürürken Swami, takunyalarıyla, lastik ayakkabılarıma rağmen benden daha hızlı ilerliyordu.

Swami aniden durup, 'Evime varmam ne kadar sürer?' diye sordu.

'Yaklaşık yarım saat' dedim.

'Şu anda yapacak başka bir işim var,' deyip anlaşılmaz bir bakış attı. 'Hızlı yürümem lazım. Evde görüşürüz, Bhagabati'nin oğluyla seni bekliyor olacağız.'

Serzenişte bulunmama fırsat vermeden beni hızla arkasında bırakarak, kalabalıkta kayboldu. Ben de mümkün olduğunca acele ederek geldim."

Bu açıklama sadece hayretimi artırmaya yaradı. Ne zamandan beri Swami'yi tanıdığını sordum.

"Geçen yıl birkaç kez görüştük. Fakat son zamanlarda görmediğimden, bugün Ganj kenarında onunla karşılaştığımda çok memnun olmuştum."

"Kulaklarıma inanamıyorum! Aklımı mı kaçırıyorum acaba? Onu bir hayal olarak mı gördün, yoksa gerçekten ellerine dokunup, ayak seslerini işittin mi?"

"Neden bahsettiğini anlamıyorum!" diye kızgınlıkla patlayıverdi. "Sana yalan söylemiyorum. Anlamıyor musun, sadece Swami'nin aracılığıyla senin beni burada beklediğini bilebilirdim!"

"Ama Swami Pranabananda ilk geldiğimden, yani yaklaşık bir saatten beri gözümün önünden bir an bile ayrılmadı." Bütün hikâyeyi bir çırpıda anlattım; Swami ile olan konuşmalarımızı tekrarladım.

Gözleri fal taşı gibi açıldı. "Bu maddesel çağda mı yaşıyoruz yoksa hayal mi görüyoruz? Hayatımda böyle bir mucizeye tanık olacağımı hiç ummazdım. Swami'nin sıradan bir insan olduğunu düşünmüştüm. Fakat şimdi, onun ekstra bir beden oluşturup, onunla da iş gördüğünü fark ediyorum!"

Beraberce ermişin odasına girdik. Kedar Nath Babu sedirin altındaki takunyaları işaret etti.

"Bak bunlar, nehir kenarında giymiş olduğu takunyaların ta kendisi" diye fısıldadı. "Şu an gördüğüm gibi sadece bir peştamal giymişti." Ziyaretçi önünde eğildiğinde ermiş muammalı bir gülümseyişle bana döndü.

21

"Bütün bu olanlardan neden aptallaştın? Görünen dünyanın suptil birliği gerçek yogilerden gizli değildir. Buradan oldukça uzakta olan Kalküta'daki müritlerimi anında görebilir ve onlarla konuşabilirim. Onlar da benzer yolla kaba maddenin engelini istedikleri anda aşabilirler."

Muhtemelen, genç göğsümde ruhani bir şevk uyandırma gayretiyle olsa gerek, Swami bana astral radyo ve televizyon vazifesi gören güçlerinden bahsetmeye tenezzül etti.[2] Fakat heyecan yerine sadece şaşkınlıkla karışık bir korku duydum. İlahi arayışımı belli bir guru vasıtasıyla -henüz kendisiyle karşılaşmadığım Sri Yukteswar- üstlenmeye yönlendirildiğim için olacak, Pranabananda'yı öğretmenim olarak kabul etmek için hiçbir eğilim hissetmiyordum. Şüphe içinde, dikkatle, acaba karşımda duranın o mu, yoksa kopyası mı olduğunu merak ederek baktım. Üstat, ruhu uyandıran bir bakış ve kendi gurusu hakkında bazı ilham verici sözlerle rahatsızlığımı gidermeye çalıştı.

"Lahiri Mahasaya tanıdığım en büyük yogiydi. Kutsal Olan'ın beden formuna bürünmüş haliydi o."

Eğer, bir müridi istediği anda bir beden materyalize edebilirse, üstadı gerçekte ne mucizeler yaratabilir, diye düşündüm.

"Sana bir gurunun yardımının ne kadar paha biçilmez olduğunu anlatacağım: Başka bir mürit arkadaşımla birlikte, her gece sekiz saat meditasyon yapardım. Gün boyunca demiryolları ofisinde çalışmak zorundaydık. Yazmanlık görevimi yürütmekte zorluk çekerek, bütün zamanımı Allah'a adamak istedim. Sekiz yıl ısrar ve sabırla, gecenin yarısını meditasyon yaparak geçirdim. Mucizevi sonuçlar aldım; muhteşem ruhani idrakler zihnimi aydınlattı. Fakat Sonsuz Olan ile aramda daima küçük bir mesafe kaldı. İnsanüstü çabalarıma rağmen, nihai değişmezle birliğe ulaşmaktan yoksun kalmaktaydım. Bir akşam Lahiri Mahasaya'yı ziyaret ederek, benim adıma ilahi aracılığını rica ettim. Israrlı dileğim bütün gece boyunca sürdü.

'Meleksi Guru, kederim öyle ki, Büyük Sevgili ile yüz yüze karşılaşmadan yaşamaya daha fazla dayanamam!'

---

[2] Fizik bilimi kendi açısından, yogilerin mental bilim kanalıyla keşfettikleri kanunların geçerliliğini tasdik etmektedir. Örneğin, 26 Kasım 1934'te Roma Royal Üniversitesi'nde, insanın televizyonsal güçleri olduğu konusunda bir gösteri yapıldı. "Neuro-Psikoloji Profesörü Dr. Guiseppe Calligaris, bir subjenin vücudunun belirli yerlerine bastırarak onun, bir duvarın öbür tarafındaki kişiler ve objeler hakkında anlık açıklamalar yapmasını sağladı. Dr. Calligaris'in profesörlere açıkladığına göre, cildin belirli bölgeleri uyarılırsa ona, normalde kavrayamayacağı objeleri görebilmesini mümkün kılacak süper-duyusal imajlar verilebilir. Subjenin duvarın öte tarafındaki şeyleri sezinleyebilmesi için Prof. Calligaris, göğsün sağ tarafındaki bir noktaya on beş dakika boyunca bastırmıştı. Profesör, "vücudun belli noktaları tahrik edildiği zaman subjeler, daha önce hiç görmemiş olsalar bile, uzak mesafelerdeki objeleri görebilirler." diye açıkladı.

'Ben ne yapabilirim? Daha derin meditasyon yapmalısın.'

'Yalvarırım size, Tanrısal üstadım! Sizi fiziksel bir bedende materyalize olarak karşımda görüyorum; beni kutsayın ki, Sizi sonsuz formunuzla kavrayabileyim!'

Lahiri Mahasaya sevecen bir işaretle elini kaldırdı. 'Şimdi gidip meditasyon yapabilirsin, senin için Brahma'ya yalvarıyorum³' dedi.

Ruhsal olarak sınırsızca esinlenmiş vaziyette evime döndüm. O gece meditasyonda hayatımın yanıp tutuşan amacına eriştim. Şimdi her an spiritüel emekliliğimin tadını çıkarıyorum. Nur dolu Yaradan o günden beri asla, herhangi bir yanılgı perdesinin ardında gözlerimden gizlenmedi."

Pranabananda'nın çehresi ilahi ışıkla aydınlanıverdi. Başka bir dünyanın huzuru kalbime doldu, bütün korkum kaybolmuştu. Ermiş başka bir sır daha açıkladı.

"Birkaç ay sonra Lahiri Mahasaya'ya dönerek, sonsuz hediyeyi ihsan edişine teşekküre çalıştım. Sonra ona başka bir olaydan söz ettim.

'İlahi Guru, artık ofiste çalışamam, lütfen beni azat et, Brahma beni sürekli olarak kendimden geçiriyor.'

'Şirketine emeklilik için müracaat et.'

'Emeklilik için henüz erken, nasıl bir sebep gösterebilirim?'

'Hissettiğin neyse söyle.'

Ertesi gün müracaat ettim. Doktor bu erken emeklilik isteğimin nedenini sordu.

'Çalışırken omurgam boyunca yükselen, fevkalade güçlü bir enerji hissediyorum. Bütün vücuduma nüfuz ederek, beni görevlerimi yerine getirmekten alıkoyuyor.'⁴

---

³ Yaradıcı sıfatında Tanrı; Sanskrit kök *brih*'den türer. (Genleşme.) Emerson'un 'Brahma' şiiri 1857'de *Atlantic Monthly*'de yayınlandığında okuyucuların çoğunluğu şaşkınlığa uğradı. Emerson bıyık altından gülerek: "Onlara 'Brahma' yerine 'Yehova' demelerini söyle, böylece zihinleri karışmayacak!"

⁴ Derin meditasyonda Ruh ile olan ilk tecrübe önce omurga mihrabında sonra da beyinde vuku bulur. Sel gibi taşkın olan huzur dalgası oldukça şiddetlidir; ancak yogi bunun dışsal belirtilerini kontrol etmeyi öğrenir. Karşılaştığımızda Pranabananda gerçekten de tam anlamıyla aydınlanmış bir üstattı. Fakat, anlattığı iş hayatının son günleri çok daha önceydi; o zamanlarda kendisi henüz değişmez bir şekilde *nirbikalpa samadhi* (bkz. S- 227) içinde sabitleşmemişti. Bu mükemmel ve sarsılmaz bilinç durumunda bir yogi, herhangi gündelik işini yerine getirirken bir zorlukla karşılaşmaz.

Emekliye ayrıldıktan sonra Pranabananda, *Bhagavad-Gita*'nın derin bir yorumu olan *Pranab Gita*'yı yazdı. Kitap Hindi ve Bengali dillerinde mevcuttur.

Birden fazla beden içinde tezâhür olma gücü Patanjali'nin *Yoga Sutraları*'nda (bkz.S- 216-217 dipnot) bahsi geçen bir *siddhi*'dir. (Yogik güç.) İki ayrı yerde bulunma fenomeni çağlar boyunca birçok ermişin yaşamında sergilenmiştir. *The Story of Therese Neumann* (Bruce Pub. Co.) adlı kitabında A. P. Schimberg, bu Hıristiyan ermişin, uzakta yardımına ihtiyacı olan kişiler önünde çeşitli fırsatlarda nasıl beliriverdiğini anlatır.

SWAMİ PRANABANANDA
Benares'ten "İki Bedenli Ermiş"

Daha fazla soru sormayan doktorun onayıyla kısa süre sonra emekliye ayrıldım. Lahiri Mahasaya'nın ilahi istencinin doktor ve senin baban da dahil diğer demiryolları memurları üzerine tesir ettiğini biliyorum. Otomatik olarak büyük gurunun ruhani talimatına uyarak beni, Sevgili ile kesintisiz birlik içinde bir yaşam için özgür bıraktılar."

Bu olağandışı ifşadan sonra Swami Pranabananda yine o uzun sessizliklerinden birine gömüldü. Ayaklarına saygıyla dokunarak kalkarken beni şu sözlerle kutsadı:

"Senin hayatın feragat ve yoga yoluna ait. Seni daha sonra babanla birlikte tekrar göreceğim." Yıllar onun bu kehanetini kanıtladı.⁵

Kedar Nath Babu bastıran karanlıkta benimle beraber yürürken kendisine ilettiğim mektubu bir sokak lambasının altında okudu.

"Baban demiryolu şirketinin Kalküta bürosunda bir pozisyon almamı teklif ediyor. Pranabananda'nın tadını çıkardığı emekliliklerden en azından birine özlem duymak ne hoş! Fakat bu mümkün değil, Benares'i terk edemem. Ne yazık ki, iki bedende birden olmak, henüz bana göre değil!"

---

⁵ Bakınız Bölüm 27.

BÖLÜM 4

Himalayalar'a Doğru, Engellenen Kaçışım

"Önemsiz bir bahaneyle okulu kırarak bir araba tut ve sokakta kimsenin göremeyeceği bir yerde bekle."

Bu, Himalayalar'a doğru bana eşlik etmeyi planlayan lise arkadaşım Amar Mitter'e verdiğim son direktifti. Kaçışımız için ertesi günü seçmiştik. Ağabeyim Ananta bir gözünü hep benim üzerimde tuttuğundan, tedbirli olmam gerekliydi. Zihnimi kurcalayan en önemli şey olduğuna inandığı kaçış planlarımı bozup, bana engel olmaya kararlıydı. Muska, ruhani bir maya gibi içimde sessizce faaliyetteydi. Himalaya karları arasında yüzünü sık sık vizyonlarda gördüğüm üstadımı bulmayı umuyordum.

Ailem şimdi, babamın daimi olarak transfer edilmiş olduğu Kalküta'da yaşıyordu. Ataerkil Hint geleneğine uyarak Ananta eşiyle bizim evde kalıyordu. Orada, küçük bir tavan arasında, hergün meditasyon yaparak zihnimi ilahi arayışım için hazırlardım.

Unutulmaz sabah uğursuz bir yağmurla birlikte geldi. Amar'ın arabasının tekerlek seslerini duyarak alelacele bir battaniye, bir çift sandalet, iki peştemal, bir tespih ve Lahiri Mahasaya'nın fotoğrafıyla *Bhagawad-Gita*'nın bir kopyasını sarmaladığım bohçayı üçüncü kattaki penceremden aşağı attım. Merdivenlerden koşarak aşağı inip, kapının önünde balık satın alan amcamın yanından geçtim.

"Bu ne heyecan!" Kuşkuluca baktı.

Ona tarafsız bir tebessümde bulunarak sokağa doğru yürüdüm. Bohçamı düştüğü yerden alarak, fesatça bir temkinle Amar ile buluştum. Ticari bir merkez olan Chandni Chauk'a doğru yola koyulduk. Aylardır cep harçlıklarımızı İngiliz giysileri almak için biriktirmekteydik. Akıllı ağabeyim Ananta'nın kolaylıkla bir dedektif rolü oynayabileceğini bildiğimden, onu Avrupalı giysiler giyerek saf dışı bırakabileceğimizi düşünmüştük.

İstasyon yolu üzerinde, kendisini Jatinda diye çağırdığım kuzenim Jatin Ghosh'a uğradık. Kalbi yepyeni bir hevesle dolu olarak Himalayalar'da bir gurunun özlemini duyuyordu. Önceden aldığımız yeni elbiseyi giydi. İyi kamufle olduğumuzu sanıyor, en azından umuyorduk! Yüreğimiz sevinçle kabardı.

"Tek ihtiyacımız bez ayakkabılar." Arkadaşlarımı lastik tabanlı ayakkabılar satan bir dükkana götürdüm.

"Hayvanların katli yoluyla elde edilen deri eşyaları bu kutsal yolculuğumuzda kullanmamalıyız." Yolda *Bhagawad-Gita*'nın deri kabını ve İngiliz malı başlığımın deri bantlarını çıkarmak üzere durdum.

İstasyonda, Himalaya eteklerindeki Hardwar'a aktarma yapmayı planladığımız Burdwan için bilet aldık. Tren yola koyulunca, önceden hayal ettiğim birkaç beklentimi dile getirdim.

"Düşünün bir kere!" deyiverdim, "Üstatlar tarafından kabul edilip, kozmik bilinçlilik transını deneyeceğiz. Bedenlerimiz öyle bir manyetizmayla şarj olacak ki, Himalayalar'ın vahşi hayvanları uysalca yanımıza gelecekler. Kaplanlar kendilerini okşamamızı bekleyen sakin ve mütevazi ev kedilerinden farklı olmayacak!"

Beni tam anlamıyla cezbeden bu tabloyu çizişim Amar'ın yüzüne hevesli bir tebessüm getirdi. Fakat Jatinda bakışlarını pencereye, hızla geçen manzaraya yönelterek, sözlerimi duymazdan geldi.

"Parayı üçe bölelim." Jatinda bu teklifle uzun bir sessizliği bozdu. "Her birimiz Burdwan'da kendi biletini almalı. Böylece istasyonda hiç kimse birlikte kaçtığımızdan şüphelenmeyecek."

Kuşkusuzca razı oldum. Akşamüstü trenimiz Burdwan'da durdu. Jatinda gişede sıraya girdi; Amar ile ben de platformda oturup beklemeye başladık. On beş dakika bekledikten sonra önce merakla sonra korkuyla yaptığımız soruşturmalar sonuç vermedi. İstasyonda dört dönüp onu çağırarak aradık. Jatinda küçük istasyonun çevresindeki karanlığa dalarak kaybolmuştu.

Sinirlerim bozulmuştu. Tuhaf bir uyuşuklukla şok halindeydim. Tanrı depresyon veren bu olaya nasıl izin vermişti! O'nun peşinde, ilk kez dikkatle hazırlanmış olan romantik planım zalimce bozguna uğramıştı.

"Amar, eve dönmeliyiz." Çocuk gibi ağlıyordum. "Jatinda'nın kalpsiz bir şekilde bizi terk edişi kötüye alamet. Bu yolculuk başarısızlığa mahkum."

"Senin Tanrı'ya olan sevgin bu kadar mı? Hilekâr bir yol arkadaşının küçük bir sınavını kaldıramayacak mısın?"

"Amar'ın ilahi test telkini sayesinde yüreğim kendini topladı. Burdwan'ın meşhur tatlıları *sitabhog* (tanrıçanın yiyeceği) ve *motichur* (tatlı inci-lokmaları) ile kendimizi tazeledik. Bir kaç saat içinde Bareilly üzerinden

Hardwar'a yola koyulduk. Ertesi gün Moghul Serai'da aktarma yaparken, platform üzerinde hararetli bir konuyu tartışıyorduk."

"Amar, her an demiryolu memurları tarafından etraflıca sorguya çekilebiliriz. Ağabeyimin maharetini küçümsemiyorum! Ne sonuç verirse versin yalan söylemeyeceğim."

"Senden bütün istediğim Mukunda, sakinliğini koruman. Ben konuşurken gülmek ya da sırıtmak yok."

Tam o anda Avrupalı bir istasyon memuru yaklaşarak bana hitap etti. Elinde, içeriğini hemen kavrayıverdiğim bir telgrafı sallayarak:

"Kızgınlıkla evden mi kaçıyorsunuz?"

"Hayır!" Kelimeleri seçiş tarzı, "hayır" dememe uygun bir cevaba izin verdiği için memnundum. Bu alışılmadık davranışımın kızgınlıktan değil, kutsal melankoliden kaynaklandığını biliyordum.

Memur daha sonra Amar'a döndü. Bunu takip eden zekaların düellosu, stoik vakarımı devam ettirebilmekte beni zorluyordu."Üçüncü çocuk nerede?" dedi adam otoriter bir sesle. "Hadi, sadede gel, gerçeği söyle!"

"Bayım, gözlük taktığınızı görüyorum. Sadece iki kişi olduğumuzu görmüyor musunuz?" Amar arsızca sırıttı. "Ben sihirbaz değilim; üçüncü bir çocuğu var edemem."

Bu küstahlıkla dikkati çekecek derecede çeki düzeni bozulan memur yeni bir saldırı alanı aradı:

"Senin adın ne?"

"Thomas. İngiliz bir anneyle Hıristiyanlık'a dönmüş Hintli bir babanın oğluyum."

"Arkadaşının adı ne?"

"Ben ona Thompson diye hitap ederim."

O anda içimdeki şenlik doruğa ulaşmıştı. Aniden, kalkış düdüğü çalan trene doğru ilerledim. Amar, bizi Avrupalılar'a ait bir kompartmana yerleştirme mecburiyeti hisseden memurla birlikte beni takip etti. İki yarı İngiliz çocuğun yerli halka tahsis edilmiş bölümde seyahat edişini düşünmek ona pek uygun görünmemişti. Memurun nezaketle dışarı çıkışından sonra koltuğa kurulup, katılarak güldüm. Amar ise Avrupalı bir memuru saf dışı etmiş olmanın neşeli ve tatminkâr tavrına büründü.

Platformda telgrafı okumanın bir yolunu bulmuştum. Ağabeyim Ananta'dandı; şöyle diyordu:

"Bengalli üç çocuk İngiliz giysileri içinde Moghul Serai üzerinden Hardwar'a doğru kaçıyorlar. Lütfen, ben gelene kadar onları engelleyiniz.

Hizmetiniz ödüllendirilecektir."

"Amar, sana evde işaretlenmiş herhangi bir tren tarifesi bırakma demiştim." Bakışım azarlama kabilindendi. "Abim sizin evde birini bulmuş olmalı."

Arkadaşım kuzu gibi tasdik etti. Bareilly'de kısaca durduk. Orada Dwarka Prasad,[1] Ananta'dan bir telgrafla bekliyordu. Bizi engellemek için elinden geleni yapmasına rağmen, onu kaçışımızın hafife alınmaması gerektiğine ikna ettim. Daha önceki bir fırsatta olduğu gibi Dwarka, Himalayalar'a doğru bizimle gelme teklifimi reddetti.

Tren o gece bir istasyonda beklerken ve ben yarı uykudayken Amar, sorular soran başka bir memur tarafından uyandırıldı. Ancak o da Thomas ile "Thompson" hikâyesine kurban oldu. Tren bizi sabaha karşı Hardwar'a ulaştırdı. Muhteşem dağlar uzakta davet edercesine, hayal gibi belirivermişlerdi. Aceleyle istasyon boyunca yürüyerek şehir kalabalığının özgürlüğüne daldık. İlk yaptığımız şey yerel kıyafetlere bürünmekti. Çünkü Ananta Avrupalı sahte giysilerimizi artık keşfetmişti. Yakalanacağımız hakkındaki kötü önsezim gittikçe daha belirginleşiyordu.

Hardwar'ı bir an önce geride bırakmayı akıllıca bularak kuzeye, Rishikesh'e devam etmek üzere bilet aldık. Rishikesh çağlar boyunca birçok üstadın ayak izleri tarafından kutsanmıştır. Amar platformda oyalanırken ben çoktan trene binmiştim. Arkadaşım bir polisin çağrısıyla aniden durdu. Bu davetsiz gardiyan bize polis karakoluna kadar refakat ederek paramıza el koydu. Sonra nezaketle, abim gelene kadar görevinin bizi orada alakoymak olduğunu bildirdi.

Kaçakların hedefinin Himalayalar olduğunu öğrenince, memur bize garip bir hikâye anlattı:

"Ermişlere çok meraklı olduğunuzu anlıyorum! Eminim, dün gördüğüm ermişten daha büyük biriyle asla karşılaşamayacaksınız. Nöbetçi arkadaşımla beraber ona beş gün önce rastladık. Kaçak bir katili aramak için gözlerimizi dört açarak Ganj boyunca devriye geziyorduk. Verilen emir katili ölü ya da diri ele geçirmekti. Hacıları soymak için bir *sadhu* (fakir) kılığında dolaştığı biliniyordu. Az ilerde suçlunun eşgaline uyan bir figürün varlığını sezdik. Dur ihtarımıza uymayınca, koşmaya başladık. Arkasından yaklaştığımda palamı müthiş bir güçle indirdim; sağ kolu neredeyse tamamiyle vücudundan ayrıldı.

"Yabancı ne bir çığlık ne de yarasına göz atarak, hayret verici bir şekilde hızlı adımlarla yoluna devam etti. Önüne atladığımızda sakinlikle konuştu."

---

[1] 13. sayfada adı geçmişti.

"Aradığınız katil ben değilim."

"İlahi görünüşlü bir ermişi yaraladığımı fark edince derinden bir utanç duymuştum. Ayaklarına kapanarak affımı diledim. Ve şiddetle fışkıran kanı durdurmak için türbanımı uzattım.

"Oğul, yaptığın senin açından mazur bir hataydı." Ermiş nazikçe baktı. "Yoluna devam et ve kendine kızma. Sevgili Ana beni gözetiyor." Sallanan kolunu yerine yerleştirdi. Bir de ne göreyim! kolu yapıştı; akan kan durdu!

"Üç gün sonra şu ilerdeki ağacın altına gel. Beni tamamiyle iyileşmiş bulacaksın. Böylece vicdan azabı duymayacaksın."

Dün arkadaşımla merak içinde belirlenen noktaya gittik. Sadhu oradaydı ve kolunu incelememize izin verdi. Hiç bir incinme ya da yara izi yoktu!

"Rishikesh üzerinden Himalayalar'ın ıssızlığına gidiyorum." Sadhu bizi takdis ederek hızla uzaklaştı. Onun mübarekliği sayesinde hayatıma ilham geldiğini hissediyorum."

Memur sofuca bir ifadeyle sözlerine nihayet verdi; edindiği tecrübe onu alıştığı derinliklerin ötesine götürmüştü. Sonra, mucizevi olaydan bahseden bir gazeteden kesilmiş bir parça uzattı. Olayın belirli ayrıntılarını seçen bir çeşit sansasyon gazetesinde (ne yazık ki Hindistan'da da eksik değiller!) haber biraz abartılmıştı: Sadhu'nun neredeyse başının gövdesinden ayrılmış olduğuna değinilmişti!

Amar ile ben, kendisini yaralayan insanı böylesine bir kutsallıkla affedebilmiş olan büyük yogiyi kaçırdığımıza dövündük durduk. Son iki yüzyılda maddi açıdan fakir, ancak hâlâ ilahi zenginliğin tükenmez bir sermayesine sahip olan Hindistan'da, bu ruhani 'gökdelenler' ile arasıra karşılaşılabilir; hatta bu polis memuru gibi dünyalık insanlarca bile.

Memura, can sıkıntımızı bu mucizevi hikâyesiyle dağıttığı için teşekkür ettik. Muhtemelen bizden daha şanslı olduğunu ima ediyordu: Çaba sarfetmeksizin aydınlanmış bir ermişe rastlamıştı; bizim samimi arayışımızsa bir ermişin ayaklarında değil, kaba bir polis karakolunda sona ermişti!

Himalayalar'a bu kadar yaklaşmışken, yazık! Amar'a, bu tutsaklığımızın beni daha da artan bir istekle özgürlüğü aramaya kışkırttığını söyledim.

"Bir fırsatını bulursak kaçalım. Kutsal Rishikesh'e yürüyerek gidebiliriz." diyerek cesaret verircesine gülümsedim.

Fakat arkadaşım, paranın güven veren desteği elimizden alınır alınmaz kötümserleşmişti.

"Eğer öylesine tehlikeli ormanlarda yürüyüşe koyulursak ermişler diyarını değil, kaplanların midesini boylarız!"

Ananta ve Amar'ın ağabeyi üç gün sonra geldi. Amar abisini sıkıntıdan kurtulmanın verdiği sevecenlikle selamladı. Bense barışık bir havada değildim; Ananta ciddi bir terslemeden başka bir davranışla karşılaşmadı.

"Neler hissettiğini anlıyorum." Ağabeyim iç çekerek konuştu. "Senden bütün istediğim, bana Benares'e kadar, bir ermişi görmek için eşlik etmen ve daha sonra üzüntü içindeki babamızı bir kaç gün ziyaret için Kalküta'ya gitmen. Daha sonra Himalaya'lardaki üstat arayışına devam edebilirsin."

Amar burada konuşmaya katılarak, Hardwar'a benimle beraber geri dönme planına karşı çıktı. Ailevi bir yakınlığın tadını çıkarıyordu. Fakat ben, gurumun peşinden arayışımı asla bırakmayacağımı biliyordum.

Grubumuz Benares'e doğru yola koyuldu. Orada, bir duama ani ve eşsiz bir yanıt aldım.

Ananta önceden akıllıca bir oyun hazırlamıştı. Hardwar'a gelmeden önce, benimle daha sonra görüşmesi için, kutsal metinler üzerine otorite olan bir şahsı hazırlamak amacıyla Benares'te duraklamıştı. Bu şahıs ve oğlu beni bir *sannyasi*[2] olmaktan caydırmaya çalışacaklarına söz vermişlerdi.

Ananta beni evlerine götürdü. Oğlu, coşkun tavırlı bir adam, beni avluda selamladı ve uzun uzadıya felsefi bir sohbete soktu. Gelecekten haber verme bilgisine sahip bir medyum izlenimi uyandırarak, rahip olma konusunda cesaretimi kırdı.

"Eğer olağan sorumluluklarını böyle ihmal etmekte ısrar edersen, sürekli talihsizliğe uğrayacak ve Tanrı'yı bulamayacaksın! Geçmiş karmalarını[3] dünyevi tecrübelerin olmaksızın halledemezsin."

Cevap olarak *Bhagawad-Gita*'dan[4] şu ölümsüz sözler dilimden döküldü: "En kötü karmaya sahip olan bile, benim üzerime ısrarla meditasyon yaparsa, geçmişteki kötü davranışlarının etkisi hızla kaybolur. Yüksek ruhlu bir varlığa dönüşerek, sonsuz huzura kavuşur. Şunu kesinlikle bilin: Umut ve güvenini bana bağlayan mürit asla ölmez!"

Fakat genç adamın güçlü kehanetleri güvenimi biraz da olsa sarsmıştı. Yüreğimin bütün hararetiyle Allah'a sessizce dua ettim:

"Lütfen şaşkınlığımı gidererek bana cevap ver! Hemen şimdi, burada! Bir münzevi hayatı mı sürmemi mi arzu ediyorsun yoksa dünyalık bir adam gibi yaşamamı mı?"

Avlunun hemen dışarısında dikilen asil görünüşlü bir sadhu (fakir)

---

[2] "El-etek çekmiş"; Sanskrit fiil köklerinden, "Bir tarafa atmak."

[3] Geçmiş aktivitelerin etkileri, bu ya da önceki bir yaşamda; Sanskrit fiil *kri*, 'yapmak'tan.

[4] Bölüm 9, mısra 30-31.

dikkatimi çekti. Besbelli, 'kendini beğenmiş' medyumla aramızdaki ruhani konuşmayı duymuş olmalı ki, beni yanına çağırdı. Durgun gözlerinden akan müthiş gücü hissettim.

"Oğul, o bilgiç zırcahili dinleme. Duana cevap olarak Yaradan benden, bu yaşamdaki asıl yolunun bir münzevinin yolu olduğunu sana söylememi istedi."

Bu kesin mesaj karşısında minnettar olduğum kadar hayretler içinde de kalarak mutlulukla gülümsedim.

"Uzak dur o adamdan!" 'Zırcahil' avludan bana sesleniyordu. Ermiş kılavuzum beni kutsamak için elini kaldırarak ağır adımlarla uzaklaştı.

"O fakir en az senin kadar çılgın." Bu etkileyici gözlemi yapan ağarmış kafalı alimdi. Oğluyla beraber asık suratlı bakışlarını bana dikmişlerdi.

"Duyduğum kadarıyla o da ailesini Tanrı'yı kararsız bir arayış içinde terk etmiş."

Ananta'ya doğru dönerek, orada daha fazla kalıp onlarla daha uzun bir tartışmaya girmeyeceğimi belirttim. Cesareti kırılan ağabeyim orayı acilen terk etmeye razı oldu. Kısa zamanda trenle Kalküta'ya doğru yola çıktık.

Eve doğru yolculuğumuz sırasında ağabeyime "Bay dedektif, nasıl oldu da iki arkadaşımla kaçtığımı keşfettin?" diye sordum. Abim haince güldü.

"Önce okuluna gittim. Orada, Amar'ın dershaneden çıkarak bir daha geri dönmediğini öğrendim. Ertesi sabah evlerine giderek işaretlenmiş tren tarifesini buldum. Tam o sırada Amar'ın babası yola çıkarken arabacıyla konuşmaktaydı.

"Oğlum bu sabah benimle gelmeyecek. Ortadan kayboldu!" diye üzüntüyle iç geçirdi.

Arabacı cevap verdi: "Tanıdık bir arabacıdan duydum ki, oğlunuz iki arkadaşıyla birlikte Avrupalı giysileri içinde, Howrah İstasyonu'ndan trene binmiş. Deri ayakkabılarını da arabacıya hediye etmişler."

"Böylece üç ipucu ele geçirdim: Tren tarifesi, üç çocuk ve Avrupalı giysileri."

Ananta'nın anlattıklarını coşkuyla karışık bir kızgınlıkla dinliyordum. Anlaşılan, arabacıya karşı cömertliğimiz biraz gereksiz bir davranış olmuştu!

"Tabii ki Amar'ın tren tarifesinde işaretli olan bütün istasyon memurlarına telgraf çekmek üzere fırladım. Bareilly'deki arkadaşın Dwarka'ya bir telgraf çektim. Kalküta'daki komşularımızla görüştükten sonra kuzen Jatinda'nın bir gece ortadan kaybolduğunu, ancak ertesi sabah Avrupalı elbiseler içinde geri döndüğünü öğrendim. Onu arayarak, akşam yemeğine davet ettim.

Himalayalar'a Doğru, Engellenen Kaçışım

Arkadaşça tavrım karşısında yelkenleri suya indirerek kabul etti. Yol üzerinde onu şüphelendirmeden bir polis karakoluna yönlendirdim. Bir anda, kızgın ve acımasız bir izlenim uyandırmaları için daha önceden anlaşmış olduğum polis memurları tarafından çevrelendi. Onların korkutucu bakışları arasında Jatinda, gizli davranışını açıklamaya ikna oldu.

"Himalayalar'a doğru neşeli bir ruhani moralle yola çıktım" diye anlatmaya başladı. 'Üstatlarla karşılaşma düşüncesi içimi ilhamla doldurmuştu. Fakat Mukunda "Himalaya Dağları'ndaki aşkın trans hallerimiz esnasında, kaplanlar elleri kolları bağlı, etrafımızda uysal kediler gibi oturacaklar" dediğinde ruhum dondu; alnımda boncuk boncuk ter damlaları belirdi. "Ne olacak?" diye düşündüm, "Eğer ruhani transımızın gücü kaplanların vahşi doğasını değiştiremezse, bize hâlâ ev kedilerinin nezaketiyle mi davranacaklar? Zihnimde kendimi çoktan bir kaplanın midesinde mecburi ikâmet ederken gördüm. Hem de bütün olarak değil, parçalar halinde!"

Jatinda'nın ortadan kayboluşuna olan kızgınlığım kahkahalarımla birlikte buharlaşıp yok oldu. Trendeki eğlenceli hikâye, bana bütün çektirdiğine değmişti. Hafif bir tatmin duygusuna kapıldığımı itiraf etmeliyim: Jatinda da polisle muhatap olmaktan kurtulamamıştı!

"Ananta [5], sen doğuştan bir av tazısısın!" Eğlenen bakışlarımda birazda dargınlık yok değildi. "Jatinda'ya bize ihanet amacıyla böyle davranmadığına memnun olduğumu söyleyeceğim. Göründüğü kadarıyla bu sadece, saf kendini koruma içgüdüsü!"

Kalküta'daki evde babam, dokunaklı bir şekilde, en azından lise eğitimimi tamamlayana kadar, başka diyarlara gitme arzumu frenlememi rica etti. Yokluğumda bana sevgisinden kaynaklanan bir plan kurmuş, ermiş bir alimin, Swami Kebalananda'nın düzenli olarak eve gelmesini ayarlamıştı.

"Ermiş senin Sanskrit öğretmenin olacak." dedi.

Babam, eğitilmiş bir filozofun bilgece direktifleri sayesinde dini özlemlerimi tatmin edebilmeyi umuyordu. Fakat kartlar biraz değişmişti: Yeni öğretmenim, zihinsel yavanlıkları sunmaktan çok uzak olarak, Tanrısal ilham ateşimi körüklemekteydi. Babamın bilmediği, Swami Kebalananda'nın Lahiri Mahasaya'nın yüksek mertebelerdeki bir müridi olduğuydu. Eşsiz gurunun, ilahi manyetizmasının karşı konulmazlığı tarafından sessizce kendisine doğru cezbolan binlerce müridi vardı. Daha sonra öğrendiğime göre, Lahiri

---

[5] Ona daima Ananta-da diye hitap ettim. *Da*, kardeşlerin, daha büyük kardeşlerinin isimlerine eklediklerı bir saygı ekidir.

Mahasaya, Kebalananda'yı birçok kez *rishi* ya da aydınlanmış bilge olarak övmüştü.[6]

Saçının hoş dalgaları öğretmenimin güzel yüzünü çevreliyordu. Koyu renkli gözleri samimiydi ve bir çocuğunki gibi şeffaftı. İnce bedeninin bütün hareketleri, sükun içindeki aklı başında bir dengeliliğin damgasını taşıyordu. Her zaman nazik ve sevecen olarak İlahi Bilinç içinde sağlamlıkla yerleşmişti. Beraber olduğumuz huzur dolu zamanın çoğu, derin *Kriya* meditasyonunda geçti.

Kebalananda çok eski *Shastra* ya da kutsal yazıtlar üzerine sözü geçen bir otoriteydi; geniş bilgisi ona 'Shastri Mahasaya' unvanını kazandırmıştı ve öyle anılıyordu. Ancak benim Sanskrit'te gösterdiğim ilerleme pek dikkat çekici değildi. Sıkıcı gramerden kurtulup, yoga ve Lahiri Mahasaya'dan konuşmak için her fırsatı kullanırdım. Bir gün öğretmenim üstatla birlikteyken başından geçen bir olayı anlattı.

"Nadir bir ayrıcalık olarak Lahiri Mahasaya'nın yanında on yıl kalabilmek bana kısmet oldu. Benares'teki evi her geceki hac yolculuğumun hedefiydi. Guru her zaman birinci katın küçük ön salonunda bulunurdu. Arkalıksız ahşap sedirin üzerinde lotus pozisyonunda oturur, müritleri de onu, etrafında yarım daire şeklinde oturarak, bir çelenk gibi süslerlerdi. Gözleri kıvılcımlar saçarak, Tanrı'nın neşesiyle dans ederlerdi. İçsel teleskopik semadan sonsuz bir huzur küresini, bir yarıktan gözetliyormuşçasına gözleri hep yarı kapalıydı. Nadiren uzun konuşurdu. Zaman zaman bakışları yardıma ihtiyacı olan bir öğrencinin üzerinde odaklanırdı; sonra şifa saçan sözler bir ışık heyelanı gibi dökülüverirdi.

"Üstadın bakışları altında içimde tarifi imkânsız bir huzur filizlenirdi. Adeta sonsuzluğun lotus çiçeğindenmişcesine ondan yayılan hoş koku bütün benliğime nüfuz ederdi. Onunla, bazen günlerce bir tek kelime dahi konuşmadan beraber olmak, bütün varlığımı değişime uğratan bir tecrübeydi. Konsantrasyon yolumda herhangi bir engel belirdiğinde gurunun ayakları dibinde meditasyon yapardım. Orada en suptil halleri bile kolaylıkla kavrayabilmem mümkün olurdu, ki böyle kavramları daha alt seviyeden öğretmenlerin huzurunda anlayamamıştım. Üstat, gizemli kapıları bütün müritlere iman kanalıyla açık olan, Tanrı'nın yaşayan bir tapınağıydı.

"Lahiri Mahasaya eski kutsal metinlerin kitap ağızlı bir yorumlayıcısı

---

[6] Karşılaştığımız zaman Kebalananda henüz Swami Düzeni'ne katılmamıştı, ve genelde 'Shastri Mahasaya' olarak anılıyordu. Bölüm 9'da Üstat Mahasaya ile Lahiri Mahasaya arasındaki isimsel karışıklığı önlemek için, Sanskrit öğretmenimden sadece, monastik ismi olan Swami Kebalananda olarak bahsedeceğim. Biyografisi geçenlerde Bengali dilinde yayınlandı. Bengal'in Khulna bölgesinde 1863'te doğan Kebalananda, bedenini 68 yaşında, Benares'te terk etti. Aile adı Ashutosh Chatterji idi.

değildi. Zorluk çekmeden 'ilahi kütüphaneye' dalardı. Sözler, düşünceler, onun herşeyi bilen bilgeliğinin kaynağından sel gibi taşardı. Binlerce yıldır *Vedalar*'da [7] gizlenmiş olan derin filozofik bilimin kilitlerini açan mucizevi bir anahtara sahipti. Eski yazıtlarda bahsi geçen çeşitli bilinç düzeylerini açıklamasını istediğimde, gülümseyerek kabul ederdi.

"Bu bilinç hallerine girerek, sana ne algıladığımı o anda açıklayacağım." O böylelikle, yazıtları hafızalarına kaydedip, sonra da yaşantılaştırılmamış soyutlamalar sunan diğer öğretmenlerden tamamiyle farklıydı.

"Lütfen, kutsal metinleri, anlamı sana nasıl beliriyorsa öyle tefsir et." Az söz söyleyen guru sık sık yanındaki bir müridine bu direktifi verirdi. "Doğru yorumun dile gelmesi için zihnine kılavuzluk edeceğim." Bu yolla Lahiri Mahasaya'nın bir çok fikirleri çeşitli öğrencileri tarafından ciltleri dolduran yorumlarla kaydedildi.

Üstat müritlerini asla kör inançlara yönlendirmezdi. 'Kelimeler sadece kılıftır' derdi. "Meditasyonda kendi huzur verici direkt kontağın yoluyla Tanrı'nın varlığına ikna ol."

Müridin problemi ne olursa olsun guru, çözümü için *Kriya Yoga*'yı tavsiye ederdi.

"Ben sizlere kılavuzluk etmek için artık bu beden içinde bulunmadığım zaman, yogik anahtar etkinliğini yitirmeyecek. Bu teknik, teorik kitaplar gibi kapatılıp, rafa konulup, unutulamaz. Gücü pratikte yatan *Kriya* kanalıyla ruhun bağımsızlığına doğru yolunuzda, durup dinlenmeden ilerleyin."

"Ben de şahsen *Kriya*yı, insanlığın sonsuz arayışında, kişisel çaba yoluyla hidayete ermekte en etkili alet olarak görüyorum." Kebalananda şu içten şehadetle sözlerine nihayet verdi. "Kriyanın uygulanışı sayesinde her insanın içinde olan her şeye gücü yeten Tanrı, Lahiri Mahasaya ve onun bazı müritlerinin suretlerinde gözle görünür bir şekilde bedenlenmiştir."

Kebalananda Lahiri Mahasaya'nın, ancak mesihlerin gösterebileceği bir mucizeyi sergilemesine şahit olmuştu. Ermiş öğretmenim bir gün, gözü masamdaki Sanskrit tekstlerinden çok uzaklarda, hikâyeyi anlattı.

---

[7] Çok eski olan dört *Veda*'nın yüzü aşkın mukaddes kitabı hâlâ mevcuttur. Emerson '*Journal*'inde Vedik (Veda'lara ait) düşünceye şu atıfta bulunmuştur: "Vedalar ısı, gece ve nefes kesen okyanus kadar harikulâde. Bütün dini hassasiyeti ve her asil şiirsel zihni zaman zaman ziyaret eden bütün ulvi ahlaki sistemleri içinde bulunduruyor. Eğer kendimi ormanlarda ya da bir gölün üzerindeki kayıkta ona güvenle teslim edebilirsem, Doğa benden anlık olarak bir *Brahmin* yaratmaktadır: Sonsuz gereklilik, sonsuz şefkat, sınırsız kudret, bozulmamış bir sükun... Budur doğanın kelimeyi şehadeti. Huzur, saflık ve tam bir feragat. Bu her derde deva ilaçlar bütün günahların fenalığını affettirir ve insanları 'Sekiz Tanrıların' görkemli güzelliğine ulaştırır."

SWAMİ KEBALANANDA
Yogananda'nın Sanskritçe öğretmeni

Paramahansa Yogananda'nın, 1915 Haziran'ında feragat yemini ederek, antik Swami düzenine bağlı bir *sannyasi* (rahip) olmak için terk ettiği Kalküta'daki evi

"Gözleri görmeyen bir mürit olan Ramu bende aktif bir acıma duygusu uyandırırdı. Varlığında Kutsal Olan'ın tam anlamıyla ışıldadığı üstadımıza canla başla hizmet eden Ramu ışığı hiç göremeyecek miydi? Bir sabah onunla konuşmak istedim, fakat o saatlerce sabırla oturarak, palmiye yaprağından elle yapılmış bir *punkha* ile guruyu yelpazelemekteydi. Mürit en sonunda odadan çıktığında ben de onu takip ettim.

"Ramu, ne zamandan beri görmüyorsun?"

"Doğuştan beri, efendim! Gözlerim güneşin bir tek ışınıyla bile kutsanmadı."

"Her şeye kadir gurumuz sana yardım edebilir. Lütfen rica et."

Ertesi gün Ramu sıkılganca Lahiri Mahasaya'ya yaklaştı. Mürit adeta süper-ruhani zenginliğine bir de fiziksel sağlık eklenmesini istemekten utanç duyuyordu.

"Üstadım, Kozmosu Aydınlatan sizin içinizde. Onun ışığını gözlerime getirmenize duacıyım, ki güneşin daha silik ışınlarını algılayabileyim."

"Ramu, birisi seni kışkırtmış, beni zor durumda bırakmak için! Benim şifa verici bir gücüm yok."

"Efendim, içinizdeki Sonsuz Olan kesinlikle beni iyileştirebilir."

"Tabiki bu gerçekten başka Ramu. Allah sınırsız! Yıldızları ve bedenin hücrelerini yaşam nuruyla tutuşturan O tabii ki senin gözlerine bir vizyonun parlaklığını getirebilir." Üstat Ramu'nun alnında iki kaşının ortasındaki noktaya [8] dokundu.

"Zihninde buraya konsantre ol ve yedi gün boyunca peygamber Rama'nın [9] ismini sık sık zikret. Güneşe ışığını veren, senin için özel bir tan vakti getirecek."

Bir de ne görelim! Bir hafta içinde gerçekten de öyle oldu! Ramu ilk kez doğanın aydınlık yüzünü gördü. Herşeyi Bilen, şaşmazcasına müridini, bütün diğer ermişlerden daha derin bir bağlılıkla tapındığı Rama'nın ismini tekrarlamaya yöneltmişti. Ramu'nun imanı, gurunun kalıcı şifasının filizlendiği güçlü tohum için, inançla sürülmüş bir topraktı." Kebalananda bir süre sessiz kaldıktan sonra gurusuna başka bir övgüde daha bulundu.

"Lahiri Mahasaya'nın gerçekleştirdiği mucizelerde bir şey çok açıktı: O asla ego-prensibinin,[10] kendisini nedensel bir güç olarak ortaya koymasına

---

[8] 'Tek' ya da spiritüel gözün bulunduğu yer. Ölüm anında genellikle gözler bu noktaya yönelerek, insanın bilinci bu noktaya çekilir.

[9] Sanskrit destan *Ramayana*'nın kutsal baş figürü.

[10] Ego-prensibi, *ahankara* (kelime anlamı 'ben yapıyorum'), düalizmin ya da insanla yaratıcısı

izin vermedi. Üstat, Başlıca Şifa Veren Güç'e olan teslimiyetinin mükemmelliğiyle O'nun kendi varlığı kanalıyla özgürce akışını sağladı.

Lahiri Mahasaya tarafından mucizevi surette iyileştirilmiş olan sayısız bedenler eninde sonunda kremasyon (ölülerin yakılış töreni) alevlerini beslediler. Fakat onun sebep olduğu sessiz ruhani uyanışlar, eğittiği mesihane müritler, onun yok olmayan mucizeleridir."

Ben hiç bir zaman iyi bir Sanskrit öğrencisi olamadım; Kebalananda bana çok daha kutsal bir grameri öğretti.

---

arasında öyleymiş gibi algılanan ayrılık illüzyonunun başlıca sebebidir. Ahankara, insanları, subjenin (ego) obje olarak göründüğü maya illüzyonuna (kozmik yanılgı) iter; yaratılmış olanlar kendilerinin yaratanlar olduklarını sanır ya da farz ederler. (Bkz. sayfa 40 dipnot, 245-246, 261 dipnot.)

"Ben yapmıyorum, yaptıklarımın hiçbirini!"
Böyle düşünür, gerçeklerin gerçeğini kavrayan...
Her zaman eminlikle: "Bu, duyularla oynayan
Duyu dünyası." (V:8-9)
Bakarken görür, gerçekten de
Yapılan işler, Doğanın vücuda getirdikleri
O'nun kanalıyla harekete geçenler,
Ruhun tatbikatı için; ki,
Faaliyet halinde, yine de icracı değil. (XIII:29)
Her ne kadar doğumsuz, ölümsüz, ebediysem de,
Ve Efendisi yaşayan her şeyin;
Maya vasıtasıyla, devinen Doğa-formlarına
Damgamı vurduğum sihirli gücümle,
Gelirim, giderim ve gelirim. (IV:6)
Zordur, Beni gizleyen çeşitli şovların
İlahi peçesinin ardını görebilmek;
Yine de görür ve ötesine geçer
Bana ibadet edenler." (VII:14)
- Bhagawad-Gita (Sir Arnold'un tercümesinden)

BÖLÜM 5

Bir "Parfüm Ermişi" Mucizelerini Sergiliyor.

"Her şeyin bir mevsimi ve göğün altında her bir amacın bir zamanı vardır."[1]

Solomon'un içimi rahatlatacak bu özlü sözünden haberim yoktu; evden her çıkışımda, benim kaderimdeki gurumun yüzünü arayarak etrafıma bakınırdım. Ancak lise öğrenimimi tamamlayana kadar onunla yollarımız kesişmedi.

Amar ile Himalayalar'a kaçışım ve Sri Yukteswar'ın hayatıma girdiği büyük gün arasında iki yıl geçti. Bu arada birçok bilge kişiyle karşılaştım. Parfüm Ermişi, Kaplan Swami, Negandra Nath Bhaduri, Üstat Mahasaya ve ünlü Bengalli bilim adamı Jagadis Chandra Bose.

Parfüm Ermişi ile muhabbetimi iki kelimeyle özetleyebilirim; uyumlu ve nükteli.

"Tanrı basit. O'nun dışında her şey karmaşık. Mutlak (absolute) değerleri doğanın göreli dünyası içinde arama."

Bu filozofça sözler, bir tapınakta Kali'nin[2] bir figürü karşısında sessizce dikilirken hafifçe kulağıma geldi. O yöne döndüğümde giysisinin, daha doğrusu olmayan giysisinin, onun gezgin bir sadhu olduğunu ele veren uzun boylu bir adamla karşılaştım.

"Kargaşa içindeki düşüncelerimin tam içine daldınız!" Şükranla gülümsedim. "Doğanın Kali tarafından sembolize edilen müşfik ve ürperti verici nitelikleri arasındaki çelişki benimkinden çok daha kâmil kafaları kurcalamıştır!"

---

[1] *Ecclesiastes - Derlemeci* 3:1

[2] Kali tabiatın Sonsuz Prensibini temsil eder. Geleneksel olarak Tanrı Shiva'nın, yani Ezeli Olan'ın boyu boyunca uzanmış formunun üzerinde dikilen dört kollu kadın olarak resimlendirilir; çünkü fenomenal dünyanın ve doğanın aktiviteleri, görünmez ve henüz kendini fiil halinde ortaya koymamış olan Ruh'un gücünden kaynaklanır. Dört kol esas vasıfları sembolize eder: İkisi hayırlı, ikisi tahripkâr; madde ya da yaradılışın özündeki ikilik.

"Onun sırrını çözen sayılıdır! İyi ve kötü, yaşamın bir anıt gibi, her aklın önüne koyduğu zorlu bir muammadır. Çoğu insan çözüm bulmaya bile kalkışmayarak, yaşamıyla bu bedeli öder, tıpkı *Thebes* (Yunan mitolojisindeki labirentin bulunduğu şehir) günlerinde olduğu gibi. Orada burada, bu tek tük sivrilen birkaç büyük insan yenilgiyi asla kabul etmez. *Mayanın* [3] ikileminden, birliğin ayrımsız gerçeğini sıyırıp çıkarır."

"Çok inançlı konuşuyorsunuz, efendim."

"Ben uzun süre dürüstçe duygu ve düşüncelerimi araştırdım. Erdeme yanaşmanın şiddetli acı veren yolu bu. Kendini analiz etmek, düşüncelerini amansızca gözlemlemek, katı bir deneyimdir. En güçlü egoyu bile un ufak eder. Fakat gerçek bir kendini analiz, matematiksel bir şaşmazlıkla gören bilgeleri ortaya çıkarır. Buna karşılık, 'bireyselliği ifade etme', 'kendini onaylama' yolu, Tanrı'yı ve evreni kendince yorumlamaya hakkı olduğuna emin kılarak, egoistlikle sonuçlanır."

"Gerçek, şüphesiz, böyle kendini beğenmiş orijinalliklerden sıyrılıp kaçar." Tartışmamızın tadını çıkarıyordum.

"İnsan, kendini gösterişten kurtulmadıkça, mutlak gerçeği anlayamaz. Asırlarca çamura bulanmış insan zihni, sayısız dünyevi yanılgıların yansımalarıyla doludur. Savaş alanındaki mücadeleler insanın kendi içindeki düşmanlarla çekişmelerine kıyasla önemsiz kalır! Büyük güçler bile, bu ölümsüz düşmanları, dize getirmeye yetmez! Her yerde var olan, durup dinlenme bilmeyen, çürümüşlükten çıkan zehirli kokulu silahlarla haince donanmış, insanı uykusunda bile ikna edip kandıran cahilane keyif düşkünlüğünün bu askerleri, hepimizi yok etmeyi amaçlarlar. Kadere teslim olarak ideallerini gömen insan düşüncesizdir. Odun gibi cansız, cahil ve aciz görünür."

"Saygıdeğer efendim, şaşkın kitlelere karşı bir sempati duymuyor musunuz?"

Bilge kişi bir an sessiz kaldıktan sonra ima yollu cevap verdi.

"Hem Bütün Faziletlerin Ambarı olan görünmez Tanrı'yı hem de açıkça

---

[3] Kozmik yanılgı; kelime anlamı, 'ölçen'. Maya, tarafından sınırlama ve taksimlere ayırmaların (divisions), Ölçüsüz Olan ve Ayrılamayan içinde zâhiri olarak mevcut olduğu, yaradılış içindeki sihirli güçtür.

Emerson *Maya* hakkında şu şiiri yazmıştır:
Zâhirilik farkına varılamadan iş görür,
Sayısız ağlar örerek;
Baştan çıkartan görüntüleri boşa gitmez,
Katlanıp çoğalırlar, peçe üstüne peçe;
Cezbedicidir O kendisine kanılan,
Aldatılmaya susayanlar tarafından.

bu erdemlerden yoksun olan insanı sevmek her zaman kolay değildir! Beceri labirente eşitlenir. İçsel arayış, hızla, bütün insan zihinlerindeki ortaklığı gösterir: Bencil motifler. En azından bu yönden insanlar arasındaki kardeşlik açıktır. Düzeyi belirleyen bu keşfi şaşırtıcı bir verimlilik takip eder. Keşfedilmeyi bekleyen ruhun iyileştirici potansiyelini göremeyen hemcinslerine karşı, insanda şefkati olgunlaştırır."

"Ermişler her çağda sizin gibi yeryüzünün acılarını paylaşmışlardır efendim."

"Ancak yüzeysel insan, kendi bireysel acılarına gömülerek, başkalarının kederlerine ilgi gösterme yeteneğini kaybeder."

Sadhu'nun sert yüzü dikkati çekercesine yumuşamıştı. "Neşterle kendini didik didik tahlil eden kişi evrensel bir şefkatin genişlemesini yaşantılaştırır. Egosunun sağır edici taleplerinden azat edilir. Tanrı sevgisi böyle bir toprakta çiçek verir. En sonunda yaradılan, acıdan başka bir neden olmasa da, 'Neden Tanrım, neden?', diye sorarak, Yaradan'a döner. Acının alçak kırbaç darbeleriyle insan, nihayet Sonsuz Varlığa doğru sürülür, halbuki O'nun güzelliği insanı cezbetmelidir."

Ermişle, ünlü ihtişamını görmeye gittiğim Kalküta Kalighat Tapınağı'ndaydık. Muhatabım, silkelenerek görkemli vakarını üzerinden attı.

"Tuğlayla sıva, duyabileceğimiz bir şarkı söylemezler. Sadece *yürek* insan varlığının zikrine açılır."

Yoğun mürit kalabalığının girip çıktığı kapıdan süzülen davetkâr güneş ışığına doğru ağır ağır yürüdük.

"Gençsin" dedi ermiş, düşünceli bir ifadeyle beni süzdü. "Hindistan da genç. Eski *rishiler*[4] ruhani yaşamın silinemez motiflerini ortaya çıkardılar. Onların, yaşlı ve saygıdeğer sözleri bugüne ve bu ülkeye yeterlidir. Geçerliliğini yitirmemiş ve materyalizmin hilelerine teslim olmamış, disiplin veren reçeteler hâlâ Hindistan'a şekil vermektedir. Milyonlarca yıldır -mahçup bilim adamlarının hesaplamaya ilgi gösteremedikleri kadar uzun- şüpheci Zaman, *Vedik* gerçeğin geçerliliğini gösterdi. Bunu miras al ve kıymetini bil."

Önünde eğilerek veda ederken, Sadhu, ileriye dönük bir mesaj verdi:

"Buradan ayrıldıktan sonra, bugün, olağanüstü bir deneyimle karşılaşacaksın."

Tapınaktan ayrılarak amaçsızca dolaşmaya başladım. Köşeyi döndüğümde geveze bir ahbaba rastladım. Şu, ayak üstü konuşma gücü zaman tanımayan, konuşmayı sonsuza kadar sürdürebilecek kişilerden biri!

---

[4] Tarihi belirlenemeyecek kadar eski bir zamanda *rishiler* (görenler) *Veda*'ları yazmışlardır

"Eğer bana görüşmediğimiz yıllar içinde ne olup bittiğini bir bir anlatırsan, seni fazla tutmayacağım."

"Ne çelişki! Sana hemen, şu anda veda etmem gerek."

Fakat elimden tutarak, ağzımdan laf almak için beni zorladı. İçimden eğlenerek, onun aç bir kurda benzediğini düşündüm. Ben konuşmayı uzattıkça, ağzı daha fazla haber almak için sulanıyordu. İçimden Tanrıça Kali'ye, bir kurtuluş yolu göstermesi için dua ediyordum.

Ahbabım beni aniden bırakıp gitti. Rahat bir nefes alıp, gevezelik ateşinin nüksetmesinden korkarak adımlarımı sıklaştırdım; arkamdan hızlı ayak sesleri duyunca ben de hızımı artırdım. Geriye bakmaya cesaret edemiyordum. Bir hamlede koşarak bana yine yapıştı.

"Sana şu ötedeki evi şereflendiren Gandha Baba'dan (Parfüm Üstadı) bahsetmeyi unuttum" diyerek biraz ilerideki evi işaret etti. "Onunla görüş, ilginç biri. Olağanüstü bir deneyim edinebilirsin, hoşça kal." Ve beni gerçekten terk etti.

Kalighat Tapınağı'ndaki ermişin sözleri zihnimde canlandı. Merakım uyanmış olarak eve girdiğimde, bir salona buyur edildim. Bir insan kalabalığı, orada burada, doğu usulü, turuncu renkli kalın bir halının üzerinde oturuyordu. Huşu içinde bir fısıltı kulaklarıma ulaştı:

"Leopar postunun üzerinde oturan Gandha Baba'ya bak. O kokusuz bir çiçeğe herhangi bir çiçeğin doğal kokusunu verebilir, sararmış bir çiçeği canlandırabilir ya da bir insanın teninden iç okşayıcı hoş kokular yayabilir."

Doğrudan ermişe baktım; onun hızla bana çevrilen bakışlarıyla karşılaştım. Dolgunca ve sakallıydı. Koyu teninde, iri gözleri ışıldıyordu.

"Oğul, seni gördüğüme sevindim. Ne istediğini söyle. Biraz parfüm ister misin?"

"Ne için?" Sözlerinin çocukça olduğunu düşündüm.

"Parfümlerin hoş mucizesini tecrübe etmek için."

"Tanrı'yı parfüm yapmak için işe koşarak mı?"

"Ne olacak ki? Tanrı parfümü nasılsa yapıyor."

"Evet, fakat O, kullanıp sonra atmak üzere narin yaprak şişeler kullanır. Sen çiçekleri materyalize edebilir misin?"

"Evet. Ancak genellikle parfüm imal ederim, küçük arkadaşım."

"O halde koku fabrikaları iflas edecek!"

"Onların işlerine devam etmesine izin vereceğim! Benim amacım Tanrı'nın gücünü göstermek."

"Efendim, Tanrı'yı ispat etmek gerekli mi? O zaten her şeyde, her yerde mucizeler yaratmıyor mu?"

"Evet, fakat biz de O'nun yaratıcı çeşitliliğinin bir kısmını açıkça göstermeliyiz."

"Bu hünerde ustalaşmak ne kadar zamanınızı aldı?"

"On iki yıl."

"Astral amaçla koku imal etmek için mi? Bana öyle geliyor ki, saygıdeğer üstat, siz bir çiçekçi dükkânından birkaç rupiye alabileceğiniz hoş kokular uğruna bir düzine yılı boşuna harcamışsınız!"

"Parfümler çiçeklerle beraber solar."

"Parfümler ölümle birlikte solar. Neden sadece bedenin hoşuna gidecek bir şeyi arzu edeyim?"

"Bay filozof, seninle tartışmak bana zevk veriyor. Şimdi sağ elini uzat bakayım" diyerek takdis işareti yaptı.

Gandha Baba'dan yarım metre uzaktaydım. Hiç kimse bedenimle temas edecek kadar yakınımda değildi. Elimi uzattım. Yogi elime dokunmadı.

"Hangi parfümü istersin?"

"Gül."

"Öyle olsun."

Avucumun ortasından yayılıveren kesif gül kokusunun cazibesi beni hayrete düşürmüştü. Gülerek yakındaki bir vazodan irice, beyaz bir çiçek aldım.

"Bu kokusuz çiçeğe yasemin kokusu nüfuz edebilir mi?"

"Öyle olsun."

Taç yaprakların arasından hemen o anda yasemin kokusu yayıldı. Mucizevi işçiye teşekkür ederek öğrencilerinden birinin yanına oturdum. Onun bana anlattığına göre, asıl ismi Vishudananda olan Gandha Baba hayret uyandıran birçok yogik sırrı Tibetli bir üstattan öğrenmişti. Tibetli yogi, bana güvencelikle söylenene göre, bin yılın üzerinde yaşamıştı.

"Onun müridi Gandha Baba, az önce tanık olduğun gibi parfüm yeteneğini böyle reklam havasında herkese göstermez." Öğrenci, gurusuyla açıkça övünerek konuşuyordu: "Herkese kendine özgü bir biçimde değişik davranır. O mucizelerle doludur! Kalküta'nın entelektüelleri arasında birçok takipçisi vardır."

İçimden onların arasına dahil olmamaya karar verdim. Kelimenin gerçek anlamıyla, fazla mucizevi bir guru benim için değildi. Gandha Baba'ya nezaketle teşekkür ederek oradan ayrıldım. Eve dönerken o günün getirdiği üç değişik olayı düşünüyordum.

Kapıdan içeri girerken kız kardeşim Uma ile karşılaştım.

"Yavaş yavaş modaya uyuyorsun; parfüm kullanmışsın!"

Bir söz söylemeden elimi ona koklattım.

"Ne kadar çekici bir gül kokusu! Olağandışı yoğun!"

'Olağanüstü' demek gerek diye düşünerek, astral olarak kokulandırılmış çiçeği sesizce burnuna tuttum.

"Oh! Yasemine bayılırım!"

Çiçeği inceledi. Kokusuz olduğunu çok iyi bildiği bir çiçekten tekrar ve tekrar yayılan yasemin kokusunu içine çekerken yüzünde gülünç bir hayret ifadesi belirmişti. Tepkileri, Gandha Baba'nın beni, telkinle çiçeklerin kokusunu sadece benim algılayabileceğim bir ruh haline sokmuş olabileceği yolundaki şüphemi dağıttı.

Daha sonra Alakananda adlı arkadaşımdan duyduğuma göre, Parfüm Üstadı'nın sahip olduğu bir güç vardı; yeryüzünde açlıktan ölmekte olan milyonların da bu güce sahip olmasını dilerdim.

Alakananda "Gandha Baba'nın Burdwan'daki evinde yüz kadar müridiyle beraberdim" dedi. "Bir gala toplantısıydı. Yogi, havadan çeşitli objeleri sıyırıp çıkaran bir güce sahip olduğu için itibar görüyordu. Gülerek ondan mevsim dışı mandalinalar materyalize etmesini istedim. Anında muz yaprağından tabaklar içinde servis edilmiş olan bütün *luchi*'ler [5] kabarıverdiler. Her bir ekmek zarfının içinde soyulmuş bir mandalina bulunuyordu; benimkini biraz korkarak ısırdım, bayağı lezzetliydi!"

Yıllar sonra edindiğim içsel tecrübe sayesinde Gandha Baba'nın bu materyalizasyonu nasıl başardığını anladım. Bu yöntem ne yazık ki, yeryüzünün aç kalabalıklarının erişebileceğinin ötesindeydi.

İnsanın tepki gösterdiği değişik hissi uyarılar -dokunma, görme, tat alma, işitme ve koklama- proton ve elektronların titreşim çeşitliliği tarafından ortaya çıkarılır. Titreşimler de *prana* [6], yani "lifetronlar" yaşam gücünün en küçük belirtileri tarafından düzenlenirler. Bu "lifetronlar" beş duyguya özgü düşünce maddeleriyle zekice yüklenmiş, atomdan daha ince enerjilerdir.

Belirli yoga egzersizleriyle kendini *pranik* (prana'ya ait) güçle uyum içine sokan Gandha Baba, lifetronların titreşimsel yapılarını yeniden düzenleyebiliyor ve böylece istenilen objeyi gerçekleştirebiliyordu. Onun parfüm, meyve ve diğer mucizeleri dünyevi titreşimlerin gerçek bir materyalizasyonuydu, hipnotik olarak yaratılmış içsel algılamalar değildi.

Hipnotizma tıpçılar tarafından, anestezik bir maddenin tehlike yaratabileceği durumlarda bir çeşit kloroform olarak küçük operasyonlarda kullanılmaktadır. Fakat hipnotik hal, sık sık maruz kalanlar için zararlıdır ve

---

[5] Düz ve yuvarlak Hint ekmeği. (Çevirenin notu: Pideye benzeyen.)

[6] Türkçe'ye "hayat gücü" olarak tercüme edilebilir. (Çevirenin notu.)

Bir "Parfüm Ermişi" Mucizelerini Sergiliyor.

zamanla beyin hücrelerinin düzenini bozan negatif psikolojik etkiler gösterir. Hipnotizma, başka birinin bilinç ülkesine adım atıştır. [7] Bu geçici fenomenin, ilahi idrake erişmiş insanlar tarafından gösterilen mucizelerle ortak hiçbir yanı yoktur. Tanrı'nın içinde uyanmış gerçek ermişler, Yaratıcı Kozmik Rüya Gören'e uyum sağlayarak ayarladıkları istenç gücüyle bu rüya dünyasında değişimleri etkilerler. [8]

Parfüm Üstadı'nınki gibi mucizevi işler harikulâdedir, ancak spiritüel olarak faydasızdır. Eğlencenin ötesinde pek fazla amacı yoktur. Ve Tanrı'yı ciddiyetle arayış yolundan sapmaktır.

Üstatlar, olağandışı güçlerin gösteriş haline getirilmesine karşıdırlar. İranlı Mistik Ebu Said bir keresinde hava, su ve boşluk üzerine mucizevi güçleriyle övünen bir takım fakirlere gülmüş ve hafif bir öfkeyle şöyle cevap vermişti:

"Bir kurbağa da su içindeyken kendini rahat bir ortamda hisseder! Karga ve çaylak havada rahatlıkla uçar; şeytan aynı anda Doğu'da ve Batı'da mevcuttur! Diğer taraftan, toplumda dürüst olarak yaşayan, gerçeğe ulaşmış bir kimse, satın alıp satabilir ve buna rağmen Tanrı'yı bir an bile unutmaz!" [9]

---

[7] Batılı psikologların bilinç üzerine araştırmaları genellikle psikiyatri ve psikanaliz tarafından tedavi edilen zihinsel hastalıklar ve bilinçaltı üzerine tetkiklerle sınırlıdır. Normal zihinsel hallerin esas oluşumları ve kaynağıyla bunların duygusal ve iradi açığa vuruluşlarıyla ilgili araştırmalar çok azdır. Gerçekten temel olan bu konu, Hindistan felsefesinde ihmal edilmemiştir. *Sankhya* ve *yoga* sistemlerinde normal zihinsel değişimlerdeki çeşitli bağlantıların, yani *Buddhi* (ayırt edici zekâ), *ahankara* (benlik prensibi) ve *manas*'ın (zihin ya da algı bilinci) karakteristik fonksiyonlarının kesin sınıflandırılmaları yapılmıştır.

[8] "Evren, her bir partikülünde kendini aynı şekilde ortaya koyar. Herşey tek bir gizli maddeden yapılıdır. Yeryüzü kendini bir çiğ tanesinde model olarak gösterir. Her yerde hazır ve nâzır oluşun (omnipresence) gerçek doktrini şudur ki, Tanrı her bir yosun parçasında ya da örümcek ağında bütün varlığıyla tezahür eder." - *Emerson*, '*Compensation*'

[9] "Satın almak ve satmak, buna rağmen Tanrı'yı asla unutmamak!" İdeal olan el ile kalbin uyum içinde birlikte çalışmasıdır. Belli Batılı yazarlar Hinduların amacının uysal bir 'kaçış', pasifizm ve toplum dışına çekiliş olduğunu iddia ederler. İnsan yaşamının dörtlü vedik planı, hayat sürecinin yarısını eğitim ve ev işlerine, diğer yarısını tefekkür ve meditatif pratiklere tahsis eden kitleler için iyi bir şekilde dengelenmiştir. (Bkz. Sayfa 235 dipnot.)

Ben'ini bulabilmek için yalnızlık gereklidir. Ancak, üstatlar daha sonra hizmet etmek için dünyaya dönerler. Dışa yönelik herhangi bir iş görmeyen ermişler bile dünyaya, düşünceleri ve kutsal vibrasyonlarıyla en zahmetli insancıl faaliyetlerde bulunan aydınlanmamış kişilerin verebileceklerinden daha değerli faydalar ihsan ederler. Büyük olanlar, herbiri kendi tarzında, sık sık acı bir muhalefetle karşılaşmalarına rağmen, hemcinslerine ilham verip, onları yükseltmek için çaba gösterirler. Hiçbir sosyal ve dini Hindu ideali sadece negatif değildir. *Mahabharata*'da 'tam fazilet' (*sakalo dharma*) denilen *ahimsa* (başkasını incitmemek), 'diğerlerine yardım etmeyen birisi bir bakıma onları incitmektedir' kavramıyla düşünülürse, olumlu bir emirdir, olumlu bir nasihattır.

Bhagawad-Gita (III: 4-8) aktivitenin insanın en iç doğasının mirası olduğuna işaret eder. Tembellik 'yanlış aktivite'dir.

Bir Yoginin Otobiyografisi

Ne Kalighat Tapınağı'ndaki tarafsız ermiş, ne de Tibet'te eğitim görmüş olan yogi, bir guruya olan özlemimi tatmin edebilmişti. Kalbimin kimi onaylayacağını sezebilmek için hiçbir vaaza ihtiyacım yoktu. En sonunda üstadımla karşılaştığımda, o bana sadece kendi örnek varlığının yüceliğiyle gerçek bir insan olmaya erişmeyi öğretti.

"Üzerine düşeni yapmaktan hiç kimse kurtulamayacak,
Eylemden kaçınmaktan, gönülsüz el-etek çekmekten
Hiç kimse kazanç görmeyecek.
Hiçbir varlık bir an bile faaliyetsiz kalamaz;
Doğası onu mecbur kılar, isteksiz bile olsa;
Düşünce zihinsel bir eylem olduğu için.
.... Her kim ki, kararlılıkla ve hizmet aşkıyla,
Bütün gücünü değerli işlere adarsa,
Boşuna aramaz böylesi ve saygıdeğerdir.
Payına düşen görevi yap Arjuna!"

(*Arnold'un tercümesinden*)

BÖLÜM 6

Kaplan Swami

"Kaplan Swami'nin adresini ele geçirdim, yarın onu ziyarete gidelim."

Severek razı olduğum bu teklif lise arkadaşım Chandi'den geldi. İnzivaya çekilmeden önceki yıllarında kaplanları elleriyle yakalayan ve onlarla dövüşen ermişi görmeye hevesliydim. Bu tür övgüye değer başarılara karşı içimde güçlü, çocukça bir heyecan duyuyordum.

Ertesi gün, soğuk bir kış sabahını birlikte getirdi. Buna rağmen Chandi ile neşe içinde dışarıya fırladık. Kalküta dışındaki Bowanipur'da sık sık yanlış yola saparak en sonunda doğru evi bulduk. Kapının üstünde demirden iki halka vardı. Onlarla ortalığı çınlattım. Bu gürültüye pek aldırmayan bir hizmetkâr, lakayt bir edayla yaklaştı. Alaylı tebessümü, bir ermişin evindeki huzuru kaçırmayı, gürültülü ziyaretçilerin dahi beceremeyeceğini ima ediyordu.

Sessiz azarı hissederek, arkadaşımla avluya davet edildiğimize müteşekkir kaldık. Uzun bekleyişimiz, şüphe ve çekingenliğe kapılmamıza neden oldu. Hindistan'da gerçeği arayan biri için yazılı olmayan kanun sabırdır; bir guru, kasten birinin onunla karşılaşmak için ne kadar istekli olduğunu bu yolla sınayabilir. Bu psikolojik hile Batı'da doktorlar ve dişçiler tarafından özgürce uygulanır.

Sonunda hizmetkâr tarafından çağrılarak bir yatak odasına alındık. Ünlü Sohong[1] Swami yatağın üzerinde oturuyordu. Muhteşem vücudunun görüntüsü bizde tuhaf bir etki yarattı. Fal taşı gibi gözlerle, konuşamadan öylece bakakaldık. Hayatımızda asla böyle bir göğüs ve böyle futbol topu gibi pazılar görmemiştik. Muazzam bir boynun üzerinde Swami'nin hırçın fakat sakin yüzü, dökülen buklelerle, sakal ve bıyıkla bezenmişti. Güvercin uysallığıyla kaplanca nitelikler koyu gözlerinde parıldıyordu. Giyinik değildi; adaleli belinden aşağısını bir kaplan postu örtüyordu.

Seslerimize yeniden kavuştuğumuzda arkadaşımla rahibi selamlayarak, kediler arenasındaki yiğitliğine olan hayranlığımızı belirttik.

"Lütfen bize ormanların en azgın yaratığı olan Bengal kaplanını sadece yumrukla dize getirmenin nasıl mümkün olduğunu anlatır mısınız?"

---

[1] 'Sohong' onun tarikat ismiydi. Popüler olarak 'Kaplan Swami' diye biliniyordu.

"Evlat, kaplanlarla dövüşmek benim için bir şey değil. Gerekirse bugün de yapabilirim." Çocukça güldü. "Siz kaplanlara kaplan olarak bakıyorsunuz, bense onları kedicikler olarak görürüm."

"Saygıdeğer Swami, bilinçaltımı kaplanların kedi olduğuna inandırabilirim, fakat kaplanları inandırabilecek miyim bakalım?"

"Tabii ki kuvvet de gerekli! Bir kaplanın ev kedisi olduğunu düşünen bir bebekten başarı beklenemez! Güçlü eller benim için yeterli silahlardır."

Bizden kendisini avluya kadar takip etmemizi isteyerek, oradaki duvarın kenarına bir yumruk attı. Bir tuğla dağılarak yere düştü; gökyüzü cesaretle delikten, duvardaki kayıp dişin aralığından tebessüm ediverdi! Hayretten sendeledim; bir darbede sıvalı, katı bir duvardan bir tuğlayı düşürürse, kesin, kaplanların dişlerini de döküyor olmalıydı!

"Birçok adam fiziksel olarak benim gibi güçlü, fakat buna rağmen kendilerine güvenleri ve serinkanlılıkları eksik. Zihnen değil de bedence cesur olanlar, ormanda özgürce dolaşan vahşi bir yaratığın gölgesini bile görseler düşüp bayılıverirler. Doğal vahşi ortamı ve alışkanlıkları içinde kaplan, afyon yutturulmuş sirk kaplanlarından oldukça değişiktir.

Herkül gibi güçlü birçok adam bir Bengal kaplanının şiddetli saldırısı karşısında ne yapacağını bilmez zavallıya dönüşür. Böylece kaplan, insanı kendi zihninde kediler kadar korkak bir duruma sokar. İnsanın yeterince güçlü bir vücuda ve çok güçlü bir kararlılığa sahip olarak durumu tersine çevirmesi, kaplanı bir kedi gibi savunmasız olduğuna inandırması mümkündür. İşte bunu, öyle sık yaptım ki!"

Karşımdaki devin kaplan-kedi metamorfozunu icra etmeye muktedir olduğuna inanmaya hemen hazırdım. Bizi bilgilendirmeye gönüllü görünüyordu, Chandi ile saygı içinde dinledik.

"Kasları idare eden zihindir. Bir darbenin gücü uygulanan enerjiye dayanır, bir insanın vücut enstrümanı tarafından ortaya konan güç onun saldırma iradesi ve cesaretiyle doğru orantılıdır. Vücut zihin tarafından inşa edilir ve yaşamı sürdürülür. Geçmiş yaşamlardan gelen içgüdülerin baskısıyla zayıflık ya da güç yavaş yavaş insan bilincine sızan alışkanlıklar olarak açığa çıkarlar. Bu alışkanlıklar, zamanla arzu edilir ya da edilmez bir vücudu oluştururlar. Çelimsiz bir dış görünüşün kaynağı zihindedir; bir kısır döngü içinde, alışkanlıklarla sınırlı beden de zihni bozar. Eğer efendi kölenin kendisine emir vermesine izin verirse, köle hükümdarlaşır; zihin de benzeri bir şekilde bedensel emirlere boyun eğen bir köle haline gelir."

Ricamız üzerine Swami hayatından bir olay anlatmaya razı oldu.

"En eski hırsım kaplanlarla dövüşmekti. İradem müthiş güçlü, fakat vücudum zayıftı."

Ağzımdan ansızın bir hayret nidası çıkıverdi. Şu andaki devasa omuzlara sahip bu adamın, zayıflığın ne olduğunu bilmesi bana inanılmaz gelmişti.

"Güç ve sağlık düşüncesine olan güçlü inancımla zayıflığımın üstesinden geldim. Bengal kaplanına zorla itaat ettiren gerçek araç olarak, bu gerekli zihinsel gayreti ve enerjiyi övmek için yeterince nedenim var."

"Benim kaplanlarla dövüşebileceğimi hiç düşünür müsünüz, saygıdeğer Swami?" Bu garip hırs ilk ve son kez aklımdan geçiyordu!

"Evet." Gülümsedi. "Fakat kaplanların birçok çeşidi vardır. Bazıları insan ihtiraslarının ormanlarında kükreyip dolaşır. Yırtıcı hayvanları bilinçsiz bir şekilde yere sermek hiçbir ruhani fayda getirmez. Daha önemlisi, içimizde fırsat kollayarak dolaşan sinsi hayvanlara karşı zafer kazanmaktır"

"Efendim, vahşi hayvanları uysallaştıran bir insanken, nasıl olup da değişerek, vahşi arzuları ehlileştiren bir insan olduğunuzu anlatır mısınız?"

Kaplan Swami sessizliğe büründü. Bakışları geçip giden yılların anılarıyla ıssızlığa daldı. İsteğimi yerine getirip getirmemek için karar vermekte çelişkide kaldığını sezdim. Sonunda gülerek razı oldu

"Ünüm doruğa ulaştığında kibir sarhoşluğunu da birlikte getirdi. Kaplanlarla sadece dövüşmemeye, aynı zamanda çeşitli numaralar yapmaya karar verdim. Hırsım yırtıcı hayvanları evcil hayvanlar gibi davranmaya zorlamaktı. Numaralarımı tatmin edici bir başarıyla halk için sergilemeye başladım. Bir akşam babam endişeli bir tavırla odama girdi.

'Oğul, seni uyarmaya geldim. Etme-bulma yasasının törpüleyici çarkının getireceği hastalıklardan seni kurtarmalıyım!'

'Kadere mi inanıyorsun yoksa baba? Batıl inancın başarımı engellemesine izin vermem mi gerekiyor?'

'Kaderci değilim oğlum. Sadece kutsal metinlerde öğretilen, günahların cezasız kalmayacağını bildiren kanuna inanıyorum. Orman ailesi içinde sana karşı bir kızgınlık var. Bir gün senin aleyhine işleyebilir bu.'

'Baba, beni şaşırtıyorsun! Kaplanların ne olduğunu çok iyi biliyorsun; güzel fakat acımasız! Kim bilir, darbelerim akıllarını belki de başlarına getirir. Ben orman okulunun müdürü olarak onlara centilmence tavırlar öğretiyorum!'

'Lütfen baba, beni bir kaplan eğiticisi olarak düşün, asla kaplan katili olarak değil. Hayırlı faaliyetlerim bana nasıl bela getirebilir? Yalvarırım, hayat tarzımı değiştirmem için beni zorlama.'

Chandi ile birlikte Kaplan Swami'nin geçmişte yaşadığı güçlükleri pürdikkat dinliyorduk. Hindistan'da bir evlat kolay kolay ailesinin isteklerine karşı koyamazdı. Swami devam etti:

"Babam akılcı bir sessizlikle açıklamamı dinledi.

Oğul, beni bir ermişin dudaklarından çıkan belalı bir kehaneti anlatmaya mecbur ediyorsun. Dün verandada, günlük meditasyonumda otururken bu ermiş bana yaklaştı. Değerli arkadaş, sana kavgacı oğlun için bir mesaj getirdim. Vahşi faaliyetlerine son versin, yoksa kaplanlarla bir sonraki gösterisi çok ağır yaralalanmasıyla sonuçlanacak ve bunu altı ay sürecek ölümcül bir hastalık takip edecek. Daha sonra da eski yollarını bırakıp rahip olacak´ dedi. Bu hikâye beni etkilemedi. Babam bana göre yanılgı içindeki bir fanatiğin saf bir kurbanı olmuştu."

Kaplan Swami bu itirafı sabırsız bir mimik eşliğinde yapmıştı, sanki bir aptallık olduğunu anlatır gibi. Uzun bir süre suratı sert bir şekilde, sessiz dururken sanki karşımızda değildi. Hikâyesinin sallanan ipini yumuşayan bir sesle yeniden ele alışı ani oldu.

"Babamın uyarısı üzerinden fazla zaman geçmeden, Koch Bihar'ın başkentini ziyarete gittim. Eyaletin manzarası benim için yeniydi ve dinlendirici bir hava değişikliği umuyordum. Her zaman olduğu gibi sokaklarda meraklı bir kalabalık beni takip etti. Fısıltılı yorumlardan kesitler yakalıyordum:

'Vahşi kaplanlarla dövüşen adam bu!'

'Bunlar bacak mı, yoksa ağaç gövdesi mi?'

'Yüzüne bakın! Kaplanlar kralının bir inkarnasyonu (bedenlenişi) ta kendisi!'

Köylü afacanlarının aynen bir gazetenin son baskısı gibi olduklarını bilirsiniz! Her biri bir dedikodu balerini olan kadınların nasıl bir süratle evden eve dans ettiğini de! Birkaç saat içinde bütün şehir, varlığımın heyecanı içindeydi.

Akşam dörtnala atların seslerini işittiğimde sakince yatağımda uzanmaktaydım. Kaldığım evin önünde durdular. Bir grup türbanlı ve uzun boylu polis içeri girdi.

Şaşırmıştım ama 'bu adalet temsilcilerinden insanın başına her şey gelebilir' diye düşündüm. Acaba beni götürüp, hakkında hiçbir bilgimin olmadığı şeyler hakkında sorguya mı çekeceklerdi? Fakat görevliler beklenmedik bir hürmetle eğildiler.

'Sayın beyefendi, Koch Bihar Prensi adına sizi selamlamak için gönderildik. Kendisi yarın sabah sizi sarayına davet etmekten memnunluk duyacak.'

Olay hakkında biraz düşündüm. Çok da açık olmayan bir gerekçeyle bu sakin seyahatime müdahale edilmesi canımı sıkmıştı. Ancak polislerin içten ricası karşısında gitmeye razı oldum.

Ertesi gün, kaldığım yerin kapısında bekleyen, binmeye dalkavuk bir nezaketle davet edildiğim, dört atın çektiği muhteşem araba beni hayrete düşürmüştü. Bir hizmetkâr, beni yakıcı güneşten korumak için işlemeli bir şemsiye tutuyordu. Şehir içinden ve ağaçlıklı dış mahallelerden geçen hoş gezinin tadını çıkardım. Asaletli genç, beni karşılamak için saray kapısında bizzat bekliyordu. Bana altın kakmalı koltuğunu sundu, kendisi tebessüm ederek daha basitçe tasarlanmış bir sandalyeye yerleşti.

Bütün bu nezaket bana mutlaka pahalıya patlayacak diye gitgide artan bir şaşkınlıkla düşündüm. Formalite gereği edilen birkaç laftan sonra prensin niyeti ortaya çıktı.

'Şehrim, kaplanlarla çıplak, ellerin dışında bir şey kullanmadan dövüştüğün söylentileriyle çalkalanıyor, doğru mu bu?'

'Oldukça doğru.'

'İnanmak çok zor! Sen, şehir halkının beyaz pirinciyle beslenmiş bir Kalkütalısın. Samimi ol lütfen, sadece afyon yutturulmuş kaplanlarla dövüştüğünü itiraf et!'

Taşralı bir aksanla çınlayan sesi yüksek ve alaycıydı. Onur kırıcı hakaretine cevap vermeye tenezzül etmedim.

'Size yeni yakalanmış kaplanım Raca Begüm [2] ile dövüşmeniz için meydan okuyorum. Eğer başarıyla ona karşı koyarak zincirle bağlayıp, kafesinden bilinciniz yerinde olarak çıkabilirseniz, kaplana sahip olabilirsiniz! Ayrıca binlerce rupi ve birçok hediye de size bahşedilecek. Onunla kavgayı reddederseniz, adınızı bir sahtekâr olarak bütün eyalete ilan edeceğim!'

Küstahça sözleri beni yaylım ateşine tutulmuş gibi vurdu. Öfkeyle kabul ettim. Prens sandalyesinde heyecanla yarı doğrulmuşken sadist bir sırıtmayla tekrar arkasına yaslandı. Hıristiyanlar'ı vahşi arenalara salmaktan zevk alan Romalı imparatorları hatırlatmıştı bana.

'Karşılaşma bir hafta sonra olacak. Kaplanı daha önce görmene izin vermeyeceğim için müteessirim" dedi.

Prens ya canavarı hipnotize etmeye çalışacağımdan çekiniyor ya da onu gizlice afyonla besleyeceğimden, bilmiyorum!

Sarayı terk ettim. Artık kraliyet arabası ve şemsiyesinin ortada olmadığını fark ederek içimden alayla güldüm.

---

[2] 'Prens Prenses'. Kaplanın hem erkek hem de dişi kaplanın yırtıcılığına sahip oluşuna değinilerek böyle adlandırılmıştı.

Bu olayı takip eden hafta kendimi zihnen ve bedenen gelecek büyük sınava hazırladım. Hizmetkârım kanalıyla fantezi dolu hikâyeler öğrendim. Ermişin uğursuz kehaneti gittikçe genişleyerek etrafa yayılmıştı. Birçok saf köylü, tanrıları tarafından lanetlenmiş iblis bir ruhun geceleyin şeytani kılıklara giren bir kaplan olarak yeniden doğduğuna ve gündüz boyunca kaplan formunda dolaştığına inanıyordu. Bu iblis kaplanın Raca Begüm olduğunu tahmin ediyorlardı.

Başka bir hayali yorum da kaplan cennetine dua eden hayvanların dualarına Raca Begüm kılığında bir cevap almış oldukları yolundaydı. O, beni cezalandırması gereken araçtı. Beni, yani bütün kaplan türüne kötü muamele eden iki ayaklı cüretkârı cezalandıracaktı. Tüysüz ve dişsiz bir adam, tırnaklı, güçlü uzuvlu kaplana meydan okuyordu! Ehlileştirilmiş bütün kaplanların öfkesinin şiddeti, etme bulma dünyasının gizli kanunlarını yeterince harekete geçirmek için elverişli ana ulaşmıştı ve övünç içindeki kaplan terbiyecisinin sonunu getirecekti.

Hizmetkârımın verdiği bilgilere göre prensin rolü, insanla vahşi hayvan arasındaki mücadelenin yöneticiliğini yapmaktı. Binlerce kişiyi içine alacak şekilde tasarlanmış olan, fırtınaya dayanıklı pavyonun inşası için direktif vermişti. Merkezinde Raca Begüm muazzam bir demir kafeste tutuluyordu, kafes de dışındaki bir güvenlik odasıyla çevriliydi. Tutsak, ardı arkası kesilmeyen kükremelerle insanın kanını donduruyordu. Öfkeli bir iştaha sahip olması için yarı aç tutuluyordu. Belki de prens bir ödül ziyafeti olarak beni düşünmüştü!

Eşsiz karşılaşma için merkezden ve kenar mahallelerden anons yapan davulların çağrısına üşüşen kalabalık, hevesle bilet aldı. Kavga günü yüzlercesi, yer bulamadığı için kapıdan döndü. Birçoğu çadırın açık yerlerinden içeri daldı ya da platformların altındaki en ufak delikleri bile doldurdu."

Kaplan Swami'nin hikâyesi doruğa ulaştıkça heyecanım da had safhadaydı. Chandi'den de çıt çıkmıyordu.

"Raca Begüm'un alçalıp yükselen ve insanın içine işleyen sesiyle kalabalığın ürkmüş yaygarası arasında sessizce ortaya çıktım. Belimin etrafındaki peştamal haricinde koruyucu bir giysi taşımıyordum. Güvenlik odasının sürgüsünü açarak içeri girdikten sonra kapıyı arkamdan kilitledim. Kaplan kan kokusunu hissetti. Parmaklıklara gökgürültüsü gibi bir darbeyle yüklenerek beni selamladı. Seyirciler acıma duygusuyla karışık bir korkuyla aniden sustular. Çılgın hayvanın karşısında cılız bir kuzu gibi gözüküyordum.

Bir anda kafesin içine dalmıştım; kapıyı çarpmamla birlikte Raja Begum üzerime çullandı. Sağ elim ümitsiz vaziyette yırtılmıştı. Bir kaplanın bilebildiği en tahrik edici şey olan insan kanı fışkırarak aktı. Ermişin kehaneti gerçekleşeceğe benziyordu.

Aldığım ilk ciddi yaranın şokundan sıyrıldım. Kanlı parmaklarımın görüntüsünü peştamalımın ardında yok ederek, sol yumruğumu kemik ufalayıcı bir güçle savurdum. Vahşi hayvan sendeleyip gerilediğ, sonra kafesin dip tarafında dönerek haince ileri sıçradı. Güçlü yumruklarım ceza kabilinden peş peşe kafasına indi. Fakat aldığı kan tadı, Raca Begüm'de sanki uzun süre mahrum kalmış bir alkoliğe ilk yudum şarabın verdiği delice haz tesiri yapmıştı. Sağır edici kükremelerle, vahşinin şiddetli hamleleri öfkeyle arttı. Sadece tek elle, yetersiz kalan savunmam, pençe darbeleri karşısında hırpalanıp yaralanmama yol açmıştı. Fakat bu baş döndürücü cezaya direndim. Karşılıklı kana bulanarak, ölümüne mücadele verdik. Kafes her yöne fışkıran kandan dolayı cehennemi andırıyordu. Hayvanın gırtlağından öldürme şehvetiyle acı haykırışlar geliyordu.

Seyirciden 'Vurun onu! Öldürün kaplanı!' çığlıkları yükseliyordu. Öyle hızlı hareket ediyorduk ki, bir muhafızın kurşunu boşa gitti. Bütün irademi toparlayıp, vahşetle böğürerek teslim çağrısı kabilinden son bir yumruk indirdim. Kaplan kendinden geçerek sessizce uzandı kaldı."

"Bir kedi gibi!" diye söze karıştım.

Swami yürekten bir onayla gülerek hikâyeye devam etti.

"Raca Begüm en sonunda yenilmişti. Asil gururunu daha da kırarak yaralı ellerimle cüretkârca ağzını zorla açtım. Dramatik bir an boyunca kafamı esneyen ölüm tuzağı içinde tuttum. Bir zincir aranarak etrafa bakındım; zemindeki bir yığından zinciri çekerek, kaplanı boynundan parmaklıklara bağladım. Ve zafer içinde kapıya doğru ilerledim.

Fakat o zebani varlık, şeytani bir dayanıklılığa sahipti. İnanılmaz bir hareketle zinciri koparırak sırtıma çullandı. Omuzum neredeyse ağzının içinde, yere düştüm. Ancak onu bir anda altıma aldım. Merhametsiz darbelerimle hilekâr hayvan yarı koma haline girdi. Bu kez onu daha dikkatlice bağladım, sonra usulca kafesi terk ettim.

Sonra da kendimi başka bir kargaşa içinde buldum. Ama bu seferki hoş bir kargaşaydı! Kalabalığın neşesi sanki bir ağızdan kopmuştu. Postu perişan vaziyette, dövüşten sersemlemiş hayvanı hem zincire vurmuş, hem de bir yardım görmeden kafesten çıkmıştım. Üstelik saldırgan vahşiyi öyle fena incitmiş ve ürkütmüştüm ki, ağzının içindeki kafama seyirci kalmakla yetinmişti!

Yaralarım tedavi edildikten sonra şereflendirildim ve çiçeklerle bezendim, ayaklarıma altınlar saçıldı. Bütün şehir bayram tatiline girdi. O güne kadar görülmüş en iri ve en yırtıcı kaplana karşı galibiyetim hakkında sonsuz tartışmalar yapıldı. Raca Begüm, söz verildiği gibi bana sunuldu fakat hiçbir sevinç hissetmedim. Kalbimde ruhani bir farklılık vardı. Sanki kafesten çıkışımla beraber dünyalık ihtiraslarımın kapısı da kapanmıştı.

Bunu ızdıraplı bir süreç takip etti. Ciddi kan zehirlenmesinden ötürü altı ay boyunca ölümle pençeleştim. Koch Bihar'ı terk edecek kadar iyileşir iyileşmez kasabama geri döndüm.

Şimdi biliyorum, beni bilgece uyaran kişi benim üstadımdı. Babama alçakgönüllü bir tavırla suçumu itiraf ettim. Keşke onu bulabilsem diye düşünüyordum. Özlemim öylesine içtendi ki, bir gün ermiş habersizce geliverdi.

'Kaplan ehlileştirmeye paydos' dedi sakince. 'Benimle gel, sana insan zihnindeki ormanlarda kükreyerek dolaşan cehalet hayvanlarına itaat ettirmeyi öğreteceğim. Sen seyirciye alışıksın. Bırak, yoga üzerine heyecan veren ustalığın, bir melekler galaksisini eğlendirsin!'

Ermiş gurum tarafından ruhani bir yola kabul edildim. O, uzun süredir kullanılmamaktan paslanmış, inat eden ruhsal kapılarımı açtı. Eğitimim için Himalayalar'a doğru birlikte yola çıktık."

Chandi ile fırtınalı yaşamından sunduğu detaylara minnettar olarak Swami'nin ayaklarına doğru eğildik. Serin avludaki sınayıcı bekleyişimize fazlasıyla değmişti!

BÖLÜM 7

Levite Olan (Havalanan) Ermiş

"Dün gece bir grup toplantısında yerden bir metreden fazla yükselerek havada asılı kalan bir yogi gördüm." Arkadaşım Upendra Mohun Chowdhury etkileyici konuşuyordu. Hevesli hevesli gülümsedim. "Belki ismini tahmin edebilirim. Upper Circular Road'dan Bhaduri Mahasaya değil miydi?"

Upendra onayladı. Haberin benim için bir yenilik olmadığını fark etmesi biraz moralini bozmuştu. Ermiş kişilere olan merakım arkadaşlarım tarafından iyi bilinirdi, beni taze bir iz peşine takmaya bayılırlardı.

"Yogi bizim eve çok yakın yaşadığı için onu sık sık ziyaret ediyorum."

Sözlerim Upendra'nın yüzünde gayretli bir ilgi uyandırdı. Ben de onu biraz daha bilgilendirdim.

"Onun, sözünü etmeye değer marifetlerini gördüm. Patanjali'nin[1] derlediği sekiz aşamalı yogada bahsedilen çeşitli *pranayama*'ların[2], ilmine uzmanlık derecesinde ermişti. Bir keresinde *Bhastrika Pranayama*'yı gözümün önünde öylesine bir güçle uyguladı ki, odanın içinde adeta gerçek bir fırtına koptu! Daha sonra gürüldeyen nefesi kesilerek, hareketsiz halde süper-bilincin[3] yükseklerinde hareketsiz kalakaldı. Fırtınadan sonraki sakinlik havası unutulmayacak kadar canlıydı."

---

[1] Eski yoga bilimini en evvel beyan ve temsil eden ermiş.

[2] Nefesin ayarlanması yoluyla yaşam gücünü (life force) kontrol altına alma yöntemleri. *Bhastrika* 'körükler' *pranayama* zihne sakinlik getirir.

[3] Sorbonne'dan Profesör Jules-Bois 1928'de şöyle demiştir: "Fransız psikologları süper-bilinç halini araştırarak, tasdik etmişlerdir. Bu bilinç durumu, kendi ihtişamı içerisinde, Freud tarafından idrak edilen bilinçaltının tam karşıtı olup, insanı sadece süper bir hayvan değil, gerçek insan yapan yetenekleri ihtiva etmektedir. "Alimin açıkladığına göre yüksek-bilincin uyanışı *Coueism* ya da hipnotizmayla karıştırılmamalıdır. Zihnin süper-bilincinin mevcudiyeti filozofik olarak uzun süreden beri tanınmıştır. Emerson tarafından Ruh-Üstü (Over Soul) diye tanımlanan süper-bilinç, ancak son zamanlarda bilimsel olarak algılanabilmiştir. (Bkz. S. 119 dipnot.)

"Ruh-üstü'nde insan, içinde bütün faziletin ve bütün hayrın sabitleştiği tapınağın cephesidir," diyor Emerson. "İnsan diye adlandırdığımız; yiyen, içen, düşünen, hesap yapan bizim onu bildiğimiz gibi aslında kendini ifade etmez, sadece yanlış ifade eder. Ona saygı duymayız; fakat faaliyetleri yoluyla, onun bir organı olduğu ruhun belirgin hale gelmesiyle, önünde eğiliriz. Bir yanımızla spiritüel doğanın derinliklerine doğru, Tanrı'ın bütün vasıflarına açılırız."

"Ermişin evinden asla dışarı çıkmadığını duymuştum." Upendra'nın ses tonu hafif bir şüpheyle dolu gibiydi.

"Gerçekten doğru! Geçen yirmi yıldan beri evden çıkmadı. Kutsal festivallerimizde uyguladığı bu kuralı biraz gevşeterek, en fazla evin önündeki kaldırıma kadar çıkar! Ermiş Bhaduri'nin hayırsever yürekli olduğunu bilen dilenciler orada toplanırlar."

"Peki, yerçekimine meydan okuyarak nasıl havada kalabiliyor?"

"Ermişin vücudu belli pranayamalardan (nefes kontrol tekniği) sonra kaba-materyal-yoğunluğunu kaybediyor. Dolayısıyla havalanıyor ya da sıçrayan bir kurbağa gibi sekiyor. Hatta kurala uygun bir yoga egzersizi yapmayan ermişlerin bile Tanrı'ya olan şiddetli kendini veriş (devotion) hallerinde levite oldukları görülmüştür."

"Bu üstat hakkında daha fazla şey bilmek istiyorum. Akşam toplantılarına katılıyor musun?" Upendra'nın gözleri merakla parlıyordu.

"Evet, sık sık giderim. Erdemli nükteleri bana hoşça vakit geçirtiyor. Hatta uzun kahkahalarım bazen toplantının ciddiyetini bozuyor. Ermiş aldırmıyor ama müritleri bazen bozuluyorlar!"

O öğle sonrası okuldan eve dönerken Bhaduri Mahasaya'nın evinin önünden geçiyordum; ziyaret etmeye karar verdim. Halk yoginin yanına pek varamazdı. Birinci katta kalan bir müridi, üstadının özel yaşamına göz kulak oluyordu. Mürit, sert bir amir gibi resmiyet içinde, 'randevumun' olup olmadığını sordu. Gurusu tam zamanında belirerek beni çabucak kapı dışarı edilmekten kurtardı.

"Bırak, Mukunda istediği zaman gelsin." Ermişin gözleri parıldıyordu. "Halktan kaçınma kuralı benim değil, diğerlerinin rahatı yüzünden. Dünyalık insanlar yanılgılarını darmadağın eden açık sözlülüğü sevmezler. Ermişler ender oldukları gibi aynı zamanda alışılmış düzeni bozanlardır da. Kutsal yazıtlarda bile sık sık can sıkıcı oldukları yazılır!"

Bhaduri Mahasaya'yı üst kattaki yalın döşeli odasına doğru izledim, buradan nadiren kımıldardı. Dünyanın gürültü patırtısına pek ehemmiyet vermeden asırların içine odaklanmıştı. Ermişlerin çağdaşları sadece daracık "şimdi" de yaşayanlar değildir.

"Maharishi,[4] siz benim bildiğim, evden dışarı çıkmayan ilk yogisiniz."

"Allah ermişlerini bazen umulmadık bir toprağa diker, O'nun herhangi bir kurala tabi olduğunu düşünmeyelim diye!"

Ermiş canlı ve enerjik vücudunu lotus pozisyonunda kilitledi.

---

[4] Büyük üstat

Yetmişlerindeydi ama ne yaşlılığın hoş olmayan bir işaretini ne de daimi oturarak vakit geçirmenin bir izini taşıyordu. Dik ve güçlü, her bakımdan idealdi. Yüzü eski kutsal yazıtlarda anlatılan Rishiler'inki gibiydi. Asil ve gür sakallıydı. Her zaman sağlam bir şekilde dimdik otururken sakin gözleri "Her Yerde Mevcut Olan'a çakılmıştı.

Ermişle beraber meditasyon haline geçtik. Bir saat sonra sevecen sesi beni geri döndürdü.

"Sen sık sık sessizliğe çekiliyorsun, fakat *anubhava*'yı [5] ele geçirdin mi?" Bana Tanrı'yı meditasyondan daha çok sevmem gerektiğini hatırlatıyordu. "Tekniği amaçla karıştırma."

Bana mango ikram etti. Ciddi tabiatına eğlenceli bir hal veren nükteciliğiyle "Genelde insanlar *Jala Yoga*'ya (yiyecekle birlik hali) *Dhyana Yoga*'dan (Tanrı ile birlik hali) daha düşkünler" diye yapıştırıverdi!

Yogik kelime oyunu bir kahkaha patlatmam yol açtı.

"Ne kuvvetli bir kahkahan var!"

Gözlerine keyifli bir ışık gelmişti. Yüzü her zaman ciddi olmasına rağmen, yine de ince bir vecde gelmiş tebessümü barındırıyordu. Geniş lotus gözleri gizli bir tanrısal kahkahayı saklıyordu.

Ermiş masanın üzerindeki kalın zarfları göstererek "Şu mektuplar çok uzaklardan, Amerika'dan geldi" dedi. "Orada, üyeleri yogayla ilgilenen birkaç dernekle haberleşiyorum. Hindistan'ı Kristof Kolomb'tan daha iyi bir yön bulma duyusuyla yeniden keşfediyorlar! Onlara yardım etmekten memnunum. Yoga bilgisi, tıpkı gün ışığı gibi onu algılayan herkese açıktır.

Rishiler'in insanoğlunun hidayeti için elzem olarak kavradıkları şeylerin Batılılar'a sulandırılarak sunulması gereksiz. Doğu ile Batı dış yaşamda farklı görünüşlerde fakat ruhen benzerdir. Herhangi bir yogayı disiplinli bir şekilde uygulamadan başarılı olamazlar."

Ermiş sakin gözleriyle beni etkilemişti, sözlerinin kâhince bir imayı gizlediğini fark edemedim. Ancak şimdi, bu sözleri yazarken, imasının gerçek anlamını kavrıyorum; bir gün Hindistan'ın öğretilerini Amerika'ya taşıyacaktım.

"Maharishi, dünyaya faydası olması için yoga üzerine bir kitap yazsanız..."

"Ben müritler eğitiyorum. Onlar ve onların öğrencileri, zamanın doğal tahribatına ve eleştirmenlerin doğal olmayan yorumlarına dayanıklı, yaşayan kitap ciltleri olarak hizmet verecekler."

---

[5] Tanrı'yı gerçek olarak algılamak, idrak etmek.

NAGENDRA NATH BHADURI
"Levite Olan Ermiş"

Akşam müritleri gelene kadar yogiyle birlikte kaldım. Bhaduri Mahasaya eşsiz söylevlerinden birine başladı. Barışçıl bir sel gibi dinleyenlerin zihinlerindeki döküntüleri ve enkazları silip süpürerek onları Tanrı'ya doğru sürüklüyordu. Çarpıcı kıyaslamaları ve anlamlı hikâyeleri kusursuz bir Bengalce ile anlatıyordu.

O akşam Bhaduri, Mirabai'nin yaşamıyla bağlantılı çeşitli felsefi noktaları tefsir etti. Mirabai, ermişlere ulaşmak üzere saray hayatını terk eden Ortaçağlı bir Rajputani prensesiydi. Büyük bir *sannyasi*, Sanatana Goswami, kadın olduğu için onunla görüşmeyi reddetmişti. Ancak prensesin cevabı onu ayaklarına kadar getirdi:

"Üstada söyleyin, evrende Tanrı haricinde bir erkeğin var olduğunu bilmiyordum; O'nun önünde hepimiz dişil değil miyiz? (Tanrı'nın, tek 'Pozitif

Levite Olan (Havalanan) Ermiş

Yaratıcı Prensip' şeklindeki, eski metinlere ait bir tanımı; yaradılışsa pasif *Maya*'dan başka bir şey değil.)

Mirabai Hindistan'da hâlâ büyük değer verilen birçok şarkıyı vecd içinde yazmıştı. Bunlardan birini burada tercüme ediyorum:

> Eğer her gün yıkanmakla Tanrı bulunabilseydi
> Hemen, derinlerde bir balina olurdum;
> Eğer kökler ve meyveler yiyerek bilinebilseydi O
> Severek bir keçi kılığına girmeyi tercih ederdim;
> Eğer tespih çekmek O'nun örtüsünü kaldırsaydı
> Dualarımı devasa boncuklarla ederdim;
> Eğer taştan mabetler önünde eğilmek peçesini açsaydı
> Çakmak taşından bir dağa tapınırdım hürmetle.
> Süt içmekle eğer, emilebilseydi Allah
> Çoğu danalar ve çocuklar O'nu bilirlerdi;
> Eğer karısını terk etmek Tanrı'yı cezbetseydi
> Binlercesi hadım olmak istemez miydi?
> Mirabai bilir ki, İlahi'ye ermek için
> Tek zaruret sevgidir.

O yoga pozisyonunda otururken birçok mürid, Bhaduri'nin yanında duran terliklerinin içine para koyardı. Hindistan'da gelenek olan bu saygıyı sunma şekli müridin, sahip olduğu meteryali gururun ayaklarına serişini temsil eder. Minnettar insanlar, kendi çocuğuna özen gösteren Tanrı'nın kılık değiştirmiş halidirler.

"Üstadım, tavrınız hayranlık uyandırıyor!" Bir mürit, ayrılırken şevkle hürmete layık ermişe baktı. "Tanrı'yı aramak ve bize erdemi öğretmek uğruna zenginlikleri ve rahatı feda ettiniz!" Bhaduri Mahasaya'nın henüz çocukken kararlı bir şekilde yoga yoluna girerek ailesinden gelen zenginlik ve refahı terk ettiği bilinen bir gerçekti.

"Sen olayı tersine çeviriyorsun!" Ermişin yüzünde yumuşak bir azarlama vardı. "Ben birkaç değersiz rupiyi, birkaç aşağılık zevki, tükenmeyen huzurun kozmik imparatorluğu için terk ettim. O halde nasıl, bir şeyi terk etmiş sayılırım? Ben hazineyi paylaşmanın sevincini biliyorum. Bu bir fedakârlık mıdır? Dar görüşlü dünyalık insandır asıl fedakârlık eden! Onlardır, bir avuç zavallı dünyalık oyuncak uğruna, eşsiz bir ilahi mülkiyetten feragat eden!"

Feragatin bu paradoksal bakış açısına kıkırdayarak güldüm. Bütün övünen milyonerleri bilinçsiz şehitler yerine koyarken, sıradan ermiş bir dilencinin başına karun tacı giydiren bir perspektif!

"İlahi düzen, geleceğimizi herhangi bir sigorta şirketinden daha bilgece düzenler." Gurunun son sözleri onun imanının kanıtlanmış bir anıtıydı. "Yeryüzü maddi güvenlik içindeki huzursuz inananlarla dolu. Onların buruk düşünceleri alınlarındaki bir yara gibi. Bize, ilk nefesimizden itibaren süt ve hava veren, O iman edenlerin ihtiyaçlarını gün be gün nasıl karşılayacağını bilir."

Ermişin kapısına öğle sonrası haclarımı sürdürdüm. Sessiz sedasız bir gayretle bana '*anubhava*'ya erişmemde yardım etti. Bir gün komşuluk edecek mesafeden daha uzak bir mahalleye, Ram Mohan Roy Road'a taşındı. Seven müritleri onun için Nagendra Math [6] diye bilinen yeni bir münzevihane (hermitage) inşa etmişlerdi.

Hikâyemi yıllarca ileriye sıçratmasına rağmen, burada bana Bhaduri Mahasaya tarafından söylenen son sözleri yazacağım. Batı'ya gitmek için gemiye binmeden kısa bir süre önce onu arayarak, bir veda takdisi almak amacıyla önünde diz çöktüm:

"Oğul, git Amerika'ya. Hindistan'ın yaşlı vakarını kendine kalkan yap. Senin alnında zafer yazılı, uzaktaki ulu insanlar seni benimseyecekler."

---

[6] İsmi tam olarak Nagendra Nath Bhaduri idi. Bir 'math' gerçek anlamıyla bir manastırdır. Ancak deyim, sık sık 'aşram' ya da 'inzivaya çekilinen yer' (hermitage) yerine kullanılır.

Hıristiyan dünyasında 17. yüzyıl ermişlerinden Cupertinolu St. Joseph levite olan üstatların arasındaydı. Mahareti yaygın şahitleri tarafından tasdik gördü. St. Joseph yaşamında, gerçek bir ilahi 'yeniden hatırlatış' olan, dünyaya karşı 'aklı başından gitmişliği' sergilemiştir.

Manastırdaki kardeşleri, kazan ve kepçeyle tavana doğru havalanmasını engellemek için onun sofraya servis yapmasına izin vermemek zorunda kalmışlardı! Ermiş gerçekten de çok özel bir nedenle, uzun bir süre yerde kalmaya muktedir olmayışı nedeniyle dünyevi görevlerden ihraç edilmişti! Sık sık kutsal bir heykelin görüntüsü, onu dikey uçuşu için aşka getirmeye yeterdi; iki ermiş, biri et ve kemikten; diğeri taştan, beraberce havada daireler çizerken gözlenirlerdi.

Avila'dan St. Teresa, ruhun büyük yükselişinin örneği, fiziksel yükselişi nizamı bozan bir şey olarak görürdü. Ağır organizasyon işleriyle görevli olan St. Teresa boşu boşuna 'havalanış' tecrübelerini önlemeye çalıştı. "Ancak, ufak önlemler işe yaramıyor" diye yazmıştı, "Allah başka türlü istediği zaman." St. Teresa'nın İspanya-Alba'daki bir kilisede yatan bedeni dört yüzyıl boyunca çürümeyip, üstelik çiçek kokuları saçmıştır. Kasaba sayısız mucizelere şahit olmuştur.

BÖLÜM 8

Hindistan'ın Büyük Bilim Adamı, J. C. Bose

"Jagadis Chandra Bose telsizi Marconi'den önce icat etmişti."

Bu kışkırtıcı sözleri duyunca, kaldırımda bilimsel bir tartışmaya girişmiş bir grup profesöre daha da sokuldum. Eğer onlara yanaşmamın altındaki neden, ırksal bir boy ölçüşme hırsıysa, pişmanım. Hindistan'ın sadece metafizikte değil, fizikte de öncü bir rol oynayabileceği konusuna olan keskin ilgimi inkâr edemem.

"Ne demek istiyorsunuz, efendim?"

Profesör mecbur kalmışçasına açıkladı. "Bose telsiz bir radyoyla, elektrik dalgalarının kırılmasına dayanan bir aleti icat eden ilk kişidir. Fakat Hintli bilim adamı icatlarını ticari olarak kullanmadı. Dikkatini kısa sürede inorganik dünyadan organik dünyaya çevirdi. Bir bitki fizyoloğu olarak devrimsel buluşları, bir fizikçi olarak gösterdiği esaslı buluşları gölgede bıraktı."

Nazikçe teşekkür ettim. "Bu büyük bilim adamı, bizim Presidency Üniversitesi'ndeki çalışma grubumuzdaki profesörlerden biridir" diye ekledi.

Ertesi gün bilgeyi bize yakın olan evinde ziyaret ettim. Ona uzun zamandan beri saygılı bir mesafeden hayranlık duyuyordum. Ağır başlı ve çekingen botanikçi beni gayet sıcak karşıladı. Ellilerinde, cüsseli; sık saçları, geniş alnı ve hayalperest bir insanın soyut bakışlı gözleriyle yakışıklı bir adamdı. Ses tonundaki kesinlik ömür boyu bağlı kaldığı bilimsel alışkanlığını ortaya seriyordu.

"Batı'nın bilimsel derneklerine yaptığım bir yolculuktan yeni döndüm. Üyeleri, 'bütün yaşamın bölünmez birliğini'[1] ispat eden hassas aletlere müthiş ilgi gösterdiler. Bose 'kreskograf'ı on milyon kez büyütmekte. Mikroskop sadece birkaç bin defa büyütmesine rağmen biyoloji bilimine canlılık kazandırdı. Kreskograf tahmin edilemeyecek ufuklar açacak."

---

[1] "Bütünün bilimi deney-üstüdür; diğer hepsi geçicidir. Botanik, şimdi doğru teoriyi ele geçirmektedir - Brahma'nın avatarları doğal tarihin halihazırdaki ders kitapları olacaklardır." - *Emerson*.

"Efendim, Doğu ile Batı'nın bilimin tarafsız kollarıyla kucaklaşmasını hızlandırmak için çok şeyler yaptınız."

"Ben Cambridge'de eğitim gördüm. Batılı bir metot olan, teoriyi titiz bir deneysel çalışmayla ispatlama yöntemi ne kadar hayranlık uyandırıcı! Ben bu deneysel çalışma yöntemini, bana Doğu'dan miras kalan iç gözlem hediyesiyle birleştirdim. Bu iki yöntemi birlikte kullanınca, bana, uzun zamandır saklı kalmış doğal diyarların sessizliğini bozmaya olanak verdiler. Kreskografımın [2] sırrını ortaya çıkardığı grafikler, bitkilerin hassas bir sinir sistemini ve değişik duygusal yaşamları olduğu konusunda, en şüpheci zihinleri bile ikna edici deliller ortaya çıkarttılar. Sevgi, nefret, sevinç, korku, zevk, acı, heyecan, uyuşukluk ve uyarıya karşı sayısız reaksiyon, hayvanlar için olduğu gibi bitkiler için de evrensel."

"Bütün yaradılış içindeki yaşamın birlik halindeki nabzı, gözlerinize sadece şiirsel bir imaj gibi görünüyor profesör. Bir zamanlar tanıştığım bir ermiş asla çiçek kopartmazdı. 'Gül ağacını güzelliğinden gurur duymasından neden yoksun bırakayım? Saygısız bir şekilde zorla elinden alarak onun şerefine mi hakaret edeyim?' derdi. Onun bu sevimli sözlerinin haklılığı, keşifleriniz tarafından harfi harfine ispatlanıyor."

"Bilim adamı gerçeğe acemice yaklaşırken şair onu ima eder. Bir gün laboratuvarıma uğrayarak kreskografın şüpheye yer bırakmayan ispatını görün."

Davetine teşekkür ederek oradan ayrıldım. Sonradan duydum ki, botanikçi Presidency Üniversitesi'nden ayrılmıştı ve Kalküta'da bir araştırma merkezi kurmayı planlıyordu.

Bose Enstitüsü açıldığında, ithaf törenlerine katıldım. Yüzlerce hevesli, binalarda gezinip durdular. Bilimin bu yeni evinin estetiği ve spiritüel sembolizmi beni büyülemişti. Ön kapısı asırlar kadar eski bir türbeden yadigârdı. Bir lotus [3] havuzunun arkasında, Hindistan'ın kadına olan saygısını ifade eden, elindeki lambası 'ölümsüz ışık doğuran' anlamına gelen, bir kadın heykeli vardı. Bahçedeki küçük tapınak, fenomen ötesindeki vücud-u mutlak'a (noumenon-numen: varlığından emin olmadan kabul ettiğimiz şey) adanmıştı. Herhangi bir mihrap imajının olmayışı İlahi Cisimsizlik düşüncesini telkin ediyordu.

---

[2] Latince kökü "crescere"den (to increase), artırmak. Kreskograf ve diğer buluşları için Bose, 1917'de "sir" unvanıyla onurlandırılmıştır.

[3] Lotus çiçeği Hindistan'da çok eski bir ilahi semboldür; kırışıksız taç yaprakları ruhun genleşmesini telkin eder. Özü olan çamurdan saf güzelliğinin büyüyüşü, mülayim bir spiritüel vaadi bünyesinde barındırır.

Hindistan'ın Büyük Bilim Adamı, J. C. Bose

Bose'nin bu büyük merkezin açılışı vesilesiyle yaptığı konuşma, kendisine vahiy gelmiş eski rishiler'den birinin dudaklarından da çıkmış olabilirdi: "Bugün bu enstitüyü yalnızca bir laboratuvar değil, aynı zamanda bir tapınak olarak da ithaf ediyorum." Saygılı ciddiyeti, kalabalık dinleyiciyi görünmeyen bir pelerin gibi sarıyordu.

"Araştırmalarımın meşguliyeti içerisinde farkında olmadan fizik ve fizyoloji alanlarının sınırına yöneltildim. Hayretler içinde, yaşayan ve yaşamayan varlıkların diyarları arasındaki sınırların eridiğini ve bağlantı noktalarının belirdiğini gördüm. İnorganik madde hareketsiz olarak kabul ediliyordu; hâlbuki çok çeşitli güçlerin hareketi altında heyecanla titreşim gösteriyordu.

"Evrensel bir reaksiyon metal, bitki ve hayvanları ortak bir kuralın altında topluyor gibiydi. Hepsi de özde aynı yorgunluk ve depresyon gibi doğal olayları sergilediler. Bu fenomenler, sürekli reaksiyon göstermeme hali olan ölümle sonuçlanabildiği gibi, kuvvetlenip iyileşme olanaklarını da içerdiler. Bu harikulade genellemenin hayranlığıyla dolu olarak, büyük ümitlerle araştırma sonuçlarımı – deneylerle ispatlanmış olarak - Kraliyet Akademisi önünde beyan ettim. Fakat orada bulunan fizyolojistler, onların alanlarına el uzatacağıma, araştırmalarımı, başarılarımın zaten garantilenmiş olduğu, fizik bilimiyle sınırlamamı önerdiler. Farkında olmadan yolumdan saparak, samimiyetsiz bir kast sisteminin sahasına girmiş ve gazabına uğramıştım.

"Bu tavırda, cehaletle imanı karıştıran teologların içgüdüsel önyargıları da önemli bir faktör olmuştu. Sık sık, bizi bu sürekli evrimleşen yaradılışın gizemiyle kuşatan Tanrı'nın, aynı zamanda içimize sorgulamak ve anlamak arzusu da ektiği unutulur. Yıllar boyunca yanlış anlaşılmaları yakından gördüm. Bu bana bir bilim müridinin hayatının kaçınılmaz olarak tükenmeyen bir mücadeleyle dolu olacağını anlattı. Böyle bir bilim müridi, başarı ve yenilgiyi, kazanç ve kaybı aynı görerek, yaşamını ateşlice kurban etmeye hazır olmalıydı.

"Zamanla, dünyanın başını çeken dernekler benim teori ve sonuçlarımı ve Hindistan'ın bilime katkısının önemini de kabul ettiler. [4] Küçük ya da sınırlanmış bir şey Hindistan'ın zihnini tatmin edebilir mi hiç? Her zaman

---

[4] "İnanıyoruz ki, eğitimin hiçbir kurumu, özellikle edebi ilimlerde, Hintli disiplin anlayışıyla tam anlamıyla eğitilmiş bir uzman aralarında olmadan, hiç bir büyük üniversite tam teçhizatlı sayılmaz. Şuna da inanırız ki, kendilerine miras kalacak bu dünyaya zekice katkıları bulunacak mezunlar yetiştirmeyi amaçlayan her üniversitenin personeli arasında Hint medeniyetinin kompetanı için alım bulunmalıdır." Mayıs 1939'da, *The American Council of Learned Societies, Washington D. C.*'nin bir dergisinde yayınlanmış olan, Pennsylvania Üniversitesi'nden Profesör W. Norman Brown'ın bir makalesinden alıntılar.

yaşayan bir gelenek ve yenilikçi bir güçle kendisini sürekli dönüştürerek dünyaya ayak uydurur. Sadece pasif bir el etek çekmeyle değil, aktif mücadeleyle de hayatta en yüksek ideallerin peşine düşmüş olan Hintliler her zaman yükselmişlerdir. Hiçbir şey istemeden, çelişkiyi reddeden zayıf iradeli birinin el etek çekeceği bir şeyi yoktur. Sadece mücadele edip kazanan kişi, yeryüzünü deneyimli başarılarının meyveleriyle kutsayarak zenginleştirir.

"Bose laboratuvarında süren, bitkisel yaşamda maddesel tepki araştırmaları fizik, fizyoloji, tıp, tarım ve hatta psikolojide geniş araştırma alanları açtı. Daha önce çözülemez diye düşünülen problemler, şimdi deneysel araştırmanın sınırları içine girmiştir.

"Fakat azim olmadan başarıya erişilemez. Bu yüzden, bugün giriş kapısında, geliştirdiğim, aşırı derecede duyarlılıklı aletleri sergiledim. Bu serginin amacı size, aldatıcı görünüşün ardında, görünmez kalan gerçeğe adım atmak için harcanan uzun çabaları anlatmaktır. İnsanın sınırlılığının üstesinden gelmek için, 'ileriye atılmak' diye adlandırdığımız beceri, direnç ve zahmeti anlatır. Yaratıcı bütün bilginler bilir ki; gerçek laboratuvar zihindir, görünüşün ötesinde, gerçeğin kanunları, ancak onun sayesinde keşfedilir.

"Burada verilecek konferanslar ikinci elden bilgileri tekrarlamayacak, ilk kez bu anfilerde sergilenecek yeni keşifleri ilan edecek. Enstitünün düzenli olarak halka açılması yoluyla Hindistan'ın bu katkıları bütün dünyaya ulaşacak. Hepsi halka mal olacak ve patentleri alınmayacak. Milli kültürümüzün ruhu bizden, bilgiden sadece kişisel kazanç için yararlanmak saygısızlığından sonsuza kadar kurtulmamızı bekler.

"Daha ilerisi için temennim bu enstitünün, bütün ülkelerin çalışanlarına elden geldiğince serbestçe açık olmasıdır. Bununla ülkemin geleneklerini devam ettirmeye çalışıyorum. Hindistan'ın Nalanda ve Taksila'daki asırlık üniversitelerine dünyanın her tarafından öğrencileri kabul etme geleneği 2.500 yıl öncesine kadar gider.

"Bilim ne Doğu'ya, ne de Batı'ya aittir; kendi evrenselliği içinde uluslararasıdır ve Hindistan bu konuda büyük katkılar yapmaya elverişlidir.[5] Gözle

---

[5] Maddenin atomsal yapısı Hintliler'in ataları tarafından çok iyi biliniyordu. Hint felsefesinin altı sisteminden biri *Vaisesika*'dır. Sanskritçe kök *visesas*, 'atomik bireysellik'. En önde gelen Vaisesika tefsircilerinden Avlukya, 'Atom Yiyen' (kendisine 'Kanada' da denir), bundan yaklaşık 2.800 yıl önce doğdu. Doğu-Batı Magazini'nin Nisan 1934 sayısındaki bir makalede Vaisesika bilgisine ait verilen kısa bir özet şöyle: "Modern 'atomsal teori'nin genellikle bilimin yeni bir adımı olarak göz önüne alınmasına rağmen konu, çok öncelerden 'Atom Yiyen' Kanada tarafından zekice izah edilmişti. Sanskritçe *anus*, tam olarak 'atom' diye tercüme edilebilir ki Yunanca'da 'kesilmemiş', 'bölünemeyen' anlamındadır. İsa'dan önceki zamana ait *Vaisesika* ilmi eserlerinin diğer bilimsel beyanları şunları içerir: (1) İğnelerin mıknatısa doğru hareketleri, (2) suyun bitkiler içindeki sirkülasyonu, (3)

görülür bir zıt gerçekler yığınından yeni bir düzen çıkarabilen, parlak Hint yaratıcılığı ancak konsantrasyon alışkanlığıyla kontrol altına alınabilir. Bu içsel disiplin zihne sonsuz bir sabırla gerçeğin peşinden koşacak gücü verir."

Bilim adamının son sözleri gözlerimi yaşarttı. "Sabır" gerçekten de tarihçileri olduğu kadar zamanı da şaşırtan Hindistan'ın anlamdaşı değil miydi? Araştırma merkezini açılış gününden hemen sonra yine ziyaret ettim. Büyük botanikçi sözünü hatırlayarak beni laboratuvarına götürdü.

"Kreskografa bir eğreltiotu koyacağım. Aletin büyütme oranı muazzam. Eğer bir salyangozun ilerleyişi aynı oranda büyütülebilirse, salyangoz bir ekspres tren hızıyla gidiyormuş gibi görülür!"

Gözlerim merakla, büyütülmüş eğreltiotu gölgesini yansıtan ekrana dikildi. Anlık yaşam hareketleri şimdi açıkça görülebiliyordu; Bitki gözlerimin önünde yavaş yavaş büyüyordu. Bilgin, eğreltiotunun ucuna küçük bir metal çubukla dokundu. Gelişmekte olan "sessiz gösteri" anında kesiliverdi. Çubuk çekilir çekilmez bitki, ritmine yeniden devam ediyordu.

"Dışarıdan en ufak bir müdahalenin bile hassas hücrelere nasıl zarar verdiğini gördün," dedi Bose. "Seyret; şimdi ona kloroform ve sonra da onun panzehrini vereceğim."

Kloroformun etkisi bütün büyümeyi durdurdu; panzehirse canlandırıcıydı. Ekrandaki evrimsel kıpırdanışlar ilgimi bir filmden daha çok cezbetmişti. Profesör (burada kötü adam rolündeydi) eğreltiotunun bir yaprağına sivri bir alet batırdı; bitki spazmik çırpınmalarla acı belirtisi gösterdi. Bir jiletle yaprağı boydan boya kestiğinde bitki şiddetle uyarıldı, daha sonra ölümle noktalanan bir hareketsizliğe düştü.

"Büyük bir ağacı önce kloroformla bayıltarak, yeniden başka bir yere dikmeyi başarıyla gerçekleştirdim. Ormanın böyle hükümdarları yerleri değiştirildikten kısa bir süre sonra genellikle ölürler."

---

suptil güçleri nakletmek için bir zemin olarak *akash* ya da eter; hareketsiz ve yapılaşmamış. (4) Isının bütün diğer formlarının kaynağı olarak Güneş enerjisi - Solar fire, (5) molekül değişminin nedeni olarak ısı, (6) yeryüzü atomlarının tabiatında bulunan ve onlara çekici güç ya da aşağı çekme gücünü veren hassanın neden olduğu yerçekim kanunu, (7) bütün enerjinin kinetik tabiatı; her zaman bir enerji sarfı ya da hareketin dağılışından kaynaklanan 'nedensellik' - causation, (8) atomların birbirine uyum sağlamaması yoluyla evrensel çözülüş - dissolution, (9) ışık ve ısı ışınlarının yayılması, sonsuzca ufak partiküllerin kavranamaz bir hızla her yöne fırlayıp, cirit atması -radiation-, modern 'kozmik ışınlar' teorisi, (10) zaman ve uzayın relativitesi.

"*Vaisesika* dünyanın özünü kendi doğaları içinde sonsuz olan atomlara ayırdı. Bu atomlar, ardı arkası kesilmez titreşim hareketine sahip olarak tasvir edildi. Geçenlerde, atomun minyatür bir güneş sistemi olduğuna dair bir bulgu aynı zamanda, zamanı, kendi boşluk birimini dolaşmak için bir atom tarafından periyod olarak, en küçük zaman birimi (kala) şeklinde açıklayarak onu, en ileri matematiksel kavrama indirgedi."

Jagadis, hayat kurtaran bir manevrayı anlatırken mutlulukla gülümsedi. "Aletlerimin grafikleri bitkilerin bir dolaşım sistemine sahip olduklarını gösterdi. Öz sıvılarının hareketleri hayvanların kan basıncına benziyor. Bitki öz sıvısının yükselişi sıradan geliştirilmiş aletlerle anlaşılamaz; örneğin sıvının kılcal damarlardaki emiliş hareketi. Bu, kreskograf tarafından yaşayan hücrelerin aktiviteleri olarak gösterildi. Ağaçtan aşağı doğru uzayan silindirik bir tüp, peristaltik (kasılıp gevşeyen) dalgalar halinde inerek gerçek bir kalp işlevi görüyordu. Biz daha derinden bu olayları anladıkça, doğada birçok şekilde oluşan her formun bir tek plandan kaynaklandığı o kadar çarpıcı bir açıklıkla ortaya çıkıyor!"

Ünlü bilim adamı diğer bir aletini işaret etti.

"Deneyleri sana bir teneke parçasında göstereceğim. Metallerdeki hayat gücü uyarıya olumlu ya da olumsuz tepki gösteriyor."

Derin bir dikkatle, atomun yapısının karakteristik dalgalarını kaydeden grafiği seyrettim. Profesör tenekeye kloroform verdiğinde titreşen grafik durdu. Metal yavaş yavaş normal halini aldıkça titreşimler yeniden canlandı. Arkadaşım bu sefer zehirli bir kimyasal madde uyguladı. Gösterge iğnesi anında, tenekenin dramatik bir şekilde ölümünü sarsıntıyla kaydetti.

"Aletlerin ispat ettiğine göre makas ya da makinelerde kullanılan çelik gibi metaller bayılmaya ve periyodik bir dinlenme sonunda yeniden etkinliklerini kazanmaya yatkınlar. Elektrik akımı yahut ağır zorlanma yoluyla metallerdeki yaşam ritmi ciddi olarak zedelenebilir, hatta söndürülebilir."

Odadaki, yorulmak bilmeyen dehanın mirası olan çok sayıdaki icada bakındım.

"Efendim, kitle tarımındaki gelişmenin, hayranlık veren mekanizmalarınızın kullanımı sayesinde hız kazanmaması üzüntü verici. Bazılarını, çeşitli gübre tiplerinin bitki büyümesi üzerindeki etkisini tecrübe eden hızlı laboratuvar deneylerinde uygulamak kolaylıkla mümkün olmaz mıydı?"

"Haklısın. Bose aletlerinin gelecek kuşaklar tarafından sayısız faydaları görülecek. Bilim adamı nadiren kendi çağında ödüllendirilir. Yaratıcı hizmetin hazzı yeterli."

Yorulmak bilmeyen bilgeye minnettarlık duyarak oradan ayrılırken, "Dehasının şaşkınlık veren verimi hiç tükenebilir mi?" diye düşünüyordum.

Ve geçen yıllarla performansında hiçbir değişiklik izlenmedi. 'Resonant kardiograf' adında karmaşık bir alet icat ederek Bose, Hindistan'ın sayısız bitkileri üzerinde geniş araştırmaların peşine düştü. İlaç dozları ve hazırlanma usullerini içeren güvenilir, büyük bir kitap yayınlandı. Kardiograf saniyenin

Hindistan'ın Büyük Bilim Adamı, J. C. Bose

JAGADIS CHANDRA BOSE
Hindistan'ın büyük fizikçi ve botanikçisi, kreskografın mucidi.

yüzde birini gösteren yanılmaz bir hassaslıkla imal edilmişti; alet, bitki, hayvan ve insan yapısındaki inanılamayacak kadar suptil nabız atışlarının sesini kaydedebiliyordu. Büyük botanikçi, kardiografın, tıbbi araştırmalar uğruna artık hayvanlar yerine bitkilerin kullanılmasını mümkün kılacağı kehanetinde bulundu.

"Bir bitkiye ve bir hayvana aynı anda verilen bir ilacın etkisinin yan yana kayıtları, sonuçta hayret uyandıran bir benzerlik gösterdi," diye açıkladı. "İnsanoğlundaki her şey önceden bitkilerde belirlenmiştir. Bitki üzerindeki deneyler insan ve hayvanların acı çekmelerini önleyecektir."

Bose'nin öncü buluşları yıllar sonra diğer bilim adamları tarafından haklı çıkarıldı. 1938'de Columbia Üniversitesi'nde yapılan araştırma *The New York Times*'ta şöyle haber oldu:

"Son birkaç yıl içinde belirlendi ki, sinirler beyinle vücudun diğer organları arasında mesajlar taşıdığında içtepi adı verilen ince elektrik dalgaları yayınlanmaktadır. Bu içtepiler hassas galvanometrelerle ölçülmüş ve modern aletler tarafından milyonlarca kez büyültülmüştür. Şimdiye kadar yaşayan hayvan ya da insanlarda sinir ağları boyunca ilerleyen içtepilerin hareketini incelemek için bu içtepilerin iletilmesindeki büyük hızdan dolayı, tatmin edici bir metot bulunamamıştı.

Dr. K. S. Cole ve H. J. Curtis, taze su bitkisi nitellanın uzun tek hücrelerinin -ki yaygın olarak süsbalığı akvaryumlarında kullanılmaktadır- aslında tek sinir hücreleriyle özdeş olduğunu, dahası, nitella liflerinin, uyarıldıklarında -sürat derecesi hariç- her bakımdan insan ve hayvanlardaki sinir ağındakine benzer elektrik dalgaları yayınladıklarını keşfettiler. Bu buluş dolayısıyla, Columbia çalışanları tarafından sinirlerdeki elektriksel içtepilerin iletilişinin ağır çekim filmleri olarak kullanıldı. Nitelle bitkisi, böylece zihin ve maddenin sınırlarındaki, üstü kapalı sırların şifrelerini sökmek için bir Rosetta taşı [6] olabilir."

Şair Rabindranath Tagore, bu idealist bilim adamının güvenilir bir arkadaşıydı. Bengalli şair ona şu dizeleri atfetmişti: [7]

---

[6] 1799'da Reşit civarında bulunan ve üstünde Yunanca, hiyeroglif ve demotik yazılar olan meşhur taş. (Çevirenin notu: Bu taş eski Mısır hiyerogliflerinin anlaşılmasında önemli katkılarda bulunmuştur.)

[7] Manmohan Ghosh tarafından Rabindranath Tagore'nin Bengalce şiirinden tercüme edilmiştir. (The Visvabharati Çuarterly, Sankinitekan, India.)

Tagore'nin şiirinde bahsi geçen *'Sama* diye anılan ilâhî' dört *Veda*'dan biridir. Diğer üçü *Rig, Yajur* ve *Atharya* vedalardır. Kutsal tekstler, bireysel insandaki tezahürü *Atma* (Ruh) diye nitelenen yaratıcı Allah'ın, Brahma'nın tabiatını tefsir ederler. Brahma'nın kökü *'brih'*dir, 'genleşme'; patlayarak yaratıcı aktivitenin içine dalmak ve anlıksal büyümenin ilahi gücü gibi Vedik kavramları ifade eder. Kozmosun, tıpkı örümceğin ağı gibi, O'nun varlığından evrimleştiği (*vikurute*) anlatılır. *Atma*'nın *Brahma* ile bilinçli füzyonunun (Ruh'un Can ile) Vedalar'ın bütün içeriği olduğu söylenebilir.

*Vedanta, Vedalar'*daki özetler, birçok Batılı düşünürlere ilham vermiştir. Fransız tarihçi Victor Cousin: "Doğu'nun, özelikle Hindistan'ın felsefi anıtlarını dikkatle okuduğumuzda çok derin bir gerçeği keşfederiz ki, Doğu felsefesi önünde diz çökmeye ve insan ırkının bu beşiğinde en yüksek felsefenin doğum yerini görmeye zorlanırız." Schlegel'in gözlemi: "Yunanlı filozoflarca devreye sokulan akla vuruşun idealizmi gibi Avrupalılar'ın en yüksek filozofisi bile, Doğu idealizminin dinçliği ve bereketli yaşamıyla kıyaslandığında, gün ışığının taşkın seline karşı cılız bir Promethean - Promethus'un gökten getirdiği alev - kıvılcımı gibi görünür.

Hindistan'ın sonsuz geniş edebiyatında *Vedalar* (kökü 'Vid', bilmek), hiç bir yazara mal edilmeyen yegâne metinlerdir. *Rig Veda* (I:90,9), ilahilere göksel bir orijin tahsis eder ve yeni bir lisan giydirilmiş olarak 'en eski zamanlardan inip geldiklerini anlatır bize (III:39,2). Çağdan çağa *rishi'*lere (gören) vahyedilen Vedalar'ın *'nityatva'*ya yani 'zamansız nihailiğe' sahip olduğu söylenir.

Vedalar rishilere 'direk duyulmak' (shruti) yoluyla, ses olarak vahyedilmiştir. Özünde, bir zikir ve ezberden okuma edebiyatıdır. Bundan ötürü binlerce yıldır Vedalar'ın yüz bin beyti yazılmayıp, Brahmin rahipler tarafından ağızdan ağıza aktarılmıştır. Kâğıt ve taş, zamanın silip - bozan etkilerine maruzdur. Vedalar çağlar boyunca hayatta kalmışlardır. Çünkü rishiler, tam anlamıyla nakletmekte zihnin maddeye üstünlüğünü kavramışlardı. 'Kalbin yazıt taşlarını ne silebilir?'

Vedik kelimelerin oluştuğu belirli düzeni (*anupurvi*) gözlemleyerek, ses kombinasyonları (*sandhi*) ve harflerin ilişkisi (*sanatana*) için fonolojik (insan sesleri bilgisi) kurallarının yardımıyla ve kesin matematiksel yollarla ezberlenmiş tekstlerin doğruluğunu kontrol ederek Brahminler, Vedalar'ın orijinal saflığını antik zamanın sisleri içerisinde emsalsizce muhafaza etmişlerdir. Bir Vedik kelimenin her bir hecesi (*akshara*) belli bir mana ve etkinliğe sahiptir (bkz. S. 311)

Hindistan'ın Büyük Bilim Adamı, J. C. Bose

O münzevi, *Sama* denilen o eski ilahinin
Kelimeleriyle seslen: "Kalk! Uyan!"
Shastrik ilmiyle övünen o adamı çağır;
Neticesiz, boşuna bilgiççe çekişmelerden,
O büyük konuşan budalaya öne çıkmasını söyle
Dışarı; doğanın, bu engin yeryüzünün karşısına;
Bu çağrıyı alimlerin cemaatine ulaştır.
Ateşinin adağı etrafında beraberce
Bırak hepsi toplansınlar ki Hindistanımız,
Yaşlı ülkemiz kendine gelsin
Oh! Bir kez daha işine sımsıkı sarılsın,
Göreve ve imana, vecd haline
Samimi meditasyonun; bırak otursun
Bir kez daha, telaşsız, hırssız, zorlamasız, saf,
Oh! Bir kez daha kutsal koltuğuna
Ve platformuna, bütün ülkelerin öğretmeni.

BÖLÜM 9

Nur Saçan Ermiş ve Kozmik Aşkı

"Küçük efendi, lütfen otur. İlahi Anam ile konuşuyorum."

Büyük bir huşu içinde sessizce odaya girdim. Üstat Mahasaya'nın meleksi görünüşü bende oldukça hayranlık uyandırmıştı. İpeksi beyaz sakalı ve iri parlak gözleriyle saflığın bedenlenişi gibiydi. Doğrulmuş çenesi ve katlanmış ellerinden, bu ilk ziyaretimde onu ibadetinin tam ortasında rahatsız etmiş olduğumu tahmin ettim.

Karşılarken söylediği basit sözler, bende o ana kadar deneyimlediğim en şiddetli etkiyi yaratmıştı. Annemden ayrılış acısıyla şiddetli üzüntünün derin ölçülerini tanımıştım. Şimdiyse İlahi Anne'den ayrı olmak ruhum için tarif edilemez bir işkenceydi. Duyduğum acıdan, inleyerek kendimi yere attım.

"Küçük efendi, sakinleş!" Ermiş sevecenlikle endişelenmişti.

Okyanusu andıran bir ümitsizlik içinde, beni kurtaracak sal olarak gördüğüm ayaklarına kapandım.

"Kutsal efendi; sizin aracılığınız! İlahi Anne'ye sorabilir miyim, acaba bana hiç lütuf gösterecek mi?"

Aracılık etmek gibi kutsal bir vaat öyle kolay kolay bahşedilmezdi; üstat derin bir sessizliğe bürünmüştü.

Üstat Mahasaya'nın Evrensel Ana ile çok samimi bir sohbet içinde olduğuna en ufak bir şüphe duymadan inanıyordum. Ermişin yanılmaz bakışlarının algıladığı O'na karşı gözlerimin nasıl kör olduğunun farkına varmak bugün bile benim için derin bir utanç. Ayaklarını yüzsüzce sımsıkı tutarak, nazik sitemlerine kulak tıkadım ve tekrar tekrar onun aracılık eden lütfunu rica ettim.

"Ricanı Sevgili'ye ileteceğim." Üstadın bana tanıdığı özel hak, şefkat dolu bir tebessümle gelmişti.

Varlığımın fırtınalı sürgünden kurtulacağını ima eden o birkaç kelimede ne büyük bir güç vardı!

"Efendim, sözünüzü lütfen hatırlayın! O'nun mesajı için çok yakında tekrar geleceğim." Birkaç saniye önce boğazıma üzüntüyle tıkanmış olan sesimde güvenli bir bekleyişin neşesi çınlıyordu.

Uzun merdivenden inerken üzerimdeki anıların gölgesi altında boğulmuştum. Şimdi Üstat Mahasaya'nın konağı olan, Kalküta 50 Amherst Sokağı'ndaki ev bir zamanlar aileme aitti ve annemin ölümüne sahne olmuştu. Bu evde annemin beni bırakıp gitmesi, kalbimi kırmıştı ve bugün, İlahi Annem'in yokluğu da sanki ruhumun çarmıha gerilmesine neden oluyordu. Kutsanmış duvarlar! İniltili incinmelerimin ve sonunda şifa buluşumun sessiz şahitleriydi.

Evime dönerken adımlarım sabırsızdı. Küçük tavan arası odamda yalnızlığa çekilerek saat 10'a kadar meditasyon yaptım. Ilık Hint gecesinin karanlığı aniden mucizevi bir vizyonun ışığıyla aydınlandı.

Göz kamaştırıcı bir ışıkla bezenmiş, başımda dikiliyordu İlahi Ana. Şefkatle tebessüm eden yüzü güzelliğin ta kendisiydi.

"Her zaman sevdim seni! Ve hep seveceğim!"

Göklere mahsus ses tonu hâlâ havada yankılanırken, yok oldu.

Ertesi sabah Üstat Mahasaya'yı ikinci kez ziyaret etmek için, güneşin nezakete uygun bir açıya kadar yükselmesini zorlukla bekledim. Dokunaklı anılarımın merdivenini tırmanarak Üstat Mahasaya'nın dördüncü kattaki odasına ulaştım. Kapalı kapının tokmağı bir parça bezle sarılıydı, ermişin yalnız kalmak istediğinin bir işaretiydi bu. Kararsız bir vaziyette orada dikilirken, kapı üstadın buyur eden eliyle açıldı. Kutsal ayaklarına kapandım. Oyunbaz bir havayla sevincimi saklayan ciddi bir surat takındım.

"Efendim, mesajınız için çok erken geldim, üzgünüm ama Sevgili Ana benim için herhangi bir şey söyledi mi?"

"Yaramaz küçük efendi!"

Başka bir imada bulunmadı. Belli ki, görünüşteki ciddiyetim pek etkileyici olmamıştı.

"Neden böyle gizemli, kaçamak sözler söylüyorsunuz? Ermişler asla basitçe konuşmazlar mı?" Belki de biraz kışkırtılmıştım.

"Beni sınaman mı lazım?" Sakin gözleri anlayışla doluydu. "Dün akşam saat 10'da Harikulâde Anne'den duyduğun güvenceye bir kelime daha mı eklemeliyim?"

Üstat Mahasaya ruhumun taşkın kapıları üzerinde kesin bir kontrole sahipti, kendimi yine ayaklarına attım. Ancak bu sefer gözyaşlarım acı ve geçmiş ızdıraplardan değil, huzurdan kaynaklanıyordu.

"Kendini imanla verişinin (devotion), Sınırsız Lütfun (Infinite Mercy) kalbine dokunmadığını mı zannediyorsun? Hem insan hem de ilahi formunda kendisine ibadet etmiş olduğun Tanrı'nın annelik vasfı, senin hayal kırıklığına uğramış yakarışına mutlaka cevap verir."

Evrensel Ruh tarafından en küçük ricası böyle tatlı bir kabul gören bu sade ermiş kimdi? Dünyadaki rolü, tevazunun tanıdığım bu en büyük örneğine yakışır bir şekilde sadeydi. Üstat Mahasaya,[1] Amherst Sokağı'ndaki bu evde erkek çocuklar için küçük bir lise kurmuştu. Dudaklarından en ufak bir azar sözü bile çıkmazdı; disiplini hiçbir kural ve cezaya bağlı değildi. Bu mütevazı sınıflarda gerçekten de yüksek matematik ve kitaplarda mevcut olmayan bir sevginin kimyası öğretilmekteydi.

Bilgeliğini içinden çıkılmaz bir reçeteden daha çok, ruhsal sirayet yoluyla saçıyordu. İlahi Ana'ya karşı son derece saygılı bir aşkla yanıp tutuşan ermiş, saygının formaliteleriyle bir çocuktan daha fazla ilgilenmezdi.

"Ben senin gurun değilim, o daha sonra gelecek. Onun kılavuzluğuyla İlahi'ye duyduğun sevgi ve kendini veriş (devotion) niteliğindeki tecrübelerin, onun uçsuz bucaksız bilgelik vasıflarına tercüman olacak."

Her gün öğleden sonra Amherst Sokağı'na uğradım. Üstat Mahasaya'nın ilahi kâbı öylesine doluydu ki, damlaları günbegün varlığımın üzerine taştı. Daha önce birinin karşısında hiç böyle bütün kalbimle eğilmemiştim. Üstat Mahasaya'nın ayak izlerinin kutsadığı zemine basmayı bile ölçüsüz bir ayrıcalık olarak hissediyordum.

Bir akşam yine çıkageldim.

"Efendim, lütfen özellikle sizin için yaptığım bu çiçekten kolyeyi (garland) takar mısınız?" Çekingenlikle geri çekilerek tekrar tekrar onurlandırılmayı reddetti ama sonunda incindiğimin farkına vararak gülümsedi.

"Her ikimiz de Anne'nin müritleri olduğumuzdan, çiçekten kolyeni, içimizde ikâmet eden O'na ikram niyetiyle bu bedensel tapınağın üzerine koyabilirsin." Uçsuz bucaksız doğası, içinde herhangi bir bencil düşünce ya da davranışın itibar göreceği bir boşluktan yoksundu.

"Yarın Dakshineswar'a, gurum tarafından sonsuza dek kutsanmış olan Kali Tapınağı'na gidelim." Ermiş, Mesih düzeyindeki Üstat Sri Ramakrishna Paramahansa'nın bir müridiydi.

Ertesi sabahki dört millik yolculuğu botla Ganj üzerinden yaptık. İlahi Ana ve Shiva figürlerinin taç yaprakları ince bir titizlikle işlenmiş, parlak gümüş bir lotusun üzerinde dinlendiği dokuz kubbeli Kali Tapınağı'na girdik. Üstat Mahasaya'nın yüzü kendinden geçmiş bir şekilde ışıldadı. Sevgiliyle

---

[1] Bu hitaplar, kendine duyulan saygıyı ifade etmek için genellikle kullanılan lakaplardı. Üstadın asıl adı Mahendra Nath Gupta idi. Yazdığı eserlerleri basitçe "M." diye imzalardı.

usanmak bilmeyen bir izdivaç içindeydi. O'nun adını terennüm ettiğinde, vecde gelmiş kalbim sanki lotusun çiçekleri gibi bin parçaya dağılmıştı.

Daha sonra kutsal bölge boyunca gezinerek bir ılgın ağacı koruluğunda durduk. Bu ağaçlardan sızan koku ve tatlımsı madde, sembolik olarak Üstat Mahasaya'nın ihsan ettiği göksel besindi. Üstadın ilahi niyazları devam ediyordu. Pembe tüylü ılgın çiçekleri arasında hareketsiz ve dimdik oturdum. Bir süre beden bilincini kaybederek çok yükseklere olağandışı bir ziyarette bulundum.

Bu, kutsal öğretmenle Dakshineswar'a yaptığım birçok hac yolculuğunun ilkiydi. O'ndan Allah'ın Anne ya da İlahi Rahmet sıfatı altındaki tatlılığını öğrendim. Çocuksu ermiş, Baba ya da Göksel Hak (Divine Justice) niteliklerine pek başvurmuyordu. Ciddi, kesinlik getiren matematiksel yargılama onun nazik doğasına yabancıydı.

Onu bir gün dua sırasında seyrederken, "Cennetin meleklerine, onların dünyevi bir temsilcisi olarak hizmet edebiliyor," diye hayranlıkla düşündüm. Bu dünyayı, Asli Saflığa çoktandır aşina olan gözlerle, asla eleştirmeden, dikkatle izliyordu. Vücudu, zihni, sözleri ve hareketleri hiçbir çaba harcamaksızın ruhunun sadeliğiyle uyum içindeydi.

"Üstadım bana böyle dedi." Kişisel iddialardan çekinen ermiş, bilgece nasihatlarını genellikle bu atıfla bitirirdi. Sri Ramakrishna ile özdeşlik duygusu öyle derindi ki, Üstat Mahasaya artık düşüncelerini kendine aitmiş gibi görmüyordu.

Ermişle beraber bir akşam el ele okulunun etrafında yürüyorduk. Kendini beğenmiş bir tanıdığa rastlamak keyfimizi kaçırmıştı. Uzun bir konuşmayla bizi esir aldı.

"Gördüğüm kadarıyla bu adamı pek tutmuyorsun."

Ermişin fısıltısı, kendi monoloğuyla büyülenmiş olan egoist tarafından duyulamayacak bir tondaydı.

"İlahi Ana ile bu konuda konuştum, zavallı halimizin farkında. İlerideki kırmızı eve gelir gelmez, ona daha acil bir işinin olduğunu hatırlatacağına söz verdi."

Gözlerim 'kurtuluş noktasına' yapışmıştı. Evin kırmızı kapısına ulaşınca adam tahmin edilemeyecek bir şekilde dönüp gitti. Ne cümlesini bitirmiş ne de veda etmişti. İşgal edilmiş havaya yeniden huzur çöküverdi.

Başka bir gün Howrah Demiryolu İstasyonu yakınında yalnız başıma yürüyordum. Davul ve zillerle gayretli bir şekilde zikir yapan küçük bir grubu sessizce kınayarak, bir an bir tapınakta durdum.

ÜSTAD MAHASAYA
Nur Saçan Ermiş

"Tanrı'nın kutsal adını nasıl da kalpten gelmeyen mekanik bir havayla zikrediyorlar" diye düşündüm. Aniden Üstat Mahasaya'nın hızla bana yaklaştığını görerek şaşırdım.

"Efendim, buraya nasıl geldiniz?"

Ermiş sorumu önemsemeyerek, düşüncemi yanıtladı. "Sevgili'nin adının, cahil ya da bilge, bütün dudaklardan hoş ve tatlı duyulduğu doğru değil mi, küçük efendi?" Kolunu sevecenlikle omuzuma doladı, kendimi onun sihirli halısıyla Şefkatli Varlığın (Merciful Presence) huzuruna taşınmış hissettim.

"Biyoskop görmek ister misin?"

Bir öğle sonrası münzevi Üstat Mahasaya'nın bu sorusu bana gizemli gelmişti; sözcük o zamanlar Hindistan'da sinema filmini belirtmek için kullanılıyordu. Onunla her şart altında birlikte olmaktan hoşlandığım için kabul ettim. Tempolu bir yürüyüşle Kalküta Üniversitesi'nin ön bahçesine getirdi. Arkadaşım *goldighi*, yani gölcüğün yanındaki bir bankı işaret etti.

"Burada birkaç dakika oturalım. Gurum, ne zaman bir havuz veya göl görsem meditasyon yapmamı isterdi. Suyun durgunluğu bize Tanrı'nın uçsuz bucaksız sükûnetini hatırlatır. Tıpkı her şeyin suda yansıtılabileceği gibi bütün evren de Kozmik Zihin gölünde yansıtılmıştır. Gurudevam [2] sık sık böyle derdi."

Kısa bir süre sonra üniversitede, konferans verilmekte olan bir salona girdik. Arada bir dia görüntüleriyle desteklenmesine rağmen hiç de ilginç değildi, hatta son derece budalacaydı.

"Demek üstadın görmemi istediği biyoskop böyle bir şeydi!" diye düşündüm. Belki de sabırsızlık ediyordum hemen karar vermekle ama sıkılmıştım. Buna rağmen sıkıntı belirtileri göstererek ermişi gücendirmek istemedim. Fakat o bana doğru yaslanarak:

"Görüyorum ki bu gösteriyi sevmedin küçük efendi. Bundan İlahi Ana'ya söz ettim. Ana şu anda ikimize de tamamen sempati duyuyor. Bana elektriğin şimdi kesileceğini ve biz bu salonu terk etmek için bir fırsat bulana kadar da ışıkların tekrar yanmayacağını söylüyor."

Fısıltısı bittiğinde salon karanlığa büründü. Pürüzlü sesi bir an için kesilen profesör, kısa bir şaşkınlıktan sonra, "Salonun elektrik sisteminde arıza var" dedi. O zamana kadar biz çoktan eşiği aşmıştık. Koridorda yürürken geriye bir göz atınca salonun yine aydınlanmış olduğunu gördüm.

"Küçük efendi, o gösteride hayal kırıklığına uğradın ama sanırım daha değişik olan bu gösteriyi seveceksin." Ermişle beraber üniversite binasının önündeki kaldırımda dikiliyorduk. Usulca kalbimin üzerindeki bölgeye avcuyla vurdu. Değişime yol açan bir sessizlik takip etti bunu. Tıpkı ses cihazı bozulduğunda modern bir filmin sessiz filme dönüşmesi gibi, İlahi El, acayip bir mucizeyle dünyanın telaşını giderivermişti. Geçen otomobiller, at arabaları, kağnılar, demir tekerlekli kiralık faytonlar ve yayalar sessiz bir geçit içindeydiler. Sanki her yerde var olan bir göze sahipmişim gibi arkamda ve her iki yanımda olan görüntüleri de, önümdeki görüntüler kadar kolaylıkla görebiliyordum. Kalküta'nın o küçük semtindeki bütün aktivitenin görüntüsü

---

[2] *Deva* (Tanrı), bazen derin saygı ve reverans belirtmek için guru (aydınlanmış öğretmen) ile birlikte kullanılır.

KUTSAL ANA

Kutsal Ana, Tanrı'nın yaradılış içinde aktif haldeki görünümüdür, Rab'ın *shakti* veya yaratıcı gücünü temsil eder. Gösterdiği niteliklere göre birçok isimle anılır ve görüntüyle resmedilir. Burada, kalkık durumdaki eli evrensel bir takdisi bahşeder. Diğer elleriyse (sembolik olarak) tesbih (Tanrı'ya sadakat), kutsal kitap sayfaları (bilim ve bilgelik) ve kutsal su kabını (arınma) tutmaktadır.

ses olmaksızın önümden geçti. İnce bir kül tabakasının altında bulanıkça görülen parlak, taze bir alev gibi, hararati olmayan hoş bir pırıltı panoramik görüntünün içine nüfuz etmekteydi.

Kendi bedenim, çok sayıdaki gölgelerden sadece biri gibi gözüküyordu; diğerleri sessizce oraya buraya süzülürken, benimki hareketsizdi. Birkaç arkadaşım yakınımdan geçip gittiler, doğrudan baktıkları halde beni fark edememişlerdi.

Bu emsalsiz pandomim, beni açıklanamaz bir vecd haline soktu. Huzur dolu bir kaynaktan kana kana içtim. Aniden Üstat Mahasaya tarafından göğsüme ikinci bir kez vurulduğunda dünyanın velvelesi isteksiz kulaklarımda patlayıverdi. Sanki havada uçuşan incecik bir örümcek ağı gibi bir rüyadan sarsılarak uyandırılmışçasına neredeyse sersemleyip düşecektim. Transandantal (deneyüstü) şarap ulaşamayacağım bir yere kaldırılmıştı.

"Küçük efendi, görüyorum ki ikinci biyoskopu [3] zevkine uygun buldun." Ermiş gülümsüyordu. Minnettarlıkla ayaklarının dibinde diz çökmeye yeltendim. "Şimdi bunu bana yapamazsın" dedi. "Biliyorsun Tanrı aynı zamanda senin (vücut) tapınağında da ikâmet ediyor. İlahi Ana'ya senin ellerin yoluyla ayaklarıma dokunması için izin vermeyeceğim!"

Eğer biri gösterişsiz üstatla beni kalabalık kaldırımda yavaşça yürüyerek uzaklaşırken gözleseydi, kesinlikle sarhoş olduğumuzdan şüphelenirdi. Akşama düşen gölgelerin, Tanrısal sarhoşluk içinde olduğunu hissediyordum.

Şu anda zavallı kelimelerle şefkat ve lütuflarının hakkını vermeye çalışırken, acaba Üstat Mahasaya ve yolları benimkiyle çakışmış olan diğer ermişler yıllar sonra, Batı'daki bir ülkede, ilahi müritler olarak onların yaşamları hakkında yazacağımı biliyorlar mıydı? diye merak ediyorum. Önceden bilmeleri ne benim, ne de umarım benimle bu sayfaya kadar gelmiş olan okuyucularım için bir sürpriz olmayacaktır.

Bütün dinlerin ermişleri basit 'Kozmik Sevgili' kavramıyla Tanrı bilincine ulaştılar. Çünkü mutlak (absolute) *nirguna* 'vasıfsız' ve *acintya* 'kavranamaz'dır. İnsan düşüncesi ve özlemi O'nu her zaman Evrensel Ana olarak kişiselleştirmiştir. Kişisel Tanrı inancı ve Mutlak'ın felsefesinin bir kombinasyonu, *Vedalar*'da ve *Bhagawad-Gita*'da izah edilen Hindu düşüncesinin çok eskilere dayalı (ancient) bir başarısıdır. Bu 'zıtlıkların uzlaşması' kalp ve kafayı tatmin eder; *bhakti* (iman) ve *jnana* (bilgelik) özde birdirler. *Prapatti* (Allah'a sığınma) ile *saranagati* (kendini İlahi Şefkat'in kucağına atıvermek) en yüksek bilginin gerçek yollarıdır.

Üstat Mahasaya ve bütün diğer ermişlerin alçakgönüllülüğü, yegâne Hayat ve Yargıç olarak Tanrı'ya tam bağımlılıklarının (*seshatva*) farkındalığından kaynaklanmaktadır. Çünkü Tanrı'nın doğası huzur ya da saadettir (bliss), O'nunla uyum içinde olan kişi sınırsız bir hazzı (joy) deneyimler. "Ruhun ve istencin arzularından en önde geleni 'haz'dır." [4] Ana'ya çocukça bir ruhla

---

[3] Webster'in New International Sözlüğü (1934), şu olağandışı karşılığı vermektedir: 'Öyle bir görüntü veren yaşamın, bir görüntüsü.' Üstat Mahasaya'nın bu kelimeyi seçişi böylece garip bir şekilde haklı çıkarılmış oldu.

[4] Ermiş John. 1591'de ölen bu sevgili Hıristiyan ermişin bedeni 1859'da mezarından çıkarıldığında çürüyüp, bozulmamış bir halde bulundu.

Sir Francis Younghusband (*Atlantic Monthly*, Aralık 1936) kendi kozmik haz tecrübelerini

yaklaşan bütün çağların iman edenleri, O'nu her zaman kendileriyle oyun halinde bulduklarına tanıklık etmişlerdir. Üstat Mahasaya'nın yaşamında ilahi oyunun tezahürleri bazen önemli, bazense önemsiz gözükmüştür. Tanrı'nın gözünde hiçbir şey büyük ya da küçük değildir. O'nun minicik atomu inşa etmekteki mükemmel güzelliği olmasaydı, gökler Vega'nın veya Arkturus'un övgüye değer yapılarıyla bezenebilir miydi? 'Önemli' ve 'önemsiz' ayırt edilişleri Tanrı'ya kesinlikle yabancıdır, toplu iğne uğruna kozmos çökmesin diye!

şöyle anlatmakta: "Üzerime gelen şey bir yükselme duygusu ya da ferahlıktan çok daha güçlüydü; şiddetli bir haz duygusuyla kendimin yanıbaşındaydım. Bu tarif edilemez ve neredeyse dayanılması güç sevinçle, yeryüzünün özündeki güzellik bana malum oldu. İnsanların kalpte iyi olduklarına, içlerindeki kötülüğün sadece yüzeysel olduğuna ikna oldum."

BÖLÜM 10

Üstadım Sri Yukteswar ile Karşılaşıyorum

"Tanrı'ya karşı iman her türlü mucizeyi yaratabilir; bir şey hariç; bir sınavı çalışmadan geçmek!" Aylak bir anımda elime aldığım 'esinlendiren' kitabı tatsızca kapattım.

"Yazarın böyle bir istisna öne sürmesi onun inançtan yoksun olduğunu gösteriyor," diye düşündüm. "Zavallı adam! Gece yarısına kadar çalışan öğrencilere büyük saygısı var!"

Babama lise öğrenimimi tamamlayacağıma dair söz vermiştim. Buna rağmen sebatla ders çalıştığımı söyleyemem. Geçen aylar boyunca beni sınıflardan daha çok, Kalküta'nın (Ganj kenarındaki) yıkanma 'ghat'larının tenha noktalarında gördüler. Hemen yanı başındaki, özellikle geceleri daha ürkütücü olan mezarlık, yogiler tarafından oldukça cazip bulunurdu. Ölümsüz gerçeği arayan kişi, birkaç süssüz kafatasının onu dehşete düşürmesine izin vermemeli. İnsanın yetersizliği çeşitli kemiklerin loş meskeninde daha bir belirginleşir. Ancak benim geceyarısı uyanıklığım öğrencilerinkinden daha değişik bir doğaya sahipti.

Hindu Lisesi'ndeki bitirme sınavları haftası hızla yaklaşıyordu. Bu sınav dönemi, mezarlık gezilerim gibi bildik bir terör uyandırıyordu. Buna rağmen zihnim oldukça huzur içindeydi. Hortlaklara meydan okuyarak, dershanelerde edinilemeyecek bir bilgiyi mezarlardan çıkartıyordum. Fakat Swami Pranabananda'nın iki ayrı yerde gözükebilme sanatından yoksundum. Birçoğuna ne yazık ki mantıksız gelmesine rağmen, düşüncem şuydu ki, Tanrı bu ikilemimi fark ederek, beni bu sorunun içinden çekip çıkarmalıydı. Müminin mantıksızlığı, onun zor anlarında, Tanrı'nın açıklanamaz şekilde binbir ispat ve işaret göndermesinden kaynaklanır.

Bir sınıf arkadaşım bir öğle vakti Garpar Caddesi'nde bana yanaştı:

"Merhaba, Mukunda! Bugünlerde yüzünü gören cennetlik!"

"Merhaba Nantu! Okula uğramayışım beni zor bir duruma sokmuşa benziyor" diyerek onun arkadaşça bakışları altında içimi döktüm.

Parlak bir öğrenci olan Nantu yürekten güldü. Benim içinde bulunduğum durumu komik görmesi olağandı.

"Açıkçası finaller için hazırlıksızsın!" dedi. "Sanırım sana yardım etmek bana kaldı!"

Bu basit kelimeler kulaklarıma ilahi bir söz gibi geliyordu; arkadaşımı evinde şevkle ziyaret ettim. Nezaketle bana sınavlarda sorulması muhtemel soruların çözümlerini gösterdi.

"Bu sorular kendine güvenen birçok öğrenciyi sınav kapanında kıstıracak tuzaklar. Cevaplarını hatırlarsan hasarsız kurtulursun."

Oradan ayrıldığımda gece epey ilerlemişti. Olgunlaşmamış bir ilimle dolup taşarak, bunun gelecek birkaç kritik gün boyunca öyle kalması için yürekten dua ettim. Nantu çeşitli konularda bana direktifler vermiş, ancak kısıtlı zaman içinde Sanskritçe sınavını unutmuştu. Tanrı'ya hararetle bu eksiği hatırlattım!

Ertesi sabah, yeni edindiğim bilgiyi hazmetmek için yürüyüşe çıktım. Kestirme olsun diye köşedeki boş arsanın içinden geçerken gözlerim birkaç kâğıt parçasına takıldı. Muzaffer bir hamleyle elime geçirdiğim, Sanskritçe beyitlerdi! Beceriksiz tercümem için birisinin yardımını aradım. Onun zengin sesi havayı, eski dilin tatlı güzelliğiyle doldurdu. [1]

"Bu istisnai beyitlerin Sanskritçe sınavında sana yardım etmesi olanaksız." Bilim adamı tercümeden sonra beni başından savdı.

Fakat o şiirle benzerlik, ertesi günkü Sanskritçe sınavını geçmeme neden oldu. Nantu'nun sezgisel yardımıyla da diğer derslerden en düşük geçer notları alabildim.

Babam sözümü tuttuğuma ve liseyi bitirdiğime memnundu. Nantu'nun evini ziyaretimde ve normal rotamın dışına çıkarak çöp dolu boş arsadan geçen yürüyüşümde bana kılavuzluk eden Tanrı'ya minnettardım. Bana, kurtarılışım için zamanı ustaca ayarlayarak ikili bir sinyal vermişti. Yazarının sınav salonlarında Tanrı'nın ikinci planda kaldığını söylediği, bir kenara atılmış o kitapla yine karşılaştığımda, sessiz yorumuma gülmeden edemedim:

"Eğer kadavralar arasında ilahi meditasyon yapmanın, lise diplomasına giden kestirme yol olduğunu söyleseydim; bu, yazarın şaşkınlığını daha da artacaktı!"

Sınavları geçtikten sonra edindiğim vakarla, şimdi açıkça evi terk etmeyi

---

[1] *Sanskrita*, 'parlatılmış, bütün,' (Tam.) Sanskrit bütün İndo-Avrupalı dillerin en yaşlı kardeşidir. Alfabetik yazılışı '*Devanagari*'dir; harfi harfine tercümesi, 'ilâhi mesken'. "Benim gramerimi bilen, Tanrı'yı bilir!" Panini, eski Hindistan'ın büyük filologu, Sanskrit'in matematiksel ve psikolojik mükemmelliğine bu atıfta bulunmuştur. Lisanı kaynağına kadar takip eden, gerçekten de 'her şeyi bilen' makamına erişmeli.

planlıyordum. Genç bir arkadaşım, Jitendra Mazumdar[2] ile Sri Bharat Dharma Mahamandal'ın Benares'teki[3] manastırına katılarak, onun spiritüel disiplini altına girmeye karar verdim.

Ailemden ayrılma fikriyle bir gün üzerime yalnızlık duygusu çöktü. Annemin ölümünden beri, özellikle iki küçük erkek kardeşim Sananda ve Bishnu ile en küçük kız kardeşim Thamu'ya olan sevgim derinleşmişti. Karmaşık 'sadhana'mda[4] birçok sahneye şahit olan inziva yerime, küçük tavan arasına koştum. İki saatlik bir gözyaşı selinden sonra, sanki simyevi bir arındırıcı tarafından teselli edilmiştim. Bütün bağımlılığım[5] yok oldu, arkadaşlar arkadaşı olan Tanrı'yı arama kararım sarsılmaz bir hale geldi.

"Sana son bir kez daha rica ediyorum." Rızası için karşısında dikiliyken babam kederliydi. "Beni ve üzüntü içindeki kardeşlerini hayal kırıklığına uğratma."

"Saygıdeğer babacığım, sana olan sevgimi nasıl anlatabilirim? Fakat bana bu yeryüzünde mükemmel bir baba hediye eden Göksel Baba'ma (Heavenly Father) karşı sevgim daha büyük. Bırak gideyim ki bir gün daha kutsal bir anlayışla geri dönebileyim."

Ailemin gönülsüz rızasıyla, çoktan Benares'teki aşramda olan Jitendra'ya katılmak için yola koyuldum. Varışımda genç baş rahip Swami Dayananda beni candan karşıladı. İnce uzun gövdesi, düşünceli tavrıyla bende hoş bir izlenim uyandırdı. Açık tenli yüzü, Buda'ya benzer bir dinginliğe sahipti.

Yeni evimde de, sabah ve akşam saatlerini geçirebileceğim bir tavan arası olmasına sevinmiştim. Meditasyon alıştırmaları hakkında fazla bir şey bilmeyen aşram mensupları, bütün zamanımı organizasyona ait görevlerle geçirmem gerektiğini düşünüyorlardı. Öğleden sonraları ofislerinde sürdürdüğüm işimi övgüyle destekliyorlardı.

"Tanrı'yı bu kadar çabuk yakalayacağını sanma!" Tavan arasına erken kaçtığım bir günün sonrası aşram sakinlerinin birinden bu gülünç lafı duydum. Ganj'a bakan inziva hücresinde meşgul olan Dayananda'ya gittim.

---

[2] Kaplanlardan hoşlanmayan Jatinda (Jotin Ghosh) değil.

[3] Hindistan bağımsızlığını kazandı beri, İngiliz egemenliği altında İngilizce'leştirilmiş birçok kelime orijinal Hindistanca asıllarına dönüştürülmüştür. Bugünlerde Benares şehri de Varanasi veya daha da eski, antik Kaşi adıyla anılmaktadır.

[4] Tarik ya da Tanrı'ya doğru ilk hazırlık kabilinden, yol.

[5] Hindu kutsal metinleri aileye bağımlılığın, eğer insanı Bütün Nimetleri Veren'i aramaktan alıkoyarsa yanıltıcı olduğunu anlatır. Seven akrabalar dahil Hz. İsa da benzeri şekilde düşünüyordu: "Anasını ya da babasını benden çok seven bana layık değildir." *Mathew-Mata 10:37*

"Swamiji[6], burada benden ne istendiğini anlamıyorum. Ben Tanrı'nın doğrudan kavranışının peşindeyim. O olmaksızın cemaate kabul olunmak, itikat ya da hayırlı işler yapmakla tatmin olamam."

Portakal rengi cüppeli münzevi sevgiyle sırtımı sıvazladı. Alaylı bir azarlanma numarasıyla yakınındaki birkaç müride tembih etti: "Mukunda'nın canını sıkmayın. Bizim yollarımızı öğrenecek."

Bu sözlerin samimiyetinden şüphemi nezaketle gizledim. Öğrenciler, azarlanmadan pek de etkilenmişe benzemeyerek odadan çıktılar. Dayananda'nın bana söyleyecek başka sözleri vardı.

"Mukunda, babanın sana düzenli olarak para yolladığını görüyorum, oysa burada buna hiç ihtiyacın yok. Disiplinini ilgilendiren ikinci bir talimat da yiyecek hakkında. Açlık hissetsen bile, bundan bahsetme."

Gözlerimden açlık ve susuzluk mu okunuyordu, bilmiyorum fakat aç olduğumu çok iyi biliyordum. Aşramdaki günün ilk yemeği için değişmeyen saat, öğlen 12'ydi. Bense evde, saat 9'da büyük bir kahvaltıya alışmıştım.

Aradaki üç saatlik boşluk her geçen gün daha geçmek bilmez hale geldi. Aşçıyı on dakikalık bir gecikme için azarladığım Kalküta günleri geçmişte kalmıştı. Şimdi iştahımı kontrol altına almaya çalışıyordum, 24 saatlik bir orucu tamamladım. İkiye katlanmış bir hazla, ertesi gün öğle vaktini bekledim.

"Dayananda'nın treni rötarlı, o gelene kadar yemek yok." Jitendra benim için bu korkunç haberi getirdi. İki haftadır aşramda olmayan Swami'yi karşılamak için lezzetli birçok yemek hazırdı, iştah açan bir koku etrafa yayılıyordu. Ama dünkü orucumun övüncü dışında yutulacak başka bir lokma ikram eden yoktu!

"Tanrı'm, şu treni hızlandır!" diye yalvardım.

Göksel Tedarik Eden, Dayananda'nın açlığımı susturan yasağına dahil edilemezdi. Ama İlahi Dikkat her nasılsa başka bir yerdeydi. Saatler geçiyordu.

Liderimiz kapıdan girdiğinde karanlık çökmekteydi. Selamım halis bir sevinci açığa vuruyordu.

"Yemek servis edilmeden önce Dayanandaji yıkanıp meditasyon yapacak." Jitendra yine uğursuz bir kehanet kuşu gibi yanaşmıştı yanıma.

Neredeyse kendimden geçmek üzereydim. Mahrumiyete alışık olmayan genç midem kuvvetli bir kazınmayla durumu protesto etti. Açlık kurbanlarının resimleri hayaletler gibi bir bir geçtiler gözümün önünden.

---

[6] Özellikle direk hitapta kullanılan bir saygı eki; 'swamiji', 'guruji', 'Sri Yukteswarji' gibi.

"Benares'te açlıktan ilk ölüme biraz sonra bu aşramda tanık olunacak!" diye düşündüm. Tepemde asılı olan hüküm, saat 9'da sone erdi. Son derece tatlı davet çağrıları yapılıyordu! O akşam yemeğinin anısı hayatımın en mükemmel saatlerinden biri olarak hâlâ taptaze. Kendimi yemeye müthiş kaptırmış olsam da Dayananda'nın dalgınlıkla yemek yediği gözümden kaçmamıştı. Benim kaba saba hazlarımın seviyesini, kendini kontrol sayesinde çoktan aşmıştı.

"Swamiji, aç değil miydiniz?" Tıka basa yemiş olmaktan mutlu, yöneticimizle çalışma odasında yalnızdım.

"Oh, evet!" dedi. Son dört günü yiyeceksiz ve susuz geçirdim. Dünyalık insanların birbirine benzemeyen çeşitli titreşimleriyle dolu olan trenlerde asla yemem. Rahipler için olan sıkı *shastrik*[7] kuralları uygularım. Aynı zamanda zihnim organizasyonel bir takım problemlerle de meşgul. O yüzden bu akşam yemeği ihmal ettim. Aceleye ne gerek var? Yarın dört başı mamur bir yemek yemeye dikkat edeceğim." Neşeyle güldü. Utanç, içimde bunaltacak derecede yayıldı. Ancak geçmiş günün işkencesini kolayca unutmamıştım. Bir söz daha söylemeye cesaret ettim.

"Swamiji, sizin direktiflerinizi uygulamak konusunda kafam karışık. Farzedelim, hiç kimseden yiyecek istemiyorum ve kimse de vermiyor. Açlıktan ölecek miyim o halde?"

"Öl, o zaman!" Bu alarm veren nasihat havayı çınlatmıştı. "Ölmen gerekirse, öl Mukunda! Asla Tanrı'nın gücüyle değil de yiyeceklerin verdiği güçle yaşadığına inanma! Besinin her türlü formunu yaratan sana iştahı veren, kaçınılmaz olarak inanç sahibinin hayatta kalmasını da kollayacaktır. Sana pirincin kuvvet verdiğini sanma, ne de paranın, yahut insanların seni desteklediğini. Eğer Tanrı hayat nefesini geri alsaydı, onlar sana yardım edebilir miydi? Onlar sadece Tanrı'nın aletleridir. Besinin midende hazmedilmesi senin herhangi bir hünerine mi dayanıyor? Bu ince farkları ayırt edebilme kılıcını kullan Mukunda! Dünyevi zincirleri kesip atarak, Varlığın Asıl Kaynağı'nı kavra!"

Keskin sözlerinin derinlere, iliklerime işlediğini hissettim. Ruhu saf dışı bırakan, insanlık kadar eski bir yanılgı beni bırakıp gitmişti. O günden sonra

---

[7] *Shastralar* 'kutsal kitaplar' dört sınıf yazıtları ihtiva etmektedir: *Shruti, Smriti, Purana, Tantra*. Bu müşterek ilmi eserler dinsel ve sosyal yaşamın bütün bakış açılarını ve hukuk, tıp, mimarlık, sanat ve birçok diğer alanı kapsarlar. *Shrutiler* yani 'direk duyulmuş' ya da 'vahyedilmiş' metinler, *Veda*, lardır. *Smritiler* yahut 'hatırlanmış' bilim, sonunda, çok eski zamanlarda dünyanın en uzun destan şiirleri *Mahabharata* ve *Ramayana* olarak kaleme alınmıştır. Sayıca on sekiz olan *Puranalar*, edebi olarak 'kadîm' (ancient) alegorilerdir; *Tantralar* 'dini ayinler' anlamındadır: Bu ilmi eserler çok derin gerçekleri detaylı bir sembolizmin peçesi altında naklederler.

ruhun kendine yeterliliğini tattım. Daha sonraları, aralıksız seyahatlerle geçen hayatımda, birçok yabancı şehirde, Benares'teki bir aşramda öğrendiğim bu dersin işlerliğini kanıtlayan fırsatlar çıktı karşıma!

Bana Kalküta'dan beri eşlik eden asıl hazine, annem tarafından bana iletilen, sadhunun gümüş muskasıydı. Yıllardır göz kulak olduğum muskayı şimdi dikkatle aşramdaki odamda saklıyordum. Tılsımlı mirasıma olan sevincimi tazelemek için bir gün kilitli kutuyu açtım. Ne göreyim! Mühürlü kılıf dokunulmamış olduğu halde muska yok olup gitmişti! Homurdanarak zarfı yırtıp açtım ve yokluğundan kesinlikle emin oldum. Sadhunun kehanette bulunduğu gibi, geldiği yere yeniden karışıp, yok olmuştu.

Dayananda'nın müritleriyle ilişkim gitgide kötüleşmişti. Aşram sakinleri kendimi uzak tuttuğum için benden soğumuşlardı. Uğruna evimi ve bütün dünyevi ihtirasları bıraktığım ideal üzerine meditasyon yapmaya sıkı bağlılığım, her taraftan yüzeysel eleştiriler gelmesine neden oldu.

Spiritüel elemle paralanmış olarak bir şafak vakti tavan arasındaki odama gidip, bir cevap gelene kadar dua etmeye karar verdim.

"Evrenin Merhametli Anası, bana vizyonlar yoluyla bizzat kendin göster ya da yolladığın bir guru kanalıyla öğret!"

Geçen saatler boyunca yanıp yakılmalarıma bir karşılık gelmedi. Aniden, bedenimle sınırsız bir âleme doğru yükseldiğimi hissettim.

"Üstadın bugün geliyor!" İlahi bir kadın sesi her yerden ve aynı zamanda hiçbir yerden geldi.

Olağandışı tecrübem bu sefer belli bir yönden gelen bir bağırışla dağılıverdi. Takma adı Habu olan bir mürit beni alt kattaki mutfaktan çağırıyordu:

"Mukunda, yeter artık meditasyon yaptığın! Alışverişe gitmen lazım."

Başka bir gün sabırsızca cevap verebilirdim; ama şimdi ağlamaktan şişmiş yüzümü silerek, çağrıya uysalca itaat ettim. Habu ile birlikte Benares'in Bengali kısmındaki uzak bir pazara yollandık. Pazardan ihtiyaçları temin ederken, pek nazik olmayan Hindistan güneşi henüz tam tepede değildi. Ev kadınlarının, rehberlerin, rahiplerin, sade giyinişli dulların, vakarlı *Brahminler* ile her yerde hazır ve nazır ineklerin curcunası içinde ilerledik. Habu ile yola devam ederken dar, göze çarpmayan bir sokağa göz atmak için başımı çevirdim.

Swami giysileri içinde, Mesih görünüşlü bir adam sokağın sonunda dikiliyordu. Sanki çağlar ötesinden bir aşınalığımız var gibiydi; bir an için aç gözlerim doydu, sonra şüpheye düştüm.

"Bu gezgin rahibi tanıdık biriyle karıştırıyorum" diye düşündüm, "uyurgezer, yürü haydi!"

On dakika sonra ayaklarımda ağır bir uyuşukluk hissettim. Sanki taşlaşmış bir halde, beni daha fazla taşıyamaz durumdaydılar. Geri dönüp etrafa baktığımda ayaklarım normal halini alıyordu. Ters yöne dönünce o garip ağırlık tekrar çöküyordu.

"Ermiş manyetik olarak beni kendine çekiyor!" Bu düşünceyle paketleri Habu'nun kollarına yığdım. Habu; garip ve düzensiz adımlarımı şaşkınlıkla izlemekteydi, sonunda kahkahayı koyverdi:

"Neyin var? Çıldırdın mı?"

Karmaşık duygularım cevap vermemi bir şekilde engelledi, sessiz ve hızlı adımlarla uzaklaştım.

Adımlarımı kanatlanmış gibi geriye doğru takip ederek dar sokağa ulaştım. Dikkatle benim yönüme bakmakta olan sakin figürü ilk göz atışta gördüm. Birkaç gayretli adım daha, işte ayaklarındaydım.

"Gurudeva!"

Bu, binlerce vizyonda gördüğüm ilahi yüzdü. Sivrilen sakal ve dökülen buklelerle aslansı bir baştaki bu durgun gözler, derin düşüncelere daldığım gecelerin loşluğunda belirerek, tam olarak anlayamadığım bir şeyi vaat eden gözlerdi.

"Oh özüm evladım, geldin bana!" Sesi neşeden titreyerek gurum, bu sözleri defalarca Bengalce tekrarladı: "Seni nice yıllardır bekliyorum!"

Sessizliğin birliğine daldık, kelimeler kokuşmuş fazlalıklar gibi görünüyordu. Sessiz bir zikir içinde üstadın kalbinden müridinkine yoğun duyguların lisanı nüfuz ediyordu. İnkâr edilemez bir iç görüşün anteniyle gurumun Tanrı'yı bildiğini ve bana kılavuzluk edeceğini sezdim. Bu hayatın sisleri doğuştan öncesine ait anıların tan vaktinde dağılıp, yok oldu. Dramatik zaman! Geçmiş, şimdi ve gelecek zamanın devinen görüntüleri. Bu, kendimi bu ayakların altında ilk buluşum değildi!

Gurum, elimden tutarak, beni Rana Mahal semtindeki geçici konağına götürdü. Atletik vücudu, dinç adımlarla hareket ediyordu. Uzun boylu, dimdik, elli beş yaşlarında, aktif ve genç bir adam gibi zindeydi. Koyu gözleri iriydi ve ölçüsüz erdemin güzelliğiyle doluydu. Hafif dalgalı saçları çarpıcı bir güce sahip olan çehresini yumuşatıyordu. Güç, incelik içinde nezaketle karışıyordu.

Ganj'a bakan bir evin taş balkonuna doğru ilerlediğimizde keyifle,

"Sana aşramlarımı ve sahip olduğum her şeyi vereceğim" dedi.

"Efendim, ben erdem ve Tanrı bilinci için geldim. Bunlar, peşinde olduğum gerçek hazineleriniz!"

Bir Yoginin Otobiyografisi

Sri Yogananda ve Swami Gyananda, Swami Dayananda'nın gurusu, Benares'teki Mahmandal inzivahanesinde, 7 Şubat 1936. Geleneksel bir saygı gösterisi olarak, Yoganadaji inzivahanenin ruhani lideri Gyanandaji'nin ayaklarının dibinde yerde oturmakta. 1910'da kendi gurusu Swami Sri Yukteswar'ı bulmadan önce, Yoganadaji burada ruhani eğitim gördü.

Üstadım tekrar konuştuğunda hızlı Hint günbatımı yarı perdesini indirmişti bile. Gözlerinde derinliğine erişilemez bir şefkat vardı.

"Sana karşılıksız sevgimi vereceğim."

Paha biçilmez sözler! Sevgisinin böyle dile getirilmiş bir ispatını yine duyana kadar çeyrek yüzyıl geçecekti. Duygusal imalar dudaklarına yabancıydı; okyanus gibi kalbine suskunluk daha fazla yakışıyordu.

"Sen de bana aynı karşılıksız sevgiyi verecek misin?"

Çocuksu bir güvenle bana baktı:

"Seni ebediyen seveceğim, Gurudeva!"

"Alelade sevgi bencildir, arzular ve tatminler içinde karanlık kökler salmıştır. İlahi sevgi şartlanmasızdır, sınırsızdır, değişken değildir. Saf sevginin değişime uğratan gücü insan kalbindeki bütün huzursuzluğu sonsuza kadar yok eder." Alçakgönüllülükle ekledi: "Eğer benim Tanrısal bilinç seviyesinden düştüğümü görürsen, lütfen, başımı kucağına koyup, beraberce ibadet ettiğimiz Kozmik Sevgili'ye geri dönmeme yardım edeceğine söz ver."

Daha sonra, çöken karanlıkta doğrularak beni içerdeki bir odaya götürdü. Mango ve bademli kurabiyeler yerken yaptığı imalardan benim tabiatım hakkında çok şey bildiğini fark ettim. İçsel bir tevazu ve incelikle karışan bilgeliğinin ihtişamından şaşkınlık içindeydim.

"Muska için üzülme. Varlığı amacına ulaştı." İlahi bir ayna gibi gurum, anında bütün hayatımın bir yansımasını yakalamıştı.

"Varlığınızın yaşayan gerçeği üstadım, her türlü sembolün ötesinde bir haz. (Joy.)"

"Madem ki aşramda mutsuzsun, o halde bir değişiklik yapmanın zamanı."

Hayatım hakkında hiçbir şeye değinmemiştim, şimdi söz etmekse tamamiyle lüzumsuz görünüyordu! Onun doğal ve önemsizce vurgulamasından anladım ki, klervoyan (durugörü: Canlı ve cansız nesnelerin ve olayların beş duyunun yardımı olmadan algılanması) yeteneği üzerine öyle şaşkınlık belirtileri gösterilmesini istemiyordu.

"Kalküta'ya dönmen iyi olurdu. Akrabalarını insanlığa olan sevginden dışlamak niye?"

Tavsiyesi canımı sıkmıştı. Ailem, mektup yoluyla yolladığı ricalarını cevapsız bırakmama rağmen, nasılsa geri döneceğimi zannediyordu. "Bırakın, genç kuş metafizik semalarda uçsun" diyordu Ananta. "Ağır atmosfer altında kanatları yorulacak. Onun eve doğru pike yapıp, kanatlarını katlayarak, aile yuvamızda alçakgönüllülükle dinlendiğini göreceğiz." Cesaret kırıcı sırıtışı hâlâ zihnimde tazeydi. Kalküta yönüne doğru pike yapmamaya kararlıydım.

"Efendim, eve dönmüyorum. Ancak sizi, nereye isterseniz takip edeceğim. Lütfen bana adresinizi ve adınızı verin."

"Swami Sri Yukteswar Giri. Merkez aşramım Serampore'da, Rai Ghat Sokağı üzerinde. Burada birkaç günlüğüne annemi ziyaret ediyorum."

Tanrı'nın müritleriyle oynadığı müşkül oyuna hayret ettim. Serampore Kalküta'dan sadece on iki mil uzaktaydı ve ben oralarda bir an bile gurumun çehresiyle karşılaşmamıştım. Karşılaşmamız için Lahiri Mahasaya'nın anılarıyla kutsanmış tarihi Kaşi (Benares) şehrine gelmek zorunda kalmıştık. Burada Buda, Shankaracharya[8] ve birçok yogi-mesih toprağı kutsamıştı.

---

[8] Shankaracharya (Shankara), Hindistan'ın en büyük filozofu Govinda Jati'nin ve onun gurusu Gaudapada'nın müridiydi. Shankara, Gaudapada'nın *Mandukya karika* adlı risalesi üzerine ünlü bir tefsir yazmıştı. Cevaplanamaz bir mantıkla ve büyüleyici bir stil ve vahiyle Shankara, *Vedanta* filozofisini sıkı bir *advaita* (dual olmayan, monistik) ruhuyla yorumlamıştı. Büyük monist ayrıca Allah sevgisine ait şiirler kompoze etti. Onun, '*Günahları Affetmesi İçin İlâhi Ana'ya Dualar*' adlı

"Dört hafta sonra bana geleceksin." Sri Yukteswar'ın sesi ilk kez ciddiydi. "Şimdi sana karşı ebedi muhabbetimi anlattığım ve seni bulmaktaki mutluluğumu gösterdiğim için isteğimi kabul edip etmemekte kendini serbest hissediyorsun. Ama gelecek sefer karşılaştığımızda, benim ilgimi yeniden uyandırmak zorunda kalacaksın. Seni öyle kolay kolay müritliğe kabul etmeyeceğim: Benim disiplinli eğitimime tam bir teslimiyetin ve itaatin olmalı."

Dikbaşlılıkla sessiz kaldım. Gurum müşkülatımın derinliklerine anında nüfuz etti.

"Akrabalarının sana güleceğini mi düşünüyorsun?"

"Dönmeyeceğim."

"Otuz gün içinde geri döneceksin."

"Asla."

İhtilaflı gerilim ortadan kalkmadan saygıyla ayaklarına eğilip oradan ayrıldım. Geceyarısı karanlığında aşrama doğru yürürken, mucizevi karşılaşmanın neden böyle uyumsuz bir notayla sona erdiğini merak ettim. Mayanın,

---

eseri şu nakaratı içerir: "Kötü oğulların çokluğuna rağmen, kötü bir ana hiçbir zaman olmamıştır."

Sanandana, Shankara'nın müridi, *Brahma Sutralar* (*Vedanta* filozofisi) üzerine bir yorum yazdı. El yazısı metin yanarak yok olmuştu, fakat ona kısa bir göz atmış olan Shankara, müridine kelime kelimesine tekrarlamıştı. *Panchapadika* olarak bilinen metin, öğrenciler tarafından bugüne kadar okunup, incelenmektedir.

Mürit Sanandana güzel bir tesadüften sonra yeni bir isim aldı. Bir gün nehir kenarında otururken, Shankara'nın kendisini nehrin karşı kıyısından çağırdığını duydu. Sanandana derhal suya girdi. İmanı ve ayakları, Shankara'nın girdaplanan su üzerinde aynı anda bir dizi lotus çiçeği materyalize etmesiyle destek bulmuştu. Ondan sonra mürit Patmapada (lotus ayak) olarak bilinmiştir.

Panchapadika'da Patmapada gurusuna birçok sevgi atıflarında bulunur. Takip eden hoş dizeleri Shankara kendisi yazmıştır: "Üç alemde hiçbir şey yoktur ki, gerçek bir guruyla karşılaştırılabilsin. Eğer filozofların marifeti de öyle olabilseydi, ancak demiri altına çevirebilirdi, başka bir filozofun marifetine değil. Öte yanda hürmet gösterilen öğretmen, ayaklarına sığınan müritten kendine özdeş bir insan yaratır. Guru, bu yüzden emsalsizdir, yani transendentaldir. (Dünyevi planı aşkın.) (*Century of Verses*, I)

Lord Shankara ermiş, alim ve aktif bir insanın nadir kombinasyonuydu. Sadece otuz iki yıl yaşamış olmasına rağmen bu yılların çoğu, Hindistan'ın her tarafına aralıksız seyahatlerle, kendi *advaita* doktrinini yaymakla geçmişti. Yalın ayak genç rahibin dudaklarından bilgeliğin teselli veren akışını dinlemek için milyonlarca insan hevesle toplanmıştı.

Shankara'nın reform gayreti tarihi Swami Rahipler Düzenini'de kapsıyordu (Bkz. S.210 dipnot, S.211). Ayrıca dört bölgede Mathlar (rahiplere ait eğitim merkezleri) kurdu; güneydeki Mysore'da, Doğu'da Puri'de, batıda Dwarka'da, kuzeyde Himalâya eteklerinde Badrinath'da.

Büyük monistin prensler ve halk tarafından vakfedilen dört *mathi* özgürce Sanskrit gramer, mantık ve *Vedanta* felsefesi üzerine eğitim yaptı. Shankara'nın 'math'larını Hindistan'ın dört köşesine yerleştirmekteki amacı, geniş ülkenin herbir tarafında milli ve dini yükselişi tesis etmekti. Geçmişte olduğu gibi şimdi de dindar bir Hindu, halk arasındaki hayır sahipleri tarafından varlığı devam ettirilen '*choultri*' ve '*sattram*'larda (hac yolları boyuncaki dinlenme yerleri) ücretsiz kalacak bir oda bulabilmektedir.

SRI YUKTESWAR (1855 - 1936)
Bir Jnanavatar, "Bilgeliğin İnkarnasyonu"
Lahiri Mahasaya'nın müridi, Sri Yogananda'nın gurusu
Bütün SRF - YSS Kriya Yogilerinin Paramgurusu

Swami Sri Yukteswar Meditasyon Mabedi, Sri Yukteswar'ın aşramının yerinde 1977'de açılışı yapılan mabedin inşasında eski aşramın birçok tuğlası da kullanıldı. Mabedin mimarisi Paramahansa Yogananda'nın bizzat yaptığı bir dizaynı esas alarak tasarlanmıştır.

1915'te Yoganandaji, babasının hediye ettiği motosikletin arkalığında. Yoganandaji şöyle derdi: "Onu her yere sürerdim. Özellikle de üstadım, Sri Yukteswar'ı ziyaret için Serampore'daki aşramına."

her sevinci bir iç çekişle dengeleyen ikilemli gamı! Genç kalbim, gurumun şekil veren parmaklarınca şekillenmeye henüz elverişli değildi.

Ertesi sabah aşram sakinlerinin tavrındaki düşmanlığın artışı dikkatimi çekti. Değişmeyen bir kabalıkla günlerimi diken üstünde geçirmeme neden oldular. Üç hafta geçti. Dayananda Bombay'daki bir konferansa katılmak üzere ayrıldıktan sonra bedbaht başımın üzerinde cehennem velvelesi kopuverdi.

"Mukunda bir parazit, aşramdaki konukseverliği bir karşılık vermeden kabulleniyor." Bu sözleri duyarken ilk kez paramı babama geri yollama ricasına uyduğuma pişman oldum. Yüreğim ağırlaşmış halde, gerçek arkadaşım Jitendra'yı aradım.

"Ben gidiyorum. Lütfen, hürmet dolu üzüntülerimi Dayananda'ya ilet."

"Ben de ayrılıyorum! Burada meditasyon çabalarım seninki gibi boşuna." Jitendra kararlıydı.

"Mesihsel bir ermişle karşılaştım. Gel, gidip onu Serampore'da ziyaret edelim."

Ve böylece 'kuş' Kalküta yakınlarına 'pike yapmaya' hazırlandı.

BÖLÜM 11

Brindaban'da Meteliksiz İki Çocuk

"Babam seni mirasından mahrum etseydi, bunu hak etmiş olacaktın, Mukunda! Hayatını budalaca sokağa atıyorsun!" Abimin sözleri kulaklarımı tırmalıyordu. Jitendra ile trenden temizce inip (aslında pek temiz sayılmazdık, toz içindeydik) Ananta'nın henüz geçenlerde Kalküta'dan taşındığı tarihi Agra şehrindeki evine varmıştık. Abim, Devlet Halk İşleri Dairesi'nde mali müfettişti.

"İyi biliyorsun ki Ananta, ben Göklerdeki Baba'dan miras istiyorum."

"İlk önce para. Tanrı sonra gelir. Kim bilir, hayat uzun olabilir."

"Tanrı önce gelir, para O'nun kölesidir! Kim bilebilir? Hayat çok kısa olabilir."

Aksi cevabımın o anlık mecburiyetten kaynaklanıyordu, kehanetle ilişkisi yoktu. (Ama ne yazık ki Ananta'nın yaşamı erken sona erdi.) [1]

"Sanırım bu bilgelik aşramdan geliyor! Fakat Benares'i terk ettiğini görüyorum." Ananta'nın gözleri zaferle parıldadı, kanatlarımı aile yuvasında güven altına almayı planlıyordu hâlâ.

"Aşramdaki misafirliğim boşuna değildi! Orada kalbimin özlemini çektiği her şeyi buldum. Ancak onun senin bulduğun üstat ya da onun oğlu olmadığı kesin!"

Ananta ile kahkahalarla güldük. O da itiraf etti ki, Benares'te benim için seçtiği 'klervoyan' dar kafalı biriydi.

"Planların ne, benim gezgin kardeşim?"

"Jitendra beni Agra'ya gelmeye ikna etti. Tac Mahal'in [2] güzelliklerini göreceğiz" diye anlattım. "Daha sonra yeni bulduğum guruma gidiyoruz, Serampore'da onun aşramı var."

Ananta bizi konukseverlikle ağırladı. Akşam boyunca gözlerinin üzerimde olduğuna dikkat ettim.

"Bu bakışı biliyorum," diye düşündüm. "Hilekârca bir komplo hazırlıyor!"

Anlaşma erkenden, sabah kahvaltısında yapıldı.

[1] Bölüm 25'e bakınız.

[2] Dünyaca ünlü müze.

"Demek babamın refahıyla pek ilgilenmiyorsun."

Akşamki dikenli konuşmasına yeniden başladığında Ananta'nın bakışları safçaydı.

"Tanrı'ya olan bağımlılığımın bilincindeyim" dedim.

"Kelimeler yetersiz! Hayat seni şimdiye kadar korudu. Peki, yiyecek ve sığınak için Görünmeyen El'e muhtaç olduğunda halin ne olacak! Yakında sokaklarda dileniyor olacaksın."

"Asla! Tanrı'ya değil de yoldan geçenlere iman etmeyeceğim! İnanç sahibi için O, dilenci kabının dışında binlerce olasılık hazırlar."

"Süslü söz söyleme sanatını iyi beceriyorsun! Ya senin abartılı felsefeni dünyada bir sınavdan geçirmeyi teklif edersem?"

"Razı olurdum tabii! Tanrı'yı zihnindeki spekülatif dünyayla mı sınırlıyorsun?"

"Göreceğiz, bugün benim görüşlerimi ya genişletmek ya da doğrulamak için bir fırsat bulacaksın."

Ananta bir an durakladı; sonra ağır ağır, ciddiyetle konuştu.

"Seni ve kardeş müridin Jitendra'yı bu sabah yakındaki Brindaban şehrine yollamayı planlıyorum. Yanınıza tek bir rupi bile almayacaksınız, ne yiyecek ne de para dileneceksiniz. Halinizden kimseye bahsetmeyeceksiniz, yemek zamanlarını kaçırmayacaksınız ve Brindaban'da fazla oyalanmayacaksınız. Eğer bu akşam buraya saat 12'den önce, sınavın hiçbir kuralını bozmadan geri dönerseniz Agra'nın en şaşkın adamı ben olacağım!"

"İddiayı kabul ediyorum." Sözlerimde ve kalbimde hiçbir tereddüt yoktu. Anında bana ihsan edilen mucizevi hatıralar minnettarlıkla hafızamda parladı. Lahiri Mahasaya'nın fotoğrafına başvurarak ölümcül koleradan şifa buluşum, Lahore'daki çatıda iki uçurtmanın oyunbazca hediye edilişi, Bareilly'de cesaretimin kırıldığı sırada tam zamanında yetişen muska, Benares'teki âlimin evinin önünde fakir (sadhu) tarafından verilen mesaj, İlahi Ana'nın vizyonu ve O'nun muhteşem, sevgi dolu sözleri, ufak tefek sıkıntılarıma O'nun Üstad Mahasaya kanalıyla acilen ihtimam gösterişi, lise diplomamı gerçekleştiren son dakika rehberliği ve en son hediye, ömür boyu rüyalarımın sisleri arasından üstadımın capcanlı çıkagelişi. Felsefemin bu dünyanın sert sınav zemininde herhangi bir mücadele için yetersiz olduğunu asla kabul etmeyecektim!

"Bu kadar hevesli olman sana saygınlık veriyor. Treninizi yakalamak üzere size bir an önce istasyona kadar eşlik edeceğim."

Ağzı açık halde bu konuşmayı dinleyen Jitendra'ya döndü:

"Sen de bir şahit ve çok olası kardeş bir kurban olarak, beraber gitmelisin!"
Yarım saat sonra yolculuk için tek yön gidiş biletleri elimizdeydi. İstasyonun tenha bir köşesinde üzerimizin aranmasına boyun eğdik. Ananta gizli hazineler bulundurmadığımıza çabucak ikna olmuştu. Basit '*dhoti*'lerimiz [3] en gerekli olandan başka hiçbir şey saklamıyordu.

İman gücü mali sorunların ciddiyetiyle karşı karşıya geldiğinde arkadaşım itiraz etti: "Ananta, bana emniyet olarak bir iki rupi ver ki, bir talihsizlik durumunda sana telgraf çekebileyim."

"Jitendra!" Ani tepkim azarlama kabiliyetindendi, "Son güvence olarak yanına para alırsan, iddiadan vazgeçeceğim."

"Paranın şıngırtısında insana güvenlik duygusu veren bir şey var" dedi Jitendra. Ancak, paylayıcı ve ciddi bakışlarım altında sustu.

"Mukunda, ben kalpsiz değilim!" Ananta'nın sesine alçakgönüllülük sokuluvermişti. Vicdanı onu rahatsız ediyor olmalıydı: Belki iki beş parasız çocuğu yabancı oldukları bir şehre yolladığı için, belki de kendisinin dine karşı kuşkusundan ötürü.

"Eğer şans eseri ya da Tanrı'nın lütfuyla Brindaban sınavını başarıyla geçersen, senden beni müritliğine kabul etmeni isteyeceğim."

Bu sözler geleneklere kesinlikle uymuyordu ve sadece bu olağandışı durum karşısında söylenmişlerdi. Hint ailesinde en büyük erkek kardeş küçüklerin karşısında nadiren eğilir. Babadan sonra en çok sevgi ve saygı ona gösterilir. Fakat yorum yapmama vakit kalmadı. Trenimiz kalkıyordu.

Tren kilometrelerce geride bırakırken Jitendra'nın hazin sessizliği sürüyordu. En sonunda kımıldandı; uzanarak hassas bir noktama canımı yakan bir çimdik attı.

"Tanrı'nın gelecek yemeğimizi sağlaması konusunda hiçbir işaret görmüyorum!"

"Münafıklık etme, Tanrı bizimle birlikte."

"Acele etmesi için çaba göster! Bizi bekleyen olayın sadece hayali bile beni şimdiden açlıktan öldürüyor. Benares'i türbe ziyaret etmek için terk ettim, kendi türbeme girmek için değil!"

"Neşelen Jitendra! Brindaban'ın kutsal mucizelerine [4] tanık olmaya gitmiyor muyuz? Ben şahsen Lord Krishna'nın ayaklarıyla kutsadığı topraklara basacağım düşüncesinin sevinci içindeyim."

---

[3] Bel etrafında düğümlenen ve sadece bacakları örten giysi, peştamal.

[4] Jamuna Nehri kıyısındaki Brindaban Hindular'ın Kudüs'üdür. Burada Lord Krishna, insanlığın hayrına ihtişamını gözler önüne sermiştir.

Kompartımanımızın kapısı açıldı, iki adam karşımıza oturdu. Gelecek istasyon sonuncuydu.

"Gençler, Brindaban'da tanıdıklarınız var mı?" Karşımdaki yabancı hayrete değer bir şekilde bizimle ilgilenmeye başladı.

"Sizi ilgilendirmez!" Bakışlarımı kabalıkla başka tarafa çevirdim.

"Muhtemelen Kalpleri Çalan'ın [5] çekiciliğine kapılıp evden kaçıyorsunuz. Ben imanı ateşli bir insanım. Karnınızın doyduğunu ve bu yakıcı sıcaktan korunduğunuzu görmeyi görev sayacağım."

"Hayır efendim, bizi rahat bırakın. Çok naziksiniz; fakat bizim evden kaçtığımızı düşünmekle hatalı bir yargıda bulunuyorsunuz."

Başka bir şey konuşmadık, tren istasyonda durdu. Jitendra ile platforma ayak bastığımızda yol arkadaşlarımız kollarımıza girerek bir fayton çağırdılar.

Bakımlı bahçeler içinde, yemyeşil ağaçların arasına yerleştirilmiş debdebeli bir aşramın önünde durduk. Hayırsever arkadaşlarımızın burada tanıdıkları açıktı. Gülümseyen bir çocuk bizi yorum yapmadan bir avluya götürdü. Çok geçmeden yaşlıca, vakarlı bir metanete sahip görünen bir kadın yaklaştı.

"Gauri Ma (ana) prensler gelemediler."

Adamlardan biri aşram görevlisine durumu anlattı: "Son anda planları terse döndü; üzüntülerini iletmemizi söylediler. Biz de bu iki misafiri getirdik. Trende karşılaşır karşılaşmaz Lord Krişna'nın müritleri olarak onlara karşı bir çekim hissettim."

Sonra bize döndüler:

"Hoşçakalın genç arkadaşlar." Deyip kapıya doğru yürüdüler, "Tanrı isterse yine karşılaşacağız."

"Hoş geldiniz." Gauri Ma anaç bir tavırla gülümsedi. "Bundan daha iyi bir günde gelemezdiniz. Aşrama iki soylu hami bekliyordum. Hiç kimse pişirdiğim yemeklerin lezzetini övmezse yazık olurdu doğrusu!"

Bu hoş sözler Jitendra üzerinde sürpriz bir etki yaptı, gözyaşlarına boğuldu. Brindaban'ın korku dolu tahayyülü şimdi krallara layık bir eğlenceye dönüşüyordu. Bu ani içsel dönüşüm ona çok fazla gelmişti.

Görevli hanım merak içinde ona bakıyordu, ancak bir şey demedi; belki de gençlerin böyle duygusal patlamalarına alışıktı.

Öğle yemeği anons edildi. Gauri Ma bizi hayat kurtaran enfes kokuların geldiği bir yemek salonuna yöneltti. Kendisi bitişikteki mutfakta kayboldu.

Bu anı önceden tasarlamıştım. Jitendra'nın münasip bir yerini seçerek, bana trende attığı kadar canını yakan bir çimdik attım.

---

[5] Hari; Sri Krishna'nın müritlerine, O'na şefkat dolu oluşunu ifade etmek için kullanılan bir isim.

"Şüpheci Thomas, Tanrı yardıma koyuldu, hem de hızlı bir şekilde!"

Gauri Ana bir *'punkha'* ile geri geldi. Biz işlemeli yer minderlerinin üzerinde bağdaş kurmuş otururken o, Doğu geleneklerine uygun olarak bizi sürekli yelpazeleyerek serinletti. Aşram sakinleri yaklaşık otuz çeşit yemeği sunuyorlardı.. Olayı yemekten ziyade, görkemli bir ziyafet olarak tanımlamalıyım. Bu gezegene ulaştığımızdan beri Jitendra ile bundan daha lezzetli bir yemek yememiştik.

"Prenslere layık yemekler doğrusu, Saygıdeğer Ana! Sizin asil efendilerin bu ziyafete katılmaktan daha acil ne gibi bir işleri olduğunu anlayamıyorum. Bize ömür boyu unutamayacağımız bir hatıra bahşettiniz!"

Ananta'nın isteğine uyarak dilimizi tuttuk ve bu sıcakkanlı kadına teşekkürlerimizin aslında iki misli bir anlam ifade ettiğini anlatamadık. Ama en azından içtenliğimiz apaçıktı. Bizi kutsayarak ve aşramı tekrar ziyaret etmemiz için davet ederek uğurladı.

Dışardaki sıcak acımasızdı. Arkadaşımla aşram kapısının önündeki ihtişamlı bir *kadamba* ağacının gölgesine doğru ilerledik. Sert sözler birbirini takip ediyordu. Jitendra bir kez daha şüpheler içindeydi:

"Evet, bana iyi bir yemek yedirdin! Öğle yemeğimiz sadece iyi talihimizin eseriydi! Ama beş parasız bu şehrin görülmeye değer yerlerini nasıl dolaşacağız? Allah aşkına, beni Ananta'nın evine nasıl geri götüreceksin?"

"Karnın doyunca Tanrı'yı çabucak unutuverdin." Sözlerim acı değil, suçlayıcıydı. İnsan hafızası Yaradan'ın lütuflarını hatırlamakta ne kadar zayıftı! Oysa dualarının en azından bir kısmının kabul edildiğine şahit olmamış tek insan yoktur.

"Senin gibi bir çılgının tekiyle böylesine bir yolculuğa çıkmaya cesaret edecek kadar budala olduğumu unutacağımı zannetmiyorum!"

"Sakin ol, Jitendra! Bizi besleyen Tanrı, bizi Brindaban'da gezdirecek ve Agra'ya geri götürecek."

Hoş çehreli, genç bir adam hızlı adımlarla bize yaklaştı. Ağacın altında durarak önümde eğildi.

"Sevgili arkadaş, arkadaşınla burada yabancı olmalısınız. Sizi ağırlamama ve kılavuzunuz olmama izin verin."

Bir Hintlinin solgun görünmesi pek mümkün değildir ama Jitendra'nın yüzü aniden soluverdi. Teklifi nazikçe reddettim.

"Lütfen, beni geri çevirmeyin!"

Yabancının telaşı başka şartlar altında insana komik gelebilirdi.

"Neden olmasın?"

"Siz benim gurumsunuz." Gözleriyle güven vermeye çalışarak bakışlarımı yakalamaya çalışıyordu.

"Öğlen meditasyonumda Lord Krishna -Tanrı'nın takdisi üzerine olsun- bir vizyonda görünüverdi. Bana bu ağacın altında kendi haline bırakılmış iki kişiyi gösterdi. Yüzlerden biri sizinkiydi üstadım! Çehrenizi sık sık meditasyonlarımda görmüştüm. Naçizane hizmetimi kabul ederseniz mutlu olurum!"

"Beni bulduğuna ben de memnun oldum. Ne Tanrı ne de insanlar bizi terk etmediler." Karşımdaki istekli yüze gülümserken hareketsiz duruyordum ama içimden hürmetle İlahi Ayağın önünde eğilmiştim.

"Sevgili arkadaşlar, misafirim olarak evimi şereflendirmeyecek misiniz?"

"Çok naziksin ancak bu mümkün değil. Hâlihazırda Agra'daki ağabeyimin misafiriyiz."

"En azından sizinle Brindaban'daki gezimin bana hatıra olarak kalmasını isterim."

Memnuniyetle kabul ettim. İsminin Pratap Chatterji olduğunu söyleyen genç adam bir fayton durdurdu. Madanamohana Tapınağı ve diğer Krishna türbelerini ziyaret ettik. Tapınaklardaki ibadetimizi bitirmeden gece çöküverdi.

Pratap *sandesh*[6] almak üzere tren istasyonu yakınındaki bir dükkâna girdi. Jitendra ile şimdi öğleye kıyasla daha serin ve kalabalık olan geniş caddede avarece dolaştık. Arkadaşımız bir süre kayboldu ama sonunda çeşit çeşit tatlılarla geri döndü.

"Lütfen bu sevabı kazanmama izin verin." Pratap, yeni alınmış iki Agra bileti ve bir deste rupiyi çıkarıp uzatırken yalvararak gülümsüyordu.

Ricasını kabul ederken saygıyla eğildim, saygım 'Görünmeyen El' içindi. Ananta tarafından hafife alınmış olan O, bize ihtiyacımız olanın kat kat fazlasını vermişti.

İstasyon yakınında tenha bir nokta aradık.

"Pratap, senin modern zamanımızın en büyük yogisi olan Lahiri Mahasaya'nın *Kriya Yoga* yoluna kabul edilmeni sağlayacağım. O'nun tekniği senin gurun olacak."

Kabul töreni yarım saat içinde tamamlandı. "*Kriya* senin chintamani'n[7]" diye anlattım yeni öğrenciye. "Bu teknik -ki gördüğün gibi oldukça basit- insanın ruhsal evrimini hızlandırma sanatını ifade etmektedir. Hindu yazıtlarının öğrettiğine göre tekrar tekrar doğan egonun, mayadan kurtulmak

---

[6] Bir çeşit Hint tatlısı.

[7] Arzuları gerçekleştirme gücü olan değerli, mitolojik bir taş; Allah'ın isimlerinden biri.

BHAGAWAN KRISHNA
Hindistan'ın sevilen avatarı

için bir milyon yıla gereksinimi vardır. Bu doğal periyot *Kriya Yoga* kanalıyla büyük ölçüde kısaltılabilir. Tıpkı Jagadis Chandra Bose'nin gösterdiği gibi, nasıl bitkilerin büyümesi normalin çok ötesinde hızlandırılabiliyorsa insanın psikolojik gelişmesine de bilimsel yollarla hız kazandırılabilir. Alıştırmalara sadık kalırsan Guruların Gurusu'na yaklaşabilirsin."

Pratap düşünceli bir tavırla "Uzun zamandır aramakta olduğum bu yogik anahtarı bulduğum için mutluluğum sonsuz!" diye sözlerine devam etti. "Duyusal sınırlarımın zincirlerini koparan etkisi, daha yüksek mertebelere erişebilmem için beni özgür kılacak. Zaten Lord Krishna'nın bugün göstermiş olduğu vizyon ancak benim için böylesine yararlı bir işaret olabilirdi."

Bir müddet sessiz bir muhabbet içinde oturduk, sonra yavaşça istasyona yürüdük. Trene binerken huzur içindeydim, Jitendra ise sulu gözlü bir günündeydi. Pratap ile içtenlikle vedalaşırken, her iki yol arkadaşım da mutsuzdu. Jitendra yine seyahat boyunca yakınıp durdu ama bu kez yakınışı kendisi için değil, kendisine karşıydı.

"Güvenim ne kadar yüzeysel! Kalbim taşlaşmış benim! Gelecekte asla bir daha Tanrı'nın koruyup gözetmesinden şüpheye düşmeyeceğim."

Gece yarısı yaklaşıyordu. İki 'meteliksiz' Ananta'nın yatak odasına girdik. Önceden kolaylıkla tahmin ettiğim gibi yüzü şaşkınlıkla doluydu. Sessizce bir masanın üzerine rupileri saçtım.

"Jitendra, gerçeği söyle, bu herif yoksa bir soygun mu yaptı?"

Ses tonu şaka yolluydu fakat hikâye açıklığa kavuştukça abimin kafası açıldı ve ciddileşti.

"Arz ve talep kanunları tahmin edebildiğimden daha suptil alanlara erişiyor."

Ananta, daha önce onda hiç görmediğim bir spiritüel heyecanla konuşuyordu:

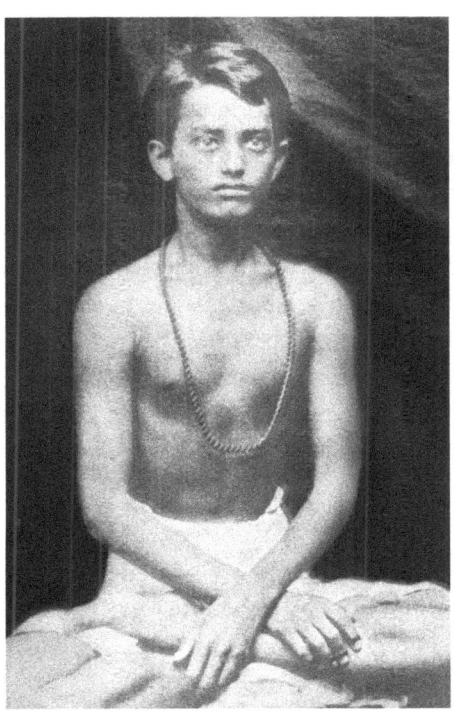

JİTENDRA MAZUMDAR
Genç Mukunda'ya "meteliksiz sınav"da eşlik eden arkadaşı.

"Bu dünyanın aşağılık endişelerine karşı olan kayıtsızlığını ilk kez anlayabiliyorum."

Geç olmasına rağmen ağabeyim onun *'Kriya Yoga'*ya başlamasını sağlamamı [8] istedi. 'Guru' Mukunda da bir gecede, kendiliğinden gelen iki 'mürit'in sorumluluğunu omuzlarına aldı!

Ertesi sabah uyum içinde kahvaltı yaptık. Oysa önceki sabah bu uyum eksikti.

Jitendra'ya gülümsedim. "Gözlerin açık gitmeyeceksin. Serampore'a yola çıkmadan Tac Mahal'i ziyaret edelim."

Ananta ile vedalaştıktan sonra arkadaşımla bir an önce Agra'nın ihtişamı Tac Mahal'in önündeydik. Güneş altında göz kamaştıran mermer yapı, kusursuz simetrinin bir vizyonuydu. Koyu selviler düz çimenlik alanlar ve durgun gölet mükemmel bir fon oluşturuyordu. Binanın iç kısmı yarı değerli taşlarla kakılmış dantel gibi işlemeleriyle çok zarifti. Çelenk gibi birbirine sarılan, kahverengi ve mor kıvrımlı süslemeler, mermerden belirip çıkıyor, kubbeden süzülen ışık huzmesi İmparator Şah Cihan ile onun ülkesinin ve kalbinin kraliçesi Mümtaz Mahal'in abidelerinin üzerine düşüyordu.

Bu kadar gezip dolaşmak yeterdi! Gurumu görmek için can atıyordum. Kısa zaman sonra Jitendra ile güneye, Bengal'e doğru yol alan trendeydik.

"Mukunda, aylardır ailemi görmedim. Ben fikrimi değiştirdim; Serampore'daki üstadını belki daha sonra ziyaret edeceğim."

İki kutup arasında gidip gelen bir ruh hali içinde olan arkadaşım Kalküta'da benden ayrıldı. Banliyö treniyle on iki mil kuzeydeki Serampore'a çabucak vardım. Benares'te, gurumla karşılaştığımdan beri yirmi sekiz günün geçip gittiğini fark ettiğimde üzerimde hayret rüzgârları esti.

"Dört hafta içinde bana geleceksin!"

İşte buradaydım; kalbim çarparak, Rai Ghat Sokağı'ndaki avlusunun önünde dikilmekteydim. Gelecek on yılımın en güzel kısmını Hindistan'ın Jnanavatar'ı (bilgeliğin inkarnasyonu) ile geçireceğim aşrama ilk kez adım attım.

---

[8] Ananta *'diksha'* istedi - spiritüel inisiyasyon; yol (tarik) ile tanıştırma; Sanskrit kök *diksh*, kendini vakfetme.

BÖLÜM 12

Üstadımın Aşramındaki Yıllar

"Geldin demek." Sri Yukteswar beni balkonlu bir oturma odasında, yerdeki bir kaplan postunun üzerinden selamladı. Sesi soğuk, tavrıysa duygusallıktan uzaktı.

"Evet, sevgili üstadım, sizi takip etmek için buradayım." Eğilerek ayaklarına dokundum.

"Bu nasıl mümkün olabilir? Benim isteklerime kulak asmıyorsun."

"Artık öyle değil, Guruji, sizin isteğiniz benim kanunum olacak."

"Ha şöyle! Şimdi hayatının sorumluluğunu üstlenebilirim."

"Yükümü severek size devredeceğim, üstadım."

"O halde ilk isteğim, ailene, evine geri dönmen. Kalküta'da üniversiteye girmeni istiyorum. Öğrenimin devam etmeli."

"Pekâlâ efendim." Şaşkınlığımı belli etmedim. Şu can sıkıcı kitaplar peşimi bir türlü bırakmayacak mıydı? Önce babam, şimdiyse Sri Yukteswar!

"Bir gün Batı'ya gideceksin. Oradaki insanlar, eğer Hindu öğretmen bir üniversite diplomasına sahipse, Hindistan'ın binlerce yıllık bilgeliğine daha açık olacaklar."

"Siz en iyisini bilirsiniz, Guruji."

Yaşadığım sıkıntı bir anda kayboldu. Batı'ya gidişimi biraz karışık ve alakasız bulmuştum. Ancak, üstadı ona itaat ederek memnun edebilme fırsatını kaçırmak istemiyordum.

"Kalküta'da yakınımda olacaksın. Ne zaman vakit bulursan, gel."

"Mümkünse her gün üstadım! Hayatımın her detayı üzerindeki otoritenizi severek kabul ediyorum. Bir tek şartla."

"Evet?"

"Tanrı'nın sırrına gözlerimi açacağınıza söz verirseniz!" Bu isteğim bir saatlik sözlü bir mücadeleye yol açtı. Bir üstadın sözleri geri alınamaz niteliktedir, dolayısıyla kolay söz vermezler. Böyle bir taahhüdün içeriği muazzam metafizik âlemleri ardına kadar açar. Ve bir gurunun, Yaradan ile O'nu kendini ortaya koymaya ikna edebilmesi için derin ve teklifsiz bir dostluk içinde olması gereklidir! . Sri Yukteswar'ın ilahi birliğini sezdiğimden, onun müridi olarak avantajımı sonuna kadar kullanmaya kararlıydım.

"Her şeyi titizlikle ele alan bir mizaca sahipsin." Sonra üstadın şefkatle dolu rızası kulaklarımda çınladı:

"Senin isteğin benim isteğim olsun."

Kalbimden hayat boyu taşıdığım karanlık kalktı; orada burada kararsızca aranıp duruşum sona ermişti. Gerçek bir guruda sonsuz sığınak bulmuştum.

"Gel sana aşramı gezdireyim." Üstat kaplan postu minderinden doğruldu. Etrafa bakınırken bir duvarda, yasemin çiçeklerinden oluşan bir çelenkle süslenmiş bir resim dikkatimi çekti.

"Lahiri Mahasaya!" dedim hayretle.

"Evet, ilahi gurum." Sri Yukteswar'ın ses tonu resmin önünde eğilircesine hürmet doluydu. "O, hayatım boyunca arayış alanıma girmiş olan bütün diğer öğretmenlerden, insan ve yogi olarak daha büyüktü."

Sessizce bana da aşina olan o resmin önünde eğildim. Çocukluğumu kutsayarak, adımlarımı bu ana yönelten emsalsiz guruya derin bir ruhsal saygı ve minnet duyuyordum.

Gurumun kılavuzluğunda binanın içinde ve çevresinde dolaştım. Geniş, çok eski, masif sütunlarla iyi inşa edilmiş bina bir avluyu çevrelemişti. Dış duvarlar yosunla kaplıydı. Aşramı teklifsizce paylaşan güvercinler düz ve gri çatıda kanat çırpıyorlardı. Arka bahçe jackfruit, mango ve muz ağaçlarıyla çok hoş görünüyordu. İki katlı yapının üst odalarının parmaklıklı balkonları üç yandan iç avluya bakıyordu. Üstadın dediğine göre, yüksek tavanı sıralı sütunlarla desteklenmiş geniş zemin kat salonu, özellikle yıllık '*Durgapuja*'[1] festivallerinde kullanılıyordu. Dar bir merdivenle Sri Yukteswar'ın küçük balkonundan caddeye bakan oturma odasına çıkılıyordu. Aşram sadelikle döşenmişti; her şeyin basit, temiz ve süslü olmaktan çok, kullanışlı olmasına özen gösterilmişti. Odalara modern sandalyeler, divanlar ve masalar yerleştirilmişti.

Üstat orada gecelememi teklif etti. Aşramda öğrenim gören iki genç mürit tarafından sebzeden (vegetable curry) oluşan akşam yemeği servis edildi.

"Guruji, lütfen bana hayatınızdan bahsedin." Kaplan postunun yanındaki bir hasırın üzerinde bağdaş kurmuş oturuyordum. Yıldızlar hemen balkonun üzerindeymiş gibi yakındılar.

---

[1] 'Durga İbadeti'. Bu, Bengali takviminin ana festivalidir ve birçok yerde *Ashvina* ayında (eylül-ekim) dokuz gün boyunca sürer. Durga, kelime karşılığı, 'Yanına Ulaşılamaz', İlahi Ana'nın *Shakti* yani dişil yaratıcı güç olarak kişileşmesinin bir simgesidir. Geleneksel olarak bütün kötülüklerin yok edicisidir.

"Aile adım Priya Nath Karar. Burada, Serampore'da doğdum.[2] Babam refah sahibi bir işadamıydı. Bana şimdi aşramım olan bu konağı miras bıraktı. Çocukken çok az eğitim gördüm, her zaman okul öğretimini yavaş ve yüzeysel buldum. Genç bir adam olunca aile sorumluluğunu üstlendim. Şimdi evli bir kızım var. Hayatımın orta yaş dönemi Lahiri Mahasaya'nın kılavuzluğuyla kutsandı. Eşimin ölümünden sonra Swami Düzeni'ne girdim ve Sri Yukteswar Giri[3] adını aldım. Basit yaşamım işte böyle."

Üstat meraklı yüzüme bakıp güldü. Bütün biyografi özetleri gibi sözleri içindeki adamı yansıtmaksızın yüzeydeki olayları açığa vuruyordu.

"Guruji, çocukluğunuzdan bazı hikâyeler dinlemek isterdim."

"Sana birkaç tanesini anlatayım. Her bir kıssada bir hisse vardır!" Beni uyarırken Sri Yukteswar'ın gözleri parlıyordu.

"Bir gün annem, karanlık bir odadaki hayalet hikâyesiyle beni korkutmak istedi. Hemen oraya giderek hortlağı görme şansını kaçırdığım için hayal kırıklığına uğradığımı söyledim. Annem bir daha bana asla hayalet hikâyesi anlatmadı. Alınacak ders: Korkuyla yüz yüze gel ki, sana sorun olmaktan çıksın.

Eski hatıralardan biri de komşuya ait olan çirkin bir köpeği isteyişimdi. O köpeği alabilmek için haftalarca ev halkına baskı yaptım. Daha güzel görünüşlü diğer ev hayvanları tekliflerine karşı kulaklarımı kapadım. Alınacak ders: Bağımlılık körelticidir; arzu edilen objeye, hayallerimizde sahte bir kutsallık tacı giydirir.

Üçüncü hikâye genç zihnin esnekliğiyle ilgili. Annemin sık sık 'Başka birinin idaresi altındaki bir işi kabul eden kişi köledir' dediğini duyardım. Bu izlenim zihnimde öyle yer etti ki, evlendikten sonra bile bana teklif edilen bütün pozisyonları reddettim. Giderleri, aileden kalan parayı emlak işine yatırarak karşıladım. Kıssadan hisse: Çocukların duyarlı kulaklarını iyi ve pozitif telkinlerle eğitmelidir. Çocukluğa ait fikirler uzun yıllar asitle işlenmiş gibi kalırlar."

Üstadım derin bir sessizliğe daldı. Gece yarısına doğru bana dar, portatif bir karyola gösterdi. Gurumun çatısı altındaki ilk gecede uykum güvenli ve huzurluydu.

Sri Yukteswar ertesi günü beni *Kriya Yoga'ya* kabul töreni için seçmişti. Tekniği zaten Lahiri Mahasaya'nın iki müridinden öğrenmiştim. Babam ve

---

[2] Sri Yukteswar 10 Mayıs 1855'te doğdu.

[3] Yukteswar, "İshwara ile birleşmiş" anlamındadır. Giri, çok eski olan swami tarikatlerinden biridir. *Sri* 'kutsal' demek olup, bir isim değil, saygı belirten bir unvandır.

öğretmenim Swami Kebalananda... Fakat üstadım dönüştürücü bir güce sahipti; dokunuşuyla, tıpkı sayısız güneşlerin birlikte parıldayışının ihtişamı gibi varlığımın üzerine büyük bir ışık saçılıverdi. Anlatılamaz bir nur seli kalbime ve en içteki hücrelerime doldu.

Aşramdan ayrılabilecek hale geldiğimde, ertesi günün öğle sonrasıydı.

"Otuz gün sonra döneceksin."

Eve girerken üstadın bu kehaneti zihnimde hâlâ canlıydı. Neyse ki, akrabalardan hiçbiri 'yüksekten uçan kuş'un dönüşü hakkında korktuğum alaycı tavrı almadı.

Benim için sanki yaşayan bir varlığa sahip olan tavan arası odama tırmandım ve ona "Spiritüel yolda (sadhana) meditasyonlarıma, gözyaşı ve fırtınalarıma tanık oldun. Şimdi ilahi öğretmenimin limanına vardım" dedim.

"Oğul, mutluluğum her ikimiz için." Babamla akşamın sükûneti içinde oturuyorduk. "Tıpkı benim mucizevi bir şekilde gurumu bulduğum gibi sen de gurunu buldun. Lahiri Mahasaya'nın kutsal eli hayatımızı yönlendiriyor. Senin üstadın erişilemeyen bir Himalaya ermişi değil ve yakınımızda. Dualarım kabul oldu: Tanrı'yı arayışında gözlerimin önünden temelli uzaklaşmadın."

Babam aynı zamanda öğrenimimin devam edeceğine de sevinmişti; bunun için gereken hazırlıkları yaptı. Ertesi gün yakındaki İskoç Kilisesi Üniversitesi'ne kaydedildim.

Mutlu aylar hızla geçmekteydi. Okurlarım şüphesiz, üniversite sıralarında pek gözükmediğimi tahmin edeceklerdir! Serampore Aşramı benim için karşı koyulamaz bir cazibeye sahipti. Üstat varlığımı yorum yapmadan kabulleniyordu. Beni rahatlatansa, okul koridorlarından nadiren söz etmesiydi. Öğrencilikle ilgimin olmadığının herkes açıkça farkındaydı. Buna rağmen zaman zaman, dersleri geçebilmem için gereken minimum notları almayı becerebiliyordum.

Aşramdaki günlük hayat sadeydi ve nadiren değişiklik gösteriyordu. Gurum tan vaktinden önce uyanırdı. Uzanarak, bazen de yatakta oturarak *samadhi*[4] haline girerdi. Üstadın uyandığını fark etmek dünyanın en kolay işiydi: Azametli horlamaların aniden kesilişi,[5] bir iki iç çekiş, belki bedenin bir kıpırdanışı, sonra sessiz bir nefessizlik hali, derin bir yogik huzur...

Bunu hemen kahvaltı takip etmiyordu. Önce Ganj kenarında uzun bir yürüyüş yapıyorduk. Gurumla o sabah gezintilerimiz hâlâ nasıl gerçek ve

---

[4] Kelime karşılığı 'biraraya getirmek'. *Samadhi* yoginin bireysel ruh ve Kozmik Ruh'un kimliğini idrak ettiği, süper-bilinçli bir huzur (bliss) halidir.

[5] Horlama, psikologlara göre mükemmel gevşemenin bir işaretidir.

taze! Hatıraların hiç çaba göstermeden her canlanışında kendimi hep onun yanında bulurum. Erken güneş nehri ılıtıyor; sesi erdemliliğin yetkisiyle zengin, çınlıyor.

Yıkandıktan sonra, yemek yenirdi. Üstadın günlük önerilerine göre yemeğin hazırlanışı her zaman genç müritlerin özenle yerine getirdikleri görev olmuştu. Gurum bir vejetaryendi. Rahipliğe geçmeden önce her nasılsa, yumurta ve balık yemişti. Öğrencilerine tavsiyesiyse deneyerek kendilerine uygun olduğunu gördükleri bir diyet uygulamalarıydı.

Üstat çok az yerdi. Sık sık zerdeçal ya da pancar suyuyla ya da ıspanakla renklendirilmiş ve üzerine manda tereyağı (*ghee*) yahut normal eritilmiş tereyağı serpiştirilmiş pilav. Bazen de *lentil-dal* veya '*channa*[6] curry' sebzelerle beraber servis edilirdi. Tatlı olarak sütlaçla mango ya da portakal veya jackfruit suyu yeterliydi.

Ziyaretçiler öğleden sonraları uğrarlardı. Sanki düzenli bir dere, sakin aşramın içine akmaktaydı. Gurum bütün ziyaretçileri nezaket ve incelikle ağırlardı. Kendini ego ya da beden değil de her yerde var olan (omnipresent) ruh olarak algılayan bir üstat, bütün insanlarda göze çarpan bir benzerlik görür.

Ermişlerin tarafsızlığı erdemin içinde kök salmıştır, atık *maya*'nın alternatif akım gibi değişen yüzleri tarafından etkilenmez, onlar aydınlanmamış insanların yargılama yeteneğini karıştıran 'severim-sevmem' ikilemlerine tabi değildir. Sri Yukteswar nüfuz sahibi, zengin ya da başarılı olanlara hiçbir zaman özel bir ilgi göstermediği gibi diğerlerini de yoksulllukları ve cehaletleri yüzünden önemsememezlik etmezdi. Bir çocuğun ağzından çıkan, gerçeği yansıtan sözleri dinler ama bazen kendini beğenmiş bir âlimi açıkça önemsemezdi.

Saat sekiz akşam yemeği vaktiydi ve bazen gitmekte gecikmiş ziyaretçiler yemeğe kalırlardı. Gurum asla yalnız yemezdi, hiç kimse aşramı aç ya da tatminsizlik içinde terk etmemişti. Sri Yukteswar'ın beklenmedik misafirler karşısında hiçbir zaman canı sıkılmaz, hiçbir zaman ne yapacağını bilmez bir duruma düşmezdi; onun pratik direktifleri altında müritler kıt kanaat yiyeceklerden koca bir masa donatırlardı. Tasarruflu olmasına rağmen mütevazı sermayesi her şeye fazlasıyla yeterdi. "Ayağını yorganına göre uzat," derdi sık sık, "israf insana huzursuzluk getirir." İster aşram eğlence programlarına ait detaylarda veya inşa ve tamirat işlerinde olsun, ister ilgisini gerektiren diğer pratik meselelerde olsun üstat, her zaman yaratıcı bir ruhun orijinalliğini sergilerdi.

---

[6] 'Dal', kırık bezelye ya da diğer baklagillerden yapılan yoğun bir çorbadır. *Channa* ise taze sütten yapılmış bir çeşit peynirdir. Sertleştirilip, küp şeklinde kesilerek sık sık patates ve köriyle pişirilir.

Sakin akşam saatleri genellikle gurumun söylevlerine tanık olurdu: Zaman kavramını aşan inci dizelerinin her bir ifadesi faziletle işlenmişti. Yüksek bir seviyede kendinden emin olmanın getirdiği güven, ifade tarzını damgalardı: Eşsizdi... O ana kadar duymuş olduğum hiç kimsenin konuşmadığı gibi konuşuyordu. Düşüncelerini, daha sözlerin kılıfına bürünmesine izin vermeden önce, ince farkları ayırt edebilme yeteneğinin) suptil dengesiyle tartıyordu. Fizyolojik olarak bile algılanacak tarzda her yana yayılan gerçeğin varlığı, onda ruhun hoş kokularla dışavurumu olarak ortaya çıkardı.

Konuklar Sri Yukteswar'ın 'İlahi' düşünceye daldığını sezdikleri takdirde, onları hemen bir söyleşi içine çekerdi. Bir poza bürünmek yahut içsel dalgınlığıyla gösteriş yapmak ondan çok uzak şeylerdi. Tanrı ile her zaman birlik halindeydi ve ibadet için özel bir vakit ayırmaya ihtiyacı yoktu, meditasyon basamağını geride bırakmıştı. "Meyve belirdiğinde çiçek düşer." Fakat müritlere örnek olmak için ermişler sık sık spiritüel formlara sadık kalırlar.

Gece yarısı yaklaştığında gurum bazen bir çocuğun doğallığıyla uyuklardı. Yatmak konusunda hiçbir acelesi yoktu. Genellikle geleneksel kaplan postunun serili olduğu dar sedir üzerinde, yastık bile kullanmadan uzanırdı.

Sabahlara kadar süren felsefi tartışmalar da nadir değildi. Herhangi bir mürit derin bir ilgi duymak şartıyla bunları çağrılayabilirdi. Ben böyle gecelerde kendimi hiç yorgun hissetmez, uykuya ihtiyaç duymazdım. Üstadın yaşayan sözleri yeterliydi. "Oh! Tan vakti! Gelin, Ganj kıyısında yürüyüşe çıkalım." Geceye mahsus kemale erme çabalarımızın çoğu böyle noktalanırdı.

Sri Yukteswar ile geçirdiğim ilk aylar, faydalı bir dersle zirveye ulaştı: "Bir Sivrisinek Nasıl Safdışı Bırakılır." Evde ailem geceleri hep cibinlik kullanırdı. Serampore Aşramı'nda bu sistemin var olmayışını keşfetmek beni üzmüştü. Böcekler ordular halinde saldırıyordu ve tepeden tırnağa ısırık içindeydim. Gurum halime acıdı.

"Hem kendine, hem de bana birer cibinlik al" dedi ve gülerek ekledi; "Çünkü eğer sadece kendin için alırsan bütün sivrisinekler benim üzerime saldıracak!"

Minnettar kalarak kabul ettim. Serampore'da geçirdiğim her gece, yatma zamanı geldiğinde gurum cibinlikleri ayarlamamı isterdi.

Bir gece bulut halindeki sivrisinekler etrafımızı sardığında üstat her zamanki talimatı vermedi. Sinirlerim gergin, başıma gelecekleri hatırlatan vızıltıları dinledim. Yatağa girerken, uçan sineklere doğru yatıştırıcı bir dua savurdum. Yarım saat sonra gurumun dikkatini çekmek için öksürüp tıksırdım. Sivrisineklerin kana susamış festivallerini kutlarken çıkardıkları vızıltı ve aldığım ısırıklardan çıldıracağımı sandım.

Üstattan cevap gelmemişti. Usulca ona doğru yaklaştım. Nefes almıyordu. Bu onu yogik trans halinde ilk görüşümdü, içimi korku sardı.

"Kalbi durmuş olmalı!" Burnunun altına bir ayna tuttum; nefesini algılayabilmek için, su buharı belirmedi. Emin olmak için dakikalarca ağzını ve burun deliklerini tıkadım. Bedeni soğuk ve hareketsizdi. Başım dönmüş bir şekilde, yardım çağırmak için kapıya yöneldim.

"Aha! Çiçeği burnunda bir deneyci! Zavallı burnum!" Üstat kahkahalarla sarsılıyordu. "Niçin gidip yatmıyorsun? Dünya senin için değişecek değil ya! Kendin değiş: Sivrisinek bilincinden kurtul."

Uysalca yatağıma döndüm. Bir tek sivrisinek bile bana yaklaşmadı. Gurumun, cibinlik fikrine sadece beni sevindirmek için razı olduğunun farkına vardım; yoksa sivrisineklerden bir korkusu yoktu. Yogik güçle onların kendisini ısırmasını engelleyebilir, eğer isterse içsel bir incitilemezliğe sığınabilirdi.

"Bana bir gösteri yapıyordu" diye düşündüm. "Erişmeye çaba göstermem gereken yogik hal bu." Gerçek bir yogi, böceklerin vızıltısı, gün ışığının göz kamaştırıcı parıltısı gibi bu dünyadan asla eksik olmayan sayısız dikkat dağıtıcı şeye aldırmadan süper bilinçlilik haline girip bu hali devam ettirebilir. *Samadhi*'nin ilk mertebesinde (*Sabikalpa*), mürit dış dünyanın bütün duyusal uyarılarını keser. Bu takdirde içsel dünyasının cennetten daha hoş olan ses ve manzaralarıyla ödüllendirilir. [7]

Sivrisinekler aşramda başka bir ders almama daha yaradı. Günbatımıydı. Gurum eşsizce eski yazıtları yorumluyordu. Ayaklarının dibinde huzur içindeydim. Kaba bir sivrisinek, güzelim mısraların arasına girerek dikkatimi dağıttı. Kaba etimi zehirli şırıngasıyla deldiğinde intikam için otomatikman elimi kaldırdım. Neyse ki, aniden hatırıma Patanjali'nin *ahimsa* (başkasına zarar vermemek) üzerine ünlü vecizesi geldi. [8]

"İşi niye bitirmedin?"

"Üstat! Can almaya mı taraftarsınız?"

"Hayır, fakat zihninde öldürücü darbeyi çoktan indirdin!"

"Anlayamıyorum."

"*Ahimsa* ile Patanjali, öldürmeye duyulan arzuyu yok etmeyi kastetti." Sri Yukteswar için zihnim, kapağı açık bir kitaptı. "Bu dünya *ahimsa*'nın harfi

---

[7] Bir yoginin dış duyu organlarının yardımı olmadan, sayesinde duyup-gördüğü, dokunup-tat aldığı ve koklayabildiği, her yerde aynı anda var olan güçleri *Taittiriya Aranyaka*'da şöyle açıklanmıştır: "Kör olan inciyi deldi, parmaksız olan ona bir ip geçirdi, boyunsuz olan onu taktı ve dilsiz övgüler yağdırdı."

[8] "*Ahimsa*'yı (zararsızlık) mükemmel uygulayan bir insanın huzurunda (hiçbir yaratıkta) düşmanlık uyanmaz." *Yoga Sutraları* II:35

harfine uygulanması için pek elverişli düzenlenmiş değil. İnsanoğlu zararlı yaratıkları imha etmek zorunda kalabilir. Buna rağmen öfke ve hayvanca güdüler hissetmeye mecbur değildir. Yaşamın bütün formları 'maya'nın havasını solumakta eşit haklara sahiptir. Yaradılışın sırlarının perdesini kaldıran ermiş, doğanın sayısız hayret uyandırıcı kendini açığa vuruş halleriyle uyum içinde olacaktır. Tahrip etme hırsının üstesinden gelen her insan bunu anlayabilir."

"Gurudeva, insan vahşi bir hayvanı öldüreceğine kendini mi feda etmelidir?"

"Hayır, insan bedeni değerlidir. Emsalsiz beyni ve omuriliğe ait enerji merkezleri (şakralar) yüzünden en yüksek evrimsel değere sahiptir. Bunlar ilerlemiş müridi, ilahiyatın en yüksek mertebelerini kavrayabilmeye ve açığa vurabilmeye muktedir kılar. Daha aşağı seviyeden hiçbir hayat formu böyle donanmış değildir. Tabii ki, bir hayvanı ya da yaşayan başka bir varlığı öldürmeye zorlanan insan küçük bir günahın borcunu üstlenir. Fakat kutsal 'Shastra'ların öğrettiğine göre, bir insan bedeninin gereksiz yere tehlikeye atılıp kaybı, karmik yasalara göre ciddi bir günahtır, suçtur."

İç çekerek gevşedim. İnsanın doğal içgüdülerinin kutsal yazıtlar tarafından desteklenmesi nadir karşılaşılan bir olaydır!

Bildiğim kadarıyla üstat bir kaplan ya da leoparla pek bir araya gelmemişti. Ancak bir keresinde öldürücü bir kobra üstadın karşısına çıkmış ve onun sevgisiyle fethedilmişti. Olay gurumun Puri'de, deniz kıyısındaki aşramında vuku bulmuştu. Bu sırada Sri Yukteswar'ın son yıllarında tarikata katılan genç bir mürit olan Prafulla onunla birlikteydi.

"Dışarıda, aşram yakınlarında bir yerde oturuyorduk" diye anlattı Prafulla. "Hemen yakınımızda bir kobra beliriverdi. 120 santimetre uzunluğunda gerçek bir canavar! Bize doğru hızla yaklaşırken kafasını öfkeyle kabartmıştı. Üstat sanki bir çocuk görmüş gibi gülerek onu selamladı. Sri Yukteswar'ın ellerini ritmik olarak birbirine vurduğunu görmek beni dehşete düşürmüştü. [9] Bu korkunç misafiri eğlendiriyordu. Ben tamamiyle hareketsiz kaldım, içimden hararetle dua yağdırıyordum. Üstada iyice yaklaşan yılan artık kıpırdamıyordu. Onun okşayıcı tavrıyla manyetize olmuş gibi görünüyordu. Dehşet veren kabarmış kafası büzüldü ve yılan, Sri Yukteswar'ın bacakları arasından akarak çalıların içinde kayboldu. Üstadın neden ellerini hareket ettirdiğini ve kobranın niçin ısırmadığını o zamanlar anlayamadım. Ama o günden sonra farkına vardım ki, ilahi gurumuz herhangi bir yaratığın kendisini incitebileceği korkusunun ötesindeydi."

---

[9] Kobra, menziline giren ve kıpırdayan her objeye seri bir hareketle saldırır. Genellikle ölü bir hareketsizlik insanın emniyeti için temel umuttur. Kobralar Hindistan'da yılda yaklaşık 5.000 kişinin ölümüne neden olur.

Aşramdaki ilk aylarımda, bir öğle sonrası, Sri Yukteswar'ın gözlerini içime işlercesine bana dikmiş halde yakaladım.

"Çok zayıfsın Mukunda!"

Sözleri hassas bir noktama dokundu. Cılız görüntümü ben de beğenmiyordum. Müzmin hazımsızlık, çocukluğumdan beri başıma bela olmuştu. Evde, odamdaki bir rafta bir sürü şurup şişesi diziliydi; hiçbirinin faydası olmamıştı. Zaman zaman üzüntüyle hayatın böylesine sağlam olmayan bir bedende yaşama zahmetine değip değmediğini kendime sorardım.

"İlaçlar sınırlıdır, ilahi yaratıcı güçse sınırsız. Sağlıklı ve kuvvetli olacağına inan."

Üstadın sözleri beni anında, içerdiği gerçeği kendi yaşamımda başarıyla uygulayabileceğime inandırdı. Başvurduğum hiçbir şifacı (ki birçoğunu denemiştim) içimde böyle derin bir inancı harekete geçirememişti.

O andan sonra, günden güne sağlığım ve kuvvetim arttı. Sri Yukteswar'ın gizli takdisiyle iki hafta içinde, geçmişte boşu boşuna aradığım kiloları aldım. Mide hastalıklarım daimi olarak kayboldu.

Daha sonraları, gurudevamın sarılık, sara, tüberküloz ve felçten ızdırap çeken hastaları nasıl mucizevi bir şekilde şifaya kavuşturduğuna tanık olma ayrıcağına nail oldum. Üstat beni şifaya kavuşturduktan kısa bir süre sonra, "Yıllar önce ben de kilo alabilmek istiyordum" diye anlattı:

"Ciddi bir hastalıktan sonra kendimi toparlamaktayken Lahiri Mahasaya'yı Benares'te ziyaret ettim. 'Efendim' dedim, 'çok hastaydım, çok kilo kaybettim.'

'Görüyorum Yukteswar[10], kendini hasta ettin, şimdi de zayıf olduğunu düşünüyorsun.'

Bu cevap beklediğimden çok uzaktı; gurum, her nasılsa beni cesaretlendirerek ekledi:

'Eminim yarın kendini daha iyi hissedeceksin.'

Sözlerini, beni gizlice iyileştirmekte olduğunu ima ediyor diye kabul ettim. Ertesi sabah uğrayıp heyecanla belirttim: 'Efendim, bugün kendimi çok daha iyi hissediyorum.'

'Gerçekten de öyle görünüyorsun! Bugün kendini zinde kılmışsın."

"Hayır üstadım!' diye karşı çıktım, 'Bana yardım eden sizdiniz; haftalardan beri ilk kez kendimi enerjik hissediyorum.'

'Evet! İlletin çok ciddiydi. Vücudun hâlâ kırgın, yarın nasıl olacağını kim söyleyebilir?'

---

[10] Lahiri Mahasaya aslında 'Priya' (üstadın ilk adı) dedi, 'Yukteswar' değil. (Gurumun Lahiri Mahasaya bedenini terk ettikten sonra aldığı tariki ad.) (Bkz. S.103). 'Yukteswar' burada ve bu kitabın başka bir kaç yerinde bu iki ismin karıştırılmasını önlemek için kullanılmıştır.

Zayıflığımın muhtemelen geri dönebileceği düşüncesi soğuk soğuk ürpermeme neden oldu. Ertesi gün kendimi Lahiri Mahasaya'nın evine kadar zorlukla sürükleyebildim.

'Efendim, yeniden hastalanıyorum.'

Gurumun bakışı bilmece sorar gibiydi. 'Demek öyle! Kendini bir kez daha zayıflatıyorsun' dedi.

Sabrım tükenmişti. 'Gurudeva,' dedim, 'şimdi fark ediyorum ki, günlerdir benimle eğleniyorsunuz. Benim gerçeği yansıtan raporlarıma neden inanmadığınızı anlamıyorum.'

Gurum keyiflenerek bana baktı:

'Gerçekte kendini bir zayıf, bir kuvvetli hissetmene neden olan şey, düşüncelerindir. Sağlığının nasıl tamamiyle senin bilinçaltı beklentilerini takip ettiğini gördün. Düşünce bir güçtür, elektrik yahut yerçekimi gibi. İnsan zihni Tanrı'nın her şeye muktedir bilincinin bir kıvılcımıdır. Sana, güçlü zihninin kuvvetle inandığı her şeyin anında gerçekleştiğini gösterebildim.'

Lahiri Mahasaya'nın asla laf olsun diye konuşmadığını bildiğimden, büyük bir heyecan ve minnettarlıkla konuştum: 'Üstadım, eğer iyi olduğumu ve eski kilomu yeniden kazandığımı düşünürsem, bu gerçekleşecek mi?'

'Öyle, hatta şu anda!' Gurum ciddiyetle konuşmuştu; bakışlarını bana dikti. Anında, sadece kuvvet değil, aynı zamanda kilomda da bir artış hissettim. Lahiri Mahasaya tekrar sessizliğine çekildi. Ayaklarının dibinde geçen birkaç saatten sonra, Benares'e ziyaretlerim boyunca kaldığım annemin evine döndüm.

'Oğlum! Sana ne oldu? Vücudun su toplayıp şişiyor mu ne?' Annem gözlerine inanamamıştı. Bedenim hastalığımdan önce olduğu gibi yine dolgun ve iriceydi.

Tartıldığımda gördüm ki, bir gün içinde yirmi beş kilo almıştım. Bir daha da vermedim bu kiloları. Daha önceki ince halimi görmüş olan arkadaşlar ve tanıdıklar şaşkınlık içinde kaldılar. Bu mucizenin bir sonucu olarak, bir kısmı yaşam şekillerini değiştirip, Lahiri Mahasaya'nın müritliğine girdi.

Tanrı bilincinde uyanık olan gurum, bu dünyanın Yaradan'ın cisimselleşmiş bir rüyasından başka bir şey olmadığını biliyordu. Lahiri Mahasaya İlahi Rüya Gören ile birliğinin tamamiyle farkında olduğundan materyalize ya da demateryalize edebiliyor ya da görünen dünyanın rüya atomlarında istediği herhangi bir değişikliği yapabiliyordu.[11]

---

[11] "Her neyi arzu ediyorsanız, dua ettiğinizde, size bahşedileceğine ve ona sahip olacağınıza inanın." - *Mark (Markos) 11:24*. Tanrı ile bir olan üstatlar, bu olayda Lahiri Mahasaya'nın Sri Yukteswar

Bütün yaradılış kanunla idare edilir. Dış evreni yöneten, bilim adamları tarafından keşfedilen prensipler doğal kanunlar olarak adlandırılır. Ancak, gizli spiritüel planları ve bilincin içsel alanlarını yöneten daha suptil (ince) kanunlar vardır; bu prensipler yoga bilimi yoluyla bilinebilir. Maddenin gerçek doğasını anlayabilenler fizikçiler değil, aydınlanmış üstatlardır. Bu bilgi sayesindedir ki İsa, müritlerinden biri tarafından koparılan hizmetkârın kulağını şifaya kavuşturabilmişti." 12

Gurum kutsal yazıtların emsalsiz bir yorumcusuydu. En mutlu anlarımın çoğu onun bize söylev verdiği saatlerdi. Ancak üstadın değerli taşlarla bezenmiş düşünceleri budalaca ya da dikkatsizce şeyler tarafından rahatsız edilmemeliydi. Vücudumun huzursuz bir hareketi ya da zihnimin anlık bir dalgınlığı, üstadımın konuşmasına aniden ara vermesi için yeterliydi.

Sri Yukteswar bir öğleden sonra, böyle bir durumda "Burada değilsin" diyerek sözlerini yarıda kesiverdi. Her zamanki gibi dikkatimi acımasızca gözlemliyordu.

"Guruji!" Ses tonum itiraz doluydu. "Tamamiyle sakin oturuyorum, gözkapaklarım bir kez olsun kıpırdamadı, söylemiş olduğunuz her kelimeyi tekrarlayabilirim!"

"Buna rağmen bütün dikkatinle benimle beraber değildin. İtirazın beni, zihninin arka planında üç bina (enstitü) yaratmakla meşgul olduğunu ifade etmeye zorluyor. İlki bir ovada, kırlık bir alanda bir aşram, diğeri bir tepenin üzerinde, sonuncusuysa okyanus kıyısında."

Bu belli belirsiz tasarlanmış düşünceler gerçekten de neredeyse bilinçaltımda yer almıştı. Özür dilercesine baktım.

"Rastgele dalgınlıklarımın bile derinliğine nüfuz eden böyle bir üstatla ne yapabilirim?"

"Bu hakkı bana sen verdin. İzah ettiğim spiritüel gerçekler tam konsantrasyonun olmadan kavranılamaz. Gerekli olmadıkça başkalarının zihinlerinin mahremiyetine tecavüz etmem. İnsan, düşünceleri arasında gizlilikle gezinmekte doğal bir hakka sahiptir. Tanrı bile davet edilmeksizin zihinlere girmez, ben ne münasebetle girmeye cüret ederim?"

"Sonsuza kadar davetlisiniz, üstadım."

"Mimariye ait rüyaların daha sonra materyalize olacak. Şimdi öğrenme zamanı!"

---

için yaptığı gibi ilahi idraklerini ileri seviyeden müritlerine transfer edebilmeye tamamiyle muktedirlerdir.

12 "İçlerinden biri başkâhinin uşağına vurarak sağ kulağını uçurdu. Ama İsa, 'Bırakın, yeter!' dedi ve kölenin kulağına dokunarak onu iyileştirdi." *Luke (Luka) 22:50-51.*

Böylece tesadüfen, kendi sade tavrı içinde gurum, hayatımda gerçekleşecek üç önemli olay hakkındaki bilgisini açığa vurmuş oldu. Çocukluğumdan bu yana, her biri değişik bir manzaraya sahip üç binanın belli belirsiz, anlık görüntülerini görmüştüm. Aynen Sri Yukteswar'ın söylediği sırayla bu vizyonlar gerçekleşti. İlk olarak Ranchi'de bir ova üzerinde erkek çocuklar için bir yoga okulu kurdum, sonra Los Angeles'ta bir tepe üzerinde bir Amerikan genel merkez binası ve sonra engin Pasifik'e bakan, Kaliforniya-Encinitas'ta bir manastır.

Üstat asla kendini beğenmişlikle şu ya da bu olayın vuku bulacağı hakkında kehanette bulunmaz, üstü kapalı ima etmeyi tercih ederdi: "Olay belki de şöyle gelişebilirdi, ne dersin?" Ancak basit sözlerinde peygamberlere ait bir güç gizliydi. Sözünü geri almak diye bir yöntemi asla yoktu. Üstü kapalı kehanetlerinin hepsi gerçekleşti.

Sri Yukteswar mizaç itibariyle kendini geride tutmayı tercih eden ve bilinçlilikle her olayın hakikat tarafını gören bir tavra sahipti. Kararsızlık ya da hayalcilikle ilgili hiçbir yanı yoktu. Ayakları sıkıca yerde, başıysa göklerdeydi. Pratik insanlar onda hayranlık uyandırırdı. "Ermişlik budalalık değildir! İlahi kavramlar insanın kapasitesini düşürmez!" derdi. "Faziletin aktif olarak açığa vuruluşu en keskin zekânın uyanışına yol açar."

Gurum fizikötesi alanlar konusunda tartışmakta gönülsüzdü. Onun tek 'mucizevi' aurası mükemmel sadeliğinden ileri geliyordu. Konuşurken şaşırtıp ürküten imalarda bulunmazdı; manayı özgürce pratiğiyle ifade ederdi. Birçok öğretmen mucizelerden söz eder, ancak hiçbir şey ortaya koyamaz; Sri Yukteswar ise nadiren bu suptil alanlardan bahseder ama istediği zaman gizlice bu kanunları uygulardı.

"Gerçeği bulan insan, içsel bir tasdik görene kadar mucizevi şeyler göstermez" diye açıkladı üstat. "Tanrı 'yaradılış'ının gizemlerinin alelade, her önüne gelene açıklanmasını istemez.[13] Bununla beraber, her birey istenç özgürlüğü üzerinde geri alınamayacak bir hakka sahiptir. Bir ermiş bu bağımsızlığa açıkça ya da gizlice el uzatmayacaktır."

Sri Yukteswar'ın sessizliği alışkanlık edinmiş olması onun 'Sonsuz Olan'ı derinliğine kavramış olmasından ileri geliyordu. Yüksek Ben'ini fark edememiş guruları meşgul eden, tükenmek bilmeyen kehanetlere onun zamanı kalmıyordu. Bir Hindu yazıtı şöyle der: "Yüzeysel insanlarda küçük düşünce balıkları büyük dalgalara neden olur. Okyanus zihinlerdeyse ilham balinaları suda nadiren dalga yapar."

---

[13] "Kutsal olanı köpeklere vermeyin, ne de incilerinizi domuzların önüne atın ki onları ayakları altında çiğnemesinler ve tekrar geri dönüp sizleri parçalayarak telef etmesinler." - *Matthew (Mata)* 7:6

Gurumun dikkat çekmeyen maskesi yüzünden çağdaşlarından sadece birkaçı onun büyük gücünü algılayabildi. "Faziletini gizleyemeyen bir budaladır" vecizesi benim derin ve sakin üstadıma asla atfedilemezdi.

Herkes gibi bir insan olarak doğmasına rağmen Sri Yukteswar, Zaman ve Mekânın Yöneticisi ile birlik haline ulaşmıştı. Üstadımda insan ve İlahi Olan bir birlik içinde eriyip karışmıştı. Bu ikisinin arasında ayıran bir çizginin oluşuna inanmak bir aldatmacaydı.

Sri Yukteswar'ın kutsal ayaklarına dokunmaktan her zaman heyecan duydum. Bir mürit, önünde eğilerek üstadına dokunduğunda spiritüel olarak manyetize olur; aralarında suptil bir enerji akımı yayılır. Müridin beynindeki arzu edilmeyen alışkanlık mekanizmaları sık sık sanki ateşte dağlanır, dünyasal meyilleri, kendi yararı için unutulmaya uğrar. Mürit, en azından anlık olarak 'maya'nın gizemli peçelerinin aralandığını görerek, sonsuz huzur gerçeğine anlık bir bakış atabilir. Her ne zaman gurumun önünde Hint usulü diz çöktüysem bütün vücudum, beni özgürlüğe kavuşturan bir akıma tutulmuştur.

"Lahiri Mahasaya sessiz olduğunda" diye anlattı üstat "veya ciddi dini konular dışında başka konular hakkında söyleştiğinde bile keşfettim ki, bana kesintisiz olarak ifadesi mümkün olmayan bir şekilde bilgi aktarmaktaydı."

Sri Yukteswar bana benzeri bir tarzda tesir ederdi. Eğer aşrama sıkıntılı ya da kayıtsız bir zihinle girdiysem, oraya girer girmez tavrım -dışarıdan fark edilmese de- değişirdi. Sadece gurumu görmekle üzerime şifa veren bir sükûnet çökerdi. Onunla geçen her gün mutluluk, barış ve fazilet içinde yepyeni bir tecrübeydi. Onu hiçbir zaman açgözlülük, öfke ya da bağımlılık tarafından yanıltılmış veya hissiyatın sarhoşluğuna kapılmış olarak görmedim.

"*Maya*'nın karanlığı sessizce yaklaşıyor. İçeriye, eve doğru gitmekte acele edelim." Bu uyaran sözlerle üstat müritlerinin *Kriya Yoga*'ya olan sürekli ihtiyaçlarını hatırlatıyordu. Bir gün yeni bir mürit, yoga ibadetini uygulamaya kendini layık bulmadığını belirtti.

Sri Yukteswar "Geçmişi unut" diye nasihatta bulundu. "Bütün insanların kayıp hayatları birçok utançla kararmıştır. İnsanların sözüne güvenilemez, ta ki insan İlahi'nin içinde demir atana kadar. Eğer spiritüel çabayı şimdi göstermeye başlarsan, gelecekteki her şey düzelecek, yoluna girecektir."

Üstadın aşramda her zaman genç müritleri (*chela*) vardı. Onların entelektüel ve spiritüel eğitimleri onun yaşam boyu ilgisini oluşturuyordu. Hatta ölmeden kısa bir süre önce bile, altı yaşındaki iki erkek çocuğuyla on altı yaşındaki bir genci aşrama kabul etmişti. Sorumluluğu altındaki herkes büyük bir ihtimamla yetiştirilirdi.

Aşram sakinleri gurularını sevip, ona saygı gösterirlerdi; küçük bir el çırpışı onları hevesle üstadın yanına toplamaya yeterdi. Sessiz ve içine yönelik bir ruh hali içinde olduğu zamanlar kimse onunla konuşmaya cüret etmezdi; kahkahası neşeyle çınladığı zamanlarsa, çocuklar ona en iyi arkadaşları olarak bakarlardı.

Sri Yukteswar nadiren başkalarından karşılık olarak bir hizmet rica ederdi ve neşeli bir hevesle teklif edilmedikçe, bir müridin yardımını kabul etmezdi. Öğrenciler unuttuğunda çamaşırlarını kendisi yıkardı.

Olağan giysisi geleneksel koyu sarı renkli (ocher) swami cübbesiydi. Ev içinde yogi geleneklerine uygun olarak kaplan ya da geyik derisinden yapılmış bağcıksız ayakkabılar giyerdi.

Sri Yukteswar akıcı olarak İngilizce, Fransızca, Bengalce ve Hintçe konuşurdu; Sanskritçesi de yeterliydi. Genç müritlerine sabırla, İngilizce ve Sanskritçe öğretirdi. Bunun için kendi bulduğu dâhiyane kestirme yöntemleri kullanırdı.

Üstat bedenine, onun hakkında endişelenecek kadar bağımlı değildi. Ancak ona dikkat ederdi. "İlahi Olan ancak fiziksel ve zihinsel sağlık yoluyla tam anlamıyla tezahür eder" derdi. Hiçbir aşırılığı onaylamazdı. Uzun bir süre oruç tutmak isteyen bir müride gurum gülerek,

"Köpeğe neden bir kemik atmayasın?"[14] demişti.

Sri Yukteswar'ın sağlığı mükemmeldi, onu asla hasta görmedim.[15] Dünyalık bir geleneğe saygı göstererek öğrencilerinin, isterlerse doktora gitmelerine izin verirdi. "Tıpçılar Tanrı'nın kanunlarını maddeye uygulamak yoluyla insanları şifaya kavuşturma işini sürdürmelidirler." Fakat sık sık zihinsel terapinin daha üstün olduğunu vurgulardı. "Fazilet en büyük arıtıcıdır." Öğrencilerine şöyle derdi:

"Vücut hilekâr bir arkadaştır. Ona gerekli olanı verin, fazlasını değil. Acı ve zevk geçicidir. Bütün zıtlıklara sakince göğüs gerin, aynı zamanda kendinizi onların gücünün ötesine eriştirmeye çalışın. Hayal gücü şifanın olduğu kadar hastalığın da girdiği kapıdır. Hasta olduğunuzda bile hastalığın gerçekliğine inanmayın, istenmeyen misafir çekip gidecektir!"

Üstadın müritleri arasında birçok doktor da vardı. Onlara "Tıp tahsil etmiş olanlar daha da ileri gidip ruhun bilimini araştırmalıdırlar, vücut mekanizmasının hemen ardında suptil bir ruhsal yapı gizlidir"[16] derdi.

---

[14] Gurum orucu ideal bir doğal temizlenme metodu olarak uygun bulurdu, ama bu mürit vücuduyla fazlasıyla meşguldü.

[15] Bir kez Kashmir'de ben yanında yokken hastalanmıştı.

[16] Fizyoloji alanında Nobel Ödülü almış cesur bir tıpçı olan Charles Robert Richet şöyle yazmıştı:

Sri Yukteswar öğrencilerine Doğu ve Batı faziletlerinin bir araya gelişinin canlı örnekleri olmalarını tavsiye ederdi. Günlük yaşam alışkanlıklarında Batılı bir pratiğe sahip olan kendisi, içsel olarak spiritüel bir Doğulu idi. Batı'nın ilerlemeye açık (progressive), becerikli ve temizliğe önem veren yanlarını, Doğu'nunsa, ona yüzyıllardır aurasını veren dini ideallerini överdi.

Disiplin bana yabancı değildi. Evde babamla Ananda ciddi ve disiplinliydiler. Ancak Sri Yukteswar'ın eğitimini şiddetli olarak tanımlayabilirim. Bir mükemmeliyetçi olarak gerek sıradan davranışların en ince nüanslarında, gerekse önemli anlarda, gurum müritlerini aşırı eleştirirdi.

"Samimiyetsiz iyi terbiye çok güzeldir ancak ölü bir kadına benzer," diye uygun bir fırsatta bunun altını çizdi. "Nezaket olmadan açık sözlülük cerrahın neşterine benzer, etkili fakat hoş değildir. Dürüstlük, kibarlıkla beraberse, yardımcıdır ve hayranlık uyandırıcıdır."

Üstat, nadiren bahsetmesine rağmen, spiritüel gelişmemden açıkça tatminkârdı. Diğer konularda kulaklarım azarlanmaya alışıktı. Baş kusurlarım, aklı başında olmayışım, aralıklarla üzüntülü bir ruh haline dalışım, belli protokol kurallarına dikkat etmeyişim ve gerekli durumlarda metodik davranmayışımdı.

Gurum "Baban Bhagabati'nin aktivitelerinin nasıl iyi organize edilmiş ve iyi dengelenmiş olduğuna gözle" diyerek dikkatimi çekti. Lahiri Mahasaya'nın iki müridi Serampore Aşramı'na ilk ziyaretimden hemen sonra karşılaşmış ve birbirlerine derin bir hayranlık duymuşlardı. Her ikisi de spiritüel açıdan sağlam temeller üzerinde, çağların yıpratamayacağı güzel bir içsel hayat inşa etmişlerdi.

Daha önceki yıllarımda geçici bir öğretmenimden yanlış birkaç ders edinmiştim. "Bir mürit, dünyalık görevlerini yerine getirmek için çaba sarfetmek zorunda değildir" demişti. Ödevlerimi ihmal ettiğim ya da dikkatsizce yaptığımda cezalandırılmadım. İnsan doğası böyle bir direktifi kolaylıkla kabullenir. Fakat üstadımın keskin disiplini altında bu sorumsuzluğun yanılgısından hızla kurtuldum.

"Metafizik henüz resmen bir bilim dalı olarak tanınmamakta. Fakat bu değişecektir... Edinburg'da yüz kadar fizyoloğun karşısında, beş duyumuzun tek bilgi kaynağımız olmadığını ve gerçeğin eksik kalmış bir parçasının zekâmıza bazen başka yollardan ulaştığını ileri sürme imkânı bulabildim. Çünkü nadir bir gerçek onun mevcut olmadığı anlamına gelmez. Öğrenimin zorluğu, bir bilim dalına eğilmemek için neden olamaz. Metafiziğin okült bir bilim olarak peşine düşenler, filozofun ayak izlerinin bir ilüzyon olduğunu düşünerek kimyaya yönelenler kadar utanacaklar. Taban prensiplerimiz sadece Lavoisier, Claude Bernard ve Pasteur'unkilerdir. Her yerde ve her zaman *deneyimcilik* . O halde insan düşüncesinin yönünü değiştirecek olan yeni bilime selâmlar!"

Bir gün Sri Yukteswar "Bu dünya için fazlasıyla iyi olanlar kendilerini zaten çoktan başka bir dünyada buluyorlar. Dünyanın özgür havasını teneffüs ettiğin sürece, minnettarlıkla hizmet etme zorunluluğu içindesin. Sadece nefessizlik halini [17] tamamıyla kontrolü altına alabilenler kozmik zorunluluklarından kurtulurlar" dedi ve ekledi: "Son mükemmelliğe ulaştığında sana o haberi vermekte gecikmeyeceğim."

Gurum sevgiyi bile rüşvet olarak almazdı. Benim gibi gönüllüce mürit olmayı teklif eden hiç kimseye karşı yumuşama göstermezdi. İster diğer müritlerle ya da yabancılarla çevrili olalım, isterse ikimiz yalnızken, üstat her zaman açıksözlülükle ve azarlayan bir keskinlikle konuşurdu. Yüzeysellik ifade eden hiçbir anlamsız kusur, hiçbir tutarsızlık, eleştirisinden kurtulamazdı. Egoyu yerle bir eden bu tedavi şekline dayanmak zordu. Ancak sarsılmaz amacım Sri Yukteswar'a, bütün bu psikolojik tutarsızlıklarımı örsünde dövüp, şekillendirmesi için izin vermekti. O, bu büyük değişim üzerinde çalışırken, disiplinli çekicinin ağırlığı altında çok defalar titredim.

Üstat "Eğer sözlerimi beğenmiyorsan, her an gitmekte özgürsün," diye teminat verdi. "Senden, senin kendi gelişmenden başka hiçbir şey istemiyorum. Sadece sana faydası olduğunu hissediyorsan kal."

Gururumu kırıp, beni daha alçakgönüllü yapan darbelerinden ötürü ona minnettarlığım sonsuzdur. Bazen sanki gurum ağzımdaki her bir hastalıklı dişi keşfedip, kökünden çekiyormuş gibi hissediyordum. Egonun sert çekirdeğini yerinden çıkarıp defetmek, kaba darbelerle vurulmadıkça çok zordur. Onun terk edişiyle İlahi Olan en sonunda engellenmeden bize ulaşabileceği bir kanal bulur. Yoksa bencilliğin taşlaşmış kalplerinden içeriye sızabilmek için çabası boşunadır.

Sri Yukteswar'ın derinlere işleyen bir sezgi gücü vardı. Konuşulan sözlere aldırmayarak, genellikle insanın açığa çıkarılamayan düşüncelerine cevap verirdi. Bir insanın kullandığı kelimelerle onların ardındaki gerçek düşünceler iki kutup kadar ayrı olabilir. "Sükûnetle, kişilerin laf kalabalığının ardındaki düşünceleri hissetmeye çalış" derdi gurum.

İlahi iç sezginin deşerek açığa çıkardığı şeyler dünyalık insanlara acı verir. Üstat yüzeysel öğrenciler için pek popüler değildi. Sayıca her zaman birkaç kişi olan 'görebilenler' ona derin saygı gösterirlerdi.

Eğer Sri Yukteswar'ın imaları öylesine tavizsiz ve açık olmasaydı, onun Hindistan'da en çok aranan guru olacağını söyleyebilirdim.

Bir gün "Bana eğitim için gelenlere karşı sertim," diye itiraf etti. "Benim

---

[17] *Samadhi* - süperbilinçlilik hali.

tarzım bu. İster al, ister bırak. Hiçbir zaman ödün vermem. Ama sen müritlerine karşı çok daha nazik olacaksın. Bu da senin yolun. Ben sadece sertliğin ateşiyle arındırmaya çalışıyorum. Bu ateş dağlamak içindir ki, sıradan insan dayanamaz. Sevginin yumuşak yaklaşımı da şekil vericidir. Sert ve uysal metotlar bilgelikle uygulandığında eşit derecede etkilidir. Sen, lafını sakınmazlığın hoş görülmediği yabancı ülkelere gideceksin. Sadece, sabır ve tahammülle uyum sağlama yeteneği olan bir öğretmen Hindistan'ın mesajını Batı'da yayabilir. (Amerika'da üstadın sözlerini ne kadar sık hatırlamış olduğumu söylemeyeceğim!)

Gurumun samimi üslubu, bu dünyada yaşamış olduğu süre boyunca, onun geniş kitleler tarafından takip edilmesini engellemiştir. Ancak gitgide sayısı artan samimi müritler yoluyla öğretisi ve ruhsal varlığı bugün dünyada yaşamaya devam etmektedir. Büyük İskender gibi savaşçılar toprak üzerinde hükümdarlık arayışı içindedirler; buna karşın Sri Yukteswar gibi üstatlar, insanların ruhlarında ölçüsüz ve uçsuz bucaksız bir egemenlik kazanırlar.

Müritlerinin basit, göz yumulabilecek kusurlarını olağanüstü bir ağırlıkla vurgulamak Sri Yukteswar'ın tarzıydı. Bir gün babam Sri Yukteswar'a saygılarını sunmak için Serampore'a geldi. Büyük ihtimal, beni öven birkaç kelime duymayı umuyordu. Kusurlarımın uzun bir listesi verilince şoke olmuştu. Alelacele beni görmeye geldi.

"Gurunun sözlerinden seni gerçekten kötü bir halde bulacağımı düşündüm!" dedi. Ağlamakla gülmek arasındaydı.

O sıralarda Sri Yukteswar'ın hoşuna gitmeyen tek şey, onun yumuşak uyarısına karşı, belli bir adamı spiritüel yola sokmaya çalışmakta oluşumdu.

Öfkeli bir telaşla gurumu arandım. Beni, sanki suçunun bilincindeymiş gibi gözleri öne eğik olarak huzuruna kabul etti. Bu, ilahi aslanı ilk kez karşımda uysal bir halde gördüğüm tek andı. Bu eşsiz anın tadını tabii sonuna kadar çıkardım!

"Efendim, babamın karşısında beni neden böyle merhametsizce yargıladınız? Bu adilce mi?"

"Bir daha yapmayacağım." Sri Yukteswar'ın ses tonu özür diler nitelikteydi.

Yelkenlerim anında suya indi. Bu büyük adam, hatasını itiraf etmeye ne kadar hazırdı! Bir daha da babamın iç huzurunu bozmadı ama beni amansızca, nerede ve ne zaman uygun gördüyse neşter altına almaya devam etti.

Yeni müritler sık sık diğerlerini Sri Yukteswar gibi eleştirmeye yeltendiler. Guru gibi bilgece! Kusursuz ayırt etme yeteneğinin modelleri! Fakat saldırıya geçen savunmasız olmamalı. Üstat herkesin içinde onlara doğru birkaç ok fırlattığında eleştiren öğrenciler acele içinde oraya buraya kaçıştılar.

"İncelikle eleştirilmeyi bile kaldıramayan karakter zayıflıkları, hassasça tedavi karşısında bile içe çekilen, vücudun hastalıklı kısımlarına benzer." Sri Yukteswar'ın kaçanlar hakkındaki eğlenceli yorumuydu bu.

Birçok mürit önceden belirlenmiş bir guru imajına sahiptir ve bununla onun söz ve hareketlerini yargılar. Böyleleri sık sık Sri Yukteswar'ı anlayamadıklarından yakınmışlardır.

Onlara "Tanrı'yı da anlayamıyorsunuz!" diye çıkıştım bir fırsatını bulunca. "Bir ermişi anlayabilseydiniz, siz de ermiş olurdunuz!" Trilyonlarca gizemin arasında her saniye, açıklanması mümkün olmayan bir havayı teneffüs eden bir üstadın dipsiz bucaksız doğasını anında kavrayabilmek mümkün mü?

Öğrenciler geldiler ve genellikle de gittiler. Anlık sempati duyanlar ve becerilerinin içlerini rahatlatacak bir şekilde fark edilmesini umarak kolay yolu seçenler, beklediklerini aşramda bulamadılar. Üstat müritlerine sığınak ve sonsuza kadar sürecek rehberliğini sundu, fakat ne yazık ki, birçoğu aynı zamanda egolarını teskin eden bir yatıştırıcı bir merhemi de talep ettiler. Yaşamın sayısız aşağılamalarına, kibir kırıcılıklarına alçakgönüllülükle boyun eğmeyi tercih ederek çekip gittiler. Sri Yukteswar'ın parlak ışınları, bilgeliğinin açıkça derinlere işleyen gün ışığı onların ruhsal hastalıkları için fazla güçlüydü. Onlar, bilgi seviyesi daha düşük olan ve bu eksikliği yağcılıkla gölgeleyen, cehaletin kendileri için biçilmiş uykusuna izin veren öğretmenler arıyorlardı.

Gurumla geçirdiğim ilk aylarda onun azarlamalarına karşı hassas bir korku duymuştum. Fakat çok geçmeden sözlü operasyonlarını sadece benim gibi disipline girmek için ondan yardım isteyenler üzerinde uyguladığını gördüm. Acı çeken bir öğrenci buna itiraz ettiğinde Sri Yukteswar, incinmeksizin sessizliğe bürünürdü. Sözleri asla hiddetli değildi, kişisellik taşımıyordu ve fazilet doluydu.

Üstadın paylamaları, ara sıra gelen ziyaretçileri hedef almazdı; onların zayıflıklarından nadiren söz ederdi. Ancak, yol göstermesini isteyen öğrencilerine karşı ciddi bir sorumluluk hissederdi. Ego tarafından gözü kamaştırılan insanoğluna form değişikliği vermeyi üstlenen bir guru gerçekten ne kadar cesaret sahibi olmalı! Bir ermişin cesaretinin kökleri; dünyanın tökezleyen, *maya* tarafından yanılgıya uğratılan insanlara karşı duyduğu şefkattedir.

Onun bu katı tavrına karşı alınganlığımı yendiğimde, çok daha nadir azar işittiğimi keşfettim. Üstat bana karşı oldukça yumuşamıştı. Zamanla, insan kişiliğinin genellikle kendine siper ettiği bütün rasyonel düşünceyi ve bilinçaltındaki [18] kuşkuyu yendim. Bunun ödülü gurumla çaba göstermeksizin bir uyum içinde olmaktı. Ancak ondan sonra onun insanlara güvenen, düşünceli, sessizce seven biri olduğunu keşfettim. Doğası itibariyle çekingen bir insan olduğu için sevgisini sözlerle açığa vurmazdı.

Benim yapım prensip olarak kendini sevgi ve sadakatle adamaya (devotional) yönelikti. O yüzden ilk başlarda gurumun bilgelikle (*jnana*) dolu, fakat görünüşte derin bağlılıktan uzak (*bhakti*) [19] olması, kendini esas olarak spiritüel matematiğin soğukluğuyla açığa vurması beni şaşırtmıştı. Fakat kendimi onun doğasına uyarladığımda, Tanrı'ya karşı olan özverimde bir eksilme değil, tam tersine derinleşme olduğunu keşfettim. Aydınlanmış bir üstat müritlerinin her birine, onların doğal eğilimlerini göz önüne alarak yol göstermeye tamamıyla muktedirdir.

Sri Yukteswar ile ilişkim açık seçik anlaşılamayan, anlatılamayan cinstendi. Buna rağmen gizli bir şiirselliğe sahipti. Sık sık düşüncelerimin onun sessiz zihninin damgasını taşıdığını hissederdim. Bu da söyleşiyi gereksiz kılıyordu. Yanında sessizce otururken cömertçe verdiği ilhamın varlığıma huzur içinde akıp dolduğunu duyardım.

Üstadın tarafsız adaleti üniversitedeki ilk yılımda, yaz tatili sırasında hayranlığımı uyandırmıştı. Serampore'da gurumla geçireceğim ayları iple çekiyordum. Nihayet vardığımda, Sri Yukteswar heyecanla gelmeme sevindi: "Aşramın günlük işlerini üstlenmen gerekebilir. Görevin ziyaretçileri karşılamak ve diğer müritlerin işlerini denetlemek olacak."

Doğu Bengal'den gelen bir köylü olan Kumar, iki hafta sonra aşram eğitimi için kabul edilmişti. Kayda değer zekâsıyla çabucak üstadın sevgisini kazandı. Açıklanamayan bir nedenle Sri Yukteswar, yeni öğrenciye karşı eleştirici olmayan bir tavır takınmıştı.

Yeni çocuğun gelişinden bir ay sonra üstat bana şöyle dedi:

"Mukunda, bırak Kumar senin görevlerini üstlensin. Sen yemek pişirme ve süpürme işlerine bak."

Liderliğe yükselen Kumar kısa sürede bir despota dönüştü. Diğer

---

[18] Bilinç ve bilinçaltımızın üzerinde bir de süperbilincimiz vardır. Rabbi İsrael H. Levinthal New York'taki bir seminerde şuna işaret etmiştir: "Yıllar önce İngiliz Psikolog F. W. H. Myers'ın belirttiğine göre, 'varlığımızın derinliklerinin ardında bir hazine odası olduğu kadar, bir çöp yığını da gizlenmektedir.' Bütün araştırmalarını insan doğasındaki bilinçaltı üzerinde toplayan psikolojiye zıt olarak, süperbilincin yeni psikolojisi, dikkatini hazine odası üzerinde odaklamıştır. İnsanoğlunun büyük, bencil olmayan, kahramanca eylemlerini açıklayabilecek olan yegâne alan."

[19] *Jnana*, fazilet ve *bhakti*, sadakat, özveri, kendini verme: Allah'a giden iki anayol.

müritler sessiz bir isyanla günlük tavsiye almak için bana gelmeye devam ettiler. Bu durum üç hafta kadar sürdü; sonra üstatla Kumar arasındaki konuşmaya kulak misafiri oldum.

"Mukunda çekilecek gibi değil!" dedi çocuk. "Beni denetleyici yaptınız; buna rağmen diğerleri ona gidiyor, onun sözlerine uyuyorlar."

"Bu sebepten seni ziyaretçi kabul odasına, onu ise mutfağa devrettim; sıfatına layık bir liderin hükmetme değil, hizmet etme hevesi içinde olması gerektiğinin farkına varasın diye." Sri Yukteswar'ın ses tonu Kumar için yeniydi. "Sen Mukunda'nın pozisyonunu istedin, ama bunu faziletle sürdüremedin. Şimdi aşçı yardımcılığı işine geri dön."

Gururunu rencide eden bu olaydan sonra üstat Kumar'a karşı yine o düşkünce tavrını devam ettirdi. Bunun esrarını kim çözebilirdi? Gurumuz Kumar'da çekici bir kaynak keşfetmişti. Ama bu, her nasılsa diğer öğrencilere akmıyordu. Yeni çocuğun açıkça Sri Yukteswar'ın gözdesi olmasına rağmen ben hiçbir üzüntü hissetmedim. Üstatların bile, bu dünya halini monotonluktan kurtaran, kendilerine ait bir mizaçları vardır. Benim tabiatım böyle bir detaya yenik düşemezdi; Sri Yukteswar'dan yüksek sesli övgüden daha öte şeyler talep ediyordum.

Bir gün Kumar'ın düşmanlıkla konuşması beni çok üzdü.

"Bardağı taşırmak üzeresin!" dedim, "kendini düzeltmezsen bir gün aşramı terk etmen istenebilir."

Kumar alayla gülerek, sözlerimi kapıdan henüz giren guruma tekrarladı. Fena halde azarlanmayı bekleyerek usulca bir köşeye çekildim.

"Belki de Mukunda haklı." Üstadın çocuğa cevap veren sesinde olağandışı bir soğukluk vardı.

Bir yıl sonra Kumar doğduğu köyü ziyarete gitti. Sri Yukteswar'ın, öğrencilerinin hareketlerini otoriterce kontrol etmeye gerek görmeden verdiği direktiflere uymamıştı. Birkaç ay sonra Serampore'a dönüşünde çocuktaki değişiklik hoşa gitmeyecek kadar açıktı. O berrakça ışık saçan Kumar gitmiş, yerine son zamanlarda birçok kötü alışkanlık edinmiş olan sıradan bir köylü gelmişti.

Üstat beni çağırdı ve kalbi kırık bir şekilde, çocuğun artık rahiplik düzeni hayatına uymadığını anlattı.

"Mukunda, Kumar'a yarın aşramdan ayrılması gerektiğini söylemeyi sana bırakıyorum, ben bunu yapamam!" Üstadın gözleri yaşardı ama kendisini çabucak kontrol altına aldı. "Kumar eğer beni dinlemiş ve kötü arkadaşlarına uymamış olsaydı asla bu kadar dibe düşmeyecekti. Benim koruyuculuğumu reddetti. Artık onun gurusu duyuları körelmiş dünya olacak."

Kumar'ın gidişi beni gururlandırmadı. Üzüntüyle bir üstadın sevgisini kazanan birinin, nasıl olup da dünyasal çekiciliklere kapılmaya hazır olduğuna hayret ettim. Seks ve alkole olan düşkünlüğün kökü insanın doğasındadır. Onlardan zevk almak için insanın yüksek bir anlayış seviyesine ihtiyacı yoktur. Duyuların baştan çıkarışı, gül rengi yaprakları güzel kokular saçan ve hep taze kalan zakkuma benzer, zakkumun her parçası zehirlidir.[20] Şifa veren ülke içimizdedir; dışımızda binbir yönde, körce arandığımız mutlulukla parıldayarak.

"Keskin zekâ iki tarafı keskin bir bıçak gibidir." Üstat bir keresinde Kumar'ın parlak zekâsından bahsetti. "Zekâ yapıcı ya da tahrip edici olarak kullanılabilir, bıçak gibi, cehaletin çıbanını kesmek ya da kendi boynunu vurmak için; zihin spiritüel kanunun kaçınılmaz oluşunu kavradıktan sonra doğru olarak yönlendirilebilir."

Gurum erkek ve kadın müritlerin arasına rahatlıkla karışır ve hepsine kendi çocukları gibi davranırdı. Onların ruhsal eşitliğini vurgulayarak hiçbir ayırım yapmaz, taraf tutmazdı.

"Uyku esnasında erkek ya da kadın olduğunuzu bilmezsiniz" derdi. "Tıpkı sahnede bir kadını canlandıran bir erkeğin kadın olamayacağı gibi, ruh da erkek ya da kadın olarak doğsa bile değişmeden kalır. Ruh Tanrı'nın değişmeyen, herhangi bir sıfata dönüşmemiş imajıdır."

Sri Yukteswar kadınları 'erkeğin cennetten kovuluşunun nedeni' olarak hiçbir şekilde suçlamadı. Kadınların da erkekler tarafından ayartıldığına işaret ederdi. Bir keresinde neden büyük bir ermişin kadınları 'cehenneme açılan kapı' diye tanımladığını sordum.

"Bir kız gençliğinde aklını başından almış olmalı" diye, gurum kinayeli bir cevap verdi. "Öyle tanımlamasa, kadınlarda değil, kendini kontrolünde kusur bulmuş olacaktı!"

Eğer misafirlerden biri aşramda açık saçık hikâyeler anlatmaya cesaret ederse, üstat aldırmaksızın sessiz kalırdı. "Güzel bir yüzün dayanılmazlığı tarafından tuzağa düşürülmeyin" diye anlatırdı öğrencilerine, "duyularının esiri olmuş biri bu dünyanın nasıl tadını çıkarabilir? Onlar alçalmış, çamurun içinde sürünüyorken, dünyanın daha ince hazları onlardan kaçar. Kendini basit zevklere vermiş olan kişiler daha suptil her türlü kavrayıştan mahrum kalırlar."

[20] "Uyanık halinde insan duyusal zevklerini tatmin etmek için sayısız çabalar gösterir; bütün duyu organları yorgun düştüğündeyse, hatta zevkin kendisini bile unutarak, ruhunda, kendi doğal tabiatında dinlenmenin tadını çıkarmak için uyur" diye yazmıştır büyük Vedantist Shankara. "Bu yüzden ultra-duyusal huzura ulaşmak çok kolaydır. Ve her zaman hayal kırıklığıyla sona eren duyusal zevklerden çok daha üstündür."

Mayanın neden olduğu seks yanılgısından kurtulmak için çaba harcayan öğrenciler Sri Yukteswar'dan sebatlı ve anlayışlı tavsiyeler alırlardı.

"Nasıl ki açlığın amacı, açgözlülük değil, doğal kanunlara uygun bir nedense; seks güdüsü de doyumsuz arzuların tatmini değil, doğa tarafından türlerin devamı için içimize ekilmiştir" derdi. "Yanlış arzuları şimdiden tahrip edin; yoksa bu arzular astral bedeniniz fiziksel kafesinden ayrıldıktan sonra da sizinle beraber kalırlar. Beden zayıf olsa bile zihin sürekli direnç göstermeli. Baştan çıkarılış size amansızca saldırdığında objektif bir analiz ve zaptedilemeyen bir istenç gücüyle onun üstesinden gelin. Her türlü doğal ihtirası yenmek mümkündür.

Kuvvetinizi israf etmeyin. Duyuların akan ırmaklarını sessizce içinde biriktiren derin okyanus gibi olun. Her gün yenilenen duyusal arzular, iç huzurunuzun temelini bozar. Bu arzular bir su deposundaki deliklere benzer; materyalizmin kurak toprağında canlılık bahşeden suyunuz boşa akıp gider. Yanlış ihtirasların güçlü ve harekete geçiren dürtüsü insan mutluluğunun en büyük düşmanıdır. Bu dünyada kendini kontrol eden aslanlar gibi kükreyin ve duyusal zayıflıkların kurbağalar gibi sizi oradan oraya tekmelemesine izin vermeyin!"

Gerçekten imanla kendini vermiş kişi sonuçta her türlü içgüdüsel dürtüden kurtulacaktır. Böyle biri insanlardan beklediği sevgi ihtiyacını sadece Tanrı'yı bulma arzusuna dönüştürür. Her yerde her zaman var olan (omnipresent) engin bir sevgi.

Sri Yukteswar'ın annesi, Benares'in, gurumu ilk ziyaret ettiğim Rana Mahal semtinde yaşıyordu. Cana yakın ve nazik olmakla birlikte inatçı bir kadındı. Bir gün onun balkonunda otururken ana oğulu birbirleriyle konuşurken seyrettim. Sakin ve duyarlı tavrıyla üstat onu bir şey için ikna etmeye çalışıyordu. Ama annesinin kafasını büyük bir kararlılıkla sallamasından, pek de başarılı olamadığı açıkça ortadaydı.

"Hayır, hayır oğlum, şimdi git artık! Senin bilgece sözlerin bana göre değil! Ben senin müridin değilim!"

Sri Yukteswar başka birşey söylemeden azarlanmış bir çocuk gibi geri çekildi. Annesinin makul olmayan tavırları karşısında bile annesine karşı gösterdiği büyük saygı beni derinden etkilemişti. Annesi onu bir ermiş olarak değil, hâlâ küçük oğlu olarak görüyordu. Bu önemsiz olayda bir sevimlilik bulmuştum. Gurumun özünde alçakgönüllü, dışardan bakıldığında taviz vermeyen olağandışı doğasına değişik bir perspektif getiriyordu.

Manastır düzeni, ilişkilerini resmen kestikten sonra bir Swami'nin dünyalık bağlarını yeniden kurmasına izin vermez. Swami, bir aile reisi için mecburi olan geleneksel dini seramonileri yerine getirmeyebilir. Buna rağmen, çok eski Swami Düzeni'ni yeniden organize eden Shankara bu kurala aldırmadı. Çok sevdiği annesinin ölümünden sonra onun bedenini, havaya kalkmış elinden çıkan cennetin alevleriyle yaktı.

Sri Yukteswar da bu kısıtlamalara aldırış etmedi. Onun yöntemi öyle gösterişli değildi. Annesi öldüğünde bir aile reisinin yapması gerektiği gibi, Benares'te kutsal Ganj'ın kıyısında cesedini yakma töreni'ni organize etti ve birçok '*Brahmin*'in karnını doyurdu.

Shastrik yasaklar bir Swami'nin kendini daha önceki kısıtlı çevre ve alışkanlıklarıyla özdeşleştirmesine engel olmak amacını taşır. Sri Yukteswar ve Shankara, varlıklarıyla tamamıyla 'Kişisel Olmayan Ruh' içinde tezahür etmiş olduklarından, yardımcı hiçbir kurala ihtiyaçları yoktu. Bir üstat bile bazen, ardındaki prensibin daha önemli ve formdan bağımsız olduğunu göstermek için, bir kuralı kasten tanımamazlık edebilir. İsa dini tatil gününde mısır topladıktan sonra eleştirilere şöyle cevap verdi: "Sabbath (Kutsal dinlenme günü) insan için yaratıldı, insan sabbath için değil." [21]

Kutsal yazıtlar hariç, Sri Yukteswar çok az kitap okurdu. Buna rağmen güncel bilimsel keşifler ve bilgi alanındaki diğer gelişmelerden haberdardı. [22] Parlak bir konuşmacı olarak Sri Yukteswar ziyaretçilerle sayısız konuda bilgi alışverişinden hoşlanırdı. Gurumun her an şaka yapmaya hazır olması ve güldeyen kahkahası her tartışmayı canlandırırdı. Genellikle ciddi olan üstat asla kasvetli değildi. "Tanrı'yı ararken insanın 'yüzünü asması' gerekmez" derdi İncil'den alıntı yaparak. [23]

Aşrama gelen filozof, profesör, hukukçu ve bilim adamlarından bir kısmı, ilk ziyaretlerinde karşılarında bir sofu bulacakları düşüncesindeydiler. Zaman zaman kibirli bir gülümseme ya da yarım yamalak toleranslı bir bakış, yeni misafirin softaca bir vaazdan başka bir şey beklemediğini ele verirdi. Sri Yukteswar ile konuştuktan ve onun kendi özel uzmanlık alanları hakkında bilgi sahibi olduğunu keşfettikten sonra ziyaretçiler aşramı gönülsüzce terk ederlerdi.

Gurum misafirlere karşı her zaman nazik ve sevecendi; onları yürekten

---

[21] *Mark (Markos)* 2:27.

[22] Üstat, istediği zaman kendini anında başka birinin zihnine sokabilirdi (Patanjali'nin *Yoga Sutraları*'nda - *III:19* - bahsi geçen yogik bir güç). İnsansal bir radyo olarak yetenekleri ve düşüncelerinin doğası sayfa 145-147 de açıklanmıştır.

[23] *Matthew (Mata)* 6:16.

selamlayıp karşılardı. Ancak bazen, egoizmi kökleşmiş olanlar iyileştirici bir şok tedavisinin acısını tadarlardı. Onlar üstadın tavrında ya soğuk bir kayıtsızlık ya da sert bir muhalefetle karşılaşırlardı: Buz ya da demir!

Tanınmış bir kimyager bir keresinde Sri Yukteswar ile söz düellosuna girişti. Konuk, bilim henüz bir kanıt bulamadığı için Tanrı'nın varlığını kabul edemiyordu.

"Demek deney tüplerinizde 'Üstün Güç'ü ayrıştırmakta başarısızlığa uğradınız!" Üstadın bakışı ciddiydi. "Yeni bir deney öneriyorum: Düşüncelerinizi yirmi dört saat boyunca gözlemleyiniz. Bundan sonra artık Tanrı'nın varlığından kuşku duymayacaksınız."

Ünlü bir âlim de aşramı ziyareti esnasında aynı muameleyi görmüştü. Konuk *Mahabharata, Upanisad'*lar [24] ve Shankara'nın *bhasyalar*'ından (yorumlar) alıntılar okumuştu.

"*Sizden* bir şeyler duymayı bekliyorum" diyen Sri Yukteswar'ın ses tonu talep edercesineydi, sanki bütün bu süre boyunca sessizlik hüküm sürmüş gibi. Adam şaşkındı.

"Alıntıların bolluğuna diyecek yok." Üstadın sözleri üzerine gülmemek için misafirden uzak bir köşeye çekildim. "Fakat eşi benzeri bulunmayan kendi hayatınızdan hangi orijinal yorumu sağlayabildiniz? Bu, zamanı aşan gerçekler sizin varlığınızda hangi değişikliklere yol açtı? Yoksa papağan gibi başkalarının sözlerini tekrarlamak sizi tatmin ediyor mu?"

"Teslim oluyorum!" Âlimin sıkıntısı komikti. "Hiçbir derin kavrayışa sahip değilim."

Belki de ilk kez, *sutralar*'ı kusursuz ezberlemenin spiritüel komaya bir şifası olamayacağını anladı.

Üstat, âlim gittikten sonra "Bu kansız ukalalar kitap bilgelikleriyle fazla övünüyorlar" dedi. "Felsefeyi sadece yorucu olmayan bir düşünce jimnastiği gibi görüyorlar. Yüksek düşüncelerinin kamçılayıcı bir iç disiplin veya dışa dönük kabalıklarla hiçbir ilintisi yok!"

Başka bir gün üstat, sadece kitaplardan öğrenmenin faydasızlığına parmak bastı.

"Bilgi ile geniş kelime haznesini karıştırmayın" diye vurguladı. "Eğer paragraflar ağır ağır özümlenirse kutsal yazıtlar içsel-anlayış isteği uyandırarak

---

[24] Dört *Veda*'ların belli bölümlerinde yer alan *Upanisadlar* ve *Vedantalar* (Kelime anlamı: Veda'ların sonu), Hindu dininin temel doktrinine form veren özetlerdir. Schopenhauer bunların "derin, orijinal ve yüce düşüncelerini" övmüş ve şöyle demişti: "*Upanisad*'ların Batı dillerine tercümesiyle *Veda*'lara açılan kapı benim gözümde, bu yüzyılın geçen yüzyıllar üzerinde hak iddia edebileceği en büyük ayrıcalıktır."

yararlı olur. Aksi takdirde, sadece zihinsel öğrenim, sadece bir sahte doyum ve hazmedilmemiş bilgiyle son bulabilir."

Sri Yukteswar kutsal yazıtları öğrendiği zamanlardan bir örnek verdi: Doğu Bengal'deki bir orman aşramında ünlü öğretmen Dabru Ballav'ı ders esnasında gözlemekteydi. Onun metodu aynı zamanda hem kolay hem de zordu ve Eski Hindistan'da yaygın bir şekilde uygulanıyordu.

Dabru Ballav talebelerini ormanın ıssızlığında etrafına toplamıştı. Kutsal *Bhagawad-Gita* önlerinde açıktı. Bir pasaja ısrarla yarım saat göz attıktan sonra gözlerini kapadılar. Bir yarım saat daha geçti. Üstat kısa bir yorum yaptı. Hareketsiz, bir saat daha meditasyon yaptılar; en sonunda guru konuştu.

"Okuduğunuz pasajı şimdi anlıyor musunuz?"

"Evet, efendim" dedi içlerinden biri.

"Hayır, tam değil. Bu kelimelere, Hindistan'ı çağlar boyunca capcanlı tutan gücü veren spiritüel zindeliğe konsantre olun." Sessizlik içinde bir saat daha geçti. Üstat öğrencileri savıp, Sri Yukteswar'a döndü.

"*Bhagawad-Gita*'yı biliyor musun?"

"Hayır efendim, tam değil. Gözlerim ve zihnim onun satırlarında çok defalar gezmiş olmasına rağmen."

"Yüzlerce kişi bana başka başka cevaplar verdi!" Büyük ermiş üstadımı kutsayarak gülümsedi. "Eğer insan sadece dış görünüşte yazıtlar üzerindeki bilgisiyle caka satmakla vaktini harcarsa, paha biçilmez incileri çıkarmak için düşünce okyanusuna sessizce dalmaya nasıl zaman bulabilir?"

Sri Yukteswar kendi talebelerinin öğreniminde de aynı, tek noktaya yönelik yoğunlaşma yöntemini uyguladı. "Fazilet gözlerle değil, atomlarla hazmedilir" derdi. "Bir gerçeği yalnızca zihninle değil de bütün benliğinle kavrayıp ikna olduğunda; ancak onun anlamını doğrulayıp, kendine mal edebilirsin." Bir müridin, kitap bilgisinin ruhsal aydınlanma yolunda gerekli bir adım olduğunu zannetmesini her zaman kınardı.

"Eski bilgeler bir tek cümle içinde, öğretmenler üzerinde kuşaklar boyunca meşgul eden derin bilgileri dile getirmişlerdir" derdi. "Sonsuz edebi tartışmalar miskin kafalar içindir. İnsanı en çabuk aydınlanmaya kavuşturan düşünce sadece Tanrı'yı düşünmek değil midir?"

Ama insan öyle kolayca basitliğe geri dönemez. Bir entelektüel nadiren sadece 'Tanrı' düşüncesiyle yetinir. Onun için olay öğrenilmiş görkemlerdir. Böylesi bir bilgeliği kavrayabildiği için egosu tatmin içindedir.

Dünyalık pozisyonları ve refahlarıyla gurur duyan insanlar üstadın huzurunda, sahip oldukları şeylere tevazuyu da kattılar. Bir gün yerel bir yargıç

Puri'deki sahil aşramında üstatla bir görüşme yapmak istedi. Acımasızlığıyla tanınan bu adam aşramın mülkiyetini bizden alabilecek gücü elinde bulunduruyordu. Bunu guruma hatırlattım. Fakat o, taviz vermeyen bir havada, misafiri selamlamak için yerinden bile kalkmadı.

Biraz gergince kapıya yakın bir yere çömeldim. Sri Yukteswar benden tahta bir sandığa oturmakla yetinmek zorunda kalan yargıca bir sandalye getirmemi istemedi. Öneminin seremoniyle vurgulanmasını açıkça bekleyen adam hayal kırıklığına uğramıştı.

Bunu metafizikle ilgili bir tartışma takip etti. Konuk ahmakça potlar kırarak kutsal metinleri yanlış yorumladı. Düşüncelerinde gitgide daha da çelişkiye düşünce de öfkeye kapıldı.

"Benim lisansüstü derecemi birincilikle aldığımı biliyor musun?" diye sonunda bağırmaya başladı. Artık aklı başında değildi.

Üstat onun öfkesinden etkilenmeksizin cevapladı:

"Sayın yargıç, buranın sizin mahkemeniz olmadığını unutuyorsunuz. Çocukça imalarınızdan, kolejde pek sözünü etmeye değer bir öğrenim yapmadığınızı söylemek mümkün. Her halükârda üniversitedeki bir dereceyle *Vedalar*'ı idrak edebilme arasında bir bağlantı yok. Ermişler her sömestir muhasebeciler gibi kitleler halinde mezun edilmiyorlar."

Bir süre sessiz kaldıktan sonra misafir yürekten gelen bir gülüşle:

"Bu benim ilahi bir yargıçla olan ilk karşılaşmam" dedi. Daha sonraları, benliğinin bir parçası olan hukuki terimler içeren bir dilekçeyle, 'denemeye tabi' tutulmak için bir mürit olarak kabul edilmesini rica etti!

Sri Yukteswar da çok defalar, Lahiri Mahasaya gibi Swami Düzeni'ne girmeyi arzu eden 'olgunlaşmamış' öğrencilerin hevesini kırardı. Her iki üstat da "Turuncu cüppeyi giymek, eğer insan Tanrı'nın hakikatinden yoksunsa toplumu yanlış yönlendirir" derdi. "Sahte bir kibire neden olarak sizi incitebilecek olan, dünyadan el etek çekişin dış sembollerini unutun. Günlük, düzenli ruhsal gelişme sağlamak dışında hiçbir şey önemli değildir; bunun için de *Kriya*'yı kullanın."

Bir ermiş insanın değerini ölçmek için, dünyanın değişken cetvellerinden çok daha farklı, sabit bir değer birimi uygular. İnsanlık -kendi gözüne çok değişik özellikli gruplar içeriyor gibi gözükse de- bir üstat tarafından sadece iki sınıfa ayrılır. Tanrı'yı aramayan cahil insanlar ve O'nu arayan bilge insanlar.

Gurum, mülkünün idaresiyle ilgili detaylarla kendisi ilgilenirdi. Ahlaksız bazı kişiler çeşitli fırsatlarda üstadın miras aldığı toprak parçasını elde etmeye uğraştılar. Kararlılıkla ve hatta gerektiğinde adli yollardan Sri Yukteswar her bir rakibini saf dışı etti. Bu acı veren tecrübelere, asla dilenmek zorunda kalmamak ya da müritlerine yük olmamak için katlanmıştı.

Maddi açıdan bağımsızlığı, gurumun ürkütecek kadar açık sözlü ve her türlü diplomasiden uzak oluşunun nedenlerinden biriydi. Sponsorlarını yağlamak zorunda kalan gurulardan farklı olarak üstadım, hiçbir şekilde başkalarının varlığı ve refahının onu etkilemesine izin vermedi. Onu asla herhangi bir amaç uğruna para talep ederken hatta ima ederken bile görmedim. Onun aşramındaki eğitim herkes için ücretsizdi.

Bir mahkeme celbini tebliğ etmek için, bir gün Serampore Aşramı'na bir mübaşir uğramıştı. Kanai adlı bir müritle birlikte adamı üstadın huzuruna çıkardık.

Memurun üstada karşı tavrı saldırgandı:

"Aşramın loş sığınağından çıkıp, bir mahkeme salonunun dürüst havasını solumak sana iyi gelecek."

Kendime hakim olamadım. "Böyle utanmazca bir kelime daha sarf edersen kendini yerde bulursun" diye bağırıp üzerine gittim.

Kanai de bağırıyordu vekile:

"Seni sefil! Bu kutsal aşrama leke sürmeye nasıl cesaret edebilirsin!"

Fakat üstat, canını sıkan adamın önünde onu bizden koruyarak dikildi. "Gereksiz yere heyecanlanmayın. Bu adam sadece resmi görevini yapıyor."

Memur başı dönmüş bir şekilde, saygıyla özür dileyerek aceleyle gitti.

Öylesine ateş saçabilen üstadın, aynı zamanda öylesine sakin olabilmesi beni hayrete düşürmüştü. Tanrı'ya iman eden bir insanı tanımlayan Vedik tarife tamamiyle uyuyordu: "Nezaketin gerektiği yerde çiçekten daha yumuşak, prensipler söz konusuysa şimşekten daha güçlü."

Bu dünyada her zaman, Browning'in sözleriyle, "kendileri karanlıkta oldukları için ışığa tahammül edemeyenler" vardır. Bazen dışarıdan birinin, şikâyet etmeye hakkı olduğuna inanarak, Sri Yukteswar'ı itham ettiği olurdu. Ağırbaşlı gurum bu suçlamanın ardında herhangi bir gerçek payı var mı diye kendini analiz ederek, nazikçe dinlerdi. Bu sahneler bana üstadın emsalsiz gözlemlerinden birini hatırlatırdı: "Bazı insanlar diğerlerinin kafasını keserek, kendilerini uzun boylu göstermeye çalışırlar!"

Bir üstadın sarsılamaz iç huzuru bütün vaazlardan daha etkileyicidir. "Öfkesine hâkim olan kuvvetli olandan, kendini iyi yöneten de bir şehri fethedenden daha iyidir."[25]

---

[25] Proverbs (Süleyman'ın Özdeyişleri) *16:32.*

Sık sık muhteşem üstadımın, eğer ün ve dünyalık başarılar peşinde koşsaydı, kolaylıkla bir imparator veya dünyayı titreten bir savaşçı olabileceğini düşünmüşümdür. Bunun yerine o, egoizmin ve hiddetin kalelerini ele geçirmeyi tercih etmişti. Bunların fethi insanoğlunun gerçek yücelişidir.

BÖLÜM 13

Uyumayan Ermiş

"Lütfen, Himalayalar'a gitmeme izin verin! Oranın ıssızlığında Tanrı ile sürekli bağlantı kurabileceğimi umuyorum."

Bu vefasızca sözleri bir gün üstada gerçekten de söyledim. Müritleri ara sıra etkisi altına alan, önceden kestirilemeyen yanılgılardan biri tarafından sınanıyordum ve aşramın günlük işleri ve üniversite öğrenimi karşısında gitgide sabrım taşıyordu. Sri Yukteswar'ı henüz altı aydan beri tanıyor oluşum ve onun insanı aşan yüceliğini henüz tam anlamıyla kavrayamayışım, bu ayıbımı hafifletici bir mazeret olarak görülebilir.

"Himalayalar'da yaşayıp da Tanrı bilincine ulaşamamış birçok insan var." Gurumun cevabı sakin ve basitti. "Fazileti cansız bir dağda değil, aydınlanmış bir üstatta aramak daha iyi."

Üstadın uyarısına aldırış etmeyerek ricamı yineledim. Sri Yukteswar cevap vermeye tenezzül etmedi. Sükûtunu onaylama olarak kabul ettim. Şüpheli ancak işime gelen bir yorumdu.

O akşam Kalküta'daki evimde seyahat hazırlıklarıyla meşgul oldum. Bir iki parça eşyayı bir battaniyeye sararken, birkaç yıl önce buna benzer bir bohçayı tavan arası odamdan gizli saklı aşağı atışımı hatırladım. O gün spiritüel bir şevkle doluydum, bu akşamsa gurumu terk etme düşüncesi vicdanımı rahatsız ediyordu. Ertesi sabah İskoç Kilisesi Üniversitesi'ndeki Sanskritçe profesörüm Behari Pundit'i aradım.

"Efendim, bana Lahiri Mahasaya'nın büyük bir müridiyle arkadaş olduğunuzu anlatmıştınız. Lütfen bana adresini verir misiniz?"

"Ram Gopal Muzumdar'ı kastediyorsun. Ben ona 'uykusuz ermiş' derim. Her zaman vecd halinde uyanıktır. Evi Tarakeswar yakınında, Ranbajpur'da."

Teşekkür ederek derhal trenle Tarakeswar'a doğru yola koyuldum. 'Uykusuz ermiş'ten Himalayalar'da kendimi meditasyona adamak için izin alarak içimdeki kuşkuyu susturmak istiyordum. Behari Pundit'in anlattığına göre Ram Gopal, Bengal'in ıssız mağaralarında yıllar boyunca *Kriya Yoga* yaptıktan sonra aydınlanmıştı.

Ram Gopal Muzumdar: Uyumayan Ermiş

Tarakeswar'da ünlü bir tapınağa gittim. Hindular bu tapınağa tıpkı Katolikler'in Fransa, Lourdes'daki mabetlerine gösterdiği saygıyla yaklaşırlar. Tarakeswar'da, benim aile fertlerimden biri de dahil, sayısız insan, kendilerini şifaya kavuşturan mucizeler yaşamışlardır.

Bir gün en yaşlı halam "Tapınakta bir hafta boyunca oturdum" diye anlattı, "Oruç tutarak amcan Sarada'nın kronik bir hastalıktan kurtulması için dua ettim. Yedinci gün avcumda bir baharat materyalize oldu! Yapraklarından bir çay yapıp amcana verdim. Hastalığı anında kayboldu ve bir daha da nüksetmedi."

Kutsal Tarakeswar Tapınağı'na girdim; mihrabında yuvarlak bir taştan başka bir şey yoktu. Daire şeklindeki taşın başlangıcı ve sonu olmayan çevresi insana ebediyetin bilincini yaşatıyordu. Hindistan'da kozmik soyutlamalar en cahil köylü tarafından bile anlaşılır. Gerçekte, Batılılar onları bazen soyutlamalarla yaşamakla suçlamışlardır!

Uyumayan Ermiş

O anda tavizsiz bir ruh hali içinde olduğumdan sembolün önünde eğilmeye gönülsüzdüm. Tanrı sadece ruhun içinde aranmalı diye düşündüm.

Diz çöküp selamlamadan mabetten ayrılıp, hızlı adımlarla aşağıda uzanan Ranbajpur köyüne doğru seğirttim. Yoldan emin değildim. Bir geçene sorduğumda kehanette bulunur gibi uzun uzun düşünerek, sonunda "Kavşağa geldiğinde sağa dön ve yola devam et" dedi.

Tarife uyarak bir kanal boyunca giden yoldan yürüdüm. Karanlık çökmüştü. Orman köyünün etrafı göz kırpan ateşböcekleri ve yakındaki çakalların ulumalarıyla canlıydı. Solgun ay ışığının etrafı görmeye pek yardımı yoktu. İki saat boyunca tökezleyerek yürüdüm.

Bir ineğin boynundaki çan sesini duymak beni sevindirdi! Tekrar tekrar seslenişimi duyan bir köylü yanıma geldi.

"Ram Gopal Babu'yu arıyorum."

"Köyümüzde öyle biri yaşamıyor", "muhtemelen yalan söyleyen bir dedektifsin" dedi aksice.

Politik sorunlarla meşgul olduğu belli olan adamın kafasındaki şüpheyi silmek için durumumu dokunaklı bir şekilde anlattım. Beni evine davet etti ve ailecek beni misafirperverlikle ağırladılar.

"Ranbajpur buradan uzak. Yol ağzında sağa değil, sola dönmeliydin."

Can sıkıntısı içinde, "Bana daha önce yol tarif eden adam yolcular için bir felaket" diye düşündüm. Mercimek çorbası, pilav, körili patates yemeği ve muzdan oluşan lezzetli yemeği yedikten sonra avluya açılan küçük bir kulübede dinlenmeye çekildim. Uzaktan mridanga[1] ve zillerin tantanası eşliğinde köylülerin şarkıları duyuluyordu. Uyumak mümkün değildi; elini eteğini çekmiş olarak yaşayan Yogi Ram Gopal'a ulaşabilmem için dua ettim.

Tan vaktinin ilk ışıkları kulübenin yarıklarından içeriye girince Ranbajpur'a doğru yola koyuldum. Biçilmiş sert pirinç sapları ve kurumuş çamur tümsekleri arasından güçlükle ilerledim. Arada bir rastladığım çiftçilerin her biri 'sadece bir *krosha*' (iki mil veya yaklaşık 3 kilometre) yolum kaldığını söylüyordu. Altı saat sonra güneş ufuktan tam tepeme yükseldiğinde, içimdeki bir duygu bana Ranbajpur'dan daima 'sadece bir *krosha*' uzaklıkta olacağımı söylüyordu!

Öğleden sonra gördüğüm, hâlâ sonsuz pirinç tarlalarıydı. Güneşin sıcaklığı beni neredeyse kendimden geçirmek üzereydi. Acelesiz adımlarla bana yaklaşan bir adam gördüm. Alışılmış "sadece bir *krosha*" cevabını duymak istemediğimden, olağan sorumu sormaya cesaret edemedim.

---

[1] Elle çalınan davullar, dini seramonilerde ve ilahilerde (*kirtan*) yaygınca kullanılır.

Yabancı yanımda durdu. İnsanın içine işleyen bir çift olağanüstü kara gözün dışında fiziksel olarak dikkati çekici bir yanı yoktu.

"Ranbajpur'dan ayrılmayı planlıyordum fakat iyi niyetle geldiğin için seni bekledim." Parmağını paylarcasına sallayarak, "Bana böyle habersiz baskın yapacağını düşünecek kadar akıllısın, değil mi? Profesör Bahari'nin sana adresimi vermeye hiç bir hakkı yok."

Kabul ediliş tarzımdan biraz incinmiştim. Kendimi tanıtmanın böyle bir ermiş karşısında gereksizliğini görerek, karşısında dilim tutulmuş vaziyette dikildim.

Aniden "Söyle, Tanrı'nın nerede olduğunu düşünüyorsun?"

"Neden? İçimde ve her yerde."

"Her yerde, ha?" Ermiş kıkırdayarak güldü. "O halde küçük efendi, neden Tarakeswar Tapınağı'nda taş sembolün içindeki 'Ebedi'nin önünde eğilmedin?[2] Kibrin nedeniyle, sağ sol arasındaki farka aldırmayan çiftçinin sana yanlış yol göstermesiyle cezalandırıldın. Bugün de sırf bu yüzden canından bezdin!"

Karşımdaki dikkati çekmeyen bedenin içinde gizlenen her yerde hazır ve nazır gözlere şaşırmıştım; söylediklerini bütün kalbimle doğruladım. Yogiden şifa verici bir güç yayıldı, sıcaktan yanan tarlada kendimi anında taptaze hissettim.

"Tanrı'yı arayanların çoğu kendi gittiği yolun tek yol olduğunu sanır" dedi. "Yoga -ki onun kanalıyla İlahi Olan'ı içimizde buluruz- Lahiri Mahasaya'nın bize anlattığı gibi şüphesiz en yüksek yoldur. Ancak içimizde Tanrı'yı bulur bulmaz, O'nu dışımızda da fark ederiz. Tarakeswar ya da diğer yerlerdeki mabetlerin, spiritüel gücün nükleer merkezleri olarak onurlandırılması tamamiyle doğrudur."

Ermişin tavrı yumuşamış, gözleri şefkatle dolmuştu. Omuzumu sıvazladı.

"Genç yogi, üstadından kaçtığını görüyorum. Oysa o senin ihtiyacın olan her şeye sahip. Ona geri dönmelisin" dedi ve ekledi. "Dağlar senin gurun olamaz." Sri Yukteswar'ın iki gün önce dile getirdiği aynı düşünceyi ifade ediyordu.

"Üstatların sadece dağlarda yaşamak gibi kozmik bir mecburiyetleri yok." Yol arkadaşım alaylı bir edayla baktı. "Tibet ve Hindistan'ın Himalayalar'ı ermişler üzerinde bir tekele sahip değiller. Kişi gerekli çabayı göstererek içinde bulamadığını, bedenini oraya buraya sürükleyerek hiç bulamaz. Mürit,

---

[2] "Hiçbir şeyin önünde eğilmeyen, kendi yükünü asla kaldıramaz." - *Dostoyevsky, 'The Possessed'*

ruhsal aydınlanma için dünyanın öbür ucuna bile gitmeye karar verir vermez, gurusu yanında beliriverir."

Benares Aşramı'ndaki duamı takiben, Sri Yukteswar ile kalabalık bir sokaktaki karşılaşmamızı hazırlayınca sessizce onayladım.

"Kapıyı kapatıp, yalnız kalabileceğin küçük bir oda bulabilir misin?"

"Evet." Ermişin genellemelerden özel detaylara doğru birden geçmesi beni şaşırttı.

"İşte o senin mağarandır." Yogi bana, asla unutmayacağım, nur saçan bir bakış attı. "O odacık senin kutsal dağın, Tanrı'nın hükümdarlığını bulacağın yerdir."

Basit sözleri hayatım boyunca süren Himalayalar takıntımı silip götürmüştü. Sıcaktan yanan bu pirinç tarlasında dağlar ve ebedi karları gördüğüm rüyadan uyandım.

"Genç efendi, Tanrı'ya karşı duyduğun susuzluk övülmeye değer. Sana karşı büyük bir sevgi duyuyorum." Ram Gopal elimden tutarak beni eski ve hoş bir köye doğru götürdü. Kerpiç evleri hindistancevizi yapraklarıyla kaplanmış, giriş kapılarıysa tropik çiçeklerle süslenmişti.

Ermiş beni küçük kulübesinin gölgelediği bambudan yapılmış bir sedire oturttu. Verdiği tatlandırılmış lime (limona çok benzer, daha küçük fakat daha keskin kokulu bir narenciye) suyu ve akide şekerini bitirdikten sonra avluya girerek lotus pozisyonunda oturduk. Dört saatlik bir meditasyondan sonra gözlerimi açtığımda yoginin ay ışığında aydınlanan figürü hâlâ hareketsizdi. Mideme tam insanın sadece ekmekle yaşamadığını hatırlatıyordum ki, Ram Gopal yerinden doğruldu.

"Açlıktan kıvrandığını görüyorum" dedi. "Yemek az sonra hazır olacak."

Avludaki toprak fırının altındaki çalıları alevlendirdi. Kısa bir süre sonra geniş muz yapraklarının üzerinde sunulmuş pilav ve *dal* yiyorduk. Ev sahibim yemek pişirmek için her türlü yardım teklifimi geri çevirmişti. "Misafir Tanrı'dır" diyen bir Hindu atasözü Hindistan'da en eski çağlardan beri severek uygulanır. Daha sonraki dünya seyahatlerimde hayranlık içinde gördüm ki, konuklara benzeri bir saygı dünyanın birçok ülkesinin kırsal kesimlerinde gösteriliyordu. Şehirde yaşayanlardaysa yabancıların bolluğu yüzünden misafirperverlik körelmişti.

Gürültülü şehirler, bu küçük orman köyünün ıssızlığında, yoginin yanında otururken ne kadar uzaklarda kalmıştı. Oda yumuşak bir ışıkla esrarengizce aydınlanıyordu. Ram Gopal yere birkaç yırtık battaniye sererek yatağımı yaptı, kendiyse saman bir yatak üzerinde oturdu. Spiritüel çekiciliğinden başım dönmüş halde bir ricada bulundum:

"Efendim, bana neden bir *samadhi* tecrübesi bağışlamıyorsunuz?"

"Sevgili genç, memnuniyetle sana Tanrı ile birlik halini yaşatırdım, ama bunu yapmak benim işim değil." Ermiş yarı kapalı gözlerle bana baktı. "Üstadın yakında bu tecrübeyi sana yaşatacak. Bedenin henüz buna hazır değil. Tıpkı küçük bir ampulün yüksek elektrik voltajı verildiğinde patlaması gibi senin sinirlerin de kozmik akıma hazır değil. Eğer ilahi coşkuyu sana şimdi verirsem, her bir hücren alev alır, yanarsın."

"Ben, bu dikkate değmez halimle ve yaptığım azıcık meditasyonla acaba Tanrı'nın rızasını alabildim mi ve son hesaplaşma anında O'nun gözünde hangi değeri kazanabildim diye merak ederken, sen benden aydınlanmayı istiyorsun" dedi yogi eğlenerek.

"Efendim, siz Tanrı'yı uzun bir süre bütün kalbinizle aramamış mıydınız?"

"Fazla bir şey yapmadım. Behari sana hayatımdan bahsetmiş olmalı. Yirmi yıl gizli bir mağarada günde on sekiz saat meditasyon yaptım. Daha sonra ulaşılması daha zor bir mağaraya taşınıp, orada 25 yıl boyunca günde yirmi saat yoga vecdinde kaldım. Uykuya ihtiyacım yoktu, çünkü Tanrı ile sürekli beraberdim. Vücudum süper bilincin tam sessizliğinde, olağan bilinçaltı halinin mükemmel olmayan sükûnetinden daha iyi dinleniyordu. Uyku sırasında kaslar gevşer; ancak akciğerler, kalp ve dolaşım sistemi sürekli çalışır. Süper-bilinçlilik halindeyse bütün iç organların faaliyeti geçici olarak durur, kozmik enerjiden şarj olurlar. Bundan dolayı yıllarca uykuyu gereksiz buldum. Senin de uykudan vazgeçeceğin zamanlar gelecek."

"Hayret! O kadar uzun meditasyonlar yaptıktan sonra hâlâ Tanrı'yı memnun edip edemediğinizden emin değilsiniz!" diye şaşkınlık içinde sordum. "O halde biz zavallı faniler ne olacağız?"

"Sevgili oğlum, Tanrı'nın, sonsuzluğun kendisi olduğunu anlamıyor musun? O'nu 45 yıl meditasyonla tamamıyla bilebilmeyi beklemek mantıksızlık. Babaji'nin kesinlikle ifade ettiği gibi kısa bir meditasyon bile insanı ölüm ve ölüm sonrası hallerinin korkusundan kurtarır. Spiritüel ideallerini küçük dağların üzerine kurma. Onun yerine en yüksek Tanrısal mükemmelliğe erişmeye çalış. Eğer çabalarsan oraya ulaşacaksın."

Geleceğime yönelik bu manzara beni büyülemişti. Daha aydınlatan sözlerle konuşmaya devam etmesini rica ettim. Lahiri Mahasaya'nın gurusu Babaji ile ilk karşılaşmasının olağanüstü hikâyesini [3] anlattı. Gece yarısına doğru Ram Gopal sessizliğe büründü. Ben de battaniyelerin üzerine

[3] Bkz. S. 287-289

uzandım. Gözlerimi kapattığımda şimşeklerin çaktığını gördüm. İçimdeki engin boşluk erimiş, bir ışık küresine dönüşmüştü. Gözlerimi açtım ve yine aynı göz kamaştıran ışığı algıladım. Oda içimdeki vizyonda gördüğüm sonsuz semaların bir parçası olmuştu.

Yogi, "Niçin uyumuyorsun?" dedi.

"Efendim; gözlerim açık ya da kapalı, etrafımda şimşekler göz kamaştırırken nasıl uyuyabilirim?"

"Bu tecrübeyi yaşamakla kutsandın. Spiritüel radyasyonlar kolaylıkla görülemez." Ermiş sevgisini belirten birkaç kelime daha söyledi.

Tan vaktinde Ram Gopal bana akide şekeri vererek gitmem gerektiğini söyledi. Ona veda etmeye öyle gönülsüzdüm ki gözyaşlarım yanaklarımdan süzüldü.

Yogi şefkatle konuştu:

"Seni boş ellerle göndermeyeceğim. Senin için bir şey yapacağım."

Gülerek bana keskin bir bakış attı. Sanki toprağa kök salarak hareketsizleştim. Ermişten yayılan huzur titreşimleri bütün varlığıma yayıldı. Sırtımda yıllarca çektiğim ağrı o anda geçivermişti.

Işık saçan bir sevinç denizinde yıkanmış ve yenilenmiştim. Ram Gopal'in ayaklarına eğilerek dokunduktan sonra ormana daldım. Tropik bitkilerin ve pirinç tarlalarının arasından Tarakeswar'a ulaştım.

Orada ünlü tapınağa bir kez daha uğrayıp, bu kez kendimi mihrabın önüne attım. Yuvarlak taş iç vizyonumda kozmik kürelere dönüşene kadar genişledi. Halka içinde halka, kuşak üstüne kuşak, hepsi Tanrısal varlığın içinde eridiler.

Mutluluk içinde, bir saat sonra trenle Kalküta'ya doğru yola koyuldum. Seyahatim yüce dağlarda değil, benim Himalayalarım olan üstadımın huzurunda sona erdi.

BÖLÜM 14

Kozmik Bilinçle Bir Deneyim

"Buradayım yine, Gurudeva." Yüzümdeki utanç, halimi sözlerimden daha iyi anlatıyordu.

"Gel, mutfağa gidip, yiyecek bir şeyler bulalım." Sri Yukteswar'ın tavrı sanki günlerdir değil de birkaç saattir ayrıymışız gibiydi.

"Üstadım, buradaki görevlerimi aniden bırakıp gidişimle sizi hayal kırıklığına uğratmış olmalıyım, bana kızgın olacağınızı düşündüm."

"Hayır, tabii ki değilim! Kızgınlık gerçekleşmeyen arzulardan kaynaklanır. Ben başkalarından bir şey beklemem, dolayısıyla onların hareketleri benim isteklerimle zıt düşemez. Seni hiçbir zaman kendi amaçlarım için kullanmayı düşünmem, sadece senin gerçek mutluluğun beni mutlu eder."

"Efendim, Tanrısal sevgiden genellikle müphem kelimelerle bahsedilir, fakat gerçekten de bugün, meleksi benliğinizde bunun somut bir örneğini görüyorum! Dünyada bir baba bile, onu uyarmaksızın aile işini bırakıp giden oğlunu kolaylıkla affetmez. Fakat siz, ardımda tamamlanmamış bıraktığım birçok görev yüzünden büyük bir zorluğa girmiş olmanıza rağmen en ufak bir alınganlık, kızgınlık göstermiyorsunuz."

Birbirimizin gözyaşlarıyla parlayan gözlerine baktık. Bir nur dalgası beni girdap gibi içine aldı. Tanrı'nın, kalbimin sınırlı şevkini kozmik sevginin her şeyi içine alan sonsuz boyutlarına kadar genişlettiğinin bilincindeydim.

Birkaç sabah sonra üstadın boş oturma odasına doğru yöneldim. Meditasyon yapmayı planlıyordum. Ama kontrol altına alamadığım düşüncelerim bu isteğimi engelliyordu. Bir avcının önünde kaçışan kuşlar gibi darmadağındılar.

"Mukunda!" Sri Yukteswar uzaktaki bir balkondan seslendi.

Düşüncelerim kadar isyankârca, "Üstat beni hep meditasyona teşvik eder" diye mırıldandım. "Bu odaya neden geldiğimi anlayıp, beni rahatsız etmemesi lazım."

Beni tekrar çağırdı. Ama inatla sessizliğimi sürdürdüm. Üçüncü kez ses tonu paylayıcıydı.

"Efendim, meditasyon yapıyorum" diye isyankârca seslendim.

Kozmik Bilinçle Bir Deneyim

"Nasıl meditasyon yaptığını biliyorum, zihnin fırtınalı havadaki yapraklar gibi sağa sola dağılmış. Buraya gel."

Düşüncelerim açığa çıkmış ve hüsrana uğramış olarak üzgün bir şekilde yanına gittim.

"Zavallı çocuk, dağlar sana istediğini veremiyor." Üstat şefkatle ve içimi rahatlatan bir sesle konuştu. Sakin bakışları dibine ulaşılamaz göller gibiydi. "Kalbinin arzusu gerçekleşecek."

Sri Yukteswar nadiren muammalı konuşurdu. Sözlerinden ne anlam çıkaracağımı bilemiyordum. Hafifçe göğsümün, kalbimin üstüne rastlayan kısmına vurdu.

Bedenim yere kök salmışçasına hareketsiz kaldı. Nefesim ciğerlerimden sanki dev bir mıknatıs tarafından çekilmişti. Ruhum ve zihnim, anında fiziksel kozasını aşarak, her bir gözeneğimden fışkırarak çıkan bir ışık seli gibi taşıyordu. Vücudum ölü gibiydi. Ancak bu şiddetli algılama halinde bile hiçbir zaman böylesine tam anlamıyla capcanlı yaşamamış olduğumu biliyordum. Benliğimin farkında oluşum artık bedenimle kısıtlı değildi ve varlığımın etrafındaki bütün atomları kucaklıyordu. Uzaklardaki sokakları dolduran insanlar uçsuz bucaksız çevremde yavaşça hareket ediyor gibiydiler. Bitki ve ağaçların kökleri toprağın loş şeffaflığında belirginleştiler. Onların dalları içinden akan özsuyunu görebiliyordum.

Bütün semt tüm çıplaklığıyla önümde uzanıyordu. Sıradan görüş alanım, her şeyi aynı anda algılayan çok geniş bir küreselliğe dönüşmüştü. Başımın arka kısmıyla uzaktaki Rai Ghat Sokağı'ndan aşağı yürüyen insanları ve aynı zamanda acelesiz adımlarla yaklaşan beyaz bir ineği gördüm. Açık aşram kapısına ulaştığında onu sanki iki gözümle görebiliyordum. İnek avlunun tuğla duvarının ardına geçince de onu hâlâ net olarak görmeye devam ettim.

Panoramik görüş alanım içindeki bütün objeler hızlı çekim filmlerdeki gibi titreşiyorlardı. Benim ve üstadımın bedeni, sütunlu avlu, mobilyalar ve yer döşemesi, ağaçlarla güneş ışınları, bir bardak suyun içine atıldıktan sonra çözülen şeker kristalleri gibi aydınlık saçan bir denizin içinde eriyene kadar ara sıra şiddetle sarsılıyorlardı. Bütün bunları birleştiren ışık, yaradılışın neden-sonuç yasasını açığa vuran başkalaşımlarla formların belirip materyalize olmasıyla dalgalanıyordu.

Ruhumun sonsuz sükûnetli kaynaklarından okyanus gibi bir sevinç taşmaktaydı. Tanrısal ruhun bitip tükenmeyen bir sevinç olduğunu fark ettim. Bedeniyse sonsuz bir ışık ağıydı. İçimde kabaran ihtişam; şehirleri, kıtaları, yeryüzünü, güneş ve yıldız sistemlerini, incecik nebulaları (bulutsu uzak yıldız toplulukları) ve yüzen evrenleri kuşatmaya başladı. Bütün kozmos, uzak bir şehrin gece görünüşünü andırarak benliğimin sonsuzluğunda parıldadı. Keskin dış hatların ardındaki göz kamaştıran ışık en uzak köşelerde hafifçe solgunlaşıyordu. Orada daimi olarak değişmeden kalan yumuşak bir pırıltı gördüm. Öylesine suptildi ki, gezegenlere ait görüntüleri oluşturan ışık nispeten daha kaba yapılıydı.[1]

İlahi ışınlar 'Sonsuz bir Kaynak'tan yayılıyordu. Şekil değiştiren tarifsiz bir aurayla galaksileri oluşturan, tekrar tekrar yoğunlaşarak takımyıldızları meydana getiren, sonra da şeffaf bir alev denizinde çözülen yaratıcı ışınları gördüm. Ritmik tekrarlarla, milyarlarca âlem bu şeffaf parıltıdan doğdu, sonra alevler gökkubbeye dönüştü.

Bu alevden kubbenin merkezinin sezgisel bir kavrayış noktası olarak kalbimde yer aldığını fark ettim. Aydınlık saçan pırıltı, içimdeki çekirdekten evrensel yapının her bir yanına yayılıyordu. Nurlu *amrita*, ölümsüzlük nektarı, cıvaya benzer bir akışkanlıkla içimde nabız gibi atıyordu. Tanrı'nın yaratıcı sesini Om[2] olarak duydum. (Kozmik motorun titreşimi.)

Nefes aniden ciğerlerime yeniden doldu. Neredeyse dayanılmaz bir hayal kırıklığıyla farkına vardım ki, sonsuz genleşmem kaybolmuştu. Yine bedenin, ruhun zorlukla ikâmet ettiği küçücük dar kafesiyle sınırlanmıştım. Evinden kaçmış olan yaramaz bir makrokozmik çocuk olarak, kendimi daracık bir mikrokozmosa hapsetmiştim.

Gurum hareketsiz, karşımda dikiliyordu. Uzun süredir özlemle peşinde koştuğum kozmik bilinç tecrübesini bana bağışladığı için, minnettarlıkla kendimi kutsal ayaklarına atıverdim. Beni doğrultarak, sakince:

"Bu tecrübenin verdiği coşkunlukla kendini sarhoşluğa kaptırmamalısın. Bu dünyada senin için yapılacak çok iş var hâlâ. Gel balkonu süpürelim, sonra Ganj kıyısında yürüyüşe çıkarız" dedi.

Gidip bir süpürge buldum, biliyordum ki üstat bana dengeli yaşamın sırrını öğretiyordu. Beden günlük görevlerini yerine getirirken, ruh kozmik derinlikleri fethetmeliydi.

Daha sonra Sri Yukteswar ile gezintiye çıktığımızda hâlâ sözle ifade edilemeyen bir trans halindeydim. Bedenlerimizi, iki astral görüntü olarak nehir kenarındaki özü halis ışık olan yolda hareket ederken görüyordum.

"Evrendeki her bir formu ve gücü aktif olarak destekleyen Tanrısal ruhdur. Buna rağmen, O aynı zamanda transandantal ve titreşim halindeki

---

[1] Yaradılışın kaynağı olarak ışık 30. bölümde açıklanmıştır.

[2] Başlangıçta 'Söz' yani Ses vardı ve 'Söz' Tanrı ile beraberdi. Söz Tanrı idi. - *John 1:1*

dünyaların görüntüsü ardındaki yaratılmamış nurun boşluğu içinde bizden uzak gözükür"[3] dedi üstat. "Bu dünyada aydınlanmaya kavuşanlar benzeri bir ikilemli yaşam sürdürürler. Dürüstçe ve vicdanlarının sesini dinleyerek dünyalık işlerini icra ederken, içsel bir huzura dalmışlardır."

"Tanrı bütün insanları kendi varlığının sınırsız sevincinden yaratmıştır. Tanrı, buna rağmen bedenlerinin içinde acı çekerek yaşayan, kendi suretinde yarattığı insanın, kendini özdeşleştirdiği duyusal kimliklerin üzerine yükselerek, kendisiyle yeniden birlik haline dönmesini umar."

Kozmik vizyondan benimle daimi olarak kalan birçok ders öğrendim. Düşüncelerimi sakinleştirerek, bedenimin, maddenin kaba toprağında hareket eden bir et ve kemik yığını olduğuna dair yanıltıcı öğretiden kurtulabildim. Nefesin ve huzursuz zihnin, şiddetli bir fırtına gibi ışık okyanusunu maddi form dalgalarına nasıl kamçılayarak dönüştürdüğünü görebildim. Yeryüzü, gök, insanlar, hayvanlar, kuşlar, ağaçlar... Bu nefes ve zihin fırtınalarını dindirmeden, Sonsuzun Tek Işık olarak kavranışı mümkün değildir.

Ne zaman bu iki doğal kargaşayı sakinleştirdiysem, yaradılışın çok çeşitli dalgalarının ışık dolu bir denizde eridiğini gördüm, tıpkı fırtınadan sonra okyanus dalgalarının sükûta dönüşü ve okyanusun yüce birliğinin içinde çözülüşü gibi.

Bir üstat, kozmik bilinç tecrübesini; ancak mürit zihnini, meditasyon yoluyla, olağanüstüden etkilenmeyecek kadar geliştirdiği zaman bahşeder. Sırf entelektüel heves ya da açık fikirli olmak yeterli değildir. Sadece, bilincin yoga pratiği ve kendini imanla adama yoluyla ehliyetle genişletilmesiyle insan, kendini Mutlak'ın nihai özgürlüğe kavuşturan şokunu hazmedebilmeye hazırlayabilir ve Kozmik Vizyon'a bakabilir.

---

[3] "Baba hiç kimseyi yargılamadığından, bütün yargı yetkisini Oğul'a vermiştir." *John - Yuhanna 5:22.* "Tanrı'yı hiçbir insan görmemiştir. Sadece, Baba'nın bağrındaki yegâne doğmuş Oğul O'nu beyan etmiştir." *John - Yuhanna 1:18.* "Tanrı bütün şeyleri İsa kanalıyla yarattı." *Ephesians - Efesliler 3:9.* "Bana inananın kendisi de benim yaptığım işleri yapabilir. Ve hatta bunlardan daha büyük işler yapabilir, onu gidip Baba'ma ötersem eğer." *John - Yuhanna 14:12* "Teselli Veren'i ki, O Kutsal Ruh'tur, Babam size benim adıma (hatırıma) yollayacak; O size söylediğim her şeyi hatırlatacak ve öğretecektir." *John - Yuhanna 14:26.* "

İncil'e ait bu sözler Tanrı'ya Baba, Oğul ve Kutsal Ruh (Hindu yazıtlarında *Tat, Sat, Om*'dur) olarak değinir. Tanrı Mutlak, yaradılmamış ve titreşimsel yaradılışın *ötesinde* var olmaktadır. Tanrı Oğul, bu titreşimsel yaradılışın *dahilinde* var olan 'Mesih-Bilinci'dir (Brahma ya da *Kutastha Chaitanya*). Bu Mesih-Bilinci 'Yegâne Doğmuş Olan' yahut Yaradılmamış Sonsuz'un temel yansımasıdır. Her-yerde-hazır ve nazır olan Mesih-Bilinci'nin dışsal tezahürü, O'nun '*tanığı*' (*Revelation - Esinleme 3:14*), *Om*, Söz ya da Kutsal Ruh'tur: Görülemeyen ilahi güç, yegane ifşacı, bütün yaradılışı ayakta tutan, harekete geçiren ona temelde neden olan güç. *Om*, nur dolu 'Teselli Veren', meditasyonda duyulur ve 'her şeyi hatıra getirerek', mümine nihai Gerçeği(hakikati) vahyeder.

İlahi tecrübe samimi olan müride doğal bir kaçınılmazlıkla gelir. Onun ateşli yakarışı Tanrı'yı dayanılmaz bir güçle çekmeye başlar. Kozmik Vizyon olarak Tanrı, bu manyetik şevk tarafından arayanın bilinç alanına doğru cezbedilir.

Daha sonraki yıllarımda, ihtişamının küçük bir tahayyülünü verebilmek için şu şiiri yazdım, "Samadhi":

> Sıyrıldı ışık ve gölgelerin peçeleri,
> Kalktı elemin her kuruntusu,
> Yelken açıp gitti, kısa süren sevinçlerin tan vakti,
> Gitti bulanık duyuların serabı.
> Sevgi, nefret, sağlık, hastalık, yaşam, ölüm:
> Kayboldu düalizm perdesinin bu sahte gölgeleri.
> *Maya*'nın fırtınaları dindi
> Derin sezginin sihirli değneğiyle.
> Şimdi, geçmiş, gelecek yok artık bana,
> Fakat her-zaman-mevcut, her-yere-akan ben, Ben, her yerde.
> Gezegenler, yıldızlar, bulutsular, yeryüzü,
> Kıyamet gününün afetleri,
> Yaradılışın şekillendiren ocağı,
> Sessiz X-ışını buzulları, yanan elektron selleri,
> Gelmiş, mevcut ve gelecek tüm insanların düşünceleri,
> Her bir ot tanesi, ben, insanoğlu,
> Evrensel tozun her bir zerresi,
> Öfke, açgözlülük, iyi, kötü, selamet, haz,
> Yuttum hepsini ve dönüştürdüm
> Kendi, 'Bir' varlığımın ıssız okyanusuna.
> İçin için yanan sevinç, meditasyonla kabarmış
> Köreltiyor yaşlı gözlerimi,
> Saçılarak nurun ölümsüz alevlerine,
> Yakıp kül ediyor gözyaşlarımı, bedenimi, her şeyimi,
> Sen Bensin, Ben de Sen,
> Bilmek, bilen, bilinen, hepsi Bir!
> Sakin, tükenmeyen heyecan,
> Sonsuza dek yaşayan, hep canlı huzur.
> Umulanın ötesinde bir sevinç dalgası,
> *Samadhi* coşkusu!
> Bilinçsiz bir hal değil
> Ya da zihinsel bir uyuşturucu,
> İstenince geri dönülemeyen.
> Samadhi bilinç alanını genleştirir,
> Fani bedenin sınırları ötesine.
> Sonsuzluğun en uzak sınırına,

Kozmik Bilinçle Bir Deneyim

Ben'in, Kozmik Deniz'in,
İçimde yüzen küçük egoyu seyrettiği yere.
Duyulur atomların homurtusu,
Kara toprak, dağlar, vadiler,
Erimiş, sıvı olmuş bakarsın!
Döner akan denizler nebulalara!
Yankılanır bulutlarda *Om*,
Açarak peçelerini harikuladelikle,
Açılır karşında okyanuslar, parlayan elektronlar,
Sonunda kozmik davulun[4] yankısına kadar,
Dönüşür kaba ışık, ebedi ışınlarına
Her şeyi kaplayan nurun.
Sevinçten geldim, sevinçle yaşarım,
Eririm kutsal sevinçte.
Zihin okyanusu, içerim bütün yaradılışın dalgalarını.
Katı, sıvı, gaz, ışığın peçeleri kalkıyor,
Ben, her şeyin içinde, Büyük Ben'e giriyorum.
Yok oldu sonsuza dek ölümlü hafızanın titreyen gölgeleri;
Lekesiz zihnimin göğü her yönde; aşağıda, ilerde, çok yukarda;
Sonsuzluk ve ben, tek bir ışın.
Ben, minicik bir kahkaha kabarcığı
Neşe Denizinin ta kendisi oldum.

Sri Yukteswar kutsal deneyimi istediğim zaman nasıl çağırabileceğimi ve sezgisel kanalları gelişmiş olduğu takdirde, başkalarına nasıl aktarabileceğimi [5] de öğretti.

İlk tecrübemden sonra, aylar boyunca her gün bu vecdi birlik haline girerek, upanishadlar'ın neden Tanrı'nın rasa 'Büyük Haz' olduğunu söylediğini idrak ettim. Bir gün, üstada bir problemimi açtım.

"Bilmek istiyorum, efendim, Tanrı'yı ne zaman bulacağım?"

"O'nu buldun."

"Oh hayır, efendim, hiç zannetmiyorum!"

Gurum gülümsüyordu. "Eminim kozmosun girilemez bir köşesindeki bir tahtta oturan saygıdeğer bir zat görmeyi ummuyorsun! Görüyorum ki, hâlâ insanın Tanrı'yı buluşunun kanıtı olarak mucizevi güçlere sahip olmayı tahayyül ediyorsun. Hayır, insan evreni yönetecek gücü elde edebilir. Buna rağmen Tanrı onun için bir muamma olarak kalabilir. Spiritüel gelişme

---

[4] *Om*, bütün yaradılışın yapısını kuran yaratıcı vibrasyon.

[5] Kozmik Vizyonu Doğu'da ve Batı'da birçok *kriya yogiye* aktardım. Onlardan biri olan James J. Lynn Sayfa 233' deki fotoğrafta *samadhi'de* görülmektedir.

insanın dışa gösterdiği güçlerle değil, yalnızca onun meditasyondaki huzurunun derinliğiyle ölçülür.

Bitip-tükenmeyen sevinç Tanrı'dır. O her zaman taptazedir, yenilenmektedir; meditasyona yıllarca devam ettikçe, seni sınırsız marifetleriyle büyüleyecektir. Senin gibi Tanrı'ya giden yolu bulmuş olan müritler O'nu başka bir mutlulukla değişmeyi asla düşlemezler. Her türlü rakibinden daha ayartıcıdır O.

Dünyalık zevklerden ne kadar kolay usanırız! Maddi şeylere karşı istek sınırsızdır. İnsan hiçbir zaman tam anlamıyla tatmin olmaz, bir amaçtan diğerine koşar. Herkesin aradığı 'başka bir şey' Tanrı'dır. Sürekli huzuru bahşedebilen sadece O'dur.

Dışa yönelik istekler bizi içimizdeki cennetten mahrum eder, bize gerçek mutluluk sandığımız sahte tatminler sunarlar. Kayıp cennet, ilahi meditasyon yoluyla hızla yeniden kazanılır. Tanrı her an yeniyi yarattığı için O'ndan asla bıkmayız. Ebediyet boyunca hoşnutlukla, çeşitlilik sahneye koyan nur dolu iç huzurundan usanılır mı?"

"Şimdi efendim, ermişlerin Tanrı'yı neden 'Akıl Ermeyen' diye adlandırdıklarını anlıyorum. Sonsuz hayat bile O'nun varlığının nedenini kavramaya yetmiyor."

SRİ YUKTESWAR'IN ORİSSA PURİ'DEKİ SAHİL AŞRAMI
Bengal Körfezi yakınında

Kozmik Bilinçle Bir Deneyim

"Bu doğru, ancak O aynı zamanda sevecen ve yanımızdadır. Zihin *Kriya Yoga* yardımıyla duyuların engellerinden temizlendiğinde, meditasyonda Tanrı'nın varlığının iki kanıtını algılarız. Tükenmeyen huzur ve bıkılmayan-sevinç O'nun varlığının göstergesidir ki, buna bütün atomlarımıza kadar ikna oluruz. Ayrıca meditasyonda insan O'nun anında yetişen kılavuzluğuna ulaşır, O'nun her sorunu çözen anlamlı cevabına..."

"Anlıyorum, guruji benim problemimi burada çözdünüz" diye minnettarlıkla gülümsedim. "Şimdi Tanrı'yı bulmuş olduğumu anlıyorum. Çünkü günlük aktivitelerim sırasında, her ne zaman bilinçaltımdan yükselen meditasyon sevincini hatırladığımda, çok suptil bir şekilde, yaptığım her şeyde, en ince detaylarda bile, doğru yöne yönlendiriliyorum." "İnsan hayatı, İlahi

SWAMİ SRİ YUKTESWAR LOTUS DURUŞUNDA

İstence kendimizi akort etmedikçe, acılarla kuşatılmıştır. 'Doğru yön' egoist zekâya genellikle şaşırtıcı gelir" dedi üstat.

"Sadece Tanrı; yanılmayan tavsiyeyi verebilir, kozmosun yükünü O'ndan başka kim taşıyor!"

BÖLÜM 15

Karnıbahar Hırsızlığı

"Üstat, size bir hediye! Bu altı iri karnıbaharı ellerimle ektim, büyüyüşlerini tıpkı bir anne şefkatiyle gözettim." Merasimle sebze sepetini uzattım.

"Teşekkürler!" Sri Yukteswar'ın gülümseyişi sıcak ve keyifliydi.

"Lütfen odanda muhafaza et. Yarın özel bir akşam yemeği için onları kullanacağım."

Üniversitedeki yaz tatilimi gurumla deniz kenarındaki aşramda geçirmek üzere Puri'ye [1] henüz varmıştım. Üstat ve müritleri tarafından inşa edilmiş, iki katlı, sevimli küçük inziva yerimiz, Bengal Körfezi'ne bakıyordu.

Ertesi gün erkenden, denizin tuzlu havasından ve aşramın sakin çekiciliğinden dolayı tazelenmiş olarak kalktım. Gurumun melodik sesi çağırıyordu; el üstünde tuttuğum karnıbaharlara bir göz atıp, ihtimamla yatağın altına koydum.

"Gel, sahile gidelim." Üstat önde, biz genç müritler de dağınık bir grup halinde onu takip ettik. Gurumuz bizi yumuşakça eleştirdi.

"Batılı kardeşleriniz yürürken, göğüslerini kabartarak düzgün sıralar halinde marş ederler. Şimdi; haydi iki sıra halinde marş. Birbirinizin adımlarının ritmine uyun." Biz sıraya girerken Sri Yukteswar seyretti ve şarkı söylemeye başladı: "Gençler yürüyorlar ileri, ileri; sevinçle kabarmış göğüsleri." Üstadın, genç öğrencilerinin çevik adımlarına nasıl kolaylıkla uyabildiğine hayran olmadan edemedim.

"Dur!" Gurumun gözleri benimkileri aradı. "Aşramın arka kapısını kilitledin mi?"

"Zannederim, efendim."

Sri Yukteswar, dudaklarında yarı örtbas ettiği bir gülümsemeyle birkaç dakika sessiz kaldı. "Hayır, unuttun" dedi en sonunda. "İlahi düşüncelere dalmak, maddi aldırışsızlığa bir mazeret olamaz. Aşramın güvenliğine dikkat etmeyi ihmal ettin, cezalandırılman gerek."

---

[1] Puri; Kalküta'nın 310 mil (yaklaşık 500 km) güneyinde, Krishna'nın müritleri için ünlü bir haç şehridir. Krishna'nın onuruna çok büyük iki festival kutlanır, *Snanayatra* ve *Rathayatra*.

"Altı karnıbaharın çok yakında beş tane olacak!" diye eklediğinde gizliden şaka yaptığını düşündüm.

Üstadın direktifi üzerine geri dönerek aşrama yaklaşıncaya kadar marş ettik.

"Biraz dinlenin. Mukunda; solumuzdaki araziye bak, berisindeki yolu gözle. Orada adamın biri belirecek ve bilmeden senin cezalandırılışına hizmet edecek."

Bu anlaşılamaz sözlere karşı büyüyen merakımı gizledim. Çok geçmeden yolda bir köylü belirdi; tuhafça dans ediyor, kollarını anlamsız işaretler yaparak sallıyordu. Meraktan neredeyse gergin vaziyette, adamın gülünç davranışlarını izledim. Adam yolun bulunduğumuz yerden görülemeyecek bir noktasına ulaştığında üstat mırıldandı: "Şimdi geri dönecek".

Gerçekten de adam geri döndü, dar bir toprak patikayı geçerek arka kapıdan aşrama girdi. Gurumun dediği gibi kapıyı kilitlemeyi unutmuştum. Kısa süre sonra ödüle layık karnıbaharlarımdan birini elinde tutarak yeniden belirdi. Bu sefer adımlarını sahip olduğu şeyden duyduğu gururla, vakarla atıyordu.

Bu gözümün önünde cereyan eden komedideki rolüm, şaşkın kurbanı oynamaktı; hırsızı takip etmeye yeltenmekte geciktim. Yolun yarısında üstat beni geri çağırdı. Kahkahadan bütün vücudu sarsılıyordu.

"O çılgın fakirin canı karnıbahar çekmişti" diye neşeyle açıkladı. "Senin o iyi muhafaza edemediğin sebzelerden tekini alması fikrini yerinde buldum!"

Odama fırladım. Gördüm ki, aşikârca sebze takıntısı olan adam; altın yüzüklerimi, saat ve paramı, yatağın üzerinde durdukları halde dokunmadan bırakmıştı. Onun yerine, gözden tamamıyla saklı olan karnıbahar sepetine dalıp kalbinin tek yönlü arzusunu dindirmişti.

O akşam Sri Yukteswar'dan olayı açıklamasını istedim.

Gurum kafasını yavaşça salladı. "Bunu bir gün anlayacaksın. Bilim, bu gizli kanunların birçoğunu keşfedecek."

Yıllar sonra radyonun mucizeleri dünyayı hayrete düşürdüğünde üstadın kehanetini anladım. Çağlar boyunca zaman ve mekâna ait kavramlar yıkıldı. Hiç kimsenin evi Londra ya da Kalküta'yı içine alamayacak kadar dar değil! En akılsızı bile gördü ki, insan hiç değilse iletişim alanında 'her yerde hazır ve nazırdır'.

'Karnıbahar Entrikası' adlı komedi en iyi radyo tekniğiyle [2] anlaşılabilir.

---

[2] 1939'da keşfedilen radyo-mikroskop, o zamana kadar bilinmeyen ışınlara ait yeni bir dünyaya gözlerimizi açtı. "Bu alet; sadece insanın kendisi değil, cansız farz ettiğimiz her çeşit maddenin dahi sürekli ışınlar saçtığını 'görebilmektedir,'" diye haber veriyordu Associated Press. "Telepati, durugörü ve klervoyansa inananlar bu haberde, bir insandan diğer insana gerçekten aktarılan bu görünmez ışınların varlığına dair ilk bilimsel kanıtı edinmekteydiler. Bu radyo aleti aslında bir radyospektroskoptur. Yıldızları oluşturan cinsten atomları açığa vururken, bize soğuk, ışımayan maddeyi ifşa ederek,

Karnıbahar Hırsızlığı

Gurum mükemmel bir ayaklı radyoydu. Düşünceler, eter içinde hareket eden çok ince vibrasyonlardan başka birşey değildir. Tıpkı tam ayarlanmış bir radyonun, her yönde yayın yapan diğer binlerce istasyon arasından istenilen müzik programını aldığı gibi Sri Yukteswar da dünyadaki insan zihinlerinin sayısız düşünce yayını arasından hassaslığıyla en uygun olanını algılamıştı. Yani, canı karnıbahar çeken o avarenin düşüncesini! Sahilde yürüyüş esnasında üstat, köylünün basit arzusunun farkına varmış ve onu yerine getirmek istemişti. Sri Yukteswar'ın ilahi gözü, yolda dans edip yaklaşan adamı o daha müritlerin görüş alanına girmeden görmüş ve aşram kapısını kilitlemeyi unutmam ona, kıymetli sebzelerimden birinden mahrum edilmem için elverişli bir mazeret olmuştu.

Böyle, alıcı bir cihaz gibi düşünceleri algıladıktan sonra Sri Yukteswar, güçlü istenciyle, tıpkı bir verici istasyon [3] gibi iş görmüştü. Bu rolde, köylünün adımlarını başarıyla ters yöne çevirmiş ve onu tek bir karnıbahar için benim odama yollamıştı.

Sezgi; insanın içinde, zihin sakin olduğu anlarda doğallıkla beliren ruhsal bir kılavuzdur. Hemen herkes, açıklaması mümkün olmayan bir 'önsezi' tecrübesi ya da düşüncelerini belirgin bir şekilde başkalarına aktardığı bir olay yaşamıştır. İnsan zihni rahatsız edici etkenler yahut huzursuzluktan arındığında, düşünceleri algılamak kadar göndermek ve istenmeyen düşüncelerin düğmesini kapatmak gibi komplike olan bir radyo mekanizmasının bütün işlevlerini görmek için güçlendirilir. Nasıl bir radyo istasyonunun verici gücü kullanılan elektrik enerjisinin kuvveti tarafından belirleniyorsa, insan radyosunun etkinliği de her insanın sahip olduğu istenç gücünün derecesine dayanır.

Bütün düşünceler kozmosta sonsuza dek dolaşırlar. Bir üstat derin konsantrasyonla ölü ya da diri, herhangi bir insanın düşüncelerini algılamaya

---

spektroskopla aynı işi yapar... İnsandan ve yaşayan her şeyden yayılan böyle ışınların varlığı, bilim adamları tarafından uzun yıllar tahmın edilmişti. Bu, onların varlığının ilk deneysel kanıtıdır. Bu keşfin gösterdiğine göre; doğadaki her bir atom, her bir molekül, aralıksız yayın yapan bir radyo istasyonudur... Böylece, hatta ölümden sonra bile insan bedenini oluşturan materyal, çok hassas ışınları yaymaya devam eder. Bu ışınların dalga uzunluğu en uzun radyo dalgalarından, bugüne dek radyo istasyonları tarafından yayınlaran en kısa dalgadan daha da kısasına kadar değişmektedir. Bu dalgaların karmaşası idrak edilemez. Milyonlarcadır. Geniş olan tek bir molekül aynı anda 1.000.000 değişik dalga uzunluğu yayınlayabilir. Bu cinsten daha uzun dalga boyları radyo dalgalarının hızı ve kolaylığıyla hareket ederler... Yeni radyo-ışınlarıyla ışık gibi benzeri ışınlar arasında hayret uyandıran bir farklılık vardır. Bu farklılık, radyo dalgalarının binlerce yıl boyunca, ışığa nazaran çok daha uzun bir süre, kaba materyalden yayılmaya devam edebileceğidir."

[3] Sayfa 243'deki dipnota bakınız.

muktedirdir. Düşünceler kişisel değil, evrensel kökenlidir; bir gerçek yaratılamaz, ancak algılanabilir. Yanılgılı bir düşünce az veya çok, insanın sezgileyişindeki bir eksikliğin sonucudur. Yoga biliminin amacı, İçsel Ses'in yanılmaz rehberliğini çarpıtma olmaksızın duyulabilsin diye zihni sakinleştirmektir.

Radyo ve televizyon sayesinde çok uzaklardaki şahısların ses ve görüntülerini anında milyonlarca eve ulaştırmak mümkün oldu: İnsanın herşeyi kapsayan bir ruh olduğuna dair ilk silik bilimsel imalar. Egonun en barbarca yollardan onu kökleştirmesine rağmen insan, uzaydaki bir noktada sınırlanmış bir beden değil; özünde her an, her yerde var olan ruhtur.

"Açıklandığı zaman bizi, son yüzyıl boyunca bilimin öğretmiş olduğu herşeyin şaşırttığından daha fazla şaşırtmayacak. Çok garip, harikulâde ve görünüşte imkânsız fenomenler daha ortaya çıkabilir" demişti Nobel psikoloji ödüllü Charles Robert Richet.[4] "Artık sürpriz olmadan kabul ettiğimiz fenomenin, onu anladığımız için bizi hayrete düşürmediğini söyleyebiliriz. Fakat olay daha başka. Artık bize sürpriz olmuyorlarsa bu, onları anladığımızdan değil, onlara alıştığımızdandır. Eğer anlaşılamayan bizi şaşırtsaydı, herşey bizi şaşırtırdı. Havaya atılan taşın yere düşüşü, büyüyüp ağaç olan tohum, ısıtıldığı zaman genleşen civa, mıknatısın çektiği demir."

"Bugünün bilimi daha basit bir olay. Gelecek kuşaklar tarafından keşfedilecek olan bu hayret verici gerçekler hatta şu anda etrafımızda, gözümüzün içine bakıyorlar; buna rağmen onları göremiyoruz. Ancak 'onları göremiyoruz' demek yeterli değil, onları görmek istemiyoruz. Çünkü ne zaman beklenmedik ve bilinmeyen bir gerçek ortaya çıksa, biz onu kabul edilmiş bilginin çerçevesi içine sokmaya çalışıyor ve daha derin araştırma cesareti gösterenlere kızıyoruz."

Karnıbaharımın böyle inanılması güç bir tarzda çalınışından birkaç gün sonra yine böyle eğlenceli bir olay daha oldu. Bir gaz lambası kaybolmuştu. Gurumun her şeyi gören içgörüsüne geç de olsa tanık olduğumdan, onun lambayı bir çocuk oyunu kolaylığıyla bulacağını düşündüm.

Üstat beklentimi algıladı. Abartılmış bir ciddiyetle bütün aşram personelini sorguya çekti. Genç bir mürit lambayı arka bahçedeki kuyuya gitmek için kullanmış olduğunu söyledi.

Sri Yukteswar şenlikli bir hava içinde, "lambayı kuyunun yanında arayın!"

Derhal oraya koştum, lamba yok! Hüsrana uğramış, geri döndüm. Üstat hayal kırıklığıma aldırmadan, bütün kalbiyle gülüyordu.

---

[4] *"Our Sixth Sense - Altıncı Duyumuz"* un yazarı. (*London, Rider&Co.*)

Karnıbahar Hırsızlığı

"Çok kötü, seni kaybolan lambaya yöneltemedim. Ben bir falcı değilim!" ve parıldayan gözlerle ekledi. "Hatta becerikli bir Sherlock Holmes bile değilim!" Üstadın güçlerini böyle sıradan birşey için ya da ispata davet edici bir tarzda yaklaşıldığında asla göstermeyeceğinin farkına vardım.

Güzel günler geçip gidiyordu. Sri Yukteswar dini bir geçit töreni planlıyordu. Benden müritleri kasaba sokaklarında ve Puri sahilinde yönetmemi istedi. Festival günü (yaz gündönümü) şiddetli bir sıcakla başladı.

"Guruji, yalınayaklı öğrencileri nasıl kızgın kumların üzerinde yürütebilirim?" diye karamsarca sordum.

"Sana bir sır söyleyeceğim" dedi Sri Yukteswar. "Tanrı bulutlardan bir şemsiye yollayacak, hepiniz rahatlıkla yürüyeceksiniz."

Geçit merasimini mutluluk içinde organize ettim. Kafilemiz bir *satsanga*[5] sancağıyla yola koyuldu. Sri Yukteswar tarafından dizayn edilmiş bayrak, üzerinde sezginin teleskopik bakışını sembolize eden üçüncü gözü[6] taşıyordu.

Aşramdan henüz ayrılmıştık ki, sanki sihir gibi gökyüzü bulutlarla kaplandı. Bütün tanıkların hayret nidalarını kasaba sokakları ve sahilin yanan kumlarını serinleten hafif bir sağanak takip etti.

Rahatlatıcı yağmur damlaları geçitin sürdüğü iki saat boyunca serpiştirdi. Grubumuzun aşrama döndüğü anda bulutlar ve yağmur kayboluverdi.

Üstat minnettarlığımı belirttiğimde "Görüyor musun Tanrı nasıl bizim durumumuzu hissediyor" diye cevapladı. "Tanrı herkese yanıt verir, herkes için çaba sarf eder. Tıpkı ricam üzerine yağmur yolladığı gibi, iman sahibinin samimi olan her arzusunu yerine getirir. İnsan, Tanrı'nın dualarına cevap verdiğini nadiren fark eder. O, sadece birkaç kişinin tarafını tutmayıp, kendisine güvenle yaklaşan herkese kulak verir. Çocukları olan bizler, her yerde hazır olan Baba'nın[7] sevecen nezaketine kesin iman duymalıdırlar."

Sri Yukteswar, her yıl uzaktan yakından müritlerinin toplandığı dört festivali finanse etmekteydi. Bu dini festivaller, gündüz ve gecenin eşit olduğu gün dönümleriyle yaz ve kış gündönümlerinde yapılırdı. Kış gündönümü

---

[5] *Sat*, kelime anlamı 'varoluş', dolayısıyla 'öz, gerçek'tir; *Sanga*, 'birlik'tir. Sri Yukteswar aşram organizasyonunu 'satsanga' diye adlandırdı. 'Gerçeğin birliği'.

[6] "Eğer gözün tekse, bütün bedenin ışıkla dolacak." - *Matthew - Mata 6:22*. Derin meditasyon halinde tek ya da spiritüel göz, alnın orta yerinde görülebilir hale gelir. Bu her yerde hazır ve nazır olan gözden kutsal yazıtlarda, üçüncü göz, Doğu yıldızı, gökten inen güvercin, Shiva'nın gözü, içsezginin gözü vb. gibi çeşitli tanımlarla bahsedilir.

[7] "Kulağı yaratmış olan, (kendisi) duyamaz mı? ... Göze şeklini vermiş olan, göremez mi?... İnsana bilgiyi öğreten, bilemez mi?" - *Psalms - Zebur 94: 9-10*.

Serampore'da kutlanıyordu. Katıldığım ilk festivalin takdisini halen hatırlarım.

Festival sabahleyin sokaklar boyunca yalınayak bir geçit merasimiyle başladı. Yüz kadar öğrencinin sesi tatlı ilahilerle çınlıyordu. Birkaç müzisyen flüt ve *khol kartal* (davul ve ziller) çalıyorlardı. Kasaba halkı, Tanrı'nın kutsal adını şevkle söyleyişimizin yankısıyla sıkıcı günlük işlerinden alıkoyulmanın memnuniyeti içinde yolumuzu çiçek yağmuruna tutuyordu. Uzun tur aşramın avlusunda sona erdi. Orada, yukarı balkondaki öğrenciler üzerimize sağanak gibi kadife çiçeği yaprakları yağdırırken, biz gurumuzun etrafında bir çember halinde toplandık.

Birçok konuğa üst katta *channa* (nohut gibi bir tahıl'dan yapılna yemek) ve portakallı puding ikram edildi. Ben, kalabalığın arasından o gün aşçı olarak hizmet eden bir mürit grubuna doğru yöneldim. Böyle büyük toplantılarda yemek ancak dışarıda, devasa kazanlarda pişirilebilirdi. Odunla beslenen uydurma tuğla sobaların dumanı göz yaşartıyordu. Buna rağmen biz işimizi neşeyle yapıyorduk. Hindistan'da dini festivaller asla bir yük olarak görülmez. Her mürit kendine düşeni severek üstlenir, parasal destek olarak ya da pirinç ve sebze sağlayarak ya da kişisel hizmetini sunarak.

Üstat çok geçmeden ziyafetin detaylarını kontrol etmek için aramızdaydı. Her an faal olarak, en genç müritlere bile adım uyduruyordu.

İkinci katta harmonium ve Hint davulları eşliğinde *sankirtan* (grup halinde ilahi) söylenmekteydi. Sri Yukteswar hassaslıkla dinliyordu, musiki duyusu kesinlikle mükemmeldi.

"Akorları kaydı!" Üstat aşçıları bırakarak müzisyenlere katıldı. Melodi yine duyuldu. Bu sefer doğru icrayla.

Sama Veda, müzik bilimi üzerine dünyanın en eski yazıtlarını içerir. Hindistan'da müzik, resim ve tiyatro edebiyatına ilahi sanatlar olarak bakılır. Brahma, Vishnu ve Shiva, Ebedi Üçlü, ilk müzisyenlerdi. Shiva, Nataraja sıfatında (Kozmik Dansör) kutsal yazıtlarda, evrensel yaradılış, korunuş ve tahrip ediliş safhalarında ritmin sonsuz formlarını oluşturmuş olarak tasvir edilirken, Brahma ve Vishnu ritmi vurgularlar: Brahma zilleri, Vishnu ise *mridanga* yani kutsal davulları çalarak.

Saraswati, fazilet tanrıçası, *vina* (bütün telli enstrümanların anası) çalarken sembolize edilir. Krishna; Vishnu'nun bir inkarnasyonu, Hindu sanatında bir flütle gösterilir. Flütüyle *maya* yanılgısı içinde gezinen insan ruhlarını gerçek evlerine geri çağıran, kendinden geçirici şarkısını çalar.

Ragalar ya da sabit melodik gamlar (Türk müziğindeki makamlar gibi) Hint müziğinin temel taşını oluşturur. Altı temel *raga*, bunlardan türemiş 126 *raginiler* (hanımlar) ve *putra*lar'a (oğullar) ayrılır. Herbir raga minimum beş notadan meydana gelir: Ana bir nota (*vadi* ya da kral), ikincil bir nota (*samavadi* ya da başbakan), yardımcı notalar (anuvadi veya refakatci memurlar) ve ahenksiz bir nota (*vivadi* veya düşman).

Altı ana *raga*'nın herbiri, günün belli bir saati, yılın belli bir mevsimi ve belli bir gücü bahşeden koruyucu bir Tanrı ile doğal olarak ilişki halindedir. Böylece: (1) *Hindole Raga* sadece ilkbaharda tan vaktinde, evrensel sevgiyi uyandırmak için; (2) *Deepaka Raga* yaz akşamları boyunca, şefkat duygusunu diriltmek için; (3) Megha Raga yağmur sezonunda öğle vakti, cesareti uyandırmak için; (4) *Bhairava Raga* ağustos, eylül, ekim ayları sabahleyin sükunete ulaşmak için; (5) Sri Raga sonbahar gün doğumlarında, saf sevgiye erişmek için; (6) *Malkounsa Raga* kışın gece yarılarında, cesaret için dinlenir.

Eski bilgeler doğayla insan arasındaki ses ittifakının bu kurallarını keşfettiler. Tabiat, Ana Ton ve Titreşen Ses olarak da bilinen Om'un maddeleşmiş halinden başka birşey olmadığından insanoğlu, belli *mantra* ve ilahilerin [8] kullanımı yoluyla doğal oluşumları kontrol altına alabilir. Tarihi belgeler 16. yüzyılda yaşamış Büyük Ekber'in saray müzisyeni Myan Tan Sen'in sahip olduğu olağanüstü güçlerden bahseder. Güneş tam tepedeyken imparator tarafından bir 'gece ragası' söylemesi emredilince Tan Sen'in tekrarladığı bir mantra, bütün saray ve çevresinin karanlığa bürünmesine yol açmıştı.

Hint müziğinde oktav 22 *sruti*'ye (çeyrek ton) ayrılır. Bu mikrotonal aralıklar Batılılar'ın 12 yarım tonlu kromatik ses gamı tarafından erişilemeyen müzikal vurguların ince gölgelerini mümkün kılar. Oktavın temel yedi notasının herbiri Hindu mitolojisinde bir renkle, bir kuşun doğal ötüşü ya da bir hayvanın sesi ile bağlantılıdır. *Do*, yeşil ve tavuskuşuyla; *Re*, kırmızı ve tarla kuşuyla; *Mi*, altın rengi ve keçiyle; *Fa*, sarımsı beyaz ve balıkçıl kuşuyla; *Sol*, siyah ve bülbülle; La, sarı ve atla; Si, bütün renklerin kombinasyonu ve fille.

Hint müziği yetmiş-iki *thata*'dan (gam) oluşur. Bir müzisyen, *raga* ya da belirlenmiş tradisyonel melodi etrafında sonsuz yaratıcı improvizasyon özgürlüğüne sahiptir. Müziğin yapısını belirleyen temanın belirlediği ruh haline

---

[8] "Bütün milletlerin folklorunda insanların tabiat üzerine hükmettiği olaylara değinilmiştir. Amerikan Kızılderilileri yağmur ve rüzgar için, etkili ses ritüelleri geliştirmişlerdir. Tan Sen, büyük Hindu müzisyen, şarkısının gücüyle ateşi söndürebilmeye muktedirdi. Kaliforniyalı doğa bilimcisi Charles Kellogg, 1926'da bir grup New Yorklu itfaiyeci önünde tonsal titreşimlerin ateş üzerindeki etkisini sergileyen bir gösteri yapmıştı. "Geniş bir keman yayını andıran bir yayı serilikle alüminyum bir diyapazona sürterek, çığlık benzer şiddetli bir radyo statik ton üretti. Yarım metre yükseklikteki boş bir cam tüpü dolduran sarı gaz alevi, anında onbeş santim yüksekliğe kadar çökerek, titreşen mavi bir ışığa dönüştü. Yayla bir kez daha titreşimsel çığlık çıkardığında alev sönmüştü."

konsantre olur ve onu kendi orijinalliğinin sınırlarına kadar işler. Hintli bir müzisyen notaları okuyarak çalmaz. Her çalışta raganın çıplak iskeletine yeni bir elbise giydirir. Bu esnada kendini sık sık tek bir melodik dizinin sınırları içinde tutarak, sürekli tekrarlayışla onun bütün suptil mikrotonik ve ritmik çeşitlemelerini vurgular.

Batılı besteciler arasında Bach, yüzlerce karmaşık tarzda, her seferinde biraz farklılıkla tekrarlanan sesin gücünü ve cazibesini anlamıştı.

Sanskrit edebiyatı 120 *tala* ya da zaman ölçüsünden bahseder. Hindu müziğinin tradisyonel kurucusu Bharata'nın, bir tarla kuşunun ötüşünde otuz iki çeşit *tala* ayırt edebildiği söylenir. *Tala* ya da ritmin özü insan hareketlerinden kaynaklanır. Yürüyüşteki iki ölçekli tempo, uyurkenki solunum ritmindeki üç ölçekli tempo, ki bu esnada nefes alış süresi, nefes veriş süresinin iki katıdır.

Hindistan insan sesini en eskilerden beri en mükemmel enstrüman olarak kabul etmiştir. Bundan ötürü Hint müziği genelde kendini üç oktavlık insan sesi alanıyla sınırlar. Aynı sebepten dolayı harmoniden (aynı anda çalınan notalar) çok, melodi (birbirini takip eden notaların ilişkisi) vurgulanır.

Hindu müziği senfonik parlaklığı değil de Aşkın Ruh ile kişisel harmoniyi hedefleyen, subjektif, spiritüel ve bireysel bir sanattır. Hindistan'ın bütün ünlü şarkıları, ilahiye kendini adamış kişiler tarafından bestelenmiştir. Müzisyenin Sanskrit karşılığı *'bhagavatar'*dır. (Tanrı'ya övgüler söyleyen.)

Sankirtanlar yahut müziksel toplantılar; yoga ve spiritüel disiplinin, özdeki düşünce ve ton içinde eriyerek aşırı konsantrasyon gerektiren, etkili bir formudur. İnsanın kendisi Yaratıcı Ses'in bir ifadesi olduğundan, ses onun üzerinde güçlü ve anlık bir etki yapar. Doğu ve Batı'nın büyük dini müziği insana coşkulu bir haz verir. Çünkü bu tür müzik onun okült omurga merkezlerinden [9] birinde geçici titreşimsel bir uyanışa neden olur. Bu huzur anlarında

---

[9] Okült beyin-omurga merkezi sinir ağlarının (şakralar, astral lotuslar) uyanışı yoginin kutsal hedefidir. Batılı İncil tefsircileri, Yeni Antlaşma'nın *Esinleme* bölümünün (İng. New testament, *Revelations*), Hz. İsa tarafından Yuhanna ve diğer yakın müritlerine, yoga biliminin sembolik bir yorumunu öğrettiği bilgileri içerdiğini henüz kavrayamamışlardır. Yuhanna "yedi yıldızın gizeminden" ve "yedi kilise"den bahseder (*Revelations - Esinleme.1:20*); bu semboller yoga risalelerinde, beyin-omurga aksındaki yedi 'kapı' olarak tasvir edilen yedi ışık lotusuna değinmektedir. Tanrı tarafından planlanan bu 'çıkış'lar kanalıyla yogi, bilimsel meditasyonla bedensel hapsinden kurtularak, Ruh (Spirit) olarak gerçek kimliğine yeniden kavuşur. (Bkz. Bölüm 26.)

Yedinci merkez, beyindeki 'bin-taç yapraklı lotus', Ebedi Bilinç'in tahtıdır. İlâhi aydınlanma halinde yoginin, Brahma yahut Yaratıcı Tanrı'yı Padmaja (lotus içinde doğan) olarak kavradığı söylenir. "Lotus pozisyonu", bu geleneksel oturuş şeklinde yogi, beyin-omurga merkezlerindeki çeşit renkli lotusları (*padmalar*) görebildiği için böyle adlandırılmıştır. Herbir lotus *prana* (hayat gücü) tarafından kompoze edilmiş karakteristik bir yaprak yahut ışın sayısına sahiptir. Padmalar aynı zamanda şakralar ya da tekerlekler diye bilinir.

Karnıbahar Hırsızlığı

onda, özünün ilahiyatına dair bulanık da olsa bir anı canlanır.

Sri Yukteswar'ın ikinci kattaki oturma odasından yayılan *sankirtan*, buharlı tencereler arasındaki aşçıları gayretlendirmişti. Kardeş müritlerimle neşeyle nakaratları söyleyip, ellerimizle tempo tutuyorduk.

Gün batımında yüzlerce konuğumuza *khichuri* (mercimekli pilav), körili sebze ve sütlaç ikram ettik. Avluya pamuklu battaniyeler serdik; kısa süre içinde topluluk yıldızların altında pürdikkat Sri Yukteswar'ın dudaklarından dökülen fazilete kulak vererek oturuyordu. Onun kitleye hitabı *Kriya Yoga*'nın değeriyle kendine saygı, sükunet, kararlılık, sade bir diyet ve düzenli egzersiz içeren bir hayatı vurguluyordu.

Oldukça genç bir grup mürit, daha sonra kutsal birkaç ilahi okudu; toplantı ateşli bir *sankirtan* ile sona erdi. Saat 10'dan gece yarısına kadar aşram sakinleri kazanları, tavaları yıkayıp, avluyu temizlediler. Gurum beni yanına çağırdı:

"Bugün ve geçen haftaki hazırlıklar esnasında gösterdiğin neşeli gayretten memnun kaldım. Bu gece benimle beraber kalabilir, benim yatağımda uyuyabilirsin."

Bu, asla rüyamda bile görmeyi hayal etmemiş olduğum bir ayrıcalıktı. Bir müddet derin ilahi bir sessizlik içinde oturduk. Uyumak için uzanalı henüz on dakika olmuştu ki, üstat doğruldu ve giyinmeye başladı.

"Ne oldu, efendim?" Gurumun yanı başında uyumanın sevinci gerçekliğini yitirmişti.

"Sanırım aktarma esnasında trenini kaçıran birkaç mürit çok yakında burada olacak. Gel, onlara yiyecek hazırlayalım."

"Guruji, gece saat birde kimse gelmez!"

"Yatakta kal; sen yeterince çalıştın. Ben gidip bir şeyler pişireceğim."

Sri Yukteswar'ın kararlı ses tonu üzerine fırlayıp onu, ikinci kattaki iç balkonun bitişiğindeki küçük, gündelik kullanılan mutfağa doğru takip ettim. Pirinç ve mercimek yemeği (dal) kısa zamanda pişmekteydi.

Gurum keyifle gülümsedi. "Bu akşam ağır işten korkmayı bertaraf ettin. Gelecekte bu sana asla bir daha dert olmayacak."

O, beni bu ömür boyu takdis eden sözleri söylerken avludan ayak sesleri gelmeye başladı. Aşağı koşarak bir grup öğrenciyi içeri aldım.

Lotus pozisyonu (*padmasana*) bel kemiğini dik tutarak, trans halinde (sabikalpa samadhi) vücudu öne ya da arkaya doğru devrilme tehlikesine karşı emniyetle kilitler; bu yüzden yogilerin en rağbetteki meditasyon pozisyonudur. Fakat, *padmasana*, yeni başlayanlar için zor bir pozisyondur, bir *Hatha Yoga* uzmanının gözetimi olmaksızın denenmemelidir.

"Sevgili kardeşim," dedi biri, "üstadı bu saatte rahatsız ettiğimiz için üzgünüz! Trenimizi kaçırdık, ancak gurumuzu kısa da olsa görmeden eve dönmemeye karar verdik."

"O da sizi beklemekte, hatta şu an size yemek hazırlıyor."

Sri Yukteswar'ın hoş geldiniz sözleri yankılandı. Şaşkın ziyaretçileri mutfağa aldım. Üstat bana dönerek parlayan gözlerle:

"Eminim artık konukların treni kaçırdıklarından şüphen kalmadı, değil mi?"

Yarım saat sonra onu yatak odasına doğru takip ediyordum, tanrısal bir gurunun yanında uyuma onurunun tadını çıkararak.

BÖLÜM 16

Yıldızları Alt Etmek

"Mukunda, neden gidip kendine astrolojik bir bilezik almıyorsun?"
"İhtiyacım mı var üstadım? Astrolojiye inanmıyorum."
"Bu bir inanç meselesi değil; doğru olup olmadığını saptamak için her meseleyi bilimsel olarak ele almak lazım. Yerçekimi kanunu Newton'dan önce de, ondan sonra da etkisini gösteriyor. Kozmosun kanunlarının, geçerli olmak için insan inancının onayına ihtiyacı olsaydı, bu büyük bir karışıklığa yol açardı.

Şarlatanlar bu eski yıldız biliminin adını itibarsız hale getirdiler. Astroloji, derin anlayışlı insanların dışında, onu doğruca kavrayabilmek için hem felsefe hem de metafizik [1] açısından çok geniştir. Eğer zırcahiller semaları yanlış okuyup, orada okunaklı bir yazı yerine kargacık burgacık karalanmış bir şeyler görüyorlarsa, bu kusurlu dünyada ancak bunun beklenebileceğini gösterir. Sözde fazilet sahiplerini kapıdan kovarken, faziletin kendisini de dışarı atmayalım."

---

[1] Eski Hindu edebiyatındaki astronomiye ait değinimlerden, alimler yazarların verdiği bilgilerin gerçekliğini soruşturabilmişlerdir. Bilgelerin (rishis) bilimsel kavrayışları çok derindi; *Kaushitaki Brahma*na'da, milattan 3100 yıl önce Hinduların'ın, astrolojik seramoniler için uğurlu zamanları tespit etmede pratik bir değer taşıyan astronomide oldukça ilerlemiş olduklarını gösteren, kesin astronomik pasajlar buluruz. Doğu-Batı (*East-West*) Magazini'nde, Şubat 1934'te yayınlanan bir makale, *Jyotish* ya da Vedalar'daki astrolojik açıklamalar konusunda şunu diyor: "Bu, Hindistan'ı bütün eski halkların ön safında yer alarak, O'nu bilgi peşinde koşanların mekkesi yapan bilimsel gerçekleri içeriyor. *Jyotish* eserlerden biri olan *Brahmagupta*, güneş sistemimizdeki gezegenlerin yörüngesel hareketleri gibi meselelerle uğraşan astronomik bir risaledir. Güneş ve ay tutulmalarından, yeryüzünün küre formundan, ayın güneş ışığını nasıl yansıttığından, dünyanın kendi ekseni etrafındaki günlük hareketinden, Samanyolu'ndaki sabit yıldızların varlığından, yerçekimi kanunundan ve Copernicus ile Newton zamanına kadar Batı dünyasının henüz uyanamamış olduğu diğer bilimsel gerçeklerden bahseder."

Batılı matematikçilerin gelişmesinde kesin rol oynamış olan sözde "Arap rakamları", Avrupa'ya 9. yüzyılda Araplar kanalıyla rakam sisteminin en eskilerden beri formülüze edilmiş olduğu Hindistan'dan gelmiştir. Hindistan'ın çok geniş bilimsel mirasını gün ışığına çıkaran etraflı bilgi Sir P. C. Roy'un '*History of Hindu Chemistry*' (Hindu Kimyasının Tarihi), B. N. Seal'ın '*Positive Sciences of the Ancient Hindus*' (Eski Hinduların Pozitif Bilimleri), B. K. Sarkar'ın '*Hindu Achievments in Exact Science*' (Kati Bilimlerde Hinduların Başarıları) ve yine onun '*The Positive Background of Hindu Sociology*' (Hindu Sosyolojisinin Pozitif Özgeçmişi) ile U. C. Dutt'ın '*Materia Medica of the Hindus*' (Hinduların Tıp Bilimi) adlı eserlerinden edinilebilir.

Gurum, "Yaradılışın bütün parçaları birbirine bağlıdır ve etkileri birbiriyle değiş tokuş halindedir. Evrenin dengeli ritminin temeli karşılıklılıktır" diye devam etti. "İnsan, iki tür güçle çekişme halindedir. İlki; toprak, hava, su, ateş ve eterik elemanların birbiriyle karışmasının neden olduğu, varlığın içindeki kargaşadır. İkincisi, doğanın ayrıştırıp dağıtan dış güçleridir. İnsan, ölümlülüğüyle mücadele ettiği sürece, göğün ve dünyanın sayısız mutasyonu tarafından etkilenir."

"Astroloji insanın gezegensel uyarılışlara gösterdiği tepkinin araştırılmasıdır. Yıldızlar yardım ya da düşmanlık bilincine sahip değildir; sadece pozitif veya negatif ışınlar yollarlar. Bundan dolayı insanlara ne yarar ne de zarar verirler. Fakat her insanın geçmişte harekete geçirdiği neden-sonuç yasasının dışsal operasyonları için bu yasaya uygun bir kanal sunarlar."

"Bir çocuk, göksel ışınların, onun bireysel karmasıyla matematiksel uyum içinde olduğu bir gün ve saatte doğar. Horoskopu, değiştirilemez geçmişini ve onun olası gelecek sonuçlarını açığa vurarak, meydan okuyan bir portredir. Doğuma ait çizelge ancak sezgisel bilgisi gelişmiş insanlar tarafından doğru olarak yorumlanabilir. Bunlarsa sayılıdır."

"Doğum anında gökte ışıkla yazılan mesajla, geçmişteki iyi ve kötü hareketlerin sonucu olan kaderi vurgulamak değil, bu evrensel esaretten kurtulması için insanın istencini diriltmek kastedilmiştir. İnsan ne yapmışsa onu tekrar düzeltebilir. Şu anda yaşamına hükmeden sonuçların nedenlerinin kışkırtıcısı, kendinden başka hiç kimse değildir. Her kısıtlamayı yenebilir, çünkü ilk önce onu hareketleriyle *kendi* yaratmıştır ve gezegenlerin baskısına boyun eğmeyen spiritüel kaynaklara sahiptir."

"Astrolojiye olan yüzeysel merak, insanı mekanik kılavuzluğa bağımlı bir otomat yapar. Bilge insan, bağımlılığını 'yaradılış'tan Yaradan'a transfer ederek gezegenleri (yani geçmişini) yenilgiye uğratır. Ruhla bir olduğunun ne kadar çok farkına varırsa, o kadar az madde tarafından hükmedilir. Ruh ebediyen özgürdür, doğumsuz olduğundan dolayı ölümsüzdür. Yıldızlar tarafından kontrol altına alınamaz."

"İnsan bir ruhtur ve bir bedene sahiptir. Gerçek kimliğini saptar saptamaz dürtü etkisiyle yapılan bütün kalıplaşmış davranışları ardında bırakır. Ancak, alelade bir kimse olarak ruhsal hafıza kaybı halinde kaldığı sürece, çevresel kuralların zincirinden kurtulamaz."

"Tanrı uyumdur. O'na kendini ayarlayan bir iman sahibi asla kusurlu bir davranışta bulunmaz. Hareketleri doğrulukla ve doğallıkla astrolojik kanunlarla zaman ayarı içindedir. Derin dua ve meditasyondan sonra o, ilahi bilinciyle kontak halindedir. Bu içsel himayeden daha büyük bir güç yoktur."

Uzun bir sessizlikten sonra, "O halde, sevgili üstadım, neden bir astrolojik bilezik takmamı istiyorsunuz?" diye sordum. Sri Yukteswar'ın benim için yeni olan olağanüstü yorumunu hazmetmeye çalışıyordum.

"Bir yolcu ancak hedefine vardığında, haritasını kaldırıp atmakta haklı olabilir. Yolculuk boyunca, her türlü kestirme yol onun avantajıdır. Eski bilgeler, insanın yanılgı içindeki sürgün süresini kısaltmak için birçok yol buldular. Karma kanununda belli mekanik özellikler vardır ve bunlar hikmetin parmaklarıyla maharetli bir şekilde ayar edilebilirler."

"İnsana ait bütün belalar evrensel kanunun ihlalinden doğar. Kutsal yazıtlar insanın bir taraftan ilahi gücün herşeyi yapabileceğini kabul ederken, aynı zamanda doğal kuralları yerine getirmesi gerektiğine işaret etmişlerdir. Şöyle demeli: 'Tanrım, sana güvenirim ve biliyorum bana yardım edebilirsin. Ben de yapmış olduğum her yanlışı düzeltmek için elimden geleni yapacağım.' Dua, istenç gücü, yoga meditasyonu, ermişlere başvurmak ve astrolojik bilezikler kullanmak gibi birçok yolla eski hatalarımızın etkilerini minimuma indirilebilir veya etkisiz kılabiliriz."

"Tıpkı yıldırımın şokunu etkisiz hale getirmesi için evin çatısına bakır bir çubuk takılabildiği gibi bedensel mabet de belli yollarla korunabilir."

"Elektriksel ve manyetik ışınlar evrende sürekli dolaşır. İnsan vücudunu iyi veya kötü etkileyen bunlardır. Rishiler (bilgeler) çağlar önce ince kozmik etkilerin aksi sonuçlarını saf dışı etme problemi üzerine uzun boylu düşünmüşler. Saf metallerin gezegenlerin negatif çekimini tesirsiz hale getiren bir astral ışık yaydığını keşfetmişler. Belli bitkisel karışımların da yardımcı olduğunu görmüşler. En tesirlileri iki karattan daha küçük olmayan lekesiz değerli taşlardır."

"Astrolojinin, kötü etkileri bertaraf eden, pratik kullanımı Hindistan'ın dışında nadiren ciddiyetle araştırılmıştır. Az bilinen bir gerçek de uygun taşların, metal ya da bitkisel karışımın, gerekli ağırlık ve miktarda kullanılmadıkça ve taş, tenle temas halinde olmadıkça yararsız oluşudur."

"Efendim, tabii ki tavsiyenize uyarak gidip bir bilezik satın alacağım. Gezegeni altetme macerası merakımı uyandırdı!"

"Genel problemler için altın, gümüş ve bakırdan yapılmış bir bileziği kullanmanı tavsiye ederim. Ancak özel bir durum yüzünden senden gümüş ve kurşundan yapılmış bir bilezik takmanı istiyorum.'

"Guruji, hangi özel durumu kastediyorsunuz?"

"Yıldızlar sana karşı 'pek arkadaşça olmayan' bir tavır takınmak üzereler,

Mukunda. Korkma, korunacaksın. Hastalığın altı ay sürmesi gerekiyor ama astrolojik bir bilezik takarsan bu süre yirmi dört güne inecek."

Ertesi gün bir kuyumcu buldum. Çok geçmeden üstadın salık verdiği bileziği takmıştım. Sağlığım mükemmeldi. Üstadın kehaneti aklımdan çıkmıştı. Üstat Benares'i ziyaret için Serampore'dan ayrıldı. Konuşmamızdan otuz gün sonra karaciğer bölgemde ani bir ağrı hissettim. Takip eden haftalar ızdıraplı bir kâbus gibi geçti. Gurumu rahatsız etmek istemedim. Bu sınava cesurca katlanmam gerektiğini düşünüyordum.

Ancak, yirmi üç günlük ızdırap kararlılığımı zayıflattı; Benares'e doğru trenle yola çıktım. Sri Yukteswar beni her zamanki gibi sıcakkanlılıkla karşıladı ama derdimi ona özel olarak anlatmam için fırsat vermedi. O gün üstadı sırf *dharsan*[2] için birçok mürit ziyaret etti. Hasta ve ihmal edilmiş bir vaziyette bir köşede oturdum. Ancak akşam yemeğinden sonra bütün misafirler gitti. Gurum beni binanın sekiz köşeli balkonuna çağırdı.

"Eminim, karaciğer hastalığın yüzünden geldin." Sri Yukteswar'ın yüzü yana çevriliydi, balkonda gidip gelirken ay ışığını zaman zaman kapatıyordu. "Bakayım, yirmi dört günden beri hastasın değil mi?"

"Evet, efendim."

"Lütfen sana öğrettiğim mide egzersizini yap."

"Üstadım eğer ızdırabımın derecesini bilseydiniz, egzersiz yapmamı istemezdiniz!" dedim ama buna rağmen ona itaat etmek için zayıf bir çaba gösterebildim.

"Sen ağrım var diyorsun, bense yok diyorum. Böyle bir çelişki mümkün mü?" Gurum merakla baktı.

Birden başım döndü ve aniden sevinçli bir ferahlık her yanıma yayıldı. Beni neredeyse haftalardır uykusuz bırakan sürekli işkenceyi artık hissetmiyordum; Sri Yukteswar'ın sözleriyle şiddetli ağrı, sanki hiç var olmamış gibi kaybolmuştu.

Minnettarlıkla ayaklarına kapanmaya yeltendim, beni engelledi.

"Çocuk olma, kalk ve Ganj'ın üzerinde yansıyan ayın güzelliğini seyret." Ben yanında sessizce dikilirken üstadın gözleri mutluluktan pırıl pırıldı. Tavrından anladım ki bana kendisinin değil, Tanrı'nın şifa verdiğini hissetmemi istemişti.

Çok gerilerde kalan ve her zaman hatırlanacak o günün anısı olan; o ağır, gümüş ve kurşundan bileziği hâlâ taşıyorum. Bir kez daha gerçekten insanüstü olan bir kişilikle yaşadığımı anladım. Daha sonraları Sri Yukteswar'a

---

[2] Bir ermişin sadece suretinin görülmesinden akan takdis.

şifa dilemek için arkadaşlarımı getirdiğimde, şaşmaz bir biçimde değerli taş ya da bilezik [3] salık verdi. Kullanımını astrolojik bilgelik açısından yararlı buluyordu.

Çocukluğumdan beri, hem birçok insanın ona dar kafalıca bağımlı olduğu hem de aile astroloğumuzun bir kehaneti yüzünden astrolojiye karşı hep önyargım olmuştu: "Üç kez evleneceksin, iki kez dul kalacaksın." Bu kehanet üzerine çok düşündüm ve her seferinde kendimi sadakat töreninde üç kez kurban edilmeyi bekleyen bir keçi gibi hissettim.

Ağabeyim Ananta, "Kendini kaderine bırak" dedi. "Horoskopunda çocukluğunda Himalayalar'a kaçarak, zorla geri getirileceğin aynen yazıyor. Evlilik kehaneti de gerçekleşecek."

Bir gece kehanetin tamamıyla yanlış olduğunu apaçık sezdim. Horoskop çizelgesini ateşe vererek küllerini, üzerine "Geçmiş karmanın tohumları, ilahi bilgeliğin ateşinde kavrulurlarsa, filizlenemezler" diye yazdığım bir kâğıt torbaya koydum. Torbayı gözle görülür bir yere yerleştirdim Ananta meydan okuyan yorumu anında okudu. Gülerek beni azarladı:

"Gerçeği öyle kâğıt çizelgeyi yaktığın gibi kolaylıkla yok edemezsin."

Delikanlılığa erişene kadar, ailemin beni üç kez evlendirmeye çalıştığı bir gerçekti. Her seferinde bu plana [4] uymayı, Tanrı'ya olan sevgimin, geçmişe ait astrolojik bir inançtan daha üstün olduğunu bilerek reddettim.

"İnsanın ben'ini kavrayışı ne kadar derinse, kendi suptil spiritüel titreşimleriyle bütün evrene nüfuzunu o kadar çok yayar ve görüntüsel değişiklikten de o kadar az etkilenir." Üstadın bu sözlerini sık sık ilham alarak hatırlarım.

Ara sıra astrologlara benim için en kötü periyotları hesaplatıp, yine de kendim için seçtiğim işleri başarıyla tamamlıyordum. Bu periyotlarda başarıya, hep olağandışı zorlukların üstesinden gelerek ulaştığım doğruydu. Ancak benim şu inancım daima doğrulandı: İlahi korumaya iman ve Tanrı vergisi istencin doğru uygulanması, göklerden gelen etkilerden daha büyük güçlerdir.

Kişinin doğumundaki yıldızların konumundan ortaya çıkan yazıt, insanın geçmişinin kuklası olduğu anlamına gelmez. Hatta bu mesaj gururunu teşvik etmek içindir: Gökler insanın, her türlü sınırlamadan özgür olmak

---

[3] Bkz. S. 222 dipnot.

[4] Ailemin benim için muhtemel bir eş olarak düşündüğü kızla daha sonra kuzenim Prabhas Chandra Ghosh evlendi. [Sri Ghosh, 1936'dan 1975'te ölümüne kadar Yogoda-Satsanga Society of India'nın (Bkz. S. 364-366) başkan yardımcısı olarak hizmet etti.]

için kararlılığını uyandırabilmek özlemindedir. Tanrı her kişiyi kendine ait özelliklerle bezenmiş bir ruh olarak yarattı. Ona verdiği geçici rol ne olursa olsun bu evrensel yapının gerekli bir parçasıdır. İnsan eğer isterse hemen o anda nihai özgürlüğüne kavuşabilir. Bu da dışsal değil, içsel zaferlere dayanır.

Sri Yukteswar, içinde yaşadığımız çağ [5] için 24 bin yıllık ekinoksal devreyi matematiksel olarak hesaplamıştı. Bu devre, her biri 12 bin yıl süren, biri yükseliş ve diğeri düşüş dönemi olarak ikiye ayrılır. Her bir devrede dört *yuga* ya da çağ vardır; Kali, Dwapara, Treta ve Satya Yugalar ki bunlar Yunan kültüründeki Demir, Bronz, Gümüş ve Altın çağlara karşılıktır.

Gurumun çeşitli hesaplamalardan sonra belirlediğine göre içinde bulunduğumuz Yükseliş Devri'nin *Kali Yuga*'sı ya da Demir Çağı, yaklaşık MS 500 yılında başladı. Demir Çağı, 1.200 yıl süreyle materyalizmin hakim olduğu çağdı ve MS 1700 civarında sona erdi. O yıl 2.400 yıllık bir elektriksel ve atomik enerjiye ait gelişmeler periyodu olan *Dwapara Yuga* başlamıştır. Telgraf, radyo, uçaklar ve diğer *mesafeyi* yakınlaştıracak buluşların çağıdır.

3.600 yıllık *Treta Yuga* MS 4100 yılında başlayacak, telepatik haberleşmenin genel doğallığı ve *zamanı* aşacak buluşların çağı olacaktır. Yükselen Çağ'ın son devresi olan 4.800 yıllık *Satya Yuga*'da insan zekâsı çok gelişerek, İlahi Plan ile uyum içinde çalışacaktır.

4.800 yıllık bir Düşen Altın Çağ ile başlayan 12 bin yıllık bir Düşüş Devri'nde -ki yerküre için MS 12500 civarında başlayacaktır- insanoğlu tekrar yavaş yavaş cehalete dalacaktır. Bu dönemler *Maya*'nın ebedi turları, görüngüsel evrenin [6] zıtlık ve göreceliliğidir. İnsanlar tek tek, Yaradan ile ayrılamaz birliklerinin bilincine vardıklarında, düalizmin yaradılış hapishanesinden kurtulacaklardır.

[5] Bu dönemler Sri Yukteswar'ın *The Holy Science* (Kutsal Bilim - Los Angeles: Self Realization Fellowship) adlı kitabının ilk bölümünde izah edilmiştir.

[6] Hindu kutsal metinleri içinde olduğumuz çağı, Sri Yukteswar'ın ilgilendiği 24.000 yıllık basit ekinoksal devreden çok daha uzun bir evrensel dönemin *Kali Yuga*'sına sokarlar. Kutsal metinlerin evrensel dönemi 4.300.560.000 yıldır ve Bir Yaradılış Günü'ne eşittir. Bu geniş hesap, güneş yılının uzunluğuyla 'pi' sayısının bir katı arasındaki bağlantıya dayanır .(3.1416 - dairenin çevresinin çapına oranı.)

Çok eski bilgelere göre bütün bir evrenin ömrü 314.159.000.000.000 güneş yılı ya da 'Bir Brahma Çağı'dır.

Hindu yazıtları bizimki gibi bir dünyanın çözülüp, yok olmasına iki sebepten birini gösterirler: İkâmet edenlerin hepsi ya tamamıyla iyi olurlar yahut kötüleşirler. Dünyada hakim olan zihinsel eğilim, bir gezegen olarak birarada tutulan cezbolmuş atomları çözen bir güç üretir.

Dünyanın pek yakında son bulacağı hakkında sık sık müthiş kehanetlerde bulunuldu. Gezegensel devreler, her nasılsa düzenli bir İlahi Plan'a uygun bir süre devam ederler. Görünürde dünyamızın çözüleceği gibi bir tablo yok. Şu haliyle gezegenimiz birçok alçalış ve yükseliş ekinoksal devrelerine tanık olacaktır.

Üstat anlayışıma sadece astrolojide değil, yeryüzünün kutsal metinleri konusunda da derinlik getirdi. Kutsal metinleri zihnin lekesiz masasına yatırarak, onları sezgisel akla vuruşun neşteriyle en ince noktalarına ayrıştırmaya ve talebelerin yanlış aktarımlarla metinlerde yaptıkları değişiklikleri bilgeler tarafından açıklanan orijinal gerçeklerden ayırmaya muktedirdi.

"Bakışlarını burnun son bulduğu yerde odakla." Bir *Bhagawad-Gita* mısrasının [7] bu belirsiz yorumu -ki Doğulu âlimlerle Batı'nın tercümanları tarafından çoğunlukla benimsenmiştir- Sri Yukteswar tarafından eleştiriyle karşılanıyordu.

"Yoginin yolu zaten yeterince zor" diye vurgulardı. "Ona neden bir de şaşı bakmasını tavsiye edersiniz? *Nasikagra*m'ın gerçek anlamı 'burnun başladığı yerdir. 'Burnun sonu değil! Burun kaşların ortasındaki noktadan (spiritüel vizyonun oturağı [8]) başlar."

Bir *Sankhya* [9] özdeyişi şöyle der: "*Ishwar asiddhe*" [10], yani "Yaradılış'ın Efendisi anlaşılamaz" yahut "Tanrı kanıtlanamaz." Sadece bu cümle yüzünden, birçok alim bütün felsefeye ateist (Tanrıtanımaz) der.

"Dize ateist değil" diye Sri Yukteswar açıkladı. "Sadece, nihai yargı için duyularına başvuran aydınlanmamış insana, Tanrı'ın kanıtı bilinmez olarak kalmalıdır, yani var olmadan. Gerçek Sankhya müritleri meditasyondan doğan sarsılmaz içgörüyle, Tanrı'nın hem var hem de bilinebilir olduğunu anlarlar."

Üstat İncil'i açıklıkla izah etti. Hiçbir Hıristiyan grubun üyesi olmayan Hindu gurumdan İncil'in ölümsüz özünü kavramayı öğrendim ve Hz. İsa'nın şu sözlerinde yatan gerçeğin olağanüstü gücünü anlayabildim: "Gökler ve yeryüzü geçip gidecek, fakat benim sözlerim kalacaktır." [11]

Hindistan'ın büyük üstatları yaşamlarına Hz. İsa'nın sergilediği aynı Tanrısal ideallerin kalıbıyla şekil verirler. Bu adamlar O'nun gerçek kardeşidirler. "Her kim ki göklerdeki Baba'mın isteğini yerine getirir, o benim

---

[7] Bölüm VI : 13

[8] "Bedenin ışığı gözdür. Bundan dolayı gözün tekse, bütün bedenin ışık doludur; eğer gözün kötüyse bedenin de karanlıkla doludur. Bu yüzden içinizdeki ışığın kararmamasına özen gösterin." *Luke - Luka* 11: 34 - 35

[9] Hindu filozofisinin altı sisteminden biri. *Sankhya, prakriti* ile (doğa) başlayan ve *purusha* (ruh) ile son bulan yirmi-beş prensip yoluyla nihai özgürlüğe kavuşmayı öğretir.

[10] *Sankhya aphorisms*, 1:92.

[11] *Matthew- Mata*, 24:35.

kardeşim, anamdır." [12] "Eğer benim sözümü yerine getirirseniz" diye belirtmişti Hz. İsa, "artık benim müritlerimsiniz ve gerçeği bulacaksınız ve gerçek sizi özgürlüğe kavuşturacak." [13] Bütün özgür adamlar, kendilerinin efendileri, Hindistan'ın yogi mesihleri ölümsüz kardeşliğin parçalarıdırlar: Tek Baba'nın esenliğe ulaştıran bilgisine erişenler.

"Âdem ve Havva hikâyesi bana bir muamma!" Alegoriyi anlama çabası bir şey getirmeyince bir gün sıkıntıyla sordum. "Neden Tanrı sadece suçlu çifti değil, aynı zamanda henüz doğmamış masum kuşakları da cezalandırdı?"

Üstadı cehaletimden çok kafamın bozukluğu eğlendirmişti. "*Genesis* [14] derin bir sembole sahiptir ve sırf edebi yorumla anlaşılamaz," diye açıkladı. "Orada bahsedilen 'hayat ağacı' insan vücududur. Belkemiği, ters çevrilmiş bir ağaçtır. İnsanın saçları bu ağacın kökleri, sinirler de dalları budaklarıdır. Sinir sistemi ağacı (ya da görme, dokunma, tatma, işitme, koklama duyuları) birçok hoş meyvenin tadını çıkarır. Bütün bunların ölçülü olarak tadına varabilir. Ancak, seks tecrübesi, vücudun merkezindeki 'elma' (bahçenin ortasında) ona yasaklanmıştı. [15] Yılan omurganın sonundaki, seksüel sinirleri uyaran kıvrılmış enerjiyi temsil eder. Âdem mantık, Havva ise duygudur. Eğer insanın içindeki Havva bilinci ya da duygusallık seks dürtüsüyle aşırı uyarılmışsa, mantığı ya da Âdem'de yenik düşer. [16]

Tanrı insan ırkını, istencinin gücü kanalıyla erkek ve kadın bedenlerini materyalize ederek yarattı. Ve bu yeni ırka, lekesiz ya da ilahi tarzda [17] türünü devam ettirebilmesi gücünü bağışladı. O zamana kadar bireysel ruh olarak tezahürü, akıl yürütme melekesinden yoksun ve içgüdülerine dayanan hayvanlarla sınırlı olduğu için Tanrı, Âdem ve Havva olarak sembolize edilen ilk insanları yarattı. İki hayvanın ruhlarını ya da Tanrısal özünü, evrim

---

[12] *Matthew - Mata*, 12:50.

[13] *John - Yuhanna* 8:31-32 "O'na iman edenlere, Tanrı'nın oğlu olabilmeleri için güç verdi, hatta sadece O'nun adına inananlara bile. (Hatta her yerde var olan Mesih-Bilinci içinde tezahür olmuş olanlara bile.)" *John - Yuhanna* 1:12.

[14] Tevrat'taki "Yaradılış" bölümü

[15] "Bahçedeki ağaçların meyvesini yiyebiliriz: Fakat bahçenin ortasındaki ağacınkini değil" dedi Tanrı, "onu ne yiyeceksin, ne de dokunacaksın ki ölmeyesin." *Genesis -Yaratılış* 3:2-3.

[16] "Benimle birlikte olması için verdiğin kadın bana ağacın meyvesini verdi ve yedim. Kadın dedi ki: Yılan beni baştan çıkarttı ve meyveyi yedim." *Genesis -Yaratılış* 3:12-13.

[17] "Ve Tanrı insanı kendi suretinden yarattı. Tanrı'nın suretinde yarattı onları. Ve Tanrı onları kutsayarak dedi ki, verimli olun ve çoğalın, dünyaya yayılarak onu hâkimiyetiniz altına alın." *Genesis -Yaratılış* 1:27-28.

basamaklarında daha da yücelebilmeleri için bu bedenlere transfer etti.[18] Âdem ya da erkekte akıl yürütme, Havva yahut kadındaysa duygu daha baskındı. Böylece fenomenal âlemlerin temelinde yatan ikilik veya kutuplaşma açığa vurulur. İnsan zihni hayvani zevklerin 'yılan'sal enerjisi tarafından ayartılmadıkça akıl ve duygu, birbiriyle işbirliği yapan bir hava içindedir.

İnsan vücudu bundan ötürü, aslında sadece hayvanın evrimleşmesinin bir sonucu olmayıp, Tanrı tarafından özel bir yaradılış eyleminin bir ürünüdür. Hayvan formları Tanrısallığın tam olarak açığa vuruluşu için fazlasıyla ilkeldi. Bu nedenle insan, belkemiğindeki gizli merkezlerle birlikte, her şeyi bilen bir potansiyele sahip beyindeki 'binyapraklı' lotusun verildiği tek varlıktır.

Tanrı ya da ilk yaratılan çiftin içinde mevcut olan İlahi Bilinç, onlara her türlü insanca duyusal hazların tadına varmalarını öğütledi, ama bir istisnayla; seks.[19] İnsanın türünü hayvanların yöntemiyle devam ettirerek alçalmaması amacıyla bu yasaklanmıştı. Bilinçaltında mevcut olan hayvansal hatıraları yeniden canlandırmama uyarısına dikkat edilmedi. Tekrardan ilkel yollardan üreme yöntemine geri dönerek Âdem ile Havva, mükemmel orijinal insanın yapısında doğallıkla var olan göksel saadet mertebesinden düştüler. 'Çıplak olduklarının farkına vardıklarında' ölümsüzlük bilinçleri, Tanrı'nın uyardığı gibi kayboldu. Kendilerini, bedensel doğumu bedensel ölümün takip etmesi gerektiğine dayanan fiziksel kanunun gücü altına soktular.

Havva'ya yılan tarafından vaat edilen 'iyi ve kötü' bilgisi, *maya* yanılgısı altındaki ölümlülerin geçmesi gereken ikicil ve tezatlı tecrübelere işaret etmektedir. Duyularının ve akla vuruşunun (Âdem ve Havva bilincinin) istismar edilmesiyle yanılgıya düşerek insan, ilahi kendine yeterliliğin[20] cennet bahçesine girme hakkından feragat etmiştir. Her insanın bireysel sorumluluğu 'ana babasını' ya da ikicil doğasını yeniden onararak, onu yeniden cennete, yani birliğin uyumuna çevirmektir."

Sri Yukteswar açıklamasını bitirdiğinde, Genesis'in sayfalarına yeni uyanan bir saygıyla baktım.

---

[18] "Ve Tanrı insana yerdeki tozdan şekil verdi ve burun deliklerine hayat nefesini üfledi. İnsan yaşayan bir ruh oldu.". *Genesis -Yaratılış 2:7*.

[19] "Şimdi artık yılan (seks güdüsü), tarladaki bütün diğer hayvanlardan (bedenin herhangi başka bir duyusundan) daha hilekârdı." *Genesis -Yaratılış 3:1*.

[20] "Ve Tanrı cennetin doğusunda bir bahçe yaratarak, şekil verdiği insanı oraya koydu." *Genesis -Yaratılış* 2:8. "Ondan dolayı Tanrı onu cennet bahçesinden kovarak, yarattığı toprağa geri yolladı." *Genesis -Yaratılış* 3:23. Tanrı'nın yarattığı ilk ilahi insanın bilinci, alnındaki (Doğu'da) her şeye kadir 'tek göz'de odaklanmıştı. İstencinin herşeyi yaradabilen gücü, bu noktada odaklanmış 'fiziksel tabiatının toprağına' geri döndüğünde insan tarafından kaybedildi.

"Sevgili Üstadım, ilk kez Âdem ve Havva'ya karşı gerçek bir evlat olarak bir minnet borcu hissediyorum!"[21] dedim.

---

[21] Hindular'ın 'Adem ve Havva' hikâyesi çok eski *purana*, *Srimad Bhagavata*'da anlatılmıştır. İlk erkek ve kadın (fiziksel form içindeki varlıklar olarak), *Swayambhuva Manu* (Yaradan'dan doğan adam) ve onun eşi *Satarupa* (gerçek imaj) diye adlandırılırlar. Onların *Prajapati*'lerle (bedensel formlar alabilen mükemmel varlıklar) evlenen beş çocukları insan ırkından doğan ilk ilahi ailelerdi.

Doğu ve Batı'da Hıristiyan kutsal kitaplarını Sri Yukteswar gibi böyle derin bir spiritüel içgörüyle tefsir edebilen hiç kimseyi duymadım. "Din bilimcileri İsa'nın hadislerini yanlış yorumladılar" derdi Üstat; "Yol, gerçek ve hayat benim; hiç kimse benim dışımda başka bir kanaldan Tanrı'ya ulaşamaz" (*John – Yuhanna*, 14:6) sözleriyle İsa, Tanrı'nın tek oğlu olduğunu ima etmek değil, sıfatsız Mutlak'a -yaradılışın ardındaki aşkın Baba'ya- hiç kimsenin, 'oğul'u ya da harekete geçiren Mesih-Bilincini yaradılışın içinde tezahür ettirmedikçe erişemeyeceğini anlatmak istemiştir. Bu Mesih-Bilinci ile tam birlik durumuna ulaşan Hz. İsa, egosu bu bilincin içinde çözülüp yok olana kadar kendini onunla özdeşleştirmiştir." Bkz S 139 dipnot.

Havari Paul "Tanrı her şeyi Hz. İsa vasıtasıyla yarattı." (*Ephesians – Efesliler*, 3:9) ve Hz. İsa "İbrahim'den önce ben vardım." (*John – Yuhanna – 8:58*) dediklerinde, sözleri hakiki özünde kişisellikten uzaktır.

Bir çeşit spiritüel korkaklık, birçok dünyevi insanın sadece bir insanın Tanrı'nın oğlu olduğuna rahatlıkla inanmasına yol açmaktadır: "İsa benzersiz olarak yaratıldı" diye düşünürler. "O zaman ben, sadece bir ölümcül insan, ona nasıl benzemeye çalışabilirim." Fakat tüm insanlar aynı ilahi yaratıcılıkla yaratılmışlardır ve eninde sonunda İsa'nın emrine uyacaklardır: "Bu nedenle mükemmel olun, çünkü cennetteki Baba'nız mükemmeldir." (*Matthew – Mata*, 5:48.) "Şunu görün, Tanrı bize nasıl bir ilahi sevgi bahşetti, bizler de Tanrı'nın oğulları olarak tanımlanmalıyız." (*John – Yuhanna, I* 3:1.)

Karma kanunu ve onun sonucu olarak ortaya çıkan reenkarnasyon anlayışı İncil'in birçok pasajında geçer. (Bkz sayfa 244 dipnot, 303-304 ve 43. Bölüm). Örneğin "Kim insan kanı dökerse onun kanı da dökülür." (*Genesis – Yaradılış*, 9:6.) Eğer her katilin başka bir "insan" tarafından öldürülmesi kastediliyorsa, bu tepkili prosesin, birçok durumda, birden fazla yaşamı gerektirdiği açıktır. Günümüzün polis ve adalet gücü bu tepkiyi gösterecek kadar kuvvetli değildir.

İlk Hıristiyan otoriteleri, Gnostik diye bilinen ruhani bilgeler ve değişik Hıristiyan babaların (örneğin İskenderiyeli Clement, kutsanmış Origen ve 5. yüzyılda yaşamış Aziz Jerome) yorumladığı şekilde, reenkarnasyonu kabul etmişti. Bu doktirin, M.S. 533 yılında İstanbul'da toplanan İkinci Kurul tarafından "Tanrı yolundan sapma" ya da "dinsizlik" olarak tanımlandı. Bu karar, o çağda yaşayan birçok Hıristiyan'ın, reenkarnasyonun hemen kurtuluşa ulaşmak üzere çalışmak yerine bir sürü başka şans vermesine karşı çıkışlarının bir sonucudur. Fakat bu örtbas edilen gerçekler birçok hataya yol açtı. Milyonlarca insan, sözde "birtek yaşam"larını Tanrı'yı aramakla geçirmek yerine, dünyevi zevklerle eğlenerek geçirmeyi tercih ediyor: "Dünyaya bir daha mı geleceksin?" Halbuki gerçek şudur ki, insan bilinçli bir şekilde Tanrı'nın oğlu statüsünü kazanıncaya kadar tekrar dünyaya gelir.

BÖLÜM 17

Sasi ve Üç Safir

"Mademki sen ve oğlum Sri Yukteswar'ı böyle yüceltiyorsunuz, onunla tanışacağım." Doktor Narayan Chunder Roy'un ses tonu, bir iyilik yapıp biz iki ahmağın saçma arzusunu yerine getirmek istediğini ele veriyordu. Kurnaz misyonerlerin geleneğine uyarak kızgınlığımı sakladım.

Veteriner Dr. Roy müzmin bir agnostikti. Genç oğlu Santosh benden babasını ikna etmem ricasında bulunmuştu. O ana kadar ne yazık ki, yardım çabalarım boşa çıkmış görünüyordu.

Dr. Roy ertesi gün benimle birlikte Serampore Aşramı'nı ziyaret etti. Üstat ona kısa bir söyleşi bahşettikten sonra -ki her iki taraf da bu görüşmeyi duygularını belli etmeyen bir hava içinde suskunlukla geçirdiler- misafir oradan sert bir edayla ayrıldı.

Üstat, kapı Kalkütalı kuşkucunun ardından kapandıktan hemen sonra sordu:

"Neden ölü bir adamı aşrama getirdin?"

"Üstadım, doktor capcanlı görünüyor!"

"Fakat kısa bir müddet sonra ölecek."

Şoke olmuştum. "Efendim, bu oğlu için korkunç bir darbe olacak. Santosh şu sıralarda babasının maddeci bakış açısını değiştirebilmeyi umuyor. Yalvarırım üstadım, bu adama yardım edin!"

"Pekâlâ, senin hatırın için." Gurumun çehresi kayıtsızdı. "Bu vakarlı at doktoru ilerlemiş bir şeker hastası ve bundan haberi yok. On beş gün sonra yatağa düşecek. Doktorlar ondan ümidi kesecekler. Onun doğal ömrü bu günden altı hafta sonra bitiyor. Fakat, senin rican nedeniyle, ölmesi gereken gün iyileşecek. Fakat bir şartla: Onu astrolojik bir bilezik takmaya ikna etmelisin. Şüphesiz, tıpkı atlarından birinin ameliyattan önce direndiği gibi itiraz edecek." Üstat kıkır kıkır güldü.

Santosh ile birlikte doktoru nasıl tatlılıkla kandırabileceğimi düşünerek sessizliğe gömüldüm. O sırada Sri Yukteswar konuyu daha da açtı:

"Adam iyileşir iyileşmez, ona et yememesini tavsiye et. Bu tavsiyeye nasılsa uymayacak ve altı ay içinde, tam kendini çok iyi hissediyorken, düşüp ölecek" diye ekledi. "Yaşamının altı ay daha uzatılması sadece senin rican nedeniyle bahşedildi."

Ertesi gün, Santosh'a bir kuyumcuya bilezik sipariş etmesini söyledim. Bilezik bir hafta içinde hazırdı. Fakat doktor aynen gurumun tahmin ettiği gibi bir tepki gösterdi:

"Kendimi çok iyi hissediyorum. Beni bu astrolojik batıl inançlarla asla etkileyemezsiniz." Doktor bana dik dik bakıyordu.

Gülümseyerek üstadın adamı haklı olarak hırçın bir ata benzetişini hatırladım. Yedi gün daha geçti. Doktor aniden hastalanarak, uysallıkla bileziği takmaya razı oldu. İki hafta sonra kendisine bakan doktor, hastanın ümitsiz bir vaka olduğunu söyleyerek şeker hastalığının hastanın bedenine ne kadar büyük bir tahribata yol açtığını anlattı.

Kafamı inkar ederek salladım. "Gurumun söylediğine göre bir aylık bir hastalıktan sonra Dr. Roy iyileşecek."

Doktor bana inanmadan baktı. Ancak iki hafta sonra beni arayıp özür dilercesine;

"Dr. Roy tamamıyla iyileşti!" diye heyecanla haber verdi. "Gördüğüm en şaşırtıcı olay bu. Hayatımda ölmekte olan birinin böyle açıklanamaz bir tarzda geri dönüşüne hiç tanık olmadım. Anlaşılan, gurun gerçekten de şifa veren bir peygamber!"

Dr. Roy ile ona üstadın etsiz diyet tavsiyesini ilettiğim görüşmeden sonra, adamı yine altı ay boyunca görmedim. Bir akşam, evimin balkonunda otururken, kısa bir sohbet için uğradı.

"Üstadına söyle, sık sık et yiyerek kuvvetimi bütünüyle yine kazandım. Onun diyet üzerine bilimsel olmayan fikirleri beni etkilemedi." Dr. Roy'un sapasağlam göründüğü bir gerçekti.

Fakat ertesi gün Santosh koşarak geldi:

"Bu sabah babam düşüp öldü!"

Bu olay üstatla yaşadığım en garip tecrübelerimden biridir. İnanmamasına rağmen isyankâr veterineri şifaya kavuşturmuş ve sırf benim samimi arzum yüzünden onun doğal yaşam sürecini altı ay uzatmıştı. Bir müridinin acil bir duasına cevap verirken şefkat duygusu sınırsızdı.

Üniversite arkadaşlarımı gurumla görüştürmeye getirmek beni en gururlandıran ayrıcalığımdı. En azından aşramı ziyaret ederken, arkadaşlarımın birçoğu dinsel şüpheciliğin modaya uygun akademik giysisini bir kenara bırakırlardı.

Arkadaşlarımdan Sasi, Serampore'da mutlu hafta sonları geçirdi. Üstat genç çocuğu çok sevmişti ve onun özel hayatının dağınık ve başıboş oluşuna üzülüyordu. Bir gün arkadaşımı yumuşak bir sesle eleştirdi:

"Sasi, eğer kendini düzeltmezsen, bir yıl içinde tehlikeli bir hastalığa yakalanacaksın. Mukunda şahit, sonra seni uyarmadığımı söyleme."

Sasi güldü. "Üstadım, ümitsiz halimden kurtulmam için kozmosun yardımsever güçlerini harekete geçirmeyi size bırakıyorum! Ruhum istekli ama bedenim zayıf. Yeryüzünde benim tek koruyucum sizsiniz. Başka hiçbir şeye inanmıyorum."

"En azından iki karatlık mavi bir safir takmalısın, bu sana yardım edecek."

"Mücevher almaya gücüm yetmez. Her halükârda guruji, dert geldiğinde beni sakınacağınıza tamamıyla inanıyorum."

"Bir yıl sonra bana üç safir getireceksin. Ama sana artık faydası olmayacak."

Bu tür konuşmalar sık sık tekrarlanırdı. "Ben düzelemem artık" derdi Sasi, komik bir hüzünle. "Üstadım size olan güvenim, benim için herhangi bir taştan daha değerli!"

Bir yıl geçti. Bir gün Sri Yukteswar'ı, müridi Naren Babu'nun Kalküta'daki evinde ziyaret ediyordum. Üstatla ikinci kattaki salonda otururken ön kapının açıldığını duydum. Sri Yukteswar gerginlikle doğruldu.

"Bu Sasi" dedi yavaşca. "Bir yıl doldu. Ciğerleri paralanmış durumda. Benim tavsiyeme kulak asmadı. Onu görmek istemediğimi söyle."

Sri Yukteswar'ın ciddiyetiyle yarı afallamış, merdivenlerden aşağı koştum. Sasi yukarı çıkmaktaydı.

"Oo, Mukunda! Umarım üstat buradadır. İçimden bir ses burada olabileceğini söylüyor."

"Evet, ama rahatsız edilmek istemiyor."

Sasi gözyaşlarına boğuldu ve benden sıyrılıp yanımdan geçerek, üç safirle birlikte kendini Sri Yukteswar'ın ayaklarına attı.

"Her şeyi bilen guru, doktorlar pülmoner tüberküloza yakalandığımı söylüyor. Bana sadece üç ay ömür tanıyorlar! Hürmetle yardımınıza sığınıyorum. Biliyorum beni iyileştirebilirsiniz!"

"Artık hayatın için endişelenmekte biraz geç kalmadın mı? Taşlarını al ve git. Onların sana artık bir faydası yok."

Daha sonra üstat amansız bir sessizlik içinde tıpkı bir sfenks gibi oturdu. Sadece çocuğun merhamet yakarışları bozuyordu sessizliği.

İçimdeki bir sezgi Sri Yukteswar'ın yalnızca, Sasi'nin İlahi Şifa Veren Güç'e olan imanının bütünlüğünü sınadığını söylüyordu. Bir saatlik bir gerginlikten sonra üstadın, hâlâ ayaklarına kapanmış duran arkadaşıma sempati içinde bir bakış atması benim için sürpriz olmadı.

"Kalk Sasi, elâlemin evini neden böyle velveleye verirsin? Safirleri kuyumcuya geri götür. Onlar için yaptığın harcama artık gereksiz. Ama astrolojik bir bilezik alıp, onu tak. Korkma, birkaç hafta sonra iyileşeceksin."

Sasi'nin gülümseyişi, sanki yağmurdan sonra açıveren güneş gibi gözyaşlarıyla yıkanmış yüzünü ışığa boğdu. "Sevgili üstat, doktorların verdiği ilaçları almam lazım mı?"

"Nasıl istersen. Onları ister al, istersen ihmal et, bir şeyi değiştirmez. Senin tüberkülozdan ölmen, güneşle ayın birbirleriyle yer değiştirmeleri kadar imkânsız." Sri Yukteswar aniden ekledi. "Şimdi, ben fikrimi değiştirmeden kaybol!"

Arkadaşım karşısında eğilerek alelacele çıktı. Bunu takip eden üç hafta boyunca onu defalarca ziyaret ettim. Durumu gitgide kötüleşiyordu.

"Sasi bu geceyi çıkaramayacak." Doktorun bu sözü ve arkadaşımın neredeyse iskelete dönmüş halinden endişelenerek Serampore'un yolunu tuttum. Gurum gözyaşları içindeki raporumu soğuk soğuk dinledi.

"Buraya gelip de ne diye canımı sıkıyorsun? Sasi'nin iyileşeceğine dair teminatımı sen de duydun."

Önünde büyük minnetle eğilip, kapıdan çıktım. Sri Yukteswar herhangi bir veda sözü söylemeden, kıpırtısız gözleri yarı açık, başka bir âleme daldı.

Bir an önce Sasi'nin Kalküta'daki evine döndüm. Hayretler içinde arkadaşımı oturmuş, süt içerken buldum.

"Oo, Mukunda! Ne mucize! Dört saat önce odada üstadın varlığını hissettim. Korkunç ağrılarım anında yok oldu. Onun lütfu sayesinde şimdi tamamıyla iyileştim."

Birkaç hafta içinde Sasi eskisinden daha cüsseli ve çok daha sağlıklıydı.[1] Ancak iyileşmesini sağlayan üstada karşı tavrı, minnettarlıktan uzaktı. Sri Yukteswar'ı nadiren ziyaret etti! Bana bir gün anlattığına göre, eski yaşam tarzından öyle pişmanlık duyuyordu ki, üstadın yüzüne bakmaya utanıyordu.

Bu durumda sadece, hastalığının Sasi üzerinde istencini güçlendiren ama üslubunda bozukluğa yol açan ters bir etki yarattığını söyleyebilirim.

İskoç Kilisesi Üniversitesi'ndeki ilk iki yıllık sürem sonuna yaklaşıyordu.

---

[1] 1936'da bir arkadaşımdan Sasi'nin sağlığının hâlâ mükemmel olduğunu duydum.

Derslere oldukça düzensiz katılmıştım; gösterdiğim yarım yamalak ilgi de ailemle aramdaki barışı sürdürmek içindi. İki özel öğretmenim düzenli olarak eve gelmelerine rağmen, beni de aynı düzenlilikle evde bulamamışlardı: En azından okul kariyerimde, bu düzenliliğimi hatırlıyorum!

Hindistan'da üniversitedeki iki yıllık başarılı bir öğrenimden sonra bir ön lisans diploması alınır; öğrenci daha sonra, iki yıl daha okula devam ederse asıl diploma sınavlarına girebilir.

Ön lisans final sınavları fırtına bulutları gibi yaklaşınca, soluğu gurumun birkaç hafta geçirmeye gittiği Puri'ye kaçmakta aldım. Kararsızlık içinde, sınavlara girmemin gereksiz olduğunu söylemesini umarak, ona hazırlıksızlığımdan söz ettim.

Sri Yukteswar beni teselli ederek güldü. "Spiritüel ödevlerini bütün kalbinle yerine getirirken, üniversitedeki derslerini ihmal ettin. Gelecek haftalar içinde çalışır, kendini kitaplarına verirsen, sınavlarını geçeceksin."

Kalküta'ya geri dönerek, içimden haklı olarak yükselen şüpheleri bastırmaya çalıştım. Masamın üzerinde duran kitap dağına göz atarken kendimi ormanın içinde kaybolmuş bir gezgin gibi hissediyordum.

Uzun bir meditasyon periyodu bana işimi kolaylaştıracak ilhamı verdi. Her bir kitabı rastgele açarak, sadece karşıma çıkan sayfalara çalıştım. Bu yönteme bir hafta boyunca günde on sekiz saat başvurduktan sonra, sonunda kendimi sınavlara çabuk hazırlanma sanatında bir eksper olarak görüyordum.

Bunu takiben imtihan salonlarında geçen günler, görünürde rastlantıya dayanan yöntemimi doğru çıkardı. Bütün sınavları kıl payıyla geçtim. Ailem ve arkadaşlarımın kutlamaları, hayretlerini açığa vuran imalarla karışıktı.

Puri'den dönüşünde Sri Yukteswar bana hoş bir sürpriz haber verdi.

"Kalküta'daki öğrenimin bitti artık" dedi. "Üniversitedeki son iki yılını burada, Serampore'da devam etmeni sağlayacağım."

Kafam karışmıştı. "Efendim, bu yörede dört yıllık eğitim veren bir fakülte yok." Serampore Üniversitesi yöredeki yegâne yüksekokuldu ve sadece iki yıllık ön lisans öğrenimi veriyordu.

Üstat yaramaz bir çocuk gibi güldü. "Etrafta dolaşıp, sana lisans öğrenimi verecek bir fakülte kurmak amacıyla para yardımı toplamak için yaşım müsait değil. Sanırım meseleyi başka biri kanalıyla halletmek zorunda kalacağım."

İki ay sonra Serampore Üniversitesi'nin Başkanı Profesör Howells, halka dört yıllık bir öğrenim sunabilmek için gereken fonu sağlamakta başarıya ulaştığını duyurdu. Serampore Koleji Kalküta Üniversitesi'nin bir fakültesi haline geldi. Ben de Serampore'da, bir yükseköğrenim adayı olarak kaydolan ilk öğrencilerden biriydim.

"Guruji, bana karşı ne kadar anlayışlısınız! Kalküta'yı terk edip, her gün Serampore'da yanınızda olmak için yanıp tutuşuyordum. Profesör Howells sizin sessiz yardımınıza ne kadar borçlu olduğunu hayal bile edemez!"

Sri Yukteswar yapmacık bir ciddiyetle bana baktı:

"Şimdi, artık zamanın trenlerde saatlerce boşa gitmeyecek, ders çalışmak için ne kadar çok zamanın olacak! Belki artık bundan sonra son dakikada

SRİ YOGANANDA 16 YAŞINDA

imtihana hazırlanmaktan vazgeçip, gerçek bir talebe olacaksın."
Ancak sözleri her nasılsa, inandırıcı olmaktan yoksun bir ton taşıyordu. ²

---

² Birçok ermiş gibi Sri Yukteswar da modern öğrenimin materyalist meylinden esef duyardı. Sayılı okul, mutluluğun spiritüel kurallarını izah etmekte veya faziletin insanın hayatını 'Tanrı korkusuna' yöneltmekten ibaret oluşunu öğretmektedir.

Bugün yüksekokul ve kolejlerde, insanın yalnızca 'yüksek mertebeli bir hayvan' olduğunu duyan gençler sık sık ateistliği (Tanrıtanımazlığı) seçiyorlar. Ruh'u keşfetmek için hiçbir çabaya yeltenmeyip, kendilerine, tabiatlarının özünde, "Tanrı'nın suretleri" olarak bakmıyorlar. Emerson'a göre: "İçimizde ne varsa dışımızda da sadece onu görürüz. Eğer hiçbir Tanrı ile karşılaşmıyorsak bu, hiçbirini içimizde barındırmadığımızdandır." Kendi hayvan tabiatını tek gerçekliği olarak gören, ilahi inspirasyonlardan kesilir.

Ruh'u insan varlığının merkezi gerçeği olarak takdim etmeyen bir eğitim sistemi, *avidya* -yanlış bilgi- sunmaktadır. "Diyorsun ki, zenginim ve tokum ve hiçbir şeye ihtiyacım yok. Ve bilmiyorsun ki, acınacak halde, sefil, zavallı, kör ve çıplaksın." (*Revelation-Vahiy*, 3-17.)

Gençliğin öğrenimi Eski Hindistan'da idealdi. Talebe dokuz yaşında bir *gurukula*'da (öğrenme mekânı olarak gurunun aile evi) 'bir oğul olarak' kabul edilirdi. "Modern bir öğrenci yıllık zamanının sekizde birini okulda geçirir. Hintli bütün zamanını orada geçirdi" diye yazıyor Profesör S. V. Venkateswara, *Çağlar Boyunca Hint Kültürü* adlı eserinde (Cilt I; Longmans, Green&Co.). "Ona sağlıklı bir dayanışma ve sorumluluk duygusuyla kendine güven ve bireyselliği geliştirmek için geniş bir fırsat verilirdi. Kişinin kendi koyduğu disiplin, göreve ciddi bir önem, benliksiz davranış ve feragat (kendine saygı ve diğerlerine hürmetle beraber) özellikleri kültürün yüksek standartları olarak kabul edilirdi. Bu yüksek bir akademik saygınlık standardı ve bir asalet duygusu insan hayatının büyük amacını oluştururdu."

BÖLÜM 18

Mucizeler Yaratan Bir Müslüman

"Yıllar önce, şu an kaldığın bu odada bir Müslüman gözümün önünde dört mucize yarattı."

Sri Yukteswar yeni mekânıma yaptığı ilk ziyaret esnasında anlattı. Serampore Üniversitesi'ne girdikten hemen sonra, yakındaki Panthi [1] diye anılan öğrenci yurdunda bir oda kiralamıştım. Ön cephesi Ganj'a bakan, eski moda tuğladan yapılmış bir binaydı.

"Üstadım, ne rastlantı! Bu yeni dekore edilmiş duvarlar gerçekten eski anılarla mı dolu?" Yeni bir ilgiyle basit eşyalar bulunan odamda etrafa bakındım.

"Bu uzun bir hikâye" diyerek güldü gurum. "Fakirin [2] adı Afzal Han idi. Olağanüstü güçlerini tesadüfen karşılaştığı Hindu bir yogiden almıştı.

Doğu Bengal'deki küçük bir köyde, henüz küçük bir çocuk olarak yaşayan Afzal'dan, üstü başı toz içinde bir *sannyasi* (Hindu dervişi) bir ricada bulunmuştu:

'Oğlum çok susadım, bana biraz su getir!'

'Üstadım, ben bir Müslümanım. Siz, bir Hindu olarak benim elimden nasıl su içebilirsiniz?'

'Doğru sözlülüğün beni sevindirdi çocuğum. Tanrısallıkla ilgisi olmayan tarikatçılığın insanları birbirinden ayıran kurallarını izlemem ben. Git ve bana çabuk su getir.'

Afzal'ın saygıyla itaati yoginin sevecen bir bakışıyla ödüllendirildi.

'Önceki yaşamlarından iyi bir karmaya sahipsin' dedi ciddiyetle. 'Sana, görünmeyen boyutlardan biri üzerine hâkimiyet bahşeden belli bir yoga metodu öğreteceğim. Elde edeceğin bu büyük güç, değerli sonuçlar için kullanılmalı. Onu asla bencilce uygulama! Ne yazık ki, geçmişten bazı tahripkâr meyillerin tohumlarını da birlikte getirdiğini görüyorum. Onları taze kötü

---

[1] Öğrenci yurdu. Kelimenin kökeni, 'pantha' Hindu dilinde gezgin, bilgi arayan, anlamına gelir.

[2] Müslüman bir yogi; Arapça: Fakir kelimesi kökenli. Orijinalde fakirlik yemini etmiş dervişler için kullanılır.

eylemlerle sulayarak, filizlenmelerine izin verme. Senin geçmiş karmanın karmaşıklığı, bu yaşamı, yogik başarılarını en yüksek insancıl hedeflerle uzlaştırmak için kullanmanı gerektiriyor.'

Hayretler içindeki çocuğa karmaşık bir teknik öğrettikten sonra yogi kayboldu.

Afzal yirmi yıl boyunca yoga egzersizine çalıştı. Onun mucizevi başarıları dikkatleri geniş ölçüde çekmeye başlamıştı. 'Hazret' diye çağırdığı bedensiz bir ruh ona sürekli eşlik ediyor gibiydi. Bu görünmeyen varlık, fakirin en önemsiz dileklerini bile yerine getirmeye muktedirdi.

Üstadının uyarısına aldırmayarak Afzal, güçlerini kötüye kullanmaya başladı. Eline alıp da sonra yerine koyduğu her cisim iz bırakmadan ortadan kayboluyordu. Bu kaygı verici gerçek, fakiri istenmeyen bir misafir yapmıştı!

Zaman zaman Kalküta'nın büyük kuyumcu dükkânlarını ziyaret ederek kendini bir müşteri gibi tanıtıyordu. Eline aldığı her mücevher, o dükkânı terk edince kayboluyordu!

Afzal'ın etrafı sık sık, sırrını öğrenmeyi umut eden yüzlerce öğrenci tarafından çevriliydi. Fakir onları ara sıra kendisiyle beraber seyahate davet ederdi. Tren istasyonunda ne yapıp eder, bir bilet koçanına dokunmayı becerirdi. Ve tomarı 'fikrimi değiştirdim, biletleri şimdi satın almayacağım' diyerek memura geri verirdi. Ama yanındakilerle trene bindiğinde gerekli biletler[3] Afzal'ın elinde hazır bulunurdu!

Bunun gibi istismarlar öfkeli kargaşalara yol açıyor, Bengalli kuyumcular ve bilet satıcıları sinir krizleri geçiriyordu! Afzal'ı tutuklamak için giden polisler çaresizlik içindeydi. Fakir her türlü delili sadece 'Hazret, şunu al götür!' diyerek kaybettiriyordu."

Sri Yukteswar oturduğu yerden doğrularak, odamın Ganj'a bakan balkonuna doğru yürüdü. Ben de hikâyenin devamını duymak için merakla peşindeydim.

"Şimdi Panthi olan bu bina daha önce bir arkadaşıma aitti. Kendisi Afzal ile tanışıp onu buraya davet etmişti. Arkadaşım, ben de dahil yaklaşık yirmi komşuyu da çağırmıştı. O zamanlar henüz çok gençtim ve fakiri çok merak ediyordum." Üstat güldü. "Önceden önlemimi alıp, üstüme değerli hiçbir şey almadım! Afzal bana araştırıcı gözlerle baktıktan sonra:

'Senin güçlü ellerin var. Aşağı bahçeye gidip düzgün bir taş bul ve üzerine tebeşirle ismini yaz, sonra taşı olabildiğince uzağa, Ganj'a fırlat' dedi.

[3] Babamın daha sonra anlattığına göre, onun çalıştığı Bengal-Nagpur Demiryolları Afzal'ın kurbanlarından biriydi.

Dediklerini yaptım. Taş uzaktaki dalgalar arasında kaybolur kaybolmaz, Fakir bana yine seslendi:

'Şimdi evin önüne giderek, bir kovayı Ganj'ın suyuyla doldur.'

Bir kova suyla beraber geri döndüğümde fakir seslendi: 'Hazret, taşı kovanın içine koy!'

Taş anında beliriverdi. Onu kovadan çıkardığımda imzamı, aynen yazdığım gibi buldum.

Odadaki arkadaşlarımdan biri olan Babu [4], antika bir altın saatle altın bir zincir takmıştı. Fakir onları uğursuz bir hayranlıkla yokladı. Az sonra kaybolmuşlardı!

'Afzal, lütfen o çok değerli baba yadigârımı geri ver!' diyen Babu neredeyse ağlamaklıydı.

Müslüman kayıtsız bir sessizlikten sonra, 'Demir bir kasa içinde 500 rupi saklıyorsun. Onu bana getirirsen sana saatini ve zincirini nerede bulabileceğini söylerim.'

Babu, aklı başından gitmiş bir halde hemen harekete geçti. Kısa süre sonra dönerek Afzal'a istediği miktarı uzattı.

'Evinin yanındaki küçük köprüye git' diye talimat verdi fakir, 'Hazret'i saat ve zincirini sana geri vermesi için çağır.'

Babu apar topar çıktı. Geri döndüğünde gerçi rahatlamış bir gülücük takınmıştı ama üstünde ne başka bir mücevher ne de benzeri bir şey vardı!

'Hazret'e bana söylendiği gibi komut verdiğimde' diye anlattı, 'saatim paldır küldür sağ avcuma düştü! Evladiyelik saatimi buraya geri dönmeden önce demir kasaya kilitlediğimden emin olabilirsiniz!'

Babu'nun arkadaşları, bir saat için fidye ödenmesi gibi komik bir trajedinin şahitleri olarak gözlerini kızgınlıkla Afzal'a dikmişlerdi. Afzal yatıştırıcı bir sesle konuştu:

'Lütfen, istediğiniz herhangi bir içkinin adını söyleyin; Hazret hazırlayacak.'

Bir kısmı süt istedi, diğerleri de meyve suyu. Sinirleri gergin olan Babu viski istediğinde doğrusu pek fazla şaşırmadım! Fakir bir emir verdi, hizmetle yükümlü Hazret havada süzülerek tok bir sesle döşemeye konan, güzelce kapanmış kaplar yolladı. Herkesin istediği içki gelmişti.

Günün dördüncü hayret uyandıran olayı kuşkusuz ev sahibimizin zararını bir ölçüde karşılar nitelikteydi. Afzal bir akşam yemeği teklif etti.

---

[4] Sri Yukteswar'ın arkadaşının ismini anımsamıyorum, bu yüzden ondan basitçe 'Babu' (bey) diye bahsedeceğim.

'Gelin, en pahalı yemekleri ısmarlayalım' dedi, Babu hüzün içinde: 'Beş yüz rupimin karşılığında dört başı mamur bir yemek istiyorum. Her şey altın tabaklar içinde servis edilmeli!'

Herkes istediğini söylediğinde, fakir yorulmak bilmeyen Hazret'i çağırdı. Bunu büyük bir tangırtı takip etti. Nasıl hazırlandığı anlaşılamayan köriler, sıcacık *luchiler* ve turfanda meyveler, altın tabaklar içerisinde yoktan var olarak, ayaklarımızın dibine kondu. Yiyeceklerin hepsi çok lezzetliydi. Bir saatlik ziyafetten sonra evden ayrılmak üzereydik. Müthiş bir patırtı etrafa bakınmamıza yol açtı. Ne görelim! Parıltılı tabaklar ve yemek artıklarından hiçbir eser kalmamıştı."

"Guruji," diye sözünü kestim, "eğer Afzal altın tabak gibi objeleri kolaylıkla materyalize ettiriyorsa neden diğer insanların mallarına göz dikiyordu?"

"Fakir spiritüel olarak fazla gelişmemişti" diye açıkladı Sri Yukteswar. "Belli bir yoga tekniğindeki ustalığı, herhangi bir arzusunun anında yerine getirildiği bir astral plana girmesini mümkün kılıyordu. Astral bir varlık olan Hazret'in kanalıyla Afzal, güçlü bir istençle eterik enerjiden, herhangi bir nesnenin atomlarını bir araya toplayabiliyordu. Ancak böyle astral olarak yaratılmış objeler tekrar yok olan bir yapıya sahiplerdir, uzun süre alıkonamazlar.[5] Afzal hâlâ daha zor kazanılmasına rağmen, daha garantili bir kalıcılığa sahip olan dünyasal mülkü edinmeye can atıyordu."

Güldüm. "Dünyalık mallar bile bazen açıklanamaz bir tarzda kayboluyor!"

"Afzal Tanrısal bilince erişmiş bir insan değildi" diyen üstat devam etti: "Kalıcı ve faydalı bir doğaya sahip mucizeler gerçek ermişler tarafından sahneye konur, çünkü onlar her şeye gücü yeten Yaradan ile tam bir uyum içindedirler. Afzal sadece, genellikle ölümlüler tarafından ölüm sonrasına kadar girilemeyen suptil bir bölgeye nüfuz edebilmek gibi olağanüstü bir gücü ele geçirmiş, sıradan bir kişiydi."

"Şimdi anlıyorum, Guruji. Ölüm ötesi, cezbedici bazı özellikler taşıyor."

Üstat onayladı:

"Afzal'ı o günden sonra hiç görmedim ama birkaç yıl sonra Babu bana, fakirin halka açık bir itirafını içeren bir gazete kupürünü göstermek için evime geldi. Afzal'ın bir Hindu guru tarafından eğitildiğine dair gerçekleri oradan öğrendim." Yayınlanmış belgenin Sri Yukteswar'ın hatırladığı kadarıyla, son bölümünün özeti şöyleydi: "Ben Afzal Han, bu cümleleri bir

---

[5] Tıpkı astral olarak üretilmiş bir obje olan gümüş muskamın bu dünyadan en sonunda yok olduğu gibi. (Astral dünya 43. Bölüm'de izah edilmiştir.)

pişmanlık bildirisi ve mucizevi güçler peşinde koşanlara bir uyarı olarak yazıyorum. Yıllardan beri bana Tanrı ve üstadımın lütfuyla verilmiş harikulade yetenekleri istismar etmekteydim. Kendimi ahlaki değerlerin olağan kurallarının ötesinde hissederek, egoizmin sarhoşluğuna kapıldım. En sonunda hesap verme günüm geldi.

Geçenlerde Kalküta dışındaki bir yolda yaşlı bir adama rastladım. Altına benzer parlak bir nesneyi taşıyarak, acıyla topallıyordu. Kalbimdeki açgözlülükle ona seslendim:

'Ben Afzal Han'ım, büyük fakir. Nedir o elindeki?'

'Bu altın top benim bütün maddi varlığım. Bir fakirin ilgisini çekmez. Sizden rica ediyorum, efendim, aksaklığıma şifa veriniz.'

Altın topa dokunduktan sonra cevap vermeden uzaklaştım. Yaşlı adam 'altınım gitti' diye bağırarak peşimden topallayarak koştu. Hiç yüz vermedim. Aniden, çelimsiz vücudundan beklenemeyecek müthiş bir sesle:

'Beni tanımadın mı?' dedi.

Dilimi yutmuş, donakalmıştım. Bu karşımdaki silik ve yaşlı topal adam, çok çok uzun zaman önce bana yoga eğitimi veren büyük ermişten başkası değildi. Bir anda doğruldu; bedeni anında güçlenip gençleşti.

'Eveeet!' Gurumun gözleri ateş saçıyordu. 'Güçlerini ıstırap çeken insanlığa yardım için değil de, adi bir hırsız gibi onları soymak için kullandığını kendi gözlerimle gördüm! Sana verdiğim gizli güçleri geri alıyorum. Hazret senin kumandandan azat edildi. Artık Bengal'de terör estiremeyeceksin!'

Kederli bir sesle Hazret'i çağırdım. İlk kez içsel ekranımda gözükmedi. Fakat karanlık bir peçe gözümden kalktığında, yaşamım boyunca kutsal bir şeyi nasıl lekelemiş olduğumu apaçık gördüm.

'Gurum, beni uzun süren yanılgımdan uyandırmaya geldiğin için minnettarım' diyerek ayaklarının dibinde dövünüp sızlanmaya başladım. 'Dünyalık hırslarımı hüsrana uğratacağıma söz veriyorum. Kötü geçmişimi telafi etmek için yalnızca Tanrı'nın huzurunda meditasyon yapmaya, dağlara çekileceğim' dedim. Gurum sessiz bir şefkatle bana baktı. 'İçtenliğini hissediyorum' dedi en sonunda. 'Geçmiş yıllardaki disiplinli itaatin ve şimdiki pişmanlığın yüzünden seni bağışlayacağım. Diğer güçlerin şimdi artık gitti, ama her ne zaman yiyecek ve giyeceğe ihtiyacın olursa, bunları sağlaması için Hazret'i yine çağırabilirsin. Kendini dağların ıssızlığında bütün kalbinle ilahi anlayışa ada.'

Gurum bundan sonra kayboluverdi. Gözyaşlarım ve derin düşüncelerimle baş başa kalmıştım. Elveda dünya! Kozmik Sevgili'den beni affetmesini dilemeye gidiyorum."

BÖLÜM 19

Kalküta'daki Üstadım Serampore'da Görünüyor

"Ateist kuşkular bir türlü yakamı bırakmıyor. Buna rağmen bazen de ruhun sezilemeyen yeteneklerinin olduğu kanısını aklımdan çıkaramıyorum. İnsan bu yetenekleri keşfedemezse gerçek kaderini anlamakta başarılı olabilir mi?"

Panthi pansiyonundaki oda arkadaşım Dijen Babu, gurumu ziyaret etmek üzere onu davet ettiğimde bu düşüncelerinden bahsetti.

"Sri Yukteswar sana *Kriya Yoga*'yı öğretecek" diye cevap verdim. "Kriya yoga ikili (dualistic) kargaşayı ilahi bir içsel kesinlikle yatıştırır."

O akşam Dijen bana aşrama giderken eşlik etti. Üstadın yanında arkadaşım öyle bir içsel huzura erişti ki, çok geçmeden aşramı düzenli ziyaret edenlere katıldı.

Günlük yaşamın önemsiz zihinsel endişeleri bizim en derin gereksinimlerimizi tatmin etmez. İnsanın fazilet için de doğuştan gelen bir açlığı vardır. Sri Yukteswar'ın sözleri Dijen'e; içindeki, kısa süren fani bir varoluşun yüzeysel egosundan daha gerçek bir benliği keşfetmeye gayret etmesi için ilham vermişti.

Dijen'le Serampore Üniversitesi'nde beraber eğitim gördüğümüzden, dersler sona erer ermez aşrama doğru bir yürüyüş yapmayı alışkanlık edinmiştik. Sık sık Sri Yukteswar'ı ikinci kattaki balkonda dikilir halde, bizi gülümseyerek selamlarken görürdük.

Bir öğle sonrası aşramın genç sakinlerinden biri olan Kanai, bizi hayal kırıklığına uğratan bir haberle kapıda karşıladı.

"Üstat burada değil. Acil bir durum yüzünden Kalküta'ya çağrıldı."

Ertesi gün gurumdan bir kartpostal geldi. "Kalküta'dan çarşamba sabahı ayrılacağım" diye yazıyordu. "Saat 9'da Serampore İstasyonu'nda olacağım, Dijen ile beraber treni karşılayın."

Çarşamba sabahı saat 8.30'a doğru Sri Yukteswar'dan gelen telepatik bir mesaj ısrarla zihnimde ışıldadı: "Gecikiyorum, dokuz trenini karşılamayın."

Son talimatı giyinmiş, hazır bekleyen Dijen'e anlattım.

"Hay bu senin sezgilerin!" diyen arkadaşımın sesi alaycıydı. "Üstadın yazılı sözlerine güvenmeyi tercih ederim."

Omuz silkerek sakince oturdum. Dijen kızgınlıkla homurdanarak kapıya ilerledi ve gürültüyle çarparak çıktı.

Oda oldukça karanlıktı; caddeye bakan pencereye yaklaştım. Yetersiz gün ışığı birden öylesine parıldadı ki, ışığın şiddetinden demir parmaklıklı pencere tamamıyla gözden kayboldu. Göz kamaştıran bu pırıltının içinden Sri Yukteswar'ın materyalize olmuş figürü belirdi!

Neredeyse şok derecesinde şaşırmış, sandalyemden doğrularak önünde eğildim. Gurumun ayaklarında saygıyla diz çökerek ayakkabılarına dokundum: Bana yabancı olmayan, portakal renkli ketenden ve tabanı sicim ayakkabılar. Koyu sarı Swami giysisi yüzümü süpürdü; sadece bariz bir şekilde cüppesinin dokusunu değil, aynı zamanda ayakkabılarının kumlu yüzeyini ve başparmaklarının basıncını da hissettim. Bir şey söyleyemeyecek kadar şaşkındım, ayağa kalkıp ona soru sorar gibi baktım.

"Telepatik mesajımı aldığına sevindim." Üstadın sesi sakindi. "Kalküta'daki işimi şimdi bitirdim ve saat on treniyle Serampore'a geleceğim."

Ben hâlâ dilimi yutmuş halde bakarken Sri Yukteswar sözlerine devam etti: "Gördüğün bir hayalet değil, benim gerçek bedenim. Bu tecrübeyi sana yaşatmak için İlahi tarafından yetkilendirildim ki buna dünyada nadiren tanık olunur. Beni istasyonda karşılayın. Dijen ile beraber beni şu an giydiğim elbisemle size doğru gelirken göreceksiniz. Önümde gümüş bir sürahi taşıyan küçük bir oğlan çocuğu yürüyor olacak."

Gurum iki elini kafamın üzerine koyarak, takdis eden bir şeyler mırıldandı. "Tabe asi"[1] kelimeleriyle mırıltısına son verdiğinde, garip bir gürleme sesi duydum.[2] Bedeni insanın içine nüfuz eden ışık içinde yavaş yavaş erimeye başladı. Önce ayakları ve bacakları kayboldu, sonra sanki sarılan kâğıt bir rulo gibi gövdesi ve başı. En son saçlarıma hafifçe dokunan parmaklarını hissettim. Görkemli ışık soluklaştı. Karşımda sönük gün ışığıyla pencereden başka bir şey kalmamıştı.

Yarı sersemlemiş vaziyette, 'Bir halüsinasyonun kurbanı mı oldum' sorusuyla kalakaldım. Çok geçmeden Dijen üzgün bir halde odaya girdi.

"Üstat dokuz treninde yoktu, hatta dokuz buçuk treninde de." Arkadaşım bunları özür dileyen bir havada söylemişti.

"Gel, biliyorum, saat 10'da gelecek." Dijen'in elinden tutarak itirazlarına

---

[1] Bengalce 'hoşça kal'; kelimesi kelimesine, ümit veren bir paradoks: 'Sonra gelirim'.

[2] Bedensel atomların çözülüşünün (dematerialyzasyon) karakteristik sesi.

aldırmadan onu çekiştirdim. Yaklaşık on dakika sonra, trenin durmak üzere son buharlarını çıkardığı istasyondaydık.

"Bütün tren üstadın aurasının ışığıyla parlıyor. Üstat burada!" diye sevinçle bağırdım. Dijen benimle dalga geçerek güldü:

"Rüya mı görüyorsun?"

"Burada bekleyelim." Arkadaşıma üstadın bize doğru nasıl yaklaşacağı hakkındaki detayları anlattım. Tarifimi bitirdiğimde, Sri Yukteswar, kısa süre önce görmüş olduğum elbiselerle gözüktü. Gümüş sürahi taşıyan küçük bir çocuğun arkasından yavaşça yürüyordu.

Bir an, yaşadığım tecrübenin inanılmaz tuhaflığından dolayı üzerimden soğuk bir korku dalgası geçti. Materyalist 20. yüzyıl dünyasının gözümün önünden silindiğini hissettim. Hz. İsa'nın; müridi Peter'in karşısında, denizin üzerinde peydah olduğu çağlar öncesine geri mi dönmüştüm?

Sri Yukteswar; modern bir yogi-mesih olarak, dilimizi yutmuş gibi dikildiğimiz yere yaklaştığında, Dijen'e gülümsedi ve "Sana da bir mesaj yolladım ama onu kavramaya kadir değildin" dedi.

Dijen susuyordu, fakat bana kuşkulu bir bakış attı. Gurumuza aşrama kadar eşlik ettikten sonra, arkadaşımla Serampore Üniversitesi'ne doğru devam ettik. Dijen sokakta duruverdi, hiddet sanki her bir gözeneğinden fışkırıyordu.

"Demek, üstat bana bir mesaj yolladı ve sen onu sakladın! Bir açıklama istiyorum!"

"Eğer zihninin aynası üstadın talimatlarını kaydedemeyecek kadar huzursuzlukla dalgalanıyorsa ben ne yapabilirim?" diye çıkıştım.

Dijen'in yüzündeki öfke silindi. "Ne demek istediğini anlıyorum" dedi pişmanlıkla. "Fakat lütfen söyle, sürahi taşıyan çocuktan nasıl haberin oldu?"

Ben o sabah üstadın pansiyondaki fenomenal tezahürü hikâyesini bitirdiğimde Serampore Üniversitesi'ne ulaşmıştık.

"Gurumuzun güçleri hakkında bütün bunları duyduktan sonra," dedi Dijen, "dünyadaki bütün üniversitelerin sadece bir anaokulu düzeyinde olduğunu düşünüyorum." [3]

---

[3] "Bana öyle şeyler vahyedildi ki, şimdi yazmış olduğum herşey gözüme saman çöpünden daha değersiz görünüyor."

Alimlerin Prens'i St. Thomas Aquinas, 'Summa Theologiae'nin tamamlanması konusunda endişelerini belirten sekreterine bu sözlerle cevap vermişti. 1273'te bir gün, Napolitan Kilisesi'ndeki bir vaaz esnasında St. Thomas derin bir mistik tecrübe yaşadı. İlâhi bilginin ihtişamı onu öyle sarstı ki, ondan sonra entellektüelliğe karşı bütün ilgisini yitirdi.

Cf. Sokrates'in kelimeleri (Platon'un *Phaedrus*'unda): "Bana gelince; bildiğim tek şey hiçbir şey bilmediğimdir."

BÖLÜM 20

Keşmir'i Ziyaret Etmiyoruz

"Baba, yaz tatilinde üstadımla dört arkadaşımı bana Himalayalar'a eşlik etmeleri için davet etmek istiyorum. Lütfen, Keşmir'e altı tren biletiyle, seyahat masraflarını karşılamak için yeterli para verebilir misin?"

Umduğum gibi babam yürekten gülerek, "Bana üçüncü kez bu hikâyeyi okuyorsun. Önceki yaz ve daha önceki yaz da benzeri bir istekte bulunmadın mı? Son anda Sri Yukteswar gitmeyi reddediyor."

"Haklısın baba; gurumun neden Keşmir'e gidip gitmemek konusunda kesin bir cevap vermediğini bilmiyorum.[1] Belki ona senden biletleri temin ettiğimi söylersem, gitmeye razı olur."

Babam o anda pek ikna olmamıştı, fakat ertesi gün benimle neşe içinde biraz dalga geçtikten sonra, altı tren biletiyle bir tomar on rupilik banknot uzattı.

"Hayalindeki seyahatinde böyle somut bir desteğe ihtiyacın olacağını sanmıyorum ama al bakalım!"

O günün öğle sonrası Sri Yukteswar'a ganimetimi gösterdim. Heyecanımı gülümseyerek karşılamasına rağmen cevabı çekimserdi: "Gitmek isterdim, bakalım." Küçük bir müridi olan Kanai'den bize eşlik etmesini rica ettiğimde de hiçbir yorum yapmadı. Aynı zamanda üç arkadaşımı daha davet ettim; Rajendra Nath Mitra, Jotin Auddy ve diğer bir genç. Hareket günümüz gelecek pazartesiydi.

Cumartesi ve pazar günleri Kalküta'da, bir kuzenimin düğünün yapıldığı evimizde kaldım. Pazartesi sabahı erkenden bagajımla Serampore'a vardım. Rajendra beni kapıda karşıladı.

"Üstat yürüyüşe çıktı. Gitmeyi reddediyor."

Üzgün olduğum kadar inatçıydım da. "Babama hayali Keşmir planlarımla alay etmesi için üçüncü bir fırsat vermeyeceğim. Biz, dördümüz gitmeliyiz."

---

[1] Üstadın hiçbir açıklamada bulunmamasına rağmen, o iki yaz boyunca Keşmir'i ziyarete gönülsüzlüğü, orada hastalanışı, zamanın henüz müsait olmayışının bir kehanetiydi belki de. (Bkz. Sayfa 192.)

Keşmir'i Ziyaret Etmiyoruz

Rajendra razı oldu; ben bir hizmetkâr bulmak üzere dışarı çıktım. Kanai'nin üstat olmadan gelmeyeceğini bildiğimden bagajlara göz kulak olacak biri lazımdı. Aklıma Behari geldi. Şu sıralarda Serampore'lu bir başöğretmenin yanında çalışmaktaydı ve daha önce evimizde hizmetkârlık yapmıştı. Hızlı adımlarla yürürken, Serampore Adliyesi'nin yanındaki Hıristiyan Kilisesi'nin önünde üstatla karşılaştım.

"Nereye gidiyorsun?" Üstadın yüzü gülmüyordu. "Üstadım, duyduğum kadarıyla siz ve Kanai planladığımız seyahate katılmıyorsunuz. Behari'yi arıyorum. Siz de hatırlarsınız; geçen yıl Keşmir'i görmeye can atıyordu, hatta para almadan hizmet etmeyi teklif etmişti."

"Hatırlıyorum. Ama boşuna arama, gelmeye istekli olduğunu sanmıyorum."

Çileden çıkmıştım. "Bu fırsatı hevesle bekliyor!"

Gurum sessizce yürüyüşüne devam etti; biraz sonra başöğretmenin evindeydim. Behari'nin avludaki sıcak, arkadaşça selamı, ben Keşmir'den bahseder bahsetmez kayboldu. Özür dilercesine homurdanarak ayrılıp eve girdi.

Yarım saat kadar bekledim. Kendime onun yolculuk için bavulunu hazırlamakta olduğunu telkin ederek sinirlerimi yatıştırıyordum. Sonunda kapıyı çalarak, kapıyı açan adama Behari'yi sordum.

Adam, dudaklarında hafif bir gülümsemeyle, "Behari yaklaşık yarım saat önce arka kapıdan çıkıp gitti" dedi.

Üzüntüyle oradan ayrıldım. Davetimde fazla mı ısrar ettim, yoksa üstadın görünmez tesirleri mi iş başında diye düşünerek yürüyordum. Hıristiyan Kilisesi'ni geçince, üstadın tekrar bana doğru geldiğini gördüm. Daha haberlerimi dinlemeden seslendi:

"Demek Behari gelmeyecek! Şimdi ne planlıyorsun?"

Kendimi babasına meydan okumaya kararlı küçük bir çocuk gibi hissettim. "Efendim, amcama, hizmetkârı Lal Dhari'nin bizimle gelmesine razı olur mu diye soracağım."

"İstersen git, amcanı gör" diye cevap verdi kıkır kıkır gülerek. "Ancak, ziyaretinin eğlenceli geçeceğini hiç zannetmiyorum."

Endişeli ama isyankâr bir halde, gurumu bırakıp Serampore Adliyesi'ne girdim. Bir savcı olan amcam Sarada Lal Ghosh beni içtenlikle karşıladı.

"Bugün birkaç arkadaşımla beraber Keşmir'e gideceğim" diye anlattım. "Yıllardır bu Himalaya seyahatini iple çekiyorum."

"Sevindim Mukunda. Bu seyahatine katkıda bulunmak için ne yapabilirim?"

Bu nazik sözler beni cesaretlendirdi. "Sevgili amca" dedim "hizmetkârınız Lal Dhari'nin bizimle birlikte gelmesine, mümkünse izin verir miydiniz?" Basit ricam sanki bir deprem etkisi yaptı. Amcam öyle bir hiddetle yerinden fırladı ki koltuğu devrildi; masanın üzerindeki kâğıtlar her yöne uçuştu ve uzun, hindistancevizi saplı piposu büyük bir tangırtıyla yere düştü.

"Seni bencil genç adam!" diye bağırdı hiddetten sarsılarak, "Eğer hizmetkârımı alıp da o sefa yolculuklarından birine gidersen bana kim bakacak?"

Amcamın bu ani tutum değişikliğinin, anlaşılmaz olaylarla dolu günümün muammalarından sadece biri olduğunu düşünerek şaşkınlığımı gizledim.

Adliyeden davayı kaybetmiş bir vaziyette çıktım. Arkadaşlarımın hazırlanmış olarak beni beklediklerı aşrama geri döndüm. İçimden bir ses gitgide yükselerek, üstadın bu tavrının bir sebebi olması gerektiğini söylüyordu. Gurumun isteğine karşı çıktığım için pişmanlık duymaya başladım.

"Mukunda, benimle biraz daha kalmak istemez misin? Jatendra ve diğerleri önden gidip, seni Kalküta'da bekleyebilirler. Keşmir'e giden son akşam trenini yakalamak için fazlasıyla vakit var."

"Efendim, siz olmadan gitmek istemiyorum" dedim üzüntü içinde.

Arkadaşlarım sözlerime hiç aldırış etmeden bir fayton çağırıp, bütün bagajla birlikte aşramı terk ettiler. Kanai ile ben gurumun ayakları dibinde sessizce oturduk. Yarım saatlik bir süküttan sonra gurum kalkarak ikinci kattaki balkona doğru yürüdü.

"Kanai, lütfen Mukunda'ya yiyecek bir şeyler hazırla. Treni yakında kalkacak."

Oturduğum yerden kalkarken mide bulantısı ve korkunç bir mide çalkantısıyla sendeledim. Ağrım öyle şiddetliydi ki sanki cehennem ateşine atılmış gibiydim. Önümü bile göremeden gurumun önünde kendimden geçtim. Bütün belirtiler Asya kolerasına işaret ediyordu. Gurumla Kanai beni oturma odasına taşıdılar.

Istırap içinde haykırdım: "Üstadım, hayatım sizin ellerinizde!" Sanki hayat denizinin kıyılarından sular geri çekiliyordu.

Sri Yukteswar başımı kucağına koyarak alnıma meleksi bir şefkatle hafifçe vuruyordu.

"Şimdi görüyorsun değil mi, eğer arkadaşlarınla istasyonda bekliyor olsaydın başına ne geleceğini?" dedi. "Seyahati tam bu kritik zamanda yapmanı onaylamayışımı şüpheyle karşılamayı seçtiğinden, seni böyle garip bir tarzda kollamak zorunda kaldım."

Keşmir'i Ziyaret Etmiyoruz

YARADAN YOGİLERİN KRALI SHIVA KİMLİĞİNDE

Tanrı Shiva, zahitlik ruhunu gövdeselleştirerek, Himalayalar'ın karla kaplı yüksekliklerinde derin samadhi huzuru içinde. Yılandan yakası (*naga kundala*) ve yılandan bilezikleri Tanrı Shiva'nın bu dünyaya üstünlüğüne ve O'nun yaratıcı gücüne işaret eder.

En sonunda anlamıştım. Büyük üstatlar güçlerini nadiren açıkça göz önüne sererler; tesadüfen olaylara tanık olan bir kişi için bugünkü olaylar son derece normaldi.

Sri Yukteswar asla sosyal zorunlulukları ihmal etmediğinden Kanai'ye, bir doktor çağırmasını ve amcama haber ulaştırmasını söyledi.

"Üstadım" diye itiraz ettim, "beni ancak siz iyileştirebilirsiniz. Doktor için artık çok geç."

"Çocuk, Şefkat tarafından korunuyorsun. Doktor hakkında endişe etme, seni bu halde bulmayacak. Hâlihazırda şifaya kavuşmuş bulunuyorsun."

Gurumun bu sözleriyle azap veren ağrı kayboldu. Kendimi doğrultacak takati bulabildim. Çok geçmeden bir doktor gelerek beni dikkatlice muayene etti.

"En kötü safhayı atlatmış görünüyorsun" dedi. "Laboratuvar tahlilleri için bazı örnekler alacağım."

Ertesi sabah doktor aceleyle çıkageldi. Ben, keyfim yerinde oturuyordum.

"Vay, vaay! Şunun haline bak, sanki dün ölümün eşiğinden dönen o değilmiş gibi oturmuş, çene çalıyor." Elimi yavaşça okşadı. "Aldığım örneklerden hastalığının Asya kolerası olduğunu gördüm. Seni hayatta bulacağımı hiç ummamıştım doğrusu. Şanslısın genç adam, iyileştirici güçleri olan bir gurun var! Tamamıyla ikna oldum!"

Ona bütün kalbimle katıldım. Doktor gitmeye hazırlanırken Rajendra ile Auddy kapıda belirdiler. Önce doktora, sonra da soluk benzime bir bakış attıklarında kızgınlıkları sempatiye dönüştü.

"Kararlaştırdığımız gibi Kalküta trenine gelmediğinde sana öfkelenmiştik. Hastalandın mı?"

"Evet." Arkadaşlarım bavulumu dün durduğu yere yeniden koyunca gülmeden edemedim:

"İspanya'ya kalkan bir gemi vardı, daha kalkmadan önce geri dönmüştü!" dizesi aklıma geldi.

Üstat girdi odaya. İyileşmiş olmanın sevinciyle elini tuttum.

"Guruji" dedim, "on iki yaşımdan bu yana Himalayalar'a erişmek için birçok teşebbüste bulundum. En sonunda ikna oldum ki, sizin izniniz olmadan Tanrıça *Parvati*[2] beni huzuruna kabul etmeyecek!

---

[2] Kelime anlamı 'dağların'. Parvati mitolojide (karların üzerinde ikamet eden) 'Himalaya Kralı'nın kızı olarak bilinir. Himalaya Kralı'nın evi Tibet sınırındaki bir doruktadır. Hayretler içinde kalan yolcular, erişilmesi imkânsız zirvenin eteklerinden geçerek, uzakta buzdan kubbe ve kuleleriyle bir sarayı andıran olağanüstü bir formasyona tanık olurlar.

Parvati, Kali, Durga, Uma ve diğer tanrıçalar belli fonksiyonları sembolize etmek için değişik adlar alan Jaganmatri'nin (Dünyanın İlahi Anası) sıfatlarıdır. Tanrı ya da Shiva (sayfa 279 dipnotuna bakınız) '*para*' yahut transandental sıfatında, yaradılış içinde aktif değildir. O'nun '*shakti*'si (enerji, aktive eden güç), Kozmos'taki sonsuz yayılışını mümkün kılan türetici dişil güçlere, yani O'nun eşlerine havale edilir.

Puranalar'daki mitolojik efsaneler Himalayalar'ı Shiva'nın ikameti olarak gösterir. Tanrıça Ganga, Himalayalar'dan kaynaklanan nehrin koruyucusu sıfatıyla göklerden yeryüzüne indi. Bundan dolayı Ganj Nehri'nin şiirsel olarak, 'Yogilerin Kralı' ve üçlü yaradılışın (Trinity) Tahripçisi ve Restore Edicisi Shiva'nın saçları kanalıyla cennetten yeryüzüne doğru aktığı söylenir. 'Hindistan'ın Shakespeare'i' Kalidasa, Himalayalar'ı 'Shiva'nın kümeleşmiş kahkahası' diye tavsir etmiştir. F. W. Thomas, *Hindistan'ın Mirası*'nda (*The Legacy of India*) şöyle der: "Okuyucular o büyük beyaz dişlerin yayılışını tahayyül edebilirler. Ancak, ayın zirvelerini mücevher olarak süslediği, Ganj'ın, dalgalı saçlarının kıvrımlarından akarak göklerden yeryüzüne döküldüğü küme halinde yükselen dağlarda sonsuza dek tahtında oturan muhteşem Zahit'in (Shiva) gerçek kimliğini anlayamadıkları takdirde, bu tasvirin ardında yatan fikir onlara hâlâ muamma olarak kalabilir."

Hindu sanatında Shiva sık sık, gecenin gizemini ve karanlığını sembolize eden kadife siyahi bir antilop derisi giymiş olarak gösterilir. Bu O'nun asıl elbisesi olan *digambara*'dir 'eter giysisi'. Bazı Shiva tarikatlarının mensupları herşeye ve hiçbir şeye sahip Lord'u (Shiva) onurlandırmak için birşey giymezler.

Keşmir'in en büyük ermişlerinden biri, 14. yüzyılın Lalla Yogiswari'si (En Üstün Yoga Öğretmeni), Shiva'nin eter giysili bir kadın müridiydi. Bunu skandal olarak gören çağdaşlarından bir kişi, ermişe neden çırılçıplak dolaştığını sordu." Neden olmasın" diye cevapladı Lalla, "etrafta bir erkek görmüyorum." Lalla'nın biraz aşırı olan düşünce tarzında, Tanrısal-Bilinçten yoksun olan, 'erkek' diye anılmayı hak etmiyordu. Lalla, *Kriya Yoga* ile yakın bağlantısı olan bir teknik uyguluyordu. Bu tekniğin etkililiğini birçok dizede açığa vurmuştur. Bunlardan birini tercüme ediyorum:

Hangi ıstırap asidini içmedim ki,
Sayısızdır ölüm ve doğum çemberlerim,
Bir de baktım kabım nektarla dolmuş,
İçtim nefesin sanatıyla bir yudumda.

Ermiş doğal bir şekilde ölmeyerek, kendini ateş içinde demateryalize etti. Daha sonra ağlayıp sızlanan kasaba halkı önünde bir kez daha göründü. Altın giysiler içinde, yaşayan bir formda; en sonunda tamamıyla giyinik olarak!

BÖLÜM 21

Keşmir'i Ziyaret Ediyoruz

"Artık yeteri kadar gücün yerine geldi. Seninle beraber Keşmir'e geleceğim." Sri Yukteswar, Asya kolerasından mucizevi bir şekilde kurtuluşumdan iki gün sonra bana bu haberi verdi.

O akşam altı kişilik bir grup olarak kuzeye doğru trenle yola çıktık. İlk durağımız Himalaya tepelerinin tahtında oturan Simla'daydı. Muhteşem manzara karşısında hayranlık duyarak dik sokaklarda dolandık.

"Satılık İngiliz çilekleri" diye bağırdı yaşlı bir kadın. Rengârenk bir pazaryerinde, sepetlerinin ardında çömeldiği yerden! Üstat bu garip kırmızı meyveyi merak etmişti. Büyük bir sepet satın alarak Kanai ile bana ikram etti. Bir tanesini denedim ama anında yere tükürdüm.

"Efendim, ne kadar ekşi bir meyve! Çilekten hoşlanacağımı hiç sanmıyorum!"

Gurum güldü. "Oh, hoşuna gidecek çilek Amerika'da. Orada bir akşam yemeğinde ev sahibin çilekleri şeker ve kremayla beraber sunacak. O çilekleri ezdikten sonra, sen tadına bakacak ve 'Bu çilekler ne kadar lezzetliymiş!' diyerek Simla'daki bugünü hatırlayacaksın."

(Sri Yukteswar'ın geleceği önceden haber veren bu sözleri aklımdan çıkmıştı. Ta ki yıllar sonra, Amerika'ya gidişimden kısa bir süre sonrasına kadar. Bayan Alice T. Hasey'in (Rahibe Yogmata) Westsommerville Massachusetts'deki evinde akşam yemeğine davetliydim. Masaya bir tabak çilek konduğunda ev sahibim bir çatal alarak benim çileklerimi ezdi ve kremayla şeker ilave etti. "Meyve biraz ekşi ama bu şekilde karıştırıldığında seveceğinizi umuyorum" dedi. Koca bir kaşık aldım. "Ne lezzetli çilekler!" sözleri ağzımdan çıkar çıkmaz, üstadın kehaneti anıların dipsiz mağarasında beliriverdi. Gurumun Tanrı ile bütünleşmiş zihninin, gelecek zamanın eteri içinde dolaşan karmik olaylara ait programları uzun yıllar önce nasıl algılamış olduğunu fark ederek dehşete düştüm.)

Grubumuz Simla'dan çabucak ayrılarak Rawalpindi'ye doğru yola çıktı. Orada Keşmir'in başşehri Srinagar'a yedi günlük bir gezi için, iki atın çektiği

Keşmir'i Ziyaret Ediyoruz

geniş ve üstü kapalı bir binek arabası kiraladık. Kuzeye doğru seyahatimizin ikinci gününde Himalayalar'ın gerçek enginliği gözümüzün önüne serildi. Arabamızın demir tekerlekleri sıcak, taşlı yollar boyunca gıcırdayarak ilerlerken biz, dağların heybetinin değişen manzaralarıyla kendimizden geçmiştik.

"Efendim" dedi Auddy üstada, "sizin kutsal eşliğinizde bu muhteşem görüntülerle çok hoş vakit geçiriyorum."

Bu seyahate onları davet eden konumunda olduğum için Auddy'nin memnuniyetinden kıvançlı bir zevk duydum. Sri Yukteswar düşüncemi yakaladı. Bana dönerek fısıltıyla:

"Kendini şişirme, bizden sigara içecek kadar bir süre ayrılma fikri [1] Auddy'ye bu manzaradan daha büyük keyif veriyor."

Şoke olmuştum. "Efendim" dedim fısıltıyla, "lütfen ahengimizi bozacak bu gibi tatsız sözlerden kaçınınız. Auddy'nin sigara içmeye can attığını sanmıyorum." Genelde durdurulması olanaksız guruma kaygıyla baktım.

"Pekâlâ, Auddy'ye herhangi bir şey demeyeceğim ama göreceksin, araba durunca fırsatı değerlendirmekte gecikmeyecek" diyerek kıkırdadı.

Arabamız bir kervansaraya vardı. Atlarımız sulanmaya götürülürken Auddy sordu: "Efendim, izin verirseniz bir süre dışarıda arabacının yanında oturarak gidebilir miyim? Biraz temiz hava almak istiyorum."

Sri Yukteswar razı oldu ama bana kesin bir biçimde bildirdi: "Taze duman istiyor, temiz hava değil!"

Arabamız tozlu yollardan ilerliyordu. Üstat bana göz kırparak:

"Kapıdan boynunu uzat, Auddy'nin temiz havaya ne yaptığını gör!"

Söylediğini yapınca Auddy'yi halkalı dumanlar çıkarırken gördüm. Çok şaşırdım. Özür dilercesine Sri Yukteswar'a baktım.

"Her zamanki gibi haklısınız, efendim. Auddy manzarayla birlikte birkaç nefes dumanın tadını çıkarıyor." Herhalde hediyeyi araba sürücüsünden almıştı, çünkü Kalküta'dan çıkarken üzerinde sigara olmadığını biliyordum.

Kıvrımlı yola devam ettik. Nehirler, vadiler, sarp uçurumlar ve değişken dağ sıralarını büyülenerek seyrediyorduk. Her akşam kırsal bir handa konaklayarak, yemeğimizi kendimiz pişirdik. Sri Yukteswar benim diyetime özel bir ihtimam göstererek her öğün yemekte limon suyu içmemde ısrar etti. Hâlâ zayıftım ama at arabasında geçen rahatsız yolculuğa rağmen günden güne iyileşiyordum.

Keşmir'in merkezine yaklaşmadan önce kalbimizi bir sevinç kapladı. Keşmir; göllerin, yüzen bahçelerin, neşeli çardakların gölgelediği yüzen

---

[1] Hindistan'da büyüklerin huzurunda sigara içmek bir saygısızlık işaretidir.

evlerin, çok köprülü Jhelum Irmağı'nın, çiçeklerle bezenmiş kırların cenneti. Hepsi de Himalayalar ile çevrili.

Srinagar'a iki tarafında ağaçların bizi selamladığı bir yoldan girdik. Muhteşem dağlara bakan iki katlı bir handa konakladık. Odalarda akarsu olmadığından, su ihtiyacımızı yakındaki kuyudan su çekerek gideriyorduk. Yaz mevsimi için hava idealdi; günler ılık, gecelerse hafifçe serin.

Swami Shankara'ya atfedilmiş olan çok eski Srinagar Tapınağı'nı ziyaret ettik. Bir dağın zirvesindeki, gökyüzüne kucak açmış aşrama bakarken aşkın bir trans haline girdim. Vizyonda, uzak bir ülkedeki bir tepe üzerine yapılmış gösterişli bir bina göründü bana. Yüce Shankara Tapınağı karşımda yerini, yıllar sonra Amerika'da kuracağım Self-Realization Fellowship binasına bıraktı. (Los Angeles'i ilk ziyaretimde Mount Washington tepesindeki büyük binayı görünce, onu geçmişteki Keşmir ve diğer yerlerdeki vizyonlarımdan tanıdım.)

Birkaç gün Srinagar'da kaldıktan sonra Gulmarg'a (çiçekli dağ patikaları) gittik. 2.500 metre yükseklikteki Gulmarg'da ilk kez iri bir ata bindim. Rajendra, hıza âşık olduğunu sonradan öğreneceğimiz, küçük bir atı tercih etti. Çok dik olan Khilanmarg'a tırmanmaya cesaret ettik. Patika sık sık tehlikeli ve sisle kaplı bölgelerin olduğu, ağaç mantarlarının bolca bulunduğu yoğun bir ormandan geçiyordu. Jatendra'nın küçük atı benim bindiğim iri hayvanı en tehlikeli geçitlerde bile bir türlü rahat bırakmadı. Yorulmak bilmeksizin, yarışmanın sevincinden başka hiçbir şeyden habersiz, durmadan üzerimize geliyordu.

Çetin yarışımız nefes kesen bir manzarayla ödüllendirildi. Hayatımda ilk defa, tepelerin sanki dev kutup ayıları gibi birbirinin üzerine yattığı, hangi yöne bakarsam bakayım karla kaplı zirvelerle çevrili yüce Himalayalar'ı gördüm. Gözlerim güneşli mavi gökyüzüne dayanmış buzlu dağların sonsuz uzantısında coşkuyla bayram yaptı.

Genç arkadaşlarımla kalın paltolarımızı giyerek, parıldayan beyaz yamaçları örten karlarda yuvarlandık. Aşağı inerken, dağlarla kontrast yapan sarı çiçekli tarlalar, büyük bir halı gibi ayağımızın altında uzanıyordu.

Sonraki ziyaretimiz İmparator Şah Cihangir'in Shalimar ve Nishat Bagh'daki ünlü 'zevk bahçeleri'neydi. Nishat Bagh'daki eski saray, doğal bir şelalenin üzerine inşa edilmiştir. Dağlardan gelen su, ustaca yönlendirilerek renkli teraslara ve baş döndürücü çiçek yataklarının arasındaki kaynaklara doğru akıtılmış; ırmak sarayın çeşitli odalarından da geçerek, peri masallarındaki gibi aşağıdaki göle dökülüyordu. Harika bahçeler renkli güllerin;

Sri Yogananda tarafından 1925'te Los Angeles Kaliforniya'da, Mt. Washington'un tepesinde kurulan Self Realization Fellowship (Yogoda Satsanga Society of India) uluslararası merkezinin yönetim binası.

yasemin, leylak, aslanağzı, hercai menekşe, lavanta ve gelinciklerin cümbüşüyle göz alıcıydılar. Çınarların, servilerin ve kiraz ağaçlarının simetrik dizilimiyle oluşmuş zümrüt çerçevenin ardında Himalayalar'ın ihtişamı vardı.

Sözde ünlü Keşmir üzümleri Kalküta'da nadir bir meyve olarak bilinir. Yol boyunca Keşmir'de bizi bekleyen üzümlerden söz eden Jatendra orada büyük üzüm bağlarını bulamayınca hayal kırıklığına uğramıştı. Onun bu abartılı üzüntüsüne, "Oh! Üzümle öyle tıka basa doluyum ki yürüyemiyorum." "Hayali üzümler midemde demleniyor" diyerek takılıyordum. Daha sonra duyduk ki, tatlı üzümler Keşmir'in batısında, Kabil'de bolca yetişiyordu. Biz de kendimizi *rabri*'den (ağır, konsantre süt) yapılmış, şam fıstıklı dondurmayla avuttuk. Dal Gölü'nün kanalları boyunca gezinen, kırmızı nakışlı çardakların gölgelediği küçük kayıklarla (*shikaras*) çeşitli turlar yaptık. Örümcek ağı gibi bir kanallar sistemiydi bu. Göldeki sayısız yüzen bahçeler insanı hayrete düşürüyordu. Hele geniş suların ortasında büyüyen kavunlar ve sebzeler, ilk gördüğünde insana şaşırtıcı ve uyumsuz geliyordu. Ara sıra bir köylünün 'toprağa bağlı kalmaya' gerek görmeyerek, küçük 'tarlasını' yedeğinde çekerek, kendine gölde başka bir yer aradığını görmek mümkündü. Bu taraçalı vadide insan dünyanın her bir güzelliğinden bir örnek buluyordu. Keşmir Sultanı'nın tacı dağlardan, çelengi gölden, ayakkabıları çiçektendi.

Daha sonraki yıllarda dünyanın birçok ülkesini dolaştım ve Keşmir'in neden dünyanın en harika manzarası olarak anıldığını anladım. Keşmir biraz İsviçre Alpleri'nin, biraz İskoçya'daki Loch Lomond'un ve zarif İngiliz göllerinin cezbesine sahipti. Amerikalı bir gezginin, Keşmir'de Alaska'nın engebeli gösterişiyle Denver yakınındaki Pikes Peak'i hatırlatacak görüntüleri bir arada bulması mümkündü.

Dünyanın en güzel yeri yarışması olsa, birincilik ödülünü ya Meksika'daki Xochimilko'da göklerin, dağların ve kavakların yansıdığı, balıkların oynaştığı su yollarının olağanüstü manzarasını ya da Himalayalar'ın keskin bakışları tarafından güzel kızlar gibi himaye edilen Keşmir'in göllerini aday gösterirdim. Bu iki yer, yeryüzünün en sevilecek iki noktası olarak anılarımda yer alır.

Bunların yanında Yellowstone Ulusal Parkı'nı, Kolorado'yu, Grand Canyon'u ve Alaska'yı gördüğümde de huşu duydum. Yellowstone, insanın dünya yüzünde havaya fışkıran gayzerleri saat gibi bir düzenlilikle izleyebileceği belki de tek yer. Bu volkanik bölgede tabiat, sıcak kükürtlü kaynaklar, opal ve safir renkli havuzlar, dehşetli gayzerler, özgürce dolaşan ayılar, bizonlar, kurtlar ve diğer vahşi yaratıklar gibi eski yaradılışın bir sahnesini bırakmış. Wyoming yollarında "Devil's Paint Pot"un (Şeytanın Boya Çanağı)

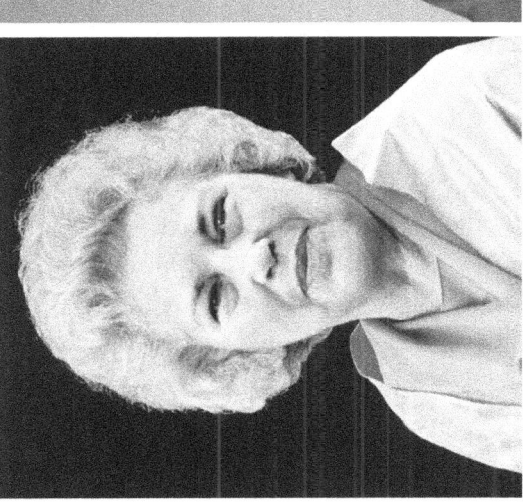
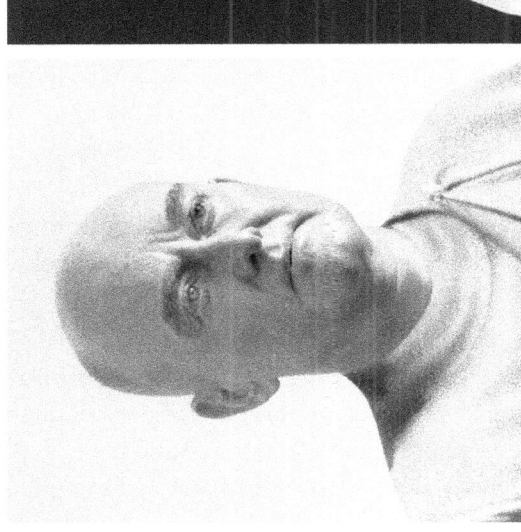

PARAMAHANSA YOGANANDA'NIN HALEFLERİ

(Sol-üstten sağa doğru) Sri Rajarsi Janakananda, 1952-1955 arasında Self-Realization Fellowship ve Yogoda Satsanga Society of India'nın ruhani lideri ve başkanı olarak hizmet vermiştir. Sri Daya Mata; Rajarshi Janakananda'dan sonra Şubat 1955'ten, 2010 yılında vefatına kadar, 55 yıl boyunca, Self-Realization Fellowship ve Yogoda Satsanga Society of India'nın başkanlığını yaptı. Sri Mrinalini Mata, Sri Daya Mata'dan sonra kuruluşun çalışmalarını yürütmek üzere bizzat büyük üstat tarafından seçilmiş bir başka yakın mürit, SRF/YSS organizasyonunun şu andaki başkanı ve ruhani lideridir.

fokurdayan sıcak çamurunu, çağıldayan kaynaklarla gaz fışkırtan gayzerleri ve buhar kaynaklarını görünce, Yellowstone'un bu eşsiz doğasının özel bir takdire layık olduğunu düşünmüştüm.

Kaliforniya'daki Yosemite Parkı'nda göğe doğru uzanan çok eski dev mamut ağaçları da İlahi Maharet'in dizayn ettiği doğal yeşil katedrallerdir. Doğu'da birçok şelale olmasına rağmen hiçbiri Kanada sınırındaki Niagara Şelalesi'nin güzelliğiyle boy ölçüşemez. Kentucky'deki Mammoth Cave ve New Mexico'daki Carlsbad Caverns mağaralarıysa garip peri diyarlarıdır. Yeraltı sularında yansıyan ve mağara tavanlarından sarkan sarkıtlar bize başka dünyaların küçük bir görüntüsünü sergiler.

Keşmir'de, güzellikleri dünyaca bilinen, Avrupalılar gibi beyaz tenli ve aynı vücut yapısına sahip, sarışın mavi gözlü birçok insan yaşar. Batılı tarzdaki giyinişleriyle Amerikalılar'a benzerler. Himalayalar'ın soğuk iklimi derilerini yakıcı güneş ışığından koruduğundan, tenleri açık renktedir. Daha güneye, Hindistan'ın tropikal bölgelerine doğru gittikçe daha koyu derili insanlarla karşılaşılır.

Keşmir'de mutlu haftalar geçirdikten sonra, Serampore Üniversitesi'nin sonbahar dönemi başladığından Bengal'e geri dönme hazırlıklarına başladım. Sri Yukteswar, Kanai ve Auddy Srinagar'da biraz daha kalacaklardı. Ben ayrılmadan kısa süre önce üstat, Keşmir'de hastalanacağını ima etti.

"Ama efendim, sapasağlam görünüyorsunuz" diye karşı çıktım.

"Hatta bu dünyayı terk edip gitme ihtimalim var" dedi.

"Guruji!" Onu zorlayan bir tarzda kendimi ayaklarına attım. "Lütfen, bedeninizi şimdi terk etmeyeceğinize söz verin. Siz olmadan yoluma devam etmek için tam anlamıyla hazırlıksızım."

Sri Yukteswar sessiz kaldı fakat bana öyle şefkatle gülümsedi ki kendimi teminat verilmiş gibi hissettim. Onu gönülsüzce bırakıp oradan ayrıldım.

Serampore'a döndükten kısa süre sonra Auddy'den bir telgraf geldi: "Üstat ciddi bir şekilde hasta."

"Efendim" diye heyecanla telgraf yolladım guruma, "beni bırakıp gitmemeniz için söz vermenizi istemiştim. Lütfen bedeninizi terk etmeyin, yoksa ben de ölürüm."

"İstediğin gibi olsun" diye geldi üstadın cevabı.

Birkaç gün içinde Auddy'den gelen bir mektup, üstadın iyileştiğini bildiriyordu. İki hafta sonra Serampore'a geri döndüğünde gurumun vücudunun normal ağırlığının yarısını kaybetmiş olduğunu endişeyle gördüm.

Müritlerinin hayrına, Sri Yukteswar onların günahlarının birçoğunu

Keşmir'de, hastalığının şiddetli ateşinde yakmıştı. Hastalığın fiziksel transferi metodu ancak çok ilerlemiş yogilerce bilinir. Güçlü bir adam nasıl zayıf birine ağır bir yükü taşırken yardım ederse, spiritüel bir süper-insan da müritlerinin karmik (geçmiş eylemlerinden kaynaklanan) yüklerinin bir kısmını üstlenerek, zihinsel ve fiziksel dertlerini minimuma indirebilmeye kadirdir. Tıpkı zengin bir babanın oğlunun borcunu ödeyerek onu müsrifliğinin sonucundan kurtarması gibi; bir üstat isteyerek, kendi bedensel refahının bir kısmını müritlerinin ızdırabını hafifletmek için feda eder. [2]

Ermiş, gizli bir yogik metotla zihnini ve astral aracını ızdırap çeken bir bireyinkiyle birleştirir; dert tamamıyla ya da kısmen ermişin et ve kemikten formuna nakledilir. Tanrı ile fiziksel planda da bütünleşmiş olan bir üstat artık vücudu hakkında endişelenmez. Diğer bir insanı rahatlatmak için bedeninin hastalanmasına izin verdiği halde, zihni etkilenmeden kalır. Böyle bir yardımı yapabildiği için kendisini şanslı hisseder. Tanrı'nın huzurunda son kurtuluşa erdikten sonra artık beden amacını tamamıyla yerine getirmiş olan üstat, bedenini uygun gördüğü şekilde kullanır.

Bir gurunun bu dünyadaki görevi insanoğlunun kederini ister spiritüel kanallardan, ister akıl verici nasihatlerle ya da istenç gücü veya hastalığın fiziksel transferiyle hafifletmektir. İstediği an süper-bilinçlilik haline kaçarak bir üstat fiziksel hastalığını unutup, ondan habersiz olabilir. Bazen müritlerine bir misal göstermek için, bedensel acıya stoik bir biçimde tahammül etme yolunu seçebilir. Başkalarının hastalıklarını üzerine alarak, onlar adına karmik neden-sonuç kanununun kendi üzerinde uygulanmasını sağlar. Bu kanun mekanik veya matematiksel olarak işler. İşleyiş tarzı İlahi Bilgi'yi tam anlamıyla kavramış üstatlar tarafından bilimsellikle manipüle edilebilir.

Spiritüel kanun bir üstadın başka birini iyileştirdiğinde hasta olmasını gerektirmez. Şifa veriş, normal olarak ermişin çeşitli tedavi etme yöntemleri üzerine olan bilgisi kanalıyla gerçekleşir ve spiritüel şifacıya bir zarar gelmesi söz konusu değildir. Ancak bazı seyrek durumlarda, müritlerinin evrimini hızlandırmak isteyen bir üstat, onların istenmeyen karmalarının büyük bir kısmını kendi bedeni kanalıyla bertaraf etme yolunu seçebilir.

Hz. İsa kendini sayısız insanın günahları için kefaret olarak sundu. İsa gönüllü olarak neden ve sonuç yasasının ince kozmik kanunuyla işbirliği içinde olmasaydı, ilahi güçlerine [3] rağmen haça gerilerek öldürülemezdi.

---

[2] Teresa Neumann (bkz. S.350) da dahil birçok Hıristiyan ermiş, hastalığın metafizik transferine aşinaydı..

[3] Acts - Elçilerin İşleri 1:8, 2:1-4

Bu yolla diğerlerinin, özellikle müritlerinin karmalarının negatif sonuçlarını üzerine aldı. Bundan dolayı müritleri ileri derecede arınarak, daha sonra kendilerine bildirilen 'Kutsal Ruh'u [4] ya da Her Yerde Var Olan Bilinç'i idrak edebilmek için güçlendirildiler.

Sadece kendinin idrakine ulaşmış bir üstat diğerlerinin hastalıklarını bedenine nakledebilir veya kendi hayat gücünü transfer edebilir. Alelade bir insan bu yogik şifa metodunu uygulayamaz ve uygulamaması da yerindedir. Çünkü sağlıksız bir fiziksel yapı, derin meditasyona engeldir. Hindu yazıtlarının öğretisine göre insanın mecburi görevlerinden biri de bedenini zinde tutmaktır, aksi takdirde zihni ibadet ederken tam konsantre olamaz.

Çok güçlü bir zihin, her türlü fiziksel zorluğun üzerine çıkarak Tanrısal-Bilince ulaşabilir. Birçok ermiş hastalığa aldırmayarak ilahi arayışında başarılı olmuştur. Assisi'den Aziz Francis, kendisi ağır hastalıktan ızdırap çekerken, başkalarını iyileştirdi ve hatta ölüleri diriltti.

Bir gün, eskiden vücudunun yarısı açık yaralarla kaplı olmuş olan Hintli bir ermişle tanıştım. O zamanlar şeker hastalığı öyle ağırmış ki, bir yerde on beş dakikadan fazla rahat oturamıyormuş. Fakat ilahi şevki yıldırılacak cinsten değildi. Hiç yılmadan, "Tanrım, benim harabe olmuş tapınağıma gelecek misin?" diye dua etmişti. İstencini sürekli kullanarak ermiş, yavaş yavaş günde on sekiz saat lotus pozisyonunda, ilahi trans içinde oturabilecek hale gelmişti. "Ve" diye anlattı, "üçüncü yılın sonunda Sonsuz Işığın içimde parladığını hissettim. O'nun görkemi içinde sevinçten bedenimi unutuverdim. Daha sonra gördüm ki İlahi Rahmet kanalıyla tamamıyla iyileşmişim."

Tarihi bir şifa bulma olayı da Hindistan'da kendi adıyla anılan imparatorluğun kurucusu Babür Şah (1483-1530) ile ilgilidir. Babür'ün oğlu Hümayun ağır hastalanır. Baba çaresiz bir ısrarla oğlunun yerine kendisinin hasta olması için dua eder. Hümayun [5] iyileşir; Babür ise o anda hastalanarak, oğlunun çektiği dertten ölür.

---

[4] İsa çarmıha gerilmeden önce şöyle dedi: "Şu anda Baba'ma dua edersem, bana şuracıkta iki alaydan fazla melek indiremeyeceğini mi sanıyorsunuz? Fakat o halde kutsal yazıtlara göre 'bunun böyle olması gerektiği' nasıl icra olabilir?" *Matthew-Mata 26:53-4*

[5] Hümâyun Büyük Ekber'in babasıdır. İslamlaştırmak amacıyla Ekber önce Hindular'a zulüm yaptı. "Bilgim arttıkça büyük utanç duydum" demişti sonraları. "Mucizeler *herhangi* bir dini inanca ait *herhangi* bir tapınakta görülebilir." Bhagawad-Gita'yı tercüme etmek üzere İranlı tercümanlar görevlendirerek, sarayına Roma'dan bazı Cizvit Baba'larını davet etti. Ekber, yanlış olmasına rağmen sevecenlikle İsa'ya şu sözleri atfetmiştir: (Ekber'in yeni Fatehpur Sikri şehrindeki zafer anıtının üzerine yazılmıştır.) "İsa, Meryem'in oğlu (Allah'ın rahmeti üzerine olsun) dedi ki: 'Dünya bir köprüdür; üzerinden geç ama üzerinde ev kurma.'"

Çoğu insan bir ermişin bir Sandow'un [6] gücü ve sağlığına sahip olması gerektiğine inanır. Bu yanlış bir zandır. Hasta bir beden bir ermişin ilahi güçlerden yoksun olduğu anlamına gelmez, tıpkı yaşam boyu sağlıklı olmanın içsel aydınlanmaya işaret edemeyeceği gibi. Bir üstadın belirgin yönleri fiziksel değil, spiritüeldir.

Batı'da çok sayıdaki yolunu kaybetmiş insan, yanılgı içinde, metafizik üzerine süslü püslü konuşan ya da yazan birinin üstat olması gerektiğini düşünüyor. Bir insanın üstat oluşunun kanıtı, her nasılsa, onun istediği anda nefessiz hale (*Sabikalpa Samadhi*) girebilme yeteneği ve "değişmeyen huzur"a (*Nirbikalpa Samadhi*) erişmiş olup olmadığıyla görülebilir ancak.[7] Eski bilgeler, bir insanın *Maya*'nın ikilemli kozmik yanılgısını yenmiş olduğunu, ancak temelde bu başarının gösterdiğine işaret etmişlerdir. Ancak o, idrakinin derinliklerinden: "Ekam Sat" ("Varolan sadece Birdir") diyebilir.

"Cehalet sonucu ikilemler içinde yaşayan insan her şeyi 'Ben'inden ayrı görür" diye yazmıştı büyük monist Shankara. "Her şey 'Ben' olarak bilindiğinde, bir tek atom bile 'Ben'den başka bir şey değildir. Gerçekliğin bilgisi doğar doğmaz, bedenin gerçek olmayışından kaynaklanan, eski eylemlerimizin sonucu olarak ortaya çıkacak deneyimlerden azat oluruz; tıpkı uyandıktan sonra rüya görülemeyeceği gibi."

Sadece büyük gurular müritlerinin karmalarını üstlenebilir. Sri Yukteswar müritlerine bu olağanüstü yoldan yardım edebilmek için içindeki Ruh'tan izin almamış olsaydı Srinagar'da[8] ızdırap çekmeyecekti. Ancak sayılı ermiş, ilahi direktifleri benim Tanrı ile bağlantı halinde olan kâmil gurum gibi hassasiyetle yerine getirebilme faziletine sahiptir.

Bir deri bir kemik kalmış bedeni hakkında sempatik birkaç söz söylediğimde, gurum neşeyle:

"Bazı iyi tarafları var, yıllardır giyinmediğim birkaç küçük fanilayı şimdi yine giyebiliyorum!" dedi.

Üstadın şen kahkahalarını duyarken Aziz Francis de Sales'in sözlerini hatırladım: "Hüzünlü bir ermiş, hüzünlü bir ermiştir!"

---

[6] Alman bir atlet (1925'lerde)."Dünyanın en kuvvetli adamı" diye bilinir.

[7] Bakınız, S. 226 ve 393 dipnot.

[8] Keşmir'in başkenti Srinagar M.Ö. 3. yüzyılda İmparator Asoka tarafından kuruldu. Orada inşa ettirdiği 500 manastırdan 100'ü, Çinli Hacı Hiuen Tsiang Keşmir'i 1.000 yıl sonra ziyaret ettiğinde hâlâ duruyordu. Diğer bir Çinli yazar, Fa-Hsien (5. yüzyıl) Asoka'nın Pataliputra'daki (modern Patna) geniş sarayının harabelerini gördükten sonra, yapının mimarisinin dekoratif plastik sanatlarda öylesine inanılmaz bir güzellik taşıdığını ve bundan dolayı 'hiçbir ölümlü elin eseri olamayacağını' anlatır bize.

BÖLÜM 22

Taş Bir Heykelin Kalbi

"Sadık bir Hindu kadını olarak, kocamdan yakınmak istemiyorum. Fakat onun materyalist bakış açısını değiştirmesini çok arzu ediyorum. Meditasyon odamdaki ermiş resimleriyle alay etmekten zevk alıyor. Sevgili kardeşim, senin ona yardım edebileceğine inancım derin. Edecek misin?"

En büyük ablam Roma, yakarırcasına bana baktı. Onu Kalküta, Girish Vidyaradha Sokağı'ndaki evinde kısa bir ziyarete gitmiştim. Çocukluğumda üzerimde derin bir spiritüel etki bırakmış ve aile çevremde annemin ölümünün bıraktığı boşluğu sevecenlikle doldurmaya çabalamış olduğundan, bu ricası bana dokundu.

"Sevgili ablacığım, tabii ki elimden geleni yapacağım."

Gülümsedim; yüzündeki, onun her zamanki huzurlu ve neşeli ifadesine zıt düşen apaçık hüznü kaldırmaya heveslydim.

Roma ile bir süre, bir yol göstermesi için Tanrı'ya dua ederek sessizce oturduk. Bir yıl önce ablam kendisini *Kriya Yoga*'ya başlatmamı benden rica etmişti ve bu konuda gözle görülür bir gelişme kaydediyordu.

O anda bir ilham geldi; "Yarın" dedim, "Dakshineswar'daki Kali Tapınağı'na gideceğim. Lütfen benimle gel ve kocanı da bize eşlik etmesi için ikna et. O kutsal yerin titreşimleri sayesinde, İlahi Ana'nın onun kalbine dokunacağını hissediyorum. Ama ona gidişimizin amacını söyleme."

Ablam umutla razı oldu. Ertesi sabah erkenden Roma ile kocasını ziyaretimiz için hazır bulunca sevindim. Faytonumuz Upper Circular Road boyunca Dakshineswar'a doğru ilerlerken eniştem Satish Chandra Bose guruların değeriyle alay ederek eğleniyordu. Roma'nın sessizce ağladığı dikkatimi çekti.

"Abla, üzülme!" diye fısıldadım. "Kocanın, alaylarını ciddiye aldığımıza inanarak tatmin olmasına izin verme."

"Mukunda, bu değersiz şarlatanlara nasıl hayranlık duyabilirsin?" diyordu Satish. "Bir sadhu'nun sadece görüntüsü bile mide bulandırıcı. Ya iskelet gibi sıska ya da bir fil kadar şişko!"

Taş Bir Heykelin Kalbi

Kahkahayla sarsıldım. Bu davranışım Satish'in sinirini bozan bir reaksiyondu. Somurtarak sessizliğe büründü. Arabamız Dakshineswar Tapınağı'nın kapısına yaklaşınca dalga geçerek sırıttı.

"Sanıyorum bu gezinti, beni ıslah etmek için bir tertip, öyle değil mi?" Cevap vermeden başka yöne döndüğümde beni kolumdan yakaladı. "Genç münzevi" dedi, "öğle yemeğimizi sağlamaları için tapınak yetkilileriyle konuşmayı da unutma." Satish rahiplerle herhangi bir konuda konuşmak bile istemiyordu.

"Ben şimdi meditasyon yapacağım. Öğle yemeğin için tasalanma" diye çıkıştım. "İlahi Ana onu halledecek."

"İlahi Ana'nın benim için en ufak bir şey yapacağına güvenmiyorum. Bu yüzden yemeğimiz için seni sorumlu tutuyorum." Satish'in ses tonu tehdit eder gibiydi. Geniş Kali (Doğa Ana sıfatında Tanrı) Tapınağı'nın önündeki kemeraltı boyunca yürümeye devam ettim. Sütunlardan birinin yanında gölgelik bir nokta seçerek, lotus pozisyonunda oturdum. Saat henüz yedi civarında olmasına rağmen, sabah güneşi neredeyse bunaltıcı bir kızgınlıktaydı.

İmanla gitgide kendimden geçtiğimde dünya geri çekilerek silindi. Zihnim Tanrıça Kali'ye konsantre olmuştu. Dakshineswar'daki bu tapınakta bulunan heykeli, büyük Üstat Sri Ramakrishna Paramahansa'nın özel tapınma objesi olmuştu. Onun kederli taleplerine yanıt olarak, taş heykel sık sık canlı bir form alarak onunla konuşmuştu.

"Sessiz taşın Ana'sı" diye dua ettim. "Sevgili müridin Ramakrishna'nın yalvarışı karşısında canlandın, neden bir arzuyla gelen bu oğlunun feryatlarına kulak asmıyorsun?"

İçimdeki talep gitgide güçlendi, aynı zamanda içime ilahi bir huzur yayılıyordu. Ancak, aradan beş saat geçmesine rağmen içsel gözümde canlandırdığım Tanrıça'dan bir cevap yoktu, cesaretim hafifçe kırılmaktaydı. Dualara cevap vermekte gecikme, bazen Tanrı'nın sınamalarından biridir. Ama en sonunda ısrarcı müride, mürit O'nu hangi formda görmeyi seçiyorsa, o formda görünür. Kendini vermiş bir Hıristiyan; İsa'yı, bir Hindu Krishna'yı veya Tanrıça Kali'yi görür ya da genişleyip yayılan bir Işık, kişisel olmayan bir form alır.

Gönülsüzce gözlerimi açtığımda, öğle vakti geleneğine uyarak, tapınak kapılarının bir rahip tarafından kapanmakta olduğunu gördüm. Kemeraltındaki gözlerden uzak yerimden kalkarak avluya girdim. Taş zemin öğle güneşiyle kavruluyordu, çıplak ayaklarım acıyla yandı.

"İlahi Ana" diye sessizce protesto ettim. "Vizyonuma gelmedin ve şimdi tapınağın kapalı kapıları ardına saklanıyorsun. Bugün sana eniştem adına özel bir dua sunmaya geldim."

İçsel çağrım anında duyuldu. Önce sırtımdan tabanlarıma hoş, serin bir dalga yayılarak bütün rahatsızlığımı giderdi. Sonra, şaşkın bakışlarımın önünde tapınak genişleyerek büyüdü. Ağır, geniş kapısı yavaşça açılıp, Tanrıça Kali'nin taş figürünü gözler önüne serdi. Heykel yavaş yavaş yaşayan bir forma dönüştü. Beni gülümseyerek selamlayıp, içimi anlatılmaz bir heyecanla titretti. Nefes, sanki mistik bir şırınga tarafından ciğerlerimden çekilmiş, vücudum hareketsiz kalmasına rağmen çok sakinleşmişti.

Bunu bilincimin vecde dayalı bir genişlemesi takip etti. Solumdaki Ganj Nehri'nin üzerinden kilometrelerce ötesini ve tapınağın arkasındaki bütün Dakshineswar mıntıkasını bariz bir biçimde görebiliyordum. Bütün binaların duvarları hafif bir ışık yayarak şeffaflaşmıştı. Etrafımdaki birçok kilometrekarelik bir alan içinde değişik yönlere yürüyen insanları seyredebiliyordum.

Nefes almayan bedenim tuhaf bir şekilde durgun olmasına rağmen, ellerimi ve ayaklarımı serbestçe hareket ettirebiliyordum. Dakikalarca gözlerimi açıp kapayarak denedim; her iki halde de Dakshineswar'ın bütün panoramasını belirgin bir biçimde görebiliyordum.

Ruhsal görüş, x ışını gibi bütün maddenin içine nüfuz eder. İlahi Göz'ün merkezi her yerdedir ve çevresinin dış sınır çizgisi yoktur. Orada, güneşli avluda dikilirken bir kez daha farkına vardım ki, insan bir hava kabarcığı kadar temelsiz ve gerçekte rüyadan başka bir şey olmayan fiziksel bir dünyayla meşguldü. Tanrı'nın 'evden kaçmış bir oğlu' olmaktan vazgeçince, yeniden sonsuz boyutlardaki mirasına kavuşmaktaydı. Eğer hayatın hoş olmayan gerçeklerinden kaçış, dar kişiliğinin içinde sıkışıp kalmış insanoğlunun bir ihtiyacıysa hangi sığınak Her-Yerde-Mevcut-Olan'ınkiyle karşılaştırılabilir ki?

Dakshineswar'daki kutsal tecrübemde olağanüstü büyümüş iki obje, tapınakla Tanrıça Kali'nin heykeliydi. Diğer her şey; beyaz, mavi ve pastel gökkuşağı tonlarında yumuşak bir renk aurasıyla çevrili olmasına rağmen, normal boyutlardaydı. Bedenim sanki düşünce gücüyle havalanmaya hazır görünen eterik bir cevherdendi. Etrafımdaki cisimlerin tamamıyla bilincinde olarak etrafıma bakınıyor ve nur dolu vizyonun devam etmesini engellemeksizin ileri geri adımlar atabiliyordum.

Bakışımla aniden, tapınak duvarları arkasındaki kutsal bir *bel* ağacının dikenli dalları altında oturan eniştemi yakaladım. Düşüncelerinin mahiyetini hiçbir çaba sarf etmeden sezinledim. Dakshineswar'ın kutsal etkisi altında biraz esinlenmişti ama zihni hâlâ bana karşı nezaketsiz düşüncelerle doluydu. Doğrudan Tanrıça'nın cana yakın formuna dönerek;

"İlahi Ana" diye dua ettim. "Ablamın kocasını ruhsal yönden değiştirmeyecek misin?"

Güzel figür o ana kadar sessizken, en sonunda konuştu.

"Arzun lütuf buldu!"

Mutlulukla Satish'e baktım. Sanki içgüdüsel olarak bir takım spiritüel güçlerin iş başında olduğunu fark etmiş gibi öfkeyle oturduğu yerden kalktı, yumruğunu sıkarak bana yaklaştı.

O anda her şeyi kucaklayan vizyon kayboldu. İhtişamlı Tanrıça'yı artık göremiyordum. Tapınak şeffaflığını kaybederek yine olağan boyutlarını almıştı. Bedenim yine güneşin kızgın ışınları altında sıcaktan bunalmaya başladı. Kendimi kemeraltındaki gölgeliğe attım, Satish öfkeyle beni takip etti. Saatime baktım, biri gösteriyordu. İlahi vizyon bir saat sürmüştü.

"Seni küçük budala" diyerek eniştem beni sıkıştırdı. "Orada bacaklarını ve gözlerini çaprazlayarak saatlerdir oturdun. Bense seni seyrederek bir ileri bir geri dolaştım. Yemeğimiz nerede? Şimdi tapınak kapalı; yetkililerle görüşemedin, artık öğle yemeğimizi organize etmek için çok geç!"

Tanrıça'nın huzurunda hissettiğim coşkunluk hâlâ benimle birlikteydi. "İlahi Ana bizi doyuracak!" diye bağırdım.

"Sana son kez söylüyorum" dedi Satish. "Senin İlahi Ana'nın bize burada, önceden hazırlık yapmadan yiyecek verdiğini görmek isterdim!"

O sözlerini henüz bitirmemişti ki tapınaktan bir rahip avluyu geçerek yanımıza geldi.

"Oğul," diye çağırdı beni, "meditasyon içerisinde yüzünün huzur içinde parlayışını saatlerdir seyretmekteyim. Bu sabah arkadaşlarınla geldiğini gördüm ve öğle yemeğiniz için bir kenara size yetecek kadar yemek koyma arzusu duydum. Önceden bir istekte bulunmamış kimseleri beslemek tapınak kurallarına aykırı ama size bir istisna yaptım."

Ona teşekkür edip, doğrudan Satish'in gözlerine baktım. Duygusallıkla parlayan bakışlarını sessiz bir pişmanlıkla öne eğdi. Turfanda mangoların da yer aldığı bir yemek servisi yapıldığında eniştemin iştahının pek yerinde olmadığı dikkatimi çekti. Düşüncelerinin okyanusuna dalmış vaziyette, şaşkınlık içindeydi.

Kalküta'ya dönüş yolumuzda Satish, yumuşamış bir tavırla, ara sıra özür dilercesine yüzüme bakıp durdu. Rahip, Satish'in meydan okuyuşuna cevap verircesine bizi yemeğe davet etmek için ortaya çıktığı andan itibaren tek kelime dahi konuşmamıştı.

Ertesi gün öğleden sonra ablamı evinde ziyaret ettim. Beni keyifle karşıladı.

"Sevgili kardeşim" diye bağırdı. "Ne mucize! Dün akşam kocam karşımda alenen ağladı. 'Güzel Devi'm,'[1] dedi, "kardeşinin beni ıslah etme planı, içimde bir dönüşüme yol açtığı için anlatamayacağım kadar mutluyum. Sana karşı yaptığım her haksızlığı telafi edeceğim. Bu akşamdan itibaren geniş yatak odamızı sadece ibadet yeri olarak kullanacağız. Senin küçük meditasyon odanı da yatak odası yaparız. Kardeşinle alay ettiğim için üzgünüm. Utanç verici davranışım yüzünden kendimi, spiritüel yolda gelişme kaydedinceye kadar Mukunda ile konuşmayarak cezalandıracağım. Şu andan itibaren İlahi Ana'yı bütün kalbimle arayacağım, eminim günün birinde O'nu bulurum!"

Yıllar sonra (1936'da) Satish'i Yeni Delhi'de ziyaret ettim. Onun kendini idrakte (Self-Realization) yüksek bir seviyeye gelmiş ve hatta İlahi Ana'nın bir vizyonuyla kutsanmış olduğunu görmekten büyük mutluluk duydum. Onunla kaldığım süre boyunca, gündüzleri bürosunda çalışmasına ve ciddi bir hastalıktan azap çekiyor olmasına rağmen, geceleri uzun zaman gizlice derin meditasyon yaptığını anladım.

Eniştemin hayatının pek uzun sürmeyeceği düşüncesi aklıma düştü. Kız kardeşim bu düşünceyi okumuş olmalıydı.

"Sevgili kardeşim" dedi. "Ben sağlıklıyım, kocamsa hastalıklı. Mamafih, bilmeni istiyorum ki, sadık bir Hindu kadını olarak ben önce öleceğim.[2] Artık göçüp gitmeme fazla zaman kalmadı."

Onun kehanet dolu sözleriyle biraz sendelediysem de gerçeği yansıttığını anladım. Ablam kehanetinden on sekiz ay sonra öldüğünde ben Amerika'daydım. En küçük kardeşim Bishnu daha sonra olayın detaylarını anlattı.

"Ablam Roma öldüğünde Satish ile Kalküta'daydılar" dedi. "O günün sabahı Roma özenle gelinliklerini giymiş. Satish, 'Bu özel elbiseyi neden giydin?' diye sormuş merakla. 'Bu sana bu dünyadaki hizmetimin son günü' demiş ve kısa süre sonra bir kalp krizi geçirmiş. Yardım istemek üzere doktora koşturan oğluna; 'Oğlum, beni bırakıp gitme, yararı yok. Doktor gelmeden önce gitmiş olacağım' demiş. On dakika sonra, saygıyla kocasının ayaklarını tutarak, mutlulukla ve acı çekmeksizin bedenini terk etmiş.

Satish eşinin ölümünden sonra kendini bu dünyadan çekti. Bir gün onunla Roma'nın gülümseyen bir fotoğrafına bakıyorduk. Satish aniden, sanki karısı oradaymış gibi 'Neden gülüyorsun?' diye bağırdı. 'Benden önce çekip gitmekle akıllılık ettiğini mi sanıyorsun? Sana benden daha fazla uzak

---

[1] Tanrıça, kelime anlamı 'parlayan'; Sanskrit kelime kökü, div, parlamak.

[2] Bir Hindu kadını, eğer kocasından önce ölürse, bunun ona sadakatle hizmet etmenin ya da 'işbaşında' ölmenin bir kanıtı olarak spiritüel gelişmenin bir işareti olduğuna inanır.

kalamayacağını kanıtlayacağım, çok yakında yanına geleceğim!'

O günlerde Satish tamamen iyileşmiş olmasına ve sağlığının tadını çıkarmasına rağmen, fotoğrafın önünde bu garip imayı yaptıktan kısa bir süre sonra, görünür bir neden olmaksızın öldü."

Sevgili ablam Roma ve Dahshineswar'da alelade yaşayan dünyalık bir insandan sessiz bir ermişe dönüşen kocası Satish, böyle bir kehanetle bizi bırakıp gittiler.

BÖLÜM 23

Üniversite Diplomamı Alıyorum

"Felsefe ödevlerini ihmal ettiğini görüyorum. Herhalde sınavları geçmek için zahmetsiz 'önseziye' güveniyorsun. Bir an önce kendini ciddiyetle derslerine vermezsen, sınıfta kalman için bizzat uğraşacağım."

Serampore Üniversitesi'nden Prof. D. C. Ghoshal beni fena halde sıkıştırıyordu. Eğer onun son yazılı sınavını veremezsem bitirme sınavlarına girme hakkını yitirecektim. Bitirme sınavı soruları Kalküta Üniversitesi'nce belirleniyordu. Serampore da onun fakültelerinden biriydi. Hindistan'daki üniversite sisteminde bir öğrenci bitirme sınavlarında sadece bir dersten bile kalsa, ertesi yıl yeniden bütün derslerin sınavlarına girmek zorundadır.

Serampore Üniversitesi'ndeki hocalarım bana genellikle nazik davranır, ara sıra da benimle eğlenirlerdi: "Mukunda biraz din sarhoşluğu içinde." Beni böyle değerlendirerek ve sınıfta sorulara cevap verme zahmetinden muaf tutarak, bitirme sınavlarını başaramayarak üniversiteden mezun olmamamı umuyorlardı. Sınıf arkadaşlarımın hakkımdaki yargısıysa bana verdikleri takma addan belliydi: "Çılgın Rahip."

Profesör Ghoshal'ın felsefe sınavından bırakma tehdidini boşa çıkarmak için dâhiyane bir çözüm buldum. Son sınavın sonuçları öğrencilere açıklanmadan kısa bir süre önce, sınıf arkadaşlarımdan birine benimle birlikte profesörün odasına gelmesini rica ettim.

"Gel benimle, bir şahit istiyorum" dedim arkadaşıma. "Eğer hocayı saf dışı etmeyi beceremezsem büyük bir hayal kırıklığına uğrayacağım."

Sınav kâğıdıma hangi notu verdiğini sorduğumda Prof. Ghoshal kafasını salladı:

"Geçenlerin arasında değilsin" dedi. Masasının üzerindeki kalın kâğıt kümesini gözden geçirerek: "Sınav kâğıdın bunların arasında yok. Kaldın, demek ki, sınava girmedin bile."

Güldüm. "Efendim, ben sınavdaydım. Kâğıtlara kendim bakabilir miyim?"

Profesör ne beklediğimi anlamayarak izin verdi. Kâğıdımı çabucak buldum. Üzerine numaram dışında kimliğimi belirten hiçbir şey yazmamıştım.

Üniversite Diplomamı Alıyorum

O da "uyarı işareti" adımı görmediğinden cevaplarıma, ders kitabı diliyle yazılı olmasalar da, yüksek bir not vermişti. [1] Hileme uyanarak gürledi: "Tam anlamıyla şans eseri!" ve umutla ekledi. "Bitirme sınavlarında kalacağından emin olabilirsin."

Diğer dersler için amcam Sarada'nın oğlu, değerli arkadaşım ve kuzenim Prabhas Chandra Ghosh beni çalıştırdı. Zorlandım ama bütün final sınavlarını gerekli olan en düşük notları alarak geçtim.

Artık dört yıllık üniversite öğreniminden sonra, bitirme sınavlarına girmeye hak kazanmıştım. Bununla beraber yine de bu fırsattan yararlanacağımı hiç ummuyordum. Kalküta Üniversitesi'nin bitirme sınavlarına kıyasla Serampore'un finalleri çocuk oyuncağıydı. Sri Yukteswar'ı hemen hemen her gün ziyarete gidişim üniversite dershanelerine girmek için bana çok az zaman bırakıyordu. Sınıf arkadaşlarıma yokluğumdan ziyade varlığım sürpriz oluyordu.

Günlük rutinim hemen her gün sabah saat dokuz buçukta bisiklete atlamamla başlıyordu. Bir elimde guruma sunmak için Panthi Öğrenci Yurdu'nun bahçesinden birkaç çiçek taşırdım. Gurum beni gayet sıcak karşılayarak, öğle yemeğine davet ederdi. Davetini, o gün de üniversiteye gitmekten kurtulduğum için sevinerek, kabul ederdim. Sri Yukteswar ile onun bilgeliğinin eşsiz sözlerine kulak vererek veya aşram işlerine yardım ederek geçirdiğim saatlerden sonra, gece yarısına doğru istemeyerek Panthi'ye geri dönerdim. Ara sıra bütün gece gurumla kalırdım. Onun sohbetine öyle dalardım ki günün ağarmaya başladığını fark bile etmezdim.

Sınavlar yaklaşırken, bir gece saat onbir civarında yurda gitmek üzere ayakkabılarımı giyerken [2] üstat beni ciddiyetle sorguya çekti:

"Bitirme sınavların ne zaman başlıyor?"

"Beş gün sonra efendim."

"Umarım hazırsındır."

Tedirginlikle yerime mıhlanmıştım, ayakkabılarımın tekini havada tutmaktaydım. "Efendim" diye itiraz ettim. "Biliyorsunuz ki günlerim profesörlerden çok sizinle birlikte geçti. Şimdi nasıl bu zor sınavlara girip de kendimi komik duruma düşürürüm?"

---

[1] Burada itiraf ederek Prof. Ghoshal'e hak vermeliyim ki, aramızdaki gergin ilişki onun herhangi bir hatasından değil, temelde benim sınıfa uğramayışımdan kaynaklanıyordu. Profesör Ghoshal geniş felsefe bilgisine sahip, sözünü etmeye değer bir hatiptir. Daha sonraki yıllarda birbirimizle yürekten anlaştık.

[2] Bir mürit bir Hindu aşramında ayakkabılarını her zaman çıkarır.

203

Sri Yukteswar gözlerimin içine baktı.

"Girmelisin." Ses tonu soğuk ve otoriterdi. "Babana ve diğer akrabalarına aşram hayatını seçtiğin için seni eleştirme fırsatını vermemeliyiz. Bana sadece sınavlara gireceğine söz ver. Soruları elinden gelen en iyi şekilde cevaplandır."

Gözyaşlarımı tutamadım. Üstadın emrini makul bulmamıştım ve böyle bir şeyi istemekte gecikmişti doğrusu.

"İsterseniz sınavlara girerim" dedim hıçkırarak. "Fakat tam anlamıyla hazırlanmaya vakit kalmadı." Kendi kendime mırıldandım. "Sorulara cevap olarak sınav kâğıtlarını sizin öğretilerinizle dolduracağım!"

Ertesi gün olağan saatimde aşrama girdiğimde buketimi Sri Yukteswar'a matemle sundum. Kederli havama güldü.

"Mukunda, Tanrı hiç seni darda bıraktı mı, sınav ya da başka bir meselede?"

"Hayır, efendim" diye sıcaklıkla cevap verdim. Minnettar kaldığım anlarım sel gibi canlanmıştı içimde.

"Seni akademik onurlar arayışından tembellik değil, Tanrı için yanan hevesin alıkoydu." dedi gurum nezaketle. Bir süre sessizlikten sonra, "O halde önce Tanrı'nın saltanatını ve yargısını ara, diğer bütün şeyler sana bahşedilecektir"[3] dedi.

Bininci kez, üstadın huzurunda üzerimden büyük bir yükün kalktığını hissettim. Öğle yemeğimizi erkenden yedikten sonra Panthi'ye dönmemin doğru olacağını düşündüm.

"Arkadaşın Romesh Chandra Dutt hâlâ aynı yurtta mı kalıyor?"

"Evet, efendim."

"Onu bul; Tanrı onun sana sınavlarda yardımcı olmasını sağlayacak."

"Pekâlâ efendim; ama Romesh genellikle meşgul. Sınıfımızın en çalışkanı ve diğerlerinden daha ağır bir ders yükü var."

Üstat elini sallayarak itirazlarıma aldırmadı. "Romesh senin için zaman bulacak. Hadi artık git."

Bisikletle Panthi'ye döndüm. Yurtta rastladığım ilk kişi Romesh oldu. Sanki günleri pek dolu değilmiş gibi, özel ricamı yardımseverlikle kabul etti.

"Tabii ki, sana yardıma hazırım." O gün ve sonraki birkaç gün boyunca çoğu zamanını beni çeşitli konularda çalıştırarak geçirdi.

"Zannederim İngiliz Edebiyatı sınavında soruların çoğu Childe Harold'un seyahatiyle ilgili olacak" dedi. "Bir an önce bir atlas bulmalıyız."

Amcam Sarada'nın evine koşarak bir atlas ödünç aldım. Romesh, Byron'ın romantik gezgininin Avrupa'da uğradığı bütün noktaları haritada işaretledi.

---

[3] *Matthew - Mata- 6:33*

Prabhas Chandra Ghosh ve Paramahansa Yogananda Aralık 1919'da Kalküta'da. Sri Yogananda'nın kuzeni, hayat boyu arkadaşı ve müridi olan Sri Ghosh, 1975 yılındaki vefatınadek, yaklaşık kırk yıllık bir süre boyunca Yogoda Satsanga Society of India'nın başkan yardımcılığı görevini yaptı.

Birkaç sınıf arkadaşımız da dersi izlemek için etrafımızda toplanmıştı. "Romesh sana yanlış öğüt veriyor, soruların yarısı genellikle kitaplar hakkında. Diğer yarısı da yazarların hayatı hakkında" diye yorum yaptı birisi.

İngiliz Edebiyatı sınavına oturduğumda sorulara attığım ilk bakış, yanaklarımdan süzülerek kâğıdı ıslatan minnet gözyaşlarıma neden oldu. Sınav gözetmeni bana acıyarak üzüntümün sebebini sordu.

"Büyük gurum, Romesh'in bana yardım edeceğini önceden söyledi" diye açıkladım. "Bak, Romesh'in bana söylediği bütün sorular aynen sınav kâğıdında! Bu yıl benim için hâlâ karanlıkta olan İngiliz şairlerinin yaşamları üzerine sadece birkaç soru var."

Başarıyla geri dönüşüm yurtta curcuna yarattı. Romesh'in özel derslerine olan inancım yüzünden benimle dalga geçen gençler şimdi beni hararetle tebrik ediyorlardı. Sınavların sürdüğü hafta boyunca, profesörler tarafından düzenleneceğini muhtemel gördüğü soruları formüle eden Romesh ile mümkün olduğu kadar çok vakit geçirdim. Günbegün Romesh'in soruları sınav kâğıtlarında neredeyse aynı kelimelerle karşıma çıktı.

Üniversite çevresinde, mucizeye benzer bir olayın vuku bulmakta olduğu ve aklı başında olmayan Çılgın Rahip'in başarı ihtimalinin belirdiği haberleri hızla yayıldı. Olayın ardındaki gerçekleri örtbas etmek için bir girişimde bulunmadım. Kalküta Üniversitesi tarafından hazırlanan soruları değiştirmek fakülte profesörlerinin elinde değildi.

Bir sabah İngiliz Edebiyatı sınavı hakkında düşünürken farkına vardım ki, ciddi bir hata yapmıştım. Bazı sorular iki kısma ayrılmıştı. A ya da B, C ya da D gibi. Her bir kısımda bir tek soruyu göz önüne alacağıma, ilk bölümdeki *her iki* soruyu cevaplayıp, ikinci bölümü dikkatsizce atlamıştım. Dolayısıyla alabileceğim not en fazla 33 olabilirdi, yani geçmek için yeterli olan 36 puandan 3 puan eksik.

Üstada koşarak sorunlarımı açtım.

"Efendim, mazur görülemeyecek bir hata yaptım. Romesh kanalıyla gelen İlahi Takdis'e layık değilim."

"Keyfini bozma, Mukunda!" Sri Yukteswar'ın sesi endişesiz ve kayıtsızdı. Mavi gökyüzüne işaret ederek, "Diplomanı alamaman güneşle ayın birbiriyle yer değiştirmesi kadar olanaksız!"

Sınavı geçebilmem matematiksel olarak imkânsız görünmesine rağmen, aşramdan, daha yatışmış bir havada ayrıldım. Bir iki kez endişeyle gökyüzüne baktım. 'Günün Efendisi' alışılmış yörüngesinde emin gözüküyordu.

Panthi'ye döndüğümde bir sınıf arkadaşımın sözlerine kulak misafiri oldum: "Az önce duydum ki; ilk kez bu yıl, İngiliz Edebiyatı sınavının taban notu düşürülmüş."

Talebenin odasına öyle bir hızla daldım ki korkuyla bana baktı. Merakla sordum.

"Uzun saçlı rahip" dedi gülerek, "öğrenimle ilgili meselelere karşı bu ani ilgin neden? Neden son dakikada telaşlanıyorsun? Ancak, geçiş notunun 33 puana düşürüldüğü bir gerçek."

Neşe içinde birkaç adımda kendimi odamda bulup; diz çökerek, İlahi Baba'nın matematiksel mükemmelliğine övgüler yağdırdım!

Her gün beni Romesh kanalıyla açıkça yönlendirdiğini hissettiğim

Spiritüel Mevcudiyet'in bilinciyle heyecan içinde titredim. Bengali Lisanı sınavıyla ilgili olarak anlamlı bir olay oldu. Bir sabah sınav salonuna gitmek üzere yurttan ayrılırken, beni Bengalce dersine çalıştırmamış olan Romesh seslendi.

"Romesh seni çağırıyor," "geri dönme sınava geç kalacağız dedi bir sınıf arkadaşım sabırsızca.

Tavsiyesine aldırmayarak yurda koştum.

Romesh, "Bengali sınavını bizim Bengalli çocuklar genellikle kolayca verirler. Fakat az önce bana bir sezgi geldi ki, profesörler bu yıl önceden verdikleri okuma kitaplarından sorular sorarak öğrencileri kırıp geçirmeyi planlıyorlar" dedi. Daha sonra 9. yüzyılda yaşamış Bengalli ünlü bir hayırsever olan Vidyasagar'ın hayatından iki hikâyeyi özetledi.

Romesh'e teşekkür ederek, bisikletimi hızla sınav salonuna doğru sürdüm. Bengali sınav kâğıdı iki bölümden oluşuyordu. İlk bölümdeki soru şöyleydi: "Vidyasagar'ın hayır işleri [4] konusunda iki örnek veriniz." Kısa süre önce edindiğim bilgileri kâğıda aktarırken, Romesh'in son dakika çağrısı için teşekkürlerimi dile getiren birkaç söz mırıldandım. Vidyasagar'ın hayır işlerini bilmeseydim (ki şimdi buna bir de bana yaptığı eklenmişti) Bengalce sınavını geçememiş olacaktım.

Sınav kâğıdındaki ikinci soru şuydu: "Bengali lisanında, size en çok ilham vermiş olan insanın hayatı hakkında bir deneme yazınız." Sevgili okuyucu, size konu için kimi seçtiğimi söylemek ihtiyacını duymuyorum. Sayfaları birbiri ardına guruma övgülerle doldururken, yapmış olduğum kehanetin gerçekleştiğini fark ederek bıyık altından güldüm: "Sayfaları sizin öğretilerinizle dolduracağım!"

Romesh'in felsefe sınavı için yardımını istemeyi gereksiz bulmuştum. Sri Yukteswar'ın uzun eğitimine güvenerek, kitapların açıklamalarına aldırmadım. Sınavlardaki en yüksek notu bu dersten almıştım. Diğer bütün derslerde notlarım sadece geçecek kadardı.

Bu arada, özverili arkadaşım Romesh'in *cum laude* onurunu kazandığını da memnuniyetle kaydetmek isterim.

Mezun olduğum için, babamın keyfinden ağzı kulaklarına varıyordu. "Geçeceğine hiç inanmıyordum, Mukunda," diye itiraf etti, "Gurunla çok fazla vakit geçiriyorsun." Üstat gerçekten de babamın o ana kadar belli etmediği eleştirisini önceden fark etmişti.

---

[4] Sorunun tam olarak nasıl ifade edilmiş olduğunu unuttum. Ancak Romesh'in bana Vidyasagar hakkında henüz anlattığı hikâyelerle ilgiliydi. Alim Ishwar Chandra bilgeliğinin derinliğiyle Bengal'de Vidyasagar (Öğrenimin Okyanusu) adıyla tanınmıştı.

Yıllarca, adımı bir mezuniyet derecesi listesinde göreceğime inanmamıştım doğrusu. Bu unvanı, biraz gizemli nedenlerden ötürü bana lütfedilen ilahi bir hediye olduğunu belirtmeden, nadiren kullanırım. Birçok fakülte mezunundan duyuyorum ki, okulu bitirdikten sonra alelacele kafaya sokuşturdukları bilgilerden çok az bir kısmı geriye kalıyor. Bu itiraf, bariz olan akademik eksikliklerim için beni biraz teselli ediyor.

Haziran 1915'te Kalküta Üniversitesi'nden diplomamı aldığım gün gurumun ayaklarında diz çöküp, ona kendi hayatından [5] benim varlığıma akan her kutsayışı için teşekkür ettim.

"Kalk Mukunda" dedi. "İlahi Efendi seni mezun etmeyi, güneşle ayın yerlerini değiştirmekten daha uygun buldu."

---

[5] Başkalarının zihnini ve olayların gidişatını etkileme gücü, Patanjali'nin *Yoga Sutraları*'nda (III:24) 'Evrensel Sempati'nin bir sonucu olduğu açıklanan yogik bir güçtür. (*Vibhuti.*) *Sutralar* üzerine iki kitap: *Patanjali'nin Yoga-Sistemi* (Vol. 17, Oriental series, Harvard Üniv.) ve Dasgupta'nın *Yoga Felsefesi*. (Trubner's, London.)

Bütün kutsal yazılar Tanrı'nın insanı kendi Her-Şeye-Gücü-Yeten suretinde yarattığını iddia eder. Evreni kontrol gücü doğa-üstü bir şeymiş gibi görünür. Ama işin gerçeği, İlahi Öz'ünü 'doğru hatırlayan' her insanın içinde bu gücün miras alınmış ve doğal olarak bulunduğudur. Tanrı'nın idrakine varmış Sri Yukteswar gibi üstatlar 'ego prensibi' (*ahankara*) ile onun içten yükselen arzularından yoksundurlar; gerçek üstatların hareketleri *rita* (doğal dürüstlük) çabasız bir şekilde tasdik olunur. Emerson'ın sözleriyle; "Bütün büyük ermişler 'faziletli değil, Faziletin Kendisi' olurlar. Ondan sonra Yaradılış'ın sonu cevaplanmıştır, Tanrı tamamıyla hoşnut kalmıştır."

İlahi idrak sahibi her insan mucizeler yaratabilir. Çünkü o, Hz. İsa gibi yaradılışın suptil kanunlarını kavramaktadır. Ancak her üstat fenomenal güçler sergilemeye pek rağbet etmez (bkz. 219 dipnot.) Her ermiş Tanrı'yı kendine has bir tarzda açığa vurur. İki kum tanesinin bile birbirine benzemediği bir dünyada bireyselliğin vurgulanışı temeldir.

Aydınlanmış ermişler için değişmez kanunlar geçerli değildir. Bazıları mucizeler yaratır, bazıları buna yanaşmaz. Bazısı (Eski Hindistan'ın Kral Janaka'sı, Avila'nın St. Teresa'sı gibi) büyük olaylarla ilgilenirken, bazısı aktif değildir. Bir kısmı yaşamlarını bir gölge kadar sessiz ve göze çarpmazca geçirirken; bir kısmı seyahat eder, öğretir ve müritleri kabul eder. Hiçbir dünyalık eleştirmen, herbir ermiş için değişik bir yazıyla yazılmış gizli karma (geçmiş ameller) sütununu okuyamaz.

BÖLÜM 24

Swami Tarikatına Girip Rahip Oluyorum

"Üstadım, babam Bengal-Nagpur Demiryolları'nda yönetici olarak işe başlamamda ısrar ediyor. Bunu kesinlikle reddettim." Ümitle ekledim, "Efendim, beni Swami Tarikatı'na rahip yapmayacakmısınız?" Rica edercesine guruma baktım. Geçmiş yıllarda kararlılığımın derecesini sınamak için bu isteğimi geri çevirmişti. Bugün, her nasılsa gülümsedi.

"Pekâlâ, yarın seni swami'liğe kabul edeceğim." Sakince konuşmaya devam etti, "Rahip olma arzunda ısrar ettiğin için mutluyum. Lahiri Mahasaya'ya sık sık, 'Tanrı'yı yaz zamanında konuk olarak davet etmezsen, hayatının kışında gelmeyecektir' derdi."

"Sevgili üstadım, sizin saygıdeğer kişiliğinizden olduğu gibi Swami Tarikatı'na dahil olma isteğimden de asla feragat etmem." Ölçüsüz bir sevgiyle gülümsedim.

"Evli olmayan, Tanrı'ya ait şeylerle ve Yaradan'ı nasıl hoşnut edebileceğiyle meşgul olur; öte yandan evli olan, dünyalık işlere ve karısını nasıl memnun edeceğine ihtimam gösterir." [1] Belli bir ruhsal disiplini bir süre takip ettikten sonra evlenen birçok arkadaşımın yaşamını analiz etmiştim. Hepsi de dünyalık sorumluluklarının denizine dalarak, derin meditasyon yapmaya olan heveslerini unuttular.

Tanrı'ya yaşamımda ikinci planda [2] yer vermek benim için tasavvur olunamazdı. O, insanoğlunu bir yaşamdan diğerine sessizce lütuf yağmuruna tutan, Kozmos'un temel sahibidir. İnsanın buna karşılık sunabileceği tek hediye; vermekte ya da esirgemekte tamamıyla özgür olduğu, sevgisidir.

Varlığını yaradılışın atomları içinde gizemle saklamak için sonsuz çaba gösterirken Yaradan'ın ancak tek amacı, tek hassas arzusu olabilirdi: İnsanın O'nu yalnızca kendi özgür istenciyle araması. Her şeye yeten gücünün demir elini; O, alçakgönüllülüğün kadife eldiveni içinde sakladı.

Ertesi gün hayatımın hatırlanacak en büyük günlerinden biriydi.

---

[1] *I Corinthians (1. Korintliler)* - 7:32-33.

[2] "Tanrı'ya ikincil bir yer sunan, O'na hiçbir yer sunmaz." - Ruşkin.

Kolejden mezun oluşumdan birkaç hafta sonra, 1915 Temmuz'unun güneşli bir perşembe günüydü. Üstadım, Serampore Aşramı'nın iç balkonunda yeni bir parça beyaz ipek kumaşı, Swami Tarikatı'nın geleneksel rengi olan koyu sarı bir boyaya daldırdı. Kumaş kuruduktan sonra, bir münzevi cübbesi olarak bedenime doladı.

"Bir gün ipeğin tercih edildiği Batı'ya gideceksin" dedi. "Bir sembol olarak senin için, geleneksel pamuklu yerine ipeği seçtim."

Rahiplerin fakirlik idealini benimsediği Hindistan'da ipek giyinmiş bir swami pek alışılmadık bir görüntüdür. Ancak birçok yogi, belli bedensel suptil elektrik akımlarını tuttuğu için ipek giysi giyer.

"Seremonilere karşıyım" dedi Sri Yukteswar, "seni *bidwat* (törensel olmayan) usulüyle swami yapacağım."

Bibidisa yahut swami'liğe ayrıntılı kabul töreni (inisiye edilmesi) ateş seremonisini de içerir. Bu tören sembolik bir cenaze törenidir. Müridin fiziksel bedeni, ölü varsayılarak, faziletin alevleri içinde yakılır. Yeni swami'ye daha sonra bir *chant* (nakarat edilen ilahi) verilir: "Bu *atma*, Brahma'dır [3]" ya da "ben O'yum" gibi. Sri Yukteswar, sadeliğe olan sevgisinden dolayı bütün biçimsel ritüelleri atlayarak benden yalnızca yeni bir ad seçmemi istedi.

"Sana adını seçme ayrıcalığını tanıyacağım" dedi gülümseyerek.

"Yogananda," [4] dedim bir an düşündükten sonra. Bu ad ilahi birlik (*yoga*) yoluyla, mükemmel mutluluk (*ananda*) anlamına gelir.

"Öyle olsun. Aile ismin Mukunda Lal Ghosh'u bırakarak bundan sonra Swami Tarikatı'nın Giri kolundan Yogananda diye anılacaksın."

Sri Yukteswar'ın önünde eğilip de onun yeni ismimi ilk kez telaffuz ettiğini duyduğumda kalbim minnetle kabardı. Nasıl sevecenlikle ve yorulmak bilmeden genç Mukunda'nın bir gün Rahip Yogananda'ya dönüşmesi için emek harcamıştı! Büyük Aziz Shankara'nın [5] uzun Sanskritçe şarkısından

---

[3] Kelime anlamı, "Bu can Ruh'tur". En Üstün Ruh, Yaradılmamış, tamamıyla şartsızdır – "neti, neti", ne bu, ne de o; fakat Vedanta'da sık sık Sat-Chit-Ananda olarak değinilir, yani Varoluş-Zekâ-Nur.

[4] Yogananda swami'ler arasında oldukça alışıldık bir isimdir.

[5] Shankara genellikle Shankaracharya diye anılır; *acharya* 'dinsel öğretmen' anlamındadır. Doğum tarihi tartışmalıdır. Birkaç kaynağa göre eşsiz monist M.Ö. 6. yüzyılda yaşamıştır; bilge Anandagiri'ye göre doğumu M.Ö. 44 - 12 yılları arasındadır. Batılı tarihçilerse Shankara'nın M.S. 8. yüzyılın sonlarına doğru yaşadığını belirtirler. Anlaşılıyor ki Shankara yüzyılları içine alan bir nüfuza sahip olmuş olmalı.

Puri'deki çok eski Gowardhan Math'ın rahmetli Jagadguru Sri Shankaracharya'sı, muhterem Bharati Krishna Tirtha, 1958'de Amerika'yı üç aylığına ziyaret etmişti. İlk kez bir Shankaracharya Batı'ya seyahat ediyordu. Tarihi turu Self-Realization Fellowship tarafından sponsor edildi. Jagadguru Amerika'nın birçok ileri gelen üniversitesinde konferanslar vererek, ünlü tarihçi Dr.

neşeyle birkaç mısra söyledim:

> Ne zihin, ne zekâ, ne de ego; duygu.
> Ne gök, ne de metalim ben.
> Ben O'yum, ben O'yum, Kutsanmış Ruh, O'yum ben!
> Ne doğum, ne ölüm, ne de kasta sahibim;
> Anam, babam yok benim.
> Ben O'yum, ben O'yum, Kutsanmış Ruh, O'yum ben!
> Fantezimin sınırları ötesinde, formsuzum ben,
> Nüfuz ederim yaşayan her şeye;
> Esaretten korkmam, özgürüm ben, sonsuza dek,
> Ben O'yum, ben O'yum, Kutsanmış Ruh, O'yum ben!

Her swami Hindistan'da ezelden beri onurlandırılan Manastır Tarikatı'na bağlıdır. Yüzyıllar önce Shankaracharya tarafından yeniden düzenlenerek şimdiki formu verilmiştir. O zamandan bu yana, her biri Jagadguru Sri Shankaracharya unvanını başarıyla temsil eden saygıdeğer öğretmenlerce kesintisiz olarak yönetildi. Tahminen bir milyon rahip Swami Tarikatı'nı oluşturmaktadır; rahipler Tarikat'a girmek için, kendileri swami olan rahipler tarafından inisiye edilmek şartını yerine getirirler. Swami Tarikatı'nın bütün rahiplerinin ilahi soyu, böylece ortak bir guruya, Adi (ilk) Shankaracharya'ya kadar geri gitmektedir. Rahipler fakirlik (dünya malından bağımsızlık), saffet ve spiritüel otoritenin başkanına itaat için yemin ederler. Katolik Hıristiyan manastır tarikatları çok daha eski olan Swami Tarikatı ile birçok bakımdan benzerlik gösterirler.

Swami, yeni ismine, Swami Tarikatı'nın on ayrı kolundan birine olan bağlılığına işaret eden bir kelime daha ekler. Sri Yukteswar ile ben bu *"dasanami'lerden"* (on takma ad) Giri (dağ) tarikine bağlıyız; diğerlerinden bazıları şunlardır: Sagar (deniz), Bharati (kara), Puri (arazi), Saraswati (doğanın bilgeliği), Tirth (hac yeri), Aranya (orman).

Bir swami'nin genellikle 'ananda' (mükemmel mutluluk) ile sona eren ismi onun; belli bir yol, hal ya da ilahi sıfat -sevgi, fazilet, ayırt ediş yeteneği, iman, hizmet, yoga- kanalıyla hidayete ermeye olan isteğine işaret eder.

Bütün insanlığa benliğini adayarak hizmet etme ve kişisel hırsla bağlardan kendini geri çekme ideali swami'leri aktif olarak insancıl ve eğitime ait işlerle meşgul olmaya yöneltir. Bu aktivitiler genellikle Hindistan'da bazen de

---

Arnold Toynbee ile birlikte 'dünya barışı' konusunda bir münazarada yer almıştı..

1959'da Puri'nin Sri Shankaracharya'sı, SRF'in o zamanki başkanı Sri Daya Mata'nın iki Yogoda Satsanga rahibinin swamiliğe inisiye etmekte Self-Realization Fellowship/Yogoda Satsanga Society of India'nın gurular zincirini temsil etmesi davetini kabul etti. Shankaracharya seramonisini Puri - Yogoda Satsanga Aşramı'ndaki Sri Yukteswar Tapınağı'nda icra etti. (*Yayınlayanın notu.*)

diğer ülkelerde yer alır. Kast, inanç, sınıf, renk, cinsiyet ve ırksal önyargıları bir kenara atarak swami, insan kardeşliğinin ilkelerini takip eder. Amacı Ruh (Spirit) ile mutlak birliktir. Uyanık ya da uykuda olsun, her anında bilincini "Ben O'yum" düşüncesiyle doldurarak, yeryüzünde hoşnutlukla, ama yeryüzüne ait olmadan dolaşır. Ancak böylelikle swami (*Swa* ya da *Ben* ile birliğe erişmeye çalışan) unvanına layık olabilir.

Sri Yukteswar hem bir swami hem de yogiydi. Bir swami'nin, biçimsel olarak saygıdeğer rahip düzenine bağlı olması, mutlaka bir yogi olmasını gerektirmez. İlahi idrake ulaşabilmek için bilimsel bir teknik uygulayan herkes bir yogidir. Evli olabilir ya da olmayabilir, dünyalık sorumluluklar taşıyabilir ya da rahip dini bağları olan bir resmi olabilir.

Bir swami'nin sadece kuru akıl yürütme yolunu veya soğuk münzevilik yolunu takip etmesini düşünmek mümkündür. Ama bir yogi, vücut ve zihnin disipline edildiği ve ruhun yavaş yavaş özgürlüğe ulaştığı belli bir işlemi adım adım uygular. Yogi, kendini başkalarının sözlerine ve duygusal denenmemiş inançlara kaptırmadan, bir dizi egzersizi imanla yerine getirir. İlk olarak eski bilgelerce belirlenmiş bu egzersizler en ince detaylarına kadar denenmiş ve tanımlanmışlardır. Yoga Hindistan'da her çağda, gerçekten özgürlüğe kavuşmuş, gerçek yogi-mesihler yetiştirmiştir.

Bütün diğer bilimler gibi yoga, her türlü iklim ve zamana ait insanlar tarafından uygulanabilir. Bazı cahil yazarlarca ortaya atılan, yoganın Batılılar için "zararlı ve uygunsuz" olduğu teorisi tamamen yanlıştır ve yazık ki birçok samimi öğrenciyi yoganın huzura kavuşturan faydalarını aramaktan caydırmıştır.

Yoga, bütün insanlığı kendi ruhlarının gerçek doğasına bir bakış atabilmekten alıkoyan düşüncelerinin doğal kargaşasını kontrol altına almak için geliştirilmiş bir metottur. Tıpkı güneşin şifa verici ışınları gibi yoga da, Doğu ve Batılılara eşit olarak faydalıdır. Çoğu insan düşünsel olarak huzursuz ve maymun iştahlıdır. Bu yüzden zihnin kontrolünün bilimi olan yogaya ihtiyaç vardır.

Eski bilge Patanjali[6] yogayı "bilincin değişken dalgalarını etkisiz kılış" olarak tarif eder. Onun kısa ve ustaca eseri *Yoga Sutraları*, Hint felsefesinin

---

[6] Birçok öğretmenin O'nun M.Ö. 2. yüzyılda yaşadığını iddia etmesine rağmen Patanjali'nin zamanı bilinmemektedir. Eski rishiler (bilgeler) sayısız konularda öyle bir içgörüyle bilimsel incelemeler yazmışlardır ki, çağların gücü onları demode etmeye yetmemiştir. Tarih yazarlarını hayrete düşüren şey, bilgelerin edebi eserlerine kişisel bir damga vurmayıp, kendi tarihlerini kaydetmek için en ufak bir çaba göstermemiş olmalarıdır. Kendi kısa yaşam sürelerinin, sonsuz hayatın flaşları olarak sadece geçici bir önemi olduğunu ve gerçeğin, zamansızlığıyla, kendi kişisel imzalarına mal edilemeyeceğini biliyorlardı.

SRI SHANKARACHARYA SRF-YSS MERKEZİ'NDE

Hindistan, Puri'nin Sri Jagadguru Shankaracharya Bharati Krishna Tirha'sı, 1925 yılında Paramahansa Yogananda tarafından kurulan Los Angeles Uluslararası Merkezi'nde. Swami Tarikatı'nın genel başkanı Self-Realization Fellowship tarafından finanse edilen üç aylık bir ziyaret için, 1958'de Amerika'ya geldi. Bu, çok eski Swami Tarikatı'nın tarihinde bir Shankaracharya'nın Batı'ya yaptığı ilk ziyaretti.

altı sisteminden[7] birini teşkil eder. Batı felsefesinden farklı olarak altı Hindu sisteminin[8] hepsi sadece teorik öğretileri değil, aynı zamanda pratik alıştırmaları da kapsar. Düşünülebilir her türlü ontolojik soruşturmayı takip ettikten sonra Hindu sistemleri, acı ve ızdırabı daimi olarak defederek sonsuz mutluluğa ulaştırmayı amaçlayan altı belirli disiplini formüle eder.

Daha sonraki çağlara ait *Upanishadlar*, bu altı sistemin arasında, gerçeğin doğrudan kavranışına erişmenin en etkili metotlarını içerdiği için Yoga Sutralar'ı ön plana çıkarır. Yoganın pratik teknikleri yoluyla insan, spekülasyonun (kurgu) bütün kısır alanlarını geride bırakır ve Hakiki Öz'ü tecrübe ve idrak eder.

Patanjali'nin yoga sistemi Sekiz Basamaklı Yol[9] olarak bilinir. İlk basamaklar: 1) *Yama* (ahlaki tavır) ve 2) *Niyama*'dır. (Dinsel töreleri yerine getirmek.)

Yama, diğerlerini incitmemek, doğruluk, çalmamak, kendine hâkimiyet, açgözlü ve hırslı olmamakla uygulanır. *Niyama* ise beden ve zihni arıtmayı, her şart altında hoşnut olmayı, kişisel disiplini, kendini analiz (derin düşünce) yoluyla Tanrı ve guruya sadakati içerir.

Sonraki basamaklar:

3) *Asana* (doğru poz): Meditasyonda belkemiği dik ve beden rahat bir pozisyonda sabit tutulmalıdır.

4) *Pranayama* (prana'nın -ince hayat akımları- kontrolü)

5) *Pratyahara*'dır. (Duyuları dış objelerden geri çekmek.)

Son basamaklarsa yoganın asıl formuna aittir.

6) *Dharana* (konsantrasyon): Zihni bir düşüncede odaklamak;

7) *Dhyana* (meditasyon)

8) *Samadhi*'dir. (Süper-bilinç tecrübesi.)

Yoganın bu Sekiz Basamaklı Yolu, yogiyi bütün entelektüel kavrayışın

---

[7] '*Chitta vritti nirodha*' (Yoga Sutraları 1:2); aynı zamanda 'zihnin değişkenliğini ortadan kaldırmak' diye tercüme edilebilir. *Chitta, manas* (zihin ya da duyusal bilinç), *ahankara* (ego bilinci) ve *buddhi* (sezgisel zekâ) gibi pranik hayat güçlerini içine alan düşünüş prensibi için kullanılan genel bir terimdir. *Vritti* (kelime karşılığı, 'girdap'), insan bilincinde aralıksız olarak beliren ve sonra sönüp kaybolan duygu ve düşünceleri kapsar. *Niradha*, nötralize etmek, etkisiz kılmak, kontrol altına almak demektir.

[8] Altı Ortodoks sistem (Vedalar'a dayalı) *Sankhya, Yoga, Vedanta, Mimamsa, Nyaya* ve *Vaisesika*'dır. İngilizce özetleri: Hint Felsefesi'nin Tarihi (*A History of Indian Philosophy*) Vol. 1, Prof. Surendranath Dasgupta. (*Cambridge Üniv. Press.*)

[9] İngilizce "Eıghtfold Path". İnsan davranışları için bir kılavuz olan Budizm'in 'Sekiz Katlı Asil Yolu ile karıştırılmamalıdır. Bu sekiz kat söyle tanımlanır: 1) doğru idealler, 2) doğru motif, 3) doğru söz, 4) doğru hareket, 5) doğru yaşam, 6) doğru çaba, 7) -Ben'ini- doğru hatırlama ve 8) doğru idrak - *samadhi*-.

ötesindeki gerçeği fark etmesi olan son gayeye, *Kaivalya*'ya (Mutlaklık) ulaştırır.

"Hangisi daha büyük?" diye sorabilir kişi. "Bir swami mi, yoksa bir yogi mi?" Tanrı ile birlik haline ulaşıldığında değişik yolların (tarik) farklılığı kaybolur. Ancak; *Bhagawad-Gita*, yoga metotlarının her şeyi kapsadığına işaret eder. Teknikleri sadece, manastır hayatını sürdüren birkaç kişi gibi belli bir topluluk için yaratılmamıştır. Yoga hiçbir biçimsel bağlılığı gerektirmez. Yoga bilimi evrensel bir ihtiyacı tatmin ettiğinden, insanların çağrısına doğal bir evrensellikle cevap verir.

Gerçek bir yogi dünyalık işlerin sorumluluğunu üstlenmiş olabilir. Orada su üzerinde yüzen tereyağı gibidir. Bu benzetimde, disipline edilmemiş insanlarsa yayıkta çalkalanmadığı için sulanan sütler gibidirler. Kişinin dünya sorumluluklarını yerine getirmesi, onun Tanrı'dan ayrılmasını gerektirmez. Tabiki bu, egoistçe arzulara zihnen kayıtsız kalarak, yaşamında Tanrı'nın gönüllü bir enstrümanı sıfatıyla kendine düşeni yaptığında mümkündür.

Günümüzde Amerika'da, Avrupa ve diğer Hindu olmayan ülkelerde yaşayan çok sayıda büyük insan vardır ki, yogi ya da swami kelimelerini hiç duymamış olmalarına rağmen, bu terimlerin gerçek örnekleridirler. İnsanlığa karşılık beklemeksizin hizmet etmeleri veya arzu ve düşüncelerine hâkim olmaları ya da Tanrı'ya karşı eş koşmayan sevgileri yahut olağanüstü konsantrasyon güçleri kanalıyla bir bakıma yogidirler. Kendilerine yoganın amacı olan 'kendini kontrol'ü gaye edinmişlerdir. Bu insanlara, eğer kişinin zihnini ve yaşamını daha bilinçli yönlendirmeyi mümkün kılan yoga bilimi öğretilmiş olsaydı, çok daha yükseklere çıkabilirlerdi.

Yoga yüzeysel bakan bazı Batılı yazarlar tarafından yanlış anlaşılmıştır, Ancak onu eleştirenler asla onu uygulayanlar olmamıştır. Yogaya yapılan birçok övgü arasında belki İsviçreli Psikanalist Dr. C. G. Jung'un takdirinden bahsedilebilir:

"Eğer bir dinsel metot kendini 'bilimsel' olarak nitelendirirse, Batı'da taraftar bulacağından kesinlikle emin olabilir. Yoga bu beklentiye layıktır" diye yazıyor Dr. Jung. [10] "Yeni olanın cazibesi ve yarım yamalak anlaşılan şeye karşı duyulan hayranlık bir yana bırakılırsa yoganın birçok taraftarı olması için iyi bir neden vardır. Yoga kontrol edilebilen deneyim imkânı sunar ve böylece 'gerçekler'e duyulan bilimsel ihtiyacı tatmin eder. Ve bunun yanında, hayatın her dönemini içine alan doktrin ve metodu, saygıdeğer geçmişi,

---

[10] Dr. Jung 1937'de Hindistan Bilim Konferansı'na katıldığında, kendisine Kalküta Üniversitesi tarafından yüksek onur derecesi verildi.

genişliği ve derinliği sebebiyle rüyamızda bile göremeyeceğimiz imkânları vaat eder.

Her dinsel ya da felsefi uygulama, psikolojik disiplin, yani zihinsel bir sağlık metodu anlamına gelir. Yoganın sadece bedensel yöntemleri [11] bile olağan jimnastik ve nefes egzersizlerinden daha üstün bir psikolojik sağlık anlamına gelir. Çünkü sadece mekanik ve bilimsel değil, felsefidir de. Yoga; vücudun çeşitli bölümlerini çalıştırarak, onu ruh'un bütünüyle birleştirir. Bu, örneğin *prana*'nın hem nefes hem de kozmosun evrensel dinamizmini temel alan *pranayama* egzersizlerinde oldukça barizdir.

Yoga alıştırması, yoganın temelini oluşturan kavramlar olmaksızın etkisiz kalacaktır. Bunlar bedensel ve spiritüel olanı olağanüstü bir bütünlükle birleştirir.

Doğu'da, bu fikir ve pratikler geliştirilmiş ve binlerce yıldır kesintisiz devam eden geleneklerle birlikte, gereken spiritüel temeller yaratılmıştır. Böylece, Yoga -ki inanmaya dünden hazırım- bedenle zihnin birbiriyle şüpheye yer bırakmayan bir birlik oluşturmasının mükemmel ve uygun bir metodudur. Bu birlik, bilinci aşan sezgileri mümkün kılan psikolojik eğilimler yaratır."

Özdenetimin içsel biliminin doğanın dıştan fethi kadar gerekli olduğunun Batı dünyasında da kabul edileceği gün yaklaşıyor. Maddenin gerçekte konsantre enerji olduğu artık tartışma götürmez bilimsel bir gerçek! Bu, atom çağında insanların ayılarak daha açık fikirli olmalarına yol açacaktır. İnsan zihni, içinde sakladığı taş ve metallerin içindekinden daha büyük enerjileri açığa vurabilir ve vurmalıdır. Yoksa dizginini henüz yeni koparmış olan materyal atom-devi, yeryüzünde anlamsız bir tahribata yol açacaktır. Atom bombasının insanlık için yarattığı kaygının dolaylı bir faydası da yoga bilimine [12] artan pratik ilgi olabilir. Gerçek bir 'bombaya dayanıklı' sığınak!

---

[11] Dr. Jung burada, bedensel asanaları (poz) ve sağlıklı uzun bir yaşam için teknikleri kapsayan özel bir dal olan Hatha Yoga'yı kastediyor. Hatha yararlıdır ve hayret uyandırıcı fiziksel sonuçlar verir. Ancak bu dal, spiritüel kurtuluşa meyleden yogilerce çok az uygulanır.

[12] Yoga üzerine bilgisi tam olmayan çoğu kimse yoga denince Hatha Yoga'yı anlar veya yoganın olağanüstü güçler elde etmek için karanlık, gizemli ritüellerle dolu bir 'büyü' olduğunu düşünür. Buna karşın, bilim adamları yogadan bahsettiğinde Yoga Sutraları'nda izah edilen sistemi (aynı zamanda 'Patanjali'nin özdeyişleri' diye de bilinir) kastederler: Raja (kral) Yoga. Patanjalı'nın risalesi, aydınlanmış Üstat Sadasivendra'nın da (bkz. 376 dipnot) aralarında bulunduğu Hindistan'ın bazı büyük düşünürlerinin vahyolmuş yorumlarının ihtişamını da dahil eden felsefi kavramları içerir.

Diğer beş Ortodoks (Vedalar'a dayanan) felsefi sistem gibi *Yoga Sutraları* da, ahlaki saflığın (*yama* ve *niyama*nın 'on emri') '*büyüsü* 'nü, sağlıklı felsefi araştırma için zorunlu bir ön hazırlık olarak kabul eder. Batı'da üzerinde ısrar edilmeyen bu talep altı Hint disiplinine kalıcı bir canlılık bahşetmiştir.

Evreni hayatta tutan kozmik düzen (*rita*) insan kaderini yöneten ahlaki düzenden farklı değil. Evrensel ahlaki reçetelere uymaya gönülsüz olan, gerçeği aramaya ciddiyetle kararlı değildir.

Yoga Sutraları'nın III. bölümünde çeşitli mucizevi yogik güçlerden (*vibhuti* ve *siddhiler*) bahsedilir. Gerçek bilgi güçten başka bir şey değildir. Yoga yolu, herbiri kendi 'vibhuti'sini (marifet) içeren dört basamağa ayrılmıştır. Belli bir gücü elde ederek yogi, dört basamaktan birinin testini başarıyla geçtiğini bilir. Bu şekilde her basamağa ait karakteristik güçlerin ortaya çıkması, yoga sisteminin bilimsel yapısının kanıtıdır. Yani kişinin 'spiritüel gelişmes.' hakkındaki yanılgılı subjektif değerlendirmeleri yerine belli bir marifeti sergileyerek kanıt göstermesi istenir!

Patanjali, müridi, kutsal yol boyunca küçük ve önemsiz çiçekler olan vibhutilere sahip olmanın değil, Ruh ile birliğin temel gaye olduğuna dair uyarır. Ebedi Veren'in kendisi aranmalı, O'nun fenomenal hediyeleri değil! Tanrı, değeri düşük herhangi bir hediyeyle tatmin olan 'arayan'a kendini göstermez. Bundan dolayı, çaba sarf eden yogi, sahte kibire yol açıp onu en yüksek seviye olan *Kaivalya*'ya (Mutlak) erişmekten alıkoymasın diye fenomenal (doğa-üstü) güçlerini uygulamamaya dikkat eder.

Yogi ebedi amacına ulaştığında marifetlerini ister uygular, isterse uygulamaktan çekinir; bu ona kalmıştır. Bütün eylemleri, mucizevi ya da başka türlü, karmik yasaya bağlı olmadan yerine getirilir. Karmanın demir törpüleri sadece kişisel ego mıknatısının hâlâ var olduğunda cezbolur ve iş başındadır.

BÖLÜM 25

Ağabeyim Ananta ve Kız Kardeşim Nalini

"Ananta'nın günleri sayılı, karmasının kum saati bu yaşam için doldu."

Bu acımasız sözler, bir sabah derin meditasyondayken içsel bilincime ulaştı. Swami Düzeni'ne girişimden kısa bir süre sonra ağabeyim Ananta'nın konuğu olarak doğum yerim Gorakhpur'u ziyaret ediyordum. Ananta ani bir hastalıkla yatağa düşünce, ona ihtimamla hastabakıcılık yaptım.

Bu ciddi içsel tebliğ beni kederle doldurmuştu. Gorakhpur'da ağabeyimin çaresizce gözlerimin önünden çekilip alınmasını görmek için daha fazla kalmaya dayanamayacağımı hissettim. Akrabalarımın anlayışsız eleştirileri arasında, yer bulabildiğim ilk gemiyle Hindistan'ı terk ettim. Burma ve Çin Denizi yoluyla Japonya'ya doğru yol aldı gemi. Kobe'de inerek birkaç gün geçirdim. Gezip dolaşmak için kalbim fazlasıyla ağırdı.

Hindistan'a dönüşte gemi Şanghay'a uğradı. Orada çeşitli antikacı dükkânlarından Sri Yukteswar, ailem ve arkadaşlarım için çeşitli hediyeler seçerken geminin doktoru Dr. Misra bana rehberlik etti. Ananta'ya bambudan, el oymalı bir hediye aldım. Çinli satıcı parçayı bana uzattığında elimden yere düşürerek feryat ettim: "Bunu rahmetli ağabeyim için aldım!"

Açıkça algıladım ki ruhu o anda Sonsuz'un kucağında özgürlüğüne kavuşuyordu. Hediyem yere düşünce bariz ve sembolik olarak çatlamıştı. Hıçkırıklar içinde bambunun üzerine, "Şimdi çoktan gitmiş olan sevgili ağabeyim Ananta için" diye yazdım.

Yol arkadaşım doktor beni alaycı bir gülümseyişle izliyordu.

"Gözyaşlarını boşuna dökme" dedi. "Öldüğüne emin olana kadar tut onları."

Gemimiz Kalküta'ya vardığında Dr. Misra bana tekrar eşlik etti. En küçük erkek kardeşim Bishnu beni limanda bekliyordu.

"Biliyorum, Ananta artık yaşamıyor" dedim Bishnu'ya, o daha konuşmaya fırsat bulamadan. "Lütfen doktora Ananta'nın ne zaman öldüğünü söyle."

Bishnu aynen Şanghay'da hediyeleri aldığım günün tarihini söyledi.

"Buraya bak" dedi Dr. Misra heyecanla. "Bu olaydan etrafta fazla bahsetme, yoksa profesörler zaten uzun olan tıp eğitimine ayrıca bir yıl da telepati öğrenimi ekleyecekler!"

Eve girdiğimde babam beni içtenlikle karşıladı. "Geldin mi oğlum" dedi şefkatle. Gözlerinden iki büyük yaş damlası aktı. Genellikle duygularını belli etmeyen bir insan olan babamı, daha önce hiç böyle sevgisini açığa vururken görmemiştim. Dışardan ağır ve ciddi görünen babam, içinde bir annenin yumuşak kalbine sahipti. Bütün ailevi meselelerde bu iki taraflı rolü oynamıştı.

Ananta'nın vefatından kısa bir süre sonra kız kardeşim Nalini, ilahi bir şifayla ölümün eşiğinden geri döndü. Bu hikâyeyi anlatmadan önce, hayatımızın önceki safhalarına değinmek uygun bir zemin oluşturacak.

Nalini ile ilişkilerimiz, çocukluktan beri pek uyumlu değildi. Ben zayıftım ama o benden daha da zayıftı. Eminim psikologların teşhis koymakta zorluk çekmeyecekleri bir sebepten dolayı sık sık kız kardeşimin çelimsiz görünüşüne takılırdım. Onun cevabı da hep çocukların o sözünü sakınmayan açıklığıyla benim alayım kadar amansız olurdu. Bazen annem araya girip, çocukça çekişmelere hafifçe kulağımı çekerek (daha büyük olduğumdan) geçici olarak son verirdi.

Nalini okulu bitirdikten sonra, Kalküta'nın sevilen doktorlarından Panchanon Bose ile sözlendi. Evlenme töreni en ince detaylarına kadar özenle organize edilip, coşkuyla kutlandı. O akşam Kalküta'daki evimizde, oturma odasında toplanan neşeli akrabalarımıza katıldım. Damat çok büyük, altın işlemeli bir yastığa dayanıyordu. Nalini ise yanında oturuyordu. Ne yazık ki, muhteşem mor ipek sari [1] bile kız kardeşimin kemikli figürünü tam olarak örtemiyordu. Yeni eniştemin yastığını siper alarak, ona arkadaşça bir tavırla sırıttım. Düğün törenine kadar evlenme piyangosunda bahtına ne düştüğünü öğrenememişti, yani Nalini'yi daha önce hiç görmemişti.

Sempatimi hisseden Dr. Bose göze çarpmadan Nalini'yi işaret ederek kulağıma fısıldadı. "Söyle bana, bu da nesi böyle?" "Neden doktor?" diye cevap verdim. "Tıbbi araştırmalarınız için bir iskelet işte!"

Yıllar geçtikçe Dr. Bose, ne zaman bir hastalık baş gösterse ona başvuran aileme kendini sevdirdi. Onunla neredeyse arkadaş olduk, sık sık Nalini'yi hedef alarak şakalaşırdık.

Bir gün eniştem; "Bu, tıp açısından merak uyandırıcı bir vaka" diye anlattı. "Cılız kız kardeşin üzerinde her şeyi denedim; balıkyağı, tereyağı, malt, bal, balık, et, yumurta, iştah açıcı şuruplar. Buna rağmen yine de gramın yüzde biri kadar bile kilo almadı."

---

[1] Hint kadınının zarafetle bedenine sarılan giysisi.

Birkaç gün sonra Bose'lerin evini ziyaret etmiştim. Oradaki işim birkaç dakika sürmüştü. Nalini'nin gelişimi fark etmediğini düşünerek oradan ayrılıyordum. Tam kapıya ulaşırken, Nalini'nin nazik fakat emredici sesini duydum.

"Abi, buraya gel, benden bu kez kaçamazsın! Seninle konuşmak istiyorum."

Merdivenleri çıkarak odasına ulaşınca onu gözyaşları içinde buldum.

" Sevgili kardeşim" dedi "Eski savaşa artık bir son verelim. Ayaklarının şimdi sıkıca spiritüel yola bastığını görüyorum. Ben de her bakımdan senin gibi olmak istiyorum." Ümitle ekledi: "Şimdi artık gürbüz bir görünüşün var. Bana yardım edecek misin? Kocam yanıma bile yanaşmıyor, bense onu çok seviyorum! Fakat böyle sıska ve cazibesiz kalmam gerekse dahi [2] gerçek arzum Tanrı'yı idrak yolunda gelişme kaydetmek."

Ricası beni kalbimden vurmuştu. Yeni arkadaşlığımız hızla derinleşti, bir gün benim müridim olmak istediğini söyledi.

"Beni istediğin şekilde eğit. Şişmanlatıcı şuruplar yerine umudumu Tanrı'ya bağlıyorum." Kucak dolusu ilacı alarak pencerenin dışındaki yağmur borusundan aşağı boşalttı.

İnancını sınamak için ondan balık, et ve yumurta yememesini istedim.

Nalini'yi birkaç ay sonra tekrar görmeye gittim. Bu süre boyunca, ona verdiğim çeşitli direktifleri disiplinle izlemiş ve birçok zorluğa rağmen vejetaryen diyeti özenle uygulamıştı.

"Sevgili kardeşim, spiritüel direktifleri büyük bir sadakatle yerine getirdin; ödülünü çok yakında göreceksin" diye gülümsedim. "Ne kadar tombullaşmak istersin? Yıllardır ayaklarını göremeyen halamız kadar mı?"

"Hayır, ben sadece senin kadar sağlam yapılı olmak istiyorum."

Ciddiyetle cevap verdim: "Tanrı'nın lütfuyla, her zaman olduğu gibi şimdi de gerçeği konuşuyorum. [3] İlahi takdis yoluyla bedenin bugünden

---

[2] Hindistan'da insanların çoğu zayıf olduğundan, biraz tombulluk revaçtadır.

[3] Hindu yazıtlarının belirttiğine göre gerçeği konuşan kişiler, sözlerini materyalize etme gücünü geliştirirler. Kalpten söyledikleri sözler gerçekleşir. (*Yoga Sutraları* II:36.)

Alemler gerçek üzerine kurulmuş olduğu için; bütün kutsal yazıtlar sayesinde her hangi bir insanın yaşamını 'Sonsuz ile uyum' içine sokabileceği bir fazilet olarak gerçeği övüp, yüceltir. Mahatma Gandhi sık sık "gerçek, Tanrıdır." demiş ve yaşamı boyunca düşünce, söz ve eylemin mükemmel gerçeği için mücadele vermiştir. Çağlar boyunca *Satya* (gerçek) ideali Hindu toplumunun köklerine işlemiştir. Marko Polo'nun anlattığına göre Brahminler, 'hiçbir nedenle ve hiçbir şey yüzünden yalan söylemezler." Hindistan'da İngiliz bir yargıç, William Sleeman '*Journey Through Oudh*' adlı eserinde (1849-50) şöyle yazar: "Önüme; bir insanın malının, özgürlüğünün hatta hayatının, onun söyleyeceği küçük bir yalana bağlı olduğu yüzlerce dava gelmiştir ve her birinde de sanıklar yalan

itibaren değişecek ve bir ay içinde benim bedenimle aynı ağırlığa ulaşacak."

Kalbimden söylediğim bu sözler gerçekleşti. Bir ay sonra Nalini benim kiloma ulaştı. Yeni toplu formu ona bir güzellik verdi. Kocası bu haline sırılsıklam âşık olmuştu. Oldukça olumsuz başlayan evlilikleri ideal bir beraberliğe dönüştü.

Japonya'dan dönüşümde öğrendim ki, Nalini yokluğumda ateşli tifoya yakalanmıştı. Alelacele evine koştum. Onu bir deri bir kemik görmek beni dehşete düşürmüştü. Komadaydı.

Eniştem olayı şöyle anlattı: "Zihni hastalık nedeniyle bulanmadan önce sık sık 'Eğer Mukunda burada olsaydı hastalığım bu kadar ilerlemeyecekti' diye inledi. Diğer doktorlarla birlikte ben de en ufak bir umut görmüyorum. Tifoyla uzun süre pençeleştikten sonra şimdi de dizanteri onu pençesine aldı."

Dualarımla yeri göğü yerinden oynatmaya çabaladım. Bana gerçekten yardımcı olan bir hemşire tutarak, kardeşim üzerinde çeşitli şifa verici yoga metotları denedim. Dizanteri kayboldu.

Fakat Dr. Bose kederle kafasını salladı: "Dökecek tek damla kanı bile kalmadı geriye."

"İyileşecek" dedim kararlılıkla, "bir hafta içinde ateşi düşecek."

Bir hafta sonra Nalini gözlerini açıp da bana sevgiyle baktığında kalbim heyecanla titredi. O günden sonra süratle iyileşti. Eski kilosuna ulaşmasına rağmen iki bacağı felç olmuştu. Hintli ve İngiliz uzmanlara göre böyle kötürüm olarak kalacaktı.

Dualarımla onun yaşamı için verdiğim savaş beni bitkin düşürmüştü. Sri Yukteswar'ın yardımını rica etmek için Serampore'a gittim. Nalini'nin halini ona anlattığımda gözleri derin bir sevecenlik yansıtıyordu.

"Kız kardeşinin bacakları bir ayın sonunda normale dönecek" dedi ve ekledi: "Ona, derisiyle temas eden, delinmeden, bir tokayla tutturulmuş iki karatlık bir inci kolye tak."

Sevinçle rahatlamış vaziyette kendimi ayaklarına attım.

"Efendim Siz bir üstatsınız. İyileşeceğine dair sözleriniz yeterli. Ama ısrar ederseniz, ona bir an önce bir inci temin edeceğim."

Gurum başıyla onayladı. "Evet, öyle yap." Sonra hiç görmemiş olduğu Nalini'nin fiziksel ve zihinsel özelliklerini tam olarak tarif etti.

"Efendim" diye sordum, "bu bir astrolojik analiz mi? Onun doğum günü ve saatini bile bilmiyorsunuz."

---

söylemeyi reddetmiştir"

Sri Yukteswar güldü. "Takvimlerin ve saatlerin şahadetinden bağımsız olan daha derin bir astroloji vardır. Her insan Yaradan'ın bir parçasıdır ya da 'Kozmik İnsan'ın. İnsan gözü fiziksel insanı görür. Buna karşılık içsel göz daha derinlere nüfuz eder, hatta her insanın bütünsel ve bireysel bir parçası olduğu evrensel motiflere bile."

Kalküta'ya dönerek bir inci[4] satın aldım. Bir ay sonra Nalini'nin felçli bacakları tamamıyla iyileşti.

Kız kardeşim benden, yürekten minnet duygularını Sri Yukteswar'a ulaştırmamı istedi. Üstat mesajı sakince dinledi. Tam oradan ayrılıyordum ki, birden şaşırtıcı bir yorumda bulundu:

"Kız kardeşine birçok doktor çocuk sahibi olamayacağını söylemişti. Ona gelecek birkaç yıl içerisinde iki kız çocuğu doğuracağını kesinlikle söyleyebilirsin."

Birkaç yıl sonra doğurduğu bir kız çocuğu Nalini'yi nasıl mutlu etti bilemezsiniz. Daha sonra da ikinci kızı dünyaya geldi.

---

[4] İnciler ve diğer değerli taşlar, metal ve bitkiler gibi direk insan derisiyle temas halinde kullanıldıklarında, fiziksel hücreler üzerinde elektromanyetik bir etki uyandırırlar. İnsan bedeni, bitki, metal ve değerli taşların da yapısını oluşturan karbon ve çeşitli metal elementleri içerir. Eski bilgelerin bu alandaki keşifleri kuşkusuz bir gün fizyologlar tarafından onaylanacaktır. İnsanın hassas bedeni, bütün elektriksel hayat akımlarıyla, henüz keşfedilmemiş birçok gizemin bir merkezidir.

Değerli taş ve metal bileziklerin beden üzerinde şifa verici değerlerinin yanında, Sri Yukteswar'ın onları tavsiye etmek için başka bir nedeni daha vardı. Üstatlar asla büyük şifacılar olarak göze batmak istemezler. Sadece Tanrı'dır şifa veren. Bundan dolayı ermişler Tanrı tarafından onlara bağışlanan güçleri sık sık gizleyip, örtbas ederler. İnsanoğlu genellikle görüp-dokunabildikleri şeylere güvenir. Guruma şifa dilemek için geldiklerinde, onların itikadını uyandırmak ve aynı zamanda dikkatlerini başka bir yöne çevirmek amacıyla gurum, bir metal bilezik veya değerli taş takmalarını salık verirdi. Bilezik ve taşlar esas elektromanyetik şifalı potansiyellerinin yanında Üstadın gizli spiritüel takdisine de sahiptiler.

SRİ DAYA MATA İLAHİ VECD HALİNDE

Self-Realization Fellowship ve Yogoda Satsanga Society of India'nın 3. başkanı Sri Daya Mata 1968'de Hindistan'ı bir ziyareti esnasında derin meditasyonda görülüyor.

"Paramahansa Yogananda bize 'yol'u öğretti" diye yazmıştır Daya Mata. "Sadece sözleri ve ilahi örneğiyle değil, aynı zamanda bilimsel SRF meditasyon metotlarını vererek de. Ruhun susuzluğunu tatmin etmek, sırf gerçek hakkında kitaplar okumakla mümkün değildir. İnsanın Gerçeğin Derin Kaynağı'ndan (Tanrı) kana kana içmesi gerekir. Kendini idrak (Self-Realization) bu demektir: Tanrı'nın direkt tecrübe edilişi."

Adı olan 'Daya Mata'nın işaret ettiği gibi gerçek bir 'Şefkatli Ana' olarak, hayatının amacı Tanrı sevgisini yaşamak ve bu sevgiyi herkesle paylaşmaktır.

BÖLÜM 26

Kriya Yoga Bilimi

Bu sayfalarda sık sık bahsi geçen *Kriya Yoga* bilimi modern Hindistan'daki geniş kitlelere, gurumun gurusu Lahiri Mahasaya kanalıyla yayılmıştır. '*Kriya*'nın Sanskritçe kökü *Kri*'dir. (Yapmak, davranmak ve tepki göstermek.) Aynı kök neden ve sonuç etkisinin doğal prensibini ifade eden '*karma*' kelimesinde de bulunur. Kriya Yoga böylece, 'Sonsuz'la, belli bir eylem veya ayin (*kriya*) yoluyla, birliktir. (*Yoga.*) Bu tekniği sadakatle uygulayan yogi, yavaş yavaş *karma* veya neden-sonuç dengesinin yasal zincirinden kurtulup özgürlüğüne kavuşur.

Çok eski bazı yogik talimatlar nedeniyle halka sunulmak amacıyla tasarlanan bu kitapta *Kriya Yoga*'nın tam ve detaylı bir açıklamasını veremeyeceğim. Asıl teknik, otorite sahibi bir *Kriyaban*'dan (*Kriya Yogi*) veya Self-Realization Fellowship'ten (Yogoda Satsanga Society - of India) öğrenilmelidir.[1] Bu kitapta genel bir bilgi yeterli görülmüştür.

Kriya Yoga insan kanındaki karbonun temizlenerek yeniden oksijenle şarj edildiği basit bir psikofizyolojik metottur. Bu ekstra oksijenin atomları, beyin ve omurga merkezlerini yeniden canlandırıp gençleştirmek için hayat enerjisine dönüştürülür. Yogi, kirli kanın birikmesini durdurarak, hücrelerdeki çürümeyi azaltmaya ya da önlemeye kadirdir. İlerlemiş yogi, vücut hücrelerini enerjiye dönüştürebilir. Hz. İlyas, Hz. İsa, Kabir ve diğer peygamberler *Kriya* veya benzeri bir teknikle, istedikleri anda bedenlerini materyalize ya da demateryalize edebilen üstatlardı.

Kriya çok eski bir bilimdir. Lahiri Mahasaya bu tekniği büyük gurusu Babaji'den devralmıştır. Babaji karanlık çağlarda unutulan bu tekniği yeniden keşfederek formüle etmiş ve basitçe Kriya Yoga diye adlandırmıştır.

---

[1] Nitelikli öğrencileri Kriya Yoga'ya inisiye etmek yetkisi Self-Realization Fellowship (SRF) ve Yogada Satsanga Society (YSS) of India'nın başkanı ve ruhani başı olarak kendisini takip eden kimselere Paramahansa Yogananda tarafından verilmiştir. Bu kimseler bu yetkiyi kendileri icra edebilir veya uygun gördükleri SRF/YSS rahiplerine devredebilirler. Ayrıca, Kriya Yoga'yı ebediyen yaymak için, Paramahansa Yogananda Self-Realization Fellowship (Yogoda) derslerini hazırladı. Bu dersleri Self-Realization Fellowship'in Los Angeles'taki uluslararası merkezinden temin etmek mümkündür. (Bkz sayfa 485.) - Yayımcının notu.

"Senin kanalınla 19. yüzyılda yeryüzüne ilettiğim *Kriya Yoga*" diye anlatmıştı Babaji Lahiri Mahasaya'ya. "Krishna'nın binlerce yıl önce Arjuna'ya verdiği aynı bilimin yeniden canlandırılışıdır ki, daha sonra Patanjali, Hz. İsa, St. John, St. Paul ve diğer müritlerce de bilinmiştir."

Hindistan'ın en büyük peygamberi Lord Krishna *Kriya Yoga*'ya *Bhagawad-Gita*'nın iki bölümünde değinmiştir. Bir dizede şöyle denir: "Alınan nefesi verilen nefese ve verilen nefesi alınan nefese sunarak yogi, her iki nefesi de nötrleştirir. Böylece *prana*'yı kalpten salıvererek, hayat gücünü kontrol altına alır." [2] Yorumu şudur: "Yogi, akciğer ve kalbin çalışmasını sakinleştirme yoluyla ekstra bir pranaya'yı (yaşam gücü) elde eder. Bu ekstra gücü kullanarak vücut metabolizmasındaki çürümeyi durdurur. Ayrıca apana'yı (artık çıkarma akımı) da kontrol ederek vücudun değişimini oluşturan hücre büyümesini durdurur. Bozulma ve büyümeyi böylece nötrleştirerek, yogi hayat gücünü kontrol etmeyi öğrenir."

Başka bir *Gita* dizesi şuna değinir: "En üstün amacın peşinde koşan meditasyon uzmanı (*muni*), bakışını iki kaşının ortasındaki noktada sabitleştirerek ve burun delikleriyle akciğerlerin arasında akan, birbirine eşit *apana* ve *prana* akımlarını nötrleştirerek, kendini dışsal fenomenlerden geri çekmeye, duyusal zihinle zekâsını kontrol etmeye ve arzu, korku ve hiddeti yenmeye muktedirdir. Böylece sonsuza dek özgürlüğe kavuşur." [3]

Krishna ayrıca, daha önceki bir yaşamında [4] zamanın yok edemediği yogayı, çok eskilerde yaşamış bir bilge olan Vivasvat'a aktaranın kendisi olduğunu bildirmiştir. [5] Vivasvat yogayı büyük kanun yapıcısı Manu'ya, [6] Manu ise Hindistan'ın savaşçı güneş hanedanının kurucusu Ikshwaku'ya aktarmıştır. Böylece birinden öbürüne iletilerek Kral Yoga (Raja Yoga) bilgelerce materyalist çağın gelişine kadar muhafaza edilmiştir. [7] Daha sonra, rahiplerin

---

[2] *Bhagawad-Gita* IV:29

[3] İbid. V:27-28. Nefes bilimi hakkındaki diğer açıklamalar için sayfa 473, ve 475-476' bakınız.

[4] İng. 'incarnation' birçok kez dünyaya gelmeyi ifade etmek için bazen 'inkarnasyon' olarak tercüme edilmiştir. (Çev. notu.)

[5] İbid. IV: 1-2.

[6] *Manava Dharma Shastras* veya Manu'nun kanunlarının çok eski çağlarda yaşamış olan yazarı. Resmen kabul edilmiş bu umumi kanun müesseseleri bugüne kadar etkisini sürdürmüştür.

[7] Materyalist çağlar, Hindu yazıtlarının belirttiğine göre M.Ö. 3102 yılında başlamıştır O yıl gündönümü çemberinin son alçalan *Dwapara Yuga*'sının sınır ve aynı zamanda evrensel devrin *Kali Yuga*'sının başlangıcıydı. (Bkz. S. 160 ve S. 160 dipnot.) Çoğu antropologlar 10.000 yıl önce insanlığın barbar bir taş devrinde yaşamış olduğuna inanarak, ağızdan ağıza aktarılarak geniş kıtalara yayılmış olan Lemurya, Atlantis, Hindistan, Çin, Japonya, Mısır, Meksika ve diğer ülkelerdeki çok

sır saklaması ve insanlığın kayıtsızlığı yüzünden bu kutsal ilim yavaş yavaş erişilemez hale gelmiştir.

*Kriya Yoga'*dan, en büyük yoga yorumcusu olan eski bilge Patanjali iki yerde bahsetmiştir. "Kriya Yoga vücutsal disiplin, zihinsel kontrol ve Om [8] üzerine meditasyondan ibarettir. Patanjali, Tanrı'dan, meditasyon esnasında duyulan asıl Kozmik Ses, *Om* olarak bahseder. [9] Om Yaratıcı Kelime, Kozmik Motor'un homurtusu, İlahi Varlığın şahididir. [10] Yogaya yeni başlayan biri bile çok geçmeden Om'un harikulade sesini duyabilir. Mürit, bu takdis edici spiritüel cesaretlendiriş yoluyla ilahi alemlerle birlikteliğine ikna olur.

Patanjali *Kriya* tekniğine ya da hayat gücü kontrolüne ikinci bir kez şöyle değinir: "Hidayete *pranayama* ile erişilebilir; pranayama ise nefes alış ve verişi birbirinden ayırmakla başarılır." [11] St. Paul *Kriya Yoga* ya da benzeri bir teknikle hayat akımlarını, duyu organlarının şalterinden açıp kapatabiliyordu. Bundan dolayı şöyle demeye kadirdi: "Mesih'in (Hz. İsa) içimizi sevinçle dolduran nuru içinde her gün ölüyorum." [12] Beden içindeki bütün hayat gücünü odaklayıp (ki, bu güç normal olarak sadece dış dünyaya, duyusal dünyaya yönelik olup, böylece ona, görünüşte bir geçerlilik kazandırmaktadır) St. Paul, Mesih Bilinci'nin (*Christ-Consciousness*) iç kabartan ruhuyla günlük olarak, gerçek bir yoga birliğini yaşamaktaydı. Bu huzur verici ruh halinde, maya dünyasının duyusal yanılgılarına karşı 'ölü' olduğunun veya onlardan özgür kılındığının bilincindeydi.

Tanrı ile birliğin (*sabikalpa samadhi*) başlangıçtaki hallerinde müridin bilinci Kozmik Ruh ile kaynaşır. Hayat gücü 'ölü' ya da hareketsiz ve kaskatı

---

eski gelenekleri 'mitoloji' diye nitelendirip, reddetmektedirler.

[8] *Yoga Sutraları* II:1. *Kriya Yoga* kelimelerini kullanırken Patanjali ya daha sonra Babaji tarafından öğretilmiş olan tekniğe yahut da ona çok benzer bir tekniğe işaret ediyordu. Patanjali'nin hayat-gücü kontrolünün belli bir tekniğinden bahsettiği Yoga Sutraları II:49'daki özdeyişiyle kanıtlanmakta. (Bkz. gelecek sayfa.)

[9] İbid. 1:27.

[10] "Bunlar '*Amin*' der, sadık ve hakiki şahit, Rab'bın Yaradılışı'nın başlangıcı." - *Revelation* (Vahiy) 3:14. "Başlangıçta '*Söz*' vardı ve '*Söz*' Tanrı ile beraberdi ve '*Söz*' Tanrı idi. Her şey onun tarafından yapıldı ('*Söz*' veya '*Om*') ve O olmadan, yapılmış olan şeyler yapılamazdı." *John I (1. Yuhanna): 1-3*. Vedaların *OM*'u (İngilizce *Aum* yazılır) Tibetliler'ce kutsal *HUM*, Müslümanlar'ca *AMİN*; Mısırlı, Yunanlı, Romalı, Yahudi ve Hıristiyanlar'ca *AMEN* olarak bilinmektedir. Yahudi dilinde karşılığı 'emin, sadık'tır.

[11] *Yoga Sutraları* II:49

[12] *I Corinthians (1. Korintliler) 15:31*. "İçimizi sevinçle dolduran" şeklinde tercüme edilişi doğrudur. Genellikle "içini sevinçle dolduran" diye tercüme edilir. St. Paul burada Mesih-Bilinci'nin *evrenselliğine* değinmektedir.

görünen bedenden çekilir. Yogi geçici olarak askıya alınmış bedensel halinin Tanrı bilincindedir. Ancak daha yüksek ruhsal mertebelere (*nirbikalpa samadhi*) doğru gelişme kaydettikçe, bedensel olarak sabitleşmeden ve olağan uyanıklık bilincinde, hatta dünyalık işlerini yerine getirirken bile Tanrı ile birlik halinde olabilir.[13]

Sri Yukteswar öğrencilerine, "*Kriya Yoga* insan evrimini hızlandırabilen bir alettir" diye açıkladı. "Eski yogiler kozmik bilincin gizeminin nefes üzerine hâkimiyetle sıkıca bağlantılı olduğunu keşfettiler. Bu, Hindistan'ın dünya bilgi hazinesine eşsiz ve ölümsüz bir katkısıdır. Olağan halde kalbin hareketlerini devam ettirmek için içe çekilen hayat gücü, nefesi sakinleştiren bir metotla daha yüksek fonksiyonlar için serbest kılınmalıdır."

Kriya Yogi, sembolik Kozmik İnsan'ın on iki astral burca uyan altı omurga merkezi (ilik, boyun, kalp, karın, bel ve kuyruksokumu pleksüsleri) etrafında, hayat enerjisini zihnen aşağı ve yukarı doğru sarmal şekilde yönlendirir. Enerjinin insanın hassas omurgası etrafında yarım dakikalık bir devri, onun evriminde suptil bir etkiye neden olur; ki bu yarım dakikalık *Kriya* bir yıllık doğal spiritüel gelişmeye eşittir.

İnsanın astral sistemi, Her-Şeyi-Bilen (Omniscient) Ruhsal Göz'ün güneşi etrafında dönen altı (kutupsal olarak on-iki) içsel burcuyla fiziksel güneş ve onun on iki burcuyla karşılıklı ilişki içindedir. Bütün insanlar böylece, hem içsel hem de dışsal bir evren tarafından etkilenmektedir. Eski bilgeler şunu keşfettiler: İnsanın dünyasal ve göksel çevresi, onu doğal evriminde her 12 yıllık periyotlarla ilerletir. Kutsal yazıtlar beynini mükemmelliğe ulaştırmak ve kozmik bilince ermek için insanın, bir milyon yıllık normal ve hastalıksız bir evrim sürecine ihtiyacı olduğunu iddia eder.

Sekiz buçuk saat içinde yapılan 1.000 *Kriya* alıştırması yogiye bir günde, 1.000 yıllık doğal evrime eşit bir fayda sağlar (bir yıl içinde 365 bin yıllık bir evrim). Bir *Kriya Yogi* böylelikle üç yıl içinde, kendi çabasıyla doğanın bir milyon yılda gerçekleştirdiğiyle aynı sonucu elde etme başarısını gösterebilir. *Kriya* kestirme yolu tabii ki, sadece yüksek derecede ilerlemiş yogiler tarafından alınabilir. Böyle yogiler vücut ve beyinlerini, şiddetli alıştırmanın ürettiği güce dayanabilmesi için, bir gurunun kılavuzluğunda dikkatle hazırlamışlardır.

Kriya'ya yeni başlayan biri yogik tekniğini günde iki kez sadece 14 ila 24 kez uygular. Genellikle yogiler altı ya da on iki veya yirmi dört yahut kırk

---

[13] Sanskrit kelime '*bikalpa*', 'fark, kimliksizlik' anlamına gelir. *Sabikalpa* samadhinin 'farklılıklı' bir hali, *nirbikalpa*, 'farklılıksız' bir halidir. Yani, *sabikalpa samadhi* halinde bir mürit hâlâ Tanrı'dan hafif bir ayrılık duygusuna sahiptir; *nirbikalpa samadhi* de ise kimliğini *Ruh* (Spirit) olarak tam anlamıyla idrak eder.

sekiz yılda özgürlüğe kavuşurlar. Tam idrake ulaşmadan ölen bir yogi geçmiş hayatındaki *Kriya* çabalarının getirdiği iyi karmasını beraberinde taşır, yeni hayatında doğal olarak Sonsuz Amaç'a doğru sevk edilir.

Alelade bir insanın bedeni elli wattlık bir ampul gibidir ve *Kriya Yoga* uygulamasının şiddetinden doğan milyar wattlık gücü kaldıramaz. *Kriya*'nın basit ve yanlış uygulamaya yer bırakmayan metotlarının yavaş ve düzenli artırılışıyla insan vücudu günbegün astral dönüşüme uğratılır ve en sonunda, kozmik enerjinin sonsuz potansiyellerini ifade etmeye uygun hale getirilir. Bu Ruh'un ilk maddesel gösterisidir. *Kriya Yoga*'nın, yanlış yoldaki birçok fanatik tarafından öğretilen nefes egzersizleriyle hiçbir ortak yanı yoktur. Nefesi akciğerlerde zorla tutmaya kalkışmak doğal değildir, ayrıca rahatsızlık verir. Buna karşılık *Kriya Yoga*'ya, en başından beri huzur verici bir duygu ve omurganın yenilenmesinden doğan rahatlatıcı duygular eşlik eder.

Bu eski yoga tekniği nefesi zihinsel maddeye dönüştürür. Spiritüel gelişme yoluyla kişi nefesi zihinsel bir kavram olarak algılamaya muktedir olur; zihnin bir tasavvuru: Hayali bir nefes!

İnsanın nefes alıp verme oranıyla onun bilinç hallerinin arasındaki matematiksel bağlantı üzerine birçok örnek verilebilir. İnce detaylarla örülmüş entelektüel bir tartışmayı takip ederken ya da hassas veya zor bir el işçiliği yapmaktayken, yani insanın bütün dikkatini toplamasını gerektiren durumlarda, otomatikman çok yavaş nefes alır. Dikkatin toplanması ya da odaklanması yavaş nefes almaya dayanır. Hızlı ve düzensiz nefes zararlı duygusal hallerin kaçınılmaz bir refakatçisidir. (Korku, şehvet, öfke.) İnsanın dakikada ortalama on sekiz kez nefes almasına karşılık, huzursuz maymun dakikada otuz iki defa nefes alır. Uzun yaşadıkları bilinen fil, kaplumbağa, yılan ve diğer yaratıklar insandan daha yavaş nefes alırlar. Örneğin dev kaplumbağa -ki yaşam süresi üç yüz yıla erişebilir- dakikada sadece dört kez nefes alır.

Uykunun gençleştirici tesiri, insanın geçici olarak bedenini ve nefes alıp verişini unutmasından ileri gelir. Uyuyan insan bir yogiye dönüşür. Her gece bilincinde olmadan, kendini bedenle özdeşleştirmekten sıyırıp, hayat gücünü ana beyin bölgesinin ve onun omurilik merkezlerindeki altı yan dinamosunun şifa verici akımlarına yönlendiren yogik bir tören yerine getirir. Uyuyan kişi böylece, bilmeden bütün varlığa hayat bahşeden kozmik enerji tarafından şarj olunur.

Gönüllü yogiyse bilinçli olarak -uykudaki insan gibi bilinçsizce değilbasit ve doğal bir yöntem uygular. *Kriya Yogi*, tekniğini; fiziksel hücrelerini, çürüyüp bozulması mümkün olmayan ışıkla besleyip doyurmak ve böylece onları spiritüel olarak manyetize edilmiş bir durumda muhafaza etmek için kullanır. Bilimsel bir yolla, nefes alıp vermeyi gereksiz kılar ve Kriya'yı uyguladığı saatler boyunca uyku, bilinçsizlik veya ölümün negatif hallerine girmez.

Maya yahut doğal kanunların etkisi altındaki insanlarda hayat enerjisinin akışı dışsal dünyaya yöneliktir. Akımlar duyular yoluyla boşa sarf edilerek kötüye kullanılır. *Kriya Yoga*'nın uygulanışı akımı ters yöne çevirir; hayat gücü zihinsel olarak içsel kozmosa sevk edilerek, omurgaya ait süptil enerjilerle birleşir. Hayat gücünüz bu şekilde takviye edilişiyle yoginin bedeni ve beyin hücreleri spiritüel bir iksirle yenilenir.

Doğru beslenme, güneş ışığı ve uyum içindeki düşünceler yoluyla sadece doğa ve onun ilahi planı tarafından yönlendirilen insanlar bir milyon yılda kendini idrake erişeceklerdir. Beyin yapısındaki en önemsiz arıtmayı gerçekleştirmek için bile on iki yıllık normal sağlıklı yaşam gereklidir. Kozmik bilincin tezahürü için beyinsel meskenin yeterince arıtılmasıysa dünyanın güneş etrafında bir milyon kez dönmesini zorunlu kılar. Buna karşın, *Kriya Yogi*, doğal kanunları dikkatle gözeteleyerek geçirmesini gerektiren bu uzun süre zorunluluğundan kurtulur.

Ruhu bedene bağlayan nefes kordonunu çözerek *Kriya*, yaşamı uzatır ve bilincin sonsuza kadar genişlemesini sağlar. Yoga tekniği zihinle, maddeyle haşır neşir olmuş duyular arasındaki şiddetli çekişmenin üstesinden gelerek, müridi ebedi krallığının mirasına yeniden sahip olmak için özgür kılar. Mürit o zaman, gerçek varlığının ne fiziksel kılıfa ne de nefese bağımlı olmadığını anlar. Nefes, ölümlü insanoğlunun havaya, diğer bir deyişle Doğa'nın elementsel yükümlülüğüne karşı köleliğinin bir sembolüdür..

Bedenle zihnin efendisi olarak *Kriya Yogi*, en sonunda 'en son düşman'ı[14], ölümü' de yenerek zafere ulaşır.

Ölümle besleneceksin tıpkı ölümün insanlarla beslendiği gibi.

Ve ölüm bir kez öldüğünde, artık ölünmeyecek.[15]

---

[14] "Ortadan kaldırılacak son düşman ölümdür." - *I Corinthians - 1. Korintliler - 15:26*. Paramahansa Yogananda'nın bedeninin ölümünden sonra (bkz. S-483) çürüyüp-bozulmazlığı O'nun mükemmelliğe ulaşmış bir *Kriya Yogi* oluşunu kanıtlamıştır. Büyük üstatların hepsi ölümden sonra bedensel çürümezliği sergilemezler. (Bkz. S-289 Dipnot.) Bu tür mucizeler Hindu yazıtlarının belirttiğine göre sadece özel bir amaç için meydana gelirler. Paramahansaji'nin durumunda bu 'özel neden' şüphesiz, Batı'yı yoganın değerine ikna etmekti. Paramahansaji'ye, Babaji ve Sri Yukteswarji tarafından Batı'ya hizmet etmesi için direktif verilmişti. Paramahansaji bu göreve yaşamında ve ölümünde sadık kaldı. (*Yayınlayanın notu.*)

[15] Shakespeare: *Sonnet 146*.

Kendi düşünce ve hislerini tahlil etmek ya da 'sessizlik içinde oturmak', hayat gücüyle birbirine bağlı olan zihin ve duyuları birbirinden ayırmaya çalışmanın bilimsel olmayan bir yoludur. Düşünceye dalan zihin ilahi aslına dönmeye teşebbüs ederken, sürekli olarak hayat akımları tarafından duyulara doğru geri çekiştirilir. *Kriya*, zihni dolaysız olarak hayat-gücü kanalıyla kontrol ederek, Sonsuz'a yaklaşmak için en kolay, en etkili ve en bilimsel yoldur. Tanrı'ya giden ilahiyat patikasında yavaş ve belirsiz ilerleyen 'kağnı'ya kıyasla *Kriya Yoga*, 'havayoluyla' ulaşmaya benzetilebilir.

Yoga bilimi konsantrasyon ve meditasyon tekniklerinin bütün formlarının deneysel olarak incelenmesi temeline dayanır: Yoga; müridi istediği anda görme, işitme, tat alma, koklama ve dokunma duyularına giden hayat akımlarının düğmesini açıp kapatabilmeye muktedir kılar. Duyularını isteğine bağlı olarak devreden çıkarabilme gücüne erişen yogi; zihnini, istediği anda, ilahi boyutlarla ya da madde dünyasıyla kolayca birleştirebilir. Artık hayat-gücü tarafından istenci dışında, huzursuz düşüncelerin ve kaba duyuların dünyasına geri çekilemez.

İlerlemiş bir *Kriya Yogi*'nin yaşamı geçmişteki davranış ve etkinliklerinin etkileriyle değil, yalnızca ruhundan gelen direktiflerle yönetilir. Mürid günlük yaşamın egoizmden kaynaklanan iyi ve kötü etkinliklerini izlemeyi önler; çünkü bu doğal evrimsel süreç kartal yürekli mürit için sıkıcı bir salyangoz temposudur.

Ruhsal yaşamın daha üstün metodu yogiyi özgür kılar; egonun hapishanesinden çıkarak, her yerde hazır ve nazır bulunuşun derin havasını koklar. Buna kıyasla, yogi için, 'doğal yaşam'ın en heyecanlı gelişmeleri bile, utandırıcı bir hızdadır. Bedenini ve zihnini yöneten kurallara karşı hata yapmaksızın yaşamasına rağmen, yine de nihai özgürlüğe kavuşmak için bir milyon yıl boyunca tekrar ve tekrar bedensel kılıfını değiştirmeye ihtiyacı vardır.

Kendini fiziksel ve zihinsel kimliklerinden ayırarak, sadece ruhsal bireyselliğiyle tanımlamayı başaran bir yoginin ileriyi gören teleskopik metotları, ancak bu bin kez bin yılı beklemeye isyan edenlere salık verilir. Bu zaman süreci, bırakın ruhunu, doğayla bile uyum içinde yaşamayan; onun yerine doğal olmayan karmaşaların peşine düşen ve düşünceleriyle bedeninde doğanın keyifli aklıselimini bozup ihlal eden sıradan insan için daha da uzar. Böyleleri için *iki kez* milyon yıl bile, özgürlüğüne kavuşmasına yeterli olmayabilir.

Sıradan ve kaba insanlar vücutlarının, bir krallığa benzediğini nadiren fark ederler veya asla fark etmezler. Bu krallık kafatasındaki tahtın üzerindeki İmparator Ruh ve onun emri altında, omurilik merkezleri ya da bilinç alanlarını yöneten altı validen oluşur. Bu teokrasi, itaatkâr birçok özneye hükmeder: Otomatik gözüken bir bilinçle donatılmış olarak büyüme, dönüşüm ve bozulmaya ait görevleri yerine getiren 27 trilyon hücre ve ortalama altmış yıllık bir ömür boyunca 50 milyon belli başlı düşünce, duygular ve insan bilincindeki değişken fazlar...

Beden ya da zihindeki İmparator Ruh'a karşı, herhangi bir hastalık veya mantıksızlık olarak ortaya çıkan bariz bir ayaklanma, basit öznelerin sadakatsizliğinden kaynaklanmaz. Kişiye ruhuyla aynı anda geri alınamaz olarak verilen bireyselliğini -ya da özgür istencini- geçmişte veya şimdiki zamanda kötü kullanmasından kaynaklanır.

Kendini yüzeysel bir egoyla özdeşleştirerek insan; düşünen, isteyen, hisseden, yemekleri sindiren ve kendini hayatta tutanın *kendisi* olduğuna inanır. Bu alelade yaşamın eski yaptıklarının (amellerinin-*karma*) ve doğanın ya da çevresinin bir kuklası olduğunu asla kabul etmez (oysa birazcık düşünmek bile yeterli olurdu). Her insanın düşünsel reaksiyonları, duyguları, mizacı ve alışkanlıkları sadece şimdiki veya daha önceki yaşamlarındaki geçmiş nedenlerin etkileridir. Halbuki onun asil ruhu, bu etkilerin çok ötesindeki bir zirvededir. Geçici gerçekleri ve özgürlükleri hiçe sayarak, onlara tenezzül etmeyerek *Kriya Yogi*, bütün yanılgıların ötesine geçip özgür varlığına ulaşır. Dünyanın kutsal yazıtları insanı fani bir beden değil, yaşayan bir ruh olarak açıklar; *Kriya Yoga*'da insan bu bildiriyi kanıtlayacak bir metot bulur.

Shankara, ünlü *Century of Verses* (Ayetler Yüzyılı) adlı eserinde, "Dışsal dini ayinler cehaleti tahrip edemez, çünkü bunlar karşıt değildirler" diye yazmıştı. "Ancak farkına varılan bilgi cehaleti tahrip edebilir. (...) Bilgi, soruşturma dışında başka bir şeyden kaynaklanamaz. 'Ben kimim? Üniverse nasıl oluştu? Kim oluşturdu? Maddesel nedeni nedir?' Bu tür bir soruşturmayı kastediyorum." Zekânın bu sorulara verebilecek cevabı olmadığından rishi'ler (eski bilgeler) ruhsal soruşturmanın tekniği olarak yogayı geliştirdiler.

Düşüncelerini, istek ve duygularını bedensel arzuların sahte kimliğiyle bağdaştırmadan, zihnini omurgaya ait tapınaklardaki süper-bilinç güçleriyle birleştiren ve böylece yeryüzünde Tanrı'nın planladığı gibi yaşayan gerçek yogi, ne geçmişin dürtüleri ne de insan düşüncesizliğinin taze motifleri tarafından tahrik edilebilir. En yüksek arzusunu gerçekleştirerek, bitip tükenmeyen huzurla dolu Ruh'un son limanında artık emniyettedir.

Yoganın metodik ve emin etkililiğine değinerek Krishna, teknolojik yogiyi şu sözlerle över: "Yogi, bedenini disiplin altına alan münzevilerden daha büyüktür, hatta fazilet yolunu takip edenlerden (Jnana Yoga) veya

Bir Yoginin Otobiyografisi

Karma Yoga yolundan bile daha büyüktür. Bundan dolayı ey müridim Arjuna, sen de bir yogi ol!"[16]

Kriya Yoga, Gita'da sık sık övülerek yüceltilen gerçek 'ateş töreni'dir. Yogi bütün insanca özlemlerini emsalsiz tek Tanrı'ya adanmış bir şenlik ateşine atar. Bu, içinde bütün geçmiş ve şimdiye ait arzuların ilahi alevler tarafından yakılıp kül edildiği gerçek yogik ateş seremonisidir. Son Alev kurban edilen bütün insani çılgınlığı teslim alır ve insan cüruftan ayıklanarak saflaşır. Mecazi kemikleri arzu dolu etlerinden sıyrılmış, karmik iskeleti faziletin mikrop kırıcı güneşi tarafından ağartılmış, insanlar ve Yaradan'ın karşısında zararsız olarak en sonunda temizdir o.

---

[16] *Bhagawad-Gita IV:46.*

Modern bilim nefesin durduruluşunun beden ve zihin üzerindeki gerçekten olağanüstü şifa verici ve canlandırıcı etkilerini keşfetmeye başlamaktadır. New York'taki Doktorlar ve Cerrahlar Koleji'nden Dr. Alvan L. Barach birçok tüberküloz hastasını sağlığına kavuşturan bölgesel bir akciğer-istirahati terapisi geliştirdi. Eşitleyen bir basınç odası kullanarak hastaların nefes alışverişini durdurmayı başardı. The New York Times, 1 Şubat 1947'de Dr. Barach hakkında şöyle yazmıştı: "Nefes alışverişinin kesilmesinin merkezi sinir sistemi üzerindeki etkisi oldukça ilginç. El ve ayaklardaki istençli kasların hareketlerine neden olan dürtüler şaşırtıcı derecede azalıyor. Hasta odada saatler boyunca pozisyonunu değiştirmeden veya ellerini kıpırdatmadan yatabiliyor. İstençli nefes alışveriş durduğunda hatta günde iki paket sigara içmeye alışkın olan hastalarda bile, sigara içmeye olan arzu kayboluyor. Çoğu örneklerde gevşeyip - rahatlama öyle bir doğallıkta ki, hasta kişi kendini eğlendirici hiçbir şeye gereksinim duymuyor." 1951'de Dr. Balach tedavi metodunun etkililiğini herkese açıkladı: "Sadece akciğerler değil, aynı zamanda bütün vücut ve görünürde zihin de dinlenmekte. Örneğin kalp çalışmasını üçte bir azalttı. Hastalarımız endişe etmeyi bıraktılar. Hiçbiri can sıkıntısı hissetmiyor."

Bu gerçeklerden dolayı insan, yogilerin bedensel ve zihinsel olarak huzursuz aktivitelere doğru bir dürtü hissetmeksizin nasıl uzun süre hareketsiz oturabilmelerinin mümkün olduğunu anlamaya başlıyor. Sadece bu sükûnet içinde ruh tekrar Tanrı'ya giden yolunu bulabilir. Olağan insanın nefessizlik halinin belli faydalarından yararlanmak için basıncı eşitleyen bir odada kalmaya ihtiyacı olmasına karşın yoginin; bedeninde, zihninde ve ruhsal idrakte olağanüstü mükâfatlar görmek için Kriya Yoga tekniğinden başka bir şeye ihtiyacı yoktur.

BİR BATILI SAMADHİ HALİNDE
Rajarsi Janakananda (James J. Lynn)

Ocak 1937'de Kaliforniya Encinitas'taki özel bir sahilde Bay Lynn, beş yıl boyunca günlük *Kriya Yoga* uygulamalarından sonra *samadhi* (süperbilinçlilik) halinde Takdis Eden Vizyon'u gördü: Sonsuz Efendi 'İçinde İkamet Eden İhtişam' idi.

"Bay Lynn'in dengeli yaşamı bütün insanlara ilham kaynağı olmalı" dedi Yogananda. "Vicdanlı ve dürüst biri olarak Bay Lynn, dünyevi yaşamın görevlerini yerine getirirken, yine de her gün Tanrı'ya yönelen derin meditasyon için zaman buldu. Başarılı işadamı, aydınlanmış bir *Kriya Yogi*'ye dönüştü.

Paramahansaji sık sık ondan 'Ermiş Lynn' diye söz etti ve 1951'de ona Manastır Düzeni'ne ait Rajarsi Janakananda adını bahşetti. (Eski Hindistan'ın ünlü spiritüel kralı Janaka'dan esinlenerek.) Rajarsi 'Görkemli Bilge' demektir. (*Raja*, 'kral' + *rsi* ya da rishi, 'Büyük Bilge'.)

BÖLÜM 27

Ranchi'de Bir Yoga Okulu Kuruyorum

"Kurumsal işlere karşı neden böyle isteksizsin?"

Üstadın sorusu beni biraz ürküttü. Doğrusunu söylemek gerekirse o zamanlar kanaatim organizasyonların 'eşek arısı yuvaları' olduğu yönündeydi.

"Bu nankör bir görev efendim" diye cevap verdim. "Bir lider ne yaparsa yapsın veya yapmasın, daima eleştirilir."

"Tanrısal *channa*'nın (sütten yapılan bir çeşit peynir) tamamını sadece kendine mi saklamak istiyorsun?" Gurumun cevabı bakışları kadar ciddi ve sertti. "Eğer birçok iyi niyetli, cömert üstat bilgilerini başkalarına aktarmaya gönüllü olmasaydı sen ve senin gibi kimseler yoga kanalıyla Tanrısal idrake erişebilir miydiniz?" Ve şunu ekledi: "Tanrı Bal'dır, organizasyonlarsa arı kovanları. Her ikisi de gereklidir. Tabii ki İlahi Ruh ile dolu olmayan her türlü dışsal *form* yararsızdır, fakat neden spiritüel nektarla dolu üretici arı kovanları kurmayasın?"

Gurumun tavsiyesi beni derinden etkiledi. Açıkça cevap vermememe rağmen kalbimden azimli bir kararlılığın yükseldiğini hissettim; gücümün yettiği kadarıyla arkadaşlarımla, gurumun ayakları dibinde öğrenmiş olduğum özgürlük sağlayan gerçekleri paylaşacaktım. "Tanrım" diye dua ettim, "sana derinden bağlılığımın mihrabı üzerinde sevgin sonsuza dek parlasın ve ben de bütün kalplerde senin sevgini uyandırmaya muktedir olayım."

Daha önceki bir fırsatta, ben Manastır Düzeni'ne katılmadan önce, Sri Yukteswar hiç beklenmedik bir imada bulunmuştu.

"İhtiyarlığında bir hayat arkadaşının eşliğini özleyeceksin!" demişti. "Karısının ve çocuklarının geçimini sağlamak için yararlı bir işle uğraşan bir aile babasının, böylece Tanrı'nın gözünde ödüllendirilecek bir rol oynadığını kabul etmez misin?"

"Efendim" diye korkuyla karşı çıktım. "Biliyorsunuz ki bu yaşamımda bütün arzum sadece Kozmik Sevgili için!"

Üstat öylesine keyifle güldü ki, sözlerini sırf beni sınamak için sarf ettiğini anladım.

"Şunu hatırla" dedi yavaşça, "sıradan dünyevi görevleri reddeden, kendini ancak çok daha geniş bir aile için sorumluluklar üstlenerek haklı çıkarabilir."

Gençliğin doğru bir eğitim görmesi ideali hep kalbimde yatardı. Olağan öğretimin sadece beden ve zekânın gelişimini amaçlayan yavan ve can sıkıcı sonuçlarını açıkça görmüştüm. Hiçbir insanın onların yardımı olmaksızın mutluluğa yaklaşamayacağı ahlaki ve ruhsal değerler, resmi eğitim planında hâlâ eksikti. Bunun üzerine, genç erkek çocukların en yüksek insani düzeye erişebilecekleri bir okul kurmaya karar verdim. Bu yönde ilk adımımı Bengal'deki küçük bir taşra kasabası olan Dihika'da yedi çocukla attım.

Bir yıl sonra 1918'de, Kasimbazar Mihracesi Sir Manindra Chandra Nundy'nin cömertliğiyle hızla büyüyen grubumu Ranchi'ye taşıdım. Kalküta'dan yaklaşık iki yüz mil uzaklıktaki Bihar'da yer alan bu kasaba Hindistan'daki en sağlıklı iklimlerden biriyle kutsanmıştır. Ranchi'deki Kasimbazar Sarayı, 'Yogoda Satsanga Brahmacharya Vidyalaya'[1] diye adlandırdığım yeni okulun ana binası oldu.

Orada hem ilk ve ortaokul hem de lise öğretimini verecek bir program geliştirdim. Eğitim tarımsal, endüstriyel, ticari ve akademik dersleri içeriyordu. Orman aşramları, Hintli gençler için hem dünyevi hem de ilahi öğrenimin yüzlerce yıllık meskenleriydi. Ben de eski bilgelerin eğitim ideallerini takip ederek, çoğu dersleri dışarıda, açık havada yapılacak şekilde ayarladım.

Ranchi öğrencilerine yoga meditasyonu ve prensipleri, 1916'da keşfettiğim, sağlık ve bedensel gelişmenin eşsiz bir sistemi (Yogoda) ile öğretiliyordu.

İnsan bedeninin bir elektrik bataryası gibi olduğunu fark ederek, onun insan istencinin doğrudan faaliyeti yoluyla yeniden şarj edilebileceği anlamıştım. İstenç olmaksızın hiçbir hareket mümkün değildir; bu yüzden insan, mekanik egzersizler veya külfetli aletler olmadan gücünü yenilemek için, kendisini asıl harekete geçiren istençten faydalanabilir. Basit 'Yogoda' teknikleriyle kişi bilinçli olarak ve anında hayat gücünü kozmik enerjinin sınırsız kaynağından yeniden şarj edebilir.

---

[1] Vidyalaya, okul. Brahmacharya burada, insan hayatı için Vedik plandaki dört halden birine değinmektedir. Bu haller 1) bekâr öğrenci (brahmachari); 2) dünyevi sorumlulukları olan aile babası (grihastha); 3) münzevi (hermit - vanaprastha); 4) ormanda ikâmet eden ya da gezgin; dünyevi düşüncelerden özgür olan (Sannyasi.) Yaşamın bu ideal tasarısı, modern Hindistan'da artık kitlelerce uygulanmamasına rağmen, hâlâ derinden bağlı birçok kişi tarafından takip edilmektedir. Bu dört basamak bir gurunun ömür boyu direktifleri altında dinsel olarak yerine getirilir.

Ranchi'deki Yogoda Satsanga Okulu hakkında daha detaylı bilgi 40. bölümde verilmiştir.

Ranchi'deki öğrenciler Yogoda eğitimine çok olumlu tepki gösterdiler. Hayat gücünü bedenin bir bölgesinden diğerine transfer edebilmeyi ve zor *asana*'ları (yoga pozisyonları) [2] mükemmel bir şekilde uygulamayı öğrendiler. Birçok güçlü yetişkinin sahip olmadığı dayanıklılık ve kuvvete eriştiler.

En küçük erkek kardeşim Bishnu Charan Ghosh Ranchi Okulu'na katılarak, daha sonraları beden eğitimi alanında tanındı. Öğrencilerinden biriyle 1938-39'da Batı'ya gelerek kuvvet ve adale kontrolüyle ilgili gösteriler yaptı. New York'taki Columbia Üniversitesi ile Amerika ve Avrupa'daki diğer birçok üniversitenin profesörleri, zihnin beden üzerindeki hâkimiyetine [3] ait gösteriler karşısında hayretler içinde kaldılar.

İlk yılın sonunda Ranchi'de kayıt için başvurular iki bine ulaştı. Ancak o zamanlar yatılı okul olarak düşünülmüş olan binamız, sadece yüz kişiye yer sağlayabiliyordu. Hemen gündüzlü öğrenciler için öğretim programları eklendi.

Vidyalaya'da küçük çocuklar için anne-baba rolü oynamam ve birçok kurumsal zorlukla başa çıkmam gerekiyordu. İsa'nın şu sözlerini sık sık hatırlıyordum: "Benim ve İncil'in uğruna evini, kardeşlerini, anne babasını, karısını ya da çocuklarını yahut toprağını terk etmiş olanların hepsi, zulme uğramışlardır. Fakat yüzlerce eve, kardeşe, anne babaya, çocuklara, toprağa ve gelecek dünyada ebedi yaşama kavuşmuşlardır." [4]

Sri Yukteswar bu sözleri şöyle yorumladı: "Daha büyük sorumlulukların -genel olarak yüzlerce ev ve kardeş demek olan toplumsal yükümlülüklerin- altına girmek üzere, evlenmek ve aile geçindirmek gibi olağan yaşam tecrübelerini terk eden mürit, sık sık onu yanlış anlayan bir dünyanın tehdit ve zulmüyle karşılaşan bir görevi yerine getirir. Ancak böyle kendini daha geniş ufuklarla özdeşleştirme, müride bencilliği yenmesinde yardım ederek ilahi bir ödül verir."

Bir gün babam, Bengal-Nagpur Demiryolları'nda teklif ettiği bir işi reddederek onu incittiğimden dolayı uzun zamandır esirgediği gönül rızasını vermeye Ranchi'ye geldi.

"Oğlum," dedi, "artık hayatın için yaptığın bu seçimle barıştım. Seni bu mutlu ve hevesli gençlerin arasında görmek bana sevinç veriyor; sen tren tarifelerinin cansız rakamlarından çok buraya aitsin." Ayaklarımızın arasında dolaşan bir grup küçüğü işaret ederek, "Benim sadece sekiz çocuğum vardı,"

---

[2] Batı'da asanalara karşı büyüyen ilgi üzerine bu konuda birçok resimli kitap yayınlanmıştır.

[3] Bishnu Charan Ghosh 9 Temmuz 1970'te Kalküta'da vefat etmiştir. (Yayıncının Notu.)

[4] *Mark (Markos)* 10:29-30.

parlayan gözlerle gülüyordu, "senin halini anlayabiliyorum!"

Yüz dönüm verimli toprağımız olduğundan, öğrenciler ve öğretmenlerle sık sık bahçe ve diğer işlerle uğraşmanın tadını çıkarıyorduk. Birçok hayvanımız vardı. Bunların arasındaki genç bir ceylan çocuklar tarafından taparcasına seviliyordu. Ceylanı ben de öyle sevmiştim ki onun odamda uyumasına izin veriyordum. Tan vaktinin ilk ışıklarıyla o minik yaratık, adeta günaydın demek için tıpış tıpış yatağımın yanına gelirdi.

Bir gün, Ranchi şehrindeki bir işi halletmem gerektiğinden ceylanı olağan vaktinden önce besledim. Çocuklara hayvanı, ben geri dönmeden önce beslememelerini tembih ettim. Öğrencilerden biri buna uymayarak küçük ceylana koca bir kap süt vermiş. Akşamleyin geri döndüğümde üzücü haberle karşılaştım. "Ceylan aşırı beslenmekten neredeyse ölü vaziyette yatıyor."

Gözyaşları içinde, görünüşte cansız olan yavruyu kucağıma aldım. Tanrı'ya hayvanın hayatını bağışlaması için dua ettim. Saatler sonra yavru gözlerini açıp ayağa dikildi ve takatsizce birkaç adım attı. Bütün okul neşeyle tezahürat yapıyordu.

Ancak o akşam asla unutamayacağım derin bir ders aldım. Saat ikide uykuya dalana kadar ceylanla beraberdim. Hayvan rüyamda belirerek konuştu:

"Beni alıkoyuyorsun. Lütfen gitmeme izin ver, lütfen izin ver!"

"Pekâlâ" diye cevap verdim rüyada.

Aniden uyanarak bağırdım, "çocuklar, ceylan ölüyor!" Çocuklar hemen başıma üşüştüler. Odanın ceylanı yerleştirdiğim köşesine koştum. Doğrulmak için son bir çaba sarf ederek bana doğru sendeledi ve sonra ölü vaziyette ayaklarıma düştü.

Hayvanların kaderini düzenleyen ve yönlendiren toplu karmaya (mass karma) göre ceylanın yaşam süresi tükenmişti ve hayvan daha yüksek bir hayat formuna bürünerek gelişme kaydetmeye hazırdı. Fakat daha sonra bencilce olduğunu fark ettiğim derin bağlılığım ve ateşli dualarımla onu, ruhunun azledilmek için mücadele verdiği hayvansal formun sınırlamaları içinde tutabilmiştim. Ceylanın ruhu rüyamda bana rica etmişti, çünkü benim rızam olmadan gitmiyor ya da gidemiyordu. Ben razı olur olmaz, bu dünyayı terk etti.

Bütün kederim dağılmıştı; bir kez daha fark ettim ki Tanrı, çocuklarından her şeyi O'nun bir parçası olarak sevmelerini ve yanılgı içinde, ölümün her şeye son verdiği hissine kapılmamalarını istiyordu. Cahil insan ölümün sadece, onun sevgili arkadaşlarını sonsuza dek saklayan, üstesinden gelinemeyen duvarını görür. Ancak içsel olarak kimseye bağlanmayan ve başkalarını Tanrı'nın tezahürleri olarak seven insan, sevgili arkadaşlarının ölümle, sadece huzur içinde kısa bir nefes alma molası vermek üzere O'nun kucağına geri dönmüş olduklarını anlar.

Küçük ve basit Ranchi Okulu artık Bihar ve Bengal'de tanınan bir enstitüye dönüşerek büyüdü. Okulun birçok bölümü, eski bilgelerin eğitimle ilgili ideallerini ebedileştirmekten mutluluk duyanların gönüllü bağışlarıyla destekleniyor. Midnapore ve Lakhanpur'da kurulan şubeler de hızla gelişmeye devam ediyor.

Ranchi'deki merkez, bölgedeki yoksul halka ücretsiz doktor ve ilaç sağlayan bir sağlık merkezini de içeriyor. Tedavi görenlerin sayısı yılda ortalama on sekiz binin üzerindedir. Vidyalaya, rekabetin yoğun olduğu spor dallarında ve birçok Ranchi mezununun daha sonraki üniversite hayatında sivrildiği eğitim alanında isim yaptı.

Geçen otuz yıl içinde Ranchi Okulu Doğulu ve Batılı tanınmış birçok kişinin ziyaretiyle onurlandırıldı. Swami Pranabananda, Benares'in 'iki bedenli ermiş'i, 1918'de Ranchi'ye gelerek, birkaç gün konuk oldu. Büyük üstat ağaçların altındaki, güzel çizilmiş bir tabloyu andıran dersleri ve akşamları genç yavruların saatlerce hareketsiz yoga meditasyonunda oturduklarını gözlediğinde derinden etkilendi.

"Lahiri Mahasaya'nın gençliğin kusursuz eğitimi konusundaki ideallerinin bu enstitüde gerçekleştiğini görmek yüreğimi sevinçle dolduruyor" dedi.

Yanımda oturan genç bir öğrenci büyük yogiye bir soru sordu:

"Efendim," dedi, "bir rahip olacak mıyım? Yaşamım sadece Tanrı için mi?"

Swami Pranabananda yumuşakça gülümserken, gözleri geleceğin derinliklerine dalıyordu.

"Oğul," diye cevap verdi, "büyüdüğünde çok güzel bir gelin seni bekliyor." Gerçekten de çocuk yıllarca Swami Düzeni'ne girmeyi planlamış olduğu halde sonunda evlendi.

Swami Pranabananda'nın Ranchi'yi ziyaretinden bir süre sonra babama, yoginin geçici olarak kaldığı Kalküta'daki eve kadar eşlik ettim. Pranabananda'nın uzun yıllar önce bulunduğu kehanet zihnimde şimşek gibi çaktı: "Seni daha sonra babanla beraber göreceğim."

Babam Swami'nin odasına girdiğinde büyük yogi oturduğu yerden doğrularak onu sevecen bir saygıyla kucakladı.

"Bhagabati" dedi, "Ruhsal yönden gelişmek için sen ne yapıyorsun? Görmüyor musun, oğlun Sonsuz'a doğru koşuyor?" Bu övgüsünü babamın önünde duymaktan utanıp kızardım. Swami devam etti: "Mübarek gurumuzun sık sık şu sözleri söylediğini hatırla: '*Banat, banat, ban jai.*'⁵ *Kriya Yoga*'yı kesintisiz uygula ve bir an önce göğün kapılarına ulaş."

Pranabananda'nın, onu Benares'teki ilk ziyaretim esnasında dinç ve kuvvetli görünen bedeni, duruşu hâlâ hayranlık uyandıracak kadar dik olmasına rağmen, şimdi yaşlılığın belirtilerini gösteriyordu.

"Swamiji" diye sordum direkt gözlerine bakarak, "lütfen söyleyin: Yaşınızın ilerlediğini hissetmiyor musunuz? Bedenin takati azaldıkça Tanrısal idrakınız bundan dolayı ızdırap duyuyor mu?"

Bir melek gibi gülümsedi. "Sevgili, benimle şimdi her zaman olduğundan daha çok beraber." Onun bu kesin kanaati zihnimin ve ruhumun üzerinde aşkın bir tesir yaptı. Yogi devam etti: "Hâlâ iki emekliliğin tadını çıkarıyorum, biri baban Bhagabati'den, diğeri yukarıdan." Göklere doğru işaret ederken ermiş, kısa bir süre kendinden geçmiş halde (*ecstasy*) donakaldı. Yüzü ilahi nurla aydınlanmıştı. Soruma yeterli bir cevaptı bu!

Pranabananda'nın odasındaki birçok bitki ve tohum paketi dikkatimi çektiğinden amacının ne olduğunu sordum.

"Benares'ten bir daha geri dönmemek üzere ayrıldım" dedi "ve şimdi Himalayalar'a doğru yoldayım. Orada müritlerim için bir aşram kuracağım. Bu tohumlar ıspanak ve başka birkaç sebze yetiştirmek için. Sevgili müritlerim, zamanlarını nur dolu Tanrısal birlik içinde geçirerek sade bir hayat sürecekler. Başka hiçbir şey gerekli değil."

Babam kardeş müridine ne zaman Kalküta'ya geri döneceğini sordu.

"Hiçbir zaman" diye yanıtladı ermiş. "Lahiri Mahasaya'nın söylediğine göre, sevgili Benares'imi sonsuza dek terk ederek Himalayalar'a gidip, orada bu ölümlü kılıfı atacağım yıl, bu yıl." Sözleri gözlerimi yaşlarla doldurdu ama Swami sükûnetle gülümsedi. Bana huzur içinde İlahi Ana'nın kucağında oturan küçük, göksel bir çocuğu hatırlattı. Yılların yükünün büyük bir yoginin sahip olduğu üstün spiritüel güçler üzerinde hastalıklı bir etkisi yoktur. İstediği anda bedenini yenileyip gençleştirmeye muktedirdir. Buna rağmen bazen yaşlanma sürecini geciktirmeye hiç önem vermez. Yeni bir bedende artakalan karması üzerinde çalışmak gereğine engel olmak için, şimdiki bedenini zaman kazandıran bir aygıt olarak kullanarak, karmasının fiziksel planda harcanmasına izin verir.

---

5 Lahiri Mahasaya'nın, öğrencilerini azimle meditasyona devamda cesaretlendirmek için kullandığı gözde sözlerden biri. Kelimesi kelimesine: "Yapa, yapa, bir gün yapılır." Bu düşünce "Çabalaya, çabalaya; bir gün çabalayarak İlahi Hedef'e varırsın" diye tercüme edilebilir.

Aylar sonra Pranabananda'nın yakın müritlerinden biri olan eski arkadaşım Sanandan ile karşılaştım.

"Sevgili gurum gitti" diye anlattı hıçkırıklar içinde. "Rishikesh yakınlarında bir aşram kurdu ve bizi sevgiyle eğitti. Tamamıyla yerleştiğimiz ve onun eşliğinde hızla spiritüel gelişme kaydettiğimizde, bir gün Rishikesh'ten geniş bir kitleye ziyafet vermeye niyetlendi. Ona neden böyle büyük bir kalabalık istediğini sordum.

'Bu benim son festival seremonim' dedi. Sözlerinin anlamını tam olarak anlayamadım. Pranabanandaji büyük miktarlarda yemek pişirilmesine yardım etti. İki bin civarında ziyaretçiyi doyurduk. Ziyafetten sonra yüksek bir platformda oturarak 'Sonsuz' üzerine bir söylev verdi. Sonunda, binlerce kişinin gözü önünde, yanında oturan bana döndü ve olağandışı bir güçle konuştu.

'Sanandan, hazırlıklı ol; kılıfı atacağım.'[6]

Afallamış bir sessizlikten sonra, yüksek sesle haykırdım, 'Üstat, yapma! Lütfen, lütfen yapma!' Sözlerime bir anlam veremeyen kalabalık sessiz kaldı. Pranabanandaji bana gülümsedi ancak gözleri çoktan sonsuzluğu görüyordu.

'Bencil olma' dedi, 'ne de benim için sızlan. Uzun süredir neşeyle ve severek hepinize hizmet etmekteyim. Şimdi sevinç duy ve bana hayırlı yolculuklar dile. Kozmik Sevgilim ile buluşmaya gidiyorum.' Pranabanandaji fısıldayarak ilave etti: 'Kısa bir süre içinde yeniden dünyaya geleceğim. Sonsuz huzurun biraz tadını çıkardıktan sonra yeryüzüne dönecek ve Babaji'ye[7] katılacağım. Çok yakında ruhumun nerede ve ne zaman yeni bir bedende kılıflandığından haberin olacak.'

Yine bağırdı: 'Sanandan, şimdi burada kılıfı ikinci *Kriya Yoga* ile tekmeliyorum!'[8]

---

[6] Bedeni bırakıp, gitmek; beden çerçevesine bir tekme atmak!

[7] Lahiri Mahasaya'nın hâlâ yaşayan gurusu. (Bkz. Böl. 33.)

[8] Pranabananda tarafından kullanılan asıl teknik, Self-Realization (Kendini İdrak) yolunun daha yüksek *Kriya* inisiyasyonlarında, Üçüncü *Kriya Yoga* İnisiyasyonu olarak bilinir. Lahiri Mahasaya tarafından Pranabananda'ya verildiğinde, 'ikinci' *Kriya* olarak verilmekteydi. Bu *Kriya*, ustalaşan müride bedenini istediği an bilinçli olarak terk etmeyi ve yine geri dönebilmeyi mümkün kılar. İlerlemiş *Kriya* Yogiler bu *Kriya* tekniğini önceden bildikleri ölümlerinde bedenden son çıkış esnasında kullanırlar.

Büyük yogiler nihai kurtuluşun pranik yıldız 'kapı'sı olan üçüncü gözden 'girip-çıkarlar'. Hz. İsa: "Ben kapıyım: Eğer biri benim kanalımdan içeri girerse, o kurtarılacaktır ve içeri girip-dışarı çıkabilecektir ve çayırı bulacaktır. Hırsız (*maya* veya yanılgı) çalmaktan, öldürmekten ve tahrip etmekten başka bir şey için gelmez: Ben (*Mesih Bilinci*) onlar yaşamı bulabilsin ve daha bolluk içinde bulunabilsinler diye geldim." - *John (Yuhanna) 10:9-10*.

Ranchi'de Bir Yoga Okulu Kuruyorum

YOGODA SATSANGA ŞUBE AŞRAMI

Parmahansa Yogananda tarafından kurulan Yogoda Satsanga Society (YSS) of India'nın Ranchi'deki şubesi ve aşramı. Erkek çocuklar için başlatılan okul 918'de buraya taşınmıştır. Bu şube aşram YSS üyelerine hizmet etmekte ve Paramahansaji'nin *Kriya Yoga* tekniğini tüm Hindistan'a yaymaktadır. Spiritüel faaliyetlerinin yanı sıra bu kuruluş, birçok öğretim merkezleri ve ücretsiz hizmetler veren bir sağlık ocağını da kapsamaktadır.

Önümüzdeki insan denizine baktı ve hepimizi kutsadı. Bakışları içeri, spiritüel gözüne yönelterek, hareketsizleşti.

Şaşkın kalabalık onun vecde gelerek meditasyon yaptığını düşünürken o, çoktan beden tapınağını terk etmiş ve kozmik uçsuz bucaksızlığa dalmıştı. Müritler lotus pozisyonunda oturan bedenine dokunduklarında artık sıcak değildi. Sadece katılaşmış bir çerçeve kalmış, kiracı ölümsüz sahillere doğru uçup, gitmişti."

Sanandan sözlerini bitirdiğinde, mübarek 'iki bedenli ermiş'in ölümünün de yaşamı kadar dramatik olduğunu düşündüm.

Pranabananda'nın nerede yeniden doğacağını sordum.

"Bu bilgiyi kutsal bir emanet olarak saklıyorum" diye cevapladı Sanandan. "Bunu hiç kimseye söylememeliyim. Belki başka bir yoldan öğrenebilirsin."

Yıllar sonra Swami Keshabananda'dan[9] öğrendim ki Pranabananda, yeni bir bedende dünyaya gelişinden birkaç yıl sonra Himalayalar'daki Badrinarayan'a gitmiş ve orada Babaji'nin etrafındaki ermişler grubuna katılmıştı.

---

[9] Keshabananda ile karşılaşmamdan S. 390-393'de bahsedeceğim.

BÖLÜM 28

Kaşi, Yeniden Doğdu ve Keşfedildi

"Lütfen suya girmeyin! En iyisi suyu kovalardan dökünelim."

12 km uzaktaki komşu bir tepeye yürüyüşte bana eşlik eden genç Ranchi öğrencilerine sesleniyordum. Önümüzdeki gölcük, davet edici gibi görünüyordu ancak içimde bir hoşnutsuzluk uyanmıştı. Çocukların çoğu kovalarını daldırmaya başlamıştı. Fakat birkaçı serin suların davetine dayanamayarak suya atladı. Daha henüz dalmışlardı ki büyük su yılanları etraflarında oynaşmaya başladı. Nasıl bir yaygarayla kendilerini tekrar kıyıya attıklarını görmeliydiniz!

Hedefimize vardıktan sonra öğle yemeği yiyerek pikniğin tadını çıkardık. Çocuklarla çevrili olarak bir ağacın altına oturdum. Beni esinlenmiş bir ruh halinde bulduklarından, soru yağmuruna tuttular.

"Lütfen söyleyin efendim" diye gençlerden biri sordu, "acaba hep sizinle beraber münzevilik yolunda kalacak mıyım?"

"Ah, hayır," dedim, "zorla evine götürülecek ve daha sonra da evleneceksin."

Bana inanmak istemeyerek hiddetle itiraz etti. "Beni eve sadece ölü olarak taşıyabilirler." (Fakat birkaç ay sonra ailesi, gözyaşları içinde direnmesine rağmen onu almaya geldi. Birkaç yıl sonra da evlendirildi.)

Birçok soruyu cevapladıktan sonra Kaşi adlı bir çocuk söz aldı. On iki yaşlarında, parlak bir öğrenciydi ve herkes tarafından seviliyordu.

"Efendim" dedi, "benim kaderim ne olacak?"

"Çok yakında öleceksin." Dayanılmaz bir güç bu sözleri dudaklarımdan çıkmaya zorlamış ve bu ifşa herkes kadar beni de şoke ederek kedere boğmuştu. Boşboğazlığımı sessizce azarlayarak diğer soruları cevaplamayı reddettim.

Okula döndüğümüzde Kaşi odama geldi.

"Eğer ölürsem, yeniden doğduğumda beni bulup tekrar spiritüel yola sevk edecek misiniz?" diye sordu hıçkırıklar arasında.

Kendimi bu zor sorumluluğu reddetmeye zorunlu hissettim. Fakat daha sonraki haftalar boyunca Kaşi beni inatla sıkıştırdı. Sinirlerinin gergin ve cesaretinin kırılma noktasında olduğunu görerek onu teselli ettim.

"Evet," diye söz verdim en sonunda. "Eğer Göksel Baba yardım ederse, seni bulmaya çalışacağım."

Yaz tatili esnasında küçük bir seyahate çıktım. Kaşi'yi beraberimde götüremediğimden pişmanlık duyarak, yola çıkmadan önce onu odama çağırdım ve bütün kandırma çabalarına karşı direnerek okulun spiritüel titreşimleri içinde kalması konusunda kesin direktif verdim. İçimde bir his, eğer eve gitmezse eli kulağında olan belanın önlenebileceğini söylüyordu.

Ben ayrılır ayrılmaz Kaşi'nin babası Ranchi'ye gelmiş, on beş gün boyunca, eğer Kalküta'ya dört günlüğüne annesini görmeye gelirse, sonra tekrar geri dönebileceğini anlatarak oğlunun istencini kırmaya çalışmıştı; Kaşi ise ısrarla reddetmişti. Babası en sonunda oğlunu polis zoruyla geri alacağını söylediğinde, okul hakkında böyle tatsız bir izlenime neden olmak istemeyerek, Kaşi gitmekten başka bir çare görmemişti.

Birkaç gün sonra Ranchi'ye geri döndüm. Kaşi'nin nasıl götürülmüş olduğunu duyduğumda hemen trenle Kalküta'ya doğru yola çıktım. Orada bir fayton kiraladım. Hayret vericidir ki, taşıt Ganj'ın üzerinden Howrah Köprüsü'nün öbür tarafına geçtiğinde gördüğüm ilk grup, matem giysileri içindeki Kaşi'nin babası ve akrabalarıydı. Arabacıya durması için bağırıp faytondan atlarken talihsiz babaya kızgınlıkla baktım.

"Katil" diye seslendim, biraz mantıksız bir tavırla, "çocuğumu öldürdün!"

Baba, Kaşi'yi zorla Kalküta'ya getirmekle nasıl bir hata yaptığını zaten fark etmişti. Çocuk orada bulunduğu birkaç gün boyunca yediği yiyecekten mikrop kapıp koleraya yakalanmış ve ölmüştü.

Kaşi'ye olan sevgim ve onu öldükten sonra yine bulacağıma dair sözüm bana gece gündüz rahat vermedi. Nereye gidersem gideyim yüzü gözümün önünde beliriyordu. Tıpkı yıllar önce kaybettiğim annemi aradığım gibi Kaşi'yi aramaya başladım.

Tanrı'nın bana verdiği idraki kullanarak, Kaşi'nin astral planda nerelerde bulunduğunu gösterecek olan suptil kanunları keşfedebilmem için güçlerimi son kapasitesine kadar uygulamam gerekiyordu. Kaşi'nin, tatmin olmamış arzularla titreşen bir ışık kütlesi olan ruhu, astral bölgelerde ışık saçan milyonlarca ruhun arasındaydı. Bu kadarını biliyordum fakat bu kadar çok ruhun titreşen ışığı içinde kendimi onunkine nasıl yönlendirebilirdim?

Gizli bir yoga tekniği kullanarak, spiritüel gözün [1] 'mikrofonu' kanalıyla

---

[1] İki kaşın ortasındaki noktadan yayılan istenç, düşüncenin yayın istasyonudur. İnsanın, kalpte sükunetle konsantre olmuş olan duyguları veya emosyonal gücü, onun uzak veya yakınındaki diğer insanların mesajlarını algılayan zihinsel bir radyo vazifesi görmesini mümkün kılar. Telepati de bir

Kaşi'nin ruhuna olan sevgimi duyurdum. İçgüdüsel olarak hissettim ki Kaşi yakında yeryüzüne dönecek ve çağrımı sürdürdüğüm takdirde, ruhu bana cevap verecekti. Kaşi'nin bana göndereceği en hafif titreşim parmak, kol ve omurgamdaki sinirlerce hissedilmeliydi.

Havaya kaldırdığım ellerimi anten gibi kullanarak, Kaşi'nin bir embriyo olarak hâlihazırda doğmuş olduğu yerin yönünü bulmak için sık sık kendi etrafımda döndüm. Böylece konsantrasyonla yönlenmiş kalbimin 'radyo'sunda ondan bir cevap alacağımı umuyordum.

Bu yoga metodunu Kaşi'nin ölümünden yaklaşık altı ay sonrasına kadar azimle uyguladım. Bir sabah Kalküta'nın kalabalık Bowbazar semtinde birkaç arkadaşla beraber yürürken ellerimi yine olağan tarzda kaldırdım. İlk kez bir tepki hissettim. Parmak ve avuç içlerimde hissettiğim elektrik titreşimlerinden heyecanlandım. Bu akım, bilincimin derinliklerinde gitgide güçlenen bir tek düşünceye tercüme oldu: "Ben Kaşi'yim, ben Kaşi'yim bana gel!"

Bu düşünce, kalp radyoma odaklandığımda neredeyse duyulabilir hale geldi. Kaşi'nin hafif boğuk bir sesle [2] fısıldadığı çağrısını defalarca duydum. Arkadaşlarımdan Prokash Das'ın koluna yapışarak neşeyle güldüm.

"Öyle gözüküyor ki Kaşi'nin yerini tespit ettim!"

Arkadaşlarımı açıkça eğlendirmesine rağmen kendi etrafımda dönmeye başladım. Elektrik titreşimleri sadece yakındaki bir yola döndüğümde parmaklarımda beliriyor, diğer yönlere döndüğümdeyse kayboluyordu. (Bu dolambaçlı yol kendine uygun olarak Serpentine Lane -yılan yolu- olarak adlandırılmıştı.)

"Ah!" diye bağırdım, "Kaşi'nin ruhu bu sokakta yaşayan bir ananın karnında olmalı."

Arkadaşlarımla 'Serpentine Lane'e yaklaştık. Havaya kaldırılmış ellerimdeki akımlar gitgide güçleniyordu. Sanki bir mıknatıs tarafından yolun sağına çekildim. Belli bir evin kapısına vardığımızda kendimi mıhlanmış gibi hissetmem beni hayrete düşürdü. Büyük bir heyecanla nefesimi tutarak kapıyı çaldım. Uzun ve alışılmadık arayışımın sonuna yaklaştığımı hissediyordum.

Kapı, ev sahibinin evde olduğunu söyleyen bir hizmetçi tarafından açıldı. Ev sahibi ikinci kattaki merdivenlerden inerek gülümsedi. Hem uygun hem

---

insanın zihnindeki düşünceleri, önce astral eterin ince (suptil) vibrasyonları ve sonra da daha kaba olan yerküresel eter vasıtasıyla kendilerini diğer insanın zihnindeki düşünce dalgalarına dönüştüren elektriksel dalgalar yaratılarak iletilir.

[2] Her ruh saf halinde 'her şeyi bilir'. Kaşi'nin ruhu çocuk Kaşi'nin bütün karakteristik işaretlerini hatırlayarak, benim dikkatimi çekmek için onun boğuk sesini taklit etti.

KASHI

Ranchi Okulu öğrencisi

de uygunsuz olan soruma nasıl bir kılıf uyduracağımı gerçekten bilmiyordum.

"Efendim, siz ve eşiniz yaklaşık altı aydan beri bir çocuk bekliyor musunuz?" [3]

[3] Birçok insanın fiziksel ölümden sonra 500 ya da 1.000 yıl astral bir dünyada kalmasına rağmen, yeniden doğumlar arasındaki zaman süresi hakkında değişmeyen bir kural yoktur. (Bkz. Bölüm 43.) Kişinin fiziksel veya astral bedenlenişi için tahsis edilen süre karmik olarak önceden belirlenir.

Ölüm ve uyku (küçük ölüm) aydınlanmamış insanoğlunu duyusal karmaşadan geçici olarak azat eden fani gerekliliklerdir. Özdoğası ruh olduğundan, uykuda ve ölümde ona cisimsizliğini hatırlatan idrak yeniden canlanır.

Karmanın birbirini eşitleyip - dengeleyen kanunu Hindu kutsal yazıtlarında izah edildiği gibi, hareket - karşıt hareket, neden ve sonuç, ekmek ve biçmektir. Doğal yargı doğrultusunda (*rita*) her insan, düşünceleri ve eylemleri yoluyla kaderini şekillendirir. Akıllıca ya da cahilce başlattığı her hareket tıpkı amansızca kendini tamamlayan bir çember gibi başlangıç noktası olarak ona geri dönmelidir. "Yeryüzü, nasıl çevirirsen çevir, kendini eşitleyen bir denkleme benziyor. Sessizlik ve kesinlik içinde her gizem açığa vurulur, her suç cezalandırılır; her fazilet ödüllendirilir, her yanlış yeniden düzeltilir." *Emerson, 'Compensation - Telâfi*). Karmanın, yaşamın eşitsizliklerinin ardındaki adalet kanunu olarak idrakı, insan zihnini Tanrı'ya ve diğerlerine karşı kızgınlık ve gücenmekten kurtarır. (Bkz. 164.)

"Evet, öyle." Karşısında turuncu cüppeli bir swami görünce nezaketle ekledi: "Bundan nasıl haberdar olduğunuzu lütfen söyler misiniz?"

Kaşi'nin hikâyesini ve ona verdiğim sözü duyunca şaşıran adam bana inanmıştı.

"Açık tenli bir oğlan çocuğunuz dünyaya gelecek" dedim. "Geniş bir yüzü ve inek yalamış gibi inatçı bir kâhkülü olacak. Spiritüel konulara dikkati çekecek derecede ilgi duyacak." Doğacak çocuğun Kaşi'ye böylesine benzeyeceğinden kesinlikle emindim.

Daha sonra çocuğu ziyaret ettim. Ailesi ona eski ismini vermişti. Bebekliğinde bile sevgili Ranchi öğrencime şaşılacak kadar benziyordu. Çocuk bana anında bir yakınlık gösterdi. Geçmişin cezbesi daha da güçlenerek uyanmıştı.

Yıllar sonra Amerika'dayken genç Kaşi'den bir mektup aldım. Münzevilik yoluna karşı duyduğu derin ilgiden bahsediyordu. Onu Himalayalı bir üstada yönlendirdim. Üstat, yeniden doğan Kaşi'yi müritliğine kabul etti.

BÖLÜM 29

Rabindranath Tagore ile Okulları Kıyaslıyoruz

"Rabindranath Tagore bize kendini ifade etmenin doğal bir yolu olarak şarkı söylemeyi öğretti, kuşlar kadar doğallıkla."

On dört yaşında parlak bir öğrenci olan Bhola Nath, bir sabah ona melodik şarkı söyleyişinden dolayı iltifat ettiğimde böyle bir açıklama yaptı. Sebepli sebepsiz, her fırsatta bir melodi seli dökülüyordu genç çocuktan. Daha önce Bolpur'daki Santiniketan (Barış Limanı) adlı, ünlü Tagore Okulu'na gitmişti.

"Rabindranath'ın şarkıları küçüklüğümden beri dudaklarımdadır" diye anlattım. "Bütün Bengalliler, en cahil köylüler bile, onun dizelerine hayranlık duyarlar."

Bhola ile binlerce Hint şiirini besteleyen Tagore'den birkaç nakaratı beraberce söyledik. Bir kısmı Tagore'nin kendi bestesiydi, diğerleriyse çok eskilerden kaynaklanıyordu.

"Rabindranath ile Nobel Edebiyat Ödülü'nü aldıktan kısa bir süre sonra karşılaştım. Onu ziyaret etmek istedim, çünkü edebiyat eleştirmenlerini bertaraf etmekteki açık sözlü cesaretine hayranlık duyuyordum" diye söz ederek bıyık altından güldüm.

Bhola, merak içinde anlatmamı istedi.

"Eleştirmenler, Bengalce şiir sanatına yeni bir tarz getirdiği için Tagore'ye verip veriştirdiler. O, konuşma diliyle klasik şiiri karıştırarak, eleştirmenlerin çok değer verdikleri belirlenmiş sınırlamalara pek aldırmaz. Şiirleri derin felsefi gerçekleri duygusal terimlerle dile getirir ve benimsenmiş edebi formlara fazla itibar etmez.

Tanınmış bir eleştirmen Rabindranath'ı 'kâğıda basılmış ötüşlerini bir rupiye satan güvercin-şair' diye tanımlamıştı. Fakat Tagore kısa bir süre sonra intikamını aldı. *Gitanjali*'sini (*Yakarışlar*) kendisi İngilizce'ye tercüme ettikten kısa bir zaman sonra bütün Batı edebiyatı hürmetle onun ayağına kadar geldi. Trenler dolusu eleştirmen -bir zamanlar onu topa tutup eleştirenler de dahil- onu tebrik etmeye Santiniketan'a gittiler.

Rabindranath misafirlerini ancak uzun bir süre beklettikten sonra kabul etti. Ve sonra övgülerini serinkanlı bir sessizlik içinde dinledi. En sonunda eleştirmenlerin çok iyi bildiği eleştiri silahlarını onlara doğru çevirdi.

'Muhterem beyler' dedi, 'bu hoş kokularla beni burada onurlandırışınız, geçmişteki hürmetsizliğinizin leş kokularıyla bağdaşmıyor. Acaba Nobel Ödülü alışımla sizin böyle aniden beni takdir etmeniz arasında bir bağlantı var mı? Ben, Bengal'in mihrabına tevazu dolu çiçeklerimi sunduğumda sizleri hoşnutsuz eden, hâlâ aynı şairim.'

Gazeteler Rabindranath Tagore'nin verdiği bu cesur dersi yayınladılar. Dalkavuklukla kandırılamayan Tagore'nin söylediği bu sözlere hayran kalmıştım. Rabindranath Tagore ile Kalküta'da, basit bir Bengalli gibi giyinmiş sekreteri Bay C. F. Andrews [1] tarafından tanıştırıldım. Kendisi Tagore'den severek 'gurudeva' diye bahsediyordu.

Rabindranath beni sıcak bir içtenlikle kabul etti. Etrafına bir cezbe, ince bir kültür, asil bir nezaket havası saçıyordu. Edebi özgeçmişi hakkındaki bir sorumu yanıtlarken, başlıca dini destanlarımızdan ve 14. yüzyılın popüler şairlerinden olan Vidyapati'nin eserlerinden etkilendiğini anlattı."

Bu anılarla esinlenerek Tagore'nin tercüme ettiği eski bir Bengalce şarkıyı söylemeye başladım: "Sevginin Lambasını Yak". Bhola ile Vidyalaya'nın bahçelerinde gezinirken neşeyle şarkı söylüyorduk.

Ranchi Okulu'nu kurduktan yaklaşık iki yıl sonra Rabindranath beni, eğitime ait ideallerimizi tartışmak üzere, Santiniketan'a davet etti. Memnuniyetle gittim. İçeri girdiğimde şair çalışma masasında oturuyordu. İlk karşılaşmamızdaki gibi o zaman da, Tagore'nin her ressamın arzu edeceği harikulade bir model kadar göze çarpıcı olduğunu düşündüm. Güzel ve asil yüzü, uzun saçlar ve önüne dökülen sakalla çevreleniyordu. Ruha dokunan iri gözler, meleksi bir gülümseyiş ve tam anlamıyla büyüleyen bir ses... Cüsseli, uzun boylu ve ağırbaşlı görünümüyle neredeyse kadınca bir nezaket ve hassaslığı, çocuksu bir sevinci birbiriyle bağdaştırıyordu. Hiçbir ideal şair kavramı, bu yumuşak şairden daha uygun bir tarzda bedenlenemezdi.

Tagore ile kısa zamanda, her ikisi de geleneksel çizgilerin dışında kurulmuş olan okullarımızın derin bir karşılaştırmasına dalmıştık. Birçok benzerlik keşfettik; açık hava dersleri, sadelik, çocukların yaratıcı ruhu için geniş faaliyet alanları. Rabindranath, edebi ve şiirsel eğitimle şarkı ve müzik yoluyla kendini ifade etmeyi (bu, Bhola'nın eğitiminde zaten dikkatimi çekmişti)

---

[1] İngiliz yazar ve halkla ilişkiler uzmanı; Mahatma Gandhi'nin yakın arkadaşı C. F. Andrews Hindistan'da, ülkeye verdiği hizmetlerden dolayı onurlandırılır.

RABINDRANATH TAGORE
Bengal'in ilham sahibi ve Nobel Edebiyat Ödülü almış şairi

önemle vurguladı. Santiniketan'daki öğrencilerin sessizlik uyguladıkları periyotlar vardı ama özel bir yoga eğitimi görmüyorlardı.

Şair, kişiyi enerjiyle şarj eden 'Yogoda egzersizleri' ve Ranchi'de bütün öğrencilere öğretilen yoga konsantrasyon teknikleri hakkındaki açıklamalarımı beni onore eden bir dikkatle dinledi.

Tagore kendi gençliğine ait eğitim mücadelelerini anlattı. "İlkokuldan sonra okuldan kaçtım" dedi gülerek. Şairane ve ince duygulu tabiatının okulun can sıkıcı ve disiplinli atmosferi tarafından nasıl gücendirildiğini anlayabiliyordum.

"Santiniketan'ı gölgeli ağaçların ve göklerin ihtişamının altında kuruşumun nedeni bu" dedi. Güzel bahçede ders çalışan küçük bir grup öğrenciyi işaret ederek: "Bir çocuk çiçekler ve öten kuşlar arasında kendi doğal atmosferindedir. Orada bireysel yeteneğinin gizli hazinesini daha kolaylıkla ifade etme imkânı bulabilir. Gerçek eğitim, kafaya bilginin tıkıştırılıp doldurulması değildir; içteki faziletin sonsuz birikimini yüzeye çıkarmaya yardım etmektir." [2]

[2] "Sık sık yeniden doğmuş olan ya da Hindular'ın dediği gibi 'varoluş yolunda binlerce doğumla seyahat eden' ruhun, hakkında bilgi edinmediği hiçbir şey yoktur. Daha önce bilmiş olduğu şeyleri yeniden hatırlaması şaşılacak birşey değildir. O halde herşeyi sormak ve öğrenmek, hatırlamaktan

Fikrini paylaşarak ekledim: "İstatistik ve kronolojik tarih bilgisinden daha fazla bir şey sunmayan okullarda gençliğin idealist ve kahramanca düşünceleri açlığa terk edilmiştir."

Şair sevecenlikle Santiniketan Okulu'nun başlatılmasında ilham kaynağı olan babası Devendranath'tan bahsetti:

"Babam, üzerinde bir konukevi ve tapınak inşa ettirdiği bu verimli toprağı bana hediye etti. Eğitim deneyime burada 1901'de, sadece on çocukla başladım. Nobel Ödülü ile gelen sekiz bin sterlinin tamamı okulun yürütülmesine harcandı."

Maharishi (büyük âlim) olarak tanınan baba Tagore, Devendranath, otobiyografisinden anlaşılabileceği gibi dikkate değer bir adamdı. Gençliğinin iki yılını Himalayalar'da meditasyonla geçirmiş; onun babası Dwarkanath Tagore de Bengal'de cömertliği ve hayır işleriyle ün yapmıştı. Bu şöhretli aile ağacından bir dâhiler ailesi ortaya çıkmıştı. Sırf Rabindranath Tagore değil, bütün akrabaları yaratıcı eserleriyle sivrilmişlerdi. Yeğenleri Gogonendra ve Abanindra Hindistan'ın en ünlü sanatçıları[3] arasında yer alır. Rabindranath'ın erkek kardeşi Dwijendra, kuşlar ve ormandaki hayvanlar tarafından bile sevilen, derin görüşlü bir filozoftu.

Rabindranath beni geceyi konukevinde geçirmeye davet etti. Akşamleyin şairle bir grubun avluda oluşturduğu tablo beni büyüledi. Zaman geriye gitmişti: Önümdeki sahne tarihi manastırlardaki gibiydi. Neşeli şarkıcı, müritleri tarafından çevrelenmişti ve hepsi ilahi sevginin halesiyle aydınlanıyordu. Tagore arkadaşlığın her bir bağını uyumun ipleriyle dokuyordu. Asla ısrar etmeden, kalpleri dayanılmaz bir cezbeyle kendine çekerek fethediyordu. Tanrı'nın bahçesinde diğerlerini doğal hoş kokusuyla cezbederek açan, şiirselliğin nadir çiçeği!

Melodik sesiyle Rabindranath, bize yeni yazdığı seçkin şiirlerinden birkaçını okudu. Öğrencilerin hoşnutluğu ve eğitimi için yazılmış şarkı ve oyunların çoğu Santiniketan'da kompoze edilmiştir. Bana göre dizelerindeki güzellik, neredeyse her mısrada Tanrı'ya yönelmesine rağmen, kutsal Ad'ı nadiren kullanmasında yatmaktadır. "Şarkı söyleyişin huzuruyla sarhoş" diye yazar, "Kendimi unutarak, seni çağırırım Arkadaşım; Efendim."

Ertesi gün öğle yemeğinden sonra, şairle istemeyerek vedalaştım. Küçük okulun şimdi büyüyerek, birçok ülkeden öğrencinin ideal bir ortam bulduğu

---

başka birşey değildir." *Emerson.* (*Representative Men.*)

[3] Rabindranath 60'lı yıllarında ressamlık konusunda ciddi çalışmalar yaptı. Eserleri birkaç yıl önce Avrupa'nın çeşitli başkentlerinde ve New York'ta sergilenmiştir.

uluslararası bir üniversiteye (Visva - Bharati) [4] dönüşmesinden sevinç duyuyorum.

> "Zihnin korkusuz olduğu ve başın dik tutulduğu;
> Bilginin özgür olduğu;
> Dünyanın dar duvarlarla parçalara bölünmediği;
> Sözlerin gerçeğin derinliklerinden yükseldiği;
> Tükenmeyen çabaların kollarını mükemmelliğe açtığı;
> Aklın temiz deresinin yolunu
> Ölü alışkanlıkların çölünde kaybetmediği;
> Zihnin Senin tarafından sürekli genişleyen,
> Düşünce ve harekete doğru ileri yönlendirildiği yer;
> O özgürlüğün göklerine ey Babam, ülkemi uyandır!" [5]

RABINDRANATH TAGORE

---

[4] Sevilen şair 1941'de vefat etmesine rağmen, Visva - Bharati Enstitüsü halen gelişmekte. Ocak 1950'de Santiniketan'dan altmış beş öğrenci ve öğretmen on günlük bir ziyaret için Ranchi'deki Yogada Satsanga Okulu'na geldiler. Grup, Visva-Bharati'nin rektörü Sri S. N. Ghosal tarafından yönetilmekteydi. Konuklar Ranchi talebelerine Rabindranath'ın güzel şiiri 'Pujarini'nin dramatik bir performansını sergileyerek, zevkli bir akşam yaşattılar.

[5] *Gitanjali* (*Macmillan Co.*). Şair hakkında özenli bir çalışma ünlü alim Sir S. Radhakrishnan'ın (*Macmillan, 1918*) 'The Philosophy of Rabindranath Tagore'sinde bulunabilir.

BÖLÜM 30

Mucizelerin Kanunu

Büyük Rus yazarı Leo Tolstoy [1] hoş bir halk masalı yazdı; Üç *Münzevi Adam*. Arkadaşı Nicholas Roerich hikâyeyi şöyle özetledi:
"Bir adada üç yaşlı münzevi yaşardı. Öylesine basittiler ki, ettikleri tek dua şuydu: 'Biz üçüz; sen üç'sün, bize merhamet et!' Bu safça dua sırasında büyük mucizeler oluşuyordu.

Bölgenin [2] piskoposu üç münzevi keşişten ve onların uygunsuz duasından haberdar oldu, kilise kurallarına uyan dualar öğretmek için onları ziyaret etmeye karar verdi. Adaya vararak, onlara dualarının değersiz olduğunu anlattı. Ve geleneksel duaların çoğunu öğreterek gemisiyle adadan ayrıldı. Bir müddet sonra gemiyi takip eden parlak bir ışık gördü. Işık yaklaştıkça, el ele tutuşarak gemiyi yakalama çabasıyla dalgaların üzerinde koşan üç keşişi seçebildi.

'Bize öğrettiğin duaları unuttuk' diye yakındılar piskoposa yaklaşınca, 'senden tekrarlamanı rica etmek için acele ettik.' Hayretten dilini yutmuş piskopos kafasını salladı.

'Sevgili keşişler' dedi alçakgönüllülükle, 'siz eski duanıza devam edin!"
Üç ermiş nasıl su yüzünde yürüyebildi?
İsa nasıl çarmıha gerilmiş bedenini yeniden diriltti?
Sri Yukteswar ve Lahiri Mahasaya mucizelerini nasıl gösterdiler?
Modern bilimin bunlara henüz bir cevabı yoktur. Ancak atomik çağın gelişiyle dünyanın zihinsel ufku aniden genişledi. 'İmkânsız' kelimesi insanoğlunun kelime hazinesinde gitgide popülerliğini kaybetmektedir.

Vedik kutsal yazıtların açıkladığına göre fiziksel dünya, görecelilik ve ikilem prensiplerinin temeli olan *'maya'* kanunu altında işlemektedir. Tanrı,

---

[1] Tolstoy Mahatma Gandhi ile ortak bir ideale sahipti. Şiddete karşı olma (*non-violence*) konusunda mektuplaştılar. Tolstoy İsa'nın öğretisinin özü olarak şunu gözönüne aldı: "Kötüye direnme" (*Matthew – Mata* 5:39); kötüye sadece onun mantıken etkili zıddıyla 'direnilmeli': İyilik veya sevgiyle.

[2] Hikâye tarihi bir gerçeğe dayalı görünüyor; yayınlayanın bir notundan anlaşılıyor ki, piskopos üç hermiti Archangel'dan Dvina Nehri'nin ağzındaki Slovetsky Manastırı'na doğru gemiyle seyahati esnasında ziyaret etmiştir.

Temel Hayat, Mutlak Birlik'tir. Yaradılışta tezahürlerin birbirinden ayrıymış gibi ve çeşitli görünmeleri için Tanrı, gerçek olmayan bir peçe örtünmektedir. Bu yanıltıcı, ikilemli peçe *maya*'dır.[3] Modern çağın birçok bilimsel keşfi, eski bilgelerin bu basit açıklamasını onaylamaktadır.

Newton'un Yerçekimi Kanunu, *Maya Kanunu*'dur. "Her hareket, daima, ona eşit kuvvette ve zıt olan bir reaksiyona neden olur. Herhangi iki kütlenin karşılıklı hareketi her zaman eşit ve zıt yönlenmiştir." Aksiyon (hareket) ve reaksiyon böylece tam olarak eşittir. "Tek yönlü bir güç imkânsızdır. Mutlaka birbirine eşit kuvvetle ve zıt yönde iki hareket olmalıdır ve daima öyledir."

Temel doğal aktivitelerin hepsinin kökeni maya'dır. Örneğin, elektrik bir itme ve çekme fenomenidir; elektronlar ve protonlar elektriksel olarak zıttır. Başka bir örnek: Atom ya da maddenin son parçası, yerkürenin kendisi gibi, pozitif ve negatif kutuplara sahip bir mıknatıstır. Bütün fenomenal dünya, karşıt kutupların boyun eğmeyen egemenliği altındadır; hiçbir fiziksel, kimyasal veya diğer bilimlere ait kanun, karşıtlık prensibinden bağımsız değildir.

O halde fizik bilimi, yaradılışın en özündeki yapı olan 'maya'nın dışındaki kanunları formüle edemez. Doğanın kendisi *'maya'*dır. Doğal bilim mecburen onun kaçınılmaz niteliğiyle uğraşmak zorundadır. Doğa, kendi alanında sonsuz ve tükenmezdir; geleceğin bilim adamları onun çok çeşitli sonsuz görüntülerini birbiri ardına araştırmaktan başka bir şey yapamazlar. Bilim, böylece nihayete erişmekten yoksun, bitip tükenmeyen bir değişme içinde kalır. Yani, hâlihazırda var olan ve işleyen kozmosun kanunlarını keşfedebilmek için gerçekten elverişlidir. Ancak bunların arasından Kanun Yapıcısını ve Temel Operatör'ü ayırt etmekte güçsüzdür.

Yerçekimi ve elektriğin muhteşem tezahürleri anlaşıldı ama yerçekimi ve elektriğin ne olduğunu hiçbir ölümlü bilemez.[4] Çağlardan beri peygamberler insan ırkını maya'nın üstesinden gelmeye çağırmışlardır. Yaradılışın ikiciliğinin üzerine çıkarak Yaradan ile birlik haline erişmek insanoğlunun en yüksek amacı olarak kavranmıştır. Kozmik yanılsamaya sıkıca sarılanlar karşıtlığın temel kanununu kabul etmelidirler: Med-cezir, yükseliş-düşüş, gündüz-gece, zevk-acı, iyi-kötü, doğum-ölüm... Bu döngü çemberi, insan birkaç bin yeniden doğumu arkasında bıraktıktan sonra, ıstırap veren bir

---

[3] Bkz. S. 37 dipnot, S. 39 dipnot.

[4] Büyük bilim adamı, Kâşif Markoni, bilimin Mutlak'ı çözebilmekteki yetersizliğini şu sözlerle itiraf etmiştir: "Bilimin yaşamın sırrını çözmekteki kifayetsizliği kesindir. Eğer inanç olmasaydı bu gerçek dehşete düşürürdü. Yaşamın gizemi şüphesiz, insan zihninin önüne konulan en inatçı, en zor problemdir."

monotonluğa bürünür; bunun üzerine insan ümidini *maya*'nın zorunluluklarının ötesindeki bir dünyaya bağlamaya başlar.

Maya'nın peçesini kaldırmak, yaradılışın gizemini açığa çıkarmaktır. Evreni böylece çırılçıplak soyabilen kişi ancak gerçek tek Tanrı'lıdır. İnsan doğanın ikicil yanılgısına maruz kaldığı sürece, ikiyüzlü *maya* onun tanrıçasıdır; tek gerçek olan Tanrı'yı bilemez.

Dünya yanılgısı; *maya*, insanların içinde *avidya* (cehalet, aldanma) olarak ortaya çıkar. *Maya* ya da *avidya* asla akılsal ikna veya analiz yoluyla yok edilemez, ancak temelde içsel *nirbikalpa samadhi* bilinç haliyle yok edilebilir. Peygamberler, bütün çağların ve ülkelerin bilgeleri bu bilinç halinden bahsetmişlerdir.

Hz. Zülkifl (Ezekiel):[5] "Sonra O beni kapıya götürdü. Kapı doğuya bakıyordu ve gördüm ki, İsrail'in Tanrı'sının ihtişamı doğu yolundan geliyordu. Ve sesi çağlayan suların sesi gibiydi. Ve yeryüzü O'nun ihtişamıyla parlıyordu" der. Alındaki (doğu) ilahi göz yoluyla yogi, bilincinin yelkenini 'Her yerde hazır ve nazır olan'a doğru açar. *Om* ya da Söz'ü duyarak, 'çağlayan sular'ın ilahi sesini işitir, Yaradılış'ın asıl gerçekliğini teşkil eden ışığın titreşimlerini görür.

Kozmosun trilyonlarca gizeminin arasında en fenomenal olanı ışıktır. İletişimi hava ya da benzeri materyal bir ortamı gerektiren ses dalgalarından farklı olarak ışık dalgaları, yıldızlar arası uzayın boşluğundan serbestçe geçer. Dalga mekaniğinde ışığın gezegenler arası iletişim ortamı olarak kabul edilen kuramsal eter bile Einstein'sal, uzayın geometrik özelliklerinin eter-teorisini geçersiz kılan zemini üzerinde, gereksiz olarak görülebilir. Her iki hipotez altında da ışık, bütün doğal tezahürlerin arasında en suptil ve maddeden en bağımsız fenomendir.

Einstein'ın devasa kavramlarında ışık hızı (saniyede 300.000 km) Görecelilik Kuramı'nın en baskın faktörüdür. Einstein, insanın sınırlı zihninin kavrayabildiği kadarıyla ışık hızının değişim içindeki evrendeki yegane sabit olduğunu matematiksel olarak ispat etmiştir. İnsanoğlunun bütün zaman ve uzay standartları, temelde ışık hızının bu 'Mutlak'lığına dayanmaktadır. Zaman ve uzay şimdiye kadar kabul edildiği gibi soyut ve sonsuz değil, göreceli ve sonlu faktörlerdir. Bu göreceliliğinin şartlara bağlı geçerlilik ölçüsü, sadece ışık hızını esas alarak türetilir.

Uzay gibi zaman da göreli bir boyut olarak kanıtlanınca, onun gerçek ikili doğası ortaya çıkar. Einstein, kaleminin birkaç karalamasıyla evrenden,

[5] *Ezekiel - Hezekiel 43:1-2*

ışık haricindeki bütün sabit gerçekleri elemiştir.

Daha sonra geliştirdiği 'Birleşik Alanlar Teorisi'nde büyük fizikçi, yerçekimi ve elektromanyetik kanunlarını tek bir formülde toplamaya çalışır. Kozmik yapıyı tek bir kanunun varyasyonlarına indirgeyen Einstein, çağları atlayarak yaradılışın temel yapısını ortaya koyan eski bilgelere ulaşmıştır: Her şekle her kılığa bürünen maya.[6]

Çığır açan Görecelilik Kuramı ile birlikte, atomu keşfetmenin matematiksel imkânı doğmuştur. Artık büyük bilim adamları atomun maddeden ziyade enerji olduğunu savunmakla kalmamakta, aynı zamanda atomsal enerjinin özünde zihinsel madde olduğunu iddia etmektedirler.

Sir Arthur Stanley Eddington *The Nature of The Physical World*'de [7] (Fiziksel Dünyanın Tabiatı) şunları yazıyor: "Fizik biliminin bir gölgeler dünyasıyla uğraştığının dürüstlükle kavranması, en önemli gelişmelerden biridir. Fizik dünyasında günlük yaşamın draması bir gölge oyununa dönüşmektedir. Gölge mürekkep, gölge kâğıdın üzerine akarken, dirseğimin gölgesi, gölge masanın üzerine dayanıyor. Bütün bunlar sembolik ve fizikçi bunları bir sembol olarak bırakıyor. Daha sonra sembolleri yorumlayan simyacı Zihin geliyor. (...) Daha açık söylemek gerekirse, dünyayı oluşturan madde, zihin-maddesidir."

Geçenlerde keşfedilen elektron mikroskopuyla atomun ışıksal özü ve doğanın kaçınılmaz ikiciliğinin kesin kanıtı ortaya çıktı.

American Association for The Advancement of Science'ın 1937'deki bir toplantısında *The New York Times*, elektron mikroskopuyla yapılan bir gösterimden sonra şu raporu veriyordu:

> Şimdiye kadar sadece dolaylı olarak X ışınlarından dolayı bilinen tungstenin kristal yapısı çıplak olarak floresan ekranda belirdi. Uzay kafesindeki mükemmel düzenleri içinde dokuz atom gözüküyordu. Her köşesinde ve merkezinde bir atom olan bir küp. Tungstenin atomları kristal kafeste, geometrik motifler şeklinde düzenlenmiş ışık noktaları halinde parlamaktaydı. Bu kristal ışık küpüne doğru dans eden ışık noktaları olarak -tıpkı kıpırdaşan suların üzerinde parlayan güneş ışınları gibi- bombardıman eden hava molekülleri gözlenebiliyordu. (...)
> Elektron mikroskopunun prensibi ilk kez 1927'de New York - Bell Telefon

---

[6] Einstein elektromanyetizmle yerçekimi kanunları arasındaki bağlantının bir tek matematiksel formülde (Birleşik Alanlar Teorisi) açığa vurulabileceğine ikna olmuştu, ki bu kitabın yazıldığı sıralarda bunun üzerinde çalışmaktaydı. Çalışmasını tamamlayamadan ölmüş olmasına rağmen bugün çoğu fizikçi, Einstein'ın böyle bir bağlantı bulunduğuna dair kanaatini paylaşmaktadır. (*Yayınlayan'ın notu.*)

[7] Macmillan Company.

Laboratuvarları'nda çalışan Drs. Clinton J. Davisson ve Lester H. Germer tarafından keşfedildi. İki bilgin elektronun hem zerre hem de dalga karakteristiklerinden oluşan ikili bir kişiliği olduğunu buldular.[8] Dalga karakteri elektrona ışığın özelliklerini veriyordu ve elektronu 'odaklamanın' bir bakıma ışığı bir mercekle odaklamaya benzemesi üzerine araştırmalar başladı.

Fiziksel doğanın bütün alanlarının ikicil bir kişilik taşıdığını göstererek, elektronun bu Jekyll-Hyde kalitesini keşfeden Dr. Davisson fizik alanında Nobel Ödülü aldı.

Sir James Jeans *The Mysterious Universe*'te [9] "Bilgi deresi mekanik olmayan gerçekliğe doğru akıyor; evren büyük bir makineden çok, büyük bir düşünce gibi görünmeye başlıyor" diyor.

Böylece yirminci yüzyıl bilimi sanki eski *Vedalar*'dan bir sayfayı okumakta.

O halde bilimden, eğer öyle olması gerekiyorsa, şu felsefi gerçeği öğrenelim ki maddi bir evren yoktur. Hayat ve kozmosun ağları sadece *maya*, yani illüzyondur. Analiz altında mayanın gerçekliğinin bütün serapları çözülüyor. Fiziksel kozmosun güven veren dekorları tek tek döküldükçe, insan bulanık inancını putlara bağladığını ve İlahi Emre karşı geldiğini anlar: "Benden başka Tanrı tanımayacaksın." [10]

Kütle ile enerjiyi eşitleyen ünlü denklemiyle Einstein, maddenin herhangi bir parçasının sahip olduğu enerji miktarının, onun kütlesi veya ağırlığının ışık hızının karesiyle çarpımına eşit olduğunu kanıtladı. Atomik enerjilerin açığa çıkması maddesel parçacıkların imhasıyla meydana geliyor. Maddenin 'ölümü' Atomik Çağ'ın doğumuna yol açtı.

Işık hızı, saniyede 300.000 km'dir. Bu, mutlak bir değer olduğundan değil, kütlesi hızla genleşen hiçbir maddi bedenin, ışık hızına erişememesinden dolayı matematiksel bir standarttır. Yani başka bir deyişle, ancak kütlesi sonsuz olan bir cisim ışık hızına ulaşabilir.

Bu kavrayış bizi mucizelerin kanununa getirir.

Bedenlerini ve diğer nesneleri materyalize ve demateryalize etmeye, ışık hızıyla hareket etmeye, yaratıcı ışık ışınlarını herhangi bir fiziksel tezahür anında gözle görünür hale getirmekte kullanmaya muktedir olan üstatlar, bu kanunun şartını yerine getirirler: Onların kütleleri sonsuzdur.

Mükemmelliğe ulaşmış bir yoginin bilinci, daracık bedenle değil bir

---

[8] Yani, hem madde hem de enerji.
[9] Cambridge Üniversity Press.
[10] *Exodus – Mısırdan Çıkış 20:3*

çaba harcamaksızın, evrensel yapıyla özdeşleşir. Ne Newton'un ne de Einstein'ın kanunlarının gücü, bir üstadı maddesel bir bedenin ağırlığıyla sınırlamaya yeter. Kendini her yerde hazır ve nazır Ruh olarak idrak eden, artık zaman ve mekân içindeki bir bedenin katılığına sahip değildir. Zaman ve uzayın hapsedici duvarı yıkılmıştır: "Ben O'yum"

"Işık olsun!" dedi Tanrı "Ve ışık oldu."[11] Yaradılışta Tanrı'nın bu ilk emri öz yapıyı oluşturdu: Işık. İlahi tezahürler, ışığın maddi olmayan ortamında oluştu. Bütün çağların müritleri Tanrı'nın alev ve ışık olarak geldiğine şahit olmuşlardır. "Gözleri alev gibiydi" der Yuhanna "...ve yüzü kuvvetle parlayan güneş gibiydi."[12]

Derin meditasyon yoluyla bilincini Yaradan ile kaynaştıran yogi, kozmik özü ışık (hayat enerjisinin titreşimleri) olarak algılar; ona göre suyu oluşturan ışık ışınlarıyla, toprağı oluşturan ışık ışınları arasında bir fark yoktur. Madde bilincinden, uzayın üç boyutundan ve zamanın dördüncü boyutundan bağımsız olarak bir üstat, ışıktan bedenini, aynı kolaylıkla toprak, su, ateş ya da havanın ışık ışınları arasından veya üzerinden transfer eder.

"...Bundan dolayı eğer gözün tekse bütün bedenin ışıkla dolacak."[13] Özgürlüğe kavuşturan spiritüel göz (üçüncü göz) üzerine uzun konsantrasyon yogiyi, madde ve onun yerçekimine ait yanılgısını tahrip etmeye muktedir kılar.

"Optik imajlar" diyor Harvard Üniversitesi'nden Dr. L. T. Troland, "gözle ayırt edilemeyen küçük nokta ya da karelerden oluşmaktadır. Retinanın hassaslığı öyle büyüktür ki, elverişli bir ışığın çok küçük bir miktarı bir vizyon üretmeye yeterlidir."

Mucizeler kanunu, yaradılışın özünün ışık olduğunu idrak etmiş her insan tarafından uygulanabilir. Bir üstat ışık fenomenine ait bilgisini, her yerde hazır ve nazır olan ışık atomlarını anında, 'görülebilir tezahürlere dönüştürerek' kullanabilir. Dönüşümün formu (ne olursa olsun: Bir ağaç, bir ilaç, bir insan bedeni) yoginin arzusu, istenç gücü ve gözünde canlandırabilme gücü tarafından belirlenir.

İnsan geceleri 'düşsel bilinç' haline girerek, gün boyunca onu kuşatan sahte egoist sınırlamalardan kurtulur. Uykuda tekrar ve tekrar zihninin her şeye yeterliliğini ispat eder. Neler neler görür... Çoktandır ölmüş eski arkadaşları, en uzak kıtalar, çocukluğuna ait yeniden canlanan sahneler rüyada beliriverir.

---

[11] *Genesis – Yaratılış 1:3*

[12] *Revelation -Vahiy 1:14-16.*

[13] *Matthew – Mata 6:22.*

Bütün insanların belli rüyalarında kısaca tecrübe ettiği bu özgür ve şartlanmamış bilinç, Tanrı'ya yönelmiş bir üstadın devamlı içinde bulunduğu zihinsel haldir. Bütün kişisel motiflerden uzak ve Yaradan tarafından bahşedilmiş yaratıcı istencini kullanarak bir yogi, müridinin herhangi bir içten duasını tatmin etmek için evrendeki ışık atomlarını yeniden düzenler.

"Ve Tanrı şöyle dedi: İnsanı kendi suretimizde yapalım; bize benzesin ve bırakalım denizdeki balıklar, havadaki kuşlar, sürüler ve bütün yeryüzü ve yeryüzü üzerinde sürünen her sürüngen üzerinde hakimiyet kursun."[14]

Bu amaç uğruna insan ve evren yaratıldı ki, insanoğlu mayanın üstadı olarak ve kozmos üzerindeki hakimiyetini bilerek yükselecekti.

1915'te Swami Düzeni'ne katıldıktan kısa süre sonra garip bir vizyon gördüm. Böylece insan bilincinin göreceliliğini anlayarak, mayanın acı veren ikili tabiatının ardındaki Sonsuz Işığın birliğini açıkça kavradım. Vizyon, bir sabah babamın Garpar Road'daki evinde, küçük tavan arası odamda otururken belirdi. Birinci Dünya Savaşı Avrupa'da aylardan beri sürüyordu; üzüntü içinde kitleler halinde ölen insanları düşünüyordum.

Gözlerimi meditasyonda kapattığımda bilincim birden bir savaş gemisini yöneten bir kaptanın bedenine transfer oldu. Sahildeki bataryalarla geminin toplarının karşılıklı çatışmasında yer gök gümbürdüyordu. Gemi, koca bir merminin cephane deposuna isabet etmesiyle infilak etti. Patlamada sağ kalan birkaç denizci askerle suya atladım.

Kalbim küt küt atarak, salimen sahile ulaştım. Yazık ki, serseri bir kurşun göğsüme isabet etti. Bütün bedenim felç oldu; buna rağmen, tıpkı insanın uyuşan bacağının bilincinde olması gibi bedenimi hissediyordum.

"Ölümün gizemli adımları en sonunda beni yakaladı" diye düşündüm. Son bir iç çekişle bilinçsizlik haline dalmak üzereydim ki, bir anda kendimi odamda meditasyon pozisyonunda oturur halde buldum.

Sevinç içinde yeniden sahip olduğum bedenimi çimdikleyip dürtüklerken histerik gözyaşları döküyordum: Göğsünde mermi deliği olmayan bir beden! Hayatta olduğumdan emin olmak için nefes alıp vererek ileri geri yürüdüm. Kendime geçmiş olsun derken, bilincim yine birden o kanlı sahilde yatan kaptanın ölü bedenine transfer oldu. Üzerime tarifi imkânsız bir zihin karışıklığı çöktü.

"Tanrım" diye dua ettim. "Ölü müyüm şimdi, yoksa sağ mı?"

Göz kamaştıran bir ışık bütün ufku aydınlattı. Gürüldeyen yumuşak bir titreşim kelimelere dönüştü:

[14] *Genesis – Yaratılış* 1:26.

"Ölümle yaşamın ışıkla ne ilgisi var? Işığımın suretinde yarattım seni. Ölümle yaşamın göreceliliği kozmik rüyaya aittir. Rüyasız varlığını gör! Uyan, çocuğum uyan!"

Tanrı, insanın uyanışının basamakları olarak bilim adamlarını, doğru yer ve zamanda yaradılışın gizemlerini keşfetmek için esinlendirir. Bu keşifler, kozmosun İlahi Zeka tarafından yönlendirilen bir tek gücün (ışığın) değişik ifadeleri olarak algılanmasına yardım eder. Televizyon, radyo, radar, sinema, fotoelektrik pil, hayret uyandıran 'elektrik göz', atomsal enerjiler gibi bütün mucizeler ışığın elektromanyetik fenomenine dayanır.

Filmlerde her türlü mucizeyi görsel olarak üretmek mümkündür. Filmlerde hileli çekimlerle gözümüzü aldatarak resmedilemeyen hiçbir doğal olay yoktur artık. Filmde insan kaba fiziksel formundan çıkarak yükselen şeffaf astral beden olarak gözükebilir, su üstünde yürüyebilir, ölüyü diriltebilir, doğal evrimi geriye çevirebilir, zaman ve uzayı hiçe sayabilir. Uzmanlar, fotoğrafik imajları tıpkı gerçek bir üstadın gerçek ışık ışınlarıyla ortaya koydukları gibi görsel mucizeler sergileyecek şekilde, istedikleri gibi birleştirebilirler.

Filmler, gerçek yaşama benzer imajlarıyla yaradılışa ait birçok gerçeği resimleyebilir. Kozmik Direktör kendi senaryolarını yazmış ve muazzam figüran gruplarına yüzyılların tarihi gösterisinde yer vermiştir. Sonsuzluğun karanlık makine odasından, birbirini takip eden çağlara ait filmleri uzayın sinema perdesi üzerine yansıtmak üzere ışık ışınlarını yollamaktadır.

Tıpkı gerçek gibi görünen sinemasal imajların sadece ışık ve gölge oyunlarından başka bir şey olmaması gibi evrensel çeşitlilik de yanılgı verici bir görünüştür. Sayısız yaşam formlarıyla gezegen sistemleri, kozmik bir film gösterisinin figürlerinden başka bir şey değildir. Geçici sahneler sonsuz yaratıcı ışın tarafından insan bilincinin ekranına yansıyarak, onun beş duyusunda geçici bir gerçekliğe sahip algılara yol açar.

Sinema seyircisi yukarı bakarak, perdedeki bütün imajların, bir ışık ışını vasıtasıyla belirdiğini görebilir. Renkli evrensel dram da benzeri şekilde Kozmik Kaynağın tek bir beyaz ışığından yayılmaktadır. Tahayyül edilemez bir dehayla Tanrı, gezegen tiyatrosunda çocuklarına hem aktör hem de seyirci rolleri vererek, onları eğlendirmek için muazzam bir oyun sahneye koyuyor.

Bir gün Avrupa'daki savaşa dair güncel bir haber filmi görmek üzere sinemaya gittim. Birinci Dünya Savaşı Batı'da hâlâ sürüyordu; film, bu kanlı katliamı öylesine bir gerçekçilikle yansıtıyordu ki, sinemayı kalbimde büyük bir ağırlıkla terk ettim.

"Tanrı'm" diye dua ettim. "Neden böyle bir ızdıraba izin veriyorsun?"

Avrupa'daki gerçek savaş alanlarının vizyonu şeklinde anında gelen bir cevap bana büyük sürpriz oldu. Ölüler ve ölmekte olanlarla dolu bu gerçek vizyon yanında biraz önce gördüğüm haber filminin tasvir ettiği vahşet çok hafif kalıyordu.

"Dikkatle bak!" Yumuşak bir ses içsel bilincime seslendi. "Şu anda Fransa'da vuku bulan bu sahnelerin, siyah-beyaz bir prodüksiyondan başka bir şey olmadığını göreceksin. Bunlar, az önce gördüğün film kadar gerçek ve aynı zamanda gerçekdışı olan kozmik filmdir. Oyun içinde oyun."

Kalbim hâlâ hafiflememişti. İlahi Ses devam etti: "Yaradılış hem ışık hem de gölgedir. Yoksa hiçbir resim mümkün değildir. İyi ve kötü *maya*'nın içinde sürekli birbirlerine üstün gelerek, değişiklik halindedir. Eğer bu dünyada huzur ve mutluluk kesintisiz sürseydi insanoğlu başka bir dünyayı hiç arzular mıydı? Izdırap olmaksızın, ebedi evini terk edip kaçmış olmasını hiç hatırlamaz ve buna önem vermezdi. Acı, hatırlamaya teşvik eder. Kurtuluş yolu bilginin faziletindedir. Ölümün trajedisi gerçek değildir; ondan ürperenler, sahnede kendisine kurusıkı mermiyle ateş edildiğinde korkusundan ölen cahil bir aktör gibidir. Benim çocuklarım, ışığın çocukları; sonsuza dek yanılgı içinde uyumayacaklar."

Maya üzerine kutsal yazıtların izahlarını okumama rağmen, bunlar bana kişisel vizyonların ve onlara eşlik eden teselli verici sözlerin getirdiği derin içgörüyü vermemişlerdi. Kişi en sonunda, yaradılışın sadece engin bir sinema filmi olduğuna ve kendi gerçekliğinin yaradılışın içinde değil de ötesinde olduğuna ikna olunca, değer yargıları değişir.

Bu bölümü yazmayı bitirdikten sonra, lotus pozisyonunda yatağımda oturuyordum. Odam[15] gölgelikli iki lamba tarafından loşça aydınlatılmıştı. Bakışlarımı yukarı kaldırdığımda tavanın küçük, hardal renkli ışık noktacıklarıyla dolu olduğunu gördüm: Bunlar radyuma benzer şekilde parıltıyla titreşiyorlardı. Sayısız ince ışın, şeffaf bir ışık yağmuru oluşturarak sessizce üzerime döküldü.

Birdenbire fiziksel bedenim maddesel ağırlığını kaybederek bu astral doku içinde eriyerek onunla özdeşleşti. Kendimi havada yüzer gibi hissediyordum. Yatağa hafifçe temas eden vücudum, sırayla biraz sağa biraz sola dönüp duruyordu. Odadaki mobilya ve duvarlar her zamanki gibiydi, fakat küçük ışık kütlesi öyle çoğalmıştı ki tavan görülemez hale geldi. Hayretler içinde kalmıştım.

"Bu kozmik sinema filmi mekanizmasıdır." Sanki ışığın içinden bir Ses konuştu. "Işınını yatağının çarşaf ekranına dökerek, bedeninin resmini

---

[15] Self-Realization Fellowship Manastırı'nda, Encinitas, California. (*Yayınlayan'ın notu.*)

üretiyor. Bak ve gör ki, bedenin ışıktan başka bir şey değil!"

Kollarıma bakarak ileri geri hareket ettirdim; ağırlıklarını hissetmiyordum. İçimi coşkun bir sevinç kapladı. Bedenim olarak kristalleşen bu kozmik ışın kütlesi bir sinemada projeksiyon aygıtından saçılarak ekran üzerinde resimler tezahür ettiren ışık ışınlarının İlahi bir kopyasıydı.

Uzun bir süre yatak odamın hafifçe aydınlatılmış tiyatrosunda vücudumun bu sinema filmini seyrettim. Birçok vizyon görmüş olmama rağmen hiçbiri böyle olağandışı değildi. Katı bir bedenin illüzyonu tamamıyla dağıldığında ve bütün objelerin özünün ışık olduğu hakkındaki idrakim derinleştiğinde, hayat parçacıklarının (life-tron) titreşen seline doğru yukarı baktım ve ısrarla rica ettim.

"İlahi Işık, lütfen bu basit bedensel resmi kendine doğru çekip geri al; tıpkı Hz. İlyas'ın alevden bir araba içinde göklere çekildiği gibi." [16]

---

[16] *II Kings – 2 Krallar 2:11.*

Bir 'mucize' umumiyetle, kanuna uymayan ya da kanunun ötesinde bir efekt veya olay olarak gözönüne alınır. Ancak kesinlikle ayarlanmış evrenimizde her olay kanunlara uygundur ve açıklanabilir. Büyük bir üstatın sözde mucizevi güçleri, onun, bilincin içsel kozmosunda işleyen suptil kanunları tam olarak anlayışına doğallıkla eşlik eder.

Hiçbir şeyin gerçekte 'mucize' olduğu söylenemez. Derin bir kavrayışla herşey bir mucizedir. Her birimizin harikulade karmaşık organize edilmiş bir beden içinde kılıflanarak, diğer yıldızlarla beraber uzayda dönen bir dünyaya gelişimiz kadar gündelik ve aynı zamanda daha mucizevi bir olay var mıdır?

Hz. İsa ve Lahiri Mahasaya gibi büyük peygamberler genellikle birçok mucizeler sergilerler. Böyle üstatlar büyük ve zor bir spiritüel misyonu icra etmeye gelmişlerdir. Zor durumda olanlara mucizevi bir şekilde yardım ediş bu misyonun bir parçası olarak gözükür. (Bkz. s. 209 dipnot.) Çaresiz hastalıklar ve çözülemez farzedilen insani problemlere karşı ilahi emirler gereklidir. İsa, Capernaum'da kabile reisi tarafından ölmekte olan oğlunu iyileştirmesi rica edilince acı bir nükteyle şöyle cevap vermişti: "İşaretler ve mucizeler görmedikçe, inanmayacaksınız." Ancak ardından eklemişti: "Yoluna git, oğlun yaşıyor." (*John – Yuhanna 4:46-54.*)

Bu bölümde fenomenal dünyaların ardında yatan, cezbedici güce sahip *maya* yanılgısının Vedik izahını verdim. Batılı bilim adamları keşfettiler ki, atomsal 'madde', 'sihirli' ve gerçek olmayan bir yapıya sahip. Her nasılsa sadece doğa değil, insan da (ölümlü yapısıyla) mayaya maruzdur: relativite, tezat, ikilemlik, değişim prensibi.

Mayaya ait gerçeğin sadece eski belgelerce anlaşıldığı tasavvur edilmemeli. Eski Kutsal Kitap'ın (The Old Testament) peygamberleri *'maya'*yı Şeytan (İbranice - rakip, düşman) adıyla anmışlardır. Eski Yunan Kutsal Kitabı Şeytan'a (Satan) eş anlamlı olarak *'diabolos'* ya da iblis adını kullanmıştır. Şeytan veya *Maya*, Tek Formsuz Gerçeği saklamak için çeşitlilik gösteren formlar üreten Kozmik Sihirbaz'dır. Tanrı'nın planında ve oyununda (*lila*), Şeytan'ın veya *Maya*'nın temel işlevi insanı ruh yerine maddeye odaklaştırmak, asıl gerçek yerine yalancı görünümlere saptırmaktır.

Hz. İsa *'maya'*yı resimsel olarak bir iblis, bir katil, bir yalancı diye açıklar. "Şeytan... başlangıçtan beri katildi ve hakikat içinde mesken kurmamıştı, çünkü onda hiçbir gerçeklik yoktur. Bir yalan söylediğinde, kendinden bahsediyordu: Çünkü yalancıdır ve yalancının babasıdır." (*John – Yuhanna 8:44.*)

"İblis başından beri günah işler. Bu sebepten Tanrı'nın oğlu göründü; iblisin işlerini tahrip edebilsin diye". (*I John – 1. Yuhanna 3:8.*) Yani her insanın içinde ikâmet eden Mesih-Bilinci (*Christ - Consciousness*) 'şeytanın işlerini' kolaylıkla tahrip edebilir.

Bu dua anlaşılan ürkütücüydü ki, ışın yok oldu. Bedenim normal ağırlığını kazanarak yatağa gömüldü. Tavandaki göz kamaştıran ışık kümesi titreşerek kayboldu. Bu dünyayı terk etme vaktimin henüz gelmediği aşikârdı.

"Üstelik" diye felsefe yaptım, "bu cüretim Hz. İlyas'ı fazlasıyla hoşnutsuz edebilir!"

Maya fenomenal dünyalarda, onların yapısal tabiatında olduğundan 'başlangıcından beri' vardır. Bu fenomenal dünyalar, İlahi Değişmezliğe (sabitliğe) karşıt tez olarak, hep değişim halindedirler.

BÖLÜM 31

Kutsal Ana ile Bir Röportaj

"Saygıdeğer ana, bebekliğimde peygamber eşiniz tarafından vaftiz edilmiştim. Kendisi ailemin ve gurum Sri Yukteswarji'nin gurusuydu. Bundan dolayı, bana kutsal yaşamınızdan birkaç olayı dinleme şerefini bahşeder misiniz?"

Lahiri Mahasaya'nın hayat arkadaşı Srimati Kashi Moni ile konuşuyordum. Kısa bir süre için Benares'e gelmişken, saygıdeğer Ana'yı ziyaret etmek konusunda uzun zamandan beri duyduğum arzuyu yerine getiriyordum.

Beni Benares'in Garudeswar Mohulla semtindeki Lahiri ailesine ait evlerinde içtenlikle karşıladı. İlerlemiş yaşına rağmen, onu spiritüel kokular saçan, tazeliğini korumuş bir lotus çiçeğine benzettim. Açık tenli, orta yapılı bir insandı, ince narin bir boynu ve pırıl pırıl gözleri vardı.

"Oğul, hoş geldin; yukarı gel."

Kashi Moni beni, bir zamanlar kocasıyla yaşadığı küçük bir odaya aldı. Eşsiz üstadın, insanlık dramında aile babası rolünü oynamaya tenezzül ettiği kutsal mabede ayak basabilmekle kendimi onurlandırılmış hissettim. Nazik ev sahibesi bana yanındaki minderin üzerine oturmamı işaret etti.

"Kocamın Tanrısal kişiliğini henüz idrak edemediğim yıllardaydı" diye başladı. "Bir akşam bu odada, çok canlı bir rüya gördüm. İhtişam içindeki melekler tarifi imkânsız bir lütufla üzerimde resmigeçit yapıyorlardı. Görüntü öyle gerçekti ki anında uyandım; tuhaf bir şekilde, oda göz kamaştırıcı bir ışıkla aydınlanmıştı. Kocam lotus pozisyonunda, odanın ortasında havaya kalkmış, etrafını melekler çevirmişti. Yakarır bir saygınlıkla, yumulmuş ellerle ona tapınıyorlardı. Şaşkınlıktan afallamış vaziyette, hâlâ rüya gördüğüme ikna olmuştum.

'Kadın' dedi Lahiri Mahasaya, 'rüya görmüyorsun. Gaflet uykusundan sonsuza dek uyan.' Yavaş yavaş yere alçaldığında kendimi ayaklarına attım.

'Üstat' diye haykırdım, önünüzde tekrar tekrar eğilirim! Size şimdiye kadar kocam gözüyle baktığım için beni affedecek misiniz? Aydınlanmış bir üstadın yanında yıllarca cehaletin uykusu içinde kalmış olduğumu fark etmenin

utancımdan ölüyorum. Bu geceden itibaren benim kocam değil, gurumsunuz. Beni bütün bu değersizliğime rağmen müritliğe kabul edecek misiniz?' [1]
Üstat bana müşfikçe dokundu. 'Kutsal ruh, doğrul. Kabul edildin.' Meleklere doğru işaret ederek: 'Lütfen bu mübarek ermişlerin önünde sırayla eğil.'

Her birinin önünde alçakgönüllülükle diz çöktükten sonra, meleksi varlıklar hep beraber, eski kutsal yazıttaki bir koro gibi bana seslendiler.

'İlahi Olan'ın eşi, takdisimiz üzerine olsun. Seni selamlarız.' Ayaklarımda eğildiler ve ışık saçan görkemli formları kayboldu. Oda karanlığa büründü. Gurum *Kriya Yoga* başlamayı isteyip istemediğimi sordu.

'Tabii ki' diye cevap verdim, 'bu takdisi hayatımın daha önceki yıllarında edinemediğim için üzgünüm.'

'Zamanı henüz gelmemişti' dedi Lahiri Mahasaya teselli ederek. 'Sessizce, çoğu karmanı telafi etmen için sana yardım ettim. Şimdi isteklisin ve hazırsın.'

Alnıma dokunduğunda girdap halinde dönen bir ışık kütlesi belirdi; parlaklık yavaş yavaş, altın renkli bir haleyle çevrelenmiş, ortasında beş köşeli beyaz bir yıldız bulunan, opal mavisi bir spiritüel göz formunu aldı.

'Bilincinle, yıldızın içinden geçerek Sonsuz'un Krallığına gir.' Gurumun sesi uzaydan gelen bir müzik gibi yumuşak, yeni bir ton almıştı. Ruhumun sahillerinde vizyonlar birbiri ardına gözüküyordu. Panorama görüntüleri en sonunda bir mutluluk denizinde eridiler. Kendimi büyük dalgalar halinde üzerime gelen mutluluk nuru içinde kaybettim. Saatler sonra bu dünyanın bilincine geri döndüğümde, üstat bana *Kriya Yoga* tekniğini öğretti. O geceden sonra, Lahiri Mahasaya asla benim odamda uyumadı. Ve hatta hiç uyumadı. Gece gündüz müritlerinin eşliğinde, alt katın girişindeki odada kaldı."

Daha sonra saygıdeğer Ana sessizliğe büründü. Yüce yogiyle olan beraberliğinin eşsizliğini idrak ederek, en sonunda, diğer hatıralardan da bahsetmesini istemeye cesaret ettim.

"Oğul, doymak bilmez misin? Peki, sana bir hikâye daha anlatacağım." Çekingence tebessüm etti. "Guru-kocama karşı işlediğim bir günahı itiraf edeceğim. İnisiyasyonumdan birkaç ay sonra, kendimi terk edilmiş gibi hissetmeye başladım. Bir sabah bir eşya almak için Lahiri Mahasaya bu küçük odaya girdi, alelacele onu takip ettim. Gaflet içinde kırıcı sözlerle konuştum ona.

'Bütün zamanını müritlerinle geçiriyorsun. Çocuklarınla karına olan sorumluluklarından ne haber? Neden aileni geçindirmek için daha fazla para kazanmaya çalışmıyorsun?'

---

[1] "O sadece Tanrı için, onun içindeki Tanrı için." – Milton.

Kutsal Ana ile Bir Röportaj

Üstat bir an bana baktı ve aniden kayboldu. Şaşırmış ve korkmuş haldeyken odanın her yanından yankılanan bir ses duydum:

'Görmüyor musun ki her şey hiçliktir? Benim gibi bir hiç sana nasıl zenginlikler sağlayabilir?'

'Guruji,' diye sızlandım, 'milyonlarca kez affımı dilerim! Günahkâr gözlerim seni göremiyor, lütfen kutsal formuna bürün.'

'Buradayım.' Bu cevap üzerimden bir yerden geldi. Yukarı baktığımda üstadı havada materyalize olurken gördüm. Kafası tavana değiyordu. Gözleri sanki insanı kör eden alevler gibiydi. Sükûnetle tekrar yere alçaldığında, korkudan ödüm patlamış vaziyette hıçkırıklar içinde ayaklarına uzandım.

'Kadın' dedi 'göksel zenginliği ara, yeryüzünün zavallı aldatıcı parlaklığını değil. İçsel hazineyi kazandıktan sonra, dışsal ihtiyaçların her zaman temin edildiğini göreceksin.' Sonra ekledi: 'Spiritüel oğullarımdan biri gereksinimlerini tedarik edecek.'

Gurumun sözleri doğallıkla gerçekleşti, müritlerden biri ailemiz için hatırı sayılır bir miktar para bıraktı."

Kashi Moni'ye bu olağanüstü tecrübelerini benimle paylaştığı için teşekkür ettim.[2] Ertesi gün oraya tekrar gittim. Oğulları Tincouri ve Ducouri Lahiri ile saatlerce süren felsefi tartışmalarımızdan büyük zevk aldım. Hindistan'ın büyük yogisinin bu iki ermiş oğlu onun idealist adımlarını yakından takip etmişlerdi. Her ikisi de açık tenli, uzun boylu, cüsseli ve gür sakallıydı; yumuşak sesle konuşuyorlardı ve eski moda tavırları belli bir çekiciliğe sahipti.

Karısı, Lahiri Mahasaya'nın tek kadın müridi değildi; annem de dahil yüzlerce kadın müridi vardı. Bunlardan biri, bir keresinde kendisinden fotoğrafını rica etti. Lahiri Mahasaya ona bir resmini uzattı: "Eğer bunu koruyucu bir şey olarak görürsen öyledir, yoksa sadece bir fotoğraftır."

Birkaç gün sonra bu kadınla Lahiri Mahasaya'nın gelini, arkasında gurunun fotoğrafının asılı olduğu bir masada *Bhagawad - Gita*'yı inceliyorlardı. Bir anda şiddetli bir fırtına koptu.

İki kadın, "Lahiri Mahasaya bizi koru!" diye fotoğrafın önünde eğildiler. Kitabın üzerine bir yıldırım isabet etmesine rağmen her ikisi de olayı zarar görmeden atlattı.

"Sanki kavuran sıcağı yalıtmak için etrafımı buzdan bir çarşaf kaplamıştı" diye anlatıyordu mürit olaydan sonra.

Lahiri Mahasaya Abhoya ismindeki kadın bir mürit için de iki mucize

---

[2] Saygıdeğer ana 25 Mart 1930'da Benares'te vefat etti.

sergilemişti. Abhoya ile Kalküta'da avukatlık yapan kocası bir gün gurularını ziyaret etmek üzere Benares'e doğru yola çıkmışlardı. Arabaları yoğun trafikte sıkışıp kalmış; Kalküta'nın ana istasyonu Howrah'a vardıklarında, kalkan Benares treninin düdüğünü duymuşlardı.

Abhoya bilet gişesinin yanında sessizce dikilerek "Lahiri Mahasaya, yalvarırım treni durdur!" diye içinden dua etti. "Seni görmek için bir gün daha gecikmeye dayanamam."

Trenin tekerleri dönmeye devam etti ancak tren ilerlemiyordu. Makinist ve yolcular olayı seyretmek için platforma indiler. İngiliz bir demiryolu görevlisi Abhoya ile kocasına yaklaştı. Zamanın tüm geleneklerine hiç uygun olmayan bir şekilde, "Babu," dedi, "Parayı ver. Sizin biletinizi ben alıp size getiririm, siz trene binin."

Karı koca trene binip, biletlerini ellerine alır almaz, tren yavaş yavaş hareket etti. Makinistle yolcular, ne trenin ilk hareketten sonra neden durduğunu ne de nasıl yeniden hareket ettiğini bilemeden panik içinde yerlerine koştular.

Lahiri Mahasaya'nın Benares'teki evine vardıklarında Abhoya üstadın önünde sessizce eğilerek ayaklarına dokunmaya çalıştı.

"Kendine çekidüzen ver Abhoya" dedi üstat. "Beni böyle küçük sorunlarla rahatsız etmek hoşuna mı gidiyor? Sanki bir sonraki trenle gelemezdin!"

Abhoya, bir başka zaman yine Lahiri Mahasaya'yı ziyaret etti. Ama bu sefer trenle değil leylekle aracılık yapmasını istiyordu üstadın!

"Beni lütfen kutsayın ki dokuzuncu çocuğum yaşasın" diyordu. "Doğurduğum sekiz çocuğun hepsi de doğumdan kısa bir süre sonra öldü."

Guru sempatiyle güldü. "Gelecek bebeğin yaşayacak. Lütfen direktiflerimi ihtimamla yerine getir. Bebek -bir kız çocuğu- geceleyin doğacak. Yağ lambasının tan vaktine kadar yanmasına dikkat et. Sakın uyuyarak lambanın sönmesine izin verme."

Tıpkı her şeyi bilen gurunun önceden gördüğü gibi Abhoya'nın bir kızı oldu. Bebek geceleyin doğdu. Anne, bakıcıya lambayı yağla iyice doldurmasını söyledi. Her ikisi de sabahın erken saatlerine kadar nöbet tuttuktan sonra, sonunda uykuya yenildiler. Yağ lambası neredeyse sönmek üzereydi; alev zayıflamış, titriyordu. O sırada yatak odasının kapısı şiddetli bir gürültüyle açıldı. Yürekleri ağzına gelen kadınlar uykudan fırladıklarında şaşkınlıkla Lahiri Mahasaya'nın formunu gördüler:

"Abhoya, bak! Neredeyse sönüyor!" derken, bakıcının yeniden doldurmak için acele ettiği lambayı işaret ediyordu. Lamba tekrar parlayarak yanmaya başladığında üstat kayboldu. Kapı kendiliğinden kapanarak, sürgüsü görülmeyen bir el tarafından çekildi.

Abhoya'nın dokuzuncu çocuğu hayatta kaldı. 1935'te soruşturduğumda hâlâ yaşıyordu.

Lahiri Mahasaya'nın müritlerinden biri, muhterem Kali Kumar Roy, bana üstatla beraber olduğu yıllara ait, hayret veren birçok detay nakletti:

"Benares'teki evinde sık sık, bazen haftalar boyunca konuk olurdum. Birçok ermiş şahsiyetin (*dandi swamiler*)[3] gecenin sakinliğinde, gurunun ayağının dibinde oturmak için ona uğradığını gözledim. Bazen meditasyona ve felsefeye ait noktalarda tartışmaya girişirlerdi. Sabahın ilk ışıklarıyla beraber ayrılırdı yüce konuklar. Ziyaretlerim esnasında Lahiri Mahasaya'nın bir kez dahi uyumak için uzandığını görmedim.

Üstatla tanışmamızın ilk yıllarında, işverenimle aramızda anlaşmazlık vardı. İşverenim maddeciliğe iyice batmış biriydi.

'Personelim arasında dini fanatikler görmek istemiyorum' diye alay ederdi. 'Eğer o şarlatan gurunla karşılaşırsam ona hep hatırlayacağı birkaç söz söyleyeceğim.'

Bu tehdit benim olağan programımı aksatamadı; hemen hemen her akşam gurumu görmeye giderdim. Bir gece patron beni takip ederek edepsizce müritlerin oturduğu salona daldı. Şüphesiz vaat etmiş olduğu sözleri sarf etmeyi planlıyordu. Bir yer bulup oturur oturmaz, Lahiri Mahasaya yaklaşık on iki müritten oluşan gruba sordu:

'Bir film görmek ister misiniz?'

Başımızla onayladığımızda, odayı karartmamızı istedi. 'Arka arkaya, daire şeklinde oturun' dedi 've ellerinizi önünüzde oturan kişinin gözlerinin üstüne koyun."

Patronun da Lahiri Mahasaya'nın direktiflerine gönülsüzce uyduğunu görmek beni şaşırtmadı. Birkaç dakika sonra Lahiri Mahasaya bize ne gördüğümüzü sordu.

'Efendim' diye cevap verdim, 'güzel bir kadın beliriyor. Kırmızı şeritli bir sari giyinmiş, bir filkulağı bitkisinin yanında dikiliyor.' Bütün diğer müritler aynı resmi tasvir ettiler. Üstat patronuma dönerek, 'O kadını tanıdınız mı?' diye sordu.

'Evet.' Adam açıkça kendisi için yeni olan duygularla mücadele ediyordu.

---

[3] '*Brahma - danda*'nın (Brahma'nın asası) sembolü olarak -ki, insan vücudunda omuriliktir- bir *danda* (bambudan asa) taşıyan, belli bir rahipler düzeninin mensupları. Beyin ve omurgaya ait yedi merkezin uyanışı sonsuza giden gerçek yolu teşkil eder.

'İyi bir karım olmasına rağmen, o kadın için budalaca para harcamaktaydım. Beni buraya getiren niyetimden utanç duyuyorum. Beni affedip, müritliğe kabul edecek misiniz?'

'Eğer altı ay boyunca ahlaklı bir hayat sürdürürsen, seni kabulleneceğim.' Üstat şunu ekledi: 'Yoksa seni inisiye etmeme gerek yok.'

İşverenim üç ay boyunca maddi dünyanın kışkırtmalarına karşı direndi; sonra o kadınla ilişkisine geri döndü. İki ay sonraysa vefat etti. Böylece gurumun adamın inisiyasyonunun gereksizliği konusundaki üstü kapalı kehanetini anlayabildim."

Lahiri Mahasaya'nın, üç yüz yaşını aşkın olduğu söylenen Trailanga Swami adlı, ünlü bir arkadaşı vardı. İki yogi sık sık beraber meditasyon yaparlardı. Trailanga'nın şöhreti öyle yayılmıştı ki, onunla ilgili hayret verici mucizelerle dolu hikâyelere inanmayan Hintli bulmak çok zordu. Eğer Hz. İsa yeryüzüne dönüp de ilahi güçlerini sergileyerek New York sokaklarında yürüseydi bu olay halk arasında, Trailanga'nın on yıllarca önce Benares'in kalabalık sokaklarından geçerken yarattığı şaşkınlığın aynısına neden olurdu. Swami Hindistan'ı zamanın erozyonuna karşı koruyan 'siddha'lardan (mükemmelleşmiş varlık) biriydi.

Birçok kez swami, herhangi bir zarar görmeksizin, en öldürücü zehirleri içerken görülmüştü. Hâlâ yaşayan birkaç kişi de dahil olmak üzere, binlerce kişi Trailanga'yı Ganj'ın suları üzerinde dururken görmüştü. Günlerce suyun üzerinde oturur ya da uzun süreler dalgaların altında gizlenirdi. Manikarnika Ghat'ta, swami'nin acımasız Hindistan güneşinin kızıştırdığı ateş gibi taşlar üzerinde oturan hareketsiz bedeni, herkes için olağan bir görüntüydü.

Yapılması beceri isteyen bu mucizevi gösterilerle Trailanga swami insanlara, insan yaşamının oksijene ya da diğer madde ve koşullara ihtiyacının olmadığını öğretmeye çalışmıştı. Büyük üstat ister su altında ya da üstünde, isterse kızgın güneşin altında, ilahi bilinç içinde yaşadığını kanıtladı; ölüm ona dokunamamıştı.

Yogi sadece ruhsal değil, fiziksel olarak da büyüktü. Ağırlığı yaklaşık yüz elli kiloyu aşıyordu. Çok nadiren yemek yemesi gizemini artırıyordu. Bir üstat, genellikle sadece kendisinin bildiği suptil bir sebepten dolayı, alışılmış sağlık kurallarına zorlanmadan önem vermeyebilir. Mayanın kozmik rüyasından uyanmış ve bu dünyanın Göksel Zihin içinde bir tasarı (ya da düşünce) olduğunun idrakine ulaşmış olan büyük ermişler, yeryüzünün sadece, enerjinin yoğunlaşmış veya dondurulmuş bir formu olduğunu bilirler. Enerjinin hüner sayesinde değiştirilebilen bir formu olduğunu bilerek, bedenlerini arzu ettikleri gibi kullanırlar. Fizikçiler artık maddenin dondurulmuş bir enerji olduğunu biliyorlar; ancak aydınlanmış üstatlar maddeyi kontrol alanında çoktan teoriden pratiğe geçmeyi başarmışlardır.

Trailanga daima çıplak dolaşırdı. Benares polisi onu bir 'problem çocuk' olarak görürdü. Swami, tıpkı eskiden Âdem'in cennetteki hali gibi çıplaklığının bilincinde değildi. Fakat polisler bilincindeydi ve her nasılsa, onu apar topar hapse attılar. Çok geçmeden Trailanga'nın devasa bedeninin, olağan heybetiyle hapishane çatısında görülmesi genel bir şaşkınlık yarattı. Hâlâ kilitli olan hücresi, oradan nasıl çıktığı hakkında hiçbir ipucu vermiyordu.

Cesareti kırılmış polisler görevlerini bir kez daha yerine getirdiler. Bu kez swami'nin hücresine bir nöbetçi dikmişlerdi. Hak yine kuvvete galip geldi; büyük üstat az sonra tekrar hapishane damında kayıtsızca dolaşırken görüldü.

Hukuk tanrıçasının bir gözü kapalıdır; Trailanga Swami olayında da çaresiz polis bu örneği takip etmeye karar verdi.

Büyük yogi sessizlik orucu tutmaktaydı.[4] Yuvarlak yüzü ve muazzam, varil gibi midesine rağmen Trailanga çok nadiren yemek yerdi. Haftalarca oruçtan sonra orucunu müritler tarafından sunulan testiler dolusu sütle bozardı. Şüphecinin teki, bir keresinde Trailanga'yı bir şarlatan olarak teşhir etmeye yeltendi. Swami'nin önüne bir kova kireçli badana koydu.

"Üstat" dedi materyalist; yapmacık bir hürmetle, "size biraz süt getirdim buyurun için." Trailanga hiç tereddüt etmeden ateş gibi sıcak kireçli suyu son damlasına kadar içti. Birkaç dakika sonra kötü niyetli adam ağrılar içinde kıvranarak yere düştü.

"İmdat, swami yardım edin!" diye haykırdı. "Yanıyorum! Sizi şeytanca sınadığım için beni affedin!"

Büyük yogi alışkın olduğu sessizlik orucunu bozdu. "Seni dalgacı," dedi, "bana zehir sunarken benim hayatımın seninkiyle bir olduğunu fark etmedin. Eğer Tanrı'nın, yaradılışın her bir atomunda olduğu gibi midemde de olduğunu bilmeseydim, kireçli su beni çoktan öldürmüştü. Şimdi artık bumerangın ilahi anlamını öğrendiğine göre bir daha hiç kimseye böyle hileli oyunlar oynama."

Günahkâr adam, Trailanga'nın bu sözleri üzerine şifa buldu ve takatsizce oradan ayrıldı.

---

[4] Kendisi bir *muni*, yani *mauna* (spiritüel sessizlik) uygulayan bir rahipti. Sanskritçe '*muni*', Yunanca'da monos (tek, yalnız) ile akrabadır. '*monos*'tan monk (rahip) ve *monizm* (bircilik) gibi İngilizce kelimeler türemiştir.

Adamın kendisine geri tepen acı, üstadın istencinin değil, evreni en uzak noktalarına kadar denge içinde tutan Hak Kanunu'nun [5] yerine gelişinin bir sonucuydu. Göksel kanun, Trailanga Swami gibi Tanrısal idrake sahip olan insanlar için anında işler; çünkü onlar egonun her şeyi hüsrana uğratan ters akımlarını sonsuza dek bertaraf etmişlerdir.

Hakkın, bu olaydaki gibi otomatikman yerine geldiğine dair inanç, insanlar arasındaki haksızlığa olan üstünkörü öfkemizi teskin eder. "İntikam bana aittir; intikamı ben alacağım" dedi Tanrı [6]. Buna karşı bizim zavallı insanca olanaklarımız ne yapabilir? Kozmos adil bir misillemeyle bizzat kendisi ilgilenmektedir.

Körelmiş zihinler ilahi bir adaletin, sevginin, her şeyi bilişin ve ölümsüzlüğün var oluşundan şüphelenirler. Bunları 'dini varsayımlar safsatası' diye görürler. Bu derecede duyarlılıktan uzak olanlar ve kozmosta tanrısal bir düzene saygı duymayanlar, yaşamlarında uyumdan yoksun bir dizi olaylar zincirini harekete geçirirler ki, bu onları en sonunda bilgi ve fazileti aramaya mecbur eder.

Spiritüel kanunun her şeye gücü yeter oluşuna Hz. İsa zafer içinde Kudüs'e girerken değinmiştir. Müritleri ve oraya toplanan kalabalık "Gökte barış; en yücelerde ihtişam" diye coşkunluk içinde bağrıştığında, bazı ikiyüzlüler onursuz olduğunu düşündükleri bu manzaradan şikâyetçi oldular. "Üstat" diye protesto ettiler, "Müritlerine haddini bildir."

Fakat İsa karşı çıktı ve dedi ki: "Onlar susacak olsa, taşlar (dile gelip) bağıracaktır." [7]

İkiyüzlüleri bu şekilde paylayışıyla Hz. İsa İlahi Adalet'in figürsel bir soyutlama olmadığına ve dili kökünden koparılsa bile barış taraftarı bir insanın hakkının evrensel düzenin kendisince, yani yaradılışın asıl temelince savunulacağına işaret ediyordu.

"Sanıyor musunuz" diyordu İsa, "barış arzulayan insanı susturabilirsiniz? Taşı toprağı bile O'nun ihtişamının ve 'her yerde var oluşunun' şarkısını söyleyen Tanrı'nın sesini kısmayı da ümit ediyor olabilirsiniz. İnsanların göksel barışın onurunu eğlence içinde kutlamalarını mı yasaklayacaksınız? O halde hazırlıklı olun ey ikiyüzlüler, dünyanızın temelleri sarsılıp yıkılacak; barışçıl insanlar kadar taşlar ve toprak ve sular ve ateş ve hava, evrendeki tanrısal

---

[5] *II Kings - 2. Krallar - 2:19-24.* Hz. İlyas, Jerico'da 'suya şifa verme' mucizesini gösterdikten sonra, bir grup çocuk onunla alay etti. "Ve ormandan iki ayı çıkıp gelerek, çocuklardan kırk-ikisini parçaladı."

[6] *Romans - Romalılar 12:19.*

[7] *Luke - Luka 19:37-40.*

Kutsal Ana ile Bir Röportaj

SHANKARI MAI JIEW

Bir *yogini* (kadın yogi); Trilanga swami'nin müridi. Bu fotoğraf (Ranchi'deki YSS okulunun 3 temsilcisiyle birlikte) 1938 yılında Hardwar şehrindeki *Kumba Mela*'da çekilmiştir. Fotoğraf çekildiğinde *yogini* 112 yaşındaydı.

ahengi yeniden kurmak için kalkarak karşınıza dikilecekler."

Mesihsel yogi Trailanga'nın bir lütfu da dayıma bahşolmuştu. Bir sabah dayım üstadı Benares'in bir 'ghat'ında (kutsal yıkanma yeri), kalabalık bir mürit topluluğunun arasında görmüştü. Trailanga'ya sokularak, alçakgönüllülükle yoginin ayaklarına dokunabilmeyi becermişti. O anda ona yıllarca ızdırap veren kronik bir hastalığından kurtulduğunu görünce şaşkına dönmüştü. [8]

Büyük yoginin hâlâ yaşayan bilinen tek müridi Shankari Mai Jiew adlı bir kadındır. [9] Trailanga'nın müritlerinden birinin kızı olan Mai, swami

---

[8] Trailanga ve diğer büyük üstadların yaşamları bize İsa'nın sözlerini hatırlatır: "İnananlara şu alametler eşlik edecek: Benim adıma (*mesih - bilinci*) şeytanları defedecekler, yeni dillerle konuşacaklar. Yılanları kovacaklar ve öldürücü birşey içtiklerinde zarar görmeyecekler. Hastaların üzerine ellerini koyduklarında, hastalar iyileşecek." - *Mark - Markos 16:17-18*.

[9] 'Ji' eki Bengalce'de saygı belirtisidir.

tarafından çocukluğundan beri eğitilmişti. Kırk yıl boyunca Badrinath, Kadernath, Amarnath ve Pasupatinath yakınlarındaki Himalaya mağaralarında yaşadı. 1826'da doğan *brahmacharini* (kadın münzevi) şimdi asırlık yaşını çoktan aşmış olmasına rağmen, her nasılsa yaşını göstermeyerek siyah saçlarını, parlayan dişlerini ve hayret verici enerjisini muhafaza etmiştir. Birkaç yılda bir bengalce "*melas*"adıyla anılan periyodik dini festivallere katılmak üzere inzivasından çıkmaktadır.

Bu kadın ermiş Lahiri Mahasaya'yı sık sık ziyaret ederdi. Anlattığına göre bir gün, Kalküta'ya yakın Barrakpore kesiminde Lahiri Mahasaya'nın yanında otururken onun büyük gurusu Babaji usulca odaya girerek onlarla sohbet etmişti. "Ölümsüz üstat ıslak bir elbise giyinmişti" diye anımsıyordu, "sanki az önce nehirde yıkanmıştı. Beni kutsayarak, birkaç spiritüel tavsiyede bulundu."

Trailanga, Benares'teki bir karşılaşmada, Lahiri Mahasaya'yı topluluk önünde onurlandırmak için sessizlik orucunu bozmuştu. Trailanga'nın müritlerinden biri buna itiraz etti:

"Efendim" dedi, "neden bir swami ve münzevi olarak siz, bir aile adamına böylesi bir saygı gösteriyorsunuz?"

Trailanga; "Oğlum Lahiri Mahasaya, Kozmik Ana kendisini nereye koyarsa orada kalan ilahi bir kedi yavrusu gibidir. Benim her şeyden el etek çekerek, hatta donumdan bile vazgeçerek aradığım o mükemmel Benlik idrakine o, görevine, dünyevi bir adamın rolünü sadakatle oynarken ulaştı!" dedi.

BÖLÜM 32

Rama Ölüyken Diriliyor

"Lazarus hasta yatıyor... İsa bunu işitince, 'Bu hastalık ölümle sonuçlanmayacak; Tanrı'nın yüceliğine, Tanrı Oğlunun yüceltilmesine hizmet edecek'." [1]

Güneşli bir günün sabahında Sri Yukteswar, Serampore Aşramı'nın balkonunda Hıristiyanlar'ın kutsal kitabını izah ediyordu. Üstadın diğer birkaç müridinin yanında ben de Ranchi öğrencilerimden bir grupla onu dinliyordum.

"Bu pasajda Hz. İsa kendini 'Tanrı'nın Oğlu' diye anıyor. Tanrı ile gerçekten bir 'birlik' halinde olmasına rağmen buradaki iması, şahsi olmayan derin bir anlam taşıyor" diye açıkladı gurum. "Tanrı'nın oğlu, insanın içindeki İlahi Bilinç'tir. (*Mesih-Bilinci.*) Hiçbir ölümlü Tanrı'yı yüceltemez. İnsanın yaratıcısını onurlandırabileceği tek şey O'nu aramaktır. İnsan bilmediği bir soyutlamayı yüceltemez. Ermişlerin başlarının etrafındaki 'ihtişam' ya da hale, onların gösterdikleri ilahi hürmetin *kapasitesinin* sembolik bir şahididir."

Sri Yukteswar Lazarus'un yeniden dirilişine ait mucizevi hikâyeyi okumaya devam etti. Hikâye sona erdiğinde, Kutsal Kitap dizlerinin önünde açık olarak, derin bir sükûta daldı.

"Ben de benzeri bir mucizeye şahit oldum." Gurum en sonunda vakur bir havada anlatmaya başladı. "Lahiri Mahasaya arkadaşlarımdan birini ölü iken diriltti."

Yanımdaki genç çocuklar derin bir ilgiyle gülümsediler. Bende de bu hikâyeden sadece felsefi yönünden değil, aynı zamanda Sri Yukteswar'ın gurusuyla olan harikulâde deneyimlerini dinlemekten büyük bir haz alacak kadar bir çocukluk kalmıştı.

"Arkadaşım Rama ile yapışık kardeşler gibiydik. Rama, çekingen ve içine kapanık olduğundan gurumuz Lahiri Mahasaya'yı sadece gece yarısıyla tan vakti arasında, gündüz gelen müritlerin kalabalığı çekildiğinde ziyaret ederdi. Rama'nın en yakın arkadaşıydım. Bu yüzden bana güvenir, derin ruhsal

---

[1] *John – Yuhanna 11:1-4.*

tecrübelerinden çoğunu anlatırdı. Onun ideal dostluğu bana ilham verirdi."
Gurumun yüzü anılarla yumuşamıştı.

"Rama aniden ciddi bir sınava maruz kaldı" diye devam etti Sri Yukteswar. "Asya kolerasına yakalandı. Gurumuz ciddi hastalıklar esnasında doktorların hizmetine asla itiraz etmediğinden, iki uzman doktor çağrıldı. Onlar her türlü çabayı gösterirken ben de yardım etmesi için Lahiri Mahasaya'ya dua ediyordum. Alelacele evine giderek, hıçkırıklar içinde olayı anlattım.

'Doktorlar Rama'ya bakıyorlar, iyileşecek.' Gurum neşeyle gülümsüyordu.

Kalbim hafiflemiş bir şekilde arkadaşımın yatağının başına döndüğümde onu ölmek üzereyken buldum.

Doktorlardan biri hüzünlü bir ifadeyle 'Bir iki saatten daha fazla yaşayamaz' dedi. Bir kez daha aceleyle Lahiri Mahasaya'ya koştum.

Üstat 'Doktorlar ne yaptıklarını biliyorlar. Eminim, Rama iyileşecek' diye neşeli bir tavırla beni başından savdı. Rama'nın evine döndüğümde doktorların gitmiş olduğunu gördüm. Biri not bırakmıştı: 'Elimizden geleni yaptık, ancak durumu ümitsiz.'

Arkadaşım gerçekten de ölmek üzereydi. Lahiri Mahasaya'nın sözlerinin nasıl olup da gerçekleşmediğini anlamıyordum. Rama'nın hayatı hızla solarken zihnimde bir tek düşünce vardı: 'Artık her şey bitti.' Böylece imanla şüphe arasında mücadele ederek, arkadaşıma elimden geldiğince hizmet ettim. Aniden yerinden doğrularak feryat etti:

'Yukteswar, üstada koş ve ona ölüp gittiğimi söyle. Son seremonilerden önce bedenimi kutsamasını rica et.' Bu sözlerle Rama derin bir iç çekişle ruhunu teslim etti.[2]

Başucunda bir saat kadar ağladım. Her zaman sükûneti sevmiş olan arkadaşım şimdi ölümün derin sessizliğine erişmişti. Başka bir mürit içeri girdi; ondan ben dönene kadar orada kalmasını istedim. Yarı sersem, yorgun argın guruma geri döndüm.

'Rama nasıl?' Lahiri Mahasaya'nın çehresi tebessümle aydınlanıyordu.

'Efendim, pek yakında onun nasıl olduğunu göreceksiniz' diye duygularıma hâkim olamayarak patladım. 'Yakılmaya götürülmeden önce onun bedenini göreceksiniz.' Kendimden geçerek, gözyaşlarına boğuldum.

'Yukteswar, kendine hâkim ol. Sessizce otur ve meditasyon yap.' Gurum *samadhi*'ye çekildi. Öğle sonrasıyla gece sessizlik içinde geçti. İçsel sükûnetimi yeniden kazanmak için verdiğim mücadele boşunaydı.

---

[2] Bir kolera kurbanının bilinci, genellikle ölüm anına kadar tamamıyla yerindedir.

Tan vaktinde Lahiri Mahasaya bana teselli ederek baktı. 'Görüyorum ki hâlâ huzursuzsun. Dün neden bana Rama'ya ilaç formunda gözle görülür bir şifa vermemi umduğundan bahsetmedin?' Üstat, içinde rafine edilmemiş hintyağı bulunan, tas şeklindeki bir lambayı işaret etti. 'Küçük bir şişeyi lambadaki yağla doldur. Ondan Rama'nın ağzına yedi damla damlat.'

'Efendim' diye itiraz ettim, 'Rama dün öğleden beri ölü. Şimdi yağın ne faydası var?'

'Boş ver, sadece sana söylediğimi yap.' Gurumun keyifli ruh halini anlayamıyordum. Arkadaşımı kaybetmiş olmanın ıstırabı hâlâ yatışmamıştı. Lambadaki yağın bir kısmını şişeye doldurarak, Rama'nın evine yollandım. Arkadaşımın cansız bedeni kaskatıydı. Korkunç durumuna aldırmadan sağ elimin işaret parmağıyla dudaklarını aralayarak, sol elimle ve mantar tıpanın yardımıyla yağı, kilitlenmiş dişlerinin arasından damlatabildim. Son damla da soğuk dudaklarına dokunduğunda Rama sarsıntıyla titredi. O, şaşkınlık içinde doğrulup otururken, kasları başından ayaklarına kadar titremekteydi.

'Parlak bir ışık içinde Lahiri Mahasaya'yı gördüm' diye haykırdı. 'Güneş gibi parlıyordu. 'Kalk, uykundan uyan' diye emretti. Yukteswar ile birlikte beni görmeye gel.'

Rama'nın elbiselerini giydiğini ve öldürücü hastalıktan sonra benimle gurumuzun evine yürüyebilecek kadar kuvvetli olduğunu gördüğümde gözlerime zor inanabildim. Orada, minnet gözyaşları içinde kendini üstadın ayaklarına attı.

Üstadın keyfine diyecek yoktu doğrusu. Yaramaz bir çocuk gibi gözleri çakmak çakmak bana baktı.

'Yukteswar' dedi 'eminim, bundan sonra cebinden bir şişe hintyağını eksik etmeyeceksin! Nerede bir ceset görürsen, sadece birkaç damla damlat. Yedi damla lamba yağının '*Yama*'nın [3] gücünü etkisiz hale getirdiği doğru değil mi?'

'Guruji, benimle alay ediyorsunuz. Anlayamıyorum, lütfen bana yanılgımın nedenini izah edin.'

'Sana Rama'nın iyileşeceğini iki kez söyledim. Ancak bana tam anlamıyla inanmadın. Onu doktorların iyileştireceğini kastetmiyordum, sadece onunla ilgilendiklerini söylemiştim. Doktorların işine karışmadım, çünkü onların da ekmek paralarını kazanmaları lazım.' Gurum yeniden neşeli bir edayla ekledi. 'Her şeye kadir' Paramatman'ın [4] herkesi şifaya kavuşturabileceğini her zaman bil.'

---

[3] Ölüm Tanrısı.

[4] Kelime anlamı, 'Üstün Ruh'.

'Hatamı anlıyorum' diye pişmanlıkla itiraf ettim. 'Anladım ki basit sözünüz bütün kozmosa kumanda ediyor.'"

Sri Yukteswar hayret verici hikâyeyi bitirdiğinde Ranchi öğrencilerimden biri, küçük bir çocuğun bakış açısından olağan görülebilecek bir soru yöneltti.

"Efendim, gurunuz neden hintyağı yolladı?"

"Çocuğum, yağı verişinin özel bir anlamı yoktu. Ben maddi bir şey umduğumdan Lahiri Mahasaya, benim imanımı güçlendirmek için o an yakınımızda duran hintyağını nesnel bir sembol olarak seçmişti. İçimden bir ses şüphe ettiğinden, üstat Rama'nın ölmesine razı oldu. Biliyordu ki, Rama'yı yeniden diriltmesi gerekse bile onun şifaya kavuşacağına dair sözleri gerçekleşmeliydi."

Sri Yukteswar küçük grubu başından savarak, bana oturmam için ayaklarının dibindeki bir battaniyeyi işaret etti.

"Yogananda" dedi alışılmadık bir ciddiyetle, "doğduğundan beri Lahiri Mahasaya'nın müritleriyle çevrelenmiş durumdasın. Büyük üstat görkemli hayatını kısmen inziva içinde geçirerek, müritlerine onun öğretileri etrafında herhangi bir organizasyon kurmalarına izin vermedi. Mamafih, anlamlı bir kehanette bulundu. 'Ben göçtükten elli yıl sonra' dedi, 'yaşamım üzerine, yogaya karşı Batı'da uyanacak derin ilgi yüzünden, bir kitap yayınlanacak. Yoga mesajı bütün yerküreye yayılacak. Kitap, insanlığın kardeşliğini kurmaya yardımcı olacak: Bir tek insanlığın, Bir Baba'nın direkt idrakine dayanan bir birlik.'

"Oğlum Yogananda" diye Sri Yukteswar devam etti. "Sen bu mesajın yayılmasında ve o kutsal yaşamı yazmakta sana düşen görevi yerine getirmelisin."

Lahiri Mahasaya bedenini terk ettikten elli yıl sonra, 1945'te bu kitap tamamlandı. 1945 yılında aynı zamanda yeni bir çağın başlamasıyla oluşan tesadüf beni hayrete düşürüyor: Devrimsel atomsal enerjiler çağı. Aklı başında her insan artık günümüzde barış ve kardeşliğe ait acil problemleri eskisinden daha iyi görebiliyor ve biliyor ki fiziksel kuvvet kullanımının böyle devamı; insanoğlunu, ona ait bütün problemleriyle birlikte silip süpürecektir.

İnsan ırkının yarattığı her şey iz bırakmadan zaman ya da bombalar tarafından yok edilse bile güneş yörüngesini değiştirmez ve yıldızlar gece nöbetlerini tutmaya devam ederler. Kozmik kanun durdurulamaz ya da değiştirilemez. İnsanın kendini onunla uyuma sokmak için elinden geleni yapması gereklidir. Eğer kozmos şiddete karşıysa örneğin güneş göklerdeki savaşı bırakıp da, gezegenlerin ipini boşlarsa bizim demir yumruğumuzun ne faydası var? Bu sıkılmış yumruk bize barışı getirebilecek mi? Evrenin kirişlerini zulüm değil, iyi niyet ayakta tutmaktadır. Barış içindeki bir insanlık zaferin sonsuz meyvelerini toplayacaktır. Kan dökülen toprakta yetişmemiş, daha tatlı meyveleri.

Etkili bir Milletler Birliği, insan kalplerinin doğal ve isimsiz birliği olacaktır. Dünyanın dertleri insanlar birbirlerine sezgisel içgörüden kaynaklanan geniş ufuklu sevgiyle yaklaştıklarında şifa bulacaktır. Böyle bir sevgi, insan farklılıklarının sadece entelektüel bir değerlendirilmesiyle değil, insanın en derin birliğinin bilgisiyle yayılacaktır. Tanrı ile birlik... İlahi ile kişisel bağlantının bilimi olan yoganın zamanla her ülkenin bütün insanlarına ulaşmasını dilerim: Yeryüzünün en yüksek ideali olan 'kardeşlik içindeki barış' ancak böyle bir sezgisel içgörüyle gerçekleşebilir.

Diğer bütün ülkelerden daha eski bir uygarlığa sahip olan Hindistan'ın hayatta kalmayı başarması bir tesadüfe bağlı olmadığından tarihte pek bahsedilmez. Ancak sayılı tarihçi, bunun Hindistan'ın her kuşakta yetiştirdiği büyük bilgelerinin ifşa ettiği sonsuz hakikatlere olan imanının mantıksal gerçeğine dayandığını kaydetmiştir. Varoluşunun kesintisizliğiyle ve çağlara karşı galibiyetiyle (dirsekleri tozlu öğretmenler gerçekten ne kadar eski olduğunu söyleyebilirler mi?) Hindistan, zamanın meydan okumasına karşı en geçerli cevabı vermiştir.

İncil'de yer alan [5], Hz. İbrahim'in Tanrı'dan, eğer Sodom Şehri'nde on dürüst insan bulunabilirse şehri yok etmemesini dilediğini anlatan hikâyede aldığı İlahi Cevap: "On kişinin hatırı için şehri tahrip etmeyeceğim." Hindistan'ın ayakta kalışının ışığında yeni bir anlam kazanmaktadır. Bir zamanlar Hindistan'ın çağdaşları olan ve savaş sanatında hüner göstermiş olan görkemli imparatorluklar silinip yok olmuşlardır: Eski Mısır, Babil, Eski Yunan ve Roma.

Tanrı'nın cevabı açıkça göstermektedir ki, bir ülke var oluşunu maddi başarılarıyla değil, onun başyapıtları olan büyük adamlarıyla sürdürüp ilerler.

Daha henüz ilk yarısı tamamlanmadan iki kez kanla boyanan yirminci yüzyılda ilahi sözleri tekrar duyalım: Rüşvet Verilemeyen Yargıç'ın gözünde değerli olan on büyük insan yetiştirebilen hiçbir millet sönmeyecektir.

Bu inançlara ihtimam göstererek Hindistan, zamanın binlerce kurnazlığına karşı uyanık kaldığını kanıtlamıştır. Aydınlanmış üstatlar her çağda topraklarını kutsamıştır. Lahiri Mahasaya ve Sri Yukteswar gibi modern

---

[5] *Genesis – Yaratılış 18:23-32.*

LAHİRİ MAHASAYA

"Ben ruhum. Senin fotoğraf makinen Her Yerde Var Olan Görülmezi yansıtabilir mi?" Lahiri Mahasaya'nın görüntüsünün başarısızlıkla çekilen birçok filmde görülmemesinden sonra, nihayet Yogavatar "vücut mabetinin" görüntülenmesine izin verdi. "Üstat başka bir resim için asla poz vermedi. En azından ben başka bir resmini görmedim" diye yazdı Paramahansaji. (Bkz s. 8.)

bilgeler, yoga bilgisinin ve Tanrısal idrakın biliminin, insanların mutluluğu ve milletlerin uzun yaşaması için hayati önem taşıdığını beyan etmek amacıyla seslerini yükseltmişlerdir.

Lahiri Mahasaya'nın yaşamı ve evrensel öğretisi hakkında oldukça yetersiz kaynaklar yayınlandı.[6] Hindistan, Amerika ve Avrupa'da geçtiğimiz otuz yıl boyunca, onun özgürlüğe kavuşturan yoga mesajına karşı derin ve içten bir ilgi olduğunu gördüm. Büyük modern yogilerin hayatları üzerine çok az

[6] 1941'de Bengalce kısa bir biyografisi 'Sri Sri Syama Charan Lahiri Mahasaya', Swami Satyananda tarafından yazıldı. Bu kitaptan Lahiri Mahasaya'ya ait bu bölüm için birkaç sayfa tercüme ettim.

şey bilinen Batı'da şimdi, Lahiri Mahasaya'nın da önceden belirttiği gibi artık onun yaşamı hakkında yazmak gerekli.

Lahiri Mahasaya 30 Eylül 1828'de, soyu çok eskilere dayanan dindar bir Brahmin ailede dünyaya geldi. Doğum yeri Bengal'de, Krishnanagar'a yakın Nadia ilçesinin Ghurni Köyü'dür. Muhterem Gaur Mohan Lahiri'nin (ilk karısı, üç oğlan çocuğu doğurduktan sonra bir hac yolculuğu esnasında ölmüştü) ikinci eşi olan Muktakashi'nin tek oğludur. Henüz çocukluğunda kaybettiği annesi hakkında çok az bilgimiz var. Ancak, kutsal yazıtlarda 'yogilerin kralı' diye anılan Lord Shiva'nın [7] ateşli bir müridi olarak bilinir.

Shyama Charan Lahiri çocukluk yıllarını Ghurni'deki aile evinde geçirdi. Üç ya da dört yaşlarında sık sık başı hariç tüm bedeni tamamıyla kumlara gömülü olarak, belli bir yoga pozisyonunda otururken gözlendi.

Lahiriler'in mülkü, 1833 yılının kışında, Jalangi Irmağı'nın yatağını değiştirip Ganj Nehri'ne karışmasıyla yok oldu. Lahiri ailesi tarafından inşa edilen Shiva tapınaklarından biri de evleriyle birlikte sel sularınca sürüklenip götürüldü. Bir mürit Lord Shiva'nın taş heykelini sele kapılmaktan kurtararak, onu şimdi Ghurni Shiva Sitesi diye bilinen bir tapınağa yerleştirmiştir.

Gaur Mohan Lahiri ailesiyle birlikte Ghurni'yi terk edip Benares'e yerleşerek, orada kısa süre içinde bir Shiva tapınağı yaptırdı. Ailesini Vedik disiplinine uygun bir tarzda, düzenli törensel ibadet, hayır işleri ve kutsal yazıtların incelenmesine büyük önem vererek yönetti. Adil ve açık bir zihinle modern fikirlerin faydalı yanlarını da almaya önem verdi.

---

[7] Tanrısal Üçlü'den biri: *Brahma* (Yaratıcı), *Vishnu* – Vişnu olarak telaffuz edilir - (Muhafaza Edici) ve *Shiva* -Şiva olarak telaffuz edilir.- (Tahrip Edici.) *Shiva* mitolojide Münzevilerin Tanrısı sıfatıyla anılır. Müritlerine örgü-saçlı Münzevi *Mahadeva* veya Kozmik Dansçı *Natarcja*, gibi değişik şekillerde görünür.

Tanrı, Shiva veya Tahrip Edici olarak çoğu kimse için anlaşılması güç bir kavramdır. Shiva müridi Puspananta, Mahimnastava isimli ilahisinde apaçık soruyor: "Neden dünyaları yarattın, eğer onları yine tahrip edeceksen?" Mahimnastava'nın bir dizesi şöyle: (Arthur Avalon'un çevirisi.)

"Adımlarının sarsıntısı yeryüzünün güvenliğini tehlikeye düşürdü
Demir çubuklar gibi sağlam kollarının hareketiyle
Eterde yüzen yıldızlar darmadağın oldu.
Dağınık saçlarının kamçısıyla gökler sarsıldı.
Dansın gerçekten de nefes kesiciydi!
Ancak dünyayı kurtarmak için onu alt-üst etmek
Bu nasıl bir gizemdir?"
Fakat şair devam ediyor:
"Aradaki fark büyüktür,
Çok az anlayabilen, kederlere maruz zihnimle
Senin sonsuza dek süren, bütün tahayyülleri aşan ihtişamın!"

Genç oğlu Lahiri Benares'teki eğitim gruplarından Hindi ve Urdu lisanlarında ders aldı. Joy Narayan Ghosal'ın yönettiği bir okula giderek Sanskritçe, Bengalce, Fransızca ve İngilizce öğrendi. Kendini şevkle *Vedalar*'ın daha derin incelenmesine veren genç yogi, aralarında Nag-Bhatta adlı bir Mahratta üstadının da bulunduğu uzman *Brahminlerin* kutsal yazıtlara dair tartışmalarını hevesle dinlerdi.

Shyama Charan bütün arkadaşları tarafından sevilen nazik, yumuşak huylu ve cesur bir gençti. İri yapılı, sağlıklı ve güçlü bedeniyle yüzme sporunda ve el işçiliğinde başarılar gösterdi.

1846'da Shyama Charan Lahiri, Sri Debnarayan Sanyal'ın kızı Srimati Kashi Moni ile evlendi. Örnek bir Hintli ev kadını olarak Kashi Moni ev işlerini severek yapıp, konuklara ve ihtiyacı olanlara karşı ev sahibi görevlerini içtenlikle yerine getirdi. Beraberlikleri ermiş tabiatlı iki oğul -Tincouri ve Dukouri- ve iki kız çocuğuyla kutsandı. 1851 yılında, yirmi üç yaşındayken Lahiri Mahasaya, İngiliz hükümetinin ordu mühendislik dairesine muhasebeci olarak girdi. Hizmeti esnasında defalarca terfi etti. Çünkü o, sadece Tanrı'nın gözünde bir üstat değil, aynı zamanda yeryüzünde bir memurun mütevazı rolünü oynadığı insanlık dramında da başarılı bir şahsiyetti.

Mühendislik dairesi Lahiri Mahasaya'yı çok kereler Gazipur, Mirjapur, Naini Tal, Danapur ve Benares'teki bürolarına atadı. Babasının ölümünden sonra genç adam, bütün aile bireylerinin sorumluluğunu üstlendi. Onlar için Benares'in gözlerden uzak sakin bir semti olan Garudeswar Mohulla semtinde bir ev satın aldı.

Otuz üç yaşındayken Lahiri Mahasaya'ya [8] yeryüzünde yeniden doğuşunun gerçek amacı bildirildi. Himalayalar'da Ranikhet yakınında gurusu büyük Babaji ile karşılaştı ve onun tarafından *Kriya Yoga*'ya inisiye edildi. Bu hayırlı olay yalnızca Lahiri Mahasaya için değil, bütün insan ırkı için de ilahi bir lütuf anıdır. Kaybolmuş ya da uzun çağlar boyunca gömülü kalmış yoganın en yüksek sanatı böylece gün ışığına çıkarılıyordu.

Puranalar'a ait efsanede Ganj Nehri [9], gökten yeryüzüne akarak, susuz-

---

[8] Sanskritçe'de dini unvan 'Mahasaya', 'geniş - zihinli' anlamına gelir.

[9] Hindular'ın kutsal ırmağı 'Ganj Ana'nın suları, ebedi kar ve sessizliğin arasındaki Himalayalar'daki buzlu bir mağaradan kaynaklanmaktadır. Çağlar boyunca binlerce ermiş, Ganj'ın kıyılarında mesken bulmuş ve arkalarında kutsal vibrasyonlarını bırakmışlardır. (Bkz. s. 184 dipnot.)

Ganj Nehri'nin olağandışı, hatta belki de eşsiz olan özelliklerinden biri de onun 'kirlenmez'liğidir. Ganj'ın değişmeyen sterilliği içinde hiçbir bakteri yaşayamaz. Milyonlarca Hindu zarar görmeden sularını içmek ve yıkanmakta kullanır. Bu gerçek modern bilimadamları için şaşırtıcı bir muammadır. Bunlardan biri, 1946'da Nobel Kimya Ödülü'nü bir arkadaşıyla paylaşan Dr. John Howard Northrop

luktan yanmış mürit Bhagiratha'a ilahi bir yudum serin su sunmuş, 1861'de de *Kriya Yoga*'nın göksel ırmağı Himalayalar'ın gizemli kalelerinden, insanların tozlu, kurak şehirlerine akmaya başlamıştır.

şöyle demiştir: "Ganj Nehri'nin aşırı derecede kirletilmiş olduğunu biliyoruz. Buna rağmen Hintliler suyunu içiyorlar, içinde yıkanıyorlar ve açıkça görülüyor ki bundan hiçbir şekilde etkilenmiyorlar. Belki de bacteriophage (bakterileri öldüren virüs) nehri steril tutuyor."

Vedalar bütün doğal fenomenlere hürmet gösterilmesini telkin etmektedir İnançlı Hindu, Assisi'den ermiş Francis'in şu övgüsünü çok iyi anlayabilir: "Böyle faydalı, alçakgönüllü, temiz iffetli ve değerli kız kardeşimiz Su'yu bağışladığın için şükürler olsun Ya Rabbim."

BÖLÜM 33

Babaji, Modern Hindistan'ın Yogi-Mesihi

Badrinayan yakınlarındaki Kuzey Himalayalar'ın sarp uçurumları, Lahiri Mahasaya'nın gurusu Babaji'nin hâlâ yaşayan varlığıyla kutsanmıştır. İnzivadaki üstat; fiziksel formuna yüzyıllar, hatta binlerce yıl önce bürünmüştür. Ölümsüz Babaji bir *'avatar'*dır. Bu Sanskritçe kelime 'iniş' anlamına gelir. Kökleri *ava* (aşağıya) ve *tri*'dir. (Geçmek.) Hindu yazıtlarında, *avatara*, Göksel Olan'ın etten ve kemikten bir bedene inişini ifade eder.

Sri Yukteswar "Babaji'nin spiritüel hali insan anlayışının ötesinde" diye açıkladı. "İnsanın cüce tahayyülü O'nun aşkın varlığını kavrayamaz. Kişinin, hatta *avatar*'ın eriştiği yüksek ruhsal seviyeyi gözünde canlandırmaya çalışması bile boşunadır. O, tasavvur olunamaz."

Upanishad'lar spiritüel gelişmenin her basamağını inceden inceye sınıflandırmıştır. Bir *Siddha* (mükemmelleşmiş varlık), *Jivanmukta* (şimdiki hayatında aydınlanmış) mertebesinden *Paramukta* (en yüksek derecede özgür olmuş, ölümü yenmiş) mertebesine yükselmiştir. *Paramukta* tamamıyla *maya*'nın esaretinden ve onun yeniden doğum döngüsünden kurtulmuştur. Bu yüzden nadiren fiziksel bir bedene geri döner; eğer dönerse bir *avatar*, yani, yeryüzüne ilahi bir takdis getirmek için gelen tanrısal bir elçi olarak döner. Bir *avatar* evrensel kanunlara bağlı değildir; bir ışık imajı olarak görünen saf bedeninin, doğaya karşı herhangi bir borcu yoktur.

Bir *avatar*'ın formunda ilk bakışta olağanüstü bir belirti görülmeyebilir fakat bedeni bazen gölge yapmaz ve ayak izi bırakmaz. Bunlar karanlıktan ve maddesel esaretten bağımsızlığın dıştan görülebilen sembolik kanıtlarıdır. Ancak böyle bir Tanrı-insan, yaşamla ölümün göreceliliğinin ardındaki gerçeği bilebilir. Çok yanlış anlaşılmış bir şair olan Ömer Hayyam, ölümsüz eseri *Rubaiyat*'ta, özgürlüğüne kavuşmuş insanların şarkısını söyler:

> Ah! Solmak bilmeyen hazzımın mehtabı,
> Göklerin mehtabı bir kez daha yükseliyor;
> Kaç kez daha yükselerek arayacak
> Bu aynı bahçede beni - nafile!"

"Solmak bilmeyen hazzın mehtabı" Tanrı'dır. Zamana galip gelen ebedi kutup yıldızı. "Yeniden yükselen göklerin mehtabı", periyodik tekerrürün kanununa zincirlenmiş olan fiziksel kozmostur. Benliğini idrak yoluyla, Farslı bilge kendini yeryüzüne mecburi geri dönüşten sonsuza dek kurtarmıştı: Doğanın ya da Maya'nın 'bahçesi'. "Kaç kez daha yükselerek arayacak beni - nafile!"[1] Şaşkınlığa düşmüş evren, bir zamanlar ona ait olan ama şimdi iz bırakmadan kaybolan şairi boşuna arayıp duracaktır!

Hz. İsa özgürlüğünü başka bir yoldan ifade etti: "Bir kâtip ona gelerek dedi ki, 'Üstat, nereye gidersen git seni takip edeceğim.' Ve Hz. İsa şöyle konuştu: 'Tilkilerin mağaraları ve kuşların yuvaları var. Ancak insanoğlunun başını yaslayabilecek hiçbir yeri yok.'"[2]

İnsan; her yerde hazır ve nazır olan Hz. İsa'yı, her şeyi kapsayan Ruh'un içinden başka nerede takip edebilir?

Krishna, Rama, Buddha ve Patanjali çok eski Hint avatarları arasındadırlar. Tamil'de, Güney Hindistanlı avatar Agastya üzerine hatırı sayılır bir şiirsel destan dağarcığı oluşmuştur. Agastya, Hıristiyanlık'tan önceki ve sonraki çağlarda birçok mucize yaratmıştı ve bugün bile aynı bedenini muhafaza ettiği söylenir.

Babaji'nin Hindistan'daki misyonu peygamberleri özel görevlerinde desteklemektir. Böylece kutsal yazıtlardaki sınıflamada *Mahavatar* (Büyük Avatar) mevkiine tekabül eder. *Swami Düzeni*'ni yeniden kuran Shankara[3] ile ortaçağın ünlü üstadı Kabir'e yoga inisiyasyonu verenin bizzat kendisi olduğunu beyan etmiştir. 19. yüzyıldaki baş müridi, bildiğimiz gibi kayıp *Kriya* sanatını yeniden canlandıran Lahiri Mahasaya'dır.

Babaji her zaman Hz. İsa ile bağlantı halinde; insanları kurtuluşa teşvik eden titreşimler göndererek, bu çağ için selameti getirecek olan spiritüel tekniği planlamıştır. Bu tamamıyla aydınlanmış (biri bedenli, diğeri bedensiz olan) iki üstadın işi, milletleri savaşmaktan, ırk düşmanlıklarından ve maddiyatçılığın bumerang gibi geri tepen kötülüklerinden vazgeçmeleri için esinlendirmektir. Babaji modern zamanımızın eğilimlerini, özellikle Batı uygarlığının etkilerini ve karşılaştığı güçlükleri çok iyi bilmektedir ve yoganın özgürleştirici mesajını Doğu'da olduğu kadar Batı'da da yaymak gerektiğinin farkındadır.

---

[1] Edward Fitz Gerald'ın tercümesi.

[2] *Matthew – Mata 8:19-20.*

[3] Tarihsel kayıtlarda gurusunun Govinda Yati olduğu bilinen Shankara, Babaji tarafından Benares'te *Kriya Yoga*'ya inisiye edilmiştir. Bu olayı Lahiri Mahasaya ve Swami Kebalananda'ya anlatırken Babaji, büyük monist ile olan karşılaşmasına dair hayret uyandırıcı birçok detay vermiştir.

Babaji hakkında tarihi bir kayıt olmayışı bizi şaşırtmamalıdır. Büyük guru hiçbir çağda topluma görünmemiştir; toplumun yanlış yorumlayan tanıklığı onun binlerce yıllık devrelere ait planında yer almamaktadır. Tıpkı temel güç olarak yine de sessiz kalan Yaradan gibi Babaji, mütevazı bir gizlilik içinde çalışmaktadır.

Hz. İsa ve Krishna gibi büyük peygamberler belli bir rol oynamak üzere yeryüzüne gelirler ve bu görev başarıyla tamamlanır tamamlanmaz yeryüzünü yine terk ederler. Babaji gibi diğer avatarlar, çığır açan tarihi bir görevden çok, insanoğlunun yüzyıllar boyunca süren yavaş evrimsel gelişmesiyle ilgili olan görevleri üstlenirler. Böyle üstatlar kendilerini daima halkın kaba bakışlarından gizlerler ve istedikleri an görünmez olma gücüne sahiptirler. Bu nedenlerle ve genel olarak müritlerine, kendileri hakkında sessiz kalmaları talimatı verdiklerinden, bu yüksekliklere erişen spiritüel varlıkların bir kısmı dünyaca bilinmezler. Bu sayfalarda Babaji'nin yaşamı üzerine sadece üstü kapalı açıklamalar yapıyorum. Sadece, onun uygun ve kamuya açıklanmasında yararlı bulduğu birkaç gerçeği dile getiriyorum.

Babaji'nin ailesi ya da doğum yeri hakkında şimdiye kadar sınırlayıcı hiçbir kayıt tespit edilememiştir. Genellikle Hindi lisanında konuşmasına rağmen, her lisanda akıcı bir şekilde sohbet edebilir. Basit bir ad olan Babaji'yi (Muhterem Baba) benimsemiştir. Lahiri Mahasaya'nın müritlerince ona verilen, hürmet ifade eden diğer isimler; Mahamuni Babaji Maharaj (En Üstün Vecd Halindeki Üstat), Maha Yogi (Büyük Yogi) ve Trambak Baba yada Shiva Baba'dır. (Shiva'nın avatarlarının unvanları.) Ancak, tam aydınlanmış bir üstadın soyadını bilmemize gerek var mıdır?

"Her ne zaman, her kim olursa olsun Babaji'nin adını derin hürmetle andığında" derdi Lahiri Mahasaya; "o mürit, anında bir spiritüel takdisi üzerine çeker."

Ölümsüz gurunun bedeni yaşlılığa ait hiçbir belirti taşımaz. Yirmi beş yaşlarındaki bir genç görünümünde, açık tenli, orta boy ve yapıda olan Babaji'nin güzel ve güçlü bedeni gözle görülen bir parlaklık saçar. Koyu renk gözleri sakin ve şefkatlidir; uzun, parlak saçları bakır renklidir. Bazen Babaji'nin yüzü Lahiri Mahasaya'ya çok benzer. Lahiri Mahasaya yaşlılığında, genç görünümlü Babaji'nin babası zannedilebilirdi.

Benim ermiş tavırlı Sanskritçe Hocam Swami Kebalananda Himalayalar'da Babaji [4] ile bir süre beraber olmuştu.

---

[4] Babaji (muhterem baba) sıkça kullanılan bir unvandır. Hindistan'daki bir çok ünlü bilge 'Babaji' diye anılır. Onlardan hiçbiri, Lahiri Mahasaya'nın gurusu Babaji değildir. Mahavatar'ın varlığı kitlelere ilk kez 1946'da Bir Yoginin Otobiyografisi'nde açıklanmıştır.

"Eşsiz üstat grubuyla birlikte dağlarda sürekli yer değiştirir" diye anlattı Kebalananda. "Küçük grubuna çok gelişmiş iki Amerikalı mürit de dahildir. Konakladıkları bir yerde bir süre kaldıktan sonra Babaji *'dera danda uthao'* der. (Haydi, kampımızı toparlayıp, asayı ele alalım.) Kendisi bir *danda* (bambu asa) taşır. Sözleri üzerine grup toparlanarak o anda başka bir yere taşınır. Babaji her zaman bu astral seyahat metodunu uygulamaz, bazen zirveden zirveye yürüyerek gider.

Babaji, ancak kendisi isterse diğer insanlarca görülebilir. Çeşitli müritlere, birbirinden biraz değişik formlarda; bazen sakallı ve bıyıklı, bazen de tıraşlı olarak göründüğü bilinir. Onun çürüyüp bozulmaya tabi olmayan bedeninin besine ihtiyacı yoktur, bundan dolayı üstat nadiren yer. Müritlerini ziyaret ettiğinde, sosyal bir nezaket gereği, bazen ikram edilen meyveleri ya da arıtılmış tereyağı ve sütle pişirilen pilavı kabul eder."

Kebalananda, "Babaji'nin yaşamına ait hayret verici iki hikâye anlatacağım" diye sözlerine devam etti: "Müritleri bir akşam, kutsal bir Vedik seremoni için yakılan büyük bir ateşin etrafında oturuyorlardı. Guru aniden yanan bir odun parçasını kavrayarak, alevlere yakın oturan bir salikin çıplak omzuna hafifçe vurdu. Orada bulunan Lahiri Mahasaya; 'Efendim, bu davranışınız ne kadar merhametsiz!' diyerek sitem etti.

'Geçmiş karmasının gerektirdiği gibi gözlerinin önünde alev alev yanarak kül olmasını görmeyi mi tercih ederdin?'

Bu sözlerle Babaji şifa veren ellerini müridin paralanmış omzu üzerine koydu. 'Bu akşam seni acıdan kıvranarak ölmekten azat ettim. Karmik kanun ateşle dağlanarak çektiğin hafif ızdırap sayesinde tatmin edildi.'

Başka bir gün, Babaji'nin kutsal grubu bir yabancının çıkagelmesiyle rahatsız edildi. Adam şaşırtıcı bir beceriyle gurunun kampının yanındaki neredeyse geçit vermez sarp kayalıklara tırmanabilmişti.

'Efendim, siz büyük Babaji olmalısınız.' Adamın yüzü anlatılamaz bir hürmetle aydınlanıyordu. 'Aylardır bu tehlikeli uçurumlarda ara vermeden sizi arıyordum. Beni müritliğe kabul etmenizi rica ediyorum.'

Büyük guru hiçbir karşılık vermeyince adam, kayalık tepenin aşağısına doğru uzanan uçurumu işaret ederek, 'Eğer beni reddederseniz kendimi bu uçuruma atacağım. Sizin Yaradan'a götüren rehberliğinize layık değilsem, hayatın artık benim için değeri yok.'

'At öyleyse' dedi Babaji duygusuzca, 'seni şimdiki gelişme seviyenle kabul edemem.'

Adam anında kendini aşağı attı. Babaji şoke olmuş müritlerine gidip, yabancının bedenini getirmeleri talimatını verdi. Onlar paramparça olmuş cesetle geri döndüklerinde, üstat elini ölü adamın üstüne koydu. Bir de ne görsünler! Yabancı gözlerini açarak tevazuyla her şeye gücü yeten gurunun ayaklarına kapandı.

'Şimdi, müritliğe hazırsın' diyen Babaji yeniden dirilen müridine sevecenlikle gözleri parlayarak baktı. 'Zor bir sınavdan cesaretle geçtin.[5] Ölüm sana bir kez daha dokunmayacak, şimdi artık ölümsüz grubumuza dahilsin.' Sonra orayı terk etmek için olağan sözlerini söyledi: *'Dera danda utaho'* ve bütün grup kayboldu."

Bir avatar her yerde mevcut olan Ruh'un içinde yaşar. Onun için zaman ve mekân sınırları yoktur. Bundan dolayı Babaji'nin, çağdan çağa aynı fiziksel varlığını devam ettirmek için bir tek motifi vardır: İnsanoğluna kendi olanaklarının nelere kadar olduğunu somut bir örnekle göstermek. İnsana Tanrısallığın fiziksel bir bedene bürünüşüne şahit olmak lütfedilmeseydi, ölümlülüğünü asla aşamayacağına dair ağır maya yanılgısınca köşeye sıkıştırılmış olarak kalacaktı.

Hz. İsa, yaşamının nasıl bir akış içinde geçeceğini başından beri biliyordu; yaşadığı her olayı kendisi için veya herhangi bir karmik zorunluluktan değil, sadece insanları ruhsal bakımdan yüceltmeye hizmet amacıyla yaşamıştır. İncil'i yazan dört Evangelist (Mata, Markos, Luka ve Yuhanna) bu eşsiz dramı gelecek kuşakların hayrı için kaleme almışlardır.

Babaji için geçmiş, şimdi ve gelecek yoktur; yaşamın bütün evreleri onun tarafından başından beri bilinmektedir. Kendini insanoğlunun sınırlı kavrayışına uydurarak, ilahi yaşamındaki çoğu olayı bir ya da daha fazla görgü şahidinin huzurunda sahnelemiştir. Babaji, artık fiziksel ölümsüzlüğün onun için mümkün olduğu zamanın geldiğini Lahiri Mahasaya'ya beyan ettiğinde, Lahiri Mahasaya'nın bir müridinin de orada bulunuşu bu yüzden uygun görülmüştü. Bu vaadi, Ram Gopal'in önünde dile getirdi. Çünkü olayın duyularak arayış içindeki diğer kalpleri esinlendirmesini istiyordu.

Büyük üstatlar sadece insanların hayrına konuşur ve olayların görünüşte doğal olan akışına iştirak ederler. Tıpkı Hz. İsa'nın dediği gibi "Baba, (...) senin beni her zaman duyduğunu biliyorum. Fakat yanımda bulunan halkın yüzünden konuştum o sözleri ki, beni senin gönderdiğine inanabilsinler."[6]

---

[5] Sınav itaatle ilgiliydi. Aydınlanmış Üstat 'atla' dediğinde adam itaat etti. Tereddüt etmiş olsaydı Babaji'nin rehberliği olmadan yaşamın değersizliği üzerine sözlerinin aksi kanıtlanacaktı. Tereddüt etmiş olsaydı guruya karşı tam güvenden yoksunluğu ortaya çıkacaktı. Bundan ötürü aşırı ve olağandışılığına rağmen sınav, o şartlar altında duruma en uygun olanıydı.

[6] *John – Yuhanna* 11: 41-42.

Ram Gopal (uykusuz ermiş) [7] ile Ranbajpur'u ziyaretim esnasında, ermiş bana Babaji ile olan ilk karşılaşması hakkında şu harikulade hikâyeyi nakletti.

"Bazen Benares'te Lahiri Mahasaya'nın ayağının dibinde oturmak için ıssız bir yerdeki mağaramı terk ederdim. Bir gece yarısı, müritlerinden bir grupla sessizce meditasyon yapıyorken, üstat beni şaşırtan bir istekte bulundu.

'Ram Gopal' dedi, 'bir an önce Dasasamedh'teki yıkanma *ghat*'ına git.'

Çok geçmeden o tenha noktaya ulaştım. Gece ayışığı ve parlayan yıldızlarla aydınlıktı. Bir müddet sabırla sessizce oturduktan sonra ayaklarımın yanındaki dev kaya kitlesi dikkatimi çekti. Gitgide yükselen kaya, bir mağaranın girişini meydana çıkardı. Kaya bilmediğim bir güç tarafından havada sabitleştiğinde, mağaradan olağanüstü güzellikte, genç bir kadının örtünmüş formu belirerek yükselip havada durdu. Yumuşak bir haleyle çevrili kadın yavaş yavaş önüme doğru alçaldı ve vecde gömülü, hareketsiz dikildi. Sonunda kımıldıyarak, yumuşak bir sesle konuştu.

'Ben Mataji'yim [8], Babaji'nin kız kardeşi. Onunla çok önemli bir konuyu tartışmak üzere bu akşam, Lahiri Mahasaya ile birlikte mağarama gelmesini istedim.'

Ganj'ın üzerinde bulutsu bir ışık dolanıyordu. Bu garip parlaklık karanlık sularda yansıyordu. Kör edici bir parlamayla Mataji'nin yanında belirene kadar gitgide yaklaşıp, bir anda Lahiri Mahasaya'nın insan formu olarak belirdi. Gurum Mataji'nin ayaklarında tevazuyla eğildi. Henüz sersemliğimi üzerimden atamadan bir çember halinde dönerek gökte yol alan mistik bir ışık kütlesini daha görmek beni iyice hayrete düşürdü. Hızla alçalarak alevlenen girdap grubumuza yaklaşınca, güzel bir genç insanın bedeni formunda materyalize oldu. Hemen anladım ki bu Babaji idi. Lahiri Mahasaya'ya benziyordu; müridinden çok daha genç görünmesine ve uzun, parlak saçları olmasına rağmen.

Lahiri Mahasaya, Mataji ve ben büyük gurunun önünde diz çöktük. Tanrısal bedenine dokunduğumda varlığımın her bir hücresi, mutluluk dalgalarıyla gelen bir görkemin eterik heyecanıyla titredi.

'Mübarek kız kardeşim' dedi Babaji, 'bu formumu atarak, Ebedi Akım'a karışmayı planlıyorum.'

'Planını çoktan sezmiştim, sevgili üstadım. Bu akşam seninle bunu

---

[7] Tarakeswar Türbesi'nin önünde saygıyla eğilmediğimi gözlemiş olan, her-yerde-mevcut yogi. (Bkz. 13. Bölüm).

[8] "Kutsal Ana". Mataji de yüzyıllardır yaşamakta; kendisi spiritüel olarak neredeyse erkek kardeşi kadar yücelmiştir. Dasasamedh Ghat yakınındaki gizli bir yeraltı mağarasında vecd halindedir.

tartışmak istedim. Bedenini neden bırakmak istiyorsun?' İhtişam içindeki kadın yalvarırcasına kardeşine baktı.

'Ruhumun okyanusunda görünen ya da görünmeyen bir dalga giymemin ne farkı var?'

Mataji orijinal bir nükteyle cevap verdi: 'Ölümsüz guru, eğer bir fark yoksa lütfen bedenini terk etme.'[9]

'Öyle olsun' dedi Babaji ağırbaşlılıkla. 'Fiziksel bedenimi asla bırakmayacağım. Bedenim bu yeryüzünde en azından az sayıdaki insana gözle görünür olarak kalacak. Yaradan kendi arzusunu senin dudaklarında dile getirdi.'

Bu yüce varlıkların arasındaki konuşmayı şaşkınlıkla dinlerken, büyük guru takdis eden bir ifadeyle bana döndü.

'Korkma, Ram Gopal' dedi, 'bu ölümsüz taahhüdün şahidi olmakla kutsandın.'

Babaji'nin sesinin tatlı melodisi gitgide silinirken onun ve Lahiri Mahasaya'nın formları yavaş yavaş havaya yükselerek Ganj'ın üzerinde geriye doğru süzüldüler. Bedenleri gece içinde kaybolurken göz kamaştıran bir nurla ışıyordu. Mataji'nin formu mağaraya doğru havada yüzerek alçaldı. Kaya sanki görünmeyen eller tarafından hareket ettiriliyormuş gibi yere indi ve mağaranın ağzını kapattı.

Sonsuzlukla esinleşmiş olarak dolaşa dolaşa Lahiri Mahasaya'nın evine geri döndüm. Gün ışırken önünde eğildiğimde, guru anlayışla gülümsedi.

'Senin için mutluyum, Ram Gopal' dedi. 'Bana sık sık bahsettiğin Babaji ve Mataji'yi görme arzun en sonunda olağanüstü bir şekilde gerçekleşti.'

Kardeş müritlerimin anlattığına göre, gece yarısı evden çıktığımdan beri Lahiri Mahasaya oturduğu yerden hiç kalkmamıştı.

'Sen Dasasamedh Ghat'a gitmek üzere çıktıktan sonra, ölümsüzlük üzerine insanı esinlendiren bir söylev verdi' diye anlattı saliklerden biri. Hayatımda ilk kez, benliğini idrak etmiş bir insanın ayrı ayrı yerlerde, aynı zamanda iki veya daha fazla bedende görülebileceklerini bildiren kutsal yazıtlardaki dizelerde yatan gerçeği tam olarak kavrayabildim. Daha sonra Lahiri Mahasaya bana bu gezegen için hazırlanmış gizli göksel planla alakalı birçok metafizik noktayı izah etti.' Ram Gopal sözlerine son verirken şunu ekledi: 'Babaji Tanrı tarafından dünyanın bu belirli devri boyunca bedeninde

---

[9] Bu hadise Thales'in hikâyelerinden birini hatırlatıyor. Büyük Yunanlı filozofu, ölümle yaşam arasında bir fark olmadığını vaaz ediyordu. 'Neden o halde' diye sordu bir eleştirmen, 'ölmüyorsun?' 'Çünkü' dedi Thales, 'fark etmez.'

kalması için seçilmiştir. Çağlar gelip geçecek, ölümsüz üstat [10] hâlâ yüzyılların dramını seyrederek bu yeryüzünün sahnesinde hazır ve nazır olacak.

---

[10] "Eğer bir insan dediğimi uygularsa (Mesih-Bilincinde kesintisiz kalırsa) o asla ölüm yüzü görmeyecek." *John - Yuhanna 8:51.*

Bu sözlerle İsa, fiziksel bir beden içindeki ölümsüz bir yaşama değinmiyordu. İsa'nın hakkında konuştuğu aydınlanmış insan, Ebedi Yaşama olan olan cehaletin ölümcül transından uyanmış kişidir. (Bkz. Bölüm 43.)

İnsanın doğal özü, bir şekle sahip olmayan her yerde hazır ve nazır Ruh'tur. (İng. omnipresent Spirit.) Zorunlu ya da karmik bedenleniş *avidya*'nın (cehalet) sonucudur. Hindu kutsal yazıtları doğum ve ölümün, kozmik yanılgı 'maya'nın tezahürleri olduğunu öğretir. Doğumla ölümün sadece görecelilik dünyasında bir anlamı vardır.

Babaji fiziksel bir bedenle veya bu gezegenle sınırlı değildir. Fakat, Tanrı'nın arzusu üzerine, yeryüzü için özel bir misyonu yerine getirmektedir.

Swami Pranabananda (bkz. s. 241) gibi yeryüzüne yeni - bedenlerişler içinde geri dönen büyük üstatların geliş amacı en iyi kendilerince bilinir. Bu gezegen üzerindeki inkarnasyonları (doğum) karmanın katı sınırlamalarına tabi değildir. *Maya*'nın kör edişi sona erdikten sonra yeryüzüne böyle gönüllü geri dönüşler *vyutthana* diye adlandırılır.

Ölüm tarzı nasıl olursa olsun -ister alelade, ister fenomenal- Tanrı'nın tam idrakine ulaşmış bir üstat, bedenini yeniden dirilterek, yeryüzü sakinlerinin gözleri önünde eski bedeninin içinde görünmeye muktedirdir. Fiziksel bir bedenin atomlarını materyalize etmek, (yarattığı) sayısız güneş sistemleri her türlü hesap ve tahmini hiçe sayan Yaradan ile bir olmuş üstatlar için çocuk oyuncağıdır!

"Hayatımı bırakıyorum ki onu yine alabileyim" diye beyan etti İsa. "Onu (yaşamımı) hiçbir insan benden alamaz, ancak ben kendim veririm. Onu vermeye gücüm vardır ve onu yeniden almaya gücüm vardır." *John – Yuhanna 10:17-18.*

BABAJİ
Bir Mahavatar, "Göksel İnkarnasyon"
Lahiri Mahasaya'nın gurusu.

    Yoganandaji bir ressama, modern Hindistan'ın büyük yogi - mesihinin gerçek görünüşünü tasvir eden bir resmini çizmesine yardımcı oldu.
    Mahavatar Babaji müritlerine doğum yeri ve tarihi hakkında, herhangi bir bilgi vermeyi reddetmiştir. Yüzyıllardır Himalaya karları arasında yaşamaktadır.
    "Her ne zaman, her kim olursa olsun Babaji'nin adını derin hürmetle anarsa" derdi Lahiri Mahasaya "o mürit, anında spiritüel bir takdisi üzerine cezbeder."

BÖLÜM 34

Himalayalar'da Bir Saray Materyalize Oluyor

"Babaji'nin Lahiri Mahasaya ile ilk karşılaşması insanı büyüleyici bir hikâyedir. Hem de ölümsüz gurunun yaşamına kısa fakat detaylı bir göz atma imkânını verir."

Bunlar Swami Kebalananda'nın olağanüstü hikâyeye giriş sözleriydi. Olayı ilk duyduğumda kelimenin tam anlamıyla büyülenmiştim. Birçok kez, yumuşak huylu Sanskritçe öğretmenime hikâyeyi tekrar anlatması için tatlı diller dökerdim. Daha sonra Sri Yukteswar da olayı özünde aynı kelimelerle anlattı. Lahiri Mahasaya'nın her iki müridi de muhteşemliğiyle insana ürperti veren bu olayı bizzat gurularının ağzından dinlemişlerdi.

"Babaji ile ilk kez 1861 yılının sonbaharında, ben otuz üç yaşımdayken karşılaştım" dedi Lahiri Mahasaya. "Hükümetin Askeri Mühendislik Şubesi'nde bir muhasebeci olarak, Danapur'da çalışıyordum. Bir sabah şefim beni çağırdı.

'Lahiri' dedi, 'merkez ofisimizden az önce bir telgraf geldi. Şu anda askeri bir kışlanın [1] kurulmakta olduğu Ranikhet'e [2] atandın.'

"Bir uşakla, 750 kilometrelik yolculuğa başladım. At ve arabayla yaptığımız otuz günlük yolculuktan sonra Himalayalar'daki Ranikhet şehrine ulaştık.

Bürodaki görevlerim çok zor değildi. Muhteşem tepelerde saatlerce dolaşacak kadar zaman bulabiliyordum. Büyük ermişlerin bölgeyi varlıklarıyla kutsadıklarına dair bir söylenti duyduğumda, onları görmek için içimde güçlü bir arzu hissettim. Bir öğle sonrası, kırlarda gezinirken, uzaktan bir sesin adımı çağırdığını duymak beni şaşırttı. Drongiri Dağı'na gayretle tırmanışıma devam ettim. Ormana karanlık çökmeden önce aynı yoldan geri dönememe düşüncesiyle biraz tedirgindim.

---

[1] Daha sonra askeri bir sanatoryum. 1861'de İngiliz Hükümeti Hindistan'daki telgraf sistemini çoktan kurmuştu.

[2] Almora bölgesindeki Ranikhet, Himalayalar'ın en yüksek doruklarından biri olan (7.816 m) Nanda Devi'nin eteklerinde kurulmuştur.

Sonunda iki yanında mağaralar bulunan küçük bir düzlüğe eriştim. Çıkıntılı kaya tabakalarından birinin üzerinde, gülümseyen bir adam eliyle selamlayarak dikiliyordu. Şaşkınlıkla, bakır renkli saçlarının dışında dikkati çekecek derecede bana benzediğini gördüm.

'"Lahiri,[3] geldin mi?' Ermiş keyifle beni Hindu lisanında selamladı. 'Gel bu mağarada dinlen. Seni çağıran bendim.'

İçinde çeşitli yün battaniyelerle birkaç *kamandalus* (su testisi) bulunan küçük, düzenli bir mağaraya girdim.

'Lahiri, şu oturacak yeri hatırlar mısın?' Yogi, bir köşede katlanmış olan battaniyeyi işaret etti.

'Hayır, efendim.' Maceramın tuhaflığından biraz başım dönmüş halde ekledim, 'Gece çökmeden önce gitmem gerekiyor. Sabahleyin büroda işim var.'

Esrarengiz ermiş İngilizce cevap verdi. 'Büro senin için getirildi, sen büro için değil.'

Hayretler içindeydim; bu orman münzevisi sadece İngilizce konuşmuyor, aynı zamanda Hz. İsa'nın bir hadisini[4] duruma adapte ediyordu.

'Çektiğim telgrafın etkisini gösterdiğini görüyorum.' Yoginin imasını anlayamadım, anlamını sordum.

'Seni bu tenha yerlere çağırdığım telgraftan bahsediyorum. Ranikhet'e atanman için şefinin zihninde sessizce telkin uygulayan bendim. Kişi eğer bütün insanlıkla birliğini hissederse bütün zihinler, onun istediği anda nüfuz edebileceği yayın istasyonlarına dönüşür.' Sonra ekledi: 'Lahiri, bu mağaranın sana aşina gelmediğinden emin misin?'

Ben şaşkınlıktan ne diyeceğimi bilemezken, ermiş yaklaşarak hafifçe alnıma vurdu. Bu manyetik dokunuşla bir önceki yaşamımın tatlı anılarını canlandıran olağanüstü bir akım beynime yayıldı.

'Hatırlıyorum!' Sesim sevinçli hıçkırıklarla yarı boğuk çıkıyordu. 'Sen, benim gurum Babaji'sin. Geçmişin sahneleri zihnimde açıkça canlanıyor; son inkarnasyonumda yıllarımı geçirdiğim mağara bu!' Tarifi imkânsız anılarla kendimden geçerken gözyaşları içinde üstadın ayaklarına sarıldım.

---

[3] Babaji gerçekte 'Gangadhar' dedi. Lahiri Mahasaya'nın bir önceki hayatındaki adı. Gangadhar (kelime anlamı, 'Ganj'ı tutan, Ganj Nehri) Lord Shiva'nın isimlerinden biridir. Puranik efsaneye göre kutsal nehir Ganga gökten inmiştir. Yeryüzü onun alçalışının gücüne dayanacak kadar kuvvetli olmadığından Lord Shiva, Ganj'ın sularını örgülü saçlarının kıvrımlarıyla tutarak, suları oradan daha şefkatli bir akışla saldı ovalara. 'Gangadhar'ın metafiziksel anlamı: "Omurgadaki hayat akımı 'nehri' üzerine kontrol sahibi olan."

[4] "Sabbath (kutsal dinlenme günü) insan için yapıldı, insan sabbath için değil." (*Mark – Markos* 2:27.)

Himalayalar'da Bir Saray Materyalize Oluyor

'Otuz yıldan uzun bir süredir bana geri dönmeni bekledim.' Babaji'nin sesi göksel bir sevgiyle çınladı.

'Göçüp giderek, ölümün ardındaki hayatın fırtınalı dalgaları içinde kayboldun. Karmanın sihirli değneği sana dokundu ve gidip kayboldun! Sen beni gözden kaybetmene rağmen, ben seni asla gözden kaybetmedim! Seni ihtişam içindeki meleklerin süzüldüğü, parlayan astral denizlerde takip ettim. Karanlığın, fırtınanın, kargaşanın, ışığın içinden geçerken izledim seni. Tıpkı bir anne kuşun yavrusuna kanat germesi gibi. Embriyo olarak anne karnında yaşarken ve bebek olarak yeryüzüne geldiğinde gözlerim hep üzerindeydi. Çocukluğunda minik bedenini lotus pozisyonunda Ghurni kumlarına gömdüğünde, görünmez olarak oradaydım. Sabırla, her geçen ay, her geçen yıl, bu mükemmel günü bekleyerek sana göz kulak oldum. Şimdi artık yanımdasın! İşte, eskiden sevdiğin mağaran; onu her zaman temiz ve senin için hazır tuttum. Burada, senin Kalbini Tanrı ile doldurmak için her gün oturduğun kutsanmış *asana* battaniyen. İşte, sık sık senin için hazırladığım nektarı içtiğin tasın. Bak, bir gün gelip de ondan yine içebilesin diye pirinçten tası nasıl parlatıp muhafaza ettim! Canım, şimdi anlıyor musun beni?'

'Gurum, ne diyeceğimi bilmiyorum' diye kesik kesik mırıldandım. 'Kim, nerede böyle ölümsüz bir sevgiyi duymuş?' Ebedi hazineme, yaşamdaki ve ölümdeki guruma uzun uzun coşkuyla baktım.

'Lahiri, arınmaya ihtiyacın var. Bu kaptaki yağı iç ve nehrin kıyısında uzan.' Gülerek, hemen kavradım ki, Babaji'nin pratik bilgeliği her zaman el altında hazırdı.

Direktiflerine uydum. Buz gibi Himalaya gecesinin çökmekte olmasına rağmen, içimde ılık ve ferahlatan bir akım nabız gibi atmaya başladı. Hayret ettim. Acaba o bilinmeyen yağ mı bu kozmik ısıyı saçıyordu?

Acı rüzgârlar karanlıkta çığlık atarak etrafımı kamçılıyor, hiddetle meydan okuyordu. Gogash Nehri'nin soğuk dalgaları ara sıra kayaların kıyısında uzanan bedenimi yalamaktaydı. Yakında kaplanların kükremelerine rağmen kalbim korkudan tamamıyla özgürdü. İçimden yayılan ılık güç bana kesinlikle korunmakta olduğum inancını veriyordu. Saatler hızla geçti; geçmiş yaşamımın soğuk hatıraları, göksel gurumla yeniden birliğin şimdiki parlak motifleriyle örülmekteydi.

Issız düşlerim yaklaşan ayak sesleriyle kesildi. Bir el karanlıkta yavaşça ayağa kalkmama yardım ederek, bana kuru elbiseler uzattı.

'Gel, kardeşim' dedi, 'üstat seni bekliyor.' Beni ormanın içinden geçirdi. Patikanın kıvrıldığı bir yere vardığımızda karanlık gece aniden uzaktaki sürekli bir pırıltıyla aydınlanıverdi.

293

'Acaba güneş mi doğuyor?' diye sordum. 'Ama gece daha sona ermiş olamaz!'

Rehberim yumuşakça güldü:

'Gecenin yarısındayız. Karşıdaki, altın bir sarayın ışıltısı; bu akşam, burada, eşsiz Babaji tarafından materyalize edildi. Üstadımız şimdi bir arzunu tatmin ederek, seni böylece karmanın son bağından [5] azat ediyor. Muhteşem saray senin bu akşam *Kriya Yoga*'ya inisiye edilmene sahne olacak. Bak! Buradaki bütün kardeşlerin, sürgün hayatının sona erişine sevinerek, seni zafer şarkılarıyla selamlamak için bize katılıyor.'

Karşımızda göz kamaştıran altından büyük bir saray duruyordu. Sayısız değerli taşla süslü, gösterişli bahçeler arasındaki durgun havuzlarda yansıyan eşsiz, ihtişamlı bir manzaraydı! Yükselen kemerli geçitler zarafetle, büyük elmaslar, safirler ve yakutlarla işlenmişti. Yakutlarla kıpkırmızı ışıldayan giriş kapısında meleksi yüzlü insanlar dikiliyordu.

'Arkadaşımı takip ederek geniş bir salona girdim. Havaya tütsü ve gül kokuları saçılıyordu. Mat avizeler rengârenk bir parlaklığı gölgelemekteydi. Müritler küçük gruplar halinde içsel huzura gömülmüş olarak sessizce meditasyon pozisyonunda otururken hoş ilahiler söylüyorlardı. Coşkun bir sevinç bütün atmosfere yayılmaktaydı.

'Bu sarayın harikulade güzelliklerine doyasıya bak. Bu sadece senin onuruna yaratıldı.' Rehberim, hayret ifadelerime sempatiyle gülümsedi.

'Kardeşim' dedim, 'bu yapının güzelliği benim tahayyüllerimin sınırlarını aşıyor. Lütfen bana varoluşunun sırrını açıkla.'

'Seni memnuniyetle aydınlatacağım.' Koyu gözleri faziletle ışıldadı. 'Bu materyalizasyonun açıklanamayacak hiçbir yanı yok. Bütün kozmos Yaradan'ın yansıtılmış bir düşüncesidir. Uzayda yüzen ağır yerküresi Tanrı'nın bir düşüdür. Tıpkı insanın rüya (gördüğündeki) bilincinde bir yaradılışı, bütün varlıklarıyla zihninde harekete geçirip, canlandırması gibi Tanrı da her şeyi zihninden yaratmıştır. Tanrı yeryüzünü önce bir fikir olarak şekillendirdi. Onu canlandırdı. Böylece atomsal enerji ve sonra madde var oldu. Yeryüzünün atomlarını koordine ederek katı bir küresel forma soktu. Eğer istencini geri çekerse, bütün yerküre atomları enerjiye dönüşecektir. Atomsal enerji asıl kaynağına geri dönecektir: Tanrısal Bilince. Böylece yeryüzünün nesnelliği kaybolacaktır.

Bir rüyanın içeriği, rüya gören varlığın bilinçaltı düşüncesi tarafından maddeleşmiş halde tutulur. Bu bir arada tutan düşünce, uyanıklık halinde geri

---

[5] Karmik kanun her insan arzusunun eninde sonunda gerçekleşmesini gerektirir. Spiritüel olmayan arzular, insanı yeniden doğum çemberine bağlayan zincirlerdir.

Himalayalar'da Bir Saray Materyalize Oluyor

BABAJİ'NIN HİMALAYALAR'DAKİ MAĞARASI

Mahavatar Babaji'nin Ranikhet civarında zaman zaman yaşadığı mağara. Lahiri Mahasaya'nın torunu Ananda Mohan Lahiri (beyaz gömlekli) ve üç kişiyle birlikte.

çekildiğinde, rüyayla onun elementleri çözülürler. Bir insan gözlerini kapatır ve uyandığında hiçbir çaba sarf etmeden demateryalize ettiği düşsel bir evren yaratır. Yani Tanrı'nın orijinal örneğini izler. Aynı şekilde, kozmik bilincin içinde uyandığında da, kozmik bir rüya olan evreni kolayca demateryalize eder.

Her şeyi başaran sonsuz İstenç ile uyumlu olarak Babaji, doğaya ait (elementel) atomlara birleşmeleri ve herhangi bir formu oluşturmaları için kumanda edebilir. Bir anda yaratılan bu altın saray, yeryüzünün gerçek olduğu anlamda gerçektir. Aynen Tanrı'nın istencinin yerküreyi yarattığı ve O'nun istencinin dünyanın devamını sağladığı gibi Babaji de bu yapıyı zihninden yaratmıştır ve istenç gücüyle onun atomlarını bir arada tutmaktadır. Bu yapı amacına erdiğinde Babaji onu demateryalize edecek.'

Ben şaşkınlık içinde sessiz kalırken, rehberim eliyle havada bir yay çizerek sarayı işaret etti. 'Değerli taşlarla süslenmiş, ışıl ışıl yanan bu saray insan çabasıyla inşa edilmedi, altını ve değerli taşları zahmetle madenlerden çıkarılmadı. Buna rağmen sapasağlam karşımızda dikiliyor. Bu, insanoğlu için anıtsal bir meydan okuyuş;[6] kendini aşması için bir davettir. Her kim ki, kendini Babaji gibi Tanrı'nın oğlu olarak idrak ederse içindeki sınırsız güçleriyle istediği her amaca erişebilir. Herhangi bir taşın bünyesinde muazzam bir atomsal enerji gizlidir.[7] Bunun gibi en alçak seviyeden ölümlü bile İlahi'nin bir güç reaktörüdür.'

Ermiş yanımızda duran masanın üzerindeki, kulpları elmaslarla ışıldayan bir vazoyu eline aldı. 'Büyük gurumuz bu sarayı, serbest dolaşan sayısız kozmik ışınları dondurup katılaştırarak yarattı' diye devam etti. 'Bu vazoya ve elmaslara dokun, duyularının bütün sınavından geçeceklerdir.'

Vazoyu kontrol ettim, değerli taşları bir kralın koleksiyonuna layıktı. Ellerimi odanın parıldayan altından kalın duvarlarında gezdirdim. İçime derin bir tatmin duygusu yayıldı. Geçmiş yaşamlarımdan gizlice bilinçaltımda kalmış bir arzunun o anda tatmin edilmiş ve söndürülmüş olduğunu hissettim.

Asil yoldaşım beni gösterişli kemerler ve koridorlardan, bir imparatorun sarayı tarzında döşenmiş odalardan geçirdi. Muhteşem bir salona girdik. Ortasında göz kamaştıran ışıklar saçan değerli taşlarla kaplanmış, altın bir taht duruyordu. Orada lotus pozisyonunda, üstün Babaji oturuyordu. Ayaklarının dibinde, parlayan döşemeye diz çöktüm.

'Lahiri, altın saray rüyasının tadını çıkarıyor musun hâlâ?' Gurumun gözleri tıpkı tahtındaki safirler gibi parlıyordu. 'Uyan! Bütün dünyalık susuzluğun ebediyen giderilmek üzere.' Beni kutsayan bazı mistik kelimeler mırıldandı. 'Oğlum, doğrul. Seni Tanrı'nın saltanatına sokacak olan *Kriya Yoga*'ya inisiye ediyorum seni.'

Babaji elini kaldırdı, meyve ve çiçeklerle çevrili bir *homa* (adak) ateşi belirdi. İnsanı özgürlüğüne kavuşturan yoga tekniğini yanan bir mihrabın önünde kabul ettim.

Törenler sabahın ilk ışıklarıyla birlikte tamamlanmıştı. Vecit halimde, uyumak için bir ihtiyaç duymuyordum. Sarayın hazineler ve seçkin sanat objeleriyle dolu odalarında ve bahçelerinde dolaştım.

"Soğuk Himalaya güneşinde inanılmaz güzellikte parlayan saraya tekrar girerek üstadımı aradım. Hâlâ tahtındaydı etrafını müritler çevirmişti.

---

[6] "Bir mucize' nedir? O bir sitem, bir kınama; ima yoluyla insanoğlunu bir yergidir." *Edward Young - 'Night Thoughts'*

[7] Maddenin atomik yapısı teorisi Hintliler'in çok eski *Vaisesika* ve *Nyaya* risalelerinde izah edilmiştir. "Her atomun boşluğunun içinde engin dünyalar yatar, bir güneş ışınının içindeki zerreler kadar çeşit çeşit." - *Yoga Vasishtha*

Himalayalar'da Bir Saray Materyalize Oluyor

'Lahiri, acıkmışsındır... Gözlerini kapat.'

Gözlerimi tekrar açtığımda saray, bahçeleriyle birlikte kaybolmuştu. Şimdi hep birlikte, tam kaybolan sarayın bulunduğu çıplak yerde, kayalık mağaraların güneşle aydınlanmış girişleri yakınında oturuyorduk. Rehberimin, sarayın bir araya toplanmış atomlarının, yeniden düşünce olan özlerine serbest salınarak, demateryalize olacağına dair sözlerini hatırladım. Afallamış olmama rağmen güven içinde guruma baktım. Bu mucizeler gününde acaba şimdi sırada ne vardı?

'Sarayın yaradılış nedeni şimdi amacına ulaştı' diye açıkladı Babaji. Yerden bir çömlek alarak: 'Elini uzat, bunun içinden canının çektiği her türlü yiyeceği alabilirsin.'

Geniş, boş kaba dokundum; sıcak, tereyağlı *'luchi'*lerle, köri ve tatlılar belirdi. Ben yerken kabın hep dolu kaldığına dikkat ettim. Yemekten sonra su için etrafıma bakındım. Gurum tekrar önümdeki kabı işaret etti. Yiyecekler kaybolarak, içine su dolmuştu.

'Çok az sayıdaki ölümlü, Tanrı'nın saltanatının dünyalık tatminleri de kapsadığının farkındadır' dedi Babaji beni gözlerken. 'İlahi alem yeryüzüne doğru uzanır; ancak yeryüzü, tabiatı gereği yalancıdır. Gerçeğin özünü içermez.'

'Sevgili üstat, dün bana yeryüzüyle gökler arasındaki ilişkiyi sergiledin!' Kaybolmuş sarayın anısıyla gülümsedim. Eminim hiçbir basit yogi, Ruh'un gizemlerine bundan daha göz alıcı bir ortamda inisiye edilmemişti! Sükûnetle o anki manzarayla aradaki büyük tezata baktım. Çıplak toprak, gökten çatı, sığınak sağlayan ilkel mağaralar, hepsi etrafımdaki bu meleksi ermişler için doğal ve sade bir ev gibi görünüyordu.

O öğle sonrası, geçmiş hayatlarıma ait kavrayışlarla kutsanmış olarak battaniyemin üzerinde oturdum. Göksel gurum yaklaşarak, eliyle başıma dokundu. *Nirbikalpa samadhi* haline girip, yedi gün boyunca kesintisiz onun nurunun saadeti içinde kaldım. Kendini idrakin mertebelerinden geçerek gerçeğin ölümsüz diyarlarına daldım. Bütün yanıltıcı sınırlamalar tek tek yok oldu. Ruhum Kozmik Ruh'un mihrabında mükemmelliğe ulaşmıştı.

Sekizinci gün gurumun ayaklarına kapanarak daima yanında, bu kutsal el değmemiş kırlarda kalmama izin vermesi için yalvardım.

'Oğlum' dedi Babaji beni kucaklayarak, 'senin bu inkarnasyondaki rolünün halkın gözü önünde oynanması gerekiyor. Bu yaşamından önceki birçok yaşamını yalnız meditasyonla geçirerek kutsandın, şimdi insanların dünyasına karışmalısın.

'Benimle karşılaşmadan önce evlenmiş olup mütavazi bir şekilde aile ve iş sorumluluklarını yüklenmiş oluşunun ardında derin bir neden yatıyor. Bizim Himalayalar'daki gizli grubumuza katılma düşüncelerini bir yana bırakmalısın. Senin, ideal bir yogi aile reisi örneği olarak, şehrin kalabalığı arasında yaşaman gerekiyor.

'Şaşkınlık içindeki birçok insanın yardım feryatları Büyük Olan'ların kulağına ulaştı. Sen samimiyetle arayış içinde olan birçok insana *Kriya Yoga* vasıtasıyla spiritüel teselli getirmek üzere seçildin. Aile bağları ve ağır dünyevi görevlerle yüklenmiş milyonlarca insan, kendileri gibi bir aile babası olan senden yeni bir ilham alacaklar. Onları yönlendirmelisin. En yüksek yogik mertebeler bile aile hayatı yaşayan çoğunluklara men edilmemiştir. Dünyevi yaşamın ortasında bile yükümlülüklerini, kişisel bağımlılık ve nedenler olmadan içtenlikle yerine getiren bir yogi, kesinlikle aydınlanma yolunda ilerler.

'Her türlü karmik bağını içsel olarak artık kopardığın için artık dünyayı terk etme zorunluluğun yok. Bu dünyaya bağlanmadan, yine de onun içinde yaşamalısın. Önünde, vicdanının sesini dinleyerek aile, iş, vatandaşlık ve ruhsal görevlerini yerine getireceğin uzun yıllar var. Dünyevi insanların çorak kalplerinde göksel umudun yeni, tatlı bir nefesi canlanacak. Senin dengeli yaşamın sayesinde, kurtuluşun dışsal değil, içsel inzivaya çekilmeye bağlı olduğunu anlayacaklar.'

Gurumu yüksek Himalayalar'ın ıssızlığında dinlerken ailem, işim ve dünya ne kadar uzakta görünüyordu! Ancak, sözlerinde sarsılmaz bir gerçek vardı. Bu kutsal huzur içindeki limanı terk etmeye gönülsüzce razı oldum. Babaji bana, yoga sanatının gurudan müride aktarılışını belirleyen sıkı kurallar hakkında talimatlar verdi.

'*Kriya* anahtarını sadece ilerlemiş müritlere bahşet' dedi Babaji. 'Her şeyi Hakkı aramak uğruna feda edeceğine söz veren, hayatın son gizemlerini meditasyon bilimi vasıtasıyla çözebilmeye hazırdır.'

'Meleksi guru, kayıp *Kriya* sanatını yeniden diriltmekle insanlığa bir lütufta bulunurken bunun faydalarını, müritlik hakkındaki katı talepleri yumuşatarak daha da artırmamız mümkün mü?' diye rica ettim. 'Bana, başlangıçta tam içsel feragat sözü verebilecek kadar güçlü olmasalar bile samimiyetle arayış içinde olan herkese *Kriya*'yı vermek için rızanıza duacıyım. Dünyadaki ızdırap içindeki insanların özellikle cesaretlendirilmeye ihtiyaçları var. Eğer *Kriya* inisiyasyonu onlara kısıtlanırsa özgürlüğe giden yola asla girmeyebilirler.' [8]

---

[8] Bedensel, zihinsel ve ruhsal ızdırap ki, kendini hastalık, psikolojik dengesizlikler ya da

'Öyle olsun. Tanrı arzusunu senin sözlerinde dile getirdi. *Kriya*'yı senden tevazuyla yardım isteyen herkese ver' diye cevapladı lütfu bol gurum. [9]

"Bir müddet sessizlikten sonra Babaji ekledi: 'Her bir müridine Bhagawad-Gita'daki şu muhteşem deyişi tekrarla: [10] *Swalpamapyasya dharmasya trayate mahato bhayat.*' ('Bu *dharma*'nın -dini tören ya da doğru hareket- biraz uygulanması bile seni büyük korkudan -*mahato bhayat*- kurtaracak.') Yani, doğum ve ölüm döngüsünün sürekli olarak, tekrar ve tekrar beraberinde getirdiği ölçüsüz ıstıraptan.

Ertesi sabah vedalaşırken beni takdis etmesi için gurumun önünde diz çöktüğümde, ondan ayrılmaya olan gönülsüzlüğümü sezdi.

'Bizim için ayrılık yok, sevgili çocuğum' diyerek keyifle omuzumu sıvazladı. 'Nerede olursan ol, beni her ne zaman çağırırsan, o anda seninle birlikte olacağım.'

Bu olağanüstü vaatle teselli bulmuş ve yeniden kazandığım Tanrısal hazineyle zenginleşmiş olarak dağdan aşağı, yola koyuldum. Ofiste, on gündür Himalaya ormanlarında kaybolduğuma kanaat getirmiş olan iş arkadaşlarım tarafından sevinçle karşılandım. Çok geçmeden merkez bürodan bir mektup geldi.

'kompleksler' ve ruhsal cehalet şekillerinde açığa vurur.

[9] Başlangıçta Babaji Lahiri Mahasaya'ya sadece Kriya Yogayı diğerlerine öğretmesi için izin verdi. Yogavatar daha sonra, kendi birkaç müridine de *Kriya Yoga*'yı öğretme salahiyeti verilmesini rica etti. Babaji razı oldu ve gelecekte *Kriya*'nın, sadece, Lahiri Mahasaya tarafından yetki verilen, Kriya Yoga yolunda ilerlemiş yogiler veya Yogavatar'ın yetkili müritlerince saptanmış kanallar yoluyla öğretilebileceğini buyurdu. Aynı zamanda, kurala uygunlukla, otorite sahibi *Kriya* öğretmenlerince inisiye edilmiş olan bütün inançlı ve sadık *kriya* yogilerin spiritüel esenliğine ait sorumluluklarını şimdiki ve gelecek hayatlarında üstleneceğine şefkatle söz verdi.

Self-Realization Fellowship ve Hindistan Yogoda Satsanga Society'dek *Kriya Yoga* inisiyasyonlarında müritlerden *Kriya* tekniğini başkalarına açıklamayacakları konusunda bir teminat imzalamaları kesinlikle istenir. Bu yolla basit fakat doğru *Kriya* tekniği, tam yetki sahibi olmayan öğretmenlerin neden olacağı değişikliklerden ve sapmalardan korunarak, orijinal ve bozulmamış formunda kalır.

Münzeviliğe ait kısıtlamalardan, kitlelerin *Kriya Yoga*'dan istifade edebilmeleri için feragat eden Babaji, yine de Lahiri Mahasaya ve O'nun gurular zincirinin devamı olan herkesten, inisiyasyon isteyenlere *Kriya Yoga* alıştırmalarına başlangıç olarak, spiritüel eğitime hazırlayıcı bir periyod uygulamalarını istedi. Düzensiz bir spiritüel yaşamla *Kriya Yoga* gibi yüksek derecede ilerlemiş bir tekniğin uygulanması birbirine uymaz. *Kriya Yoga* sadece bir meditasyon tekniği değildir. Aynı zamanda bir yaşam biçimidir ve belli ruhsal disiplin ve talimatların kabulünü öngörür. Self-Realization Fellowship ve Yogoda Satsanga Society of India, (*Kendini İdrak Cemiyeti*) Babaji, Lahiri Mahasaya, Sri Yukteswar ve Paramahansa Yogananda tarafından belirlenmiş direktifleri sadakatle yerine getirmektedir. SRF - YSS derslerinde ve *Kriya Yoga*'ya ön alıştırma amacıyla, otorite verilmiş SRF - YSS temsilcilerince öğretilen *Hong-Sau* ve *Om* teknikleri, *Kriya Yoga* yolunun gerekli bir parçasıdır. Bu tekniklerin bilinci kendini idrak seviyesine yükseltmekte ve ruhu bağlarından kurtarmakta muazzam etkisi vardır.

[10] Bölüm II:40.

'Lahiri'nin bir an önce Danapur bürosuna dönmesi gerekiyor, atanması bir yanlışlık sonucu olmuştur. Ranikhet'teki görev için başka bir memurun gönderilmesi planlanmıştı' diye yazıyordu mektupta. Beni Hindistan'ın bu en ücra noktasına yönlendiren olayların ardındaki gizemli rüzgârları düşünerek gülümsedim.

Danapur'a dönmeden önce Moradabad'da[11] birkaç gün Bengalli bir aileye misafir oldum. Altı kişiden oluşan küçük bir arkadaş grubuyla bir araya geldik. Sohbeti ruhsal konulara getirdiğimde, ev sahibim sıkıntıyla yakındı:

'Ah, bugünlerde Hindistan'da artık ermiş filan kalmadı!'

'Babu' diye itiraz ettim, 'şüphesiz bu ülkede hâlâ büyük üstatlar var!'

Coşmuş bir şevkle, Himalayalar'daki mucizevi tecrübelerimi anlatma arzusu duydum. Küçük grup beni nezaketle ancak inanmayarak dinledi.

'Lahiri' dedi içlerinden biri beni yatıştırmak ister gibi, 'Yüksekerdeki ince dağ havası seni biraz yormuş. Bu bize anlattıkların ayakta rüya görmekten başka bir şey değil!'

Gerçeğin hevesiyle yanarak, hiç düşünmeden konuştum: 'Eğer çağırırsam, gurum hemen burada belirecek.'

Gözler ilgiyle parladı; grubun böyle bir fenomene şahit olma hevesi şaşırtıcı değildi. Yarı isteksiz, sakin bir oda göstererek, iki battaniye vermelerini rica ettim.

'Üstat eter içinden materyalize olacak' dedim. 'Sessizce kapının dışında durun, sizi birazdan çağıracağım.'

Meditasyon haline dalarak, tevazuyla gurumu çağırdım. Karanlık oda iç rahatlatıcı bir ışıkla doldu. Babaji'nin parlak figürü beliriverdi.

'Lahiri, beni böyle önemsiz bir şey için mi çağırıyorsun?' Üstadın bakışları ciddiydi. 'Gerçek, samimi arayış içinde olanlar içindir, aylak meraklılar için değil. İnsanın, gördüğü zaman inanması kolay; ruhsal arayışa gerek yok. Doğal materyalist şüpheciliklerini yenebilenler doğaüstü gerçeği keşfetmeye layıktırlar.' Ve ciddiyetle ekledi: 'Bırak, gideyim!'

Ayaklarına kapandım. 'Kutsal guru, hatamın büyüklüğünü anlıyorum; naçizane affınızı dilerim. Bu ruhsal açıdan körelmiş zihinlerde itikat uyandırmak amacıyla sizi çağırma cüretini gösterdim. Duam üzerine lütfedip göründüğünüze göre lütfen arkadaşlarımı takdis etmeden gitmeyin. İnançsız olmalarına rağmen, en azından tuhaf iddialarımın gerçekliğini araştırmakta istekliler.'

'Pekâlâ. Bir süre kalacağım. Sözlerinin arkadaşlarının önünde yalancı çıkmasını istemem.' Babaji'nin yüzü yumuşamıştı, fakat şunu da ekledi,

---

[11] Benares yakınlarında bir şehir.

'Bundan sonra oğlum, beni ne zaman çağırırsan değil, bana ne zaman ihtiyacın olursa geleceğim.' [12]

Kapıyı açtığımda küçük grupta gergin bir sessizlik meydana geldi. Arkadaşlarım sanki duyularına güvenmiyormuş gibi battaniyenin üzerinde oturan Babaji'nin nur saçan figürüne hayretle bakakalmışlardı.

'Bu bir kitle hipnozu!' diyerek içlerinden biri gürültüyle güldü. 'Bize görünmeden hiç kimsenin bu odaya girebilmiş olması mümkün değil!'

Babaji gülümseyerek doğruldu ve herkese tek tek ılık bedenine dokunmasını işaret etti. Şüpheler yok olduğunda, arkadaşlarım ürpertiyle karışık tövbelerle ayaklarına kapandılar.

'Helva hazırlansın.' Babaji'nin, arkadaşlarıma fiziksel gerçekliğine bir kanıt daha göstermek niyetiyle bu istekte bulunduğunu biliyordum. Helva pişerken, gurum keyifle sohbet ediyordu. Şüpheci arkadaşlarımın bir anda dönüşüme uğrayarak, iman sahibi olmaları görülmeye değerdi. Babaji helvayı yedikten sonra her birimizi tek tek kutsadı. Aniden bir parlamayla Babaji'nin bedeninin elementlerinin genişleyen, dumanlı bir ışığa dönüştüğüne tanık olduk. Üstadın Tanrı'ya yönelen istenç gücü, bedensel olarak bir arada tutulan eter atomlarını gevşeterek çözmüş, böylece o anda, trilyonlarca 'biotronik' kıvılcım, sonsuz kaynağına geri dönmüştü.

'Ölümün fatihini kendi gözlerimle gördüm!' Gruptan biri olan Maitra [13] saygıyla konuştu. Yüzü az önceki uyanışının sevinciyle başkalaşmıştı. 'Üstün guru tıpkı bir çocuğun sabun köpükleriyle oynaması gibi zaman ve mekânla oynadı. Yerin ve göğün anahtarını elinde bulunduran bir varlığı görebilme lütfuna eriştim.'

Çok geçmeden Danapur'a geri döndüm ve İlahi Ruh'un içinde sağlamca demir atmış olarak, yine bir ev sahibinin aile ve iş yükümlülüklerini üstlendim" diyerek hikâyesine son verdi Lahiri Mahasaya.

Lahiri Mahasaya Swami Kebalananda ve Sri Yukteswar'a, Babaji ile başka bir karşılaşmasının hikâyesini de anlatmıştı. Birçok kereler olduğu gibi üstün gurunun "Her ne zaman ihtiyacın olursa, geleceğim" sözünü de yerine

---

[12] Sonsuz'a giden yolda Lahiri Mahasaya gibi aydınlanmış üstatlar bile heves içinde bir taşkınlığa uğrayabilirler ve disipline maruz kalmaları gerekebilir. *Bhagawad-Gita*'da Krishna'nın müritlerin prensi Arjuna'yı azarladığı birçok pasaj vardır.

[13] Daha sonra Maitra Mahasaya diye bilinen adam, kendini idrak yolunda yüksek mertebelere erişti. Maitra Mahasaya ile üniversiteden mezuniyetimden kısa bir süre sonra karşılaştım; Benares'te, benim o zamanlar kaldığım Mahamandal Aşramı'nı ziyaret etmekteydi. Bana Moradabad'daki grubun önünde Babaji'nin materyalize oluşunu anlattı. "O mucizenin bir sonucu olarak" dedi Maitra Mahasaya, "ömür boyu Lahiri Mahasaya'nın müridi oldum."

getirişinin bir örneğidir. Lahiri Mahasaya'nın ağzından dinleyelim:

"Olay Allahabad'taki bir Kumbha Mela festivali esnasında cereyan etti. Büro işlerimden kısa bir soluk aldığımda oraya gitmiştim. Kutsal festivale katılmak üzere çok uzak mesafelerden gelen rahip ve sadhu'ların kalabalığı arasında geziniyorken vücudunu külle kaplamış, dilenen bir münzevi gördüm. İçimde adamın içsel bir lütuf olmaksızın, bir münzevinin dış sembollerine bürünmüş bir ikiyüzlü olduğu düşüncesi uyandı. Münzevinin yanından geçer geçmez, gözlerim hayretle Babaji'ye takıldı. Örgülü saçlı ermişin önünde diz çökmüştü.

'Guruji' diye aceleyle yanına vardım. 'Efendim, burada ne yapıyorsunuz?'

'Bu ermişin ayaklarını yıkıyorum, daha sonra da yemek kaplarını yıkayacağım.' Babaji tıpkı küçük bir çocuk gibi gülümsedi. Anladım ki, üstün ya da aşağı seviyeden olsun, Tanrı'yı eşit olarak her insanın bedensel tapınağı içinde görerek, hiç kimseyi eleştirmemi istemediğini ima ediyordu.

Büyük guru şunu da sözlerine ekledi. 'Bilge ve cahil sadhu'lara hizmet ederek, faziletlerin en büyüğünü öğreniyorum; Tanrı'yı her şeyin üzerinde hoşnut eden alçakgönüllülüğü.'" [14]

---

[14] "Gökteki ve yeryüzündeki şeyleri görmek için tevazu gösterdi." *Psalms - Zebur 113:6*. "Her kim ki kendini yükseltirse alçaltılacak ve kendini mütevazilikle alçaltan, yükseltilecek." *Matthew - Mata. 23:12*. Egoyu ya da sahte benliğini aşağılamak, kişinin ebedi kimliğini keşfetmesidir.

BÖLÜM 35

Lahiri Mahasaya'nın Mesih Yaşamı

"Doğru olan şeyi böylece yerine getirmek gerekir." [1] Vaftizci Hz. Yahya'dan kendisini vaftiz etmesini isterken Hz. İsa, bu sözleriyle gurusunun ilahi haklarını tanıyordu.

İncil'i bir Doğulu'nun perspektifinden [2] saygıyla inceleyerek ve sezgisel kavrayışımla Vaftizci Hz. Yahya'nın, eski yaşamlarında Hz. İsa'nın gurusu olduğuna kanaat getirdim. İncil'deki çok sayıda pasaj, Hz. Yahya ile Hz. İsa'nın, son inkarnasyonlarında Elijah (Hz. İlyas) ve onun müridi Elisha (Peygamber Yeşhaya) olduklarını ima etmekte. (Bunlar adlarının Tevrat'taki (Eski Ahit) yazılış şeklidir. Yunanlı tercümanlar adlarını Elias ve Eliseus diye yazdılar. İsimler İncil yani Yeni Ahit'te bu değiştirilmiş şekliyle anılmaktadır.)

Eski Ahit'in en son bölümü İlyas ile Yeşhaya'nın yeniden doğumlarına ait kehaneti içerir: "Bak, Yaradan'ın büyük ve tüyler ürpertici günü gelmeden önce sana peygamber Yeşhaya'yı yollayacağım. [3]" Böylece 'Tanrı'nın büyük günü gelmeden önce' gönderilen Hz. Yahya (İlyas), İsa'nın müjdecisi olarak ondan kısa bir süre önce doğmuştu. Babası Zekeriya'ya bir melek görünerek, doğacak oğlunun Hz. İlyas'tan başka biri olmadığına şehadet etmişti.

"Fakat melek ona dedi ki; korkma Zekeriya, duaların duyuldu ve eşin Elizabet sana bir oğlan çocuğu doğuracak ve adını Yahya koyacaksın. (...) Ve İsrailoğulları'nın çoğunu efendileri olan Tanrı'ya döndürecek o. Ve İlyas'*ın ruhu ve gücüyle* Tanrı'dan önce babaların kalplerini çocuklarına ve itaatsizleri Hak'kın faziletine çevirmeye gidecek, bir halkı Tanrı için hazırlamaya." [4]

---

[1] *Matthew - Mata 3:15.*

[2] Birçok İncil pasajı yeniden-doğum kanununun o zamanda anlaşılarak, kabul edildiğine değinmekte. Yeniden-doğum çemberi, insanlığın içinde bulunduğu değişik evrim mertebeleri hakkında, ego bilincinin hiç yoktan var olarak, değişken yaşam enerjisiyle 30 - 90 yıl yaşadıktan sonra tekrar geldiği boşluğa geri döndüğünü iddia eden yaygın teoriden daha akla yatkın bir açıklama sunmaktadır. Böyle bir boşluğun tasavvur olunamaz tabiatı ortaçağ alimlerinin severek uğraştığı bir problemdi.

[3] *Malachi - Malaki 4:5.*

[4] *Luke - Luka I: 13-17.*

Hz. İsa iki kez İlyas'ı Yahya olarak teşhis etmiştir: "İlyas çoktan geldi ve onlar onu tanıyamadılar... Sonra müritler anladılar ki, Hz. İsa Vaftizci Hz. Yahya'dan söz etmişti."[5] Hz. İsa tekrar şöyle der: "Yahya'ya kadar bütün peygamberler ve kanunlar kehanette bulundular ki, bu gelecek olan İlyas'tı."[6]

Hz. Yahya, İlyas[7] olduğunu inkâr ettiğinde, bu sefer büyük gurunun dışsal ihtişamıyla değil, Yahya'nın mütevazı kılığında geldiğini ima etmişti. Bir önceki yaşamında ihtişamının ve ruhsal saltanatının '*hırka*'sını müridi Yeşhaya'ya vermişti. "Ve Yeşhaya dedi ki: Senin ruhunun iki katını (bana) bahşetmen için duacıyım. Ve İlyas: Benden zor bir şey istedin; yine de, senden alındığımı görürsen, bu senin üzerine olacak (ruhumun zenginliği seninkine eklenecek) (...) ve O İlyas'ın düşen '*hırka*'sını aldı."[8]

Roller değişti. Çünkü İlyas -Yahya'nın şimdi artık ilahi olarak mükemmelleşen Yeşhaya- İsa'nın görünürdeki gurusu olmasına gerek kalmamıştı.

Hz. İsa dağda vecde girdiğinde Musa ile beraber gördüğü, gurusu Hz. İlyas'tı. Çarmıhta ıstırap çekerken şöyle bağırdı: "Eli, Eli, lama sabachthani?" Yani; Tanrım, Tanrım beni neden terk ettin? Orada bulunanların bazıları bunu duyduğunda, "Bu adam İlyas'ı çağırıyor" dediler. (...) "Bakalım, İlyas onu kurtarmaya gelecek mi?"[9]

Hz. Yahya ile Hz. İsa arasındaki zamanı aşan guru-mürit bağlantısı, Babaji ve Lahiri Mahasaya arasında da mevcuttu. Ölümsüz guru, sevgi ve ihtimamla salikinin iki yaşamı arasında akan derin sularda yüzmüş ve önce çocukluğunda, sonra da yetişkin adamlığında onun birbiri ardına adımlarına kılavuzluk etmişti. Babaji ancak müridi otuz üç yaşına geldiğinde, asla kopmamış olan bağlantıyı açıkça yeniden kurmak için zamanı uygun görmüştü.

Ranikhet yakınlarındaki kısa buluşmadan sonra benlik duygusundan uzak olan guru, sevgili müridini yanında tutmayarak, bir dünya misyonu için yolladı. "Oğlum, her ne zaman bana ihtiyacın olursa, geleceğim." Hangi ölümlü sevgili böyle bir sözün ebedi vaadini yerine getirebilir?

1861'de, Benares'in ücra bir köşesinde büyük bir spiritüel rönesans başladığında halkın bundan haberi yoktu. Tıpkı çiçeklerin kokusunun örtbas edilememesi gibi, ideal bir aile reisi olarak sükûnet içinde yaşayan Lahiri

---

[5] *Matthew - Mata 17:12-13.*

[6] *Matthew - Mata 11: 13-14.*

[7] *John - Yuhanna 1:21.*

[8] *II Kings - 2. Kırallar 2: 9-14.*

[9] *Matthew - Mata 27: 46-49.*

Mahasaya da, Tanrı vergisi ihtişamını gizli tutamadı. Hindistan'ın her tarafından gelen mürit-arılar aydınlanmış üstadın ilahi nektarını aramaya başladılar.

Bürodaki İngiliz müfettiş, sevecenlikle 'Vecd halindeki bey[10]' diye adlandırdığı memurundaki tuhaf transandantal değişimi ilk fark edenlerdendi.

Lahiri Mahasaya bir sabah işverenine sevecen bir sesle sordu:

"Efendim, kederli görünüyorsunuz. Bir probleminiz mi var?"

"İngiltere'deki karım hasta ve durumu kritik. Endişe içindeyim."

"Size ondan haber getireceğim."

Lahiri Mahasaya odadan çıkarak, tenha bir köşede bir müddet oturdu. Geri döndüğünde teselli edercesine gülümsüyordu.

"Eşinizin durumu düzeliyor; şu anda size bir mektup yazmakta." Her şeyi bilen yogi, yazılmakta olan mektuptan birkaç bölümü aktardı.

"Vecd halindeki bey, alelade bir insan olmadığınızı zaten biliyorum. Buna rağmen, istediğiniz anda zaman ve mekânı aşabileceğinize inanmakta zorluk çekiyorum!"

Önceden bildirilen mektup en sonunda geldi. Hayretler içindeki müfettiş, mektubun sadece karısının iyileşmekte olduğu haberini değil, aynı zamanda haftalar önce büyük üstadın harfi harfine bildirdiği cümleleri de içerdiğini gördü.

Eşi birkaç ay sonra Hindistan'a geldi. Lahiri Mahasaya ile karşılaştığında ona hürmetle baktı.

"Efendim" dedi, "aylar önce Londra'daki hasta yatağımda, ihtişamlı bir ışıkla halelenmiş olarak gördüğüm sizin formunuzdu. O anda tamamıyla şifaya kavuştum! Hemen ardından Hindistan'a yapacağım uzun gemi yolculuğuna çıkabilecek kadar iyileştim."

Her geçen gün üstün guru bir ya da iki iman sahibini Kriya Yoga'ya inisiye etti. Bu spiritüel görevlerle iş ve aile hayatı sorumluluklarının yanı sıra, büyük üstat şevkle eğitim konusuyla ilgilendi. Birçok öğrenim grupları kurarak, Benares'in Bengalitola semtinde büyük bir lise kurulmasında aktif bir rol oynadı. 'Gita toplantıları' diye anılan haftalık toplantılarında, Lahiri Mahasaya birçok hevesli gerçek arayıcısına kutsal yazıtları izah etti.

Bu çeşitli aktivitelerle Lahiri Mahasaya şu ortak soruyu cevaplamaya çalışıyordu: "İş ve sosyal görevleri yaparken, derin meditasyona ayıracak zaman nerede?" Büyük aile reisi-gurunun ahenk içindeki dengeli yaşamı binlerce insana ilham kaynağı oldu. Sadece mütevazı bir maaşla; tutumlu, gösterişsiz ve

---

10 Orijinal metinde 'ecstatic babu'. Buradaki Hintçe kökenli 'Babu' kelimesi Türkçe'deki 'bey' gibi isimlerin sonuna eklenen bir hitap tarzıdır. (Çev. Notu.)

herkese açık olan yaşamında üstat, disiplinli dünyalık yaşam yolunu doğallık ve mutluluk içinde sürdürdü.

En Üstün Olan'ın tahtına yükselmiş olmasına rağmen Lahiri Mahasaya, aralarında fark gözetmeksizin bütün insanlara hürmet gösterdi. Müritleri onu selamladığında, o da onların önlerinde eğilerek selamlardı. Üstat çocukça bir tevazuyla sık sık eğilerek diğerlerinin ayaklarına dokunur, guruyu böyle hürmetle eğilerek selamlamak eski bir Doğu geleneği olmasına rağmen, kendisinin bu şekilde onurlandırılmasına nadiren izin verirdi.

Lahiri Mahasaya'nın yaşamının dikkati çeken işaretlerinden biri de onun her dine mensup insanlara *Kriya* inisiyasyonunu bahşetmesiydi. Sadece Hindular değil, Müslüman ve Hıristiyanlar da ilerlemiş müritleri arasındaydı. Tek tanrılı ya da çoktanrılı, çeşitli inançlardan ya da imansız, bütün insanlar evrensel guru tarafından fark gözetmeksizin kabullenilip eğitildi. Onun yüksek mertebelere erişmiş müritlerinden biri, Abdul Gafoor Khan, bir Müslüman idi. Kendisi en yüksek *Brahmin* kastına dahil olan Lahiri Mahasaya, zamanının katı ve bağnaz kast sistemini kaldırmak için cesaretle çaba gösterdi. Üstadın her yerde hazır ve nazır kanatları altında her sınıftan, her yaşam biçiminden insanlar sığınak buldular. Tanrı tarafından esinlendirilmiş bütün diğer peygamberler gibi Lahiri Mahasaya da kast dışı olanlarla ezilmiş, toplum dışına itilmişlere yeni bir umut verdi.

Büyük guru mürilerine "Hiç kimseye ait olmadığınızı ve hiç kimsenin de size ait olmadığını hatırlayın. Bir gün aniden bu dünyadaki her şeyi bırakmak zorunda kalacağınızı düşünün. Bu yüzden Tanrı'yı bulmak için şimdi gayret gösterin" derdi. "Günbegün İlahi idrakin saltanatına yükselerek, ölümün gelecek astral seyahatine kendinizi hazırlayın. Yanılgı yüzünden kendinizi bir et ve kemik yığını olarak algılıyorsunuz. Bu beden problemlerinizin yuvasıdır.[11] Durmaksızın meditasyon yapın ki, kendinizi bir an önce her türlü ızdıraptan özgür Ebedi Öz olarak görebilesiniz. Beden içinde hapis olmaya son verin; Kriya'nın gizli anahtarını kullanarak firar edip, Ruh'a sığınmayı öğrenin."

Üstat çeşitli müritlerini, kendi din ve inanç yollarının geleneksel disiplinine bağlı kalmaları için cesaretlendirirdi. Kurtuluşun pratik bir tekniği olarak Kriya Yoga'nın, her şeyi içeren doğasını vurgulayan Lahiri Mahasaya müritlerine, hayatlarını çevre ve eğitimleriyle uyum içinde yaşamaları konusunda özgürlük verdi.

---

[11] 'Kaç çeşit ölüm gizli bu bedenin içinde! Orada ölümden başka bir şey yok.' - Martin Luther, *'Table - Talk.'*

LAHİRİ MAHASAYA
(1828-1895)

Yogavatar, "Yoga'nın inkarnasyonu"
Babaji'nin müridi, Sri Yukteswar'ın gurusu
Modern Hindistan'da antik Kriya Yoga bilimini yeniden canlandırdı.

"Bir Müslüman günde beş vakit *namazını* kılmalı" diye işaret etti üstat. "Bir Hindu günde defalarca meditasyona oturmalı. Bir Hıristiyan Tanrı'ya dua ederek ve sonra İncil'i okuyarak, günde defalarca diz çökmeli."

Yanılmayan bir sezgiyle guru, her birinin kendi doğal eğilimine göre, müritlerine *Bhakti* (iman), *Karma* (fiil), *Jana* (fazilet) veya *Raja* (kral yahut tam) *yoga* yollarında kılavuzluk etti. Üstat, rahipliğin biçimsel yoluna girmeyi arzulayan saliklerine izin vermekte acele etmeyip, onları daima, manastır yaşamının sıkı disiplinli kuralları üzerinde iyice düşünmeleri ve ondan sonra karar vermeleri için uyarırırdı.

Büyük guru öğrencilerine kutsal yazıtların teorik tartışmasından uzak durmalarını öğretti. "Bilge insan, kendini eski vahiyleri sadece okumaya değil, kavramaya verendir" derdi. "Bütün problemlerinizi meditasyon yoluyla çözünüz.[12] Hiçbir şey getirmeyen kuramsal düşünce tarzının yerine, hakiki Tanrısal birliği getiriniz.

"Zihninizi dini doğmaların sistematik incelenmesinin enkazından temizleyin; direkt kavrayışın taze ve şifalı sularıyla yıkayın. Kendinizi içsel aktif rehberliğe yöneltin; Göksel Ses'in, hayatın bütün ikilemlerine verecek cevabı vardır. İnsanın kendi başına dert açmaktaki maharetı sonsuz görünüyorsa da, Ebedi Yardım'ın kaynakları daha zengindir!"

Bir gün, üstadı *Bhagawad - Gita*'yı yorumlarken dinleyen bir grup mürit, onun her yerde var oluşuna tanık oldu. Titreşim halindeki bütün yaradılışın içindeki *Kutastha Chaitanya* ya da Mesih Bilinci'nin anlamını açıklıyorken Lahiri Mahasaya bir anda nefesi kesilerek haykırdı:

"Japonya kıyılarında birçok ruhun bedenleri içinde boğuluyorum!" Ertesi sabah müritler gazetede Japonya yakınlarında önceki gün gemileri batan çok sayıda insanın boğulduğuna dair bir haber okudular.

Uzakta yaşayan birçok müridi Lahiri Mahasaya'nın onları şefkatle kucaklayan varlığının farkındaydılar. Yakınında kalamayan saliklerine teselli edercesine "Ben daima *Kriya*yı uygulayanlarla beraberim" derdi. "Sizleri gitgide genişleyen spiritüel idrakiniz yoluyla Kozmik Ev'e yönelteceğim."

Büyük gurunun seçkin saliklerinden biri olan Sri Bhupendra Nath Sanyal[13], 1892'de genç bir çocukken, başından geçen şu olayı anlattı: Benares'e gidebilmesi mümkün olmadığı için; ruhsal talimat vermesi için üstada dua etmiş, Lahiri Mahasaya da rüyasında Bhupendra'ya belirerek ona *diksha*

---

[12] "Gerçeği meditasyonda ara, kalıplaşmış kitaplarda değil. Ayı bulmak için gökyüzüne bak, göle değil." - *Fars atasözü.*

[13] Sri Sanyal 1962'de öldü. (*Yayınlayanın Notu.*)

(inisiyasyon) vermiş. Çocuk daha sonra Benares'e gittiğinde gurudan *diksha* rica eder. "Seni bir rüyada çoktan inisiye ettim" diye cevap verir Lahiri Mahasaya.

Bir mürit dünyevi görevlerini ihmal ettiğinde, guru onu yumuşaklıkla düzelterek disipline ederdi.

"Bir öğrencisinin hatasını açıkça söylemeye zorlansa bile Lahiri Mahasaya'nın sözleri yumuşak ve şifa vericiydi" dedi Sri Yukteswar bir keresinde. Sonra pişmanlık duyarcasına ekledi: "Hiçbir mürit, hiçbir zaman onun iğneleyici sözlerinden kaçmak zorunda kalmadı." Gülmekten kendimi alamadım, ancak guruma samimiyetle güvence verdim ki, sert olsun olmasın, onun söylediği her söz kulaklarıma müzik gibi gelmekteydi.

Lahiri Mahasaya *Kriya*'yı büyük ihtimamla birbirini takip eden dört inisiyasyon derecesine ayırdı.[14] Daha yüksek üç tekniği, mürit ancak belli bir spiritüel gelişme gösterdikten sonra ona bahşederdi. Bir gün değerinin anlaşılamadığına kanaat getiren bir mürit memnuniyetsizliğini belirtti.

"Üstat" dedi "şimdi artık ikinci *Kriya* inisiyasyonuna hazırım." Aynı anda, açılan kapıdan tevazu sahibi bir mürit olan Brinda Bhagat girdi; kendisi Benaresli bir postacıydı.

"Brinda, yanıma otur." Büyük guru keyifle gülümsedi. "Söyle bana, ikinci *Kriya* için hazır mısın?"

Postacı ellerini yalvarırcasına kaldırarak, "Gurudeva" dedi korkuyla, "Lütfen, başka bir inisiyasyon vermeyin! Daha yüksek öğretileri nasıl hazmedebilirim? Bugün beni kutsamanızı ricaya geldim, çünkü birinci *Kriya* içimi öylesine bir ilahi sarhoşlukla doldurdu ki, mektupları dağıtamaz haldeyim!"

"Brinda şimdiden Ruh'un denizinde yüzüyor." Lahiri Mahasaya'nın bu sözleri üzerine diğer mürit kafasını öne eğdi.

"Üstat" dedi "hatayı aletlerinde arayan zavallı bir işçi olduğumu anlıyorum."

Basit ve tahsilsiz postacı daha sonraları içgörüsünü Kriya ile o kadar geliştirdi ki, Ruhani öğretmenler bile ara sıra kutsal metinlerin çapraşık noktalarında onun yorumuna başvurmaya başladılar. Günaha ve sözdizimine aynı derecede yabancı olan Brinda, tahsil görmüş âlimler çevresinde ün yaptı.

Lahiri Mahasaya'nın çok sayıdaki Benaresli müritlerinin yanında, yüzlercesi de Hindistan'ın uzak bölgelerinden gelirdi. Kendisi birçok kez Bengal'e seyahat ederek, iki oğlunun kayınbabalarını ziyaret etmişti. Böylece onun

---

[14] Kriya yoganın birçok dalları vardır. Lahiri Mahasaya bunlardan, en yüksek pratik değeri olan dört ana basamağı ayırt etti.

varlığıyla kutsanan Bengal'de küçük *Kriya* grupları oluştu. Özellikle Krishnanagar ve Bishnupur bölgelerindeki birçok göze batmayan mürit, ruhsal meditasyonun görünmez akımlarını günümüze kadar kuşaktan kuşağa aktardılar.

Lahiri Mahasaya'dan *Kriya* alan ermişlerin arasında Benaresli ünlü swami Bhaskarananda Saraswati ve yüksek mertebeli münzevi Balananda Brahmachari de vardır. Lahiri Mahasaya, Benares'ten Mihrace Iswari Narayan Sinha Bahapur'un oğluna özel öğretmenlik yaptı. Mihrace, üstadın spiritüel seviyesini fark ederek, oğlu gibi *Kriya* inisiyasyonu istedi. Onlarla birlikte, Mihrace Jatindra Mohan Thakur da *Kriya*'ya üstat tarafından inisiye edilmişti.

Lahiri Mahasaya'nın iş hayatında nüfuz sahibi olan birçok müridi, Kriya yogayı tanıtım yoluyla yaymak arzusundaydı. Guru razı olmadı. Bir mürit, Benares Sultanı'nın doktoru, üstadın adını 'Kashi Baba' olarak yaymak için organize bir çaba başlattı.[15] Guru bunu da yasakladı.

"Bırakın *Kriya* çiçeğinin kokusu doğal bir şekilde saçılsın," dedi. "Spiritüel olarak verimli kalplerin toprağında *Kriya*'nın tohumları mutlaka filizlenecek."

Büyük üstat, organizasyonlar gibi modern bir iletişim kanallarıyla ya da basın yoluyla misyonunu yaymaya pek itibar etmemesine rağmen, mesajının gücünün karşı koyulmaz bir sel gibi kabararak insan zihninin kıyılarını basacağını biliyordu. Müritlerinin dönüşüme uğratılarak saflığa ulaştırılmış yaşamları Kriya'nın ölümsüz canlılığının basit garantisiydi.

Ranikhet'teki inisiyasyonundan yirmi beş yıl sonra, 1886'da, Lahiri Mahasaya emekliye ayrıldı.[16] Artık gün boyunca da evde olduğundan, Müritler gitgide artan sayılarda onu ziyarete geldiler. Büyük guru artık zamanının çoğunda, durgun lotus pozisyonunda sessizlik içinde oturuyordu. Hatta bir gezinti veya evin diğer bölümlerini ziyaret için bile, küçük oturma odasından çok nadiren çıkıyordu. Neredeyse kesintisiz bir insan seli gurunun bir *darshanı* (kutsal görünüş) için gelip giderdi.

Lahiri Mahasaya'nın olağan fizyolojik hali; nefes alışverişinin durmuş olması, uyku uyumayışı, nabız ve kalp atışının oldukça düşmesi, saatlerce kıpırdamadan sabit kalan gözleri ve derin huzur aurası gibi insanüstü alametler gösteriyordu. Hiçbir ziyaretçi odayı ruhsal bir esin almaksızın terk etmedi; hepsi de gerçek bir Tanrı adamının sessiz takdisine nail olduklarını hissediyorlardı.

---

[15] Müritleri tarafından Lahiri Mahasaya'ya verilen diğer isimler şöyleydi: *Yogibar* (yogilerin en büyüğü), *Yogiraj* (yogilerin kralı) ve *Munibar* (ermişlerin en büyüğü). Ben *Yogavatar*'ı (yoganın inkarnasyonu) ekledim.

[16] Hükümetin bir dairesinde toplam otuz-beş yıl hizmet etmişti.

Üstat, müridi Panchanon Bhattacharya'ya Kalküta'da bir yoga merkezi (Arya Mission Institute) açması için izin verdi. Merkez, belli şifalı bitkilerden yapılan ilaçlar[17] dağıtarak, Bhagawad-Gita'nın ilk ucuz baskılarını yayınladı. *Arya Mission Gita*, Hindu ve Bengalce lisanlarında, kısa sürede binlerce aileye ulaştı.

Üstat, eski geleneğe uygun olarak genelde halka hastalıklara iyi gelmesi için *neem yağı*[18] verirdi. Guru bir müridinden yağı damıtmasını istediğinde, görev kolaylıkla yerine getirilirdi. Eğer bir başkası damıtmaya çalışırsa, zorlukla karşılaşır, yağı gerekli damıtma işleminden geçirdikten sonra, onun neredeyse tamamıyla buharlaşmış olduğunu görürdü. Üstadın takdisi açıkça gerekliydi.

Lahiri Mahasaya'nın Bengalce el yazısı ve imzası. Satırlar bir müride yazdığı mektuptan alındı. Büyük üstat Sanskritçe bir dizeyi yorumluyor: "Gözkapaklarının kırpışmadığı bir sükûnet haline erişen, *sambhabi mudra*'ya kavuşmuştur."[19]

(İmza-sol alt) "Sri Shyama Charan Deva Sharman."

Diğer birçok büyük peygamber gibi Lahiri Mahasaya da şahsen kitap yazmadı, ancak çoğu müridini kutsal yazıtlara ait kendi yorumlarıyla eğitti. Üstadın en büyük oğlu, sevgili arkadaşım Sri Ananda Mohan Lahiri şöyle yazıyordu:

"*Bhagawad-Gita* ve *Mahabharata Destanı*'nın diğer bölümlerinde birçok düğüm noktası (*vyas - kutas*) vardır. Bu düğüm noktalarını sorgusuz bırakırsak, okuduğumuz satırlarda sadece kolayca yanlış anlaşılabilen acayip mitolojik hikâyeler buluruz. Düğüm noktalarını açıklanmadan bıraktığımızda, Hindistan'ın insanüstü bir sabırla, binlerce yıllık deneyimin arayışından

---

[17] Hinduların tıbbi bilimsel araştırmaları *Ayur Veda*'dır. Vedik doktorlar çok hassas cerrahi aletler kullandılar, plastik ameliyat uyguladılar, zehirli gazların etkisini nasıl bertaraf edebileceklerini biliyorlardı. Sezaryen ve beyin ameliyatı yapıyorlardı ve ilaç yapımında büyük bilgi ve tecrübeye sahiptiler. Hipokrat (İ.Ö. 4. yy.) *Materia Medica* adlı kitabının büyük bir kısmını Hindu kaynaklardan almıştır.

[18] Doğu Hindistan *margosa* ağacı. (Bir leylak cinsi.) Tıbbi değeri şimdi Batı'da fark edildi. Buruk *neem* kabuğundan tonik ve tohumlarından yağ elde edilir. Meyvesi cüzzam ve diğer hastalıklara şifa verir.

[19] *Sambhabi mudra* 'bakışı iki kaşın ortasındaki noktaya dikmek' anlamındadır. Yogi belli bir zihinsel sükûta ulaştığında göz kapakları kırpışmaz, artık içsel dünyaya dalmıştır.

Bir *mudra* (sembol) genellikle ellerin ve parmakların törensel bir pozisyonuna işaret eder. Çoğu *mudralar* belli sinirleri etkileyerek sakinlik verir. Hindu risaleleri, *nadi'leri* (vücuttaki 72.000 sinir kanalı) ve onların zihinle bağlantılarını inceden inceye sınıflandırır. İbadet ve yogada uygulanan *mudralar* böyle bilimsel bir esasa dayanır. *Mudralar*'ın kusursuz bir lisanı aynı zamanda ikonografi ve Hindistan'ın ritüel danslarında görülür.

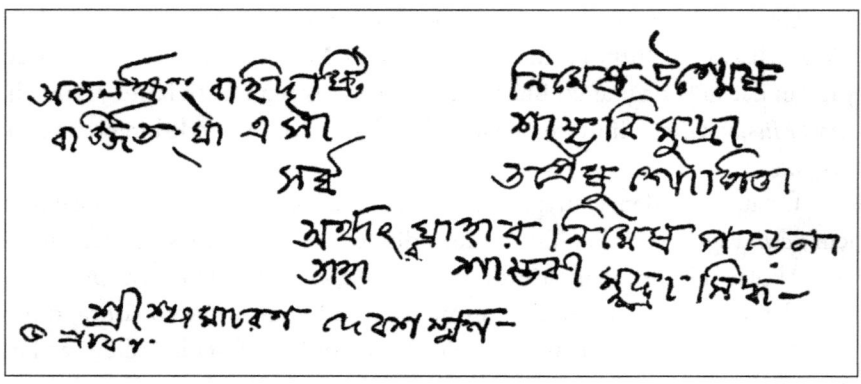

sonra edinip muhafaza ettiği bilimi kaybederiz.[20]

Lahiri Mahasaya alegorilerden uzak olarak, kutsal metinlerde muammalı sözlerle akıllıca üstü kapalı tutulan dinin bilimini gün ışığına çıkardı. Metinler artık sözlerin anlaşılmaz hilesi olmaktan kurtuldu ve Vedik ibadet kurallarının bilimsel bir anlam taşıdığı, üstat tarafından kanıtlandı.

İnsanların genellikle şeytani arzulara karşı aciz olduğunu biliyoruz. Fakat *Kriya Yoga* yoluyla insan, sürekli bir huzurla daha üstün bir bilince ulaştığında bu düşkünlüklere itibar etmez ve böylece bu arzular zayıflar. Burada, alçak tabiatın negatifliğinden sıyrılmayla büyük bir huzuru tecrübe etme aynı anda gerçekleşir. Böyle bir rota olmadan, sadece negatif olanı belirten ahlaki kuralların bize faydası yoktur.

Bütün fenomenal tezahürlerin ardında Sonsuz Gücün okyanusu yatar. Dünyalık aktivitelere olan hevesimiz, ruhsal şevk duygumuzu öldürür. Modern bilim bize doğanın güçlerini nasıl kullanabileceğimizi gösterdiğinden, bütün isim ve formların ardındaki Büyük Hayat'ı anlamaktan aciz kalırız. Doğayla yakınlığımız onun gizemlerine karşı bir saygısızlık doğurdu; onunla bağlantımız sadece iş icabı oldu. Bize hizmet etmesi için onu zorlayan yollar bularak doğayı kızdırıyoruz; enerjilerini kullanıyoruz ama asıl kaynak hâlâ bizden gizli kalıyor. Bilim alanında bizim doğayla ilişkimiz cahil bir adamla hizmetçisi arasındakine

[20] "Son zamanlarda İndus Vadisi'ndeki arkeolojik şehirlerde yapılan kazılarda çok sayıda tabletler ortaya çıkarılmıştır. M.Ö. 3000 yılına ait bu tabletlerde, şimdiki zamanda yoga sisteminde kullanılan meditatif pozisyonlarda oturmuş olarak gösterilen figürler, o zamanlar bile yoganın bazı ilkelerinin bilindiğini kanıtlamakta. Buradan pek mantıksız gelmeyen bir sonucu çıkarabiliriz ki, denenmiş metotların yardımıyla sistematik iç gözlem, Hindistan'da 5.000 yıldan beri uygulanmaktadır." - *Prof. W. Norman Brown*, "*Bulletin of The American Council of Learned Societies*", *Washington D.C.*

Hindu yazıtlarının beyanına göreyse yoga bilimi Hindistan'da on binlerce yıldır bilinmektedir.

benzer ya da felsefi bir ifadeyle doğa sorgu sandalyesinde oturan bir tutsak gibidir. Onu sorguya çekiyor, ona meydan okuyoruz ve onun gizli değerlerini ölçemeyecek olan insani terazilerle, tutanaklarını inceden inceye tartıyoruz.

Diğer yandan, eğer 'öz' yüksek bir güçle bağlantıda ise doğa, strese neden olmadan ve direnç göstermeden insanın isteğine itaat eder. Doğa üzerine çaba harcamadan olan egemenlik, bunu anlayamayan maddeci tarafından 'mucize' diye adlandırılır.

Lahiri Mahasaya'nın yaşamı, yoganın mistik bir uygulama olduğu konusundaki yanlış inancı değiştiren bir örnek sergiledi. Fiziksel bilimin sözde gerçeğine rağmen, her insan, *Kriya Yoga* yoluyla doğayla tam bağlantısını kavramak ve ister mistik ister gündelik gözüksün, bütün fenomenlere karşı spiritüel bir hürmet hissetmek için bir yol bulabilir. Şunu unutmamalıyız ki, binlerce yıl önce anlaşılamaz olan şeyler artık sır değildir. Maddenin sırları birkaç yıl sonra kural olarak anlaşılabilecek.

Kriya Yoga bilimi ebedidir. Matematik kadar gerçektir; toplama ve çıkarmanın basit kuralları gibi, Kriya'nın kuralları da her zaman geçerlidir. Matematiğe ait bütün kitapları yaksanız dahi mantıkla yönlendirilen insanlar böyle gerçekleri her zaman yeniden keşfedeceklerdir. Yoga üzerine bütün kitapları yasak edin; nerede saf imanlı ve saf bilgili bir ermiş ortaya çıksa, onun anıtsal kuralları orada yeniden ve yeniden vahyedilecektir."

Nasıl Babaji, avatarların en büyüklerinin arasında bir *Mahavatar* olarak ve Sri Yukteswar da bir *Jnanavatar* (bilginin inkarnasyonu) olarak adlandırılıyorsa Lahiri Mahasaya'da bir *Yogavatar* (yoganın inkarnasyonu) idi.[21]

Büyük üstat hem nitelik hem de nicelik standartları açısından toplumun spiritüel seviyesini yüceltti. Yakın müritlerini peygamberler seviyesine yükseltmekteki gücü ve gerçeği geniş kitlelere yayışı bakımından Lahiri Mahasaya insanlığın en büyük kurtarıcılarından biridir.

Peygamber olarak eşsizliği, onun yoga özgürlüğünün kapılarını bütün insanlara açarak, belli bir metodu (*Kriya*) pratik olarak vurgulamasında yatar. Kendi hayatının mucizeleri bir yana Yogavatar, yoganın çok eski çapraşıklıklarını, alelade kavrayışın sınırları içinde etkili bir sadeliğe dönüştürmesiyle kesinlikle mucizelerin doruğuna eriişti.

Lahiri Mahasaya mucizeleri kastederek sık sık şöyle derdi: "Genelde halk tarafından bilinmeyen suptil kanunların işleyişi, doğru muhakeme

---

[21] Sri Yukteswar, müridi Paramahansa Yogananda'dan ilahi sevginin bir inkarnasyonu olarak bahsetti. Vefatından sonra, en yakın müridi Rajarsi Janakananda (James J. Lynn) O'na gerçekten uygun olan *Premavatar* ya da 'sevginin inkarnasyonu' unvanını verdi. (*Yayınlayanın Notu.*)

PANCHANON BHATTACHARYA
Lahiri Mahasaya'nın müridi

edilmeden toplum önünde tartışılmamalı veya basında yayınlanmamalıdır." Eğer bu sayfalarda onun uyarı anlamındaki bu sözlerine itaatsizlik ediyormuş gibi görünüyorsam bu, üstadın bana içsel olarak rıza göstermesindendir. Ancak Babaji, Lahiri Mahasaya ve Sri Yukteswar'ın hayatlarını kaydederken bazı mucizevi hikâyeleri atlamanın doğru olacağını düşündüm. Bu hikâyeleri yazmam, çapraşık bir felsefi yorum ilave etmeden mümkün değildi.

Bir aile babası olarak Lahiri Mahasaya, günümüz dünyasının ihtiyaçlarına uyan pratik bir mesaj getirdi. Eski Hindistan'ın mükemmel ekonomik ve dini şartları bugün artık öyle değil. Bundan dolayı büyük üstat, elinde dilenci kabıyla gezgin bir ermiş olan eski yogi idealine uymaları için halkı teşvik etmedi. Daha ziyade yogiye, kendi hayatını kazanmanın, zaten geçim sıkıntısından ezilmiş bir toplumun desteğinden bağımsız olmanın ve evinin sükûneti içinde yoga pratiği yapmanın getireceği avantajları vurguladı. Lahiri Mahasaya bu tavsiyeye, kendi örnek yaşamının yüreklendiren gücünü ekledi. Onun yaşam tarzı, Babaji tarafından planlandığı gibi yeryüzünün her tarafındaki esinlenmiş yogiler için bir kılavuzdu.

Yeni insanlar için yeni umutlar! "İlahi birlik" diye beyan ediyordu Yogavatar, "kişinin kendi gayretiyle mümkündür. Dini inançlara ya da Kozmik bir Diktatör'ün keyfi arzusuna dayalı değildir."

Herhangi bir insanın ilahiliğine inanmakta zorluk çekenler, *Kriya* anahtarının kullanımıyla bizzat kendilerinin tanrısallığına ikna olacaklardır.

BÖLÜM 36

Babaji'nin Batı'ya Olan İlgisi

"Üstat, Babaji ile hiç karşılaştınız mı?"

Serampore'da sakin bir yaz akşamıydı; aşramın ikinci kat balkonunda Sri Yukteswar'ın yanında otururken, tropiklerin kocaman yıldızları başımızın üstünde ışıl ışıldı.

"Evet." Üstat sorum karşısında gülümsedi, gözleri hürmetle aydınlandı. "Üç kez ölümsüz gurunun suretini görmekle kutsandım. İlk karşılaşmamız Allahabad'daki bir *Kumbha Mela*'daydı."

Hindistan'da bilinmeyecek kadar eski zamanlardan beri kutlanan dini festivaller '*Kumbha Melalar*' diye bilinir. Bu festivaller milyonların spiritüel bir gayeyi sürekli göz önünde bulundurmasına hizmet eder. Milyonlarca inançlı Hindu, binlerce sadhu, swami, yogi ve her çeşit münzeviyle karşılaşmak için toplanır. Bunların çoğu, *mela*'lara [1] katılarak orada dünyalık insanlara takdislerini bahşetmenin dışında, ıssız yerlerdeki mağaralarını asla terk etmeyen ermişlerdir.

"Babaji ile karşılaştığım zamanlar henüz bir swami değildim. Fakat Lahiri Mahasaya'dan *Kriya* inisiyasyonunu almıştım. Üstat, 1894'ün ocak ayında Allahabad'da toplanacak olan *mela*'ya gitmem için beni cesaretlendirdi. Bu ilk *Kumbha* tecrübemdi. Kalabalığın tantanasından ve itişip kakışmasından başım dönmüştü. Aranarak etrafıma bakındım ama aydınlanmış yüzlü bir üstat göremedim. Ganj'ın kıyısındaki bir köprüden geçerken kenarda, dilenme kabını uzatmış bir tanıdık dikkatimi çekti.

Hayal kırıklığı içinde, 'Bu festival bir gürültü ve dilenci kargaşasından başka bir şey değil' diye düşündüm. 'Acaba, insanlığın pratik faydası için bilginin ufuklarını sabırla genişleten Batılı bilim adamları; Tanrı'yı, dindar olduklarını iddia eden, ancak aklı fikri sadakada olan başıboş aylaklardan, daha çok sevindirmiyorlar mı?'

Sosyal reform konusunda içimi yakan düşüncelerim, karşımda duran uzun boylu bir *sannyasi* tarafından kesildi.

---

[1] Bakınız, sayfa 385 dipnot.

'Efendim' dedi, 'sizi bir ermiş çağırıyor.'

'Hangi ermiş?'

'Gelip, kendiniz görün.'

Tereddüt ederek bu davete uydum. Az sonra kendimi, yapraklarının etrafındaki ilgi çeken müritlerini gölgelediği bir ağacın altında oturmuş bir gurunun yanında buldum. Parlak ve olağandışı bir figür olan üstat, ben yaklaştığımda ışıldayan koyu gözleriyle doğruldu ve beni kucakladı.

'Hoş geldin swamiji' dedi keyifle.

'Efendim, ben bir swami değilim.'

'Tanrı'nın bana swami unvanını bahşetme yetkisi verdiği insanlar onu asla geri çevirmezler.' Ermişin cevabı basitti ama gerçeğin derin inandırıcılığıyla çınlıyordu. İçimi anında spiritüel bir kutsallık dalgası kaplamıştı. Eski Manastır Düzeni'ne böyle birden terfi edilişime sevinerek,[2] beni bu şekilde şereflendiren insan formundaki bu büyük, meleksi varlığın ayaklarına eğildim.

Babaji -gerçekten oydu- bana ağacın altında, yanına oturmamı işaret etti. Genç ve güçlüydü. Lahiri Mahasaya'ya benziyordu. Ancak bu benzerlik, iki üstadın görünüş açısından olağanüstü benzerliği hakkında çok şey duymuş olmama rağmen, bende bir çağrışım yaratmadı. Babaji, bir insanın zihninde belli bir düşüncenin belirmesini önleyebilen bir güce sahipti. Büyük guru belli ki, onun kim olduğunu bilerek şaşırmamı önleyerek, huzurunda tamamıyla doğal olmamı arzulamıştı.

'*Kumbha mela* hakkında ne düşünüyorsun?'

'Büyük hayal kırıklığına uğradım, efendim' dedim. Fakat çabucak ekledim: 'Sizi görene kadar. Her nasılsa, ermişler ve bu velvele birbiriyle bağdaşmıyor.'

'Oğul' dedi üstat, ben apaçık onun iki katı yaşında olmama rağmen, 'çoğunun hataları yüzünden hepsini yargılama. Yeryüzünde her şey karışık bir karaktere sahiptir, tıpkı kum ve şeker karışımı gibi. Sadece şekere el atarak, kuma dokunmayan bilge karıncalar gibi ol. Buradaki çoğu sadhu'nun hâlâ yanılgı içinde gezinmesine rağmen *Kumbha mela*, yine de Tanrısal idraki olan birkaç kişi tarafından kutsanmaktadır.'

Bu yüce üstatla karşılaştıktan sonra onunla aynı fikirde olmam doğaldı elbette.

'Efendim' dedim, 'buradaki çoğu insandan çok daha akıllı olan, uzak Amerika ve Avrupa'daki bilim adamlarını düşünüyorum. Çeşitli inanç

---

[2] Sri Yukteswar daha sonra formal olarak, Bengal'de Buddh Gaya'nın '*mahant*'ı (manastır baş rahibi) tarafından Swami Düzeni'ne inisiye edildi.

tarzlarına sahipler ve bu gibi törenlerin gerçek değerinden haberdar değiller. Bu insanlar Hindistan'ın üstatlarıyla karşılaşmaktan büyük fayda görebilirler. Zekâ açısından yüksek başarılarına rağmen, çoğu Batılılar kokuşmuş maddeciliğe kapılmışlar. Diğerleri, bilim ve felsefede söz sahibi olanlar, dinlerin özündeki birliği fark edemiyorlar. Kendi dini inançları, onları bizden sonsuza dek ayıracak, aşılamayacak gibi görünen barikatlara hizmet ediyor.'

'Görüyorum ki, Doğu kadar Batı ile de ilgileniyorsun.' Babaji'nin yüzü tasvip eden bir anlamla aydınlandı. 'Kalbinin sancılarını hissettim, yüreğin bütün insanları bağrına basacak kadar geniş. Bu yüzden çağırdım seni. Doğu ile Batı, eylemle spiritüelliğin birleşmesinden oluşan orta bir yol bulmalı. Hindistan'ın maddi gelişme açısından Batı'dan öğreneceği çok şey var; buna karşılık Hindistan, Batı'nın dinsel inançlarına temel teşkil edebilecek yogik bilimin sarsılmaz esaslarını ona öğretebilir. Sen swamiji, Doğu ile Batı arasındaki yaklaşan bu değiş-tokuşta bir rol oynayacaksın. Birkaç yıl sonra sana yoganın Batı'da yayılması için eğitebileceğin bir mürit yollayacağım. Oradaki spiritüel arayış içinde olan insanların titreşimleri bana sel gibi ulaşmakta. Amerika ve Avrupa'da uyandırılmayı bekleyen potansiyel ermişler algılıyorum' dedi."

Hikâyenin bu noktasında Sri Yukteswar dönerek gözleriyle bakışlarımı yakaladı.

"Oğlum" dedi, parlak ay ışığında gülümseyerek, "Babaji'nin yıllar önce bana göndermeye söz verdiği mürit sensin."

Adımlarımı, Babaji'nin Sri Yukteswar'a yönlendirdiğini öğrendiğim için mutluydum. Yine de gurumu ve basit aşramının huzurunu terk ederek, Batı'da yaşamayı gözümde canlandırmak bana zor geldi.

"Daha sonra Babaji, bana Bhagawad-Gita'dan bahsetti. Çeşitli Gita bölümleri üzerine yazdığım yorumlar hakkında bilgisi olduğunu açıkça belirten, övgü dolu birkaç söz sarf etmesi beni hayrete düşürdü.

'Senden, swamiji, bir görev daha üstlenmeni istiyorum' dedi büyük üstat. 'Hıristiyan ve Hindu kutsal kitaplarının arasındaki uyum üzerine küçük bir kitap yazar mısın? İki dinin temeldeki birliği, insanlar arasındaki itikat farkları yüzünden şimdilerde karanlıklar altında kalmıştır. İlgili bölümlerin benzerliğini kıyaslayarak, Tanrı'nın esinlenmiş oğullarının aynı gerçekleri konuşmuş olduklarını göster.'

'Maharaj'[3] dedim çekinerek, 'ne büyük bir görev bu! Yerine getirebilecek miyim?'

---

[3] "Büyük kral" - Bir saygı unvanı.

Babaji'nin Batı'ya Olan İlgisi

Babaji gülümsedi. 'Oğlum, neden endişeleniyorsun? Bütün bunlar aslında Kimin işi ve bütün bu eylemleri Kim yerine getiriyor? Yaradan bana ne söylettiriyorsa, o gerçekleşmeye mecburdur.'

Kendimi ermişin takdisiyle güçlenmiş hissederek, kitabı yazmaya razı oldum. Ayrılma zamanının geldiğini hissederek gönülsüzce yapraklardan oluşan minderimden doğruldum.

'Lahiri'yi tanıyor musun?' diye sordu üstat. 'Büyük bir ruh değil mi? Ona karşılaşmamızdan bahset.' Daha sonra Lahiri Mahasaya'ya ulaştırmak üzere bir mesaj verdi.

Vedalaşırken tevazuyla önünde eğildiğimde ermiş şefkatle gülümsedi. 'Kitabın tamamlandığında seni ziyaret edeceğim' diye söz verdi. 'Şimdilik hoşça kal.'

Ertesi gün Allahabad'dan ayrılarak trenle Benares'e doğru yola koyuldum. Gurumun evine vardığımda, *Kumbha mela*'daki olağanüstü ermişin hikâyesini bir solukta anlattım.

'Oh, onu tanımadın mı?' Lahiri Mahasaya'nın gözleri kahkahalarla dans ediyordu. 'Görüyorum, o engel olduğu için tanıyamadın. O benim eşsiz gurum kutsal Babaji!'

'Babaji!' diye tekrarladım afallamış halde. 'Yogi-mesih Babaji! İstediği zaman görünen ya da görünmeyen Babaji! Ah, keşke zamanı geri döndürebilip, bir kez daha lotus ayaklarına kapanıp ona olan hürmetimi gösterebilseydim!'

'Üzülme' diye teselli etti Lahiri Mahasaya. 'Seni tekrar göreceğine söz vermiş.'

'Gurudeva, ilahi üstat size bir haber iletmemi istedi. Lahiri'ye söyle, bu yaşam için depolanmış enerji azalmakta, neredeyse tükenmek üzere dedi.'

Bu muammalı sözleri henüz tamamlamıştım ki, Lahiri Mahasaya'nın bedeni sanki yıldırım çarpmışçasına titredi. Bir an için etrafındaki her şey sessizliğe büründü; gülümseyen çehresi inanılmaz derecede ciddileşti. Loş bir tahta heykel gibi hareketsiz bedeninin rengi soldu. Şaşkınlıktan panik içindeydim. Bu neşeli ruhun böyle korkunç bir ciddiyete büründüğünü hayatımda hiç görmemiştim. Orada bulunan diğer müritler de kaygı içinde baktılar.

Sessizlik içinde üç saat geçti. Daha sonra Lahiri Mahasaya eski doğal, neşeli tavrına yeniden dönerek, her bir müritle keyif içinde sohbet etti. Herkes rahat bir nefes aldı.

Üstadımın reaksiyonundan anladım ki, Babaji'nin mesajı Lahiri Mahasaya'nın yakında bedenini terk edeceğine dair yanılmaz bir işaretti. Dehşet veren sessizliği içinde üstat, kendini anında kontrol altına alarak, maddi dünyayla olan son bağını kesmiş ve Ruh'un içinde ebediyen yaşayan kimliğine sığınmıştı. Babaji mesajıyla şunu da ima etmekteydi: 'Her zaman seninle birlikte olacağım.'

Babaji ve Lahiri Mahasaya'nın her şeyi bilmelerine ve birbirleriyle haberleşmek için ne bana ne de başka bir iletişim kanalına ihtiyaçları olmamasına rağmen, bu büyük ruhlar sık sık, insanlık dramında rol oynamaya tenezzül etmişlerdir. Zaman zaman kehanetlerini alışıldık yoldan, haberciler kanalıyla ileterek, sözlerinin gerçekleşmesiyle hikâyeyi öğrenen geniş insan çevrelerine daha büyük bir iman aşılarlar.

Çok geçmeden Benares'ten ayrılarak, Serampore'da Babaji'nin arzu ettiği kitabı yazmak için kolları sıvadım. Görevime henüz başlamıştım ki, ölümsüz guruya atfedilmek üzere bir şiir yazmaya esinlendirildim. Daha önce Sanskritçe şiir yazmak için hiçbir girişimde bulunmamış olmama rağmen, melodik dizeler, bir çaba göstermeme gerek kalmadan kalemimden döküldüler.

Gecelerin sessizliğinde İncil ve *Sanatan Dharma*[4] yazıtlarının karşılaştırılmasıyla meşgul oldum. Hz. İsa'nın hadislerini yorumlarken, onun öğretisinin, özünde *Vedalar*'ın vahiyleriyle bir olduğuna değindim. Kitabım, *The Holy Science*[5] (Kutsal Bilim) paramgurumun[6] takdisiyle kısa sürede tamamlandı.

Edebi gayretimi bitirdiğimin sabahı, Ganj'da yıkanmaya Rai Ghat'a gittim. Ghat tenhaydı; bir süre sessiz dikilerek güneşin tadını çıkardım. Pırıldayan suya bir kez daha dalıp çıktıktan sonra eve doğru yürüdüm. Sessizlikte tek duyduğum, ıslak elbiselerimin attığım her adımda çıkardığı sesti. Nehrin

---

[4] Kelime anlamı 'ebedi din', Vedik öğretilerin bütününe verilen isimdir. Sanatan Dharnma, Büyük İskender komutası altında Kuzey-Batı Hindistan'ı istila eden Yunanlılar, İndus kıyılarındaki halkı Indoos ya da 'Hindular' diye adlandırdıklarından, daha sonra Hinduizm diye bilindi. 'Hindular' kelimesi, asıl anlamında sadece Sanatan Dharma ya da Hinduizm'i takip edenleri içerir. Hintliler terimi eşit olarak Hindular, Müslümanlar ve Hindistan toprağında yaşayan diğer sakinler için kullanılır.

Hindistan'ın eski çağlardaki ismi 'Aryavarta'dır. (Aryanlar'ın ikamet yeri.) 'Arya'nın Sanskrit kökü, 'değerli, kutsal, asil'. Aryanlar'ın spiritüelden ziyade fizksel vasıflarını ifade eden etnolojik suistimal, büyük Oryantalist Max Müller'i şu sözleri söylemeye zorlamıştır: 'Bence bir Aryan ırkından, Aryan kanı, Aryan gözleri ve kanından bahseden bir etnolog en azından, bir linguistin uzun kafalı sözlükten (delichocephalic dictionary) ya da kısa kafalı gramerden (brachycephalic grammer) bahsetmesi kadar anlamsızdır.'

[5] Self - Realization Fellowship tarafından yayınlandı, Los Angeles, Kaliforniya.

[6] Paramguru kelimesi bir insanın gurusunun gurusunu ifade eder. Böylece Babaji Lahiri Mahasaya'nın gurusu ve Sri Yukteswar'ın paramgurusudur.

Mahavatar Babaji, içtenlikle Kriya Yoga uygulayan SRF - YSS üyelerinin spiritüel sorumluluğunu üstüne almış Hintli üstatlar zincirinin en üstün gurusudur.

Babaji'nin Batı'ya Olan İlgisi

kenarındaki geniş banyan ağacını geçtiğimde, güçlü bir dürtü beni geri bakmaya zorladı. Orada, banyan ağacının gölgesi altında, birkaç müridiyle çevrili olarak büyük Babaji oturmaktaydı!

'Selamlar swamiji!' Üstadın çınlayan güzel sesi beni rüya görmediğime ikna etti. 'Görüyorum, kitabını başarıyla tamamlamışsın. Sana söz verdiğim gibi teşekkür etmek için buradayım.'

Kalbim hızla çarparak, ayaklarına kapandım. 'Paramguruji,' dedim yakarırcasına, 'varlığınızla siz ve müritleriniz şu hemen yakındaki evimi onurlandırmayacak mısınız?'

Üstün guru teklifimi gülümseyerek geri çevirdi. 'Hayır, çocuğum biz ağaçların gölgesini seven insanlarız, burası oldukça rahat' dedi.

'Lütfen üstadım, bir müddet oyalanın!' diye rica ettim, 'Ben hemen gidip birşeyler getireceğim.' 7

Birkaç dakika sonra geri döndüğümde haşmetli banyan ağacı artık gölgesinde Babaji ile kutsal grubunu barındırmıyordu. Her tarafa baktım ama kalbimden biliyordum ki küçük grup eterik kanatlarını çoktan açmıştı.

Oldukça incinmiştim. 'Tekrar görüşsek bile Babaji ile konuşmayacağım' dedim kendi kendime. 'Böyle aniden gitmesi nezakete pek sığmıyor.' Bu tabii ki sevgiden gelen bir hiddetten başka bir şey değildi. Birkaç ay sonra Lahiri Mahasaya'yı Benares'te ziyaret ettim. Salona girdiğimde gurum beni gülümseyerek selamladı.

'Hoş geldin Yukteswar' dedi. 'Az önce odamın eşiğinde Babaji ile karşılaşmadın mı?'

'Hayır, neden?' diye cevap verdim şaşırarak.

'Gel buraya.' Lahiri Mahasaya hafifçe alnıma dokundu. O anda kapının yanında Babaji'nin mükemmel bir lotus gibi açan formunu gördüm.

Daha önce nasıl incindiğimi hatırlayarak önünde eğilmedim. Lahiri Mahasaya hayret içinde baktı.

Göksel guru uçsuz bucaksız bakışlarını bana dikmişti. 'Bana kızgınsın.'

'Efendim, neden olmayayım? Sihirli grubunuzla yoktan var oldunuz, sonra suptil havaya karışıp kayboldunuz.'

'Seni göreceğimi söyledim ama ne kadar kalacağımı söylemedim' diye şefkatle güldü Babaji. 'Heyecanla doluydun. Seni temin ederim ki, huzursuzluğunun rüzgârı beni yine etere geri sürükledi.'

Bu eleştirici açıklamayla anında ikna oldum. Önünde diz çöktüm. Üstün guru nezaketle omuzumu sıvazladı.

---

7 Hindistan'da guruya bir şey sunmamak saygısızlık olarak görülür.

'Oğul, daha çok meditasyon yapmalısın' dedi, 'Bakışın henüz kusursuz değil. Güneş ışığının ardında gizlenirken beni göremedin.' Babaji, ilahi bir flütü andıran sesiyle bu sözleri konuştuktan sonra kayboldu.

Bu, gurumu ziyaret için Benares'e son gidişlerimden biri oldu. Babaji'nin *Kumbha Mela*'da söylediği gibi Lahiri Mahasaya'nın aile reisi inkarnasyonu sona yaklaşıyordu. 1895 yazında sırtında bir çıban belirdi. Ameliyatla alınmasına karşı çıktı; bazı müritlerinin kötü karmalarını kendi bedeninde yakıyordu. En sonunda müritler çok ısrar ettiler; üstat üstü kapalı bir cevap verdi:

'Beden gitmek için bir neden bulmalı. Ne yapmak isterseniz, razı olacağım.'

Kısa bir süre sonra eşsiz guru Benares'te bedenini terk etti. Onu artık küçük salonunda aramama gerek yok. Yaşamımın her günü onun her yerde mevcut olan rehberliğiyle kutsanıyor."

Yıllar sonra Swami Keshabananda'nın [8] ağzından, Lahiri Mahasaya'nın vefatı hakkında harikulade hikâyeler dinledim.

"Gurum bedenini terk etmeden birkaç gün önce" diye anlattı Keshabananda, "Hardwar'daki aşramımda otururken önümde materyalize oldu.

'Bir an önce Benares'e gel' diyerek kayboldu. Aceleyle Benares'e yola çıktım. Gurumun evinde birçok mürit toplanmıştı. O gün [9] üstat saatlerce Gita'yı açıkladı, sonra bize basitçe şöyle dedi:

'Eve gidiyorum.'

Müritlerin çoğu keder içinde inlitilere boğuldu.

'Teselli olun. Tekrar dirileceğim.' Bu ifadeyle Lahiri Mahasaya yerinden doğrularak, bedenini üç kez döndürdükten sonra; kuzeye dönüp lotus pozisyonunda oturdu ve ihtişam ile *mahasamadhi*ye [10] girdi. Lahiri Mahasaya'nın mübarek bedeni, kutsal Ganj'ın kıyısındaki Manikarnika Ghat'ta eski törelere uygun, aile reisi törenleriyle yakıldı. Ertesi sabah saat 10'da, ben hâlâ Benares'te iken odam şiddetli bir ışıkla aydınlandı. Bir de ne göreyim! Karşımda Lahiri Mahasaya etten ve kemikten formuyla dikiliyordu. Aynen eski bedeni gibiydi. Tek fark daha genç ve daha parlak oluşuydu.

'Keshabananda' dedi 'benim. Yakılmış bedenimin dağılmış atomlarını yeniden şekle sokarak, bu formu dirilttim. Dünyadaki aile reisi görevim

---

[8] Keshabananda'nın aşramını ziyaretimden S. 390-393'de bahsedilmiştir.

[9] Lahiri Mahasaya 26 Eylül 1895'te bedenini terk etti. Bir kaç gün sonra 67. yaşına basmış olacaktı.

[10] Kendi etrafında üç kez dönüş ve sonra kuzeye dönüş, fiziksel beden için son saatin çalmak üzere olduğunu önceden bilen üstatlar tarafından kullanılan Vedik bir ritüelin fasılarıdır. Üstadın kozmik Om ile birleştiği son meditasyon, 'maha' yani 'büyük' samadhi diye adlandırılır.

artık tamamlandı; ancak dünyayı tamamen terk etmiyorum. Bundan sonra, Himalayalar'daki Babaji ile bir müddet beraber olacağım. Ve tabii kozmostaki Babaji ile de.'

Beni kutsayan birkaç kelimeyle kayboldu aşkın üstat. İçimi olağanüstü bir ilham doldurdu. Tıpkı Hz. İsa ve Kabir'i[11] fiziksel ölümlerinden sonra tekrar canlı formlarında gören müritler gibi Ruh'un içinde esinlenmiştim.

Hardwar'daki ıssız aşramıma döndüğümde beraberimde Lahiri Mahasaya'nın kutsal küllerinden bir parçayı da götürdüm. Onun zaman ve uzay kafesinden kaçtığını biliyordum; her yerde var olan kuş azat edilmişti. Yine de onun kutsal küllerini bir türbede muhafaza etmek bana teselli veriyordu."

Yeniden dirilmiş gurusunu görmekle kutsanan başka bir mürit de Panchanon Bhattacharya[12] idi. Onu Kalküta'daki evinde ziyaret ederek, üstatla geçirdiği uzun yılların hikâyesini zevkle dinledim. Son olarak bana yaşamındaki en mucizevi olayı anlattı.

"Burada, Kalküta'da" dedi Panchanon, "yakılışının ertesi günü sabah saat 10'da Lahiri Mahasaya yaşayan ihtişamı içinde önümde belirdi."

Swami Pranabananda da (iki bedenli ermiş) bana kendi göksel tecrübesine ait detaylar verdi. Ranchi Okulu'nu ziyareti esnasında şöyle anlattı:

"Lahiri Mahasaya bedenini terk etmeden birkaç gün önce, ondan bir an önce Benares'e gitmemi isteyen bir mektup aldım. Her nasılsa gecikerek hemen yola çıkamadım. Sabah saat 10'da Benares'e gitmeye hazırlanıyordum ki, gurumun aniden parlayan suretini odamda görünce içim coştu.

'Benares'e gitmek için neden acele ediyorsun?' dedi Lahiri Mahasaya gülümseyerek. 'Artık beni orada bulamayacaksın.'

---

[11] 16. yy.'ın büyük ermişi Kabir'in müritlerini Hindular ve Müslümanlar oluşturuyordu. Ölümünde müritleri cenaze törenlerinin usulü konusunda tartıştılar. Buna kızan üstat son uykusundan doğrularak kendi talimatlarını verdi. "Ölümlü bedenimin yarısı Müslüman törelerince gömülecek" dedi. "Diğer yarısı da Hindu töreleriyle yakılsın." Ve sonra kayboldu. Müritler bedenini örten kefeni kaldırdıklarında sadece demet demet çiçekler buldular. Bu çiçeklerin yarısı Müslümanlarca Maghar'da gömüldü; türbesi hala ziyaret edilmekte. Diğer kısmı Benares'te Hindu seramonileriyle yakıldı. Orada inşa edilen bir tapınak (*Kabir Cheura*) geniş hacı kitlelerini çekmektedir.

Gençliğinde, iki mürit Kabir'e gelerek mistik yolda ilerlemek için entelektüel rehberliğini istediler. Üstatın cevabı basitti:

"Yol uzaklığı önceden varsayar;
Eğer Hak yakında olsaydı,
O'nu aramak için yola ihtiyacın olmazdı.
Beni gerçekten güldürüyor,
Suyun içinde susuzluktan bitap bir balık duyunca!"

[12] Sayfa 311 ve 314'e bakınız. Panchanon, Deoghar - Bihar'da 17 hektarlık bir bahçe içinde, Lahiri Mahasaya'nın yağlıboya bir resmini bulunduran bir Shiva tapınağı yaptırdı. (*Yayınlayanın Notu*.)

Sözlerinin anlamını idrak ettiğimde, onu sadece bir vizyonda gördüğüme inanarak, ağladım.

Üstat teselliyle yaklaştı. 'Bak! Bedenime dokun' dedi. 'Her zamanki gibi yaşıyorum. Yakınma, ebediyen seninle birlikte değil miyim?'"

Bu üç üstadın dudaklarından harikulade bir gerçeğin hikâyesi dile gelmişti. Lahiri Mahasaya'nın bedeni alevlerde kül olduğunun ertesi günü saat 10'da dirilmiş, üstat gerçek fakat başkalaşmış bir bedende, her biri ayrı şehirlerde olan üç müridine birden görünmüştü.

"Ve bu kokuşmuşluktan ve ölümlülükten kurtulmuş olunduğunda, yazılı olan şu sözler gerçekleşecek: Ölüm zaferle yenildi. Ah ölüm, dikenin nerede? Ah mezar, zaferin nerede?" [13]

---

[13] *I Corinthians* – *1. Korintliler, 15: 54-55*. "Yaradan ölüyü dirilttiğinde, bunun neden inanılmaz birşey olduğunu düşünürsünüz?" *Acts* – Elçilerin İşleri, 26-8.

BÖLÜM 37

Amerika'ya Gidiyorum

"Amerika! Eminim bu insanlar Amerikalı!" İçsel ekranımdan Batılı çehrelerin [1] bir panoraması geçerken düşüncem buydu.

Ranchi Okulu'nun deposundaki tozlu kutuların arkasında derin meditasyona dalmıştım.[2] Çocuklarla geçirdiğim o yıllarda kendimle baş başa kalabileceğim bir yer bulabilmek çok zordu!

Vizyon devam etti; bana dikkatle bakan geniş bir insan kalabalığı, bilincimin sahnesinde resmigeçit yapıyordu. Deponun kapısı açıldı, her zamanki gibi genç çocuklardan biri saklandığım yeri keşfetmişti.

"Buraya gel Bimal!" diye neşeyle seslendim. "Yeni haberlerim var, Tanrı beni Amerika'ya çağırıyor!"

"Amerika'ya?" Çocuk sözlerimi öyle bir ses tonuyla tekrarladı ki, sanki 'aya gidiyorum' demiştim!

"Evet! Amerika'yı keşfetmeye gidiyorum, Kristof Kolomb gibi. Kolomb Hindistan'ı bulduğunu düşünmüştü, bu iki ülke arasında eminim karmik bir bağlantı var!"

Bimal aceleyle seğirtip odadan çıktı; çok geçmeden bütün okul iki ayaklı gazete sayesinde haberi duymuştu. Şaşkınlığa uğramış öğretmenleri toplayarak okulu onlara emanet ettim.

Lahiri Mahasaya'nın yoga ideallerini daima ileri taşıyacağınızı biliyorum" dedim. "Sizlere sık sık mektup yazacağım; Allah izin verirse bir gün geri döneceğim."

Ranchi'nin güneşli bahçelerine ve küçük yavrulara son bir bakış atarken gözlerim yaşardı. Yaşamımın belli bir dönemi sona ermişti; bundan sonra uzak ülkelerde yaşayacağımı biliyordum. Vizyonumdan birkaç saat sonra trenle Kalküta'ya doğru yola koyuldum. Ertesi gün, Amerika'daki Uluslararası Dini Liberaller

---

[1] Bu yüzlerin çoğuyla Amerika'da karşılaştım ve onları anında tanıdım.

[2] Self-Realization Fellowship'in (Yogoda Satsanga Society of India) o zamanki başkanı Sri Daya Mata 1995'te, Paramahansaji'nin bu vizyonu gördüğü Ranchi'deki deponun eskiden olduğu yerde inşa edilen Yogananda Dhyana Mandir'ı (Meditasyon Tapınağı) Yogananda'ya adadı. (*Yayınlayanın Notu.*)

Kongresi'ne Hindistan delegesi olarak katılmak için bir davet aldım. Kongre o yıl Amerikan Unitaryan Derneği[3] nezaretinde, Boston'da toplanıyordu.

Başım dönmüş vaziyette Serampore'da Sri Yukteswar'ı aradım.

"Guruji, az önce Amerika'daki dini bir kongreye davet edildim. Gitmeli miyim?"

"Sana bütün kapılar açık" diye üstat sade bir cevap verdi. "Ya şimdi ya da hiç!"

"Fakat efendim" dedim kederle, "halka hitap konusunda ne biliyorum ki? Nadiren söylev verdim ben, onlar da İngilizce değildi."

"İngilizce olsun ya da olmasın, yoga üzerine sözlerin Batı'da duyulacak."

Güldüm. "Sevgili guruji, Amerikalılar'ın Bengalce öğreneceklerini zannetmiyorum! Lütfen İngilizce lisanının engellerini aşabilmem için beni kutsayın."[4]

Babama planlarımı açtığımda kelimenin tam anlamıyla şoke oldu. Amerika ona çok çok uzak görünüyordu ve beni bir daha asla göremeyeceğinden korkuyordu.

"Nasıl gideceksin?" diye ciddiyetle sordu. "Masraflarını kim karşılayacak?" Bütün eğitimimi ve hayatımı severek finanse etmiş olduğundan, şüphesiz sorusunun beni mahcup ederek, seyahatten vazgeçmeme neden olabileceğini ummuştu.

"Tanrı'nın bütün ihtiyaçlarımı karşılayacağından eminim." Bu cevabım bana uzun süre önce ağabeyim Ananta'ya Agra'da verdiğim cevabı hatırlattı. Bir kurnazlık düşünmeyerek ekledim: "Baba, belki de Tanrı bana yardım etmeniz için sizi ikna edecek."

"Hayır, asla!" diye bana acınacak bir ifadeyle baktı.

Konuşmamızın ertesi günü, babam bana oldukça yüklü bir çek uzattığında tabi ki çok şaşırdım.

"Sana bu parayı baban olarak değil, Lahiri Mahasaya'nın sadık bir müridi olarak veriyorum. Git o halde, o uzaklardaki ülkede *Kriya Yoga*'nın ölümsüz öğretilerini yay."

Onun kendi kişisel arzularını çabucak bir kenara koyarak, böyle açıkça sergilediği fedakârlık ruhu bana derinden dokundu.

"Belki de bu hayatta bir kez daha karşılaşmayacağız." O yıllarda altmış yedi yaşında olan babam hüzünle konuştu.

---

[3] İng. "American Unitarian Association." Protestan kökenli bir Hıristiyan mezhebi derneği. (Çev. Notu.)

[4] Sri Yukteswar ile Bengalce konuşurduk.

Amerika'ya Gidiyorum

Bir sezgi hemen şöyle cevap vermeme yol açtı: "Eminim, Yaradan bizi bir kez daha bir araya getirecek."

Üstadımı ve doğduğum ülkeyi bırakarak Amerika'nın bilinmeyen kıyılarına gitmeye hazırlık yaparken en ufak bir ürküntü hissetmedim. 'Maddeci Batı' hakkında çok şey duymuştum, yüzyıllarca ermişlerin aurasına batıp çıkmış olan Hindistan'dan çok farklı bir ülkeydi.

"Batı'nın havasına dayanmak için Doğulu bir öğretmen, Himalaya soğuğunun sınavlarından daha çetin bir sınav vermeli!" diye düşündüm.

Bir sabah erken, öyle azimli bir kararla dua etmeye başladım ki, dua etmekten ölsem bile, Tanrı'nın sesini duyana kadar devam edecektim. Öğleyin bir doruk noktasına ulaştım, başım ızdırabımın basıncı altında sanki cendereden geçiriliyordu. İçimdeki elemi biraz daha derinleştirmek için bir kez daha feryat etsem, beynimin çatlayacağını hissediyordum.

O anda Gorpar Road'daki evimizin kapısı çalındı. Aşağı indiğimde bir münzevinin kısıtlı giysilerine sarınmış genç bir adam gördüm. Eve girdi.

"Bu Babaji olmalı!" diye düşünürken şaşkınlaşmıştım, çünkü karşımdaki genç Lahiri Mahasaya'ya benziyordu. Düşünceme cevap verdi. "Evet, ben Babaji'yim." Hindu dilinde melodik bir sesle konuşuyordu. "Göksel Baba'mız dualarını duydu. Sana şunları söylememi emrediyor: Gurunun direktiflerini takip et ve Amerika'ya git. Korkma, korunacaksın."

Üstattan coşkulu titreşimlerin yayıldığı bir sessizlikten sonra, Babaji yine konuştu: "*Kriya Yoga* mesajının Batı'da yayılması için seni seçen benim. Uzun yıllar önce gurun Sri Yukteswar ile Kumbha Mela'da karşılaştım; o zaman, eğitmesi için seni ona yollayacağımı söylemiştim."

Huzurunda, şahsına derin hürmetimden dolayı bir çekingenlik duyuyordum, dilim tutulmuştu. Beni Sri Yukteswar'a yönlendirdiğini kendi ağzından duymak beni fazlasıyla duygulandırmıştı. Ölümsüz gurunun ayaklarına kapanıp kaldım. Beni şefkatle doğrulttu. Bana hayatım hakkında birçok şey anlattıktan sonra, kişisel bazı direktifler vererek, birkaç gizli kehanette bulundu.

"Tanrı idrakinin bilimsel tekniği olan Kriya Yoga" dedi son olarak, "ergeç bütün ülkelerde yayılacak ve insanoğlunun 'Sonsuz Baba'yı kişisel ve aşkın kavrayışı yoluyla milletleri ahenk içine sokmaya yardım edecek."

Muhteşem bir güç yayan bakışlarıyla üstat, beni kozmik bilincinin bir kıvılcımıyla tutuşturdu.

"Eğer aniden göklerde
Binlerce güneş doğsaydı,
Tasavvur olunamayan ışınları

> Yeryüzünü sele boğsaydı,
> Bu ancak, o Kutsal Olan'ın
> İhtişamı ve parlaklığı olabilirdi!" [5]

Az sonra Babaji, "Arkamdan gelmeye yeltenme. İstesen de gelemezsin" diyerek kapıya doğru yürüdü.

"Lütfen Babaji, gitmeyin" tekrar ve tekrar seslendim, "beni de beraberinizde götürün!"

"Şimdi değil, başka bir zaman."

Duygularıma hâkim olamayarak, uyarısına aldırış etmedim. Onu izlemeye çalıştığımda ayaklarımın yere çakılı olduğunu fark ettim. Babaji kapıdan bir kez daha sevecenlikle baktı. Kutsamak için elini kaldırarak uzaklaştığında, gözlerimle özlem içinde onu takip ettim.

Birkaç dakika sonra ayaklarım serbestti. Oturup derin meditasyona dalarak, sadece dualarıma cevap verdiği için değil, aynı zamanda Babaji ile karşılaşmam yoluyla beni kutsadığı için Tanrı'ya, durmayan minnettarlığımı sundum. Üstadın çağlar kadar eski, ancak her zaman genç vücudunun dokunuşuyla bütün bedenim arınmış gibiydi. Onu görebilmek çok önceden beri içimde yanan bir arzuydu.

Babaji ile karşılaşmamdan şimdiye kadar hiç kimseye bahsetmedim. Olayı insani tecrübelerimin en kutsalı olarak kalbimde sakladım. Fakat bu otobiyografi okurlarının, eğer bu tecrübemi naklederlsem, Babaji'nin gerçekten var olduğuna inanmayı daha kolay kabul edeceklerini düşündüm. Bir ressama, modern Hindistan'ın peygamber-yogisinin gerçeğe uygun bir resmini çizmesi için yardımcı oldum.

Birleşik Devletler'e hareket edeceğim akşam Sri Yukteswar'ın huzurundaydım. "Hindular'ın arasında doğduğunu unut ve Amerikalılar'ın bütün yollarını da benimse. İki halkın en iyi taraflarını al" dedi kendine özgü sakin bilgeliğiyle. "Tanrı'nın bir çocuğu olarak kendine karşı her zaman dürüst ol. Yeryüzüne yayılmış çeşitli ırklar halinde yaşayan bütün kardeşlerini ara ve onların en iyi sıfatlarını varlığında birleştir."

Daha sonra beni kutsadı: "Tanrı'yı arayarak imanla sana gelen herkes yardım bulacak. Onlara baktığında gözlerinden yayılan spiritüel tesir, beyinlerine nüfuz ederek maddiyatçı alışkanlıklarını değiştirecek; onları daha derin bir Tanrı bilincine ulaştıracak." Gülümseyerek ekledi: "Senin samimi ruhları cezbetme yeteneğin çok güçlü. Nereye gidersen git, hatta yabancı

---

[5] *Bhagawad-Gita II:12* (Sir Arnold'un tercümesinden)

PARAMAHANSA YOGANANDA
1920'de Kalküta'da çektirdiği pasaport fotoğrafı

Bir Yoginin Otobiyografisi

ULUSLARARASI DİNİ LİBERALLER KONGRESİ

Sri Yogananda'nın Amerika'daki ilk konuşmasını yaptığı Boston-Massachusetts'de, Ekim 1920'de, Uluslararası Dini Liberaller Kongresi'ne katılan delegelerden birkaçı ile birlikte: (Soldan sağa) Rev. T.R. Williams, Prof. S. Ushigasaki, Rev. Jabez T. Sanderland, Sri Yogananda, ve Rev. C. W. Wendte.

topraklarda bile arkadaşlar bulacaksın."

Sri Yukteswar'ın kehanetleri daha sonra kanıtlandı. Amerika'ya yalnız geldim. Vardığımda tek bir arkadaşım yoktu ama orada ebedi ruhsal öğretileri kabul etmeye hazır binlerce arkadaş buldum.

Hindistan'ı 1920 yılının ağustosunda, Birinci Dünya Savaşı sona erdikten sonra Amerika'ya yola çıkan ilk yolcu gemisi olan *The City of Sparta* ile geride bıraktım. Biletimi ancak, pasaportumu alırken çıkan birçok zorluğun bazı mucizevi yollarla bertaraf edilmesinden sonra ayırtabilmiştim.

İki aylık gemi yolculuğu esnasında yolculardan biri Boston Kongresi'ne giden Hindistan delegesi olduğumu keşfetti.

"Swami Yogananda" dedi, adımı tuhaf bir şekilde telaffuz ederek, -daha sonraki yıllarda Amerikalılar'dan ismimin ilginç telaffuzlarını duyacaktım- "lütfen gelecek perşembe akşamı yolculara bir söylev veriniz. Sanıyorum 'Yaşam Mücadelesini Nasıl Vermek Gerekir' konusu üzerine bir konferans hepimizi esinlendirecektir."

Amerika'ya Gidiyorum

ALASKA YOLUNDA

Yoganandaji 1924'te kıtaboyu konferans turu esnasında, Alaska'ya doğru yol alan buharlı geminin kamarasında.

Eyvah! Bir de farkına vardım ki, perşembe günü benim kendi "yaşam mücadelemi" vermem gerekiyordu! Ümitsizce düşüncelerimi İngilizce vereceğim söylev için organize etmeye çalıştım. En sonunda bütün hazırlıkları boş verdim. Düşüncelerim tıpkı eyerlenmeye karşı koyan vahşi bir at gibi İngilizce gramer kurallarıyla herhangi bir işbirliği yapmayı reddediyordu. Üstadın daha önce vermiş olduğu teminatlara tamamıyla güvenerek, her nasılsa perşembe akşamı buharlı geminin salonunda dinleyicilerin karşısına çıktım. Topluluğun önünde dilim tutulmuş gibi dikilirken ağzımdan tek kelime bile çıkmadı. On dakika süren bir sabır sınavından sonra dinleyiciler bir çıkmazda olduğumu anlayarak gülmeye başladılar. Ama o andaki durumum benim için

BÜYÜK GURU 32 YIL İÇİNDE ŞAHSEN 100.000 KİŞİYİ YOGAYA İNİSİYE ETTİ

Yoganandaji 1924'te Denver-Kolorado'da yoga sınıfına rehberlik ederken. Yüzlerce şehirde, dünyanın en kalabalık yoga sınıflarına öğretmenlik yaptı. Paramahansa Yogananda, evde öğrenim dersleri ve kitaplar yazarak ve eski yogik idealler konusunda öğretmenler eğiterek, Mahavatar Babaji tarafından kendisine verilen bu büyük misyonun uzun süre devam etmesini sağladı.

PARAMAHANSA YOGANANDA LOS ANGELES'DA FİLARMONİK ODİTORYUMDA

The Los Angeles Times gazetesinin January 28, 1925'te yayınlanan nüshasından: "Filarmonik Oditoryum dün olağanüstü bir görüntüye sahne oldu: İlan edilen konuşmanın başlama zamanından bir saat önce tıncahınç dolan 3.000 kişilik salona binlerce kişi giremedi. Atraksiyon: Amerika Birleşik Devletleri'ni Tanrı'yı getirerek ele geçiren bir Hindu'nun, Swami Yogananda'nın Hıristiyanlar'a verdiği Hristiyanlık'ın esasları konulu ders."

Bir Yoginin Otobiyografisi

Sri Yogananda cömert öğrencilerinin yardımıyla Mt. Washington Malikâneleri'ni 1925'te satın aldı. Tapu işlemleri daha tamamlanmadan ilk toplantısını; Paskalya gündoğumu ayinini, kısa bir süre sonra kuruluşunun genel merkezi olacak binanın bahçesinde yaptı.

pek komik değildi. Dargınlıkla üstadıma sessiz bir dua yolladım.

"Konuşabilirsin! Konuş!" Sesi o anda bilincimde yankılandı.

Düşüncelerim bir anda İngilizce ile uzlaştı. Kırk beş dakika sonra dinleyiciler beni hâlâ pürdikkat dinliyorlardı. Yaptığım konuşma daha sonra Amerika'da çeşitli gruplar önünde konuşmam için birçok davet almama neden oldu.

Daha sonra, konuşmamın bir tek kelimesini bile hatırlayamadım. Ağzından laf aldığım birçok yolcudan öğrendim ki, coşkulu ve kusursuz bir İngilizce ile esinlendirici bir söylev vermiştim. Bu sevindirici haber üzerine, zaman ve uzayın bütün engellerini hiçe sayarak her zaman benimle beraber olduğunu bir kez daha idrak ettiğim guruma, tam zamanında gelen yardımı için alçakgönüllülükle teşekkür ettim.

Hâlâ da ara sıra, okyanus seyahatinin kalan zamanı boyunca, Boston Kongresi'nde vereceğim İngilizce söylev düşüncesi bana endişe dolu sancılar verdi.

"Ya Rabbim" diye dua ettim kalbimden, "lütfen temel esin kaynağım sen ol."

The City of Sparta eylül sonlarına doğru Boston'a demir attı. 6 Ekim 1920'de kongre önünde Amerika'daki ilk konuşmamı yaptım. Büyük ilgi gördü, sonunda rahat bir nefes aldım! Amerikan Unitaryan Derneği'nin

Amerika'ya Gidiyorum

Paramahansa Yogananda George Washington'un mezarına çelenk koyarken. Mt. Vernon, Virginia, 22 Şubat 1927.

sekreterliği kongre üzerine yazdığı bir makalede[6] şu yorumu yapıyordu:

"Swami Yogananda, Ranchi Brahmacharya Aşramı'nın delegesi, kongreye kendi cemiyetinden selamlar getirdi. Akıcı İngilizce ve güçlü hitap yeteneğiyle 'Dinin Bilimi' üzerine felsefi karakterde bir söylev verdi. Konuşmasının metni dağıtılmak üzere küçük bir kitapçık halinde basıldı. 'Din' diyordu Yogananda, 'evrenseldir ve tektir. Belli gelenek ve âdetleri evrenselleştirebilmemiz mümkün olmayabilir, ancak dindeki ortak unsur evrenselleştirilebilir ve herkes onu takip edip, ona uyabilir."

Babamın cömert çeki sayesinde, kongre sona erdikten sonra Amerika'da kalabildim. Sonraki üç mutlu yıl Boston'da mütevazi bir şekilde geçti. Halka

[6] *New Pilgrimages of the Spirit* - Ruhun Yeni Hac Yolculukları. (*Boston: Beachon Press, 1921.*).

PARAMAHANSA YOGANANDA BEYAZ SARAY'DA

Paramahansa Yogananda ve Bay John Balfour, Başkan Calvin Coolidge'in (arkadaki pencereden dışarı bakan) davetinden sonra Beyaz Saray'dan ayrılırken.

Washington Herald'ın 25 Ocak 1927 tarihli bir haberi şöyle: "Swami Yogananda, kendisi hakkında basında çıkan haberleri sık sık gördüğünü belirten Bay Coolidge tarafından içtenlikle karşılandı. Bu, Hindistan'ın tarihinde bir swami'nin ABD Başkanı tarafından ilk kez resmi olarak kabul edilişidir."

açık konuşmalar yaptım, dersler verdim ve bir şiir kitabı yazdım: *The Songs of the Soul.* (Ruhun Şarkıları.) Kitabın önsözü New York Şehir Koleji'nin başkanı Dr. Frederick B. Robinson tarafından yazıldı.[7]

1924'te bir Amerika turuna başlayarak, büyük şehirlerin çoğunda binlerce kişi önünde konferanslar verdim. Tatil yapmak için, Seattle'dan güzel Alaska'ya doğru gemiyle yolculuğa çıktım.

Yüce gönüllü öğrencilerin yardımıyla 1925'te Los Angeles'taki Mount Washington sırtlarında bir Amerikan Merkez Bürosu kurdum. Bina, yıllar önce Kashmir'deki vizyonumda gördüğüm binaydı. Sri Yukteswar'a uzak Amerika'daki bu faaliyetlere ait fotoğrafları yollamak için acele ettim. Bengalce bir kartpostalla cevap verdi:

---

[7] Dr. Robinson ve eşi 1939'da Hindistan'ı ziyaret ederek, bir Yogoda Satsanga toplantısına onur konuğu oldular.

Amerika'ya Gidiyorum

11 Ağustos, 1926

Kalbimin çocuğu Yoganandä,
Okulunun ve öğrencilerinin fotoğraflarına bakarken hayatımı dolduran sevinci kelimelerle ifade etmem imkansız. Çeşitli şehirlerdeki yoga öğrencilerini görerek sevinç içinde eriyorum.
Senin, ilahilerle doğruları metotlarını, şifa veren titreşim ve dualarını duydukça sana kalbimden teşekkür etmekten kendimi alamıyorum.
Mount Washington Merkezi'nin kapısına, kıvrılarak tepeye doğru çıkan yola ve aşağısındaki harikulade manzaraya bakınca, bütün bunları kendi gözlerimle görmek için can atıyorum.
Burada her şey yolunda gidiyor. Tanrı'nın lütfuyla her zaman saadet içinde olasın.
SR. YUKTESWAR GİRİ

Yıllar hızla akıp gitti. Yeni ülkemin her bir tarafında konferanslar vererek, yüzlerce kulüpte, kolejde ve kilisede her sınıftan insana hitap ettim. 1920 ile 1930 yılları arasında yoga kurslarıma on binlerce Amerikalı katıldı. Onlara Amelita Galli Curci[8] hanımefendinin önsözünü yazdığı, dua ve ruh düşüncelerini içeren yeni bir kitabımı adadım: *Whispers From Eternity.* (Ebediyetten Fısıltılar.)

Bazen, genellikle Self-Realization Fellowship'in (Kendini İdrak Cemiyeti) ana merkezi Mount Washington'un masraflarına ait faturalar dağ gibi yığıldığında, Hindistan'ın basit huzurunu özlemle aradım. Fakat Doğu ile Batı arasında her gün büyüyen anlayışı görmek ruhumu sevinçle doldurmaktaydı.

'Ülkesinin babası' George Washington, -kendisi birçok fırsatta ilahi olarak yönlendirildiğini hissetmiştir- veda konuşmasında Amerika'nın ruhsal esini için şu sözleri söylemiştir:

"İnsanlığa daima yüce bir hukuk ve hayırseverlik tarafından yönetilen özgür, aydınlanmış bir millet örneği olmamız, verilen çabalara değer. Zamanın ve olayların gidişatı içerisinde, böyle bir planın meyvelerinin, ona sarsılmaz bir bağlılık yoluyla kaybedilebilecek olan diğer geçici avantajları fazlasıyla telafi edeceğinden kim şüphe edebilir? Bir milletin sürekli mutluluğuyla onun faziletleri, İlahi Takdir tarafından birbirine bağlıdır."

WALT WHITMANN'IN AMERİKA'YA ÖVGÜSÜ
("Thou Mother with Thy Equal Brood"[9] dan alıntı)

"Geleceğinle,
Geniş, sağlıklı ailenle - ahlakın ve ruhani sporculuğun;

---

[8] Zamanın çok meşhur bir opera sanatçısı ve yoga öğrencisi. Orijinal metinde, İngilizce bir terim olarak kullanılan "Madam" bayanlara saygılı bir hitap tarzıdır.

[9] 'Eşit Çocuklu Anne'ye.

Meksika Cumhurbaşkanı Ekselansları Emilio Portes Gil Meksika'nın başkenti Meksiko'yu 1929 yılında ziyaret eden Sri Yogananda'ya ev sahipliği yaptı.

Pramahansaji 1929 yılında Meksika'da Xochimilco Gölü'ndeki bir kayıkta meditasyon yaparken.

Güneyde, kuzeyde, doğu ve batıda.
Övgüye değer maddesel uygarlığını da aşan,
Her şeyi saran tapınışınla;
Tek bir İncil, tek bir kurtarıcı değil,
Bağrında saklı, eşit ve herkes kadar ilahi olan
Sayısız bilgelerinle…
Bunların! Bunların kehanetinde buluruyorum bugün,
Gelecek o günler kesinlikle."

BÖLÜM 38

Luther Burbank - Güller Arasında Bir Ermiş

"Gelişkin bitki yetiştirmenin sırrı, bilimsel bilginin dışında, sevgidir." Luther Burbank, onunla beraber Kaliforniya-Santa Rosa'daki bahçesinde gezinirken, bu bilgelikten bahsetti. Yenilebilen cinsten bir kaktüsün yanında durduk.

"Dikensiz kaktüs yetiştirmek için deneyler yürütürken, bir sevgi kıvılcımı yaratmak amacıyla sık sık bitkilerle konuştum. 'Korkmak için hiçbir neden yok,' derdim onlara, 'kendinizi savunmanız için dikenlere ihtiyacınız yok, ben sizi koruyacağım.' Zamanla, çöllerin faydalı bitkisi dikensiz bir tür olarak büyümeye başladı."

Bu mucize beni büyülemişti. "Lütfen, sevgili Luther, bana Mount Washington'da dikmek üzere birkaç kaktüs yaprağı verir misin?"

Yakınımızdaki bir bahçıvan birkaç yaprak koparmaya yeltendi; ancak Burbank onu durdurdu.

"Swami için yaprakları ben kendim toplayacağım." Bana uzattığı üç yaprağı daha sonra diktim. Kaktüslerin büyüyüp kocaman oluşlarını seyretmek bana özel bir haz verdi.

Büyük bahçıvanın anlattığına göre, onun ilk dikkate değer başarısı, şimdi kendi adıyla bilinen iri patatesti. Bir dâhinin yorulmak bilmezliğiyle, bitkileri çaprazlayarak ıslah yoluyla dünyaya yüzlerce gelişkin tür sunmaya devam etti: yeni Burbank domatesi, mısır, kabak, kiraz, erik, şeftali, böğürtlen, gelincik, zambak ve gül.

Luther bana, doğal evrimin nasıl gözle görülür bir şekilde hızlandırılabileceğinin kanıtı olan ünlü ceviz ağacını gösterdiğinde fotoğraflarını çektim.

"Sadece 16 yılda," dedi, "bu ceviz ağacı bol bol yemiş verecek hale geldi. Yardımsız doğal bir gelişmeyle bu hale gelmesi için, bunun iki katı zamana ihtiyacı olacaktı."

Burbank'ın evlatlık edindiği küçük kızı, köpeğiyle koşarak geldi.

"O benim insan-bitkim." Luther keyifle kızına el salladı. "Şimdi insanlığı sadece sevgiden başka bir şeye ihtiyacı olmayan büyük bir bitki olarak görüyorum. Tabi ki insanlık en yüksek ideallerine ulaşması için, açık havada yaşamanın doğal takdisine, doğa tarafından zekice çaprazlama ve ayıklanmaya da gerek duymakta. Kendi yaşam sürecim içerisinde bitki evriminde gözlediğim harikulade ilerlemeler bana şunu söyledi: Çocuklara basit ve akılcı yaşamanın prensipleri öğretilir öğretilmez dünya mutluluk ve saflığa kavuşacaktır. O günleri iyimserlik ve özlemle bekliyorum. Doğaya ve doğanın Tanrı'sına geri dönmeliyiz."

"Luther, açık hava dersleri, huzurlu ve neşe dolu atmosferi ve sadeliğiyle Ranchi Okulu'mu görmekten büyük haz duyacaktın."

Sözlerim Burbank'ın kalbindeki en hassas telleri titretti: çocuk eğitimi. Derin düşüncelerini yansıtan gözleri içten bir ilgiyle parlayarak beni soru yağmuruna tuttu.

"Swamiji," dedi en sonunda, "seninki gibi okullar gelecek çağların yegâne ümidi. Doğadan koparılmış olan ve bütün bireyselliğin boğulmasına neden olan zamanımızın eğitim sistemine karşı isyan halindeyim. Kalbim ve ruhum senin eğitime ait pratik ideallerinle beraber."

Yumuşak huylu ermişle vedalaşırken, küçük bir kitabı imzalayarak bana uzattı. [1]

"Bu benim *The Training of the Human Plant* (İnsan-Bitkisinin Eğitimi) adlı kitabım [2] " dedi. "Eğitimin yeni metotlarına ihtiyaç var, korkusuz deneyimlere. Bazen en iyi meyveleri ve çiçekleri elde etmede, en cesaretli denemeler başarı getirir. Çocuklar için eğitim alanındaki yenilikler de benzeri şekilde daha cesaretli olmalı, daha çok girişimde bulunulmalı."

Küçük kitabını o gece büyük bir ilgiyle okudum. İnsan ırkı için ihtişam içinde bir geleceğin vizyonunu görerek şöyle yazıyordu: "Bu dünyada yaşayan en inatçı ve ıslah edilmesi en zor olan şey, belli alışkanlıklarla sabitleşmiş bir bitkidir. Bu bitkinin bütün çağlar boyunca kendine özgü karakterini muhafaza etmiş olduğunu hatırlayınız. Sonsuz zamanın izlerini geriye doğru takip edersek belki de bu bitki, çağlarca çeşitlenip, yeni türler üretmemiştir. Sonsuz kereler kendini tekrarladıktan sonra bu bitkinin bir istenç gücüne ya

---

[1] Burbank bana aynı zamanda imzalı bir fotoğrafını da verdi. Onu, tıpkı bir zamanlar Hindu bir tacirin Lincoln'ün fotoğrafını muhafaza ettiği gibi, gözüm gibi saklıyorum. Sivil savaş yıllarında Amerika'da bulunan Hindu tacir Lincoln'e öylesine hayran kalmıştı ki, onun bir portresini edinmeden Hindistan'a geri dönmekte isteksizdi. Tüccar, kararlılıkla Lincoln'ün kapısının eşiğine yapışarak, hayret içindeki başkanın, ünlü NewYork'lu ressam Daniel Hantington tarafından yağlı boya bir portresini boyamasına izin verene kadar oradan ayrılmayı reddetti. Portre tamamlandığında, Hindu onu alarak zafer içinde Kalküta'ya döndü.

[2] New York: Century Co., 1922.

da başka bir deyimle eşsiz bir dirence sahip olmadığını mı düşünüyorsunuz? Gerçekten de insan gücünün değiştirmeyi henüz başaramadığı kadar dirençli olan (örneğin bazı palmiye türleri) bitkiler vardır. Bir bitkinin istenci yanında insan istenci zayıf bir şeydir. Ancak bakınız, bir bitkinin ömür boyu inatçılığı sadece onu yeni bir hayatla bütünleştirmekle ve çaprazlama sayesinde yaşamında tam ve güçlü bir değişiklik yapmakla nasıl kırılmakta. Direnç kırıldıktan sonra, yeni karakteri kuşaklar boyunca sabırla gözlem ve ayıklama yoluyla sabitleştirdiğimizde, yeni bitki eski alışkanlığına bir daha asla geri dönmemek üzere yeni karakterini benimser. İstencinin inadı kırılmış ve sonunda değiştirilmiştir. Bir çocuğun doğası gibi oldukça duyarlı ve kolay eğilim gösteren bir problemi halletmek çok daha kolaydır."

Bu büyük Amerikalıya karşı manyetik bir çekim duyarak, onu defalarca ziyaret ettim. Bir sabah, Burbank'a binlerce mektup taşıyan postacıyla aynı anda oraya vardım. Bahçıvanlar ona dünyanın her bir tarafından yazıyorlardı.

Luther keyifle "Swamiji, varlığın dışarıya, bahçeye çıkmam için en iyi mazeret" dedi. Masasında, içinde yüzlerce seyahat dosyası bulunan büyük çekmeceyi açtı.

"Bak," dedi, "ben böyle seyahat ediyorum. Bitkilerim ve yazışmalarım tarafından kıskıvrak bağlanmış olarak, yabancı ülkelere seyahat arzumu, ara sıra bu resimlere bir bakış atarak tatmin ediyorum."

Arabam kapının önünde duruyordu. Luther'le beraber arabaya binip, bahçeleri kendisinin geliştirdiği Santa Rosa, şeftali-goncası ve Burbank gibi adlandırılmış güllerle süslü küçük kasabanın sokakları boyunca gezdik.

Büyük bilim adamı daha önceki ziyaretlerimden biri esnasında Kriya Yoga'ya inisiye edilmişti. "Tekniği imanla uyguluyorum, swamiji" dedi. Yoganın çeşitli bakış açıları konusunda beni düşünceli bir halde sorguya çektikten sonra şunu belirtti:

"Doğu, gerçekten de, Batı'nın henüz keşfetmeye başladığı [3] muazzam bir bilgi birikimine sahip."

Doğayla olan yakın bağı, onun kıskançlıkla koruduğu sırlarının birçoğunu Burbank'a ifşa etmesine yol açmış ve bu da Burbank'ta sınırsız bir spiritüel hürmet oluşturmuştu.

---

[3] UNESCO'nun direktörü ve ünlü bir Ingiliz biyoloğu olan Dr. Julian Huxley, Batılı bilim adamlarının trans haline girmekte ve nefes kontrolünde 'Doğu tekniklerini öğrenmelerinin' faydalı olduğunu belirtti. Londra'dan bir Associated Press raporu, 21 Ağustos 1948 tarihli: "Dr. Huxley, yeni Dünya Zihinsel Sağlık Federasyonu'nda Doğu'nun mistik bilimine şüphesizce bakabileceklerini anlattı. Zihin uzmanlarına, bu bilginin bilimsel olarak incelenebilmesi halinde, kendi alanlarında ileriye doğru muazzam bir adım atabileceklerini söyledi."

Anlattığına göre annesi koyu bir Hıristiyan'dı. "Ölümünden sonra birçok defa bana göründü; benimle konuştu."

İsteksizce evine ve onu bekleyen binlerce mektuba geri döndük.

"Luther," dedim, "gelecek ay Doğu ve Batı'nın eriştikleri gerçekleri sunmak üzere bir dergi yayınlamaya başlayacağım. Lütfen dergi için iyi bir isim bulmama yardım edin."

Bir süre değişik isimleri tartıştık ve en sonunda *Doğu-Batı*'da [4] hemfikir kaldık. Çalışma odasına tekrar girdiğimizde Burbank, bana 'Bilim ve Uygarlık' üzerine yazmış olduğu bir makaleyi verdi.

"Bu makale *Doğu-Batı*'nın ilk sayısında yer alacak" dedim minnetle.

Arkadaşlığımız derinleştikçe Burbank'a 'Amerikalı Ermişim' diye hitap etmeye başladım. Şöyle tanımlıyordum onu: "İçinde hiçbir aldatmaca olmayan bir adam." [5] Alçakgönüllülük, fedakârlık ve sabır ile çoktandır aşina olan kalbi kavranamayacak derinlikteydi. Güller içindeki evi şatafatsız ve basitti; lüksün değersizliğini ve sahip olduğu birkaç şeyden hoşnut olmayı biliyordu.

Bilimsel alandaki ününü alçakgönüllülükle taşıması, bana her zaman, olgun meyvelerinin ağırlığıyla eğilerek alçalan ağaçları hatırlatmıştır. Kısır, verimsiz ağaçtır başını boş kibirle yüksekte tutan.

Sevgili arkadaşım 1926'da göçüp gittiğinde ben New York'taydım. Gözyaşları içinde "Ah, onu bir kez daha görebilmek için buradan Santa Rosa'ya seve seve yayan gidebilirdim!" diye düşündüm. Sekreterler ve ziyaretçilerden kaçarak, yirmi dört saat boyunca odama çekildim.

Ertesi gün Luther'in büyük bir resmi önünde Vedik bir anma töreni düzenledim. Amerikalı öğrencilerimden bir grup, törensel Hindu cüppeleri içinde, bedeni oluşturan elementlerin ve onların Ebedi Kaynağı'na geri dönüşünün sembolü olarak ona çiçek, su ve ateş sunarken, eskiden kalma ilahileri söylediler.

Burbank'ın bedeni, Santa Rosa'da yıllar önce kendi bahçesine diktiği Lübnan sedir ağacının altında yatmasına rağmen, benim için ruhu, yol kenarında açmış olan her çiçeğin mabedinde yaşamaktadır. Doğanın esin veren ruhuna bağlanmış olarak yaşayan Burbank değil midir bu rüzgârlarda fısıldayan, gün doğumlarında gezinen?

Adı şimdi ortak mirasımız oldu. "Burbank"ı nesnel bir fiil olarak alan Webster'in Yeni Uluslararası Sözlüğü, anlamını şöyle belirtiyor: "(Bitkiden) melez elde etmek ya da aşılamak." Yani, sembolik olarak, iyi özellikleri

---

[4] 'East-West' olan adı sonradan '*Self - Realization*' olarak değiştirildi.

[5] *John-Yuhanna*, 1:47.

LUTHER BURBANK
SANTA ROSA, CALIFORNIA
U.S.A

22.Aralık.1924

Swami Yogananda'nın Yogoda sistemini hassasiyetle inceledim. İnsanın fiziksel, zihinsel ve spiritüel doğasını ahenk içine sokmak ve eğitmek için ideal olduğu kanaatine vardım. Swami'nin amacı, dünyanın çeşitli yerlerinde, eğitimin sadece zekânın gelişmesiyle sınırlanmaması ve zekâyla beraber bedenin, istenç gücünün ve duyguların da eğitildiği 'nasıl yaşamak gerektiğini' anlatan, okullar kurmaktır.

Konsantrasyon ve meditasyonun bilimsel ve basit metotlarıyla; spiritüel, zihinsel ve fiziksel gelişmeyi amaçlayan Yogoda sistemi yoluyla hayatın karmaşık birçok problemi çözülebilir, barış ve iyi niyet yeryüzüne yayılabilir. Swami'nin doğru eğitime dair fikri sağduyudan başka birşey olmayıp, her türlü mistisizm ve pratiğe uygulanamayan unsurlardan bağımsızdır; aksi takdirde tasvip etmezdim.

Swami'nin, yaşama sanatı üzerine uluslararası okullar oluşturma çağrısına yürekten katılma fırsatını bulabildiğim için çok memnunum. Bu okullar, gerçekleştiği takdirde, dünyanın aydınlanmasına bizi şimdiye kadar bildiğim her şeyden daha yakınlaştıracaklardır.

Luther Burbank - Güller Arasında Bir Ermiş

LUTHER BURBANK VE PARAMAHANSA YOGANANDA
SANTA ROSA, KALİFORNİYA, 1924

seçerek ve kötü özellikleri reddedip atarak veya iyi karakterler ekleme yoluyla (herhangi bir şeyi; yöntemsel veya kurumsal olarak) düzeltmek.

"Sevgili Burbank," diye hüzünle konuştum tanımı okuduktan sonra, "adın şimdi *iyilik* ile eşanlamlı!"

BÖLÜM 39

Therese Neumann, Katolik Stigmatist

"Hindistan'a dön. Seni sabırla on beş yıl boyunca bekledim. Yakında bu bedenden çıkıp, Nurlu Mesken'e gideceğim. Yogananda, gel!"

Mount Washington Merkezi'nde meditasyonda otururken Sri Yukteswar'ın sesi içsel kulağımda çınladı. Mesajı, on beş bin kilometreyi göz kırpıncaya dek katederek, bir şimşek gibi varlığımın derinliklerine nüfuz etmişti.

On beş yıl! Evet, şimdi farkına vardım ki 1935 yılındaydık; gurumun öğretisini Amerika'da yayarken on beş yılım geçmişti. Şimdi beni geri çağırıyordu.

Kısa bir süre sonra bu deneyimimi sevdiğim bir arkadaşım, Bay James J. Lynn'e anlattım. *Kriya Yoga*'yı her gün uygulayarak başardığı spiritüel gelişme öyle göze çarpıcıydı ki, onu sık sık 'ermiş Lynn' diye anardım. Onda ve diğer bazı Batılılar'da; Babaji'nin, Batı'da da eski yogik yol kanalıyla gerçek benliğini idrak eden ermişler çıkacağı hakkındaki kehanetinin gerçekleştiğini mutlulukla gözledim.

Bay Lynn cömertlikle seyahatlerim için bir bağış yapmakta ısrar etti. Maddi sorun böylece çözümlendikten sonra Avrupa üzerinden Hindistan'a gitmek üzere hazırlıklara başladım. Mart 1935'te Self-Realization Fellowship'i Kaliforniya eyaletinin kanunları altında, tarikatçı olmayan ve kâr amacına dayanmayan, ebediyen var olmak amacıyla tasarlanmış bir kuruluş olarak kaydettirdim. Kitaplarımın yayın hakları da dahil olmak üzere bütün mal varlığımı, Self-Realization Fellowship'e bağışladım. Diğer çoğu dini ve eğitimsel kuruluş gibi Self-Realization Fellowship, halkın ve üyelerin bağışlarıyla desteklenmekte.

"Tekrar geri döneceğim" dedim öğrencilerime, "Amerika'yı asla unutmayacağım."

Sevgili dostlarımın Los Angeles'ta benim için verdikleri veda ziyafetinde uzun uzun yüzlerine bakarak, minnetle; "Ya Rabbim, seni Asıl Veren olarak hep hatırlayan, ölümlülerin arasında arkadaşlığın tadından asla mahrum olmaz" diye düşündüm.

Therese Neumann, Katolik Stigmatist

9 Haziran 1935'te New York'tan *Europa* gemisiyle yola çıktım. İki öğrencim, Sekreterim Richard Wright ve Cincinnati'den yaşlı bir bayan, Ettie Bletsch, bana eşlik ediyorlardı. Geçen haftaların koşuşturmasından sonra okyanusun huzurlu günlerinin tadını çıkardık. Rahat günlerimiz çabucak bitiverdi. Modern ve süratli gemilerin kınanacak bir yanı!

Londra'ya varınca, diğer meraklı turist grupları gibi bu büyük ve tarihi şehirde gezindik. Varışımızın ertesi gün Caxton Hall'daki büyük bir toplantıda konuşmaya davetliydim. Sir Francis Younghusband beni Londralı dinleyicilere tanıştırdı.

Sir Harry Lauder'ın misafiri olarak İskoçya'daki malikânesinde güzel bir gün geçirdik. Birkaç gün sonra Bavyera'yı ziyaret etmek istediğimden İngiliz Kanalı üzerinden Avrupa'ya geçtik. Hissediyordum ki bu, Konnersreuth'ta yaşayan büyük Katolik mistik Therese Neumann'ı görmek için tek şansımdı.

Yıllar önce Therese hakkında hayret verici bir makale okumuştum. Makalede şöyle yazıyordu:

1. 1898'de, Paskalya'dan önceki cuma günü (Hz. İsa'nın çarmıha gerildiği gün) doğan Therese, yirmi yaşında bir kaza geçirerek kör ve kötürüm oldu.
2. 1923'te Lisiei'den; küçük çiçek diye anılan, mucizevi iyileştirmeleriyle bilinen, St. Therese'ye ettiği dualar sayesinde mucizevi biçimde görme gücünü yeniden kazandı. Daha sonra Therese Neumann'nin bacakları da aniden iyileşti.
3. 1923'ten sonra Therese Neumann, günlük küçük bir vaftiz gofreti yutmanın dışında yiyecek ve içecekten tamamıyla vazgeçti.
4. 1926'da İsa'nın kutsal yaraları Therese'nin başında, göğsünde, elleri ve ayaklarında belirdi. Her cuma [1] bütün bedeniyle Hz. İsa'nın çarmıha gerilişinde çektiği tarihi acıyı çekiyordu.
5. Sadece köyünün basit Almanca'sını bilmesine rağmen, cuma translarında, dilbilimcilerin çok eski Arami Lisanı (Suriye) olarak tespit ettikleri bir lisanda, uygun yerlerde de İbranice ve Yunanca konuşuyor.
6. Kilisenin izniyle Therese, çeşitli defalar bilimsel gözleme konu oldu. Bir Protestan Alman gazetesinin başyazarı olan Dr. Fritz Gerlick,

---

[1] Savaş yıllarından bu yana Therese, ızdırabını her cuma değil, sadece yılın belli kutsal günlerinde çekti. Yaşamı hakkındaki kitaplar: *Therese Neumann, A Stagmatist of Our Day* ve *Further Chronicles of Therese Neumann*, her ikisi de Frederich Ritter von Lama tarafından ve *The Story of Therese Neumann*, A. P. Schimberg (1947); hepsi Bruce Pub. Co. Milwaukee, Wisconsin; Johannes Steiner tarafından yazılan '*Therese Neumann*' ise Alba House, Staten Island, N. Y. tarafından basılmıştır.

'Katolik sahtekârlığa son vermek üzere' Konnersreuth'a geldi, ancak olay onun saygıyla Therese'nin biyografisini yazmasıyla son buldu!

Ben her zaman ister Doğu'da ister Batı'da olsun, bir ermişi görmeye hevesliydim. Küçük grubumuzla 16 Temmuz'da bu eski ve hoş Konnersreuth köyüne girerken sevinçliydim. Bavyeralı köylüler Amerika'dan getirdiğimiz Ford otomobile ve onunla birlikte gelen gruba -Amerikalı bir genç adam, yaşlı bir hanım ve uzun saçları ceketinin yakalarının içine tıkılmış, zeytin tenli bir Doğulu- candan ilgi gösterdi.

Therese'nin, basit kuyusunun etrafında sardunyaların büyüdüğü tertipli ve küçük kulübesi ne yazık ki kapalıydı. Komşular ve hatta oradan geçen köy postacısı bile bize bir bilgi veremedi. Yağmur başlamıştı. Arkadaşlarım geri dönmeyi teklif ettiler.

"Hayır" dedim inatla, "bizi Therese'ye götüren bir iz bulana kadar burada kalacağım."

İki saat sonra hâlâ şiddetle yağan yağmurda arabanın içinde oturuyorduk. "Ya Rabbim" diye yakınırcasına iç çektim, "mademki ortadan kaybolacaktı, beni neden buraya getirdin?"

İngilizce konuşan bir adam yanımızda durarak bize yardım teklif etti.

"Therese'nin nerede olduğunu kesin bilmiyorum" dedi, "fakat sık sık Eichstatt Üniversitesi'nde yabancı dil öğretmeni olan Profesör Franz Wutz'u ziyaret eder, buradan 120 km uzakta."

Ertesi sabah grubumuz sakin Eichstatt kasabasına doğru yola çıktı. Dr. Wutz bizi evinde nezaketle karşıladı. "Evet, Therese burada." Ona misafirlerin geldiği haberini yolladı. Kısa zamanda bir cevap geldi:

"Piskopos, onun izni dışında kimseyle görüşmemi istememesine rağmen, Hindistan'dan gelen Tanrı adamını kabul edeceğim."

Sözlerinden oldukça etkilenmiş olarak Dr. Wutz'u yukarı kattaki oturma odasına doğru takip ettim. Therese derhal geldi, bir huzur ve sevinç havası saçıyordu. Siyah bir cüppeyle lekesiz bembeyaz bir başlık giymişti. Otuz yedi yaşında olmasına rağmen, çocuksu bir tazelik ve ruhani cazibesiyle çok daha genç görünüyordu. Sağlıklı, gelişkin, elma yanaklı ve neşe dolu; hiç yemeyen ermiş bu muydu?

Dr. Wutz nezaketle tercümanlık yapmayı teklif etti. Oturduğumuzda Therese'nin saf bir merakla bana baktığına dikkat ettim; Hindular'ın Bavyera'da pek bilinmediği açıktı.

"Bir şey yemiyor musunuz?" Cevabı kendi dudaklarından duymak istedim.

"Hayır, her sabah saat 6'da bir *host*² dışında."

"Hostun büyüklüğü ne kadar?"

"Kâğıt kadar ince ve küçük bir madeni para büyüklüğünde." Sonra ekledi, "Ayinsel nedenlerden dolayı alıyorum onu, eğer kutsanmamışsa yutamıyorum."

"Onunla elbette on iki yıl boyunca yaşayamazdınız."

"Ben Tanrı'nın ışığıyla yaşıyorum."

Cevabı ne kadar basit, ne kadar Einstein'caydı!

"Bedenine eter, güneş ve havadan enerji dolduğunun farkında olduğunu görüyorum."

Yüzünde ani bir gülücük belirdi. "Nasıl yaşadığımı anladığın için mutluyum."

"Kutsal yaşamın, İsa'nın sözlerinin günlük bir ispatı: 'İnsan sadece ekmekle yaşamaz, aynı zamanda Tanrı'nın ağzından çıkan kelimeyle yaşar.'"³

İzahım karşısında tekrar neşeyle parladı. "Gerçekten de öyle. Bugün, bu yeryüzünde bulunuş nedenlerimden biri de insanın sadece yiyeceklerle değil, aynı zamanda Tanrı'nın görünmeyen ışığıyla yaşayabileceğini kanıtlamak."

"Başkalarına da nasıl yiyeceksiz yaşayacaklarını öğretebilir misiniz?"

Biraz şaşırmış gibi göründü. "Bunu yapamam, Tanrı istemiyor." Bakışlarım onun güçlü, lütufkâr ellerine takıldığında Therese bana her iki elinin üstündeki kare şeklinde, yeni kapanmış yaraları gösterdi. Her elinin avucunda, yeni iyileşmiş, daha küçük ve hilal şeklindeki yaralara işaret etti. Her yara avucun içinden geçiyordu. Bu görüntü bana, Doğu'da hâlâ kullanılan hilal başlı ve kare kesitli demir çivileri hatırlattı.

Ermiş bana haftalık translarına ait bir şey anlattı. "Çaresiz bir seyirci olarak Hz. İsa'nın çarmıha gerilişini baştan sona seyrediyorum." Her hafta; perşembe gecesinden cuma öğlen saat 1'e kadar yaraları açılarak kanıyor, normalde 55 kilogram olan ağırlığından yaklaşık 5 kilosunu kaybediyordu.

---

² Hıristiyan kilisesinin ayinlerinde sunulan bir cins gofret. (Çev. notu.)

³ *Matthew – Mata*, 4:4. İnsanın beden bataryası sadece katı yiyecekle (ekmek) değil, titreşimsel kozmik enerji (*The Word - Om*) tarafından beslenir. Bu görünmeyen güç insan bedenine *medulla oblongata* kapısından akar. Altıncı bedensel merkez, beş omurilik şakrasının (Sanskritçe'de 'tekerlekler' veya yayılan hayat-gücünün merkezleri) tepesinde, boynun arkasında yer alır.

Bedenin evrensel hayat enerjisiyle (*Om*) beslendiği ana giriş olan *medulla* direk olarak, insan istenç - gücünün oturağı olan iki kaş arasındaki spiritüel gözde odaklaşan Mesih - Bilinci Merkezi ile (*Christ - Consciousness Center, Kutastha*) kutuplaşmaktadır. Kozmik enerji, bu şekilde yedinci merkez olan beyinde, sonsuz potansiyellerin haznesi olarak depo edilir. Bundan Vedalar'da 'ışığın bin taç yapraklı lotusu' diye bahsedilir. İncil *Om*'dan Kutsal Ruh ya da yaradılışı ilahice ayakta tutan, görünmez yaşam gücü olarak söz eder. "Ne? Bedeninizin içinizde olan, Tanrı tarafından bahşedilen ve size ait olmayan Kutsal Ruh'un bir tapınağı olduğunu bilmiyor musunuz?" - *I Corinthians* – *1. Korint'iler*, 6:19

Şiddetli ızdırap çekmesine rağmen sevecenlik dolu sevgisiyle Therese, efendisinin bu haftalık vizyonlarını sevinçle bekliyordu.

Hemen farkına vardım ki, tuhaf yaşamı Tanrı tarafından, bütün Hıristiyanlar'a Hz. İsa'nın yaşamının ve çarmıha gerilişinin aynen İncil'de kaydedildiği gibi olduğunu kanıtlamak ve Hz. İsa ile müritleri arasındaki her zaman yaşayan dramatik bağı gözler önüne sermek amacıyla düzenlenmişti.

Profesör Wutz ermişle yaşadığı bazı tecrübeleri anlattı.

"Therese de dahil, grup olarak sık sık Almanya içinde geziler tertipleriz. Therese'nin hiçbir şey yememesine karşılık, bizim günde üç öğün yememiz çarpıcı bir tezat. Therese hücre çürümesinden tamamıyla bağımsız, bir gül kadar taze kalmakta. Ne zaman acıkıp yol kenarında bir restoran aransak, Therese bize neşeyle güler."

Profesör bazı fizyolojik detaylar ekledi: "Therese hiç yemediği için midesi küçülmüş. Salgı ve artıkları vücuttan atma fonksiyonları yok, ancak ter bezleri çalışıyor; derisi her zaman yumuşak ve diri."

Ayrılma vakti geldiğinde Therese'ye onun transı esnasında orada bulunma arzumu belirttim.

"Tabiki, lütfen gelecek cuma Konnersreuth'a geliniz" dedi nezaketle. "Piskopos size izin verecek. Beni Eichstatt'ta bulduğunuz için çok mutluyum."

Therese ellerimizi defalarca yumuşakça sıktıktan sonra grubumuzla kapıya kadar yürüdü. Bay Wright arabanın radyosunu açtığında, ermiş hevesle gülerek inceledi. Ama etrafımızda gençlerden oluşan büyük bir kalabalık toplanınca Therese yine eve dönmek zorunda kaldı. Onu, bir çocuk gibi pencereden bize bakıp el sallarken gördük.

Ertesi gün Therese'nin nazik iki erkek kardeşiyle yaptığımız sohbetten öğrendik ki, ermiş her gece sadece bir ya da iki saat uyuyordu. Bedenindeki birçok yaraya rağmen aktif ve enerji doluydu. Kuşları seviyor, bir akvaryum dolusu balık besliyor ve sık sık bahçesinde çalışıyordu. Katolik müritler her bir taraftan dua etmesi ve şifa verici takdislerini yollaması için ona yazıyorlardı. Birçok insan Therese kanalıyla ciddi hastalıklardan şifa buluyordu.

Yirmi üç yaşlarındaki kardeşi Ferdinand'ın anlattığına göre, Therese diğer insanların hastalıklarını kendi bedenine transfer edebilme gücüne sahipti. Yemekten kesilmesi de kendi cemaatinden, Rahip Düzeni'ne girmeye hazırlanan, bir gencin boğaz hastalığının kendi boğazına transfer edilmesi için dua ettiğinden beri başlamıştı.

Perşembe öğle sonrası piskoposun evine gittik. Uzun saçlarıma biraz şaşkınlıkla bakan piskopos gerekli izni çabucak yazdı. Giriş ücreti alınmıyordu;

kural Therese'yi, geçmişteki yıllarda cuma günleri Konnersreuth'a akan binlerce meraklı turistin istilasından korumak için koyulmuştu.

Cuma sabahı saat 9.30 civarında köye ulaştık. Therese'nin küçük kulübesinin, ona bol ışık sağlamak amacıyla cam bir çatıya sahip olduğuna dikkat ettim. Kapıların artık kapalı değil de konukseverlikle ardına kadar açık olduğunu görmekten memnunduk. Her biri bir ziyaretçi belgesi taşıyan yirmi kadar ziyaretçiye biz de katıldık. Çoğu, mistik transı görebilmek için çok uzaklardan gelmişti.

Therese, profesörün evinde, onu sadece geçici bir merakı tatmin etmek için değil, spiritüel nedenlerden dolayı görmek istediğime dair sezgisiyle ilk sınavımdan geçmişti.

İkinci sınavım, odasına gitmek üzere yukarı çıkmadan hemen önce, onunla telepatik bağlantı kurmak için yogik bir trans haline girmemle ilgiliydi. Ziyaretçilerle dolu odasına girdim; beyaz bir cüppeyle yatakta uzanıyordu. Bay Wright yanımda, bu garip ve ürküntü verici manzaradan hayrete düşmüş vaziyetteydi. Tam eşikte durdum.

Therese'nin alt göz kapaklarından 2 cm genişliğinde incecik bir kan deresi süzülmekteydi. Bakışları alnın merkezindeki spiritüel göze doğru, yukarı odaklanmıştı. Başının etrafına sarılı kumaş, 'dikenli taç'a ait yaraların izinden akan kanla iyice ıslanmıştı. Beyaz elbise, kalbinin üzerinde, İsa'nın bedeninin, yüzyıllar önce bir askerin mızrak darbesinden dolayı acı çektiği noktadan, akan kana bulanmıştı.

Therese'nin elleri dua eden bir annenin tavrıyla açılmıştı. Yüzünde hem işkence çeken hem de ilahi bir ifade vardı. Daha zayıflamış, bazı bakımlardan hafifçe değişmiş görünüyordu. Yabancı bir dilde mırıldanarak, titrek dudaklarla süper-bilinç ekranında görünen şahıslarla konuşmaktaydı.

Bilincimi onunkiyle ayarlamış olduğumdan vizyonuna ait sahneler görmeye başladım Hz. İsa'yı, onunla alay eden kalabalığın arasında çarmıhını taşırken seyrediyordu.[4] Aniden başını dehşet içinde doğrulttu: Efendisi zalim ağırlığın altında yere düşmüştü. Vizyon yok oldu. Ateşli şefkatten bitkin düşmüş halde Therese bütün ağırlığıyla yastığına çöktü.

O anda arkamda bir gürültü duydum. Başımı bir saniye arkama çevirdiğimde iki adamın bayılmış birini taşıdığını gördüm. Ancak, derin süper-bilinç

[4] Varışımı takip eden saatler içinde Therese halihazırda Hz. İsa'nın hayatının son günlerine ait birçok vizyon görmüştü Transı genellikle Son Yemeği (İng. *The Last Supper*) takip eden olayların görüntüleriyle başlayıp Hz. İsa'nın çarmıhta ölüşü ya da zaman zaman O'nun gömülüşüyle sona ermekteydi.

THERESE NEUMANN, C. RİCHARD WRİGHT, SRİ YOGANANDA
Eichstätt, Bavyera, 17 Temmuz 1935

halinden çıkmakta olduğumdan düşenin kim olduğunu hemen algılayamadım. Gözlerimi yine kan lekeleri içinde ölü gibi solmuş, fakat şimdi sakin bir kutsallıkla berraklık saçan Therese'nin yüzüne çevirdim. Daha sonra arkama bir bakış attığımda eliyle kan akan yanağını tutan Bay Wright'ı gördüm.

"Dick" diye endişeyle sordum, "düşen sen miydin?"

"Evet, dehşetli manzaraya dayanamayıp bayıldım."

"Pekâlâ" dedim teselli ederek, "geri dönüp olaya yine bakacak kadar cesursun."

Sırada sabırla bekleyen diğer ziyaretçileri hatırlayarak, Bay Wright ile Therese'ye sessizce veda ederek onun kutsal huzurundan ayrıldık.[5]

Ertesi gün güneye doğru yola koyulduk. Trenlere bağımlı olmadığımız ve Ford otomobili yol boyunca istediğimiz yerde durdurabildiğimiz için

---

[5] Almanya'dan bir INS (Internasyonaler Nachrichtendienst) haberinde (26 Mart 1948) şöyle yazıyordu: Bu yılki Arefe Cuma'sında (İng. *Good Friday*) Alman bir köylü kadın; başında, ellerinde ve omuzlarında, Hz. İsa'nın bedeninin çarmıh çivilerinden ve 'Dikenli Taç'tan dolayı yaralanıp kanadığı yerlerinde kanlar içinde kalarak yatmakta. Binlerce Alman ve Amerikalı hayretle ve sessizlik içinde Therese Neumann'ın yatağının yanından geçmekte." Büyük stigmatist 18 Eylül 1962'de Konnersreuth'ta öldü. (*Yayınlayanın Notu.*)

Therese Neumann, Katolik Stigmatist

minnettardık. Almanya, Hollanda, Fransa ve İsviçre Alpleri'nden geçen turumuzun her dakikasının tadını çıkardık. İtalya'da alçakgönüllülük havarisi ermiş Francis'i onurlandırmak için Assisi'ye özel bir gezi yaptık. Avrupa turumuz Atina tapınaklarını ve yumuşak huylu Sokrat'ın [6] zehir içerek öldüğü hapishaneyi gördüğümüz Yunanistan'da sona erdi. İnsan eski Yunanlılar'ın, fantezi dolu figürlerini nasıl ince bir sanatkârlıkla mermerden oymuş olduklarını görünce hayran kalıyor.

Gemiyle güneşli Akdeniz'i geçerek Filistin'e ayak bastık. Bu kutsal toprakta gezinirken, böyle hac yolculuklarının değerine her zamankinden daha çok inanıyordum. Duyarlı kalpler için Hz. İsa'nın ruhu Filistin'in her yerine yayılmıştı. Saygıyla Betlehem, Gethsemane, Calvary, Kutsal Zeytin Dağı, Ürdün Nehri ve Galilee Denizi'nde dolaştım.

Küçük grubumuz Hz. İsa'nın doğduğu yeri, Joseph'in marangoz dükkânını, Lazarus'un türbesini, Martha ile Meryem'in evini ve Son Akşam Yemeği'nin (The Last Supper) yendiği salonu ziyaret etti. Tarih yeniden canlandı; Hz. İsa'nın çağlar önce gelecek kuşaklar için oynadığı Tanrısal dramı sahne sahne seyrettim.

Önce modern Kahire ve çok eski piramitleriyle Mısır, sonra da gemiyle uzun Kızıldeniz'den aşağı inerek, büyük Arap Denizi üzerinden bir de baktık ki, Hindistan'dayız!

---

[6] Eusebius'ta bir pasaj, Sokrat ile Hindu bir bilge arasındaki ilginç bir karşılaşmadan bahseder. "Müzisyen Aristoxenus Hintliler hakkında şu hikâyeyi anlatır: Bu adamlardan biri Sokrat ile Atina'da karşılaşarak ona felsefesinin amacının ne olduğunu sordu. 'İnsan fenomeni üzerine bir soruşturma' diye cevapladı Sokrat. Hintli buna kahkahalarla güldü. 'Bir insan Tanrısal Olanlar'ı bilmeden nasıl insan fenomenini araştırabilir?'

Batılı felsefelerde yankılanan Yunan ideali şöyledir: "Ey insan, kendini tanı." Bir Hindu: "Ey insan, Ben'ini tanı" diyecekti. Descartes'ın 'Düşünüyorum, o halde varım.' sözü felsefi olarak geçersizdir. Düşünme yeteneği insanoğlunun gerçek varlığına ışık getiremez. İnsan zihni, tıpkı kavradığı fenomenal dünya gibi sürekli değişim halindedir ve son gerçekliği meydana çıkaramaz. Entelektüel tatmin en yüksek amaç değildir. Tanrıyı arayan kişi *Vidya*'nın (değişmez hakikat) gerçek âşığıdır, diğer her şey *avidya*'dır. (Relâtif bilgi.)

BÖLÜM 40

Hindistan'a Geri Dönüyorum

Minnetle Hindistan'ın kutsanmış havasını soluyordum. Gemimiz Rajputana 22 Ağustos 1935'te Bombay'ın dev limanında demirlendi. Daha gemiden indiğimiz ilk gün, önümüzdeki bir yılın aralıksız yoğun geçeceğine delaletti. Arkadaşlar bizi çelenklerle karşılamak üzere limanda toplanmışlardı. Çok geçmeden Tac Mahal Oteli'ndeki süitimizde gazeteci ve fotoğrafçıları kabul ettik.

Bombay benim için yeni bir şehirdi. Batı tarzı birçok yeniliği benimseyen şehri enerjik ve modern buldum. Geniş bulvarlar boyunca sıralanan palmiyeler ve muhteşem hükümet binaları, ziyaretçilerin ilgisini eski tapınaklar kadar çekiyor. Ancak, sevgili gurumu ve diğer sevgili yakınlarımı görmek için hevesle sabırsızlandığımdan, şehri görmeye çok az zaman ayırdık. Ford'u bir yük vagonuna emanet ederek grubumuz bir an önce Doğu'ya, Kalküta'ya [1] doğru trenle yola çıktı.

Howrah istasyonuna varışımızda bizi karşılamak için toplanan öyle büyük bir kalabalıkla karşılaştık ki, bir süre trenden inemedik. Kasımbazar'ın genç Mihracesi ve kardeşim Bishnu karşılama komitesinin başındaydılar. Bu kadar sıcak ve büyük bir karşılamaya hazırlıksızdım.

Otomobil ve motosiklet konvoyunu takip ederek ve davullarla deniz kabuklarından yapılmış borazanların neşeli uğultuları arasında Bayan Bletsch, Bay Wright ve ben, tepeden tırnağa çiçekten kolyelerle kaplanmış vaziyette yavaş yavaş babamın evine doğru ilerledik.

Yaşlı babam beni sanki ölümden geri dönmüşüm gibi kucakladı. Neşeden dilimiz tutulmuş halde birbirimize uzun uzun baktık. Erkek kardeşlerim, kız kardeşlerim, dayı ve amcalar, teyze ve halalar, kuzenlerim, öğrencilerim ve geçmiş yıllardaki arkadaşlarım gruplar halinde etrafımı sarmışlardı; aramızda gözyaşları içinde olmayan tek kişi yoktu. Şimdi artık hafızamın arşivine kayıtlı olan bu sevgi dolu yeniden bir araya geliş, kalbimde her zaman capcanlı kalacak. Sri Yukteswar ile karşılaşmama gelince, kelimeler buna yetmiyor;

---

[1] Seyahatimize Mahatma Gandhi'yi Wardha'da görmek için yarı yolda ara verdik. O günlerden 44. Bölümde bahsedilmektedir.

SRİ YUKTESWAR VE YOGANANDAJİ, KALKÜTA - 1935

"Gurumun dikkat çekmeyen dış görünüşünden dolayı, sadece birkaç çağdaşı onun olağanüstü bir insan olduğunun farkına vardı.", dedi Sri Yogananda. "Diğerleri gibi ölümcül bir insan olarak dünyaya gelmesine rağmen Sri Yukteswar zaman ve mekânın Hakimi ile özdeşlik mertebesine ulaştı. Üstat insani ile ilahiyi kaynaştırmakta üzerinden gelemeyeceği hiçbir engeli tanımadı. İnsanların kendilerinin varsayımından başka, böyle bir engel olmadığını ben de tamamıyla anladım."

bundan dolayı sekreterimin anlatışı yeterli olsun:

"Bugün, yüksek beklentilerle dolu olarak, Yoganandaji'yi Kalküta'dan Serampore'a götürdüm" diye kaydetmiş Bay Wright günlüğüne.

"Eski moda dükkânların yanından geçerek (bunlardan biri Yoganandaji'nin kolej yıllarında en sevdiği lokantaydı) en sonunda dar ve iki yanında duvarların yükseldiği bir sokağa girdik. Ani bir sola dönüşle üstadın, üst katta demir parmaklıklı balkonu olan iki katlı, tuğladan aşramı karşımızda belirdi. İçime yayılan ilk izlenim huzur dolu bir tek başınalıktı.

Yoganandaji'yi aşram duvarlarının içindeki avluya doğru takip ettim. Kalplerimiz hızla atarak, sayısız hakikat arayıcılarının aşındırmış olduğu eski beton basamaklardan yukarı çıktık. Her adımda içimizdeki gerilim büyümekteydi. Önümüzde, merdivenlerin başında büyük üstat Swami Sri Yukteswarji, sakinlikle bir bilgenin asil tavrıyla dikiliyordu. Onun yüce huzurunda bulunmanın kutsallığından kalbim kabardı. Yoganandaji dizlerinin üzerine çöküp de başını eğerek ruhunun minnettarlığını ve selamlarını sunduğunda ve eliyle önce gurunun ayaklarına, daha sonra da tevazu dolu bir hürmetle kendi alnına dokunduğunda gözyaşlarım görüşümü bulandırmaktaydı. Daha sonra ayağa kalktığında Sri Yukteswarji onu bağrına basarak kucakladı.

Başlangıçta tek kelime dahi konuşulmadı, ancak şiddetli duygular ruhun sessiz sözleriyle açığa vuruluyordu. Gözleri nasıl da yeniden birleşmenin sıcaklığıyla kıvılcımlanıyordu! Sakin avluda sevecen bir dalgalanıyordu. Tam o sırada güneş aniden bulutların arasından çıkarak, sahneye daha da büyük bir ihtişam kattı.

Üstadın önünde diz çökerek, zamanın ve hizmetin nasırlaştırdığı ayaklarına dokunup, ben de dile getirilemeyen şükranlarımı ve sevgimi sundum. Sonra ayağa kalkarak iç gözlemin derinliğinin yanında, coşkuyla ışık saçan güzel gözlerine baktım.

Bütün cephesi, sokaktan gördüğümüz balkona açılan oturma odasına girdik. Üstat beton döşemenin üzerine yerleştirilmiş bir mindere oturarak, sırtını eskimiş bir divana yasladı. Yoganandaji ile ben gurunun ayak dibinde oturduk ve hasır yaygının üzerinde rahat edebilmek için turuncu renkli minderlere yaslandık.

"İki swamiji arasında Bengalce geçen konuşmanın içeriğini anlamaya çalıştım fakat başarılı olamadım. (Swamiji Maharaj İngilizce bilmesine ve sık sık konuşmasına rağmen, beraberken İngilizce konuşmuyorlardı.) Ancak yürekleri ısıtan gülümsemesiyle ışık saçan gözlerinden büyük üstadın ermişliğini kolaylıkla algıladım. Neşeli ya da ciddi, her konuşmasında çabucak sezilen bir özellik de olumluluktu: Bildiğini bilen bir bilgenin işareti, çünkü Tanrı'yı biliyor. Üstadın büyük fazileti, bilgisi, amacını gerçekleştirmekteki gücü ve kararlılığı her yönden belliydi.

Bir zamanlar koyu turuncuya boyanmış ancak şimdi solup, açık portakal rengine dönüşmüş olan *dhoti*si ve gömleğiyle giyinişi sadeydi. Onu saygıyla gözlemlerken iri ve atletik bir yapıya sahip olduğu dikkatimi çekti. Bedeni, münzevi yaşamının zorluk ve fedakârlıklarıyla sertleşmişti. Duruşu ihtişam vericiydi. Vakarlı bir tavırla ve bedenini dik tutarak hareket ediyordu. Şen ve gürüldeyen bir kahkaha göğsünün derinliklerinden patlayarak bütün vücudunun sarsılmasına neden oluyordu.

Sert yüzü göze çarpan bir ilahi güç ifadesi taşıyordu. Ortadan ayrılmış gümüşi altın renkli saçları şakaklarında beyazlayarak gümüşi siyah bukleler halinde omuzlarında sona eriyordu. Seyrelmiş sakalıyla bıyıkları yüz ifadesinin gücünü artırıyordu. Alnı sanki gökleri ararcasına yukarı doğru meylediyordu. Koyu gözleri eterik bir mavi halkayla halelenmişti. Oldukça büyük olan burnuyla, boş anlarında tıpkı bir çocuk gibi parmaklarıyla sağa sola çekiştirerek eğleniyordu. Konuşmadığı zamanlar ağzı ciddi fakat hafif bir yumuşaklık sergiliyordu.

Oraya buraya bakınırken, biraz harap vaziyette olan odanın, sahibinin maddi konfora karşı olan bağımsızlığını ele verdiğini gözledim. Geçmiş yılların iklimsel etkileriyle lekelenmiş beyaz duvarlar, mavi badananın izlerini taşıyordu. Odanın bir ucunda Lahiri Mahasaya'nın, sadakatle sade bir çelenkle süslenmiş yegâne fotoğrafı asılıydı. Ayrıca Yoganandaji'yi Boston'a vardığında, Dinler Kongresi'nin diğer delegeleriyle birlikte gösteren eski bir fotoğraf daha vardı.

Eskiyle yeninin garip uyumuna da dikkat ettim. Örneğin, uzun süredir kullanılmamaktan örümcek ağıyla kaplanmış, mumla yanan, kristal camdan büyük bir avize ve duvarda asılan göz alıcı modern takvim. Oda huzur ve mutluluk kokuları saçıyordu.

Balkonun arkasında hindistancevizi palmiyeleri sanki sessizce koruyorlarmış gibi aşramın üzerinde yükseliyorlardı.

Üstadın sadece ellerini şaklatması yeterliydi; anında küçük bir mürit yanında bitiyordu. Onlardan biri, zayıf bir çocuk olan Prafulla'nın [2] uzun siyah saçlarıyla kıvılcımlı siyah gözleri ve ilahi bir gülümseyişi vardı; dudakları yukarıya doğru kıvrıldığında tıpkı yıldızlarla hilalin günbatımında aniden belirmesine benziyordu ve gözleri pırıl pırıl parlıyordu.

---

[2] Prafulla, bir kobra yaklaştığında üstatla birlikte olan genç çocuktu. (Bakınız sayfa - 108.)

SRİ YUKTESWAR'IN AŞRAMINDA

Sri Yukteswar'ın aşramının ikinci katındaki balkon, Serampore - 1935. Paramahansa Yogananda (ortada) gurusunun (sağda, ayakta duruyor) yanında oturmakta.

'Ürünü' geri döndüğü için Swami Sri Yukteswarji'nin neşesine diyecek yoktu. Bana, yani 'ürününün ürünü'ne karşı biraz meraklı görünüyordu. Ama büyük üstadın tabiatında fazilet ağır bastığından duygularını dışa vurmuyordu.

Âdetlere göre, bir müridin gurusuna geri döndüğünde yaptığı gibi Yoganandaji ona bazı hediyeler sundu. Daha sonra sebze ve pilavdan ibaret, basit fakat iyi hazırlanmış yemeği yedik. Sri Yukteswarji benim bazı Hint geleneklerine uyduğumu görmekten hoşnuttu; örneğin 'elle yemek'.

Saatler süren Bengalce konuşmalar, sıcak gülümseyişler ve neşeli bakışlardan sonra bir *pranam* [3] ile ayaklarında eğilerek, kutsal karşılaşmanın

---

[3] Kelime anlamı, 'dört başı mamur selam'. Sanskrit kök *'nam'*dan, selamlamak ya da yere doğru eğilmek ve ön ek *pro*, 'tamamıyla'.

PARAMAHANSA YOGANANDA

Fotoğraf 18 Aralık 1935'te Damodar, Hindistan'da, Yoganandaji'nin 1917 yılında Dihika yakınlarında erkek çocuklar için kurduğu okulun ilk mekânına yaptığı ziyaret sırasında çekilmiş. Yoganandaji, bir zamanlar sessiz ve kuytu bir yer olduğu için çok sevdiği, küçük kulenin kapısının kalıntısında meditasyon yapmakta.

sonsuza dek kalıcı anısıyla Kalküta'ya doğru yola koyulduk. Üstat hakkında burada başlıca dışsal izlenimlerimi yazmama rağmen onun ruhsal ihtişamının sürekli bilincindeydim. Onun kudretini hissettim ve bu duyguyu göksel bir takdis olarak hep kalbimde saklayacağım."

Amerika, Avrupa ve Filistin'den Sri Yukteswar için birçok hediye getirmiştim. Gülümseyerek kabul etti ancak herhangi bir söz söylemedi. Kendime Almanya'dan bambu bir şemsiye satın almıştım. Hindistan'da onu üstada hediye ettim.

"Bu hediyenin kıymetini gerçekten bileceğim!" Gurumun gözleri bu nadir yorumu yaparken bana çevrildi. Bütün hediyeler içinde ziyaretçilere göstermek için eline aldığı tek şey bambu şemsiyeydi.

"Üstadım, lütfen oturma odasına yeni bir halı almama izin verin." Sri Yukteswar'ın kaplan postunu, halının aşınmış kısmının üzerine yerleştirmiş olduğu dikkatimi çekmişti.

Mart 1938'deki kuruluş yıldönümü kutlaması sırasında, Ranchi Okulu'nun öğretmen ve öğrencilerinin geçit resmi.

Yogoda Satsanga Society Erkek Lisesi'nin öğrencileri 1970 yılında Ranchi'de. Yoganandaji'nin ülküleri esas alınarak kurulan okulda birçok dersler açık havada yapılmakta, öğrencilere akademik ve mesleki eğitimin yanı sıra yoga eğitimi de verilmektedir.

Sri Yogananda (ortada) ve sekreteri C. Richard Wright (sağda, oturan), 17 Temmuz 1936'da Ranchi'de. Etrafındakiler Sri Yogananda'nın yerli kız öğrenciler için kurduğu okulun öğretmen ve öğrencileri.

Ranchi- 1936: Sri Yogananda, Yogoda Satsanga Society Erkek Lisesi'nin öğretmen ve öğrencileriyle birlikte. Yoganandaji trafından Bengal'deki Dihika'da kurulan okul Kasimbazar Mihracesi'nin hamiliği altında 1918'de bu mevkiye taşındı.

"Eğer seni memnun edecekse, yapabilirsin." Gurumun sesi pek heyecanlı değildi. "Bak! Kaplan postum güzel ve tertemiz; ben küçük krallığımın hükümdarıyım. Onun ötesinde sadece dışsal şeylerle ilgilenen engin dünya uzanıyor."

O bu sözleri söylerken yılların geriye katlandığını hissettim. Bir kez daha azarlanmanın ateşinde günbegün arınmakta olan genç müride dönmüştüm!

Kendimi Serampore ve Kalküta'dan koparır koparmaz Bay Wright ile Ranchi'ye doğru yola çıktım. Bu ne yürekten karşılamaydı böyle! On beş yıllık yokluğum esnasında okulun bayrağını dalgalandıran fedakâr öğretmenleri kucaklarken gözlerim yaşardı. Öğrencilerin aydınlık yüzleri ve mutlu gülümseyişleri dikkatle yürütülen okul ve yoga eğitimlerinin değerini yeterini açıklıkla gösteriyordu.

Ne yazık ki, Ranchi Enstitüsü'nü müthiş maddi zorluklar içinde buldum. Sir Manindra Chandra Nundy, Kasimbazar Sarayı'nı merkezi okul binasına dönüştürmüş olan ve cömert bağışlarda bulunan yaşlı mihrace ölmüştü. Halkın yeterli desteğinden mahrum kaldığından, kâr amacı gütmeyen okulun birçok hayır işlerini yürütmesi ciddi tehlike içindeydi.

Ne var ki Amerika'daki yıllarımı, ülkenin pratik faziletini ve engeller karşısında yılmayan ruhunu öğrenmeden geçirmemiştim. Ranchi'de bir hafta boyunca kritik problemlerle güreştim. Bunu Kalküta'da tanınmış liderler ve eğitimcilerle röportajlar, genç Kasimbazar Maharajası ile uzun bir görüşme ve babama finansman için başvuru takip etti. Bir de baktım ki, Ranchi Okulu'nun sallanan temelleri doğruluverdi! Bunun yanında tam zamanında Amerikalı öğrencilerimden birçok bağış ulaştı.

Hindistan'a varışımdan birkaç ay sonra Ranchi Okulu'nun anonim bir hayır kuruluşu olarak devlet tarafından tanınmasını görme mutluluğuna erdim. Daimi olarak bağışla desteklenen bir yoga eğitim merkezi hayalim gerçekleşmişti. Bu arzu bana 1917'de yedi çocuktan oluşan bir grupla mütevazı bir şekilde bu işe başladığımdan beri hep eşlik etmişti.

Yogoda Satsanga Brahmacharya Vidyalaya Okulu ilk, orta ve lise öğrenimini açık havada verilen derslerle yürütmektedir. Yatılı ve gündüzlü öğrenciler aynı zamanda belli bir mesleki eğitim de görmekteler.

Çocuklar birçok aktiviteyi özerk komiteler kanalıyla kendileri düzenlerler. Bir eğitimci olarak mesleğimin ilk yıllarında, bir öğretmeni kandırmaktan şeytani bir zevk alan çocukların, kendileri gibi öğrenci olan arkadaşlarının koydukları disiplin kurallarını neşeyle kabul ettiklerini keşfetmiştim. Kendim asla örnek bir talebe olmadığımdan öğrencilerin çocuksu şakalarına ve problemlerine karşı sempati duymaya hep hazırdım.

Hindistan'a Geri Dönüyorum

Okulda spor faaliyetleri ve oyunlar teşvik edilir, oyun alanları hokey ve futbol maçlarıyla şenlenir. Ranchi öğrencileri sık sık yarışmalarda kupa kazanırlar. Çocuklara istenç gücüyle kaslarını yeniden şarj etme (Yogoda metodu) öğretilmektedir. Bu metot hayat gücünün zihinsel olarak vücudun herhangi bir bölümüne yönlendirilmesidir. Ayrıca *asanalar* (yoga pozisyonları) ile kılıç ve *lathi* (değnek) oyunu öğrenirler. İlkyardım konusunda eğitilen Ranchi öğrencileri bölgedeki kıtlık veya sel felaketi gibi trajik zamanlarda övgüye değer hizmetler sunarlar. Çocuklar ayrıca bahçede de çalışarak kendi sebzelerini yetiştirmektedirler.

Bölgenin yerlileri (*Kol, Santal* ve *Munda* aşiretleri) için ilkokul dersleri verilir. Kız çocukları için dersler komşu köylerde verilmektedir.

Ranchi'nin öğrenim planında kendi alanında eşsiz olan özelliği, *Kriya Yoga* inisiyasyonudur. Talebeler her gün spiritüel egzersizlerini uygular, Gita'dan ilahiler okurlar ve hem ders hem de pratik yoluyla sadelik, fedakârlık, onur ve hakikat gibi faziletleri öğrenirler. Kötülüğün ıstıraba, iyiliklerin gerçek mutluluğa götürdüğünü anlarlar. Kötülük, zehirlenmiş bala benzer, tadı cezbedicidir ancak içinde ölüm gizlenir.

Bedensel ve zihinsel huzursuzluğun konsantrasyon teknikleriyle bertaraf edilmesi şaşırtıcı sonuçlar vermiştir: Ranchi'de bir saat ya da daha uzun süreyle kesintisiz bir pozisyonda, kıpırdamadan ve gözlerini kırpmadan, bakışları üçüncü göze yöneltilmiş vaziyette oturan dokuz-on yaşlarında sevimli küçük bir çocuk görmek nadir bir olay değildir.

Meyve bahçesinde, içinde kutlu üstat Lahiri Mahasaya'nın bir büstü olan bir Shiva tapınağı vardır. Bahçede mango ağaçlarının altında günlük dua ve kutsal yazıt dersleri verilmektedir. Ranchi arsasında kurulu Yogoda Satsanga Sevashram (servis evi) Hastanesi Hindistan'ın fakir halkına ücretsiz cerrahi tedavi ve ilaç yardımı sunar.

Ranchi deniz seviyesinden yaklaşık 600 metre yüksekliktedir, iklim yumuşak ve ılımlıdır. Büyük bir gölcüğün yanında uzanan yaklaşık 10 hektarlık arsaya Hindistan'ın en güzel özel meyve bahçelerinden biri de dahildir. İçinde mango, hurma, guava, litchi ve ekmek ağacı gibi ağaçların bulunduğu 500 meyve ağacı vardır.

Ranchi kütüphanesi çok sayıda dergi, Batı ve Doğu'dan bağışlanan İngilizce ve Bengalce binlerce kitabı içerir. Dünya kutsal yazıtlarına ait bir koleksiyonu da vardır. İyi sınıflandırılmış bir müzede değerli taşlarla arkeolojik, coğrafik ve antropolojik bulgular sergilenmiştir. Yaradan'ın bu çeşitlilik gösteren gezegenindeki

YOGODA MATH, GANJ NEHRİ KIYISINDA, DAKSHİNESWAR - HİNDİSTAN

Yogoda Satsanga Society of India'nın Ana Merkezi, Kalküta yakınında, Paramahansa Yogananda tarafından 1939'da kuruldu.

Hindistan'a Geri Dönüyorum

gezilerim esnasında topladığım çok sayıdaki hatıralar da müzededir.[4]

Bu arada Ranchi Okulu'nun ikâmet olanaklarına ve yoga eğitimine sahip şube liseler de açıldı ve büyümekte. Bunlar Batı Bengal'deki Lakhanpur'da erkek çocukları için Yogoda Satsanga Vidyanpith (okul) ile yine Bengal'deki Ejmalichak kasabasında kurulan lise ve aşramdır.[5]

Dahshineswar'da, Ganj'a bakan görkemli Yogoda Math (aşram) 1938'de

[4] Paramahansa Yogananda tarafından toplanan benzeri objelerle dolu başka bir müze de Self-Realization Fellowship Lake Shrine, Pasifik Palisades, Kaliforniya'da yer almaktadır. (*Yayınlayanın Notu.*)

[5] Bu orijinal çekirdekten şimdi Hindistan'ın çeşitli yerlerinde hem erkek hem de kız çocukları için Yogoda Satsanga Society (Y.S.S.) eğitim enstitüleri yayılmaktadır. Eğitim planları ilk okuldan üniversite seviyesine kadar değişiyor.

Sri Yogananda, Bhagavan Krishna'nın doğum yeri olarak bilinen kutsal Mathura şehrinde, Yamuna nehrinde tekne gezisinde. (Ortada oturandan sağa doğru.) Sri Yogananda'nın ağabeyi Ananta Lal Ghosh'un kızı, Sananda Lal Ghosh (Sri Yogananda'nın kardeşi) ve C. Richard Wright.

açıldı. Kalküta'nın sadece birkaç mil kuzeyindeki aşram şehir sakinleri için bir huzur limanıdır.

Dakshineswar Math Hindistan'da Yogoda Satsanga Society ile okullarının, merkezlerinin ve ülkenin çeşitli bölgelerindeki aşramlarının merkez bürosudur. Yogoda Satsanga Society of India, uluslararası merkez olan Amerika, Kaliforniya'daki Self-Realization Fellowship (Los Angeles) ile yasal olarak birleşmiştir. Yogoda Satsanga[6] faaliyetlerine üç ayda bir *Yogoda* dergisinin yayınlanması ve Hindistan'ın her yanındaki öğrencilere her on beş günde bir derslerin mektupla yollanması da dahildir. Bu dersler Self-Realization Fellowship enerji egzersizleri, konsantrasyon ve meditasyon teknikleri hakkında detaylı bilgi vermektedir. Bunların sadakatle uygulanması, Kriya Yoga konusunda daha yüksek talimatlar için ön çalışmayı oluşturur. Vasıflı öğrencilere Kriya Yoga, sonraki derslerde verilir.

Yogoda'nın eğitimsel, dinsel ve hayırsever faaliyetleri, çok sayıda öğretmen ve yardımcının hizmetlerini gerektiriyor. Kendilerini canla başla işlerine adamış bu bireyleri şükranla anmak isterim. Sayılarının çokluğu nedeniyle isimlerini burada veremiyorum, ancak her biri kalbimde aydınlık bir yere sahip.

Bay Wright, Ranchi öğrencileriyle arkadaşlıklar kurdu; basit bir *dhoti* giyerek, onların arasında bir süre yaşadı. Canlı bir tasvir yeteneği olan sekreterim Bombay, Ranchi, Kalküta, Serampore, nereye giderse gitsin, maceralarını günlüğüne yazdı. Bir akşam ona bir soru sordum:

"Dick, Hindistan hakkındaki izlenimin nedir?"

"Huzur (barış)" dedi düşünceli bir tavırla. "Bu ülkenin aurası huzur."

---

[6] '*Yogoda*' *yoga* (birlik, harmoni, denge) ile *da*'dan (vermek, bildirmek) türer; *Satsanga* ise *sat* (hakikat) ile *sanga*'dan. (Kardeşlik.)

Yogoda, Paramahansa Yogananda tarafından 1916'da, insan bedenini kozmik kaynaktan enerjiyle yeniden şarj etme prensibini keşfettiğinde oluşturduğu bir kelimedir. (Bkz. S. 235-236.)

Sri Yukteswar aşram organizasyonunu *Satsanga* (Hakikat ile Arkadaşlık) diye adlandırdı, müridi Yogananda'da doğal olarak bu ismi devam ettirmek istedi.

Yogoda Satsanga Society (Y.S.S.) of India kâr amacı gütmeyen ve ebediyyen var olmak amacıyla dizayn edilmiş bir kurumdur. Yoganandaji bu ad altında, şimdi Dakshineswar'daki Yogoda Math'taki (Batı Bengal) bir yönetim kurulu tarafından idare edilen, Hindistan'daki çalışmalarını ve kuruluşlarını birleştirdi. Şimdi ülkenin her tarafında Y.S.S. meditasyon merkezleri filizlenmekte.

Batı'da Sanskrit kelimeleri önlemek için Paramahansa Yogananda faaliyetlerini Self-Realization Fellowship adı altında topladı. Sri Mrinalini Mata, hem Y.S.S. hem de S.R.F.'in başkanıdır. (*Yayıncının Notu.*)

BÖLÜM 41

Büyüleyici Güney Hindistan

"Dick, sen bu tapınağa şimdiye kadar girebilen ilk Batılısın. Pek çok kişi bunun için boşuna uğraştı."

Sözlerim üzerine Bay Wright önce şaşkınlıkla baktı, sonra sevindi. Güney Hindistan'da Mysore'a bakan tepelerdeki güzel Chamundi Tapınağı'ndan henüz ayrılmıştık. Orada Mysore'u yöneten ailenin baş koruyucu tanrısı Tanrıça Chamundi'nin altın ve gümüş mihrapları önünde eğilmiştik.

Birkaç gül yaprağını ihtimamla sararken "Bu eşsiz onurun bir hatırası olarak" dedi Bay Wright, "rahip tarafından gülsuyuyla kutsanan bu yaprakları her zaman saklayacağım." Yol arkadaşımla birlikte [1] Mysore eyaletinin konukları olarak, 1935 Kasım'ını güneyde geçiriyorduk. Mihrace'nin [2] varisi, ekselansları Veliath Mihrace Sri Kantheerava Narasimharaja Wadiyar, hızla ilerleme kaydeden bölgesini ziyaret için sekreterimle beni davet etmişti.

Geçen iki hafta boyunca Mysore şehrinde binlerce öğrenci ve vatandaşa, Şehir Kongre Binası'nda, Mihrace'nin Koleji'nde ve Tıp Fakültesi'nde konferanslar vermiştim. Bunları, Bengalore şehrindeki üç büyük toplantıda yaptığım konuşmalar takip etmişti: Milli Lise'de, üniversitede ve üç bin kişinin katıldığı Chetty Şehir Salonu'ndaki toplantılar.

Hevesli dinleyiciler Amerika hakkında çizdiğim parlak tabloya inandılar mı bilemiyorum, ancak en büyük alkış, daima Doğu ile Batı'nın birbirlerinden en iyi yanlarını alarak yapacakları bir değiş tokuşun faydalarından bahsettiğimde kopmuştu.

Bay Wright ile şimdi tropik iklimin huzuru içinde dinleniyorduk. Mysore hakkındaki intibalarına dair, günlüğünde şu kayıtlar var:

"Gözlerimizin, Tanrı'nın gökyüzüne gerdiği tuval üzerinde sürekli değişim halinde olan tabloya (ki, sadece *O'nun* dokunuşu yaşamın tazeliğiyle titreşen renkleri üretebilir) neredeyse aklımız başımızdan giderek dalıp gittiğimiz, coşkulu anlar geçirdik. Renklerin bu canlılığı, insan onu sadece boya

---

[1] Bayan Bletsch akrabalarımla birlikte Kalküta'da kalmıştı.
[2] Mihrace Sri Krishna Rajendra Wadiyar IV.

pigmentleriyle taklit etmeye çalıştığında yok oluyor. Çünkü Tanrı daha etkili, daha basit bir araç kullanmakta; ne yağ ne de pigment, yalnızca ışık ışınları. Göğe savurduğu bir ışık flaşı, bir anda kırmızı olarak yansıyor; fırçasını tekrar salladığında renk yavaş yavaş altuni bir turuncuya dönüşüyor, sonra keskin bir hamleyle bulutlara attığı mor bir bıçak darbesi yaradan dışarıya sızan kırmızı bir saçak ya da lüle bırakıyor ve böylece geceden gündüze bu oyun devam ediyor. Her an değişken, her an yepyeni, her an taptaze; hiçbir renk ve şekli aynen tekrarlamadan. Hindistan'da günün geceye, gecenin de güne değişimindeki güzelliğin başka bir yerle kıyaslanamaz olması bir yana; Tanrı sanki boya kutusundaki bütün renkleri buradaki göklere ihtişamlı bir kaleydoskopik bakışla fırlatmışa benziyor.

Mysore şehrinin 20 km dışındaki dev Krishnaraja Sagar Barajı'na[3] bir akşam vaktinde yaptığımız ziyaretin görkemini nakletmem lazım. Yoganandaji ile beraber, küçük bir çocuğun, motorunu manivelayla çalıştırdığı bir minibüsle güneş tam ufukta fazla olgunlaşmış bir domates gibi batarken yola koyulduk.

Tozlu yol, her yerde görülen kare şeklindeki pirinç tarlaları, serinleten gölgeli *banyan* ağaçları, arada kümelenen hindistancevizi palmiyeleri boyunca uzanıp gidiyordu; hemen hemen her yerde bitki örtüsü bir orman kadar sıktı. Bir dağın tepesine yaklaşırken, yıldızları, palmiyeleri ve diğer ağaçları yansıtan, hoş teraslı bahçelerle dizi dizi elektrik ışıklarıyla çevrelenmiş muazzam bir suni göl gördük.

Barajın kıyısında baş döndürücü bir manzaraya tanık olduk; pırıl pırıl renklerle fışkıran gayzer kaynaklarını andıran ışınlar, dökülen alacalı mürekkep şelaleleri gibiydi. Harikulade mavi, kırmızı, yeşil ve sarı şelalelerle su fışkırtan muhteşem taş filler vardı. Aydınlatılmış fıskiyelerinin bana 1933'te Şikago'daki Dünya Fuarı'nı hatırlattığı bu baraj, pirinç tarlaları ve basit insanlarıyla bu çağlar kadar eski ülkede oldukça modern bir şekilde göze çarpıyordu. Hintliler bizi öyle bir sevecenlikle karşıladılar ki, korkarım Yoganandaji'yi Amerika'ya geri getirebilmek için benim sınırlarımı aşan bir güç gerekecek!

Olağanüstü diğer bir tecrübem de ilk kez bir file binişimdi. Dün Veliaht Raca bizi fillerinden biriyle gezinmemiz için yazlık sarayına davet etti. İpek minderli ve kutu gibi olan '*howdah*' ya da eyere ulaşmak için bir merdivene tırmandım. Ve ondan sonra macera başladı: Oraya buraya sallanarak, ileri

---

[3] Baraj, 1930'da ipeği, sabunu ve sandal ağacı yağıyla ünlü Mysore Şehri'nin civarındaki bölgeyi sulama amacıyla yapılmıştır.

geri kayarak, havalanıp, tekrar hayvanın sırtına konarak ilerledim. Öyle heyecanlanmıştım ki, ne korkmaya ne de bağırmaya fırsat bulamadım. Sadece tatlı hayatına sarılan biri gibi mindere sıkıca yapıştım!"

Tarihi ve arkeolojik kalıntılar açısından zengin olan Güney Hindistan tarif edilemez bir çekiciliğe sahip. Mysore'un kuzeyindeki Hyderabad, muazzam Godavari Nehri'nin böldüğü harikulade güzel bir plato üzerinde kurulmuş. Geniş, verimli ovalar, hoş görünüşlü Nilgiris ya da 'Mavi Dağlar', kireç taşı veya granitten oluşan çorak tepelerle kaplı topraklar. Hyderabad'ın tarihi, 3.000 yıl önce Andra krallarıyla başlayarak MS 1294'te Müslüman egemenliğine geçene kadar Hindu hanedanlarıyla devam eden uzun ve renkli bir hikâye.

Bütün Hindistan'ın mimari, plastik ve görsel sanatlara ait en nefes kesen eserleri Hyderabad'da, Ellora ve Ajanta'daki taştan heykellerle bezenmiş, çağlar kadar eski mağaralarda görülür. Dev bir yekpare kayadan oyulmuş bir tapınak olan Ellora'daki Kailasa, Mikelangelo'nun olağanüstü boyutlardaki eserlerini hatırlatan; Tanrı, insan ve hayvan figürleriyle işlenmiş. Ajanta yirmi beş manastırla beş katedralin kayalara oyulduğu ünlü bir şehir. Muazzam sütunlar tarafından ayakta tutulan bu yapılarda birçok ressam ve heykeltıraş, dehalarını ebedileştirmiş.

Hyderabad şehrine Osmaniye Üniversitesi ile içinde on bin Müslüman'ın namaz kılabildiği Mecca Masjid Camisi ayrı bir özellik katmaktadır.

Deniz seviyesinden 900 m yükseklikteki Mysore eyaleti; vahşi fillerin, ayı, panter ve kaplanların yaşadığı yoğun tropik ormanlarla örtülüdür. En büyük iki şehri Bengalore ve Mysore güzel parkları ve bahçeleriyle yemyeşil ve çekicidir.

Mysore'da Hindu mimari ve plastik sanatları en yüksek noktasına, 11. yüzyıldan 15. yüzyıla kadar Hindu krallarının yönetimi altındayken ulaşmıştı. Kral Vishnuvardhana'nın saltanatı esnasında, 11. yüzyılda tamamlanan bir sanat harikası olan Belur'daki tapınak, detaylardaki zarafetiyle resimsel tasvirleri açısından dünyada eşsizdir.

Mysore'un kuzeyindeki dikili taşlara yazılı fermanlar MÖ 3. yüzyıldan kalmadır. Geniş imparatorluk toprakları içine Hindistan, Afganistan ve Belucistan'ı alan Kral Asoka'nın [4] anısını canlandırırlar. Asoka'nın birçok lisanda

---

[4] İmparator Asoka Hindistan'ın çeşitli bölgelerinde 84.000 dini mabet (*stupas*) diktirdi. Bunlardan günümüze 14 taş dikitle 10 taş sütun kalmıştır. Her bir taş sütun teknik, mimari ve heykeltıraşçılığın en mükemmelliğine ulaşmış ustalığını yansıtır. Asoka birçok su deposu, baraj, sulama kanallarıyla üzerinde yolcuların dinlenmesi için hanlar bulunan, etrafı gölgelik ağaçlarla sıralı geniş yollar ve tıbbi amaçlar için, botanik bahçeler içinde insan ve hayvanları tedavi eden hastaneler yaptırdı.

yazılmış 'taş üstündeki vaazlar'ı' zamanındaki yüksek kültür seviyesine tanıklık eder. Dördüncü dikili taş savaşı reddeder: "Dinin zaferinin dışında hiçbir galibiyeti zafer olarak görme." Birinci taş ferman "gerçek armağanın" mal mülkte değil, hayır işlerinde ve hakikatın yayılmasında olduğunu söyler. Altıncı taş yazıtta, sevgili imparator; halkının, günün ve gecenin her saatinde, her türlü umumi iş konusunda kendisine başvurabileceklerini bildirir ve "krallığa ait görevlerini sadakatle yerine getirebilmekle halkına karşı olan minnetinden kurtulmakta olduğunu" sözlerine ilave eder.

Asoka Büyük İskender'in Hindistan'da bıraktığı garnizonları imha ederek MÖ 305 yılında Seleucus'un ülkeyi istila eden Makedonyalı ordusunu yenilgiye uğratan müthiş Chandragupta Maurya'nın torunuydu. Chandragupta daha sonra, bize zamanının mutlu ve dinamik Hindistan'ına ait tasvirler bırakmış olan Yunanlı büyükelçi Megasthenes'i Pataliputra'daki[5] sarayında huzuruna kabul etti.

MÖ 298'de muzaffer Chandragupta Hindistan'ın idaresini oğluna devretti. Güney Hindistan'a giden Chandragupta ömrünün son on iki yılını, şimdi mabet olan Mysore-Sravanabelagona'da bir mağarada Tanrısal idrake ulaşmaya çalışan meteliksiz bir münzevi olarak geçirdi. Aynı bölgede MÖ 983 yılında Jainler'in bilge Gomateswara'yı onurlandırmak üzere muazzam bir kayadan oydukları dünyanın en büyük heykeli bulunuyor.

Büyük İskender'e Hindistan seferinde eşlik etmiş olan Yunanlı tarihçiler, ilginç hikâyeleri hemen anında kaydetmişlerdir. Arrian, Diodor, Plutarch ve coğrafyacı Strabo'nun kaleme aldığı tasvirler, Dr. Mc Crindle[6] tarafından tercüme edilmiştir ve bize o zamanların Hindistan'ındaki yaşam hakkında bilgiler vermektedir. Büyük İskender'in başarısızlığa uğrayan istilasında en hayranlık veren olay, onun Hint felsefesiyle ilgili konuşmalara ve zaman zaman karşılaştığı yogilerle kutsal adamlara karşı gösterdiği derin ilgidir. Batılı savaşçı Kuzey Hindistan'daki Taiila'ya ulaşır ulaşmaz şehrin büyük bir *sannyasi*'si olan Dandamis'i kendisine getirmesi için Onesikritos'u (Diyojen'in Helenik Okulu'ndan bir mürit) yolladı.

---

[5] Pataliputra Şehri'nin (bugünkü modern Patna) hayret uyandırıcı bir hikâyesi var. Buddha, şehri M Ö 6. y.y.'da, henüz önemsiz bir kaleyken ziyaret etmiş ve şu kehanette bulunmuştu: "Aryenler yerleştikçe ve tüccarlar seyahat ettikçe, Pataliputra onlar için her çeşit malların değiş - tokuş edildiği bir merkez ve bir başşehir olacaktır." (*Mahaparinirbana Sutra.*) İki asır sonra Pataliputra Chandragupta Maurya'nın geniş imparatorluğunun başşehri oldu. Torunu Asoka metropole daha da büyük bir bereket ve debdebe getirdi. (Sayfa xxiv'e bakınız.)

[6] Altı ciltten oluşan *Ancient India* (Antik Hindistan) - Kalküta: Chuckervertty, Chutterjee & Co. 15 College Square; 1879. 1927'de yeni baskı.

Onesikritos Dandamis'i çekildiği inzivada bularak "Selam olsun, Ey *Brahminlerin* öğretmeni!" dedi. "Kudretli Tanrı Zeus'un oğlu ve bütün insanların yüce efendisi olan İskender seni görmek istiyor. Çağrısına uyarsan seni büyük armağanlarla ödüllendirecek, reddedersen başını uçuracak!"

Yogi, bu oldukça tehditkâr daveti sükûnetle dinledi ama yapraklardan oluşan divanından başını bile kaldırıp bakmadı.

"Eğer İskender öyleyse ben de Zeus'un oğluyum" diyerek devam etti: "İskender'e ait olan hiçbir şeyi istemiyorum, çünkü sahip olduğum şeyle yetiniyorum. İskender ise hiçbir yararını göremeden adamlarıyla denizler ve karalar üzerinden ilerliyor; ancak seferlerinin hedefine bir türlü ulaşamıyor. Git ve İskender'e söyle ki, En Üstün Kral olan Tanrı asla küstah yanlışların yazarı değil; ışığın, barışın, hayatın, suyun ve insan bedenleriyle ruhlarının yaratıcısıdır. O bütün insanları, ölüm onları özgür kıldığında huzuruna kabul ederken hiçbir şekilde uğursuz hastalıklara meyil göstermez. Benim hürmet gösterdiğim Tanrı ancak, insanları katletmekten nefret eden ve savaşçıları kışkırtmayan Tanrı'dır. Kaçınılmaz olarak ölümün tadına bakacağı için İskender Tanrı değildir. Henüz içsel evrenin hükümdarlığının tahtına oturmamışken onun gibi biri nasıl dünyanın efendisi olabilir? Ne henüz canlı olarak ölüler diyarına adım atmıştır, ne de güneşin bu yeryüzünün engin bölgelerine uzanan istikametini bilir ki, oralardaki milletlerin çoğu henüz onun adını bile duymamıştır!"

Dünyanın efendisinin kulağına giden en ağır hakaret olduğu şüphe götürmeyen bu paylamadan sonra bilge, alaylı bir tavırla devam etti: "Eğer İskender'in şimdiki hükümdarlığı onun ihtirasları için yeterince büyük değilse bırak Ganj Nehri'ni geçsin; orada bütün adamlarını besleyebilecek bir ülke bulacak.[7] İskender'in vaat ettiği hediyeler benim için yararsız. Benim gerçekten değer verdiğim şeyler bana sığınak sağlayan ağaçlar, günlük yiyeceğimi sunan taze bitkiler ve susuzluğumu gideren sudur. Endişeli ve ihtiraslı düşünceler sayesinde bir araya toplanmış mal mülkse, sahibine sadece ızdırap ve felaket getiren, bütün aydınlanmamış insanların sıkıntılarına neden olan şeylerdir.

Bana gelince, ormandaki yaprakların üzerine uzanarak, göz kulak olacağım hiçbir şey olmadan gözlerimi kapatarak rahat uyurum. Eğer dünyalık değere sahip bir şeyim olsaydı, uykumu kaçırırdı. Tıpkı bir annenin çocuğuna

---

[7] Ne İskender ne de onun generallerinden biri Ganj'ı geçebilmiştir. Kuzey-Batı Hindistan'da çetin bir dirençle karşılaşan Makedonyalılar, ayaklanarak daha ileri gitmeyi reddettiler. İskender böylece Hindistan'ı terk etmeye zorlandı. Daha sonra İran'da yeni fetihler peşinde koştu.

süt sağlaması gibi, yeryüzü bütün ihtiyaçlarımı karşılıyor. Maddi kaygılarım olmaksızın canımın istediği her yere gidiyorum.

İskender başımı kesebilir ama ruhumu tahrip edemez. Böylelikle susturabileceği dudaklarımla paralanmış bir giysiye dönecek olan bedenim, elementlerini ödünç veren yeryüzünde kalacak. Yani ben 'Ruh'a dönüşerek Tanrı'ya döneceğim. O bizi ete kemiğe büründürüp; acaba burada, aşağıda kanunlarına uygun yaşayacak mıyız diye sınamak için yeryüzüne yolladı. Ve burayı terk ettiğimizde bizden hayatımızın hesabını soracak. Bütün yapılan yanlışların Yargıcı O'dur; zulmedilenin iniltileri, zulmedenin cezalandırılmasını gerektirir.

İskender dünyalık mal mülk arzulayan ve ölüm karşısında korku duyanlara tehditleriyle dehşet saçabilir. Brahminler'e karşı silahları güçsüzdür, biz ne altın severiz ne de ölümden korkarız. Şimdi git ve İskender'e şunu söyle: Dandamis'in sana ait olan hiçbir şeye ihtiyacı yok, bundan ötürü sana gelmeyecek. Eğer Dandamis'ten herhangi bir şey istiyorsan, sen ona git."

Onesikritos mesajı gereğince iletti; İskender büyük bir dikkatle dinledi ve "yaşlı ve çıplak olmasına rağmen şahsında, birçok milletlerin fatihi olan kendisine en yaraşan rakibi gördüğü Dandamis'i görme isteği daha da arttı.

İskender felsefi sorulara etkili ve anlamlı cevaplar vermedeki hünerleriyle tanınan birçok *Brahmin* münzeviyi Taiila'ya davet etti. Bu sözsel çatışmaların bir özeti Plutarch tarafından verilmiş, soruların tamamını İskender'in kendisi formüle etmiştir:

"Hangisi daha çok, yaşayanlar mı yoksa ölüler mi?"

"Ölüler olmadığı için, yaşayanlar."

"Hangisi daha çok hayvanları barındırır, karalar mı, denizler mi?"

"Karalar, çünkü denizler karaların sadece bir parçasıdır."

"En akıllı hayvan hangisidir?"

"İnsanın henüz kendisiyle tanışmamış olduğu hayvan." (İnsan bilinmeyenden korkar.)

"İlk önce hangisi var oldu, gündüz mü yoksa gece mi?"

"Gündüz bir gün kadar önceydi." Bu cevap üzerine İskender şaşırdı. *Brahmin* şöyle ekledi:

"İmkânsız sorular imkânsız cevapları gerektirir."

"Bir insan kendisini en iyi nasıl sevdirir?"

"Bir insan eğer büyük kudrete sahip olmasına rağmen yine de kendisinden korkulmasına yol açmazsa, sevilecektir."

"İnsan nasıl tanrı olabilir?" [8]

"İnsan tarafından yapılması mümkün olmayanı yaparak."

"Hangisi daha güçlü, yaşam mı yoksa ölüm mü?"

"Yaşam, çünkü o birçok kötülüğe tahammül etmektedir."

İskender, Hindistan'dan ayrılırken gerçek bir yogiyi öğretmeni olarak yanına alabilmeyi başardı. Bu, Yunanlılarca 'Kalanos' diye anılan Kalyana idi (Swami Sphines.) Bilge, İskender'e İran'a kadar eşlik etti. Kalanos önceden bildirdiği bir gün, İran'daki Sasu'da, bütün Makedonya ordusunun gözleri önünde yanan alevlerin içine girerek, yaşlı bedenini terk etti. Tarihçiler, yoginin ne acı ne de ölümden korkmayışını hayretler içinde gördüklerini kaydederler. Alevler içinde yanıp kül olurken olduğu yerden bir kez bile kıpırdamamıştı. Ateşe girmeden önce birçok yakın yol arkadaşını kucaklayan Kalanos İskender'e veda etmemiş ve ona sadece şöyle demişti:

"Seni daha sonra Babil'de göreceğim."

İskender İran'dan ayrıldı ve bir yıl sonra Babil'de öldü. Hintli guru, kehaneti yoluyla İskender ile yaşamda ve ölümde beraber olacağını belirtmek istemişti.

Yunanlı filozoflar bize Hint toplumuna ait birçok canlı ve esinlendiren tasvirler bırakmışlardır. Arrian'ın anlattığına göre Hindu kanunu halkı korur ve "onlardan hiçbirinin, hiçbir şart altında bir köle olamayacağını; ancak kendileri özgürlüğü tadarken, bütün insanların eşit haklarına saygı göstermeleri gerektiğini" emreder. [9]

"Hintliler" diye anlatır başka bir metin, "ne tefeciliği ne de borç almayı bilirler. Haksız bir şeye neden olmak ya da haksızlığa uğramak onların yaşam tarzına aykırıdır, bundan dolayı ne kontrat yaparlar ne de teminat isterler." Hastalıkların tedavisi basit ve doğal yollarla yapıldığı anlatılır. "Tedavi tıbbi ilaçlardan çok, uygun diyetle başarıya ulaşır. Hastalığa karşı en rağbet gören çare merhem ve yakılardır. Diğer bütün ilaçlar tehlikeli olarak değerlendirilir."

Savaşla ilgili bütün hususlar sadece Kshatriyalar'a (savaşçı kast) bırakılmıştı. "Tarlasında çalışan bir çiftçiyle karşılaşan bir düşman, ona zarar

---

[8] Bu sorudan "Zeus'un Oğlu"nun, kendisinin mükemmelliğe erişmiş olduğundan arasıra şüpheye düştüğü sonucunu çıkarabiliriz.

[9] Bütün Yunanlı gözlemciler Hindistan'da, köleliğin olmayışını anlatırlar. Bu, Helenik toplum yapısına tamamıyla aykırı bir özelliktir.

Profesör Benoy Kumar Sarkar'ın Creative India (Yaratıcı Hindistan) adlı eseri, Hindistan'ın ekonomide, politik bilimlerde, edebiyatta, sanatta ve sosyal felsefe alanlarındaki karakteristik değerleriyle eski ve modern başarılarının detaylı bir resmini çizer. (Lahore: Motilal Banarsi Dass, Publishers, 1937, 714 sayfa.)

Tavsiye edilebilecek başka bir eser de: Indian Culture Through The Ages, (S. V. Venkateswara tarafından, New York: Longmans, Green & Co.)

vermez; çünkü bu sınıfa ait insanlar halkın yararına çalışanlar olarak görülür ve her türlü kırımdan korunurlar. Toprak böylece tahrip edilmekten korunarak, toplumun mutlu yaşayabilmesi için zorunlu olan ürünleri verirdi."

Mysor'da her yerde mevcut olan dini mabetler, Güney Hindistan'ın çok sayıdaki büyük ermişlerinin anısını canlı tutar. Bu üstatlardan biri olan Thayumanavar bize şu dizeleri bırakmıştır:

> Çılgın bir fili kontrol edebilirsin
> Ayının ve kaplanın ağzını kapatabilirsin
> Aslanın sırtına binip, kobrayla oynayabilirsin
> Rızkını simyayla kazanabilirsin
> Görünmeden bütün evrende dolaşabilirsin
> Tanrıları kendine esir edip, ebediyen genç kalabilirsin
> Su üzerinde yürüyüp, ateş içinde yaşayabilirsin
> Ancak, zihni kontrol edebilmek daha iyidir ve daha zordur.

Trafiğin nehirler üzerinden aktığı, Hindistan'ın en güneyinde yer alan güzel ve verimli Travancore eyaletinde Mihrace, çok eskilerde, çeşitli küçük eyaletlere el konarak, Taravancore'a katılması için yapılan savaşlar yüzünden maruz kalınan günahların kefaretini ödemek maksadıyla her yıl geleneksel bir zorunluluğu üstlenir. Her yıl, elli altı gün boyunca Mihrace, Vedik ilahileri dinlemek için günde üç kez tapınağı ziyaret eder; kefaret ödeme seremonisi *'lakshadipam* ile yani tapınağın yüz bin ışıkla aydınlanmasıyla sona erer.

Hindistan'ın güneydoğusundaki Madras vilayeti bir düzlükte kurulmuş Madras ve Conjeeveram şehirlerini de içerir. Madras bir düzlükte kurulmuş, geniş ve denizle çevrili bir şehirdir. Conjeeveram, Altın Şehir, milattan sonraki ilk yüzyıllarda hüküm sürmüş olan Pallava Hanedanlığı'nın başşehriydi. Modern Madras vilayetinde Mahatma Gandhi'nin şiddet kullanmaya karşı olan idealleri halkın çoğu tarafından benimsenmiştir. Onun öğretisini takip edenlerce takılan beyaz 'Gandhi takkeleri' her yerde göze çarpmaktadır. Mahatma'nın etkisiyle Güney Hindistan'da paryalara (untouchables) yönelik önemli birçok tapınak ve kast reformları yapılmıştır.

Büyük kanuncu Manu tarafından formüle edilen kast sisteminin orijinal tasarımı takdire değerdi. Manu, insanların doğal evrim tarafından dört büyük sınıfa ayrıldığını belirtmişti: Topluma bedensel iş yaparak hizmet sunma kabiliyeti olanlar (*Sudralar*); hünerleriyle zihinsel olarak tarım, ticaret, toplumsal ilişkiler alanında hizmet edenler (*Vaisyalar*); yönetici, icracı ve koruyucu olanlar, liderler ve savaşçılar (*Kshatriyalar*); tefekküre eğilimli tabiatlarıyla ruhsal olarak esinlenmiş olan ve esinlendirenler (*Brahminler*).

"Ne doğum, ne dini ayinler, ne öğrenim, ne de kalıtım bir insanın iki kez doğmuş, yani *Brahmin*, olduğunu belirleyebilir" diye açıklar *Mahabharata*; "buna ancak karakter ve davranış karar verebilir." [10] Manu, topluma, bilgelik ve fazilete sahip olanlara, belli bir yaşa ulaşanlara ve son olarak, mal ve mülke sahip olanlara saygı göstermesini öğretti. Mal sahiplerinden en son sırada bahsedilir. Vedik Hindistan'da hayır işlerinde kullanılmayıp, kendine saklanan ve istif edilen servet hor görülür, küçümsenirdi. Büyük zenginliğe sahip cimri insanlara toplumda oldukça düşük bir yer verilirdi.

Kast sistemi yüzyıllar boyunca sertleşerek kalıtımsal bir form aldığında, ciddi musibetler doğdu. 1947'den beri bağımsız olan Hindistan, temelde doğuma değil de, doğal vasıflara dayanan kast sisteminin çok eski değerlerini onarmakta yavaş fakat etkili gelişmeler kaydetmektedir. Yeryüzündeki her ulus, mutsuzluk getiren ve bertaraf edilmesi gereken, kendine ait bir karmaya sahiptir. Hindistan da çok yönlü ve zapt edilemez ruhuyla kast reformuyla bu görevi yerine getirmeye çalıştığını kanıtlamaktadır.

Güney Hindistan öyle büyüleyiciydi ki, Bay Wright'la seyahatimizi severek uzatabilirdik. Ancak insafsız zaman buna izin vermedi. Kalküta Üniversitesi'ndeki Hint Felsefe Kongresi'nin kapanış konuşmasını yapmaya

---

[10] "Bu dört kasttan birine dahil oluş, aslen, bir insanın doğumuna değil de, onun yaşamında seçmiş olduğu amacın kanıtladığı doğal kapasitelerine bağlıdır" diye bahsediyor Tara Mata *Doğu-Batı* Magazini'nde Ocak 1935'te yayınlanan bir makale. "Bu amaç (1) *kama*; yani arzu, duyuların aktif olduğu bir yaşam (*Sudra* mertebesi), (2) *artha*, yani kazanç, arzuları yerine getirmek ancak kontrol de etmek (*Vaisya* mertebesi), (3) *Dharma*, yani ben'ini disiplin altına almak, sorumlu yaşam ve doğru icraat (*Ksathriya* mertebesi), (4) *moksha*, yani kurtuluş, spiritüel yaşam ve dini öğreti (*Brahmin* mertebesi). Bu dört sınıf insanlığa (1) bedensel, (2) zihinsel, (3) istenç - gücüyle (4) ruhsal olarak hizmet eder.

Bu dört mertebe aynı zamanda ezeli 'gunalar'ı yani doğanın *tamas* (tıkayıcı, engelleyici), *rajas* (hareketli, faal) ve *sattwa* (yayılma, genleşme) ya da kütle, enerji ve zekâ sıfatlarına tekabül eder. Dört doğal sınıf, *gunalar* tarafından (1) *tamas* (cehalet), (2) *tamas - rajas* (cehalet ve faaliyetin karışımı), (3) *rajas - sattwa* (doğru davranışla aydınlanışın karışımı), (4) *sattwa* (aydınlanış) olarak belirlenir. Böylece doğa her insanın kastını (sınıf), onun yapısında gunalardan birinin ya da iki gunanın karışımının ağır basışıyla işaretlemiştir. Tabii ki her insan, yapısında değişen oranlarda her üç *gunaya* sahiptir. Guru, bir insanın kastını ya da evrimsel seviyesini doğru olarak saptayabilir.

Bir dereceye kadar teoride olmasa da pratikte bütün ırklar ve milletler kast sistemine sahiptirler. Büyük özgürlüğün olduğu yerlerde, özellikle doğal kastların aşırı uçları arasındaki evliliklerde birbirine karışma sonucunda ırk yavaş yavaş azalarak, silinir. *Puraba Samhita* böyle karışmış milletleri kendi ırkını temsil etmekten uzak melezler olarak tanımlar. Suni ırklar en sonunda tükenirler. Tarih, artık yaşayan hiçbir temsilcisi kalmamış olan birçok büyük ırka ait bolca kanıt sunmaktadır. Hindistan'daki kast sistemi, onun en derin düşünürleri tarafından her türlü aşırı karışmaya karşı tedbir olarak düşürülmüş olup, ırkın saflığını muhafaza ederek, diğer birçok eski ırk yeryüzünden tamamıyla ortadan kaybolurken, O'nun kendini binlerce yıl boyunca emniyetle sürdürmesini sağlamıştır."

davetliydim. Mysore'a ziyaretimizin sonunda, Hindistan Bilim Akademisi'nin başkanı Sir C.V. Raman ile bir sohbetin tadını çıkardım. Bu parlak zekâlı Hindu fizikçi, 1930'da ışığın difüzyonu üzerine olan önemli keşfi, 'Raman Etkisi' ile Nobel Ödülü'ne layık görülmüştü.

Madras'taki öğrenci ve arkadaşlarla gönülsüzce vedalaştıktan sonra Bay Wright ile seyahatimize devam ettik. Yol üzerinde, Sadasiva Brahman'ın [11] kutsal anısına dikilmiş küçük bir tapınağın önünde durduk. Brahman'ın 18. yüzyıldaki yaşamı mucizelerle doluydu. Nerur'daki Pudukkotai Racası tarafından diktirilen ve daha büyük olan Sadasiva Mabedi birçok ilahi şifa vakalarına tanık olmuş bir hac yeridir. Pudukkotai'nin başarılı hükümdarları, Sadasiva'nın 1750'de o zamanın yönetici prensine yazdığı dini talimatları kutsal ilan etmişlerdi.

Sevilen ve tamamıyla aydınlanmış üstat Sadasiva'ya ait birçok garip hikâye hâlâ Güney Hindistan köylüleri arasında dolaşır. Kaveri Nehri'nin kıyısında bir gün *samadhi*'ye dalmışken Sadasiva'nın, ani bir sel tarafından sürüklendiği görülür. Haftalar sonra onu Coimbatore Bölgesi'nde Kodumuvi yakınlarında, bir çamur tabakasının içine derinlemesine gömülmüş halde bulurlar. Köylülerin kürekleri bedenine dokunduğunda ermiş doğrulup hızla yürüyerek uzaklaşır.

Gurusu, yaşlı bir Vedanta öğretmeniyle diyalektik tartışmaya giriştiğinden dolayı onu azarlayınca Sadasiva bir muni (konuşmayan ermiş) olur. "Bir genç olarak ne zaman dilini tutmayı öğreneceksin?" demiştir gurusu.

"Sizin takdisinizle hatta şu andan itibaren" cevabını verir.

Sadasiva'nın gurusu, *Dharavidya Prakasika* ile *Uttara Gita* üzerine derin bir tefsirin yazarı Swami Sri Paramasivendra Saraswati idi. Aşk sarhoşu Sadasiva'nın sık sık caddelerde çırılçıplak dans ederken görülmesinden rahatsız olan bazı faniler gurusuna gelerek onu şikâyet ettiler. "Efendim" dediler, "Sadasiva bir deliden farksız."

Ancak Paramasivendra neşeyle güldü. "Oh!" diye bağırdı. "Keşke herkes onu gibi bir çılgın olsa!"

Sadasiva'nın hayatında, İlahi El'in birçok kez tuhaf ve güzel tezahürlerle dokunuşuna tanık oluruz. Bu dünyada haksızlık gibi gözüken birçok şey vardır ancak Tanrı âşıkları, sayısız vakada O'nun adaleti yerine getirişini

---

[11] Resmi adı Swami Sri Sadasivendra Saraswati idi. Bu ad altında *Brahma Sutralar* ve Patanjali'ni *Yoga Sutraları* üzerine yorumlarını yazmıştı. Hindistan'da günümüzün filozoflarından büyük hürmet görür. Mysore'daki Sringeri Math'ın son Shankaracharyalarından majesteleri Sri Chandrasekhara Swaminah Bharati Sadasiva için ilham veren bir kaside yazmıştı.

kanıtlayabilirler. Bir gece Sadasiva vecde dalmışken zengin birinin mısır deposunun yakınlarında mola vermişti. Çok geçmeden, hırsızlara göz kulak olan üç bekçi ermişe vurmak üzere sopalarını kaldırdılar. Bir de ne görsünler! Kolları donup kaldı. Bekçiler, Sadasiva tan vaktinde oradan uzaklaşana kadar benzersiz bir tablo oluşturarak, kolları havada donmuş vaziyette heykel gibi kalakalmışlardı.

Başka bir zaman büyük üstat, işçilerine yakacak odun taşıtan bir ustabaşı tarafından çalışmaya kabalıkla zorlanmıştı. Sessiz ermiş yükünü tevazu içinde istenen noktaya taşıyarak oradaki büyük bir yığının üzerine koydu. Anında bütün yığın alev alıverdi.

Sadasiva da, Trailanga Swami gibi, üzerine hiçbir şey giymezdi. Çıplak yogi bir sabah dalgınlıkla Müslüman bir kabile reisinin çadırına girdi. İki karısı korku içinde çığlık attılar. Savaşçı, bir kılıç darbesiyle Sadasiva'nın kolunu kopardı. Üstat buna aldırmayarak olay yerinden uzaklaştı. Pişman olan şaşkın Müslüman yerdeki kesik kolu alarak Sadasiva'nın peşinden gitti. Yogi kolu sükûnetle alarak, kanayan yaraya yapıştırdı. Kabile reisi mütevazı bir şekilde kendisinden ruhsal eğitim istediğinde, Sadasiva parmağıyla kuma şöyle yazdı:

"Canının istediğini yapma, ancak ondan sonra ne seviyorsan onu yapabilirsin."

Müslüman zihinsel olarak öyle esinlenmişti ki, bu paradoks içeren talimatı, benliğini kontrol altına almak suretiyle ruhunu özgürlüğe kavuşturacak bir kılavuz olarak anladı.

Bir gün köyün çocukları Sadasiva'nın huzurunda, 240 km uzaklıktaki Madura'daki dini festivaline gitmek istediklerinden bahsettiler. Yogi onlara bedenine dokunmalarını işaret etti. Hoppala! Anında bütün grup Madura'ya yollanmıştı. Çocuklar binlerce hacı arasında güle oynaya dolaştılar. Birkaç saat sonra yogi küçük veletleri yine kendine özgü basit yolculuk yöntemiyle geri getirdi. Çocukların hayretler içindeki aileleri, Madura'daki resmigeçit hakkında canlı hikâyeler dinlerken, çocuklarının beraberinde torbalar içinde Madura tatlıları getirmiş olduklarını gördüler.

İnançsız bir genç, ermişle ve duyduğu hikâyeyle alay etti. Çocuk Srirangam'da kutlanan bir sonraki dini festivali fırsat bilerek Sadasiva'ya sokuldu.

"Üstat" dedi küçümsemeyle "neden diğer çocukları Madura'ya götürdüğün gibi beni de Srirangam'daki festivale götürmüyorsun?"

Sadasiva razı oldu, çocuk göz açıp kapayana kadar kendini uzaktaki

Bir Yoginin Otobiyografisi

Ramana Maharshi ve Paramahansa Yogananda Sri Ramana'nın Arunachala aşramında

şehrin curcunası içinde buluverdi. Fakat hayret! Çocuk geri dönmek istediğinde ermiş neredeydi? Bitkin çocuk onca yolu yürüyerek, "tabanvay"la geri dönmek zorunda kalmıştı!

Güney Hindistan'dan ayrılmadan önce Sri Ramana Maharishi'yi ziyaret etmek için Bay Wright ile Tiruvannamalai yakınındaki Arunachala kutsal tepesine bir hac yolculuğu yaptık. Bilge bizi aşramında içtenlikle karşılayarak, bir köşede istiflenmiş duran *Doğu-Batı* dergilerini işaret etti. Onunla ve müritleriyle geçirdiğimiz saatler boyunca ermiş, genellikle sükût halindeydi. Yumuşak çehresinden ilahi aşk ve bilgelik yayılmaktaydı.

Izdırap çeken insanlığa, unuttukları mükemmellik haline yeniden ulaşmalarında yardım etmek için Sri Ramana, insanın kendisine sürekli şu soruyu sorması gerektiğini öğretir: "Ben kimim?" Gerçekten de büyük bir sorudur bu. Bütün diğer düşüncelerin ciddiyetle reddedilişiyle mürit çok geçmeden, gerçek ben'inin daha ve daha derinlerine daldığını görür ve onu önemsiz şeylerle uğraştıran, şaşırtıcı düşüncelerin içinde doğmasını gitgide engeller. Güney Hindistan'ın bu aydınlanmış bilgesi şöyle yazmıştı:

> İkilikler (duality) ve üçlükler (trinity) tutunacak bir şey ararlar,
> Destek görmeden asla belirmezler;
> O destek aranıp bulunmayınca, gevşeyip düşerler.
> Ve gerçek kalır geriye.
> Onu gören asla sendelemez.

Swami Sri Yukteswar ve Paramahansa Yogananda 1935 yılında Kalküta'da yapılan dini geçit töreninde. Pankartlarda Sanskrit dilinde yazılı dizelerin anlamları şöyle: (Üstteki) "Uluların yolunu izle." (Alttaki Swami Shankara'nın bir deyişi.) "Kısa bir süre için bile olsa, ilahi şahsiyetlerle birlikte olmak günahlarımızı bağışlatır, kusurlarımızı affettirir."

BÖLÜM 42

Gurumla Son Günlerim

"Guruji, bu sabah seni yalnız bulduğuma memnunum." Hoş kokular saçan meyveler ve güller taşıyarak Serampore Aşramı'na henüz varmıştım. Sri Yukteswar uysalca bana baktı.

"Bana ne sormak istiyorsun?" Üstadım sanki kaçacak yer arıyormuş gibi etrafa bakındı.

"Guruji, size bir lise öğrencisi olarak gelmiştim; şimdi yetişkin bir adam oldum, hatta saçlarımda bir iki ağarmış tel bile var. İlk günden itibaren üzerime sessiz sevginizi saçmış olmanıza rağmen, farkındamısınız sadece bir defa ilk karşılaştığımız gün, beni sevdiğinizi söylemiştiniz" diye yalvarırcasına baktım ona.

Üstadım bakışlarını yere çevirdi. "Yogananda, kalbimin sessizliğinde en güzel şekilde saklanan sıcak duygularıma kelimelerin soğuk giysisini mi giydirmeliyim?"

"Guruji, beni sevdiğinizi biliyorum, ancak ölümlü kulaklarım bunu dudaklarınızdan duymak için can atıyor."

"Arzu ettiğin gibi olsun. Evlilik hayatım boyunca sık sık, yogik yolda eğitmek için bir oğulun özlemini duydum. Ser hayatıma girdiğinde, bu arzum tatmin oldu; senin şahsında aradığım oğlumu buldum." Sri Yukteswar'ın gözlerinde iki damla gözyaşı belirdi. "Yogananda, seni sonsuza dek seveceğim."

"Cevabınız bana cennetin kapılarını açıyor." Sözleri üzerine kalbimden bir ağırlığın çözülerek, ebediyen kalktığını hissettim. Duygularını göstermeyen ve kendi kendine yeten bir mizacı olduğunu biliyordum, ancak buna rağmen sık sık onun sükûtu karşısında meraklanmıştım. Bazen onu tamamıyla memnun etmekte başarısız olduğumdan korkmuştum. Garip bir tabiatı vardı; sözlerle asla ifade edilmeyen derin ve sessiz, değer yargılarını çoktan aşmış olduğu dış dünya tarafından asla kavranamaz bir tabiat.

Birkaç gün sonra Kalküta'daki Albert Hall'da büyük bir topluluğa konferans verdim. Sri Yukteswar Santosh Mihracesi ve Kalküta Belediye Başkanı ile aynı platform üzerinde oturmaya razı oldu. Üstat bana bir şey söylemedi,

SWAMİ SRİ YUKTESWAR'IN KUTLADIĞI SON GÜNDÖNÜMÜ FESTİVALİ, ARALIK 1935

Paramahansa Yogananda Serampore'daki aşramın avlusunda büyük gurusunun yanında (ortada) oturmakta. Bu aşram, Yoganandaji'nin Sri Yukteswarji'den aldığı on yıllık eğitimin büyük bir kısmına sahne olmuştur.

Sri Yogananda (ortada, koyu cübbeli), Yogoda (Self-Realization - Kendini İdrak) öğretisi dersine katılan Kriya Yoga öğrencileriyle birlikte. 1935 yılında Kalkuta'da Yoganandaji'nin babasının evinde yapılması planlanan ders, çok fazla sayıda öğrencinin katılımı nedeniyle Yoganandaji'nin meşhur bir jimnastikçi olan kardeşi Bishnu Ghosh'un bitişikteki açık hava spor salonunda yapıldı.

ancak topluluğa hitap ederken ara sıra ona göz attığımda, benden hoşnut olduğu izlenimini edindim.

Bunu Serampore Koleji'ndeki bir söylev takip etti. Eski sınıf arkadaşlarımla karşılaştığımda ne ben ne de eski 'Çılgın Rahip'lerini gören onlar, sevinç gözyaşlarımızı göstermekten utanmadık. Belagatli felsefe profesörüm Dr. Ghoshal beni selamlamak için öne geldiğinde geçmişteki bütün yanlış anlaşılmalar zamanın simyası tarafından çözülüverdi.

Serampore Aşramı'nda aralık sonunda bir Kış Dönümü Festivali kutlandı. Her zaman olduğu gibi Sri Yukteswar'ın uzaktaki ve yakındaki müritleri toplandılar. Kalpleri coşturan ilahiler, Kristo-da'nın nektar gibi tatlı sesiyle söylediği sololar, genç müritler tarafından yapılan yemek servisi, üstadın kalabalık aşram avlusunda yıldızların altında attığı, insanı derinden etkileyen nutuk, anılar, anılar... Şimdi çoktan geçmişte kalan yılların sevinçle dolu festivalleri!

"Yogananda, lütfen konuşmanı İngilizce yap." Bu olağandışı ricada bulunurken üstadın gözleri parlıyordu. Acaba gemideki, beni terleten ilk konferansımı mı düşünüyordu! Hikâyeyi kardeş müritlerimden oluşan kalabalığa anlatarak, gurumuza ateşli bir övgüyle konuşmama son verdim:

"Hiç eksik olmayan rehberliği sadece vapurda değil, büyük ve misafirperver Amerika'da geçirdiğim onbeş yıl boyunca her gün benimle beraberdi."

Misafirler ayrıldıktan sonra Sri Yukteswar beni, benzeri bir festivalden sonra sadece bir kez kendi yatağında uyumama izin verdiği yatak odasına çağırdı. Bu gece gurum, ayaklarında yarı çember olmuş vaziyette bulunan müritleriyle sessizce oturuyordu.

"Yogananda, Kalküta'ya mı gidiyorsun şimdi? Lütfen yarın tekrar buraya gel. Sana anlatmam gereken hususlar var."

Ertesi gün öğleden sonra, kutsayan birkaç basit sözle Sri Yukteswar bana Manastır Düzeni'nin daha yüksek '*Paramahansa*' [1] unvanını bahşetti.

"Bu ad şimdi resmi olarak daha önceki swami unvanının yerine almaktadır" dedi önünde diz çöktüğümde. İçimden, Batılı öğrencilerimin 'Paramahansaji'yi telaffuz etmekte nasıl zorluk çekeceklerini düşünerek sessizce güldüm. [2]

---

[1] Kelime anlamı, '*parama*', en yüksek; '*hansa*', kuğu. Beyaz kuğu Hint mitolojisinde Yaratıcı Brahma'nın dağı ya da taşıtı olarak temsil edilir. Kutsal '*hansa*'nın süt ve su karışımından sadece sütü çekip ayırabilme gücüne sahip olduğu söylenir ve böylece ruhsal açıdan doğruyu yanlıştan ayırabilmenin (discrimination) bir sembolüdür.

Ahan-sa ya da '*han-sa*' (*hong-sau* diye telâffuz edilir) kelime anlamıyla 'ben O'yum demektir. Bu güçlü Sanskrit heceler nefes alış ve nefes verişle vibrasyonel bir bağlantıya sahiptir. Böylece her nefeste insanoğlu bilincinde olmadan varlığına ait gerçeği beyan eder: Ben O'yum.

[2] Bu zorluğu genellikle bana 'sir' (efendim) diyerek geçiştirdiler.

"Yeryüzündeki görevim şimdi sona erdi. Artık senin devam ettirmen gerekiyor." diye konuştu üstat, gözleri sakin ve sevecendi. Kalbim korkuyla çarpıyordu.

"Lütfen, Puri'deki aşramımızın sorumluluğunu üstlenecek birisini yolla. Her şeyi senin ellerine bırakıyorum. Kendi hayatının ve kuruluşunun gemisini başarıyla İlahi kıyılara doğru yelken açtırmaya muktedir olacaksın."

Gözyaşları içinde ayaklarına sarılıyordum; doğrultarak, beni sevgiyle kucakladı.

Ertesi gün Ranchi'deki bir müridim olan Swami Sebananda'yı çağırdım ve aşram görevlerini yürütmesi için Puri'ye yolladım. Daha sonra gurum benimle mirasına ait kanuni detayları görüştü. Kaygısı, daha sonra akrabalarının, temel olarak hayırsever amaçlara hizmet etmesini arzu ettiği iki aşramı yla diğer mallarına sahip olmak için dava açmalarıydı.

Amulaya Babu bir öğleden sonra "Geçenlerde üstadın Kidderpore'u ziyareti için hazırlıklar yapıldı ancak gitmedi" diye anlattı. İçimi soğuk bir önsezi dalgası sardı. Sri Yukteswar ısrarlı sorularıma sadece "Artık Kidderpore'a gitmeyeceğim" yanıtını verdi. Gurum sadece bir an, korkmuş bir çocuk gibi titredi.

(Patanjali'nin yazdığına göre, "Bedensel meskene bağımlılık, insan doğasından kaynaklı olarak,[3] büyük ermişlerde bile önemsiz derecede mevcuttur." Gurumun ölüm üzerine vaazlarına hep şunu ilave etme alışkanlığı vardı: "Tıpkı uzun süre kafeste kalmış bir kuşun, kafes kapısı açıldığında alıştığı evini terk etmekte tereddüt edişi gibi.")

"Guruji" diye hıçkırarak yalvardım. "Böyle konuşmayın! Bana asla böyle sözler söylemeyin!"

Sri Yukteswar'ın yüzü huzurlu bir tebessümle gevşedi, 81. doğum günü yaklaşmasına rağmen, güçlü ve sağlıklı görünüyordu.

Günbegün gurumun sevgisinin güneş ışığında ısınıp güneşlenirken, onun yaklaşan ölümüne dair verdiği, konuşulmayan ancak şiddetle hissedilen çeşitli imaları düşünmeyi bilincime yasakladım.

"Efendim, bu ay Allahabad'da *Kumbha Mela* kutlanıyor." Üstada Bengalce bir takvimde festival günlerini işaret ettim.[4]

---

[3] Yani, hatırlanamayacak kadar çok eski köklerden, eski ölüm tecrübelerinden. Bu pasaj Patanjali'nin *Yoga Sutraları*nda mevcuttur. II:9.

[4] Dini '*mela*'lardan çok eski *Mahabharata*'da da bahsedilir. Çinli gezgin Hieuen Tsiang, M.S. 644'te Allahabad'daki olağanüstü bir *Kumbha Mela* hakkında bir haber yazmıştır. *Kumbha Mela* her üç yılda bir Hardwar, Allahabad, Nasik ve Ujjain'de kutlanır. Böylece 12 yıllık bir çember tamamlanarak Hardwar'a geri döner. Her şehir, Kumbha'sından sonraki altıncı yılda *Ardha* (yarı) *Kumbha*'sını

"Gerçekten gitmek istiyor musun?"

Sri Yukteswar'ın onu bırakıp gitmeme olan gönülsüzlüğünü sezmeden sözüme devam ettim: "Bir zamanlar size Allahabad'daki bir *Kumbha*'da Babaji'nin kutsal formu görünmüştü. Belki de bu sefer ben onu görme şansına nail olacağım."

"Onu orada göreceğini zannetmiyorum." Daha sonra gurum, planlarımı engellemek istemeyerek sessizliğe büründü.

Ertesi gün küçük bir grupla Allahabad'a doğru yola çıkarken üstat beni olağan tavrıyla sakince kutsadı. Tanrı herhalde beni gurumun göçüp gidişine çaresizce tanık olma tecrübesinden muaf tutmak istiyordu ki, Sri Yukteswar'ın imaları bende ölümüyle ilgili bir düşünce uyandırmadı. Hayatımda her zaman çok yürekten sevdiklerimin ölümlerinde, Tanrı şefkatle, sahneden uzaklaşmam için mutlaka birşey organize etmişti. [5]

Grubumuz 23 Ocak 1936'da *Kumbha Mela*'ya vardı. Yaklaşık iki milyon kişilik insan seli etkileyici bir manzara oluşturuyordu. Daha ilahi bir liman aramak için dünyasal bağlardan vazgeçmiş sadhu'lar ve rahiplerle Ruh'un değerine karşı en basit köylünün bile içinde bulunan Tanrı vergisi saygı, Hint halkının doğal yeteneği ve dehasıdır. Tabii ki kalabalığın arasında sahtekârlar ve ikiyüzlüler de vardı. Ancak Hindistan, göksel takdisleriyle ülkeyi aydınlatan sayılı ermişlerin hatırı için tüm katılanlara saygı gösterir. Bu görülmeye değer manzaraya şahit olan Batılılar, milletin nabzını hissedebilmek için eşsiz bir fırsat bulurlar: Hindistan'ın zamanın darbelerinin altında söndürülemeyen canlılığını borçlu olduğu spiritüel şevk.

Grubumuz ilk günü sadece etrafı gözlemekle geçirdi. Binlerce hacı kutsal Ganj Nehri'nde günahlarının bağışlanması için yıkandı. Brahmin rahipler ağırbaşlılıkla ibadet etmekteydiler, adaklar ve bağışlar sessiz sannyasi'lerin ayaklarına saçılmaktaydı. Sıra sıra filler, eyerleri süslü atlar ve ağır adımlarla ilerleyen Rajputana develeri; bunları takip eden, altın ya da gümüş asalar veya ipek kadifeden forsları dalgalandırarak tuhaf bir geçit töreni yapan çıplak sadhu'lar.

---

kutlar, böylece *Kumbha* ve *Ardha Kumbha*'lar, çeşitli şehirlerde her üç yılda bir kutlanır.

Hiuen Tsiang'ın bize anlattıklarına göre, Kuzey Hindistan'ın kralı Harsha, rahiplere ve hacılara *Kumbha Mela*'da hazinesindeki (son beş yılda birikmiş olan) bütün servetini dağıtmıştı. Hiuen Tsiang Çin'e gitmek üzere ayrılırken Harsha'nın altın ve mücevherlerden oluşan veda hediyelerini reddetmiş ve daha büyük değere sahip 657 dini el yazısı eseri beraberinde götürmüştü.

[5] Annemin, ağabeyim Ananta'nın, Ablam Roma'nın, üstadımın, babamın ve diğer birçok sevgili arkadaşımın ölümleri esnasında orada mevcut bulunamadım. (Babam; Kalkütta'da 1942'de, 89 yaşında dünyayı terk etti.)

Soğuktan ve sıcaktan korunmak için bedenlerini külle sıvamış, üzerlerinde sadece bir peştamal taşıyan münzeviler küçük gruplar halinde sessizce oturuyorlardı. Alınlarında sandal ağacı macunundan yapılmış bir benek ruhsal gözü temsil ediyordu. Kafaları usturaya vurulmuş, safran renkli cüppeli binlerce swami, bambu değnekleri ve dilenme kapları taşıyarak geziniyorlardı. Dolaşırken ya da müritleriyle felsefi tartışmalar yaparken yüzleri dünyadan el etek çekmiş bir kimsenin içsel huzuruyla aydınlanıyordu.

Burada, ağaçların altında yanan dev kütüklerin etrafında, uzun örgülü saçları başlarının tepesinde topuz yapılmış sadhu'lar [6] ilginç bir tablo oluşturuyorlardı. Bazılarının çok uzun sakalları kıvrılıp düğümlenerek bağlanmıştı. Ya sessizce meditasyon yapmaktaydılar ya da önlerinden geçen kalabalığı kutsamak için ellerini kaldırmışlardı. Dilenciler, filler üzerindeki Mihraceler, rengârenk sariler içindeki, kol ve ayaklarına takılı bilezikleri şıngırdayan kadınlar, cılız kollarını tuhaf bir şekilde havaya kaldırmış fakirler, Brahmachari'ler, ağırbaşlılıkları içsel bir nuru barındıran bilgeler... Bütün bu şamatayı bastıran tapınak çanlarının çağrısı kesilmek bilmiyordu.

Mela'daki ikinci günümüzde, bana eşlik eden arkadaşlarımla birlikte çeşitli aşramlara ve Mela için geçici olarak kurulmuş kulübelere girerek, ermişlere *pranamlar* sunduk. Bu arada Swami Düzeni'nin Giri kolunun lideri olan zayıf, gülümseyen gözlerinden ateş çakan, münzevi bir rahibin takdisine layık olduk. Daha sonra grup olarak, gurusu son dokuz yıldan beri söz orucu tutan ve sadece meyveyle beslenen bir aşramı ziyaret ettik. Aşramın holündeki bir kürsünün üstünde Shastralar üzerine oldukça derin bilgisiyle bütün tarikatlar tarafından büyük hürmet gören kör [7] bir sadhu oturmaktaydı.

Orada Hindu lisanında, Vedanta üzerine kısa bir söylev verdim. Daha sonra yakında bulunan bir swami'yi, gül gibi pembe yanaklı ve geniş omuzlu Krishnananda'yı selamlamak için aşramın huzurlu ortamını terk ettik. Swami'nin yanında ehlileşmiş bir aslan yatıyordu. Sahibinin (eminim ki, güçlü fiziğine değil), spiritüel cezbesine kapılmış olan vahşi hayvan ikram edilen bütün eti reddederek, pilav ia sütü tercih ediyordu. Swami koyu kumral saçlı aslana derin, etkileyici bir kükreyişle OM demeyi öğretmişti; mürit bir kedi!

Daha sonra, eğitim görmüş genç bir sadhu ile yaptığımız röportaj Bay

---

[6] Sayıları yüzbinleri bulan Hintli sadhular, Hindistan'ın yedi büyük bölgesini temsil eden yedi liderin oluşturduğu bir idare heyeti tarafından kontrol edilirler. Günümüzde (kitabın yazıldığı 1940'lı yıllar, çev. notu) Mahamandaleswar ya da başkan, Joyendra Puri'dir. Genellikle sessiz kalmayı konuşmaya tercih eden bu ermiş, sözlerini şu üç kelimeyle sınırlamıştır: Hakikat, sevgi ve çalışmak. Bu kadar söz yeter!

[7] Prajna Chakshu. Edebi anlamı 'Zekâsıyla gören.' (Fiziksel görüşü olmayan.)

Bir Yoginin Otobiyografisi

Swami Krishananda 1936 yılında Allahabad'da yapılan *Kummbha Mela'*da, hoş bir tok sesle "Om" diyen ehlileşmiş dişi arslanla.

Wright'ın seyahat günlüğünde oldukça güzel tasvir edilmiş:

"Ford ile çok sığ olan Ganj'ın üzerindeki dubalar üzerinde kurulmuş, gıcırdayan bir köprüyü aşıp, kalabalık arasından yılan gibi kıvrılan dar sokaklardan geçerken, Paramahansaji, nehrin kıyısında Sri Yukteswar'ın Babaji ile karşılaştığı yeri işaret etti. Kısa bir süre sonra arabadan inerek, saman ve çamurdan yapılı minik ve mütevazı bir küme halindeki kulübelere ulaşabilmek için kaygan kumlar üzerinde ve sadhu'ların ateşlerinden çıkan yoğun duman içinde bir müddet yürüdük. Hiçbir göze çarpıcılığı olmayan bu geçici kulübelerden birinin önünde durduk. Olağanüstü zekâsıyla tanınmış gezgin bir genç sadhu'nun, Kara Patri'nin sığınağıydı burası. Bir saman yığınının üzerinde bağdaş kurmuş oturuyordu; üstünü örten -ve sahip olduğu- yegâne şey, omuzlarına sarılmış turuncu renkli peştemaldi.

Girişteki gaz lambası, sazlardan yapılı duvarlarda esrarengiz bir şekilde titreşerek dans eden gölgeler yaratıyordu. Cüceler için yapılmış, kapı yerine geçen küçük aralıktan emekleyerek kulübeye girip önünde eğildiğimizde, gerçekten de ilahi bir yüz gülümseyiverdi bize. Yüzü, özellikle gözleri ve mükemmel dişleri pırıl pırıl ışık saçmaktaydı. Hindu lisanındaki sözlerini iyi anlayamamış olmama rağmen, ifadesi ilham vericiydi; coşku, sevgi ve spiritüel ihtişamla doluydu. Büyüklüğünden hiç kimse şüphe edemezdi.

Maddi dünyadan bağımsız olan birinin mutlu yaşamını tasavvur edin: Giyim kuşam ve yiyecek derdinden özgür, asla dilenmeyen, pişirilmiş yemeğe gün aşırı elini süren, yanında bir dilenme kabı bile taşımayan, paraya asla dokunmayan, hiçbir şeyi bir kenara koyup saklamayan, her zaman Tanrı'ya güvenen, yanında bir şey taşıma tasasından özgür, asla taşıtlara binmeyen, buna karşılık sürekli kutsal nehirlerin kıyılarında gezinen, herhangi bir bağımlılık oluşmasın diye bir yerde bir haftadan daha uzun kalmayan biri...

Ne kadar tevazu sahibi bir ruh! Vedalar konusundaki bilgisi şaşırtacak kadar derin, lisans üstü eğitimini Benares Üniversitesi'nde felsefe üzerine yapmış ve Shastri (dini yazıtlar âlimi) unvanına layık görülmüş. Ayağının dibine oturduğumda içimi yücelten bir duygu kapladı. Bu spiritüel devler ülkesinin gerçek bir temsilcisiyle karşılaşmak, binlerce yıllık eski Hindistan'ı görmeye olan arzuma bir cevap gibi gözüküyordu.

Kara Patri'ye gezgin hayatına ilişkin sorular sordum.

"Kış için bundan başka giysin yok mu?"

"Hayır, bu yeterli."

"Yanında taşıdığın kitapların var mı?"

"Hayır, bana kulak vermek isteyenlere hafızamdan öğretirim."

"Başka ne yaparsın?"

"Ganj kıyıları boyunca dolaşırım."

Bu sakin sözler üzerine, onun yaşamının sadeliğine karşı anlatılamaz bir özlem duydum. Amerika'yı ve orada omuzlarıma binmiş olan sorumlulukları hatırladım.

"Hayır, Yogananda" diye düşündüm bir an üzgünce, "bu yaşamda Ganj'ın kıyılarında dolaşmak sana nasip olmayacak."

Sadhu bana birkaç ruhsal tecrübesinden bahsettikten sonra ona bir soru yönelttim:

"Bu açıklamaları kutsal yazıtlara ait bilginle mi yoksa kişisel deneyimlerinle mi yapıyorsun?"

"Yarısını kitaplardan öğrenmişliğim var, yarısı da tecrübeden" diye cevapladı.

Bir müddet meditasyon sessizliğine gömülerek hoşnutluk içinde oturduk. Kutsal huzurundan ayrıldıktan sonra Bay Wright'a şöyle demekten kendimi alamadım:

"Altın samandan tahtı üzerinde oturan bir kral."

O akşam yemeğini *Mela* alanında, yıldızların altında, kürdanlarla birbirine iliştirilmiş yaprak tabaklardan yedik. Hindistan'da bulaşık yıkama işlemi minimuma indirgenmiştir!

Kumbha'da etkileyici iki gün daha geçirdikten sonra Jamuna kıyılarından kuzeybatıya, Agra'ya gittik. Bir kez daha, anılarımda Jitendra yanımda dikilirken, bu mermer rüyadan dolayı kendimden geçmiş, Taj Mahal'e dalıp gitmiştim. Sonra Swami Keshabananda'nın Brindaban'daki aşramına doğru yola koyulduk.

Keshabananda'yı ziyaret nedenim bu kitapla ilgiliydi. Sri Yukteswar'ın Lahiri Mahasaya'nın hayatını yazmam konusundaki isteğini hiç unutmamıştım. Hindistan'da kaldığım süre boyunca, Yogavatar'ın müritleri ve akrabalarıyla bağlantı kurmak için her fırsatı değerlendiriyordum. Onların anlattıklarıyla defterler dolusu notlar alarak, gerçekleşmiş olayları ve tarihlerini saptadım; fotoğraflar, eski mektuplar ve dokümanlar topladım. Lahiri Mahasaya'ya ait dosyam şişmeye başladı; kederle farkına vardım ki, önümde güç bir yazarlık görevi uzanmaktaydı. Muhteşem gurunun biyografisini yazma görevinin altından kalkabilmem için dua ettim. Çoğu müridi, olay yazıya döküldüğünde üstatlarının gerçek büyüklüğünden bir şeyler kaybedebileceğinden ve yanlış yorumlanabileceğinden korkuyordu.

Panchanon Bhattacharya bir keresinde, "İlahi bir varlığın hayatı soğuk kelimelerle tam hakkıyla yazılamaz," demişti.

Diğer yakın müritleri de benzeri şekilde Yogavatar'ı ölümsüz öğretmen olarak kalplerinde saklı tutmakla yetiniyorlardı. Buna rağmen, Lahiri Mahasaya'nın kendi otobiyografisi hakkındaki kehanetini göz önüne alarak, dışsal yaşamına ait belgeleri bir araya toplayıp, doğruluğunu kanıtlamak için hiçbir çabadan kaçınmadım.

Swami Keshabananda bizi çok güzel bir bahçenin içinde inşa edilmiş, masif siyah sütunlarıyla görkemli bir tuğla yapı olan Brindaban'daki Katayani Peeth Aşramı'nda içtenlikle karşıladı. Grubumuzu hemen, Lahiri Mahasaya'nın büyütülmüş bir fotoğrafının süslediği bir oturma odasına aldı. Swami doksanına yaklaşıyordu ancak adeleli vücudundan sağlık ve kuvvet yayılıyordu. Uzun saçlı, kar gibi beyaz sakallıydı; gözleri neşeden kıpır kıpır oynuyordu. Onu, Hindistan'ın üstatları üzerine yazacağım kitabımda kendisinden de bahsetmek isteğimden haberdar ettim.

"Lütfen bana geçmiş yaşamınızdan bahsedin" diye ısrarla rica ettim; çünkü büyük yogiler pek konuşkan değildirler.

Keshabananda'nın çehresinde tevazu gösteren bir ifade belirdi. "Dışsal olarak anlatabileceğim çok az şey var. Hemen hemen bütün hayatım Himalayalar'ın ıssızlıklarında, yayan olarak bir mağaradan diğerine dolaşmakla geçti. Bir süre Hardwar'ın dışında, dört bir tarafı yüksek ağaçlardan oluşan korularla çevrili bir aşramı idare ettim. Her taraf kobralarla dolu olduğundan bu yere yolcular pek rağbet etmezdi." Keshabananda kıkır kıkır güldü. "Daha sonra bir sel hem aşramı hem de kobraları silip götürdü. Sonra da müritlerim bana Brindaban'daki bu aşramı inşa etmemde yardımcı oldular."

İçimizden biri swami'ye kendini Himalaya kaplanlarından nasıl koruduğunu sordu.

Keshabananda kafasını salladı. "O yüksek spiritüel irtifalarda" dedi, "vahşi hayvanlar yogileri nadiren rahatsız ederler. Bir keresinde ormanda bir kaplanla yüz yüze geldim. Hayvan, ani şaşkınlıkla bağırışımla birlikte donakaldı; sanki taş kesildi." Swami o anı yeniden anımsayarak güldü.[8]

"Ara sıra gurumu Benares'te ziyaret etmek için inzivamı terk ederdim. Üstadım Himalayalar'ın ayak basmamış ıssızlığında ardı arkası kesilmeyen gezginliğimle dalga geçerdi, 'Sen leyleği havada görmüşsün, uçsuz bucaksız kutsal Himalayalar ancak yeterli senin bitmeyen gezilerin için!' demişti bana bir keresinde".

"Birçok kez," diye devam etti Swami Keshabananda, "ölümünden önce ve sonra, Lahiri Mahasaya bedeniyle karşımda belirdi. Onun için hiçbir Himalaya zirveleri aşılamaz değil!"

İki saat sonra bizi akşam yemeğini yiyeceğimiz bir avluya geçirdi. Yine on beş türlü yemekten oluşan bir ziyafet! Bir yıldan kısa bir süre içinde Hint misafirperverliği yüzünden tam yirmi beş kilo aldım! Onuruma düzenlenen sonu gelmeyen ziyafetlerde yemek çeşitlerinden birini bile geri çevirmek, bağışlanmaz bir nezaketsizlik olarak görülecekti. Hindistan'da (ne yazık ki, başka hiçbir yerde değil!) iyi semirtilmiş bir swami'ye herkes hoşlanarak bakar!

Yemekten sonra Keshabananda beni tenha bir köşeye çekti.

"Gelişini bekliyordum." dedi. "Sana ulaştırmak üzere bir mesajım var."

---

[8] Bir kaplanı saf dışı etmek için birçok metot vardır. Avustralyalı Kâşif Francis Birtles'in iddiasına göre Hindistan'ın ormanları "çeşitlilik gösterir, çok güzel ve aynı zamanda emin"dir. Kâşifin güvenlik aracı sinekleri yakalamakta kullanılan yapışkan kâğıttan şeritlerdi. "Her gece kampımın etrafına bol bol bu şeritlerden saçtığımdan asla rahatsız edilmedim" diye açıkladı. "Nedeni psikolojik. Kaplan bilinçli olarak büyük gurura sahip bir hayvandır. Kükreyişlerle yapışkan sinek şeritlerine basana kadar insana meydan okur. Daha sonra sıvışır gider. Hiçbir kaplan yapışkan sinek kâğıdına bastıktan sonra o vaziyette, bir insanla yüzyüze gelmeyi gururuna yediremez!"

Şaşırmıştım. çünkü Keshabananda'yı ziyaret planımdan hiç kimsenin haberi yoktu.

"Geçen yıl kuzey Himalaya'daki Badrinarayan'da dolaşırken yolumu kaybettim" diye sözlerine devam etti swami, "geniş bir mağara bana sığınak oldu. Etrafta kimse gözükmemesine rağmen, kayalık zemindeki bir çukurda yakılmış ateşin korları parlıyordu. Issız yerlerdeki bu inziva köşesini kimin işgal ettiğini merak ederek, gözlerim mağaranın güneş ışığı tarafından aydınlatılan girişine dikili vaziyette ateşin yanında oturdum.

'Keshabananda, geldiğine sevindim.' Bu sözler arkamdan gelmişti. Geri dönüp şaşkınlıkla baktığımda Babaji'yi görmek gözlerimi kamaştırdı! Büyük guru mağaranın bir girintisinde materyalize olmuştu. Uzun yıllar sonra onu tekrar görmenin coşkusuyla kutsal ayaklarına kapandım.

'Seni buraya ben çağırdım' dedi Babaji. 'Bu yüzden yolunu kaybederek, geçici ikâmetim olan bu mağaraya yöneldin. Son karşılaşmamızdan bu yana uzun zaman geçti, seni bir kez daha görmekten mutluyum.'

Ölümsüz üstat beni spiritüel yardımı olacak bazı kelimelerle kutsadıktan sonra, ekledi: 'Sana Yogananda için bir mesaj vereceğim. Hindistan'a dönüşünde seni ziyaret edecek. Gurusu ve Lahiri'nin hayatta kalan müritleriyle bağlantılı birçok mevzu Yogananda'yı oldukça meşgul edecek. Heves içinde ümit etmesine rağmen, kendisine onu bu sefer değil de başka bir sefer göreceğimi söyle."

Keshabananda'nın dudaklarından Babaji'nin bu teselli edici sözlerini duymak beni derinden etkilemişti. Kalbimdeki incinmişlik duygusu kayboluverdi, Sri Yukteswar'ın imasının gerçekleştiğini anlamıştım. Babaji'yi *Kumbha Mela*'da göremediğimden dolayı duyduğum acı hafiflemişti.

Aşramda bir gece misafir kalan grubumuz ertesi gün öğleden sonra Kalküta'ya doğru yola koyuldu. Jamuna Nehri üzerindeki bir köprüden geçerken batmakta olan güneş gökyüzünü aleve vermişti. Güneş hemen aşağımızdaki durgun sularda yansırken, Brindaban'ın silueti ufukta muhteşem bir manzara oluşturuyordu.

Jamuna kıyıları Sri Krishna'nın çocukluğuna ait anılarla kutsanmıştır. İlahi bir inkarnasyonla müritleri arasındaki göksel sevginin örneği olarak, '*gopi*'lerle (bakire) '*lila*'larını (oyunlar) masum bir tatlılık içinde burada sergiledi. Lord Krishna'nın yaşamı birçok Batılı yorumcular tarafından yanlış anlaşılmıştır. Kutsal kitaplara ait alegoriler edebi kafaları karıştırır. Bir çevirmenin insanı eğlendiren büyük bir gafı eminim bu konuyu aydınlatacaktır. Hikâye ortaçağda yaşamış, ayakkabı tamircisi Ravidas ile ilgili. Ermiş, kendi

Gurumla Son Günlerim

SWAMİ KESHABANANDA'NIN AŞRAMINDA

Lahiri Mahasaya'nın doksan yaşındaki bir müridi olan Swami Keshabananda (ayakta, solda); Yoganandaji ve sekreteri C. R. Wright, Keshabananda'nın aşramında, Brindaban, 1936.

mesleğine uygun bir ifade tarzıyla bütün insanların içinde var olan ruhsal ihtişamı şöyle dile getirmiş:

> Engin mavi semanın altında,
> Deriye bürünmüş tanrısallık yaşar.

Batılı bir yazarın Ravidas'ın şiirini nasıl yorumladığını duyunca insan gülmekten kendini alamıyor:

> "O, daha sonra bir kulübe yaparak içine deriden bir put yerleştirdi ve kendini ona tapınmaya verdi."

Ravidas ile büyük Kabir, kardeş müritlerdi. Ravidas'ın ileri seviyedeki saliklerinden biri de Prenses Chitor Rani idi. Prenses, öğretmeninin onuruna verdiği bir ziyafete çok sayıda *Brahmin*'i davet etti. Ancak Brahminler aşağı seviyeden bir kunduracıyla aynı masada yemeyi reddettiler. Kibir içinde, ondan uzak olmaya dikkat ederek, böylece mundar olmamış yemeklerini yemek için oturduklarında bir de ne görsünler! Her bir Brahmin'in hemen yanında Ravidas'ın formu belirmişti! Bu kitle vizyonu Chitor'da büyük bir spiritüel dirilişe yol açtı.

Küçük grubumuz birkaç gün içerisinde Kalküta'ya ulaştı. Sri Yukteswar'ı görme hevesindeyken onun Serampore'da değil de güneyde 500 km uzaklıktaki Puri şehrinde olduğunu duyunca hayal kırıklığına uğradım.

"Bir an önce Puri Aşramı'na gel." Bu telgraf 8 Mart'ta kardeş bir müridi tarafından, üstadın Kalküta'daki saliklerinden biri olan Atul Chandra Roy Chowdhry'e gönderilmişti. Bu mesaj kulaklarıma ulaştığında üstü kapalı anlamı beni endişeye düşürdü, diz çökerek Tanrı'ya gurumun hayatını bağışlaması için dua ettim. Tam tren istasyonuna gitmek üzere babamın evinden ayrılırken, içimde ilahi bir ses duydum.

"Puri'ye bu akşam gitme. Duanın kabul edilmesi mümkün değil."

"Ya Rabbim" dedim ızdıraptan yanarak, "Üstadımın hayatı için ardı arkası kesilmeyecek dualarıma kulak asmayacağından, benimle Puri'de mücadele etmek istemiyorsun. O halde söyle, emrin üzerine daha yüksek görevler üstlenmek üzere bizi bırakıp gitmesi mi gerekiyor?"

Bu içsel emre uyarak o akşam Puri'ye hareket etmedim. Ertesi akşam trene binmek için yola çıktığımda, saat yedide, göğü aniden siyah bir astral bulut kapladı.[9] Daha sonra tren Puri'ye doğru yoldayken, önümde Sri Yukteswar'ın bir vizyonu belirdi. Çok ciddi bir çehreyle, sağında ve solunda birer ışık yanarak oturuyordu.

"Her şey bitti mi?" diye yalvararak kollarımı kaldırdım.

Başıyla onayladı ve sonra yavaşça kayboldu.

Ertesi sabah Puri tren istasyonunda dikilirken ve hâlâ çaresiz bir umut içindeyken yabancı bir adam yaklaştı:

"Üstadının göçüp gittiğini duydun mu?" Başka bir kelime daha söylemeden uzaklaştı. Kim olduğunu ve beni bulacağı yeri nereden bildiğini asla keşfedemedim.

Sersemlemiş vaziyette istasyon duvarına yaslandım. Gurumun çeşitli şekillerde bana bu perişan edici haberi ulaştırmaya çalıştığının farkındaydım.

---

[9] Sri Yukteswar bu saatte vefat etmişti. Akşam saat 7'de, 9 Mart 1936.

İsyanla kaynayan ruhum bir yanardağ gibiydi. Puri Aşramı'na vardığımda neredeyse oraya yıkılıp, kendimden geçmek üzereydim. İçimdeki ses şefkatle tekrarlamaktaydı: "Kendini toparla. Sakin ol."

Üstadımın bedeninin tasavvur edilemeyecek kadar canlı, sağlıklı ve güzel görünerek, lotus pozisyonunda oturduğu aşram odasına girdim. Bedenini bırakmadan kısa bir süre önce üstadım, hafifçe ateşlenerek hastalanır gibi olmuş, ancak Sonsuz'a yükseldiği günden önce vücudu tamamıyla iyileşmişti. Onun sevgili formuna o kadar sık bakmama rağmen, içindeki yaşamın çekip gittiğine inanamadım. Cildi düzgün ve yumuşaktı, yüzünde takdis edici bir huzur ifadesi vardı. Mistik çağrıyı duyduğu saatte bilinçli olarak bedenini terk etmişti.

Acıdan uyuşmuş halde, "Bengal aslanı gitti!" diye ağladım.

Mart'ın 10'unda cenaze törenlerini organize ettim. Sri Yukteswar, swami'lerin geleneksel ritüellerine [10] uygun olarak Puri Aşramı'nın bahçesinde gömüldü. Daha sonra ilkbaharda, gece ve gündüzün eşit olduğu günde, yakın ve uzaktaki müritleri oraya gelerek gurularının onuruna bir anma töreni düzenlediler. Kalküta'nın en yüksek tirajlı gazetesi *Amrita Bazar Patrika* gazetesinde Sri Yukteswar'ın fotoğrafıyla birlikte yayınlanan vefat haberi şöyleydi:

> "81 yaşında vefat eden Srimat Swami Sri Yukteswar Giri Maharaj'ın *Bhandara* töreni 21 Mart'ta Puri'de yapıldı. Tören için birçok mürit Puri'ye geldi.
>
> Bhagawad-Gita'nın en büyük yorumlayıcılarından olan Swami Maharaj, Benaresli Yogiraj Sri Shyama Charan Lahiri Mahasaya'nın büyük bir müridiydi. Swami Maharaj, Hindistan'daki çeşitli Yogoda Satsanga (Self-Realization Fellowship) merkezlerinin kurucusu ve baş müridi Swami Yogananda tarafından Batı'ya taşınan yoga hareketinin ardındaki büyük ilham kaynağıydı. Swami Yogananda'yı okyanuslar aşarak Amerika'da Hindistan'ın büyük üstatlarının mesajını yaymak için esinlendiren, Sri Yukteswarji'nin peygamberce güçleri ve derin bilgeliğiydi
>
> Bhagawad-Gita ve diğer kutsal yazıtlara ait yorumları Sri Yukteswar'ın hem Doğu hem de Batı felsefesine olan derin hâkimiyetini kanıtlamaktadır ve Doğu ile Batı arasındaki birliğe insanların gözünü açan bir miras olarak kalacaktır. Bütün dini inançların birliğine inanmış olan Sri Yukteswar Maharaj, dinde bilimsel bir ruhu uyandırmak için, çeşitli tarikat ve inanç kurumlarının liderleriyle ortak çalışmasının bir ürünü olan *Sadhu Sabha*'yı (Ermişler Cemiyeti) kurmuştu. Ölümü esnasında halefi Swami Yogananda'yı *Sadhu Sabha*'nın başkanlığına aday göstermiştir.

---

[10] Geleneklere göre Hindu cenaze törenleri evlilik hayatı sürdürmüş olanların ölümden sonra yakılmasını gerektirir; diğer düzenlere ait swamiler ve rahipler yakılmaz, gömülürler. (Bazı istisna durumlar vardır). Rahiplerin bedenlerinin, sembolik olarak, Manastır Düzeni'ne girme yemini ettikleri zaman, bilgeliğin ateşinde yanıp - kül olduğu farz edilir.

SRİ YUKTESWAR ANITSAL TAPINAĞI
Puri Aşramı'nın bahçesinde

Hindistan böylesine büyük bir insanın ölmesiyle bugün gerçekten daha da fakirleşti. Ona yakınlaşacak kadar şanslı olanlardan, Sri Yukteswar'ın şahsında ete kemiğe bürünmüş olan Hindistan kültürünün gerçek ruhu ve sadhana'yı (spiritüel disiplin) başarıyla icra etmelerini dileriz."

Kalküta'ya geri döndüm. Kutsal anılarla dolu Serampore Aşramı'na gitmek için henüz kendime güvenemediğimden, Sri Yukteswar'ın Serampore'daki küçük müridi Prafulla'yı çağırarak, onun Ranchi Okulu'na girmesi için gereken işlemleri yaptım.

"Sizin *Mela* için Allahabad'a gittiğinizin sabahı" diye anlattı Prafulla, "üstat divanın üzerine çöktü. 'Yogananda gitti!' diye inledi. 'Yogananda gitti!

Gurumla Son Günlerim

Ona anlatmak için başka bir yol bulmam gerekecek.' Daha sonra saatler boyunca sessizlik içinde oturdu."

Günlerim konferanslarla kurslarla röportajlarla ve eski arkadaşları ziyaretlerle oldukça doluydu. Boş gülümseyişlerimin ve kesintisiz aktiviteyle geçen günlerimin hemen ardında, bilincimin kumları altında uzun yıllardır akan içsel huzur nehri, kara düşüncelerle puslanmıştı.

"Nerelere gitti o Tanrısal bilge?" diye sessizce ağladım, gözyaşlarım sanki elem içindeki ruhumun derinliklerinden geliyordu.

Hiçbir cevap gelmedi.

"Ne güzel; üstat Kozmik Sevgili ile birliğini tamamladı" diyordum kendime. "Yıldızı sonsuza dek ölümsüzlüğün göklerinde parlayacak."

Ama, "Onu bir daha asla Serampore'daki aşramda göremeyeceksin," diye yakınıyordu yüreğim. "Artık arkadaşlarını onunla tanıştırmaya getiremeyeceksin ya da övünçle: 'Bak! Orada Hindistan'ın Jnanavatar'ı (bilgeliğin bedene bürünmüş formu) oturuyor!' diyemeyeceksin."

Bay Wright grubumuzun haziran başında gemiyle Bombay'dan Batı'ya doğru yola çıkması için hazırlıkları yaptı. Kalküta'da mayısın son iki haftasını alan veda ziyafetleri ve söylevlerden sonra Bayan Bletsch ve Bay Wright ile Bombay'a doğru yola çıktık. Varışımızda gemi yetkilileri Ford'a -Avrupa'da ona tekrar ihtiyacımız olacaktı- yer bulunmadığı için yolculuğumuzu iptal etmemizi rica ettiler.

"Canını sıkma" dedim Bay Wright'a. "Bir kez daha Puri'ye dönmek istiyorum. Gözyaşlarım gurumun mezarını bir kez daha sulasın."

BÖLÜM 43

Sri Yukteswar'ın Yeniden Dirilişi

"Sri Krishna!" Bombay'da, Regent Hotel'deki odamda otururken, avatar'ın aziz formu parıltılı bir yanardönerden oluşmuş gibi görünüverdi. Üçüncü kattaki açık pencereden dışarı bakarken, bu kelimelerle ifade edilemez vizyon, aniden otelin karşısındaki yüksek binanın çatısında parlamıştı.

İlahi figür gülümseyerek başıyla selamlayıp el salladı. Lord Krishna'nın mesajını tam olarak anlamaya çalışırken, beni takdis ederek kayboldu. Benliğimi olağanüstü bir esenlik sardı, spiritüel bir olayın önceden bildirildiği duygusuna kapıldım.

Batı'ya yolculuğum şimdilik iptal edilmişti. Bengal'i yeniden ziyaret için geri dönmeden önce Bombay'da çeşitli yerlerde halka açık söylevler vermem planlanmıştı.

19 Haziran 1936'da, öğleden sonra saat üçte -Krishna'nın vizyonundan bir hafta sonra- Bombay Hotel'indeki yatağımda otururken, içimi neşeyle dolduran bir ışık meditasyondan doğrulmama neden oldu. Açık ve hayretler içindeki gözlerimin önünde bütün oda yabancı bir dünyaya dönüşmüştü; güneş ışığı ilahi bir görkemle parlamaktaydı.

Karşımda Sri Yukteswar'ın etten ve kemikten formunu gördüğümde içimi bir coşku dalgası kapladı!

"Oğlum!" Üstat yüzünde meleksi bir gülümseyişle şefkatle konuştu.

Hayatımda ilk kez onu selamlamak için ayaklarında diz çökmeyip hemen ona doğru ilerleyerek, açlıkla kucakladım. Aman, ne andı bu! Geçen ayların şiddetli kederi kaybolmuştu. Sel gibi gökten inen nurun içinde ağırlıksızdım.

"Üstadım, benim kalbimin sevgilisi, beni neden bırakıp gittin?" Coşkumun taşkınlığından tutarsızca konuşuyordum. "Neden *Kumbha mela*'ya gitmeme izin verdin? Seni bırakıp gittiğim için kendimi nasıl acımasızca suçladım!"

"Babaji'yi ilk gördüğüm yeri görme arzuna karışmak istemedim. Seni kısa bir süre için terk ettim, işte yine seninle birlikte değil miyim?"

"Fakat bu sen misin üstadım, Allah'ın aynı Aslanı mısın? Zalim Puri kumlarının altına gömdüğüm gibi bir beden mi bu?"

"Evet çocuğum, ben aynıyım. Bu etten kemikten bir beden. Benim onu göksel olarak hissetmeme rağmen, senin gözünde o fiziksel bir beden. Kozmik atomlardan tamamıyla yepyeni bir beden yarattım, aynen senin rüya-dünyanda, Puri'nin rüya-kumlarının altına gömdüğün kozmik-rüya-fiziksel beden gibi. Gerçekte yeniden dirildim, yeryüzünde değil ama astral bir gezegende. Oranın sakinleri yüksek standartlarıma dünyadaki insanlardan daha çok uyuyor. Bir gün sen ve ileri seviyeden müritlerin de benimle birlikte olmak için oraya geleceksiniz."

"Ölümsüz guru, bana daha çok anlatın!"

Üstat neşeyle gülerek, "Lütfen, sevgili çocuğum kollarını biraz gevşetir misin?" dedi.

"Sadece biraz!" Onu bir ahtapotun kavrayışıyla kucaklamaktaydım. Bedeninin karakteristiği olan aynı hafif ve doğal kokuyu algılıyordum. Her ne zaman o muhteşem saatleri yeniden hatırlasam, onun ilahi bedenine dokunuşun heyecanını kollarımın iç yüzeylerinde ve avuç içlerimde hâlâ hissederim.

"Peygamberlerin insanlığa fiziksel karmalarından kurtulmasına yardım etmek için yeryüzüne gönderilmesi gibi ben de, Tanrı tarafından kurtarıcı olarak hizmet etmek için astral bir gezegene yönlendirildim" diye izah etti Sri Yukteswar. "Bu gezegene Hiranyaloka yahut 'Aydınlanmış Astral Gezegen' denmekte. Orada ileri seviyeden varlıklara, astral karmalarından kurtulmaları ve böylece astral-yeniden doğumlardan azat olmaları için yardım ediyorum. Hiranyaloka'da ikâmet edenler ruhsal açıdan oldukça ileri seviyedeler ve hepsi de yeryüzündeki son inkarnasyonlarında (doğumlarında) meditasyon sayesinde edindikleri güçle ölüm anında fiziksel bedenlerini bilinçli olarak terk etme yeteneğine erişmiş durumda. Hiranyaloka'ya sadece yeryüzünde *sabikalpa samadhi* halinin ötesinde, ondan daha yüksek bir hal olan *nirvikalpa samadhi*[1] haline ulaşabilenler girebilir.

Hiranyaloka sakinleri, yeryüzündeki hemen hemen bütün varlıkların ölümden sonra gitmek zorunda oldukları olağan astral katmanlardan çoktan geçmişlerdir. Bu astral dünyalardaki yaşamları sırasında astral karmalarının birçok tohumunu da yok etmişlerdir. Ancak ileri seviyeden müritler, astral

---

[1] Sayfa 226'e bakınız. *Sabikalpa samadhi*'de mürit Ruh (*Spirit*) ile birliğinin idrakine ulaşmıştır ancak kozmik bilinçlilik halini sadece hareketsiz trans halinde sürdürebilir. Sürekli meditasyon sayesinde, dünyada (günlük yaşamda) Tanrı - idrakini hiçbir an kaybetmeksizin özgürce hareket edebildiği, daha üstün bir hal olan *Nirbikalpa Samadhiye* ulaşır.

Nirbikalpa samadhi'de yogi, materyal ya da dünyalık karmasının son izlerini de ortadan kaldırır. Yine de hâlâ üzerinde çalışmasını gerektiren astral ve "nedensel" karmaya sahip olabilir ve bundan dolayı yüksek vibrasyonlu katmanlarda astral ve daha sonra da nedensel bedenlerde yeniden doğar.

katmanlarda özgürlüğe kavuşturan böylesi bir işi etkili olarak icra edebilirler. [2] Daha sonra, ruhlarını astral karmanın izlerinden tamamıyla özgür kılmak için bu adaylar, kozmik kanun tarafından, benim de yardıma hazır bulunduğum Hiranyaloka'da (astral güneş ya da cennet) yeni astral bedenler içinde doğmak üzere çekilirler. Hiranyaloka'da aynı zamanda daha üst düzeydeki 'nedensel' dünyadan gelmiş, hemen hemen mükemmelliğe erişmiş varlıklar da vardır."

Zihnim artık gurumunkiyle öylesine mükemmel bir uyum içindeydi ki, kelime resimlerini bana kısmen sözleriyle kısmen de düşünce transferi yoluyla iletiyordu. Böylelikle düşünsel tablolarını anında idrak ediyordum.

"Kutsal yazıtlarda okudun" diye devam etti üstat, "Tanrı insan ruhunu ardışık üç bedene hapsetti; düşünsel ya da nedensel beden. Suptil astral beden ya da insanın zihinsel ve duygusal doğasının merkezi, bir de kaba fiziksel beden. Yeryüzünde insan, fiziksel duyu organlarıyla donatılmıştır. Astral bir varlıksa bilinci ve duygularıyla iş görür ve bedeni "yaşamtronlardan" oluşmuştur. [3] Nedensel-bedenli bir varlık daima mutlulukla dolu düşüncelerin içindedir. Benim görevim nedensel dünyaya girmeye hazırlanan astral varlıklarla ilgili."

"Sevgili üstadım, lütfen bana astral kozmos hakkında daha çok bilgi verin." Sri Yukteswar'ın ricası üzerine kollarımı hafifçe gevşetmiş olmama rağmen onu hâlâ kucaklıyordum. Öyle ya, bütün hazinelerden daha değerli gurum bana ulaşmak için ölümü yenerek gelmişti!

"Üzerinde astral varlıkların yaşadığı birçok astral gezegen var" diye başladı gurum. "Astral varlıklar bir gezegenden diğerine seyahat etmek için elektrik ve radyoaktif enerjiden daha hızlı olan astral uçaklar, yani ışık kütleleri kullanırlar. Işık ve rengin çeşitli suptil titreşimlerinden yapılı astral evren, materyal kozmostan yüzlerce kez daha büyük. Bütün fiziksel yaradılış küçük katı bir sepet gibi astral kürenin dev ve ışıklar saçan balonunun altında asılmakta. Tıpkı uzayda fiziksel güneşlerin ve yıldızların var olması gibi sayısız astral güneş ve yıldız sistemleri var. Bu sistemlerdeki gezegenler fiziksel olanlardan çok daha güzel astral güneş ve aylara sahip. Astral gün ve gece yeryüzündekinden daha uzun.

---

[2] Çünkü çoğu kişi, astral dünyaların güzelliğinin tadını çıkarırken ciddi spiritüel çaba sarfetmek için herhangi bir neden görmez.

[3] Sri Yukteswar *prana* kelimesini kullandı, bense onu *'lifetron'* (Türkçe *'yaşamtron'*- Çev. Notu) olarak tercüme ettim. Hindu yazıtları sadece *anu*, 'atom' ve *paramanu*, 'atomun ardında', daha ince elektronik enerjilere değil, aynı zamanda *prana*, 'yaratıcı *yaşamtronik* güç'e de değinir. Atomlar ve elektronlar kör güçlerdir, *prana* ise tabiyatında zekâyı içerir. Örneğin, spermatozoa ile ova içindeki *pranik yaşamtronlar* embriyonun karmik bir tasarıma uygun olarak gelişmesini yönlendirir.

Astral alem sonsuz derecede güzel, temiz, saf ve düzenli. Ölü gezegenler ve çorak topraklar yok. Orada yabani otlar, bakteriler, böcekler, yılanlar gibi dünyaya ait olan ve kusursuz güzelliği bozan unsurlar da bulunmuyor. Yeryüzündeki iklim ve mevsim değişikliklerinden farklı olarak astral gezegenlerde ebedi bir bahar hüküm sürer, ara sıra parlak beyazlıkta kar ya da rengârenk ışık ışınlarından yağmur yağar. Astral gezegenler opal göller, parlak denizler ve gökkuşağından nehirlerle süslü.

Alelade astral evrende -daha suptil olan astral cennet veya Hiranyaloka değil- yeryüzünden aşağı yukarı yeni gelmiş milyonlarca astral varlıkla periler, denizkızları, balıklar, hayvanlar, cinler, yarı Tanrı yarı insan varlıklar ve ruhlar yaşıyor. Hepsi de karmik vasıflarına uygun olan değişik astral gezegenlerde ikâmet ediyorlar. İyi ve kötü ruhlar için ayrı ve çeşitli yaşam ortamları sağlanmış. İyi ruhlar özgürce dolaşabiliyorlar, buna karşılık kötü ruhlar belirli bölgeler içinde sınırlanmışlar. Aynen insanların yeryüzünde karalarda, solucanların toprak altında, balıkların suda ve kuşların havada yaşamaları gibi değişik evrim derecelerindeki astral varlıklara da, kendi doğal titreşimlerine uygun alanlar tahsis edilmiş.

Diğer astral alemlerden kovulmuş kötü melekler arasında zihinsel, mantrik[4] titreşimli ışınlar ve yaşamtronik bombalarla yapılan savaşlar oluyor. Bu varlıklar kötü karmalarının cezasını ödemek için daha aşağı seviyeli astral kozmosun, loş ve kasvetler içindeki bölgelerinde yaşıyorlar.

Karanlık astral hapishanenin üzerinde yer alan engin alanlarda her şey pırıl pırıl ve harikulade güzel. Astral kozmos Tanrı'nın arzusu ve mükemmellik planıyla daha doğal bir uyum içindedir. Astral objelerden her biri en başta Tanrı'nın isteğiyle kısmen de astral varlıkların istenç çağrılarıyla ortaya çıkmıştır. Astral varlıklar, Tanrı tarafından yaratılmış herhangi bir şeyin formunu ve lütfunu değişikliğe uğratmak, azaltmak veya çoğaltmak gücüne sahiptirler. Tanrı astral çocuklarına, istedikleri anda astral kozmosu değiştirebilmek ya da düzeltmek özgürlüğünü vermiştir. Yeryüzünde katı bir madde doğal ve kimyasal yöntemler yoluyla sıvı veya başka formlara dönüştürülmek zorundadır. Fakat astral katı maddeler temel olarak ve anında, sakinlerinin istenci tarafından astral sıvı maddelere, gazlara yahut enerjiye çevrilebilir."

"Yeryüzü havada, suda ve karada yapılan savaş ve katliamlarla karanlığa bürünmüş durumda" diye devam etti gurum, "ama astral âlemler mutlu

---

[4] 'Mantra'nın sıfat hali; konsantrasyonun zihinsel silâhını ateşleyen, monoton ya da nağme şeklinde sürekli tekrarlanan 'tohum, ses tonları'. *Puranalar* (eski *Shastralar* ya da risaleler) *devalar* ve *asuralar* (tanrılar ve iblisler) arasındaki bu *mantrik* savaşlardan bahseder. Anlatıldığına göre *asuralar*dan biri, güçlü bir *mantra* ile bir *devayı* öldürmek istemiş, ancak, yanlış telâffuz yüzünden, bu zihinsel bomba bir bumerang gibi etki göstererek iblisin kendini öldürmüştü.

bir uyum ve eşitlik içinde. Astral varlıklar kendi formlarını istedikleri anda materyalize ve demateryalize ederler. Çiçekler, balıklar veya hayvanlar bir süre için kendilerini astral insanlara dönüştürebilirler. Bütün astral varlıklar herhangi bir forma bürünmekte serbesttirler ve birbirleriyle kolaylıkla anlaşıp haberleşebilirler. Onları hiçbir belirli doğal kanun bağlamaz. Örneğin herhangi bir astral ağacın, astral bir mango ya da istenilen başka bir meyve, çiçek veya hangi obje olursa olsun, vermesi arzu edilebilir. Belli karmik kısıtlamalar mevcuttur ama astral dünyada çeşitli formların arzu edilebilirliği konusunda bir ayırım yoktur. Her şey Tanrı'nın yaratıcı ışığıyla titreşim halindedir.

Hiç kimse kadından doğmaz. Astral varlıklar kozmik istençlerinin gücüyle çoğalabilir ve döllerine istedikleri formu verebilirler. Fiziksel bedenini yeni kaybetmiş (ölmüş) olan bir insan davet yoluyla benzer zihinsel ve spiritüel eğilimler tarafından çekilerek astral bir aileye katılır.

Astral beden soğuk, sıcak ya da diğer doğal şartlara maruz değildir. Anatomisi, astral bir beyni, yani ışıktan bin taçyapraklı lotusu ve *sushumna*'da yer alan altı uyanmış merkezi, yani astral omuriliği de içerir. Kalp, astral beyinden ışık ve kozmik enerji çekerek bunu astral sinirlere ve beden hücrelerine pompalar. Astral varlıklar formlarını yaşamtronik güç ve kutsal mantrik titreşimlerle değiştirebilmeye muktedirdir.

Astral beden genellikle son fiziksel formun bir kopyasıdır. Astral bir kişinin yüzü ve vücudu yeryüzündeki son misafirliğindeki gençliğine benzer. Bazen kişi, tıpkı benim gibi yaşlılığındaki görüntüsünü sürdürmeyi tercih eder." Hayatının baharındaki bir genç kadar taze görünen üstat neşeyle güldü.

"Üçboyutlu yeryüzünün sadece beş duyu tarafından algılanabilmesine karşın, astral âlemler bunların hepsini içeren altıncı duyu (sezgi) tarafınca görülebilir" diye devam etti Sri Yukteswar. "Bütün astral varlıklar sezgisel duygularıyla görür, duyar, koklar, tat alır ve dokunurlar. Üç gözleri vardır, bunlardan ikisi kısmen kapalıdır. Alına dikey olarak yerleştirilmiş üçüncü ve asıl astral göz açıktır. Astral varlıklar bütün dışsal duyu organlarına sahiptirler ama çeşitli bedensel uyarıları sezgileriyle algılarlar; kulaklarıyla, burunları ve derileriyle görebilirler. Gözleri ya da dilleriyle duyabilir, kulakları ve dokunma organlarıyla tat alabilirler.[5]

İnsanların fiziksel bedeni sayısız tehlikelerle karşı karşıyadır ve kolaylıkla incinebilir. Fakat eterik astral beden bazen kesilip yaralanabilmesine rağmen, sadece istenç gücüyle yeniden şifaya kavuşturulabilir."

---

[5] Böyle güçlere ait örnekler, Helen Keller ve diğer bazı nadir varlıkların demonstre ettiği vakalardaki gibi yeryüzünde dahi görülür.

"Gurudeva, bütün astral kişiler güzel mi?"

Sri Yukteswar, "Güzellik astral dünyada dışsal bir görüntü değil de ruhsal bir kalite olarak bilinir" diye cevapladı. "Bundan dolayı astral varlıklar yüze ait özelliklere çok az önem verirler. Ancak, istedikleri zaman kendilerini, astral olarak materyalize edilmiş yeni ve renkli bedenlerle giydirebilme ayrıcalığına sahiptirler. Tıpkı insanların festivallerde yeni ve değişik kıyafetler giymeleri gibi astral varlıklar da bazı özel durumlarda kendilerini, özel tasarlanmış formlara sokarlar.

Bir varlık ruhsal gelişme sayesinde astral dünyadan kurtularak nedensel dünyanın cennetine girmeye hazır olduğunda, Hiranyaloka gibi daha yüksek astral gezegenlerde, neşe içinde festivallerle kutlanır. Böyle özel durumlarda, Görünemeyen Göksel Baba ve O'nunla birliğe ulaşmış ermişler kendi seçtikleri bedenlerde materyalize olarak astral festivallere katılırlar. Yaradan sevgili kulunu sevindirmek için, istenilen herhangi bir forma bürünür. Eğer mürit kendini kayıtsız şartsız adama yoluyla ibadet etmişse Tanrı'yı İlahi Ana sıfatında görür. Örneğin Hz. İsa'ya Yaradan'ın Baba sıfatı, diğer sıfatlarından daha cazip görünür. Yaradan her bir kuluna bireysellik bahşettiğinden, onların tasavvur edilebilen ve edilemeyen her türlü talebini göz önünde bulundurur!" Gurumla birlikte neşe içinde güldük.

Sri Yukteswar güzel ve flüte benzer sesiyle "Eski yaşamlarında arkadaş olanlar astral dünyada birbirlerini kolaylıkla tanırlar" diye devam etti. "Ölümsüz arkadaşlığın keyfiyle sevginin yıkılmazlığının farkına varırlar. Yalan dünya yaşamlarındaki üzücü ayrılık anlarında sevginin sonsuzluğu hakkında sık sık şüpheye düştüklerinin farkına varırlar. Astral varlıklar sezgileriyle yeryüzündeki faaliyetleri gözleyebilirler, ancak insanlar altıncı duyuları gelişmedikçe astral âlemi göremezler. Yine de yeryüzünün binlerce sakini, bir anlık da olsa bir astral varlığı ya da astral dünyayı görmüştür.[6]

Hiranyaloka'nın ileri seviyeden varlıkları, kozmik hükümetin karmaşık problemlerini çözmeye ve 'kaybolmuş oğullar'ın (yeryüzüne bağlanmış ruhlar) kurtarılmasına yardım etmek amacıyla uzun astral gece ve gündüzler boyunca çoğunlukla vecde girmiş halde uyanık kalırlar. Hiranyaloka sakinleri uyuduklarında ara sıra rüyaya benzer astral vizyonlar görürler. Zihinleri genellikle en yüksek *nirvikalpa* (sonsuz mutluluk) hazzının bilinçli halinde kalmıştır.

---

[6] Yeryüzünde saf kalpli çocuklar bazen perilerin zarif astral bedenlerini görebilir. Kullanımı bütün kutsal metinler tarafından yasaklanmış olan uyuşturucu maddeler veya sarhoşluk verici içkiler yoluyla bir insan, bilincini öylesine karıştırabilir ki, bu onun astral cehennemdeki korku verici formları görmesine neden olabilir.

Astral âlemlerin bütün bölgelerinde yaşayanlar hâlâ zihinsel ızdıraplara maruz kalabilirler. Hiranyaloka gibi gezegenlerde ikâmet eden daha yüksek mertebeli varlıkların hassas zihinleri, hakikatin algılanmasında veya davranışlarında herhangi bir kusurda bulunduklarında şiddetli acı hisseder. Bu ilerlemiş varlıklar tüm eylem ve düşüncelerini spiritüel kanunun mükemmelliğiyle uyum içine sokmaya gayret gösterirler.

Astral sakinlerin arasında haberleşme tamamıyla telepati ve vizyon vasıtasıyla yapılır. Yeryüzünde yaşayanların katlanmak zorunda oldukları, yazı ve sözlerin yanlış anlaşılması sorunu yoktur. Nasıl sinema perdesindeki oyuncular ışıktan oluşan bir dizi resim yoluyla hareket halinde görünüyor ve aslında nefes almıyorlarsa astral varlıklar da oksijenden güç alma gerekliliği olmaksızın, zekâyla yönetilen ve koordine edilen ışık imajları olarak yürür ve faaliyette bulunurlar. İnsanlar varlıklarını devam ettirebilmek için katı, sıvı, gaz ve enerjilere gereksinim duyar; astral varlıklarsa esas olarak kozmik ışıkla beslenirler."

"Üstadım, astral varlıklar herhangi birşey yer mi?" Gerçekten olağanüstü olan açıklamalarını bütün kalbim, zihnim ve ruhumla algılıyordum. Kısa ömürlü duyusal tecrübe ve izlenimler geçici ve göreli bir gerçekliğe sahiptirler ve kısa bir sürede hafızadaki canlılığını yitirirler. Buna karşın, hakikatin süper-bilinçlilikle idrak edilen kavramları değişmez ve daimi gerçeklerdir. Gurumun sözleri varlığımın sayfalarına öylesine derin izlerle basılmıştı ki, her an zihnimi süper-bilinç haline transfer ederek, bu ilahi tecrübeyi bütün canlılığıyla aktarabilirim.

"Astral topraklarda parlak ışınları andıran sebzeler yetişir. Astral varlıklar sebze yer ve astral ırmaklarla muhteşem ışık kaynaklarından akan bir nektarı içerler. Tıpkı yeryüzünde insanların görünmez imajlarının eter içinden süzülerek, bir televizyon cihazı tarafından görünebilir hale gelmesi ve daha sonra yine uzayda kayboluşu gibi Tanrı tarafından yaratılmış eter içinde yüzen bitki ve sebzelerin görünmez resimleri, sakinlerin sadece istenç-gücüyle yoğunlaştırılır. Aynı şekilde, bu varlıkların tahayyül gücüyle daha sonra eter içinde çözülüp kaynağına geri dönen hoş kokulu çiçeklerle dolu bahçeler materyalize olur. Hiranyaloka gibi cennetsel gezegenlerde yaşayanlar yemek gibi gereksinimlerden hemen hemen özgür olmalarına rağmen, nurla beslenen nedensel dünyanın neredeyse tamamıyla hidayete ermiş ruhlarının varlığı daha da bağımsızdır.

Dünyadan kurtulmuş astral varlık, zaman zaman astral alemin çeşitli bölgelerinde gezindikçe, yeryüzündeki değişik yaşamlarında birlikte olduğu

Sri Yukteswar'ın Yeniden Dirilişi

sayısız akrabalar, anneler, kocalar, karılar ve arkadaşlarla karşılaşır.[7] Bundan ötürü kime daha derinden bir sevgiyle bağlı olduğunu anlayabilmekten uzaktır. Bu yolla Tanrı'nın çocukları ve O'nun çeşitli bireysel tezahürleri olarak, herkese eşit ve ilahi bir sevgiyle yaklaşmayı öğrenir. Sevdiği kişilerin dışsal görüntüleri az çok son yaşamlarında geliştirdikleri yeni vasıflara göre değişmiş olmasına rağmen; astral varlık, bir zamanlar kendisine diğer âlemlerde sevgi bağıyla yakınlaşmış olanları yeniden tanımakta ve onları yeni astral evlerinde karşılamakta yanılmayan sezgisini kullanır. Yaradılışta her bir atom değişmeyen bir bireysellik taşıdığından,[8] nasıl yeryüzündeki bir aktör her ne kılığa girerse girsin yakından görünce tanınabiliyorsa astral bir arkadaş da yeni kostümüne rağmen tanınır.

Astral dünyada yaşam süresi yeryüzündekinden çok daha uzundur. Olağan bir astral varlığın ortalama yaşam periyodu, yeryüzündeki zaman standartlarına göre ölçülürse, beş yüz yıldan bin yıla kadar değişir. Bazı dev sekoya ağaçlarının diğer ağaçlara göre binlerce yıl daha fazla yaşamaları; çoğu insanın altmış yaşından önce ölmesine karşın, bazı yogilerin yüzlerce yıl yaşaması gibi bazı astral varlıklar da olağan astral varoluş süresinden çok daha uzun yaşarlar. Astral aleme gelen ziyaretçiler orada, kendilerini belirlenmiş bir süre sonra yeniden yeryüzüne geri çeken fiziksel karmalarının ağırlığına göre, uzun ya da kısa bir süre ikâmet ederler.

Astral varlık, ışıktan bedenini ölüm anında terk ederken acı çekmez. Ancak bu varlıkların çoğunu daha ince titreşimli nedensel bedene girmek için astral vücutlarını terk etme düşüncesi biraz huzursuz eder. Astral dünyada acı içinde ölüm, hastalık ve yaşlanma yoktur. Bu korku verici unsurlar, insanın bilincini, var olmak için sürekli hava, besin ve uykuyu gerektiren, kolaylıkla incinen fiziksel bedenle neredeyse tamamen özdeşleştirdiği yeryüzüne ait lanetlerdir.

Fiziksel ölüme nefesin kayboluşu ve hücrelerin çözülüşü eşlik eder. Astral ölümse astral bedeni oluşturan kozmik enerji birimleri olan yaşamtronların dağılmasından ibarettir. Fiziksel ölümde bir varlık beden bilincini yitirerek, astral âlemdeki daha suptil bedeninin bilincine varır. Zamanı geldiğinde astral ölüm tecrübesini de yaşayarak bir varlık, böylece astral doğum ve ölüm bilincinden fiziksel doğum ve ölüm bilincine geçer. Astral ve fiziksel kılıflar arasında

---

[7] Lord Buddha'ya bir gün, insanın niye herkesi eşit olarak sevmesi gerektiği soruldu. "Çünkü" diye cevapladı büyük öğretmen, "Her insanın sayısız ve çeşitli yaşam sürelerince, diğer *herbir* varlık ona zamanın birinde yakın olmuştur."

[8] Yaradılmış bütün yaşam biçimlerine giren sekiz elemental nitelik, insandan atoma doğru şöyle sıralanır: Toprak, su, ateş, hava, eter, hareket, zihin ve bireysellik. (*Bhagağad- Gita VII:4.*)

tekrarlayan bu dolaşım, aydınlanmamış bütün varlıkların kaçınılmaz kaderidir. Cennet ve cehenneme ait kutsal yazıtlarda okuduğumuz tasvirler bazen mutluluk içindeki astral ve hayalkırıklığıyla dolu fiziksel dünyalara ait uzun deneyimler dizisini, insanın bilinçaltından daha derinde yatan anılarını uyandırır."

"Sevgili üstat" diye sordum, "lütfen yeryüzündekiyle astral ve nedensel alemlerdeki yeniden doğumlar arasındaki farkı biraz daha detaylı izah eder misiniz?"

"İnsan bireysellik bahşedilmiş bir ruh olarak özünde nedensel bedenlidir. Bu beden, Tanrı tarafından temel, yani nedensel güçler olarak gereksinim duyulan 35 *fikre* can veren özdür. Bu güçlerle Tanrı, daha sonra 19 elementten oluşan daha ince yapılı astral bedenle 16 elementten ibaret olan kaba fiziksel bedene şekil vermiştir.

Astral bedenin 19 elementi zihinsel, duygusal ve yaşamtroniktir. Bu on dokuz element şunlardır: Zekâ, ego (benlik), duygu, zihin (duyusal bilinç); *bilginin* beş aracı olan görme, duyma, tat alma, koklama, dokunma duyularının suptil karşılıkları; *eylemin* beş aracı olan döllenme, dışkının atılması, konuşma, yürüme ve el hünerini kullanma gibi fiili yeteneklerin zihinsel benzerleri ve *hayat gücünün* bedensel fonksiyonları yerine getirme yetkisini verdiği beş araç, yani hücre oluşumu ve yenilenmesi, hazım, metabolizma, elementlerin ayıklanması ve dolaşım. Bu suptil astral kılıfı oluşturan 19 element, 16 kaba kimyasal elementten yapılı fiziksel bedenin ölümünden sonra hayatta kalır.

Yaradan kendi varlığının içinde yarattığı çeşitli düşüncelerini rüya olarak kozmosun perdesinde yansıtmış ve böylece, bu kozmik hayal âlemi, tıpkı güzel bir kadın gibi, görecelilik gerdanlığı takınmıştır.

Nedensel bedenin otuz beş düşünce kategorisinde Yaradan, bunlara karşı gelen, insanın on dokuz astral ve on altı fiziksel suretinin bütün karmaşasını özenle işlemiştir. Titreşim güçlerinin yoğunlaştırılmasıyla önce suptil, sonra da kaba olarak Tanrı, insanın astral bedenini ve en nihayet fiziksel formunu yaratmıştır. Görecelilik kanununa göre -ki onun sayesinde *Aslen Basit Olan* hayretler uyandıran bir çeşitlilik içinde tezahür etmiştir- nedensel kozmos ve nedensel beden, astral kozmos ve astral bedenden daha farklıdır. Benzeri şekilde fiziksel kozmos ve fiziksel beden karakteristik olarak yaradılışın diğer formlarından daha değişik görünür.

Et ve kemikten oluşan beden, Yaradan'ın sabitleştirip, obje haline dönüştürdüğü rüyalarından oluşmuştur. İkilemler yeryüzünde daimi olarak mevcuttur: Hastalık ve sağlık, acı ve zevk, kazanç ve kayıp. İnsanlar üçboyutlu madde içinde direnç ve sınırlamalara tabidir. İnsanoğlunun yaşamaya olan istenci hastalık ya da diğer nedenlerden dolayı ciddice sarsıldığında ölüm gelir, bedenin ağır mantosu geçici olarak atılır. Ancak Ruh astral ve nedensel bedenler içinde kapatılmış olarak kalır.⁹ Bu üç bedeni bir arada tutan yapıştırıcı güç arzudur. Bütün insanların köleliğinin kökeni, gerçekleşmemiş arzuların kuvvetidir.

Fiziksel arzular, bencillik ve duyusal zevkler içinde kök salmıştır. Duyusal deneyimlerin ayartıcılığı yahut çekiciliği, astral bağımlılıklar veya nedensel sezgilerin arzu gücünden daha güçlüdür.

Astral arzular titreşimsel hazlar etrafında odaklaşır. Astral varlıklar, alemlerin eterik müziğinin tadını çıkarır ve bütün yaradılışın, değişen ışığın bitip tükenmek bilmeyen tezahürlerinden oluşan manzarasından büyük zevk alırlar. Astral varlıklar aynı zamanda ışığı tadar, koklar ve ona dokunurlar. Astral arzular böylece, astral bir varlığın bütün obje ve deneyimleri ışığın formları ya da yoğunlaşmış düşünceler veya rüyalar olarak tezahür ettirebilme güçleriyle bağlantılıdır.

Nedensel arzular sadece ruhsal idrak yoluyla gerçekleşir. Hemen hemen özgürlüğe ulaşmış ruhları sadece nedensel bedenin kabına kapatılmış nedensel varlıklar bütün evreni Tanrı'nın hayali düşünceleri olarak algılarlar; saf düşünceden, herhangi bir objeyi materyalize edebilirler. Bundan dolayı nedensel varlıklar fiziksel algıları ya da astral zevkleri ruhun ince duyarlılıklarını boğan, kaba bir tarz olarak görürler. Nedensel varlıklar arzularından, onları anında materyalize etmek yoluyla kurtulurlar.¹⁰ Sadece nedensel bedenin ince örtüsünü giyinmiş olanlar tıpkı Yaradan gibi evrenler yaratabilirler. Bütün yaradılış kozmik-rüya dokusuna sahip olduğu için ince nedensel bedenle örtünmüş ruh, gücün engin idrakine sahiptir.

Bir ruh, doğal olarak görünmez, yalnızca bedeni ya da bedenlerinin varlığıyla ayırt edilebilir. Yani bir bedenin varlığı, o bedenin, gerçekleşmemiş arzular tarafından var edildiğine işaret eder.¹¹

Bir insanın ruhu bir, iki veya üç beden kabı içine kapatılmış ve bu kaplar cehalet ve tutkuların mantarıyla sıkıca mühürlenmiş olduğu sürece, Ruh'un okyanusuna katılamaz. Kaba fiziki kap ölümün çekiciyle kırıldığında, diğer iki

---

⁹ 'Beden' ruhun herhangi bir şekilde hapsoluşunu ifade eder, ister kaba ister suptil olsun. Bu üç beden Cennet Kuşunun kafesleridir.

¹⁰ Babaji'nin Lahiri Mahasaya'ya geçmiş yaşamlarından birinden gelerek bilinçaltında yatan, bir sarayda yaşama arzusundan kurtulmasında yardım ettiği gibi. (Bakınız Bölüm 34.)

¹¹ "Ve onlara dedi ki, beden her neredeyse kartallar orada biraraya toplanacaklar." - Luka 17:37. Ruh her nerede bir fiziksel, astral ya da nedensel bedende hapsolursa, insanın duyusal zaafları veya astral ve nedensel bağımlılıklarıyla beslenen ihtiras kartalları da, ruhu hapis tutmak için orada toplanacaklardır.

örtü -astral ve nedensel- ruhu hâlâ Her Yerde Hazır ve Nazır Yaşam'a bilinçli olarak katılmaktan alıkoyar. Hikmet yoluyla 'arzusuzluğa' erişildiğinde, bunun gücü geriye kalan iki kabı da kırarak dağıtır. Minicik insan ruhu böylece ortaya çıkar; nihayet özgür olarak Ölçülemeyen Genişlik ile birlikteliğe erişir."

Gurumdan, yüksek ve esrarengiz nedensel alemi daha da aydınlatmasını rica ettim.

"Nedensel alem tarif edilemeyecek kadar suptil," diye cevapladı. "Onu anlamak için insanın muazzam bir konsantrasyon gücüne sahip olması gerekir. Böylesine güçlü bir konsantrasyonla gözlerini kapayıp, astral ve fiziksel kozmosu müthiş enginliği içinde var olan düşünceler -parlak ışıklar saçan bir balon ve ona asılı sepet- olarak hayal edebilir. Eğer bu insanüstü konsantrasyon gücüyle kişi, bütün çapraşıklığıyla bu iki kozmosu saf düşüncelere dönüştürmeyi başarabilirse nedensel dünyaya ve maddeyle düşüncenin kaynaştığı o sınır çizgisine ulaşır. Orada insan bütün yaratılmış şeyleri -katı maddeler, sıvılar, gazlar, tüm varlıklar- aynen bir kişinin gözlerini kapattığında mevcut olan bedenini görememesine rağmen varoluşunun idrakinde olması gibi, bilincin formları şeklinde algılar.

Bir insanoğlunun hayalinde yapabildiği her şeyi nedensel bir varlık gerçekten var edebilir. İnsanın muazzam zekâsı, sadece zihninde, aşırı bir düşünceden diğerine zıplayarak gezegenden gezegene gezinebilir veya roket gibi yıldızlarla bezenmiş göklerde süzülebilir ve samanyollarıyla galaksileri katedebilir. Fakat nedensel âlemdeki varlıklar çok daha büyük özgürlüğe sahiptirler ve herhangi bir madde ya da astral engel veya karmik sınırlama olmaksızın, çaba sarfetmeden düşüncelerini anında objeye dönüştürebilirler.

Nedensel varlıklar fiziksel kozmosun elektronlardan, astral kozmosun da yaşamtronlardan inşa edilmemiş olduğunu fark ederler. Gerçekte her iki alem de görünüşte yaradılışı Yaradan'dan ayrıymış gibi algılamamıza neden olan görecelilik kanunu *Maya* tarafından bölünmüş Tanrı-düşüncesinin en ince parçacıklarından yaratılmıştır.

Nedensel dünyadaki ruhlar birbirlerini, mutluluk içindeki Ruh'un bireysellik kazanmış kıvılcımları olarak tanırlar. Onları çevreleyen yegâne 'şey', onların düşünce tablolarıdır. Nedensel varlıklar bedenleriyle düşünceleri arasındaki ayrılığın sadece tahayyül olduğunu görürler. Bir insanın gözlerini yumup göz kamaştırıcı beyaz bir ışığı ya da hafifçe solgun mavi bir pusu hayal edebilmesi gibi nedensel varlıklar da sadece düşünce gücüyle görmeye, duymaya, dokunup koklamaya, tat almaya muktedirdirler; kozmik zihin gücüyle herhangi bir şeyi yaratır veya çözüp yok ederler.

Sri Yukteswar'ın Yeniden Dirilişi

Nedensel alemde hem ölüm hem de yeniden doğum, düşünce içinde vuku bulur. Nedensel bedenli varlıklar sadece, ebedi yeni bilginin leziz, Tanrısal yemekleriyle ziyafet çekerler. Huzurun kaynaklarından içer, idrakin henüz dokunulmamış diyarlarında dolaşır, mutluluğun okyanus gibi sonsuzluğunda yüzerler. Onların parlak düşünce-bedenlerinin, Ruh'un yarattığı trilyonlarca gezegende, yepyeni oluşmuş evrenlerde, fazilet yıldızlarında, sonsuzluğun bağrındaki altın bulutsuların ışıktan düşlerinde nasıl yüceldiğini görmeli!

Birçok varlık nedensel kozmosta binlerce yıl kalır. Daha sonra, daha derin coşkularla hidayete ulaşan ruh küçük nedensel bedenden çıkarak nedensel kozmosun enginliklerine katılır. Düşüncelerin bütün ayrı girdapları, gücün parçacıklara bölünmüş dalgaları, sevgi, istenç, haz, huzur, sezgi, sükûnet, irade ve konsantrasyon, Nur'un her an yenilenen coşku denizi içinde erir. Artık ruh huzuru, bilincin bireyselleşmiş bir dalgası olarak algılanmayacaktır; o bütün dalgalarıyla (ebedi kahkahası, heyecanları, nabız atışları) Tek Kozmik Okyanus içinde ortaya çıkmıştır.

Ruh her üç bedenin kozasından çıktığında, görecelilik kanunundan sonsuza dek kurtulur ve tarif edilemeyen Ebedi Varolan'a dönüşür.[12] Kanatları yıldızlar, güneşler ve aylarla bezenmiş 'Her Yerde Hazır ve Nazır' bir kelebektir artık o! Genleşerek Yaradan bünyesinde tezahür etmiş olan ruh, ışıksız ışık, karanlıksız karanlık, düşüncesiz düşünce içinde, Tanrı'nın kozmik yaradılış düşünün içinde, neşesinin aşkınlığı içinde kendinden geçmiş olarak yalnız kalır."

"Özgür bir ruh!" diye ürpererek bağırdım.

"Bir ruh en nihayet bedensel yanılgıların üç kavanozundan çıktığında" diye sürdürdü sözlerini üstat, "Ebedi Olan ile bireyselliğinden bir şey kaybetmeksizin birleşir. Hz. İsa bu nihai özgürlüğe, henüz İsa olarak doğmadan önce erişmişti. Geçmişindeki üç basamakta -ki dünyalık yaşamında ölüm ve yeniden dirilişinin üç günü olarak sembolize edilir- Ruh'un içinde tamamıyla doğma kudretine ulaşmıştı.

Gelişmemiş insanın bu üç bedenden sıyrılabilmek için sayısız dünyasal, astral ve nedensel yeniden doğumlara katlanması gerekmektedir. Bu nihai özgürlüğe kavuşan bir üstat, diğer insanları Tanrı'ya geri getirmek için yeryüzüne bir peygamber olarak tekrar dönmeyi ya da benim gibi astral kozmosta

---

[12] "Her kim ki üstesinden gelir, onu Tanrı'mın tapınağında bir sütun yapacağım. Artık bir daha dışarı çıkmayacak (yani, yeniden doğmayacak artık) üstesinden gelene benimle birlikte tahtımda oturma lütfunu bahşedeceğim, tıpkı benim üstesinden geldiğim ve Babam ile O'nun tahtına oturduğum gibi" - *Revelation – Esinleme* 3:12, 21.

ikâmet etmeyi seçebilir. Orada bir kurtarıcı, yaşayan sakinlerin karmasının [13] bir kısmını üstlenerek, böylece astral kozmostaki yeniden doğum döngülerine bir son vermelerine ve daimi olarak nedensel âlemlere gitmelerine yardımcı olur. Veya özgür bir ruh nedensel dünyaya girerek oradaki varlıkların nedensel bedenleri içindeki yaşam periyotlarını kısaltarak Nihai Özgürlüğe erişmelerine yardım eder."

"Ölümü yenen üstadım, ruhları bu üç aleme geri dönmeye zorlayan karmaya daha açıklık getirir misiniz?" Her şeyi bilen üstadımı sonsuza dek dinleyebileceğimi düşünüyordum. Dünyadaki yaşamında hiçbir zaman bilgeliğini bu kadar kısa süre içinde, bu kadar çok özümseyememiştim. Şimdi, ilk kez yaşam ve ölümün satranç tahtasına benzer muammasına böyle açık ve kesin bir bakış atabiliyordum.

"Astral dünyalarda daimi ikâmetinin mümkün olabilmesi için insanın fiziki karma ve arzularının tamamıyla giderilmesi gerekir. Astral alemlerde iki tür varlık yaşar. Birinci gruptakiler, halen bertaraf edilmesi gereken dünyasal karmaya sahip ve bundan dolayı bu karmik borçlarını ödemek için kaba fiziksel bedene yeniden girmesi lazım olanlardır. Bu kimseleri fiziksel ölümden sonra astral dünyaya geçici olarak gelen ziyaretçiler sınıfına -ikinci gruptaki astral dünyaların gerçek sakinlerine kıyasla- sokabiliriz.

Çözülmemiş dünyevi karmaları olan varlıklar astral ölümden sonra kozmik düşüncelerin yüksek nedensel bölgesine gitmeye izinli değildirler; 16 kaba elementten oluşan fiziksel bedenleriyle, 19 suptil elementten oluşan astral bedenlerinin birbiri ardına bilincinde oldukları astral ve fiziki dünyalar arasında mekik dokumalıdırlar. Fiziksel bedenin her kaybından sonra, yeryüzünden gelen gelişmemiş bir varlık, astral alemdeki zamanının çoğunu ölüm uykusunun derin sersemliği içinde geçirir. Astral kürenin güzelliğinin hemen hemen hiç bilincinde değildir. Böyle bir insan astral istirahatten sonra, daha fazla dersler almak üzere maddi alemlere geri döner. Bu şekilde tekrarlanan seyahatler sayesinde yavaş yavaş suptil astral dokulu dünyalara alışır.

Diğer yandan, astral evrenin normal ya da daimi sakinleri, bütün maddi özlemlerden ebediyen kurtulmuş olanlardır ki, bunların yeryüzünün kaba titreşimlerine geri dönme zorunluluğu kalmamıştır. Böyle varlıkların, üzerinde çalışmaları gereken sadece astral ve nedensel karmaları vardır. Astral ölümde

---

[13] Sri Yukteswar, yeryüzündeki yaşamı esnasında zaman zaman, müritlerinin karmasını hafifletmek için onların hastalıklarını üstlenmişti. Benzer şekilde, astral dünyada da kurtarıcı olarak misyonunun, Hiranyaloka halkının belli astral karmalarını üstüne alarak, bu yolla daha yüksek nedensel dünyaya intikal etmelerini sağlayacak evrimlerini hızlandırmalarına muktedir kıldığına işaret ediyordu.

bu varlıklar sonsuz incelikte ve daha hassas nedensel dünyaya geçerler. Kozmik kanunların belirlediği belli bir sürecin sonunda bu ilerlemiş varlıklar Hiranyaloka ya da benzeri yüksek bir astral gezegene geri dönerek, hâlâ çözülmemiş astral karmaları üzerinde çalışmak için yeni bir astral bedende yeniden doğarlar.

Oğlum, şimdi çok daha açıkça anlayabilirsin ki ben İlahi Takdir tarafından, yeryüzünden gelen astral varlıklardan ziyade, nedensel alemden geri gelen, yeniden doğan astral ruhların kurtarıcısı olarak diriltildim. Yeryüzünden gelenler, eğer hâlâ materyal karmanın izlerini taşıyorlarsa, Hiranyaloka gibi çok yüksek astral gezegenlere kadar yükselemezler.

Yeryüzündeki çoğu insan astral hayatın daha üstün hazlarını ve avantajlarını takdir edemeyip ölümden sonra yeniden dünyanın eksikliklerle dolu ve kısıtlı zevklerine dönmeyi arzular. Çünkü astral hayatın bu üstün hazlarına ancak meditasyon sayesinde erişilebilir. Aynı şekilde birçok astral varlık da, astral bedenlerinin normal bir süreç içinde ayrışıp dağılma safhası boyunca, nedensel dünyadaki ruhsal mutluluğun daha ileri aşamalarını tahayyül edemeyerek, daha kaba ve süslü püslü astral mutluluğu düşünür; astral cenneti yeniden ziyaret edebilmek için can atarlar. Bu varlıkların astral ölümden sonra, Yaradan'dan çok ince bir peçeyle ayrılan nedensel dünyada daimi bir ikâmete kavuşmadan önce ağır astral karmalarından kurtulmaları lazımdır.

Bir varlık ancak, astral kozmosta göze hoş gelen tecrübelere karşı artık arzu duymadığında ve oraya geri dönmek için ayartılamadığında, nedensel dünyada kalır. Orada bütün nedensel karma ya da geçmiş ihtirasların tohumlarından sıyrılma işini tamamlar. Hapis ruh, böylece cehaletin üç kapağından sonuncusunu da savurup atar ve son nedensel beden kavanozundan çıkarak Ebedi'ye karışır."

"Şimdi anlıyor musun?" Üstat büyüleyici bir şekilde tebessüm etti!

"Evet, sizin lütfunuzla. Coşku ve minnettarlıktan dilim tutuldu."

Hayatımda hiçbir şarkı ya da hikâyeden böylesine ilham veren bir bilgi edinmemiştim. Hindu yazıtları nedensel ve astral âlemlerden ve insanın üç bedeninden bahseder. Ancak yeniden dirilmiş üstadımın sıcak güvenilirliğiyle kıyaslandığında, bu belgeler ne kadar yavan ve anlamsızdı! Onun nazarında tek bir "Kıyılarından hiçbir yolcunun geri dönmediği, keşfedilmemiş diyar"[14] bile yoktu gerçekten.

"İnsanın üç bedeninin birbirinin içine nüfuz eden dokusu, onun üçlü doğası tarafından birçok yoldan açığa vurulur," diye sürdürdü sözlerini

---

[14] *Hamlet*.(Bölüm III, sahne I.)

gurum. "Yeryüzündeki uyanıklık halinde bir insan bu üç bedeninin az çok bilincindedir. Duyu organları görme, koklama, tat alma, dokunma ve duymayla meşgul olduğunda, fiziksel bedeniyle etkindir. Tasavvur ederken ya da istenç gücünü kullanırken esasen astral bedenini kullanmaktadır. Nedensel varlığı, bir insan düşünüyorken veya derin iç gözlem veya meditasyon halindeyken kendini açığa vurma fırsatı bulur: Dahiyane kozmik düşünceler, nedensel bedeniyle bağlantı kurmayı alışkanlık haline getirmiş insanlarca algılanır. Bu bakımdan bir birey, geniş bir çerçeve içerisinde 'maddi bir insan', 'enerjik bir insan' ya da 'entelektüel bir insan' olarak sınıflandırılabilir.

Bir insan kendisini, günde yaklaşık on altı saat boyunca fiziksel bedeniyle ifade eder. Sonra uyur. Eğer rüya görürse, astral varlıkların yaptığı gibi herhangi bir nesneyi çaba sarf etmeden yaratarak, astral bedeni içinde kalır. Eğer insan derin ve rüya görmeden uyursa, birkaç saat için bilincini ya da Benlik duygusunu nedensel bedene transfer edebilmeye muktedirdir; böyle bir uyku zindelik verir, canlandırır. Rüya gören bir insan nedensel değil, astral bedeniyle kontak halindedir; uykusu tam anlamıyla dinlendirici, tazeleyici değildir."

Sri Yukteswar anlatırken onu sevgiyle gözlemekteydim.

"Meleksi guru; bedenin, son olarak Puri Aşramı'nda üzerine kapanıp gözyaşları döktüğüm bedeninle tıpatıp aynı gözüküyor." dedim.

"Oh, evet! Yeni bedenim eskisinin mükemmel bir kopyası. Bu formu istediğim anda, dünyadaki yaşamımda yapmış olduğumdan çok daha sık materyalize ve demateryalize ediyorum. Hızlı demateryalizasyon yoluyla şimdi ışık ekspresiyle anında gezegenden gezegene, gerçekte, astral kozmostan nedensel ve fiziksel kozmosa seyahat ediyorum." İlahi gurum gülümsedi. "Bugünlerde hızlı seyahat etmene rağmen, seni Bombay'da bulmakta güçlük çekmedim!"

"Ah, üstadım, ölümünüz üzerine ne büyük kederlere kapılmıştım!"

"Ben nerede öldüm? Bu iddiada biraz çelişki yok mu?" Sri Yukteswar'ın gözleri sevecenlik ve eğlenceyle kıpır kıpırdı.

"Yeryüzünde sen sadece rüya görmekteydin, yeryüzünde benim rüya-bedenimi gördün" diye devam etti. "Daha sonra o düşsel-imajı gömdün. Şimdiki daha mükemmel et ve kemikten bedenim, (görüyor ve hatta oldukça sıkıca kucaklıyorsun!) Tanrı'nın daha suptil diğer bir rüya-gezegeninde yeniden dirildi. Bir gün bu daha ince yapılı rüya-beden ve rüya gezegen yok olup gidecekler, onlar da sonsuza dek sürmeyecek. Bütün rüya kabarcıklarının, en nihayetinde Tanrı'nın uyandıran bir dokunuşuyla patlaması gerekir. Rüyalarla gerçeği ayırt et oğlum Yogananda!"

Bu Vedantik[15] - yeniden diriliş tahayyülü beni öylesine derin etkiledi ki, Puri'de cansız bedenini gördüğümde üstada acıdığımdan dolayı utandım. En sonunda anladım ki, gurum yeryüzündeki yaşam ve ölümünün ve şimdiki yeniden dirilişinin kozmik rüya içindeki ilahi düşüncelerin göreceliliğinden başka bir şey olmadığını kavrayarak, Tanrı'nın bünyesi içinde her zaman uyanık kalmıştı.

"Yogananda böylece sana yaşamım, ölümüm ve yeniden dirilişimin gerçeklerini anlatmış oldum. Benim ardımdan sızlanacağına, yeniden dirilişimin hikâyesini heryere yay! Tanrı'nın düşünden başka bir şey olmayan yeryüzünden nasıl ayrılıp, yine O'nun başka bir düşü olan, astral cüppeler giymiş ruhların yaşadığı başka bir gezegende nasıl yeniden ortaya çıktığımı anlat. Bu şekilde dünyadaki sefalet düşkünü, ölümden korkan, rüya içinde yaşayan insanların kalplerine yeni umutlar aşıla."

"Evet, üstadım!" Onun dirilişinden duyduğum sevinci diğerleriyle paylaşmaya nasıl gönüllüydüm!

"Standartlarımın çoğu dünyadaki insanların tabiatına uymayacak, onlara rahatsızlık verecek kadar yüksekti. Seni sık sık, gereğinden fazla azarladım. Sınavımı geçtin, sevginin ışığı bütün azarların bulutlarını aralayarak parladı."

Şefkatle ekledi: "Bugün ayrıca sana şunu söylemek için geldim. Bir daha asla eleştirinin ciddi bakışlarını takınmayacağım. Seni artık azarlamayacağım."

Büyük gurumun paylamalarını aslında ne kadar özlemiştim. Her bir azarı beni sakınan bir gardiyan-melek olmuştu.

"Çok sevgili üstadım! Beni milyonlarca kez azarla, hatta şimdi azarla beni!"

"Sana artık çıkışmayacağım." İlahi sesi ciddiydi ancak buna rağmen ardında bir kahkahayı saklıyordu. "İkimizin de formları Tanrı'nın Maya düşünde ayrı ayrıymış gibi göründüğü sürece seninle birlikte gülümseyeceğiz. En sonunda Kozmik Sevgili içinde bir olarak doğacağız, tebessümlerimiz O'nun tebessümleri olacak. Sonsuzluk boyunca titreşen neşemizin tek ağızdan şarkısı Tanrı'ya dönük ruhlar için bir mesaj yayacak."

Sri Yukteswar daha sonra beni, şimdi burada açıklayamayacağım bazı konularda aydınlattı. Benimle Bombay'daki otel odamda kaldığı iki saat boyunca her sorumu yanıtladı. 1936 yılının o haziran gününde, yeryüzüne ait bulunduğu birçok kehanet halihazırda gerçekleşmiştir.

---

[15] Düşüncenin yalnızca relâtiviteleri olarak, ölüm ve yaşam. *Vedanta* Tanrı'nın Yegâne Gerçek olduğuna işaret eder; bütün yaradılış yahut bireysel varoluşsa *Maya* yani illüzyondur. Bu monist felsefe, Shankara'nın *Upanishad* yorumlamalarında en yüksek ifade tarzını bulmuştur.

"Seni şimdi bırakıp gidiyorum, sevgili çocuğum!"

Bu sözleri üzerine üstadın kollarımın çemberi içinde erimeye başladığını hissettim.

"Oğlum" diye çınladı sesi, ruhumun en derin semalarında titreşerek, "her ne zaman *nirvikalpa samadhi*'nin kapısından girip de beni çağırdığında, aynen bugün olduğu gibi ete kemiğe bürünerek geleceğim."

Bu ilahi sözverişle Sri Yukteswar gözlerimin önünden kayboldu. Daha sonra melodik bir gök gürültüsünü andırarak bulutların ardından geliyormuş gibi yankılanan şu sözleri duydum: "Herkese anlat! Her kim ki, *nirvikalpa* idraki sayesinde yeryüzünüzün Tanrı'nın bir düşü olduğunu bilir; o, daha ince rüyadan yaradılmış Hiranyaloka gezegenine gelebilir ve orada beni, yeryüzündekiyle aynı olan bir beden içinde dirilmiş olarak bulabilir. Yogananda, herkese söyle!"

Ayrılığın kederi gitmişti. Uzun süreden beri iç huzurumu çalmış olan, onun ölümünden duyduğum acı ve ızdırap şimdi utancın içinde kaybolmuştu. İç sevincinin nuru, ruhun yeni açılan, sonsuz gözeneklerinden bir kaynak gibi akıyordu. Çok eski zamanlardan beri kullanılmamaktan tıkanmışken şimdi vecdin seli tarafından arıtılarak genişleyip açılmışlardı bu gözenekler. Daha önceki yaşamlarım bir film şeridi gibi ardı ardına içsel gözümün önünde belirdiler. Geçmişe ait iyi ve kötü karmalar, üstadın ilahi ziyareti tarafından üzerine saçılan kozmik ışık içinde çözülüverdiler.

Otobiyografimin bu bölümünde gurumun ricasına uyarak, her ne kadar bu kayıtsız, meraksız kuşağın kafasını allak bullak etse de, onun yeniden dirilişine ait mutlu mesajı yaydım. Alçalmış, küçük düşmüş insanlar çok iyi bilirler; ümitsizlik ve keder onlara yabancı değildir. Fakat buna rağmen, sapıklık ve yoldan çıkmışlık insanın gerçek kaderi değildir. İstediği gün özgürlüğe giden yola adım atabilir. O ölümsüz, fethedilemez ruhunun varlığına önem vermeyerek, kendisine topraktan geldiğini telkin eden karamsar vaizlere çok uzun süredir kulak vermiştir.

Dirilmiş guruyu görme imtiyazı sadece bana ait değildi.

Sri Yukteswar'ın müritlerinden biri de Ma (Ana) olarak bilinen, Puri Aşramı yakınlarında oturan yaşlı bir kadındı. Üstat sabah gezintisi esnasında onunla çene çalmak için sık sık evinin önünde dururdu. 16 Mart 1936 akşamı Ma Aşram'a giderek gurusunu görmek istedi.

"Maalesef üstat bir hafta önce öldü!" O sırada Puri Aşramı'nın yönetimini üstlenmiş olan Swami Sebananda üzüntüyle baktı Ma'ya.

"Bu mümkün değil!" diye tebessümle itiraz etti Ma.

"Hayır." Sebananda, cenaze törenini detaylarıyla anlattı. "Gel dedi. Sana ön bahçedeki mezarını göstereyim."

Ma başını salladı. "Onun mezarı falan yok! Bu sabah saat 10'da her zaman yaptığı gibi kapımın önünden geçti! Parlak güneşin altında onunla dakikalarca sohbet ettim. Bana 'Bu akşam aşrama gel' dedi. İşte buradayım! Bu yaşlı, ağarmış başa lütuf yağmuru boşanıyor! Ölümsüz guru, bu sabah beni nasıl maddenin ötesinde bir bedenle ziyaret ettiğini anlamamı istedi demek!"

Hayretten şaşırmış Sebananda Ma'nın önünde diz çöktü.

"Ma Yüreğimden nasıl bir elemi kaldırdın! Şimdi onun dirildiğini biliyorum!" dedi.

BÖLÜM 44

Mahatma Gandhi ile Wardha'da

"Wardha'ya hoş geldiniz!" Mahatma Gandhi'nin sekreteri Mahadev Desai, Bayan Bletsch, Bay Wright ve beni bu içten gelen sözlerle ve *khaddardan* (evde eğrilmiş pamuk ip) yapılmış kolyelerle karşıladı. Küçük grubumuz erken bir ağustos sabahı Wardha tren istasyonuna henüz varmıştı. Trenin bunaltıcı sıcağından ve tozundan kurtulduğumuza memnunduk doğrusu. Bagajımızı bir kağnıya teslim ederek, Bay Desai ve ona eşlik edenlerle birlikte (Babasaheb Deshmukh ve Doktor Pingale) üstü açık bir arabaya bindik. Çamurlu köy yollarında kısa bir sürüşten sonra Hindistan'ın politik ermişinin aşramı olan 'Maganvadi'ye ulaştık.

Bay Desai bizi bir an önce Mahatma Gandhi'nin çalışma odasına aldı. Orada bir elinde kalem, öbüründe bir deste kâğıt, yüzünde insanın kalbini fetheden sıcak bir gülümsemeyle bağdaş kurmuş oturuyordu ermiş.

Kağıda Hindu lisanında; "Hoş geldiniz!" diye yazdı. Günlerden pazartesiydi onun sessizlik günü.

İlk karşılaşmamız olmasına rağmen birbirimize muhabbetle yaklaştık. 1925'te Mahatma Gandhi, Ranchi Okulu'nu ziyaretiyle onurlandırarak, konuk defterine övgü dolu satırlar yazmıştı.

Kırk beş kiloluk küçük yapılı ermişten, fiziksel, zihinsel ve spiritüel bir sağlık enerjisi yayılıyor, yumuşak kahverengi gözleri zekâ ve samimiyetle parlıyordu. Devlet adamı birçok defalar zekâ çatışmalarına girmek zorunda kalmış ve binlerce hukuki, sosyal ve politik savaştan zaferle çıkmıştı. Gandhi'nin, Hindistan'ın milyonlarca okuma yazma bilmeyen halkının gönlünde kurduğu taht dünyada başka hiçbir lidere, böylesine nasip olmamıştır. Bu halk ona içten gelen bir atıfla ünlü 'Mahatma' (Büyük Ruh) [1] unvanını vermiştir. Gandhi, onlara olan sevgisinden dolayı, sonunda giysilerini bile bir peştemala indirgeyerek, daha fazlasına zaten gücü yetmeyen, sefaletten ezilmiş kitlelerle birliğin sembolü olmuştur.

"Aşram sakinleri tamamıyla emrinize amadedir, lütfen onları yardıma

---

[1] Soyadı Mohandas Karamchand Gandhi'dir O, kendisinden asla 'Mahatma' diye söz etmez.

çağırmaktan çekinmeyin." Bay Desai bizi çalışma odasından konuk evine doğru götürürken Mahatma, karakteristik nezaketiyle bana bu alelacele yazılmış notu uzattı.

Sebze bahçeleri ve çiçeklerle bezeli tarlalardan geçerek, çatısı kiremitten, kafesli pencereli bir binaya doğru yürüdük. Bay Desai'nin anlattığına göre ön avludaki yaklaşık yedi metre çapındaki kuyu, hayvanları sulamak için kullanılıyordu. Onun yakınında bir yerde pirinç dövmek için beton bir tekerlek duruyordu. Küçük yatak odalarımızda eşya minimuma indirgenmişti. Sadece el yapımı halattan örülü bir yatak... Bembeyaz mutfağın bir köşesinde bir musluk, diğer köşesinde de yemek pişirmek için bir tandır vardı. Cennet gibi kırlara ait yalın sesler ulaşıyordu kulaklarımıza; karga ve serçelerin çığlıkları, ineklerin böğürtüsü, taş yontmakta kullanılan kalem keskilerin darbeleri.

Bay Desai, sekreterim Bay Wright'ın seyahat günlüğünü keşfettiğinde, onu açarak bir sayfaya Mahatma'nın bütün ciddi takipçileri (*Satyagrahis*) tarafından edilen *satyagraha*[2] yeminlerinin bir listesini yazdı:

> "1. Şiddet kullanmamak 2. Doğruluk 3. Başkalarının malını çalmamak 4. Bekârlık ya da cinsel ilişkide bulunmamak 5. Mala mülke sahip olmamak 6. Bedensel iş 7. Damak zevkinin kontrol altına alınması 8. Korkusuzluk 9. Bütün dinlere eşit saygı 10. *Swadeshi* (yerli malı kullanmak) 11. Dokunulmazlık (paryalara dokunmamak) bilincinden kurtulmak ya da bundan bağımsız olmak. Bu on bir kural, alçakgönüllülükle edilmiş yeminler olarak uygulanmalıdır."

(Gandhi, bu sayfayı ertesi gün tarih vererek, şahsen imzaladı - 27 Ağustos 1935.)

Varışımızdan iki saat sonra öğle yemeğine çağrıldık. Mahatma çoktan, çalışma odasının karşısındaki Aşram verandasındaki sütunların dibinde yerini almıştı. Pirinçten bardak ve tabakların önünde yaklaşık yirmi beş yalın ayaklı *satyagrahi* oturuyordu. Koro halindeki toplu duadan sonra pirinçten büyük tencerelerle servis yapıldı; üzerine tereyağı sürülmüş *chapatis* (kepekli buğday ekmeği ya da katmer), *talsari* (doğranmış ve kaynatılmış sebzeler) ve limon reçeli.

Mahatma; *chapati*, kaynatılmış pancar, bazı çiğ sebzeler ve portakal yedi. Tabağının kenarında, kan temizleyici özelliğiyle bilinen, büyük bir porsiyon *neem* yaprağı vardı. Bir kaşıkla bir miktarını ayırarak tabağıma koydu. Çocukluğumda annemin beni yutmaya zorladığı günleri hatırlayarak, o zehir gibi porsiyonu suyla çiğnemeden mideme yolladım gitti. Gandhi ise buruk ve acı

---

[2] Sanskritçe'den kelimesi kelimesine tercümesi "gerçeğe tutunmak veya sarılmak." *Satyagraha*, Gandhi tarafından yürütülen ünlü 'başkalarını incitmeme' -nonviolence- hareketidir.

Bir Yoginin Otobiyografisi

yaprakları yavaş yavaş, herhangi bir hoşnutsuzluk göstermeden çiğneyerek yiyordu.

Bu önemsiz olayda Gandhi'nin, zihnini istediği anda duyularından ayırma yeteneği dikkatimi çekti. Birkaç yıl önce geçirdiği, basında yankı uyandırmış olan apandisit ameliyatını hatırladım. Anesteziyi reddeden ermiş, ameliyat boyunca neşeyle müritleriyle çene çalmıştı; yüzündeki sakin tebessüm, acının bilincinde olmadığını ele veriyordu.

Öğleden sonra şimdi Mira Behn[3] diye anılan bir İngiliz amiralin kızı

---

[3] Mira Behn, Gandhi tarafından kendisine verilen kendini-denetim (İng. 'self-discipline' çev. notu) eğitimini açıklayan, Mahatma'nın yazdığı çok sayıdaki mektubu yayınlamıştır. (Gandhi'nin bir müridine mektupları - *Gandhi's Letters to a Disciple; Harper & Bros. New York, 1950.*)

Daha sonraki bir kitapta (*The Spirit's Pilgrimige* - Ruhun Hac Yolculuğu; Coward - Mc Cann, N.Y. 1960) Bayan Slade, Gandhi'yi Wardha'da ziyaret eden sayısız insanlardan bahsetmiş ve şöyle yazmıştır: "Aradan geçen bu kadar zamandan sonra çoğunun ismini hatırlayamıyorum, ancak bunlardan ikisi hafızamda hâlâ canlı; ünlü Türk kadın yazar Halide Edip Hanım ve Self - Realization Fellowship of America'nın kurucusu Swami Yogananda." (*Yayınlayanın Notu.*)

MAHATMA GANDHİ'NİN WARDHA'DAKİ AŞRAMINDA ÖĞLE YEMEĞİ

Sri Yogananda, Gandhi'nin (sağda) henüz yazdığı bir notu okuyor. (Günlerden pazartesiydi, Mahatmaji'nin sessizlik günü). 27 Ağustos 1935'te, Yoganandaji onu *Kriya Yoga*'ya inisiye etti.

olan Bayan Madeleine Slade ile sohbet etme fırsatı buldum. Gandhi'nin tanınmış bir müridiydi ve günlük aktivitelerini bana kusursuz bir Hindu diliyle aktarırken güçlü ve sakin çehresi şevkle aydınlanıyordu.

"Tarımsal yapılaşma çalışmaları insanı ödüllendiren bir uğraş! İçimizden bir grup, yakındaki köylülere hizmet etmek ve onlara basit hijyenik kuralları öğretmek için her sabah 5'te köylerine gider. Onların sazdan damlı kulübeleriyle helalarını temizlemek işlerimizden bir tanesi. Köy halkı cahil, bu yüzden ancak örnek olursak eğitilebiliyorlar!" diye neşeyle güldü.

Onu, genellikle sadece 'dokunulamayanlar' tarafından yapılan bu çöpçülük işini yapabilmeye muktedir kılan, gerçek bir Hıristiyan'ın alçakgönüllülüğüydü. Bu olağanüstü, asil bir soydan gelen İngiliz kadınına hayranlık içinde bakmaktaydım.

"Hindistan'a 1925'te geldim" diye anlattı. "Bu ülkede kendimi 'sanki evime gelmiş' gibi hissettim. Şimdi artık asla eski yaşamıma ve eski ilgilendiğim şeylere geri dönmek istemiyorum."

Bir süre Amerika'dan konuştuk. "Hindistan'ı ziyaret eden birçok Amerikalı'nın spiritüel konulara gösterdiği derin ilgiyi görmek beni sevindiriyor. Aynı zamanda da hayret ediyorum" dedi.

Mira Behn kısa süre sonra eline bir charka (iplik eğirme çarkı) aldı.[4] Charkalar, Mahatma'nın gayreti sayesinde, şimdi Hindistan'ın kırsal kesimlerinde her an her yerde göze çarpar.

Gandhi, köy endüstrilerinin yeniden canlandırılmasını cesaretlendirmek için ekonomik ve kültürel nedenler olduğunu göstermiştir. Buna karşın, modern gelişmeyi de tutuculukla reddetmez. Makineler, trenler, otomobil ve telgraf onun kendi hayatında da önemli bir rol oynamıştır. Elli yıllık halka hizmet, hapse girip çıkmalar, pratik detaylarla her gün mücadele ve politika dünyasındaki çetin gerçekler onun dengeliliğini, açık görüşlülüğünü, sağduyusunu ve tuhaf insanlık dramına nükteyle yaklaşımını yıpratamayıp, sadece güçlendirmiştir.

Saat 6'da Babasaheb Deshmukh'un konukları olarak akşam yemeğine davetliydik. Akşam 7'deki dua için tekrar Maganvadi Aşramı'na geri dönerek, otuz satyagrahi'nin Gandhi etrafında yarım çember halinde oturduğu dama tırmandık. Bir hasırın üzerinde oturuyordu, önünde çok eski bir cep saati vardı. Batmakta olan güneş palmiyeler ve banyan ağaçları üzerinde son bir

---

[4] Bayan Slade bana diğer bir olağandışı Batılı kadını, Amerika'nın büyük başkanının en büyük kızı Bayan Margaret Woodrow Wilson'ı hatırlattı. Onunla New York'ta karşılaştım. Hindistan'a karşı büyük bir ilgisi vardı. Daha sonra Pondicherry'e giderek, aydınlanmış üstat Sri Aurobindo Ghosh'un yanında disiplin yoluna girdi ve hayatının son beş yılını orada mutluca geçirdi.

419

kez daha parladıktan sonra cırcırböceklerinin gece senfonisi başladı. Atmosfer, huzuru ve sükûnetiyle kendinden geçiriciydi.

Grup Bay Desai tarafından yönetilen ağırbaşlı ilahiye zaman zaman katılıyordu, sonra Gita okundu. Mahatma, son bir dua için bana işaret etti. Düşünce ve yüksek bir gayeyi hedef edinmiş gayretin nasıl da Tanrısal bir ifadesiydi bu! Sonsuza dek hatırlayacağım bir anı, gecenin ilk yıldızlarının altında Wardha'daki o damın tepesinde yaptığım meditasyon!

Saat sekizde tam bir dakiklikle Gandhi, sessizliğine son verdi. Hayatının müthiş çalışma ritmi, zamanını dakika dakika planlamasını gerektiriyordu.

"Hoş geldin Swamiji!" Mahatma'nın selamlayışı bu kez kâğıt üzerinde değildi. Çatıdan aşağıya; kare şeklindeki hasırlar (sandalye yoktu), birkaç basit kalem (dolmakalem değil), kâğıt ve kitabın üzerinde durduğu alçak bir çalışma masasıyla sade döşenmiş çalışma odasına indik. Bir köşeden alelade bir saatin tiktakları geliyordu. Bütün odaya huzur ve kendini imanla adamanın aurası hâkimdi. Gandhi insanı cezbeden, neredeyse tamamıyla dişsiz bir tebessümle parlıyordu.

"Yıllar önce" diye izah etti, "yazışma işlerim için vakit kazanma niyetiyle haftada bir gün sessizlik orucu tutmaya başladım. Fakat şimdi, bu yirmi dört saat, hayati bir ruhsal gereksinim haline geldi. Düzenli bir suskunluk periyodu işkence değil, gerçek bir takdistir."

Ona bütün kalbimle katıldım. [5] Mahatma bana Avrupa ve Amerika hakkında sorular sordu; Hindistan ve dünyanın içinde bulunduğu durum üzerine konuştuk.

Gandhi o anda odaya giren Bay Desai'ye, "Mahadev, lutfen swamiji'nin yarın akşam yoga üzerine bir konuşma yapması için kasabanın konferans salonunda gerekli hazırlıkları yapın." dedi.

Mahatma'ya iyi geceler dilerken bana, ihtiyacım olduğunu düşünerek bir şişe sitronella yağı uzattı.

"Wardha'da sivrisinekler 'incitmeme-ahimsa' [6] kuralı hakkında bir şey bilmiyorlar, swamiji!" dedi gülerek.

Ertesi sabah erkenden, kepekli buğday lapası ve sütle kahvaltı yaptık. Saat on buçukta Gandhi ve satyagrahi'lerle birlikte öğle yemeği için aşramın

---

[5] Ziyaretçilerin ve sekreterlerin hayret ve şaşkınlık duymalarına rağmen, ben de yıllardır Amerika'da periyodik olarak sessizlik orucu tutmaktaydım.

[6] Zararsızlık, incitmemek (şiddet kullanmamak) Gandhi'nin itikadının temel taşı. 'Ahimsa'yı faziletin asıl kaynağı olarak gören Jainlerden derince etkilenmiştir. Jainizm, Hinduizm'in bir tarikatıdır ve M.Ö. 6. yy.'da Buddha'nın bir çağdaşı olan Mahavira tarafından geniş kitlelere yayılmıştır. Dilerim, Mahavira (büyük kahraman) yüzyılların ötesinden kahraman oğlu Gandhi'ye bir göz atsın!

verandasına çağrıldık. O günkü menü esmer pirinç, çeşitli sebzeler ve kardamon tohumlarından oluşuyordu.

Öğleyin aşram arazisinde, ağırbaşlı birkaç ineğin otladığı çayırlara doğru bir yürüyüş yaptım. İneklerin korunması Gandhi'nin çok hassas olduğu bir konuydu.

"İnek benim için bütün insandan-aşağı (sub-human) dünyayı ifade eder ve ona saygı, insanın sevecenliğini kendi türünün sınırları ötesine genişletebilmesine olanak verir." diye açıkladı Gandhi. "İnsanoğlu, inek vasıtasıyla bütün canlı varlıklarla bağlantısının farkına varmalıdır. Eski bilgelerin ineği neden ilahlaştırdıkları benim için apaçık. Hindistan'daki bolluk ve bereketi verenin en iyi örneği inekti. Sadece süt vermeyip, tarımı da mümkün kıldı o. İnek bir merhamet şiiridir, insan bu yumuşak hayvanın gözlerinde şefkat ve merhamet okur. Milyonlarca insan için o, ikinci bir anadır. İneği korumak, onu sakınmak, Tanrı'nın yarattığı bütün dili olmayan varlıkları korumaktır. Yaradılışın bu daha aşağı seviyeli düzeninden gelen yardım çağrısı, yalvarış, daha güçlüdür; çünkü o dilsizdir, sessizdir." [7]

Ortodoks Hindular her gün belli dini ayinleri yerine getirirler. Bunlardan biri hayvanlar âlemine yiyecek sunmak olan *Bhuta Yajna*'dır. Bu seremoni; insanın, yaradılışın daha az evrimleşmiş ve bedene içgüdüsel olarak bağımlı olan canlı varlıklara karşı sorumluluklarını sembolize eder. Bu bedene bağımlılık yanılgısı insanı da kıskacına almıştır, ancak diğer canlılar insanlar gibi usavurmanın özgürleştirici olanağına sahip değildirler.

Böylece *Bhuta Yajna*, daha yüksek seviyeden, görünmeyen sayısız varlığın kendisine ihtimamla yardım ettiğini anlayarak, insanın zayıf olana yardım etme isteğini geliştirir. Bunun yanında insanlığın; doğanın karada, denizde ve havada kendisine sunduğu hediyelerden dolayı da ödemesi gereken bir bedeli vardır. Günlük 'sessiz sevgi' *Yajna*'ları (ritüelleri) böylece doğa, hayvanlar, insan ve astral melekler arasındaki evrimsel bir engel olan iletişim yetersizliğinin, üstesinden gelir.

Günlük yerine getirilen diğer iki *Yajna* ise *Pitri* ve *Nri* 'dir. *Pitri Yajna* atalara bir adak sunuştur: İnsanın, kendisini aydınlatan bilgi ve fazilet hazinesini yaratan geçmiş kuşaklara duyduğu şükranın bir sembolüdür. *Nri Yajna*, yabancılara ya da yoksullara yiyecek sunuştur: İnsanın çağdaşlarına karşı olan sorumluluklarının sembolüdür.

[7] Gandhi binlerce konu üzerine, insanda hayranlık uyandıran güzellikte yazmıştır. Dua hakkında şöyle der: "Dua bize, Tanrı'nın desteği olmadan çaresiz oluşumuzu hatırlatır. Duasız ve ardında Tanrı'nın takdisi, rızası olmadan en büyük insan gayretinin bile etkisiz oluşunun kesin idraki olmaksızın, hiç bir çaba tam değildir. Dua alçakgönüllülüğe bir çağrıdır. Kendini arındırmaya, içsel arayışa bir çağrıdır o."

Öğleden sonra, Gandhi'nin küçük kız çocukları için inşa edilmiş aşramını ziyaret ederek, komşulara yönelik bir *Nri Yajna*'yı yerine getirdim. Arabayla on dakikalık yolda Bay Wright bana eşlik etti. Renkli, çiçeklerle bezenmiş dallara benzeyen sarileri üzerinde açmış, minicik, gepgenç, çiçekten yüzler! Dışarıda, Hindu lisanında [8] yaptığım kısa bir konuşmanın sonunda aniden bardaktan boşanırcasına bir sağanak başladı. Gülerek Bay Wright ile tekrar arabaya sığındık ve sanki gümüşten çarşaflar gibi yağan sağanağın içinde hızla Maganvadi'ye geri döndük. Ne şiddetli bir tropikal su sesi!

Konuk evine tekrar girerken, her yerde göze çarpan aşırı sadelik ve fedakârlık beni yeniden etkiledi. Gandhi, fakirlik yeminini evlilik hayatının ilk yıllarında etmişti. Kendisine o günler için önemli bir tutar olan yılda yirmi bin dolardan fazla gelir getiren avukatlık bürosundan vazgeçen Mahatma, varlığını fakirlere dağıtmıştı.

Sri Yukteswar feragat ya da el etek çekme kavramları hakkında toplumun yanlış ve yetersiz anlayışlarıyla hoş bir ifadeyle eğlenirdi.

"Bir dilenci zenginlikten feragat edemez" derdi üstat. "Eğer bir insan, 'İflas ettim, karım beni terk etti, her şeyi terk edip manastıra gireceğim!' derse hangi dünyalık feragatten söz etmektedir? O, refah ve aşktan değil, tam tersine aşk ve refah ondan feragat etmiştir!"

Diğer yandan, Gandhi gibi ermişler sadece gözle görülür maddi fedakârlıklarda bulunmamışlar, aynı zamanda en derinlerinde insanlık seliyle bir bütün olarak akmak için kişisel güdülerinden ve özel amaçlarından da feragat etmişlerdir ki, bu çok daha zordur.

Mahatma'nın olağanüstü eşi Kasturabai, kocası mal varlığından kendisi ve çocukları için hiçbir şey ayırmadığında itiraz etmedi. Neredeyse çocuk yaşta evlenen Gandhi ve eşi dördüncü oğullarının doğumundan sonra cinsel ilişkide bulunmama yemini ettiler. [9] Kocasının eşsiz kaderini paylaşan bu

---

[8] Hindu dili, temeli Sanskrit köklere dayanan Indo - Aryan bir lisandır. Kuzey Hindistan'ın ana dilidir. Batı'da konuşulan Hindu'nun ana diyalekti, hem Devanagari (Sanskrit) karakterlerle hem de Arapça karakterlerle yazılan 'Hindustani'dir. Ondan türeyen bir lehçe olan (subdialect) Urdu, Müslümanlar ve Hindistan'ın kuzeyindeki Hindular tarafından konuşulur.

[9] Gandhi yaşamını sakınmasız bir açık yüreklilik ve tarafsızlıkla *The Story of My Experiments With Truth*'ta (Hakikat ile Tecrübelerimin Hikâyesi - Ahmedabad: Navajian Press, 1927-28, iki cilt halinde) anlatmıştı. Bu otobiyografi *Mahatma Gandhi, His Own Story*'de (Mahatma Gandhi, Onun Kendi Hikâyesi) özetlenmiş ve John Haynes Holmes'un önsözüyle C. F. Andrews tarafından yayınlanmıştır. (*New York, Macmillan Co., 1930.*)

Birçok ünlü isimler ve renkli olaylarla dolu çoğu otobiyografiler, sıra içsel analiz ya da gelişmelere gelince, neredeyse tamamıyla sükut ederler. İnsan bu kitapları kesin bir tatminsizlik içinde elden bırakarak "İşte yine, bir sürü ünlü kişiyi tanıyan, ancak kendisini hiç tanımayan bir adam daha!" der.

metanetli kadın, onu hapishanelere kadar takip etti, onunla birlikte üç hafta süren oruçlarını tuttu ve sonsuz sorumluluklarını onunla beraber üstlendi. Kasturabai Gandhi'ye şu onur verici sözleri atfetmiştir:

> "Ömür boyu hayat arkadaşın ve yardımcın olma ayrıcalığını bana verdiğin için sana teşekkür ederim. Sana, seks üzerine değil de brahmacharya'ya (kendini kontrol) dayanan, dünyanın en mükemmel evliliği için teşekkür ederim. Sana, Hindistan için yaşamın süresince yaptığın işlerde beni kendine eşit bir muhatap olarak gördüğün için teşekkür ederim. Sana, zamanını kumar oynamakla, araba yarıştırmakla, kadınlarla şarap içmekle, çalgıyla türküyle âlem yaparak geçiren ve karısıyla çocuklarından, tıpkı oyuncaklardan çabucak bıkan küçük bir oğlan gibi bıkan o kocalardan biri gibi olmadığın için teşekkür ederim. Zamanını başkalarının meşakkatli çalışması sayesinde, onların sırtına binerek, zenginliklerine zenginlik katmaya harcayan o kocalardan biri olmadığın için sana minnettarım.
>
> Sana ne kadar minnettarım ki, Tanrı'yı ve ülkeni rüşvet ve çıkarlardan önde tuttun, ikna olduğun davalar için mücadele cesaretini gösterdin ve Tanrı'ya tam bir iman sergiledin. Tanrı'yı ve ülkeni benden ön planda tutan bir koca için ne kadar şükran doluyum. Bolluk içinde yaşarken kıtlığı seçerek yaşam tarzımızı değiştirmene isyan ettiğimde, bana ve gençliğimin tecrübesizliğine gösterdiğin hoşgörü için sana minnettarım.
>
> Genç bir çocukken, senin ailenle birlikte yaşadım. Annen büyük bir kadındı; beni eğitti, bana cesur bir eş olmak için ne yapmam gerektiğini ve müstakbel kocama nasıl saygı göstereceğimi öğretti. Yıllar geçip de sen Hindistan'ın en sevilen lideri olduğunda, kocaları başarı basamaklarını tırmandığında kadınların içini saran, belki de bir kenara itilme korkusuna asla kapılmadım. Ölümün bizi hâlâ karı-koca olarak bulacağını biliyordum."

Kasturbai yıllarca, idol haline gelen Mahatma'nın topladığı milyonlarla ifade edilen fonların hazinedarlığını üstlendi. Hindistan'da, Gandhi ile bir toplantıya gidecek erkeklerin, karılarının mücevher takmasından nasıl tedirgin oldukları hakkında birçok nükteli hikâye anlatılır. Mahatma'nın yoksullar için yardım rica eden büyülü sözleriyle refah sahiplerinin kollarındaki ve boyunlarındaki altın bilezikler, elmas kolyeler "manyetik bir çekime kapılarak" bağış sepetinin içine düşermiş!

Bir gün hazinedar Kasturbai dört rupinin nereye harcandığına ait bir makbuzu bulamadı. Bunun üzerine Gandhi, kurallara uygun bir rapor yayınlayarak, karısının hatası üzerine kasada verilen dört rupilik açığı acımasızca kamuoyuna açıkladı.

Bu hikâyeyi sık sık Amerikalı öğrencilerime derslerde anlatmışımdır. Bir

---

Bu reaksiyon Gandhi'nin otobiyografisinde imkânsızdır. Kaçamaklarını ve hatalarını, gerçeğe olan öyle tarafsız bir bağımlılıkla yazar ki, bu zamanımızda nadirdir.

akşam salondaki bir kadın öfkeyle yerinden fırladı.

"İster Mahatma olsun ister başkası" diye bağırdı, "o benim kocam olsaydı beni halkın önünde böylesine önemsiz bir şey yüzünden küçük düşürdüğü için onun gözünü morartırdım!"

Amerikalı ve Hindu hanımlar konusunda aramızdaki neşeli takılmalardan sonra, tam bir açıklama yapmak zorunda kaldım.

"Bayan Gandhi Mahatma'yı kocası olarak değil, kendisini önemsiz hataları için bile cezalandırma yetkisine sahip gurusu olarak görüyordu." diyerek bu önemli noktaya işaret ettim.

"Kasturbai'nin böyle açıkça paylanmasından bir süre sonra, Gandhi politik bir nedenden dolayı hapse mahkûm edildi. Sükûnet içinde karısına veda ederken, Kasturbai onun ayaklarına kapandı. 'Üstat, eğer seni herhangi bir şekilde gücendirip kabahat işlediysem beni affet' dedi tevazu içinde."

O öğleden sonra saat üçte, kararlaştırdığımız gibi, karısını bile yılmaz bir mürit yapmayı becerebilen ermişin çalışma odasına gittim. Gandhi başını kaldırarak unutulmaz tebessümüyle bana baktı.

"Konforsuz hasırın üzerinde yanına ilişirken", Mahatmaji lütfen bana ahimsa'dan neyi kastettiğinizi anlatın." dedim.

"Yaşayan herhangi bir varlığa düşünce ve eylemde zarar vermekten sakınmak."

"Yüksek bir ideal! Ancak dünya hep soracak: Bir çocuğu ya da kendi canını korumak için bir kobrayı öldürmek doğru değil mi?"

"Yeminlerimden ikisini çiğnemeden bir kobrayı öldüremem. Korkusuzluk ve öldürmemek... Bu durumda içimden, sevgi titreşimleri yollayarak kobrayı sakinleştirmeye çalışırdım. Çevresel şartlara uyum sağlamak için standartlarımı düşüremem." İnsanı büyüleyen samimiyetiyle şunu ekledi: "İtiraf etmeliyim ki, bir kobranın karşısında bu konuşmayı böyle bir rahatlıkla sürdüremezdim!"

Çalışma masasının üstünde duran, diyet konusunda Batı'da yeni yayınlanmış kitaplar hakkında bir imada bulundum.

"Evet, diyet her yerde olduğu gibi satyagraha hareketinde de önemli bir yer alır" dedi gülerek. "Satyagrahi'ler için kendine tam bir hâkimiyeti savunduğumdan, bekâr (celibate) yaşama en iyi uyan diyeti bulmaya çalışıyorum. Cinsel içgüdüyü kontrol altına almak isteyenin önce boğazını kontrol etmesi gerekir. Açlıktan yarı ölü vaziyette dolaşmak veya dengeli olmayan diyetler çözüm değil. Yemeğe karşı içsel açgözlülüğün üstesinden geldikten sonra bir satyagrahi, bütün gerekli vitaminler, mineraller ve kalorileri içeren akılcı bir vejetaryen diyet uygulamalıdır. İçsel ve dışsal faziletle doğru beslenme sayesinde satyagrahi'nin seksüel sıvısı kolaylıkla bütün beden için zindelik verici enerjiye dönüştürülür."

Mahatma ile etin yerine geçen yiyecekler hakkında görüş alışverişinde bulunduk. "Avokado harika" dedim. "Kaliforniya'da merkezimin yakınında birçok avokado bahçesi var."

Gandhi'nin yüzü ilgiyle aydınlandı. "Acaba Wardha'da da yetişir mi? Yeni bir yiyecek satyagrahi'leri sevindirir."

"Her halükârda, gidince Los Angeles'tan size avokado fidanları yollayacağım" dedim; sonra ekledim, "Yumurta da yüksek proteinli bir yiyecek, satyagrahi'lere yasak mı?"

"Döllenmemiş yumurtalar yasak değil." Mahatma bir şey anımsayarak güldü. "Yıllarca yumurta yenmesini tasvip etmedim, hatta ben şimdi de yemiyorum. Bir keresinde gelinlerimden biri yetersiz ya da yanlış beslenme yüzünden ölmek üzereydi doktoru yumurta yemesinde ısrar etti. Ben razı olmadım ve ona yumurtanın yerine geçecek bir besin vermesini tavsiye ettim.

'Gandhiji' dedi doktor, 'döllenmemiş yumurtaların içinde hayat spermleri bulunmaz, bu yüzden hiçbir canlının öldürülmesi söz konusu değil.'

Bunun üzerine memnuniyetle gelinimin yumurta yemesine izin verdim, çok geçmeden sağlığına kavuştu."

Bir önceki gece Gandhi, Lahiri Mahasaya'nın Kriya Yoga'sını öğrenmek arzusunu belirtmişti. Mahatma'nın açık görüşlülüğü ve araştırıcı ruhu beni derinden etkiledi. Onun ilahi arayışındaki çocuksuluğu, Hz. İsa'nın çocuklarda görüp övdüğü saf alıcılığı açığa vuruyordu. " ...İşte böylelerinindir göklerdeki saltanat."

Ona söz verdiğim inisiyasyon saati gelmişti, birkaç satyagrahi de odaya girdi. Bay Desai, Dr. Pingale ve Kriya tekniğini öğrenmek isteyen birkaç kişi daha.

Küçük gruba önce fiziksel Yogoda egzersizlerini öğrettim. Bu teknikte bedenin yirmi ayrı parçaya bölünmüş olduğu tahayyül edilir; istenç gücü enerjiyi sırayla her bir kısıma yönlendirir. Çok geçmeden herkes karşımda bir motor gibi titreşimler yaymaktaydı. Gandhi'nin bedeninde, egzersizlerin yirmi beden parçasında dalgalanan enerjisini gözlemek çok kolaydı! Oldukça zayıf olmasına rağmen, görüntüsü rahatsız edici değildi. Cildi yumuşak ve kırışıksızdı. [10]

Daha sonra grubu, insanı özgürlüğe kavuşturan Kriya tekniğine inisiye ettim.

---

[10] Gandhi sık sık, kısa ve uzun süren oruçlar tutmuştur. Sağlığı mükemmeldir. Bu konudaki kitapları: *Diet and Diet Reform*; *Nature Cure*; ve *Key to Health*, (Navajivan Publishing House, Ahmedabad, India).

Mahatma bütün dünya dinlerini saygıyla araştırmıştı. Gandhi'nin 'şiddet kullanmama' inanışının üç temel kaynağı Jain kutsal yazıtları, İncil'in Yeni Ahit'i ve Tolstoy'un sosyolojik çalışmaları [11] olmuştu. Kendisi inancının prensibini şöyle açıklar:

> "İncil'in, Kuran'ın ve Zend-Avesta'nın [12] Vedalar gibi, İlahi tarafından vahyedilmiş olduğuna inanıyorum. Guruların eğitimine inanıyorum ancak mükemmel arınmışlık ve mükemmel öğrenimin bir kombinasyonu çok nadir olduğundan, çağımızda milyonlarca insan hayat yolunda gurusuz yürümek zorunda. İnsanın, kendi dininin gerçeğine yaklaşamadığını düşünerek karamsarlığa kapılmasına gerek yok, çünkü, bütün büyük dinlerin olduğu gibi, Hinduizmin temel prensipleri de değişmezdir ve kolaylıkla anlaşılabilir.
>
> Bütün Hindular gibi Tanrı'ya, O'nun birliğine, yeniden doğuma ve hidayete inanırım. (...) Hinduizme olan duygularımı, tıpkı karıma karşı olan duygularım gibi tarif etmem mümkün değil. Karım beni, bu dünyada başka hiçbir kadının yapamadığı bir tarzda teşvik eder. Bu onun hiçbir hatası olmadığı anlamına gelmez, sanırım benim görebildiğimden çok daha fazla hatası vardır. Ancak, aramızda çözülemez bir bağ hissi mevcuttur. Bütün kusurları ve sınırlarıyla Hinduizme olan duygularım da aynen böyledir. Bana hiçbir şey Gita'nın ya da Tulsidas'ın Ramayana'sının müziksel dizelerinden daha fazla haz vermez. Son nefesimi verirken de tesellim Gita olacaktır.
>
> Hinduizm diğer dinleri dışlamaz. Onda dünyanın bütün peygamberlerine ibadet için yer vardır. [13] Terimin olağan anlamıyla düşünülürse o, misyoner bir din değildir. Şüphesiz birçok halkı bünyesine almıştır, fakat bu yayılış evrimsel ve zaman içinde kendiliğinden oluşan bir karaktere sahip olmuştur. Hinduizm her bir insana, kendi iman tarzına ya da *dharma*'sına [14] göre ibadet etmesi gerektiğini öğretir ve böylelikle bütün dinlerle barış içindedir."

Hz. İsa hakkında Gandhi şunları yazmıştı: "Eminim, eğer şimdi burada, insanlar içinde yaşıyor olsaydı, adını belki de hiç duymamış olan birçok insanın yaşamını kutsayacaktı. (...) Aynen kendi söylediği gibi 'Bana ya Rab ya

---

[11] Thoreau, Ruskin ve Mazzini, Gandhi'nin, sosyolojik bakış açılarını dikkatle incelemiş olduğu diğer Batılı yazarlardır.

[12] M.Ö. 1000 yıllarında Zaradhustra (Zerdüşt) tarafından İran'a miras bırakılan kutsal yazıt.

[13] Diğer evrensel dinlere kıyasla, Hinduizmin eşsiz bir özelliği bir tek kurucu yerine orijini saptanamayan vedik kutsal yazıtlardan kaynaklanmasıdır. Bu şekilde Hinduizm bütün zaman dilimlerinde ve bütün ülkelerde ortaya çıkmış peygamberleri de saygıyla kapsamına alır. Vedik kitaplar, insanların tüm aktivitelerini ilahi kanunlara uygun hale getirmek için, sadece ibadeti değil tüm sosyal gelenekleri de düzenler.

[14] Birçok anlamı olan ve genellikle Göksel Kanun ve Kuralları kapsamak için kullanılan Sanskritçe bir kelime; kanunun ve doğal hakkın onaylanışı, insanın içinde bulunduğu çevre ve şartlarda kendisine verilen görevi her an tanıması. Kutsal metinler '*dharma*'yı şöyle belirler: "Doğrulukla uygulayan insanları alçalmaktan ve ızdırap çekmekten kurtulmaya muktedir kılan doğal evrensel kanun."

Rab diyen herkes değil (...) ancak Babamın arzusunu yerine getirenleri.'[15] Hz. İsa eşsiz yaşamıyla muhteşem bir ideal ve hepimizin ilham alması gereken bir örnek olmuştur. Onun sadece Hıristiyanlığa değil; bütün dünyaya, bütün ülkeler ve bütün ırklara ait olduğunu düşünüyorum."

Wardha'daki son akşamımda, Bay Desai tarafından kasabanın konferans salonunda düzenlenen toplantıda halka hitap ettim. Salon, yoga hakkındaki konuşmayı dinlemek için toplanan yaklaşık dört yüz kişiyle pencere kenarlarına kadar hıncahınç doluydu. Konuşmamı önce Hindu dilinde, sonra İngilizce yaptım. Grubumuz derin bir huzur içinde hâlâ yazışma işleriyle meşgul olan Mahatma'ya iyi geceler dileme fırsatı bulacak şekilde, zamanında aşrama geri döndü.

Sabah saat 5'te kalktığımda hava henüz karanlıktı ama köyde hayat çoktan başlamıştı. Önce aşram kapısına gelen bir kağnı, sonra devasa yükünü başının üzerinde dengelemiş halde taşıyan bir köylü gördüm. Kahvaltıdan sonra veda pranamları için Gandhi'yi aradık. Ermiş sabah duası için saat 4'te kalkmıştı.

"Mahatmaji, hoşça kal!" Ayaklarına dokunmak için diz çöktüm. "Hindistan senin himayen altında emin ellerde."

Wardha'daki şiirsel günlerin üzerinden yıllar yuvarlanıp geçti. Yeryüzü, okyanuslar ve gökler, dünya savaşıyla karardı. Büyük liderler içinde yalnızca Gandhi, silahlanmış güçlere karşı pratikte şiddet karşıtı bir alternatif seçti. İnsanoğluna elem getiren sosyal ve politik haksızlıkları düzeltmek ve sorunları çözmek için Mahatma şiddetsiz yöntemler uyguladı ve bu yöntemlerin etkinliğini tekrar ve tekrar kanıtladı. Kendisi doktrinini şu sözlerle dile getirmekte:

> "Şunu anladım ki hayat, tahribatın ortasında bile ısrarla kendini devam ettirir. Bundan dolayı, tahribattan daha yüksek bir kanun olması gerek. Sadece böyle bir kanunla iyi organize edilmiş bir toplumun varlığı anlaşılabilir ve hayat yaşamaya değer hale gelir.
>
> Eğer bu, hayat kanunuysa günlük varlığımızda onun için çaba göstermeliyiz. Her nerede savaş varsa her nerede bir rakiple karşılaşırsak onu sevgiyle fethetmeliyiz. Kendi yaşamımda gördüm ki sevginin şaşmaz kanunu, imha kanununun hiçbir işe yaramamasına karşılık hep etkili olmuştur ve sevgiye daima bir cevap almışımdır.
>
> Hindistan'da bu kanunun işlerliğinin mümkün olduğunun gözle görülür ve en yaygın şekilde bir ispatını sergiledik. Şiddet karşıtlığının, Hindistan'daki 360 milyon insanın her birine ulaştığını iddia etmiyorum. Ancak şunu iddia

---

[15] *Matthew - Mata 7:21.*

ediyorum ki, şiddete karşı olmak, inanılmaz kısa bir süre içinde, bütün diğer doktrinlerden daha derinlere nüfuz etmiştir.

Şiddet karşıtı (nonviolent) bir düşünce tarzına erişmek oldukça disiplinli bir eğitimi gerektirir. Bu tıpkı bir askerin disiplinli hayatı gibidir. Bunun mükemmel mertebesine ancak zihin, beden ve söz birbiriyle tam bir uyum içindeyken ulaşılır. Eğer hakikatin ve şiddet kullanmayışın kanununu hayatın kanunu haline getirmekte kararlı olursak, her problem bir çözüm yolunu da kendisiyle birlikte getirir."

Dünyasal politik olayların merhametsiz gidişatı bize şu çetin gerçeği işaret etmekte: Ruhsal bir vizyon ya da amaç olmazsa, halklar helak olacaktır. Bilim -eğer din değilse- bütün maddi şeylerin güvensizliği ve hatta asılsızlığı konusunda insanlıkta bulanık da olsa bir duyarlılık uyandırdı. İnsan şimdi Kaynağı'na ve Öz'üne, içindeki Ruh'a başvurmasın da nereye başvursun?

Tarihe bakarsak, insanoğlu problemlerinin kaba güç kullanımıyla çözümlenememiş olduğunu kolayca tespit edebiliriz. Birinci Dünya Savaşı'nın neden olduğu, yeryüzünü titreten dehşetli karma bir kartopuyken büyüyerek çığ olmuş ve İkinci Dünya Savaşı felaketini getirmiştir. Sadece kardeşliğin sıcaklığı kan dökücü bu karmanın var olan muazzam çığını eritebilir, yoksa bu çığ da büyüyerek Üçüncü Dünya Savaşı'nı getirebilir: Yirminci yüzyılın kutsal olmayan üçlüsü: İnsan sağduyu yerine orman zihniyetini uygularsa yeryüzü eski ilkel çağlardaki haline geri dönecektir. Hayatta kardeş olmadığımız takdirde, şiddetle gelen ölümde kardeş olacağız. Tanrı insana atomsal enerjileri keşfetme iznini böylesine bir alçaklık ve şerefsizlik gösterisi için vermemiştir.

Savaş ve suç işlemek, hiç kimseye bir kazanç sağlamaz. Bombaların alevi ve dumanıyla havaya savrulan milyarlarca dolar, neredeyse tamamıyla hastalıklardan ve yoksulluktan özgür, yeni bir dünyanın yaratılması için yeterlidir. Dehşet, kargaşa, açlık, bulaşıcı hastalık ve toplu katliamlarla dolu ölüm dansının [16] hüküm sürdüğü bir dünya değil; barış, refah ve gelişen bilgeliğin hüküm sürdüğü bir dünya!

Gandhi'nin şiddet kullanmaya karşı olan sesi insanların en yüksek vicdanına seslenir. Bırakalım milletler artık ölümle değil yaşamla, tahriple değil, inşayla, nefretle değil sevginin yaratıcı mucizeleriyle müttefik olsunlar.

"İnsan ne türlü incinmeye maruz kalırsa kalsın, affetmelidir." der *Mahabharata*; "Irkının devamı, insanın affediciliğine bağlıdır. Affedicilik kutsallıktır, evreni bir arada tutan affediciliktir. Affedicilik kudretli olanın gücüdür, affedicilik fedakârlıktır, affedicilik zihnin huzurudur. Affedicilik ve nezaket

---

[16] İng. "dance macabre"; Efsaneye göre ölülerin cadılar bayramında mezarlarından çıkarak gece yarısından sabah horozlar ötünceye kadar ettikleri dans.

kendilerine hâkim olabilenlerin vasıflarıdır. Ebedi fazileti temsil ederler."

Şiddet kullanmamak, affedicilik ve sevgi kanunlarının doğal olarak dışa vuruluş şeklidir. "Eğer dürüst bir mücadelede yaşamın feda edilmesi mutlaka gerekiyorsa" diye beyan eder Gandhi, "insanın, tıpkı Hz. İsa gibi başkalarının değil de kendi kanını dökmeye hazır olması lazım. Bu şekilde, dünyada daha az kan dökülecektir."

Bir gün nefretin karşısına sevgiyle şiddetin karşısına şiddetsizlikle dikilen, silah kuşanmaktansa zalimce katledilmeye razı olan Hintli satyagrahi'ler üzerine destanlar yazılacaktır. Bazı tarihi olaylarda, onların şiddetsiz tutumuna bir tepki olarak, rakipleri silahlarını atarak kaçmışlardır; utanç içinde kalmışlar, başkalarının yaşamlarına kendi yaşamlarından daha fazla değer veren insanlar karşısında derinden sarsılmışlardır.

"Yüzyılların geçmesi bile gerekseydi" der Gandhi, "ülkemin özgürlüğünü kanlı yollardan aramaktansa, beklerdim." İncil bizi uyarır: "Her kim ki eline kılıcı alır, kılıç tarafından yok edilecektir."[17] Mahatma şöyle yazmıştır:

> "Ben kendime milliyetçi derim ama benim milliyetçiliğim evren kadar geniştir; yeryüzündeki bütün milletleri içine alır.[18] Benim milliyetçiliğim bütün dünyanın refahını içerir. Hindistan'ın diğer ülkelerin külleri üzerinde yükselmesini istemem. Hindistan'ın bir tek insanı bile sömürmesini, istismar etmesini istemem. Hindistan'ın güçlü olmasını isterim ki, bu gücü diğer uluslara da aşılayabilsin. Günümüzde, Avrupa'daki tek bir millet bile böyle değil, hiçbiri diğerlerine güç vermiyor.
>
> Başkan Wilson o fevkalade on iki şıktan bahsetti, ancak dedi ki: "Her şeye rağmen, barışı sağlamak için gayretlerimiz başarısız olursa hâlâ sarılacak silahlarımız var." Ben bu pozisyonu tam tersine çevirmek istiyorum ve diyorum ki, 'Silahlarımız şimdiye kadar bir başarı getirmedi. Gelin, artık yeni bir arayışın içinde olalım; gelin, artık gerçeğin, yani Tanrı'nın ve sevginin gücünü deneyelim.' Olayı bu safhaya getirdiğimizde, başka hiçbir önlem almamıza gerek kalmayacak."

Ghandi, binlerce gerçek satyagrahi'yi (bu bölümün ilk yarısında sözünü ettiğim on bir kuralı yerine getirmeye ant içenler) eğitti. Gandhi'nin düşünceleri onlar tarafından sabırla Hindistan'daki kitlelere yayıldı, şiddet karşıtlığının spiritüel ve hatta maddi yararları olduğu halkın gözleri önüne serildi. Böylece Gandhi; halkını haksızlıkla işbirliği yapmamak, silaha

---

[17] *Matthew- Mata*, 26:52. Bu, İncil'deki, insanın yeniden doğuşuna değinen sayısız pasajlardan biridir. (Bakınız S-. 164 dipnot.) Yaşamın birçok çapraşıklıkları, ancak adaletin karmik kanununun kavranışıyla izah edilebilir.

[18] "Göğsünüz sakın ülkenizi sevdiğiniz için kabarmasın; bırakın daha çok, kendi türünüzü yani insanları sevdiğiniz için kabarsın." (*İran atasözü.*)

davranmaktansa saygısızlık ve kaba muameleye, hapis zulmüne ve hatta ölüme katlanmaya gönüllü olmak gibi şiddet karşıtı silahlarla donattı: Satyagrahi'lerin kahramanca şehit olduğu sayısız örneğin ortaya çıkmasına yol açarak dünya kamuoyunun sempatisini kazandı. Şiddet karşıtlığının pratikteki doğasını ve sorunları savaşa başvurmadan çözmekteki etkili gücünü dramatik olarak gözler önüne serdi.

Gandhi; şiddet karşıtı yöntemleriyle ülkesinde, diğer hiçbir ülke liderinin bugüne kadar (kurşunların zorbalığı dışında) erişemediği birçok politik tavizleri kazandı. Şiddet dışı metotlar sadece politik arenada değil, aynı zamanda daha hassas ve karmaşık olan Hindistan'ın sosyal reformu alanındaki çarpıklıkları da düzeltmek için göze çarpıcı bir şekilde uygulandı. Gandhi ve takipçileri Hindular ve Müslümanlar arasında çok uzun zamandan beri süregelen çekişmeleri, kan davalarını ortadan kaldırdılar. Yüz binlerce Müslüman Mahatma'ya liderleri gözüyle bakmaya başladı. Dokunulmazlar (Parya, en düşük kast) onda korku bilmeyen muzaffer temsilcilerini bulmuşlardır. "Eğer yazgımda dünyaya bir kez daha gelmek varsa" diye yazar Gandhi, "paryaların tam ortasında bir parya olarak doğmayı arzularım, böylece onlara daha etkili olarak hizmet edebileceğim."

Mahatma gerçekten de "büyük bir ruh". Ona bu unvanı milyonlarca okuma-yazma bile bilmeyen vatandaş bahşetmiştir. Bu müşfik peygamber, kendi ülkesinde bile onurlandırılmaktadır. En cahil vatandaş bile Gandhi'nin yüksek ideallerinin seviyesini kavrayabilmiştir. Mahatma bütün yüreğiyle insanın içindeki, miras aldığı asalete inanır. Kaçınılmaz başarısızlıklar onu asla hayal kırıklığına uğratmaz. "Eğer düşmanı onu yirmi kez aldatmış bile olsa" diye yazar "satyagrahi ona yirmi birinci kez yine güvenmeye hazırdır, çünkü insan doğasına kesin bir güven, onun inancının en dibindeki özüdür." [19]

"Mahatmaji, sen istisnai bir insansın. Tüm dünyanın senin davrandığın gibi davranmasını bekleyemezsin" diye eleştiride bulunmuştu birisi.

"Bedenin ıslah edilebileceğini, ancak ruhun gizli güçlerini uyandırmanın mümkün olmadığını zannederek kendimizi yanıltmamız ne kadar tuhaf" diye cevapladı Gandhi. "Şunu gösterme çabası içindeyim ki, eğer o güçlerden herhangi birine sahip olsam bile ben, içimizden herhangi biri kadar naçiz bir ölümlüyüm ve hiçbir zaman olağanüstü bir şeye sahip olmadım ve şimdi de sahip değilim. Her bir ölümlü gibi ben de yanılgıya düşebilecek bir bireyim.

---

[19] "Sonra Peter gelerek dedi ki, "Ey Efendim, kardeşimin bana karşı işlediği günahı kaç kez affedeceğim? Yedi kez?" İsa ona dedi ki, "Sana yedi kez demiyorum: Fakat *yetmiş kere* yedi kez." - *Matthew 18:21-22.* Bu taviz vermeyen nasihatin gerçeğini anlayabilmek için derin derin dua ettim. "Ey Rabbim." diye protesto ettim, "Bu mümkün mü?" İlahi Ses en sonunda cevap verdiğinde, içimi tevazuyla doldurdu: "Kaç kez, ey insan, ben seni hergün kaç kez affediyorum?"

> MAHATMA GANDHİ'NİN EL YAZISI, HİNDU LİSANINDA
>
> [Gujarati handwriting]
>
> Mahatma Gandhi, Ranchi-Hindistan'da normal lise öğretimiyle birlikte yoga eğitimi de yapan Yogoda Satsanga Brahmacharya Vidyalaya'yı ziyaret etti ve ziyaretçi defterine incelikle şu satırları yazdı:
> "Bu kurum zihnimi derinden etkiledi. Bu okulun, çıkrığın (Spinning-wheel, Hindistan'ın bayrağındaki sembol) kullanımını teşvik etmeye devam edeceği konusunda büyük bir ümit besliyorum.
> 17 Eylül, 1925   (*imza*) Mohandas Ghandi

Ama hatalarımı itiraf edebilecek ve attığım adımı geri çekebilecek alçakgönüllülüğe yeterince sahibim. Tanrı'ya ve O'nun faziletine karşı sarsılmaz bir imana ve sevgiyle hakikate karşı tükenmez bir tutkuya sahibim. Bu her insanın için doğru değil mi?" Sonra ekledi: "Eğer bu fenomenal dünyada, doğal bilimler alanında yeni keşifler ve icatlar yapıyorsak, bu yüzden spiritüel alanda iflasa mı sürüklenmemiz lazım? İstisnaları çoğaltarak, onları kural yapmamız mümkün değil mi? İnsanoğlunun nedense hep önce hayvan, ancak sonra, eğer becerebilirse, insan gibi davranması mı lazım?" [20]

Amerikalılar William Penn'in, 17. yüzyılda Pennsylvania'daki kolonisini kurarken başarıyla uyguladığı şiddet karşıtı taktiği gururla hatırlayabilirler. Ortada "ne bir kale, ne askerler, ne ordu, ne de silah" vardı. Yeni göçmenlerle Kızılderililer arasında süregiden vahşi cephe savaşları ve katliamların tam

---

[20] Bay Roger W. Babson, büyük elektrik mühendisi Charles P. Steinmetz'e bir keresinde şöyle sormuştu: "Gelecek 50 yıl içinde hangi alan en büyük gelişmelere tanık olacak dersiniz?" Steinmetz, "Zannederim, en büyük keşifler ruhsal alanda olacak," demişti. "Bu alanda, tarihin bize açıkça öğrettiği gibi, insanın gelişmesindeki en büyük etken olan bir güç var. Şimdiye kadar onunla sadece oyun oynamaktaydık ve onu, fiziksel güçleri araştırdığımız ciddiyetle incelemedik. Bir gün insanlar maddesel şeylerin mutluluk getirmediğini, kendilerini yaratıcı ve güçlü kılmakta bir yararı olmadığını fark edecekler. Bunun üzerine dünyadaki bilim adamları laboratuvarlarını Tanrı'nın, duanın ve henüz nadiren kurcalanmış olan spiritüel güçlerin incelenmesine yöneltecekler. O gün geldiğinde dünya tek bir kuşakta, geçmiş dört kuşakta görmüş olduğundan daha büyük bir ilerlemeye şahit olacak".

ortasında, Pensilvanya'da yerleşmiş şiddete karşı çıkan bir protestan mezhebinin üyelerine (Quaker'lar) hiç kimse dokunmamıştı. "Diğerleri öldürülmüş, katledilmiş, ancak onlar güvenlik içinde kalmışlardı. Bir tek Quaker kadını bile tecavüze uğramamış, bir tek Quaker çocuğu bile öldürülmemiş, bir tek Quaker erkeği işkence görmemişti." En sonunda Quakerlar eyaletlerin yönetimini devretmeye zorlandıklarında, "savaş patladı ve birkaç Pensilvanyalı öldürüldü. Bunlardan sadece üçü Quaker idi kendilerini savunmak üzere silah taşıyacak kadar imanlarını yitirmiş olan üç Quaker!"

Franklin D. Roosevelt, "Birinci Dünya Savaşı'nda, çözüm yolunu zora başvurmakta görmek, dünyaya huzur getirmekte başarısız oldu" demişti. "Galibiyet ve yenilgi birbiriyle aynı sonuçsuzluğu paylaştılar. Dünyanın artık bu dersi öğrenmiş olması lazım."

"Şiddete başvurmak için ne kadar çok silahlanılırsa insanlığın elemi de o kadar büyük olacaktır" diye öğretir Lao Zi (Tsu), "kaba gücün zaferi bir matem töreniyle sona erer."

"Ben dünya barışından daha az bir şey için mücadele etmiyorum" diye beyan eder Gandhi, "Eğer Hindistan'ın hareketi satyagraha temelinde başarıya ulaşırsa bu, milliyetçiliğe ve eğer bütün alçakgönüllülüğümle söylememe izin verirseniz, yaşamın kendisine yeni bir anlam kazandıracak."

Dünya Gandhi'nin programını, pratik düşünmeyen bir hayalperestin öğretisi olarak çöpe atmadan önce, Galileli üstadın (Hz. İsa'nın) satyagraha kavramını nasıl tanımladığı üzerine önce bir düşünmelidir:

"Size, 'göze göz ve dişe diş' dendiğini duydunuz. Ama ben size diyorum ki, kötülüğe kötülükle karşı koymayın. Ve her kim ki sağ yanağınıza tokat atar, ona öbür yanağınızı da çevirin."[21]

Gandhi'ni yaşam dönemi, mükemmel bir kozmik zamanlamayla iki dünya savaşıyla sarsılıp perişan olmuş bir yüzyılda yer aldı. Onun yaşamının granit duvarı üzerinde ilahi bir el yazısıyla kardeşler arasında daha fazla kan dökmeye karşı bir uyarı yazılıdır.

---

[21] *Matthew – Mata, 5:38-39.*

MAHATMA GANDHİ'NİN ANISINA

"O kelimenin gerçek anlamıyla milletin babasıydı ve çılgının biri onu öldürdü. Milyonlarca insan ağlıyor, çünkü o ışık sönüverdi. (...) Bu ülkede yanan ışık, alelade bir ışık değildi. Bu ışık, bu ülkede bundan bin yıl sonra bile görülecek ve bütün dünya da onu görecek." Mahatma Gandhi'nin 30 Ocak 1948'de, Yeni Delhi'de öldürülüşünden hemen sonra Hindistan Başbakanı Jawaharlal Nehru böyle konuşmuştu.

Bu olaydan beş ay önce Hindistan barışçıl yollardan özgürlüğüne kavuşmuştu. 78 yaşındaki Gandhi görevini yerine getirmişti. Sonunun yakın olduğunu sezen Gandhi, büyük yeğenine "Abha, bana bütün önemli yazışmaları getir" dedi trajedinin sabahında, "onları bugün cevaplamalıyım. Bugünün belki de yarını yok." Yazdığı mektupların birçok pasajında da Gandhi, kaderinin son saatlerini daha önceden sezdiğini ima etmişti.

Gandhi, narin ve oruç tutmaktan oldukça zayıf düşmüş bedenine saplanan üç kurşunla ölmek üzere yavaşça yere yığılırken sessizce, affettiğini belirten bir ifadeyle Hindular'ın geleneksel olarak birbirleri selamlamak için yaptıkları gibi ellerini kaldırmıştı. Yaşamı boyunca her bakımdan masum bir aktör olmuş olan Gandhi, ölümü anında, oynadığı dramın zirvesine ulaşmıştı. Adanmış yaşamının bütün fedakârlıkları, onun bu son sevecen ifadeyi takınmasını mümkün kılmıştı.

"Gelecek kuşaklar, böylesine bir insanın ete kemiğe bürünüp de bu yeryüzünde yürümüş olduğuna çok zor inanacaklar" diyordu Albert Einstein Gandhi'nin anısına yazdığı satırlarda. Vatikan tarafından yayınlanan bir mesajsa şuna değinmekteydi: "Öldürülüşü burada büyük kedere yol açtı. Hıristiyan faziletlerinin bir havarisi olarak gördüğümüz Gandhi'nin ardından matem tutmaktayız."

Yeryüzüne, adilce bir davanın başarılması için gelmiş olan bütün büyük şahısların yaşamları sembolik anlamlarla doludur. Hindistan'ı birleştiren Gandhi'nin dramatik ölümü, onun mesajını, her bir parçası anlaşmazlık ve çekişmelerle bölünmüş olan dünyanın gözünde daha da güncel bir hale getirdi. Bu mesajı kehanet sayılacak şu sözlerle kendisi dile getirmiştir:

"Şiddete karşı oluş (nonviolence) insanların arasında kök saldı ve yaşayacak. O, dünya barışının müjdecisidir."

BÖLÜM 45

Bengalli "Nur Saçan Ana"

Yeğenim Amiyo Bose içten bir bakışla rica edercesine:
"Efendim, Nirmala Devi ile tanışmadan lütfen Bengal'den ayrılmayın. Kutsal bir ermiş, kendisi çoğunluk tarafından Ananda Moyi Ma (Nur Saçan Ana) olarak biliniyor."

"Tabi! Ermiş kadını görmeyi çok istiyorum." Sonra ekledim, "Onun Tanrı gözünde en yüksek mertebelere ulaştığını okumuştum. Yıllar önce *Doğu-Batı* dergisinde, hakkında bir makale yayınlandı."

"Ben onunla karşılaştım" diye devam etti Amiyo. "Geçenlerde küçük kasabamız Jamshedpur'u ziyaret etti. Bir müridinin yalvarışı üzerine, ölmekte olan bir adamın evine gitti. Onun başucunda dikildi; eli alnına dokunduğunda, adamın can çekişen hırıltıları kesildi. Hastalığı o anda kaybolan adam sevinçten hayretler içindeydi, iyileşmişti."

Birkaç gün sonra Nurlu Ana'nın, Kalküta'nın Bhowanipur semtinde yaşayan bir müridinin evinde kaldığını duydum. Bay Wright ile babamın Kalküta'daki evinden hemen yola çıktık. Arabamız Bhowanipur'daki eve yaklaştığında sokakta olağandışı bir manzarayla karşılaştık.

Ananda Moyi Ma üstü açık bir arabanın içinde ayakta durmuş, yaklaşık yüz kişilik bir mürit kalabalığını kutsuyordu. Oradan ayrılmak üzere olduğu belliydi. Bay Wright arabayı biraz daha uzağa park ederek, sessizce cemaate doğru yürürken bana eşlik etti. Ermiş kadın geldiğimizi görerek arabadan indi ve bize doğru yürüdü.

"Baba geldin demek!" Bu sıcak sözlerle (Bengalce) kolunu boynuma dolayarak, başını omuzuma yasladı. Az önce kendisine ermişi tanımadığımı söylediğim Bay Wright, bu olağandışı selamlamayı hayretle seyrediyordu. Aynı zamanda yüzü aşkın mürit de bu sevecen tablo karşısında biraz şaşırmış gibi görünüyordu.

Anında gördüm ki, ermiş yüksek bir *samadhi* (vecd) halindeydi. Kendisini, bir kadının dışsal formu olarak değil de, Değişmez Ruh olarak algılayan ermiş, neşe içinde bu mertebeden Tanrı'nın başka bir çocuğunu

Bengalli "Nur Saçan Ana"

selamlıyordu. Beni elimden tutarak, arabasına götürdü.

"Ananda Moyi Ma, seni yolundan alıkoyuyorum!" diye direndim.

"Baba, seninle bu yaşamda ilk kez karşılaşıyorum,[1] yüzyıllar sonra ilk kez tekrar!" dedi. "Lütfen, hemen gitme."

Arabanın arka koltuğunda beraberce oturduk. Nurlu Ana kısa süre içinde hareketsiz kalarak vecde girdi. Güzel gözleri göklere doğru süzülerek; yarı kapalı, yakın olduğu kadar uzak olan ilahi cennet bahçesine dalarak duruldu. Müritleri, "Zafer İlahi Ana'nın" diye hafifçe bir ilahiye başladılar.

O zamana kadar Hindistan'da birçok Tanrısal idrake erişmiş adamla karşılaşmıştım, ancak daha önce hiç böylesine yücelmiş bir ermiş kadın karşıma çıkmamıştı. Yumuşak çehresi ona 'Nurlu Ana' adını veren o tarif olunmaz mutlulukla parlıyordu. Saçları örtüsüz başından iki örgü halinde sarkmaktaydı. Alnındaki sandalağacı kreminden yapılmış kırmızı benek, sonsuza kadar açık olan ruhsal gözünü (üçüncü göz) sembolize ediyordu. Minyon yüzü, küçücük elleri ve ayakları, spiritüel devasalığıyla tam bir tezat oluşturuyordu!

Ananda Moyi Ma trans halinde kalırken, hemen yanımdaki bir kadın müride sorular yönelttim.

"Nurlu Ana Hindistan'da sık sık seyahat eder, ülkenin birçok bölgesinde yüzlerce müridi var" diye anlattı mürit. "Onun yürekli gayretleri sayesinde birçok sosyal reform gerçekleşti. Bir *Brahmin* olmasına rağmen, ermiş hiçbir kast sınırlaması tanımaz. Bizden bir grup, daima onunla birlikte seyahat ederek, rahat edebilmesi için elinden geleni yapar. Bedenine hiç önem vermediği için, ona annelik yapmamız gerekiyor. Çünkü, kimse yiyecek vermezse yemek yemez ya da hiçbir istekte bulunmaz. Hatta yemekler önüne konsa dahi o hiçbir şeye dokunmaz. Bu dünyadan kaybolmasına mani olmak için biz müritler onu ellerimizle besleriz. Sık sık, çok nadiren nefes alarak, gözlerini kırpmadan günler boyunca ilahi transta kalır. Baş müritlerinden biri, kocası Bholanath'tır. Kendisi, seneler önce, evliliklerinden kısa bir müddet sonra konuşmama yemini etmiştir."

Mürit geniş omuzlu, uzun saçlı ve kır sakallı, asil yüz hatları olan bir adamı işaret etti. Toplanmış kalabalığın ortasında, bir müridin saygı dolu tavrıyla kollarını kavuşturmuş halde sessizce dikiliyordu.

Ebediyete dalıp çıktıktan sonra tazelenmiş olan Ananda Moyi Ma, şimdi bilincini maddi dünyaya odaklıyordu.

"Baba, lütfen bana nerede kaldığını söyle." Sesi berrak ve melodikti.

---

[1] Ananda Moyi Ma 1896'da, Doğu - Bengal'in Tripura Bölgesi'ndeki Kheora Köyü'nde doğmuştur.

Sri Yogananda, Kalküta'da, Ananda Moyi Ma ve eşi Bholanath ile birlikte

Bengalli "Nur Saçan Ana"

"Şu sıralarda Kalküta ya da Ranchi'de fakat çok yakında Amerika'ya geri döneceğim."

"Amerika'ya mı?"

"Evet. Oradaki spiritüel arayış içinde olanlar eminim Hintli bir kadın ermişi samimiyetle takdir edeceklerdir. Gitmek ister misin?"

"Eğer Baba beni götürebilirse, giderim."

Bu cevap yakındaki müritleri arasında paniğe yol açtı.

"İçimizden yirmi kişi ya da daha fazlası daima Nurlu Ana ile seyahat eder" diye konuştu biri kesin bir dille. "Onsuz yaşayamayız. O nereye giderse, bizim de gitmemiz lazım."

Grubun böyle ani genişlemesi karşısında pratikliğini kaybeden planımdan vazgeçmek zorunda kaldım!

Ermişten ayrılırken onu, hiç değilse müritleriyle birlikte Ranchi'ye davet ettim. "İlahi bir çocuk olan sen, okulumdaki küçük çocukları görmekten hoşlanacaksın."

"Baba beni ne zaman alırsa severek giderim."

Kısa bir süre sonra Ranchi Vidyalaya ermişin söz verdiği ziyareti üzerine bir bayram yerine döndüştü. Genç çocuklar her festival gününü iple çekerlerdi,. Öyle ya ders yok, saatlerce çalgı türkü ve üstüne üstlük bir de ziyafet!

"Yaşasın, Ananda Moyi Ma, ki jai!" Heyecan içindeki bir sürü küçük boğazdan yankılanan bu nakaratlarla ermişin grubu, okulun dış kapısından girerken selamlandı. Kadife çiçeği yağmuru, zillerin çıngırtısı, coşkuyla üflenen deniz kabukları ve *mridanga* davulunun gümbürtüsü! Nurlu Ana güneşli Vidyalaya arazisi üzerinde, 'portatif cenneti' hep kalbinde taşıyarak gülümseyerek dolaştı.

Ben onu ana binaya doğru geçirirken Ananda Moyi Ma minnetle "Çok güzel burası" dedi. Çocuksu bir tebessümle yanıma oturdu. İnsan onunla beraberken sanki sevgili dostlarının içinde ona en yakın olanıymış gibi hissediyordu. Ama buna rağmen etrafında uçsuz bucaksız bir uzaklık aurası her zaman mevcuttu. Her Yerde Hazır ve Nazır oluşun, çelişkili gibi görünen (paradoksal) izolasyonuydu bu.

"Lütfen bana hayatın hakkında bir şeyler anlat."

"Baba; yaşamıma ait her şeyi biliyor, tekrarlamama ne gerek var?" Belli ki, kısa bir inkarnasyonun hikâyesinin dikkate değer olmadığını düşünmüştü.

Gülerek ricamı tekrarladım.

"Baba, anlatacak çok az şey var." Lütufkâr ellerini küçümseyici bir jestle kaldırdı. "Bilincim, kendini bu geçici bedenle asla birlik halinde hissetmedi.

437

Bu yeryüzüne gelmeden önce [2] 'ben aynıydım', küçük bir kız çocuğu olarak 'ben aynıydım'. Büyüyüp kadın oldum hâlâ 'ben aynıydım'. İçinde doğduğum aile bu bedeni evlendirmek için gerekli hazırlıkları yaptığında, 'ben aynıydım'. Ve Baba, şu an senin önünde 'ben aynıyım'. Bundan sonra da etrafımdaki sonsuzluk salonunda yaradılışın dansı hep değişecek olsa da ben aynı olacağım."

Ananda Moyi Ma derin bir meditasyon haline girdi. Formu bir heykel gibi hareketsizdi. Onu her zaman çağıran, içindeki âleme firar etmişti. Gözlerinin kara delikleri cansız ve saydam gözüküyordu. Bu ifade, genellikle ermişler bilinçlerini fiziksel bedenden ayırdıklarında ortaya çıkar; böyle zamanlarda beden ruhsuz bir kılıftan başka bir şey değildir. Beraberce bir saat kadar, aşkın bir trans içinde oturduk. Sonra neşeli bir gülüşle bu dünyaya geri döndü.

"Lütfen Ananda Moyi Ma" dedim, "benimle bahçeye gel. Bay Wright birkaç fotoğraf çekecek."

"Tabii, Baba. Senin arzun benim arzumdur." Birçok fotoğraf için poz verirken, muhteşem gözleri hep o değişmeyen ilahi parlaklığa sahipti.

Ziyafet zamanı! Ananda Moyi Ma katlanmış battaniyeden ibaret minderine oturmuş bir müridi tarafından beslenmekteydi. Bir çocuk gibi, mürit lokmayı dudaklarına götürdüğünde itaatkârlıkla yiyeceği yutuyordu. Nurlu Ana'nın köriyle tatlı arasındaki farkın bilincinde olmadığı apaçıktı!

Günbatımı yaklaştığında; ermiş, elleri küçük çocukları kutsamak için havaya kalkmış vaziyette, gül yaprağından bir yağmur altında grubuyla birlikte okuldan ayrıldı. Çocukların yüzü, onun hiçbir çaba sarf etmeden içlerinde uyandırdığı sevgiyle parlamaktaydı.

Mesih (Hz. İsa) "Tanrı'yı, Efendi'ni bütün kalbinle seveceksin. Bütün ruhunla ,bütün zihninle ve bütün kuvvetinle" diye beyan etmişti. "Bu ilk emirdir." [3]

İçsel bağımlılıkları bir kenara atarak Ananda Moyi Ma, bütün temel sadakatini Efendi'ye sunar. Çocuksu ermiş, âlimlerin kılı kırk yaran metotlarıyla değil, imanın emin mantığıyla insan yaşamındaki yegâne problemi çözmüştü: Tanrı ile birliğin kurulması.

İnsanoğlu, şimdi milyonlarca mesele yüzünden puslanmış olan bu basit gerçeği unutmuştur. Yaradan'a olan tektanrılı sevgiyi reddederek,

---

[2] Ananda Moyi Ma kendisinden asla 'ben' diye söz etmez; 'bu beden' veya 'bu küçük kız' ya da 'kızın' gibi dolambaçlı ifadeler kullanır. Ne de hiçbir kimseden 'müridi' olarak bahseder. Kişisel olmayan bir bilgelikle bütün insanlara eşitçe Evrensel Ana'nın ilâhi sevgisini bahşeder.

[3] *Mark – Mata, 12:30.*

Bengalli "Nur Saçan Ana"

Paramahansa Yogananda ve grubu "Mermerden bir Rüya" olarak adlandırdıkları, Agra'daki Tac Mahal'i ziyaret ettiler, 1936.

sadakatsizliğini, hayır işlerinin dışsal tapınaklarında törensel bir saygı kılığının ardına gizlemeye çalışmaktadır. Bu insancıl jestler faziletlidir, çünkü bir an için insanın dikkatini kendisinden başka yöne çevirir. Ancak onu, İsa tarafından 'birinci komut' olarak verilen, yaşamdaki baş sorumluluğundan özgür kılmaz. İnsan, kendisine Yegâne Hayırsever⁴ tarafından cömertçe bahşedilen ilk nefesiyle Yaradan'ını sevmek gibi yüceltici bir yükümlülüğün altına girer.

Ranchi Okulu'nu ziyaret ettikten sonra, başka bir vesileyle Ananda Moyi Ma'yı görme fırsatı buldum. Birkaç ay sonra Serampore tren istasyonunun platformunda bir grupla birlikte tren bekliyordu.

"Baba, Himalayalar'a gidiyorum" dedi. "Bazı iyi kalpli insanlar bizim için Dehra Dun'da bir aşram inşa ettiler."

O trene binerken; ister kalabalığın tam ortasında, ister bir trende, ister bir ziyafette veya sessizce otururken nerede olursa olsun gözlerinin asla Tanrı'dan başka hiçbir yere çevrilmediğini bir kez daha görerek, hayranlık duydum.

---

⁴ "Çoğu, yeni ve daha iyi bir dünya kurmanın özlemini hissediyor. Düşüncelerinizi böyle hususlar üzerine oturtmaktansa, mükemmel barışın ümidini mümkün kılan şu noktaya konsantre olun. O da, insanın Allah'ı ya da Hakikat'i aramasını gerektiren görevidir." Ananda Moyi Ma.

İçimde halen, ölçüsüz bir tatlılıkla yankılanan sesini duyarım:
"Bak, şimdi ve her zaman Ezeli Olan ile birlikte 'ben hep aynıyım'."

BÖLÜM 46

Yemek Yemeden Yaşayan Kadın Yogi

"Efendim, bu sabah nereye gidiyoruz?" Fordu Bay Wright kullanıyordu; gülümseyerek parlayan gözlerini bana bu soruyu sorarken direksiyondan ayırmıştı. Her gün Bengal'in hangi köşesini keşfedeceğimizden nadiren haberdar oluyordu.

"Tanrı bilir" dedim, "dünyanın sekizinci harikasını görmek için yola çıktık, besini suptil hava olan bir ermiş kadın!"

"Therese Neumann mucizesinin tekrarı demek."

Bay Wright yine de hevesle güldü, hatta gaza bile basarak biraz daha hızlandı. Onun herhangi bir turiste nasip olmayacak kadar olağandışı seyahat günlüğü için bile enteresan bir olay!

Güneş doğmadan kalkarak, Ranchi Okulu'nu az önce geride bırakmıştık. Sekreterimle benim dışımda grubumuzda üç Bengalli arkadaş daha vardı. Sabahın insanı sarhoş eden havasını adeta içiyorduk. Şoförümüz arabayı ihtiyatla sürerken erken kalkmış köylülerle omuzları kambur öküzler tarafından ağır ağır çekilen ve geçiş hakkını ısrarla klakson çalarak onların doğal ayrıcalığına tecavüz edenlerle paylaşan iki tekerlekli kağnılar arasından geçiyordu.

"Efendim, bu oruç tutan ermiş hakkında daha fazla bilgi verir misiniz?"

"Adı Giri Bala" dedim arkadaşlarıma. "Onun hakkında ilk kez yıllar önce, öğretmen bir beyden, Sthiti Lal Nundy'den duydum. Sık sık Garpar Road'daki eve gelerek kardeşim Bishnu'ya ders verirdi.

'Giri Bala'yı çok iyi tanırım' diye anlattırdı Sthiti Babu. 'Yemek yemeden yaşamasını mümkün kılan belli bir yoga tekniği uyguluyor. Ichapur [1] yakınındaki Nawabganj'da onun yakın komşusuydum. Onu dikkatle gözetlemeyi kendime görev edinmeme rağmen, asla ne yemek yediğine ne de bir şey içtiğine tanık oldum. En sonunda ilgim öylesine arttı ki, bir gün Burdwan Mihracesine [2] yaklaşarak bu konuda bir araştırma yapmasını rica ettim.

---

[1] Kuzey Bengal'de.

[2] Ekselansları, Sir Bijay Chand Mahtab vefat etti. Ailesi şüphesiz, Maharaja'nın bu üç sınavına dair belgelere sahiptir.

Duyduğu hikâyeden hayretler içinde kalan Mihrace, onu sarayına davet etti. Giri Bala, kendisinin sınanmasına razı olarak, iki ay boyunca sarayın küçük bir bölümünde kilitlenmiş kapılar ardında yaşadı. Daha sonra sarayı iki ay daha ziyaret etti ve en nihayet on beş günlük üçüncü bir sınavdan geçti. Bana Mihrace'nin kendisinin anlattığına göre bu üç çetin sınav sonucunda, mihrace ermişin yemeden yaşadığına hiçbir şüpheye yer kalmayacak şekilde ikna olmuştu.'

İşte Sthiti Babu'nun bu hikâyesi tam yirmi beş yıldan fazladır aklımda kaldı" diye sözlerime son verdim. "Bazen Amerika'da, acaba zamanın çarkları, yogini'yi [3] ben onunla karşılaşmadan önce mi yutacak diye merak ettim. Şimdi oldukça yaşlanmış olmalı. Nerede yaşadığını ve hatta yaşayıp yaşamadığını bile bilmiyorum. Fakat birkaç saat sonra Purulia'ya varacağız; erkek kardeşinin orada bir evi var."

Saat on buçukta, Purulia'da avukatlık yapan erkek kardeşi Lambodar Day ile sohbet ediyorduk.

"Evet, kız kardeşim hâlâ yaşıyor. Bazen benimle burada kalır, ancak şu anda Biur'daki aile evimizde." Lambodar Babu arabamızı şüpheli gözlerle tetkik etti.

"Şimdiye dek hiçbir arabanın o yollardan Biur'a kadar girebilmeyi başardığını sanmıyorum swamiji. En iyisi sarsıntılı da olsa bir kağnıya binmeniz."

Hep bir ağızdan Detroit'in gururu olan arabamıza sadakat yemini ettik!

"Ford Amerika'dan geliyor" dedim avukata. "Onu Bengal'in kalbiyle tanışma fırsatından mahrum bırakmak yazık olur doğrusu!"

"Ganesh [4] sizinle beraber olsun!" dedi Lambador Babu gülerek. Nezaketle ekledi: "Oraya gitmeyi gerçekten becerebilirseniz, eminim Giri Bala sizleri görmekten mutlu olacak. Yetmişine yaklaşıyor, ama sağlığı hâlâ mükemmel."

"Lütfen söyleyin efendim, acaba onun hiçbir şey yemediği tam anlamıyla gerçek mi?" Doğrudan, zihni ele veren gözlerine baktım.

"Evet, gerçek." Bakışı açık ve dürüsttü. "Elli yılı aşkın bir süredir onun bir kırıntı bile yediğini görmedim. Eğer aniden bu dünyanın sonu geliverseydi, bu bile beni, kız kardeşimi yemek yerken görmek kadar şaşırtmazdı doğrusu!"

Hep birlikte bu iki kozmik olayın imkânsızlığına güldük.

"Giri Bala, yoga uygulamaları için kendisine asla, erişilmesi imkânsız

---

[3] Kadın yogi.

[4] 'Engelleri yok eden', iyi talih tanrısı.

yerler aramadı" diye sözlerini sürdürdü Lambodar Babu. "Bütün yaşamı boyunca ailesi ve arkadaşları tarafından çevriliydi. Bu arada herkes onun olağandışı tabiatına alıştı. Zaten onlar da, Giri Bala aniden bir şey yemeye karar verseydi, gözlerine inanamazlardı! Kız kardeşim, dul bir Hindu kadınına yaraşan bir tarzda, dünyadan el etek çekmiş olarak yaşar, ancak Purulla'da ve Biur'daki küçük çevremize dahil olanların hepsi onun, kelimenin tam anlamıyla 'istisnai' bir kadın olduğunu bilirler."

Erkek kardeşinin samimiyeti apaçıktı. Ona yürekten teşekkür ederek, Biur'a doğru yola koyulduk. *Curry* ve *luchi* yemek üzere sokak üzerindeki bir büfede durduğumuzda etrafımızı, Hinduların basit tarzına uyarak elleriyle yemek yiyen [5] Bay Wright'ı seyretmek için bir sürü afacan sardı. Açık iştahımız bizi öğleden sonraki zorlu yolculuğumuz için kuvvetlendirdi, yolun nasıl meşakkatli olduğunu daha sonra anlayacaktık.

Yolumuz bizi doğuya doğru, güneşin kavurduğu pirinç tarlalarının arasından, Bengal'in Burdwan Bölgesi'ne götürdü. Yolun her iki tarafı da yoğun bitki örtüsüyle kaplıydı; boynu gerdanlıklı bülbüllerin şarkıları, dev şemsiye gibi yaprakları olan ağaçların derinliklerinde yankılanıyordu. Ara sıra karşımıza demirden çemberli tahta tekerlekleri gıcırdayan öküz kağnıları çıkmaktaydı. Kağnıların çıkardığı gıcırtılı seslerle otomobilin lastik tekerleklerinin şehirlerin asfalt yollarında çıkardığı aristokratik ses arasındaki tezat ilgi çekiciydi.

"Dick, dur!" Ani ricam üzerine araba sarsılarak durdu. "Şuradaki yükünün ağırlığından eğilmiş mango ağacı bizi davet etmek için neredeyse bağırıyor!"

Beşimiz birden mangoyla kaplı yere doğru hücum ettik; ağaç olgunlaştıkça meyvelerini cömertçe yere saçmıştı.

"Böylesine birçok mango kimse görmeden burada yatmak için doğmuşlar" diyerek bildiğim bir şiiri hatırladım "ve taşlı zeminde tatlarını israf etmek için" diye mırıldandım.

Bengalli talebem Salesh Mazumdar "Amerika'da böyle bir şey ne gezer, swamiji, değil mi?" diye güldü

"Doğru" dedim itiraf kabilinden, mangoyla tıka basa doymuş halde. "Batı'dayken bu meyveyi nasıl özledim! Bir Hindu'nun cenneti, mangolar olmaksızın, tasavvur edilemez!"

---

[5] Sri Yukteswar şöyle derdi: "Tanrı bize bu yeryüzünün hoş meyvelerini verdi. Yiyeceğinizi görmek, onu koklamak, onu tatmak isteriz. Hindu ise aynı zamanda ona dokunmak ister!" Eğer yemek esnasında başka biri orada mevcut değilse insan hatta onu 'duymaya' bile aldırmaz!

Sonra bir taş atarak, en tepedeki dallardan görkemli güzellikte bir mango düşürdüm.

"Dick" diye sordum, tropik güneşin ısıtmış olduğu Tanrısal meyveyi ısırırken "kameraların hepsi de arabada mı?"

"Evet efendim, bagajda."

"Eğer Giri Bala dedikleri gibi bir ermişse Batı'da onun hakkında yazmak istiyorum. Böyle esinlendirici güçleri olan bir Hindu yogini'nin, aynen bu mangolar gibi hiç kimsenin haberi olmadan yaşayıp ölmemesi lazım!"

Yarım saat sonra, hâlâ ormanın huzuru içinde dolaşmaktaydım.

"Efendim" diye uyardı Bay Wright, "fotoğraf çekmek için yeterince aydınlık olmasını istiyorsak, Giri Bala'ya güneş batmadan önce ulaşmalıyız." Gülerek ekledi: "Batılılar şüphecidir, herhangi bir fotoğrafı olmaksızın onlardan ermişin varlığına inanmalarını bekleyemeyiz!"

Sözlerindeki gerçek göz ardı edilemezdi, mangoların cazibesine sırt çevirerek arabaya bindim.

"Haklısın Dick" diye iç çektim oradan uzaklaşırken. "Batı gerçekçiliğinin mihrabında mango cennetinden feragat ediyorum. Fotoğrafları çekmemiz lazım!"

Yol gitgide bozuldu. Tekerlek izlerinin yarattığı kırışıklıklar, kurumuş çamurdan tümsekler! Yaşlılığın hüzünlü belirtileri! Sık sık Bay Wright'ın arabayı daha kolaylıkla ilerletebilmesi için inerek itmemiz gerekti.

"Lambodar Babu gerçeği söylemiş" dedi Sailesh "araba bizi değil, biz arabayı taşıyoruz!"

Arabadan ikide bir inip ittikten sonra, tekrar binmek gerçekten hepimizi bezdirmeye başlamıştı. Bu arada, her birinde tuhaf bir ıssızlığın hüküm sürdüğü tek tük köylerin varlığı hiç değilse bir teselli veriyordu.

Bay Wright günlüğünün 5 Mayıs 1936 tarihli sayfasında "Yolumuz palmiyelikler boyunca, ormanın gölgesinde yuvalanmış, çok eski, zamanın durmuş olduğu köyler arasından kıvrılarak ilerliyordu," diye yazıyor. "Kapıları Tanrı'nın isimlerinden biriyle süslenmiş, saman ve çamur karışımından yapılı bu kulübelerin insanı oldukça cezbeden bir görüntüsü var; etrafta masumca oyun oynayan bir sürü çocuk, köylerinin içinden sessizliği yırtarak geçen bu büyük, siyah ve öküzsüz araca dikkatle bakmak için ya duraklıyor ya da ondan çılgınca kaçıyor. Erkekler yol kenarındaki ağaçlar altında tembelce uzanmış keyif yaparken ve meraklarını kayıtsızlıkları ardına gizlerken, kadınlar, gölgelere saklanmış, çekingen gözlerle bakıyorlar. Bir yerde, köylüler şenlik içinde bir gölette elbiseleriyle yıkanıyorlar, daha sonra kuru elbiseleri vücutlarına dolayarak, ıslak olanları aynı anda çıkarıp değiştiriyorlar. Kadınlar evlerine büyük pirinç testilerle su taşıyorlar.

Yol boyunca tepeler ve düzlükler birbirini kovalıyor. Hoplaya zıplaya, küçük derelere batıp çıkarak, henüz bitmemiş bir şose yol yüzünden dolambaçlı yollara saparak, kurumuş nehir yataklarında patinaj yaparak, en sonunda akşam saat beş civarında hedefimiz olan Bur'a yaklaştık. Bankura Bölgesi'nin içlerinde yer alan, yoğun bitki örtüsünün ardında gizlenmiş bu küçük köy bize anlatıldığı kadarıyla yağmur mevsiminde ulaşılamaz bir konumdaydı. Böyle zamanlarda küçük dereler çağlayan nehirlere, yolsa çamur püskürten bir yılana dönüşüyordu.

Tenhadaki bir tarlada, tapınaktaki ibadetten evine dönmekte olan bir gruptan bize kılavuzluk yapmalarını rica ettiğimizde, bizi Giri Bala'ya götürmek için hevesli olan bir düzine çocuk arabanın her iki tarafına tırmanıverdi.

Yol bizi bir grup kerpiç kulübeye sığınak olan bir hurmalığa doğru götürdü, ancak daha biz oraya ulaşamadan Ford, bir virajda neredeyse dengesini kaybederek havaya zıpladı ve sonra çalıların arasında kuma saplanıp kaldı. Kürekle çevresini kazarak arabayı oradan zorlukla kurtardık. Artık oldukça yavaş bir tempoyla ilerleyebiliyorduk. Aniden yolun tam ortasında kütüklerden oluşan bir yığın önümüzü kestiğinde, dik bir kayalığın bizi götürdüğü kurumuş gölet yatağından geçen dar bir yola sapmak zorunda kaldık. Bu kurumuş göl yatağını geçmek için kürek, keser, ne bulursak kullanmamız gerekti! Yol geçilmesi imkânsız gibi görünüyordu. Ancak hac yolculuğumuzu sürdürmemiz lazımdı. Yüzlerce köy sakininin meraklı gözleri önünde, kendileri de bir yerlerden kürekler bulan genç çocukların yardımıyla engelleri yok ederek (Ganesh'in takdisi!) ilerledik.

Çok geçmeden, antik zamandan kalan iki tekerlek izini takip ederek yolumuzda ilerlemeye başladık. Yine, çocuklar neşeyle dört bir yana seğirtirken, erkekler yolun kenarında neredeyse sıralanmış, dikiliyor, kadınlarsa kulübelerinin kapılarından kocaman açılmış gözlerle bakıyorlardı. Bu yolları kateden ilk otomobil belki de bizimkiydi. Büyük bir sansasyon yarattığımız ortadaydı. Bir Amerikalı'nın sürdüğü homurtulu bir arabayla grubumuz, kalelerinin en içlerine kadar sızarak, onların şimdiye kadar hiç bozulmamış olan antik kutsallığını ve mahremiyetini fethetmişti!

"Dar bir sokakta durduğumuzda Giri Bala'nın evinden yaklaşık otuz metre kadar uzaktaydık. Uzun bir yolculuk mücadelesinin sonunda böyle bir ödül almak kalplerimizi heyecanla titretmişti. Tuğladan yapılmış, iki katlı, büyük ve diğer kulübelere tepeden bakan bir eve yaklaştık. Etrafındaki, tropik ülkelerin karakteristiklerinden olan bambu iskeleye bakılırsa evin onarılmakta olduğu gözüküyordu.

Ateşli bir beklenti ve içimizde bastırarak gizlediğimiz sevinçle Tanrı'nın takdiri sayesinde açlığı unutmuş olan yogini'nin kapısında dikildik. Genciyle yaşlısıyla çıplağı ve giyiniğiyle etrafımızdaki tüm köylüler, ağızları açık bir şaşkınlık içindeydi. Kadınlar çekingenliklerine rağmen meraklıydılar, erkeklerle çocuklarsa neredeyse yüzsüzlük derecesinde dibimize sokulmuşlardı.

Az sonra kapıda kısa boylu bir figür belirdi; Giri Bala! Soluk altın renkli bir sari giyinmişti. Tipik Hintli tarzında, alçakgönüllüce ve duraklayarak ilerliyordu. Gözleri peçesinin gölgesi ardından için için yanan korlar gibi parıldıyordu. Dünyasal bağımlılıkların lekelerinden eser taşımayan, lütufkâr ve kendini idrak etmişlikle dolu bu yüze tutulmuştuk.

Uysalca yaklaşarak, fotoğraf ve film[6] çekmemize sessizlik içinde razı oldu. Sabırla ve çekingenlikle poz ve ışık ayarlamalarımıza katlandı. En sonunda, gelecek nesiller için, dünyada elli yılı aşkındır yemeden ve içmeden yaşamış olduğu bilinen yegâne kadının birçok fotoğrafını çektik. (Therese Neumann, 1923'ten beri oruç tutmaktaydı.) Giri Bala karşımızda, tevazuyla yere bakan gözleri, elleri ve küçücük ayakları dışında bedenini tamamıyla örten bol elbisesiyle dururken, analık ifadesinin doruğundaydı. Yüzünden çok nadir rastlanan bir huzur ve masum bir vakar okunuyordu; geniş, çocuksu ve titreyen dudaklar, kadınca bir burun, küçük ve çakmak gibi gözler ve hevesli bir gülümseyiş."

Bay Wright'ın Giri Bala'yı tasvirini paylaşıyorum; spiritüellik onu tıpkı hafifçe parlayan peçesi gibi sarıyordu. Beni, bir ev sahibinin bir rahibe verdiği geleneksel selamla karşıladı. Onun sade cezbesi ve durgun tebessümü bizi öyle bir duyguyla sardı ki, zorlu ve tozlu yolculuğumuzu unutuverdik.

Küçük yapılı ermiş, bağdaş kurarak verandada oturdu. Yaşlılığın alametlerini taşımasına rağmen, zeytin renkli cildi bozulmadan, sağlıklı kalmıştı.

"Ana" dedim Bengalce, "yirmi beş yıldan fazladır, hevesle bu hac yolculuğunu yapmayı düşündüm! Kutsal yaşamınızdan bana Sthiti Lal Nundy Babu bahsetmişti."

Başıyla tasdik etti. "Evet, Nawabganj'daki iyi yürekli komşum."

"O yıllar boyunca, okyanusları aştım ancak seni görme planımı asla unutmadım. Senin burada, böylesine gözlerden ırak oynadığın yüce dram, çoktandır içsel ilahi besini unutmuş bir dünyaya davul zurnayla duyurulmalı."

Ermiş gözlerini bir an kaldırdı, sakin bir ilgiyle gülümsüyordu.

"Muhterem baba en iyisini bilir" diye cevapladı uysalca.

---

[6] Bay Wright Sri Yukteswar'ın da, onun Serampore'daki son kış dönümü festivalinde filmini çekmişti.

Sözlerimden gücenmediği için mutluydum; yogiler'le, yogini'lerin dünyaya tanıtılma düşüncesi karşısında nasıl tepki göstereceklerini hiç kimse bilemez. Bir kural olarak, ruhsal arayışlarını daha da derinleştirebilmek için sessizliklerini sürdürmeyi arzu ederek bundan kaçınırlar. İçlerinden bir ses onlara, arayış içinde olanların yararlanması için yaşamlarını açıkça teşhir etme zamanının geldiğini söyler.

"Ana" diye devam ettim, "seni sorularımla rahatsız ettiğim için beni affet. Lütfen, sadece seni memnun eden sorulara cevap ver; sükûtunu da anlayacağım."

Ellerini minnettar bir jestle açtı. "Benim gibi önemsiz bir kişinin verebileceği kadarıyla tatminkâr cevaplar vermekten memnun olacağım."

"Ah hayır, bu doğru değil!" Samimiyetle itiraz ettim, "Siz büyük bir ruhsunuz."

"Ben hepinizin naçizane hizmetçisiyim." Sonra ekledi, "Yemek pişirmeyi ve milleti doyurmayı severim."

"Yemek yemeyen bir ermiş için tuhaf bir meşgale" diye düşündüm.

"Lütfen Ana, bana kendi ağzınızla söyleyin, yiyeceksiz mi yaşıyorsunuz?"

"Evet doğrudur." Birkaç saniye sessiz kaldı; sonraki sözleri onun, bu esnada zihinsel aritmetikle mücadele etmiş olduğunu ele veriyordu: "On üç yaşımdan dört ay aldığımdan beri, bugüne yani altmış sekiz yaşıma kadar -elli altı yıldan fazladır- yemek yemedim ve bir şey içmedim."

"Canın hiç yemek çekmedi mi?"

"Eğer yemeğe karşı bir arzu hissetseydim, yemek zorunda kalırdım." Günde üç vakit yemek etrafında dönen bu dünyanın çok iyi bildiği, bu kendiliğinden belli gerçeği, ne kadar basitçe ve bir o kadar da asil bir vakarla dile getirmişti!

"Fakat yine de bir şey yiyorsun!" Ses tonum itiraz kabilindendi. Devam ettim:

"Sizin besininiz havanın ve güneş ışığının [7] daha ince enerjilerinden

---

[7] "Yediğimiz her şey radyasyondur; besin maddemiz büyük miktar enerjiden oluşur," Cleveland'lı Dr. George W. Crile, 17 Mayıs 1933 te Memphis'te tıp bilim adamlarının bir toplantısında açıkladı. Konuşmasının bir bölümü şöyle yayınlandı:

"Bu her şey için önemli radyasyon (ışıma) ki bedenin elektriksel devresi olan sinir sistemi için gerekli elektrik akımlarını açığa vurur, besinlere güneş ışınları tarafından verilir. Atomlar, diyor Dr. Crile, güneş sistemleridir. Atomlar, sayısız helezonal yaylar gibi güneş ışınlarıyla dolu, enerji taşıyan araçlardır. Bu sayısız atomlar dolusu enerji besin maddesi olarak alınır. İnsan bedenine yiyecek olarak alındığında bu araçlar yani atomlar, yüklerini bedenin protoplazmasında boşaltırlar. (Deşarj.) Burada yeni kimyasal enerji ışınları, dolayısıyla yeni elektriksel akımlar sağlanır. 'Bedeniniz böyle atomlardan yapılıdır' dedi Dr. Crile, 'onlar sizin kaslarınız, beyniniz, duyu organlarınız, göz ve kulaklarınızdır.'"

ve omurilik soğanı yoluyla vücudunuzu yeniden şarj eden kozmik güçten kaynaklanıyor."

"Baba biliyor."

"Ana, lütfen bana gençlik yıllarınızdan bahsedin. Hindistan'daki, hatta denizler ötesindeki kardeşlerimizle biz, yaşamınıza derin bir ilgi duyuyoruz."

Giri Bala, olağan ağzı sıkı ve çekingen tavrını bir kenara koyarak, sohbet havasına girdi.

"Öyle olsun." Sesi alçak tonda ve kararlıydı. "Ben bu ormanlık bölgelerde doğdum. Çocukluğum konusunda bahsetmeye değer bir şey yok, ancak şunu söyleyebilirim ki, doymak bilmeyen bir iştahım vardı. Yaklaşık dokuz yaşındayken sözlendim.

Annem 'çocuğum' diyerek beni sık sık uyarırdı, 'açgözlülüğünü kontrol altına almaya çalış. Kocanın ailesi içinde, yabancılar arasında yaşayacağın zaman geldiğinde, eğer günlerini yemekten başka bir şey yapmadan geçirirsen, ne düşünürler sonra?'

Annemin önceden gördüğü felaket gerçekleşti. Kocamın Nawabganj'daki ailesine gelin gittiğimde on iki yaşımdaydım. Kaynanam sabah, öğle ve akşam başıma kakarak beni boğazıma düşkünlüğümden dolayı utandırırdı. Bir sabah benimle acımasızca alay etti. Öylesine gücenmiştim ki, 'Hayatım boyunca bir daha asla yiyeceğe dokunmayacağımı sana çok yakında kanıtlayacağım' dedim. Kaynanam beni hor görerek güldü. 'Öyle demek!' dedi, 'aşırı yemeden vazgeçemezken hiç yemeden nasıl yaşayabilirsin bakalım?'

Bu sorunun cevabını veremedim. Buna rağmen demir gibi bir kararlılık kalbime girmişti. Tenha bir köşeye çekilerek Göksel Baba'ma dua ettim.

'Ya Rabbim' dedim, ardı arkası kesilmeden, 'lütfen bana bir guru yolla; bana yiyecek değil de, senin ışığınla yaşamayı öğretecek bir guru.'

Aniden bir transa girdim. İçimi saran mutluluktan sanki büyülenmişçesine Ganj'ın kıyısındaki Nawabganj Ghat'a doğru yola çıktım. Yolda kocamın ailesinin rahibiyle karşılaştım.

'Muhterem efendi' dedim itikat içinde, 'lütfen bana yemeden nasıl yaşayabileceğimi söyler misiniz?'

Bir gün bilim adamları insanın nasıl direk olarak güneş enerjisiyle yaşayabileceğini keşfedecekler. William L. Laurence, *New York Times*'ta, "Klorofil, doğada, bir 'güneş ışını kapanı' olarak vazife görebilme özelliğine sahip olduğu bilinen yegâne maddedir." diye yazıyor. "Güneş ışınını 'yakalayarak', onu bitkide depolar. Bu olmadan yaşam mümkün olamazdı. Yaşamak için elzem olan enerjiyi ya güneş ışığını depolamış bitkisel besinlerden ya da bitki yiyen hayvanların etini yemek yoluyla alırız. Kömür ya da petrolden elde ettiğiniz enerji, milyonlarca yıl önce bitkisel yaşamdaki klorofil tarafından depolanmış güneş enerjisidir. Klorofilin işlevi sayesinde güneş enerjisiyle yaşamaktayız."

Yemek Yemeden Yaşayan Kadın Yogi

GİRİ BALA, YEMEK YEMEYEN ERMİŞ

Giri Bala bedenini eter, güneş ve havadan aldığı kozmik enerjiyle yeniden şarj etmek için belli bir yoga tekniği uygulamakta. Ermiş şöyle derdi: "Yaşamım boyunca hiç hasta olmadım. Uykuyla uyanıklık benim için aynı olduğundan çok az uyurum."

Cevap vermeden gözlerini bana dikti. En sonunda teselli edici bir tavırla 'Çocuğum' dedi, 'bu akşam tapınağa gel, senin için özel bir Vedik seremoni yapacağım.'

Bu belirsiz cevap benim beklediğim cevap değildi, *ghat*'a doğru yürümeye devam ettim. Sabah güneşi Ganj'ın sularında parlıyordu; sanki kutsal bir inisiyasyona hazırlanıyormuş gibi kendimi Ganj'da arıttım. Islak elbiselerimle nehrin kıyısından ayrılırken, gün ışığının içinde üstadım materyalize oldu!

'Sevgili küçük' dedi şefkat dolu bir ses tonuyla 'ben Tanrı tarafından senin acil duanı yerine getirmek üzere yolladım buraya. Tanrı, duanın çok olağandışı olan niteliğinden hayli etkilendi! Bugünden itibaren astral ışıkla yaşayacaksın, bedensel atomların ilahi akımla şarj edilecek.' "

Giri Bala sessizliğe gömüldü. Ben, Bay Wright'ın kâğıt ve kalemini alarak, ona bilgi vermek için birkaç hususu İngilizce'ye tercüme ettim.

Ermiş hikâyesine kaldığı yerden devam etti, yumuşak sesi zorlukla duyulabiliyordu. "*Ghat*'ta in cin yoktu o vakitte, ancak gurum etrafımızda bizi gözlerden koruyan öyle bir ışık aurası oluşturdu ki, daha sonra yıkanmaya gelenler bizi rahatsız etmediler. Bedeni, ölümlülerin kaba besinine bağımlı olmaktan özgür kılan bir *Kria* tekniğine beni inisiye etti. Teknik belli bir *mantra*'nın [8] kullanımıyla alelade insanın uygulayabileceğinden daha zor olan bir nefes egzersizini içerir. Hiçbir iksir ya da büyü yok işin içinde, *Kria*'dan başka bir şey değil."

Amerikalı bir gazeteci tavrıyla karşımdakiyle o farkına bile varmadan röportaj yapmanın usulünü öğrenmiştim. Giri Bala'ya, dünyanın ilgisini çekebileceğini düşündüğüm birçok hususta sorular yönelttim. Bana, parça parça şu bilgileri verdi:

"Hiç çocuğum olmadı, uzun yıllar önce dul kaldım. Benim için uyku ya da uyanıklık aynı şey olduğundan nadiren uyurum. Geceleri meditasyon yapar, gündüzleri ev işlerimi görürüm. Mevsimden mevsime iklim değişikliklerini çok hafif derecede hissederim. Şimdiye kadar hiç hasta olmadım. Kendimi incittiğim zaman duyduğum acı ya da ağrı oldukça hafiftir. Bedenimden attığım hiçbir dışkı yoktur. Kalp atışlarımı ve nefes alış verişimi kontrol edebilirim. Vizyonlarımda sık sık gurumu ya da diğer büyük ruhları görürüm."

"Ana" diye sordum, "neden yiyeceksiz yaşama metodunu başkalarına öğretmiyorsunuz?"

Bu dünyanın açlıktan helak olan milyonları için umutlarım daha doğar doğmaz bir anda paramparça oldu.

"Hayır." Başını salladı. "Gurum bana, sırrı ifşa etmemem için kesin talimat verdi. Niyeti Tanrı'nın yaradılış dramıyla oynamak, ona müdahale etmek değil. Eğer birçok kişiye besin almadan yaşamayı öğretseydim, çiftçiler bana müteşekkir olmayacaklardı! Bu takdirde olgun meyveler yararsızca ağaçların dibinde çürüyecekti. Öyle görünüyor ki, sefalet, açlıktan ölmek ve hastalık,

---

[8] Etkili, titreşimsel nağme. *Mantra*'nın Sanskritçe'den harfi harfine tercümesi "düşüncenin enstrümanı." Webster'in Yeni Uluslararası Sözlüğü'ne (2. Baskı) göre, "Yaradılışın bir niteliğini belirten, mükemmel ve duyulamayan ses tonları; hece hece seslendirilirse bir *mantra*, evrensel bir terim terkip eder." Sesin sonsuz güçleri Om ya da kozmik motorun yaratıcı uğultusundan türer.

bizi en nihayetinde hayatın gerçek anlamını aramaya iten karmamızın kamçılarıdır."

"Ana dedim usulca, "yemeden yaşamak için seçilmiş oluşunun amacı nedir?"

"İnsanın Ruh olduğunu kanıtlamak." Çehresi bilgelikle aydınlandı. "İlahi gelişmeyle insanın yavaş yavaş, besin maddesiyle değil de Ebedi Işık ile yaşamayı öğrenebileceğini sergilemek." 9

Ermiş derin bir meditasyona daldı. Bakışları içe yönelmiş, gözlerinin yumuşak derinlikleri ifadesizleşmişti. Benim de bildiğim, belli bir şekildeki iç çekişi, nefessizlikle aşkın bir transa girişinin işaretiydi. Bir süre sorgu sualden uzak bir âleme gitti, içsel huzurun cennetine.

Tropik karanlık çökmüştü. Küçük bir gaz lambasının alevi gölgede sessizce çömelmiş birçok köylünün başları üzerinde titreşiyordu. Dans eden ateşböcekleri ve uzaktaki kulübelerin gaz lambaları kadife gibi yumuşak gecede parlak, hayaletsi şekiller yansıtıyordu. Ayrılığın acı saati gelmişti; ağır, usandırıcı bir yolculuk uzanıyordu önümüzde.

"Giri Bala" dedim ermiş gözlerini araladığında, "lütfen bana bir hatıra verin, sarilerinizden birinden küçük bir parça."

Az sonra bir parça Benares ipeğiyle geri dönerek bana eliyle uzatırken, aniden kendini önümde yere attı.

"Ana" dedim hürmetle, "lütfen, bırak da senin o kutsanmış ayaklarına ben kapanayım!"

---

9 Giri Bala'nın eriştiği, besin almaksızın yaşama mertebesi, Patanjali'nin *Yoga Sutralarında* (III:31) bahsi geçen yogik bir kudrettir. Ermiş, omurilikte yer alan suptil enerji merkezlerinden beşincisi olan *vishudda* şakrası üzerinde etkili olan belli bir nefes egzersizi uygulamakta. Boğazın karşısında yer alan *vishudda* şakra, fiziksel hücrelerin atomlarının içlerine yayılarak nüfuz eden, beşinci element *eteri* (ya da *akash*) kontrol eder. Bu şakra (çark) üzerine konsantrasyon, müridin (devotee) eterik enerjiyle yaşamasını mümkün kılar.

Therese Neumann ne kaba besin maddeleriyle yaşamakta, ne de bunun için bilimsel bir yoga tekniği uygulamaktadır. Bunun izahı, kişisel karmanın karmaşıklıklarında gizlidir. Bir Therese Neumann ile bir Giri Bala'nın ardında onların Tanrı ya adanmış olarak geçirdikleri birçok yaşam yatıyor, fakat onların dışa yansıtış kanalları değişik olmuştur. Besin almadan yaşayan Hıristiyan ermişlerin arasında (ki, onlar da stigmatistti) Schiedam'dan St. Lidwina, Rent'ten Kutsal Elizabeth, Siena'dan St. Catherine, Dominika Lazzari, Foligno'dan Kutsal Angela ve 19. yüzyıldan Luise Lateau'dan bahsedilebilir. Flüe'den St. Nicholas'ta (15. yüzyılda yaşamış ve heyecanlı çabaları İsviçre Federasyonu'nun birliğinin devamlılığını sağlamış olan bir münzevi), yirmi yıldan fazla yemekten feragat etmişti.

BÖLÜM 47

Batı'ya Geri Dönüyorum

"Şimdiye kadar Hindistan'da ve Amerika'da birçok yoga dersi verdim; ama itiraf etmeliyim ki, bir Hindu olarak, İngiliz dinleyicilerin karşısında konuşma olanağı beni özellikle mutlu ediyor."

Londralı dinleyicilerim keyifle gülümsediler, hiçbir güncel politik gerginlik Yoga barışımıza gölge düşürememişti.

Hindistan şimdi artık kutsal bir anıydı. 1936 yılının eylül ayı, Londra'da tekrar bir konferans için on altı ay önce vermiş olduğum sözü yerine getirmek üzere İngiltere'deydim.

İngiltere'de de ezeli yoga bilimine büyük rağbet var. Gazeteciler ve televizyon için çekim yapan kameramanlar, kaldığım Grosvenor House'a üşüşmüşlerdi. Dünya Tarikatlar Cemiyeti'nin İngiliz Milli Konseyi, 29 Eylül'de Whitefield Kilisesi'nde düzenlediği bir toplantıda dinleyicilere, "Dostluğa Olan İnanç, Uygarlığı Nasıl Kurtarabilir" konusunu işlediğim bir konferans verdim. Caxton Salonu'nda akşam saat 8'de verdiğim konferanslar öylesine büyük bir kalabalık çekti ki, her iki akşamda da salona sığmayanlar, Windsor House'un dinleyici salonunda, saat 21'deki ikinci konferansım için beklediler. Takip eden haftalar boyunca yoga sınıfları inanılmaz bir hızla büyüdüğünden, Bay Wright çok daha büyük başka bir salon bulmak zorunda kaldı.

İngiliz azmi spiritüel alanda da kendini hayranlık verici bir tarzda açığa vurdu. Londralı yoga öğrencileri, ben ayrıldıktan sonra, sadakatle bir Self-Realization Fellowship merkezi oluşturarak, acı savaş yılları boyunca haftada bir meditasyon yapmak üzere toplandılar.

İngiltere'de unutulmayacak haftalar geçirdik. Önce Londra'da, sonra da kırsal yörelerde geziler yaptık. Bay Wright ile birlikte cefakâr otomobilimizle İngiliz tarihinin büyük şair ve kahramanlarının doğum yerlerini ve mezarlarını ziyaret ettik.

Grubumuz ekim sonlarında *Bremen* gemisiyle Southampton'dan Amerika'ya doğru yola çıktı. New York'taki muhteşem Özgürlük Anıtı'nın görünmesiyle birlikte heyecanla yutkunmaktan kendimizi alamadık.

Antik topraklar üzerindeki mücadeleden biraz yıpranmış olan Ford yine de, Kaliforniya'ya doğru kıta aşırı yolculuğumuzda bizi yolda bırakmayacak kadar sağlamdı. 1936'nın son haftalarında işte yine Mount Washington Merkezi'ndeydik!

Yıl sonu tatilleri, Los Angeles Merkezi'nde her yıl 24 Aralık'ta (Spiritüel Noel) [1] sekiz saat süren bir meditasyonla kutlanır. Bunu ertesi günkü ziyafet (Sosyal Noel) takip eder. Bu yılki festivaller, üç dünya gezginine hoş geldin demek için uzak şehirlerden gelen sevgili arkadaşlar ve öğrencilerin de katılmasıyla oldukça kalabalıktı.

Noel ziyafeti 15 bin mil boyunca beraberimizde getirdiğimiz nefis yiyeceklerle zenginleşmişti: Kashmir'den *gucchi* mantarları, *rasagulla* ve mango konserveleri, *papar* bisküvileri ve dondurmaya güzel bir aroma vermek için Hint *keora* çiçeğinden elde edilen bir yağ... O akşam ışıl ışıl yanan devasa Noel ağacının etrafında grup halinde toplandık; hemen yanındaki şöminede hoş kokular saçan servi ağacının kütükleri çıtırdıyordu.

Hediye verme zamanı! Dünyanın uzak köşelerinden hediyeler; Filistin, Mısır, Hindistan, İngiltere, Fransa, İtalya... Bay Wright, her geçtiğimiz gümrükte, Amerika'daki dostlarımız için satın alınmış olan hazinemizden hiçbir şeyin yürütülmemesi için büyük bir ihtiyatla sandıkları sayıp, onlara göz kulak olmuştu! Üç kıtadan topladığımız ganimetler arasında neler yoktu ki... Kutsal Ülke Filistin'den ünlü zeytin ağacının levhaları, Belçika ve Hollanda'dan zarif danteller, İran halıları çok ince dokunmuş Keşmir şalları Maisur'dan sonsuza dek hoş kokan sandal ağacı tepsiler, Orta Hindistan'dan Shiva 'öküzgözü' taşları, çoktan tarih olmuş Hint hanedanlarına ait madeni paralar, mücevher taşlı vazolar ve taslar, minyatürler, duvar halıları, tapınaklarda kullanılan günlük - tütsü ve parfümler, tahta baskılı *swadeshi* pamuklu kumaşları, verniklenmiş elişleri, Maisur'dan fildişleri, uzun başparmaklı İran terlikleri, çok eski elyazmaları; ipekli kadifeler; kabartma desenli kumaşlar, Gandhi kepleri, keramik ve seramikler, pirinçten elişleri ve seccadeler...

Noel ağacının altındaki muazzam yığından, göz alıcı bir şekilde

---

[1] Paramahansa Yoganında tarafından başlatılan bütün gün meditasyonu, 1950'den beri 23 Aralık'ta yapılmaktadır. Bütün dünyadaki Self - Realization Fellowship üyeleri de bu kutlamaya SRF merkezlerinde ve tapınaklarında katılırlar. Bu şekide, bir gününü derin meditasyon ve duaya adayan üyelerin bir çoğu büyük bir spiritüel yardım ve takdis edindiklerini nakletmişlerdir.

Yoganandaji'nin kurduğu Dua Meclisi de her gün Ana Merkezde meditasyon için biraraya toplanan müritlerce icra edilir. Daha sonraları Self - Realization Fellowship Evrensel Dua Çemberi diye adlandırılan bu eylem SRF ana merkezinde takrarlanmaktadır. Amacı dua kanalıyla belli problemlerinin çözümüne çare arayanlara yardım etmektir. Din ve milliyet farkı gözetmeyen bu kuruluş tüm yardım isteyenlere açıktır. (*Yayınlayanın Notu.*)

paketlenmiş hediyeleri tek tek dağıttım.

"Rahibe (Sister) Gyanamata!" Yokluğum esnasında Mount Washington Merkezi'ni yönetmiş olan bu ermiş huylu, tatlı yüzlü ve derin bilgeliğe sahip Amerikalı hanıma uzun bir paket uzattım. İçinden altın Benares ipeğinden bir sari çıktı.

"Teşekkür ederim efendim; bu, gözlerimin önüne hep Hindistan'ın görkemini getirecek."

"Bay Dickinson!" Bir sonraki pakette Kalküta'daki bir pazardan aldığım bir hediye bulunuyordu. O esnada "Bay Dickinson'un hoşuna gidecek bu" diye düşünmüştüm. Çok sevgili bir müridim, Bay E. E. Dickinson, Mt. Washington Merkezi'nin 1925'te kuruluşundan beri, her Noel festivalinde bulunmuştu.

Bu on birinci yıldönümümüzde yine karşımda dikilirken, dikdörtgen şeklindeki paketi açıyordu.

"Gümüş bardak!" Duygularıyla mücadele halinde, elindeki uzun bardağa bakakalmıştı. Daha sonra sersemlemiş gibi uzaktaki bir köşeye ilişti. Ona sevecenlikle baktıktan sonra yeniden Noel Baba rolüme döndüm.

Birçok sürprizi de beraber getiren akşam, Bütün Hediyeleri Veren'e bir dua ve daha sonra bir grubun söylediği Noel ilahileriyle sona erdi.

Bir süre sonra Bay Dickinson ile laflıyorduk.

"Efendim" dedi, "lütfen şimdi gümüş bardak için teşekkür etmeme izin verin. Noel akşamı teşekkürümü ifade edecek kelimeler bulmaktan aciz kaldım."

"Hediyeyi özellikle sana getirdim."

"Bu gümüş bardağı tam kırk üç yıldır bekliyorum! Bu, çok uzun süredir içimde sakladığım uzun bir hikâye." Bay Dickinson bana utangaçlıkla baktı. "Olayın başlangıcı dramatikti: Boğulmak üzereydim. Nebraska'da küçük bir kasabada, ağabeyim beni oyun olsun diye beş metre derinliğindeki bir havuza itti. O zamanlar henüz beş yaşındaydım. Tam ikinci kez suya batmak üzereydim ki, bir anda bütün boşluğu dolduran, göz kamaştırıcı, rengârenk bir ışık beliriverdi. Ortasında duru gözlerle bakan ve gülüşü insana güven veren bir adamın görüntüsü vardı. Vücudum üçüncü kez batarken, ağabeyimin arkadaşlarından biri uzun bir söğüt dalını, çaresizlikten çırpınan ellerimle kavrayabileceğim kadar eğmeyi becerdi. Çocuklar beni havuzun kenarına çıkardılar, ilk yardım müdahaleleri sayesinde kendime geldim.

On iki yıl sonra, 17 yaşında bir gençken annemle birlikte Şikago'ya gittik. 1893 Eylül'üydü ve şehirde Dünya Dinler Parlamentosu büyük toplantı halindeydi. Tekrar o kudretli ışığın parladığını gördüğümde annemle bir ana caddede yürümekteydik. Birkaç adım ötede, yıllar önce vizyonda gördüğüm aynı adam, rahat adımlarla yürüyordu. Büyük bir konferans salonuna yaklaşarak, kapıdan içeri girip kayboldu.

'Anne' diye haykırdım, 'boğulmak üzereyken gözümün önünde beliren bu adamdı!'

Alelacele binaya daldık, adam üzerinde bir kürsünün bulunduğu bir platformda oturmaktaydı. Çok geçmeden öğrendik ki, kendisi Hindistan'dan gelen ünlü Swami Vivekananda [2] imiş. Adam ruhun derinlerine nüfuz eden bir söylev verdikten sonra, onunla tanışmak için salonun önüne ilerledim. Sanki eski arkadaşlarmışız gibi içtenlikle tebessüm etti bana. Öyle gençtim ki, ona duygularımı nasıl ifade edeceğimi bilemiyordum, ancak içimden onun bana öğretmenim olmayı teklif etmesini umuyordum. Düşüncelerimi okudu.

'Hayır oğlum, ben senin gurun değilim.' Vivekananda o insanın içine işleyen güzel gözlerini gözlerimin derinliklerine dikti. 'Senin öğretmenin daha sonra gelecek. Sana gümüş bir bardak verecek.' Küçük bir aradan sonra gülerek ekledi 'Sana, şu anda sindirebileceğinden daha fazla lütuf bahşedecek.'

Birkaç gün sonra Şikago'dan ayrıldım" diye devam etti Bay Dickinson, "büyük Vivekananda'yı bir daha görmedim. Fakat söylediği her kelime bilincimin derinliklerine unutulmaz biçimde kazınmıştı. Yıllar geçip gitti, ortada hiçbir öğretmen yoktu. 1925'te bir gece, Yaradan'a gurumu yollaması için yürekten dua ettim. Birkaç saat sonra yumuşak bir melodi beni uykumdan uyandırdı. Flütler ve değişik başka çalgılarıyla göksel âlemden bir grup varlık gözlerimin önündeydi. Havayı fevkalade bir müzikle doldurduktan sonra melekler yavaş yavaş kayboldular.

Ertesi akşam, ilk kez sizin burada, Los Angeles'taki konferanslarınızdan birine katıldım, artık duamın kabul olduğunu biliyordum."

Sessizlik içinde birbirimize gülümsedik.

"On iki yıldan beri sizin Kriya Yoga müridinizim" diye Bay Dickinson sözlerini sürdürdü. "Bazen gümüş bardağı merak ettim, kendimi neredeyse Vivekananda'nın sözlerinin mecazi olduğuna inandırdım.

Fakat Noel akşamı, siz ağacın yanında bana küçük kutuyu uzattığınızda, hayatımda üçüncü kez, aynı göz kamaştıran ışığı gördüm. Bir dakika sonra, Vivekananda'nın kırk üç yıl önce [3] görmüş olduğu gurumun hediyesine

---

[2] Mesihsel üstat Ramakrishna Paramahansa'nın baş müridi.

[3] Bay Dickinson Swami Vivekananda ile 1893'te karşılaşmıştı. Paramahansa Yogananda'nın

bakmaktaydım: Gümüş bir bardak!"

---

doğduğu yıl. (5 Ocak.) Vivekananda'nın, Yogananda'nın yeniden doğduğunu ve Hindistan felsefesini öğretmek üzere Amerika'ya gideceğinin farkında olduğu apaçık.

1965'te, seksen dokuzunda hâlâ sağlıklı ve aktif olan Bay Dickinson, Los Angeles'taki Self-Realization Fellowship ana merkezindeki bir seremoniyle Yogacharya (yoga öğretmeni) unvanını aldı.

Kendisi sık sık, uzun periyodlar boyunca Paramahansaji ile meditasyon yapmış ve asla günde üç kez Kriya Yoga alıştırmasını kaçırmamıştır.

Ölümünden iki yıl önce, 30 Haziran 1967'de, Yogacharya Dickinson SRF rahiplerine hitaben yaptığı bir konuşmada onlara, Paramahansaji'ye bahsetmeyi unutmuş olduğu ilginç bir detayı anlattı: "Chicago'da, Swami Vivekananda ile konuşmak için platforma çıktığımda, daha ben onu selamlamaya fırsat bulamadan şöyle dedi:

"Delikanlı, sana sudan uzak durmanı tavsiye ederim!" (*Yayınlayanın Notu.*)

BÖLÜM 48

Kaliforniya - Encinitas'ta

"Sürpriz, efendim! Sizin yokluğunuzda bu gördüğünüz Encinitas Aşramı'nı inşa ettirdik, hoş geldin hediyesi!" Bay Lynn, Rahibe Gyanamata, Durga Ma ve diğer birkaç mürit, gülümseyerek beni bir bahçe kapısından geçirdiler ve iki yanındaki ağaçların gölgelendirdiği bir yola yönelttiler.

Önümde mavi denizde seyreden, büyük beyaz bir okyanus gemisi gibi yükselen binaya baktım. Önce dilim tutulmuş olarak, sonra da sevinç ve minnettarlığın yetersiz kelime dağarcığıyla aşramı gözden geçirdim; on altı olağandışı büyük odasının her biri çok ince bir zevkle döşenmişti.

Merkezi konumdaki salon, tavana kadar yükselen muazzam pencereleriyle çimen, okyanus ve gökyüzünden oluşan bir mihraba bakıyordu; zümrüt, opal ve safirden bir renk senfonisi vardı karşımda. Dev şöminenin üzerindeki bir rafta bu sükûnet dolu Batı aşramını kutsayan Hz. İsa'nın, Babaji'nin, Lahiri Mahasaya'nın ve Sri Yukteswar'ın resimleri vardı.

Aşramın hemen aşağısında, sarp kayalıkta inşa edilmiş iki meditasyon mağarası denizin ve göğün sonsuzluklarına bakıyordu. Arazide ayrıca güneşlenmek için köşeler; sakin ağaçlık alanlara, gül bahçelerine götüren kaldırım taşından patikalarla bir okaliptüs korusu ve bir de meyve bahçesi vardı.

Aşram kapılarından birinde asılı olan, Zerdüşt'ün 'Bir Mesken İçin Duası şöyle der: "Ermişlerin faziletli ve yiğit ruhları buraya gelsin ve yeryüzü kadar engin, gökler kadar yücelere erişen takdislerinin şifa veren erdemini bahşederek bize eşlik etsinler!"

Encinitas'taki büyük aşram, Self-Realization Fellowship'e, Ocak 1932'deki inisiyasyonundan beri sadık bir *Kriya Yogi* olan Bay James J. Lynn'in bir armağanıydı. Sonsuz sorumlulukları olan Amerikalı Bay Lynn, sahibi olduğu muazzam petrol şirketinin ve başkanlığını yaptığı, dünyanın en büyük yangın sigortası şirketlerinden birinin yoğun işlerine rağmen her gün uzun ve derin *Kriya* meditasyonu için zaman bulur. Böylece dengeli bir yaşam sürerek *'samadhi'*de sarsılmayan iç huzurunun lütfuna erişmiştir.

Benim Hindistan ve Avrupa'da bulunduğum süre içinde (Haziran

Paramahansaji ve Faye Wright 1939 yılında SRF Encinitas inziva yerinde. Daha sonra Sri Daya Mata (Sayfa 191' daki fotoğrafa bkz.) adıyla bilinen Faye Wright 1931 yılında SRF aşramına geldikten hemen sonra gurusu ona şu sözleri söyledi: "Sen benim ilk yatırımımsın. Sen geldiğinde, Tanrı'ya hayran birçok başka müridin de bu yola çekileceğini gördüm." Başka bir kez büyük guru sevgiyle onu şöyle övdü: "Biricik Faye, çok iyi şeyler yapacak!... Onun anlayışı nedeniyle onun aracılığıyla çalışmamı sürdürebileceğimi biliyorum."

Parmahansa Yogananda ve daha sonra Sri Rajarsi Janakananda (Sayfa 191' daki fotoğrafa bkz.) adını alan James J. Lynn. Guru ve mürit 1933 yılında Los Angeles'taki SRF YSS Uluslarası Genel Merkezi'nde meditasyon yapıyorlar. Yoganadaji, "Bazıları 'batılı insanlar meditasyon yapamaz' der" dedi ve ilave etti: "Kriya Yoga'ya başladıktan sonra, Mr. Lynn'in daima Tanrı ile manen birlikte olduğunu gördüm."

1935-Ekim 1936) Bay Lynn¹ sevecenlikle bu güzel sürprizi planlamış. Kaliforniya'dan benimle haberleşen hiç kimsenin, bana Encinitas'ta inşa edilmekte olan yeni aşramdan söz etmemesini sağlamıştı. Bu yüzden, şimdi şaşkınlığım ve sevincim tarif edilemezdi!

Amerika'daki ilk yıllarımda Kaliforniya sahilini gezerek, okyanus kıyısında bir aşram için küçük bir arsa bakınmıştım. Her ne zaman uygun bir arazi bulsam, bir engel çıkarak beni planımdan vazgeçmeye zorlamıştı. Şimdi Encinitas'ın güneşli arazisine bakarken tevazuyla Sri Yukteswar'ın çok çok öncelerden bulunduğu kehanetin gerçekleştiğini gördüm: "Okyanus kıyısında bir aşram."²

Birkaç ay sonra, 1937 Paskalya Bayramı'nda, yeni aşramın çimlerinde ilk kez Paskalya gündoğumu ayinini yönettim. Tıpkı, gördükleri parlak yıldızı takip ederek, doğumundan hemen sonra Hz. İsa'yı ziyarete gelen üç bilge³ gibi yüzlerce öğrenci, saygıyla karışık bir ürpertiyle bu her gün vuku bulan mucizeyi, güneşin doğudan yükselişini seyretti. Batı'da, dalga vuruşlarıyla ağırbaşlı övgüsünü dile getiren Pasifik Okyanusu uzanıyordu; uzakta minik bir yelkenli ve yalnız başına süzülen bir martı... "Hz. İsa yeniden dirildi!" Sadece ilkbahar güneşinde değil Ruh'un ezeli şafağında.

Mutlu aylar birbirini izledi. Encinitas'ın cennet güzelliği içinde, uzun süredir planladığım bir çalışmam olan *Kozmik İlahiler*'i bitirdim. Birçok Hint ilahisini İngilizce'ye tercüme ederek, onları Batı müziğinin notalarına uyarladım. Bunlara Shankara'nın ilahisi "Ne Doğum Ne de Ölüm", Sanskritçe "Brahma'nın İlahisi", Tagore'nin "Mabedimde Kim Var?" ile bana ait birçok kompozisyon da dahildi: "Ebediyen Senin Olacağım", "Düşlerimin Ötesindeki Ülkede", "Sana Ruhumun Çağrısını Sunarım", "Gel Ruhumun Şarkısını Dinle", "Sessizliğin Mabedinde".⁴

İlahi kitabın önsözünde Doğu ilahileri karşısında Batılılar'ın tepkisi üzerine edindiğim ilk izlenimi aktardım. Olay New York'taki Carnegie Hall'da 18 Nisan 1926'da halka açık yaptığım bir konuşma esnasında yaşandı.

---

[1] Paramahansaji bu dünyadan ayrıldıktan sonra Bay Lynn (Rajarsi Janakananda) Self - Realization Fellowship ve Yogoda Satsanga Society of India başkanı olarak hizmet verdi. Bay Lynn, gurusu hakkında şöyle demişti: "Bir ermişin huzurunda yaşamak nasıl tanrısal bir lütüf! Yaşamımda bana verilen hediyelerin en büyüğü, Paramahansa Yogananda'nın bana bahşettiği ihsandır."

Bay Lynn 1955'te mahasamadhiye girdi. (*Yayınlayanın Notu.*)

[2] Sayfa 112'ye bakınız.

[3] Orijinal metinde "Magi of Old" kullanılmıştır. (Çev. notu.)

[4] Self-Realization Fellowship tarafında yayınlanmıştır. Paramahansa Yogananda '*Kozmik İlâhiler*'deki bazı şarkıları şahsen plağa okumuştur. (*Yayınlayanın Notu.*)

SELF-REALIZATION FELLOWSHIP AŞRAMI, ENCINITAS, KALİFORNİYA

Pasifik Okyanusu'na bakan Aşram'ın havadan görünüşü. Geniş arazi, aşram konutları ve bir Self-Realization inziva yerini de içermektedir. Yakın bir mesafede bir SRF mabedi de bulunmaktadır.

Kaliforniya - Encinitas'ta

Paramahansa Yogananda 1940 yılında Pasifik Okyanusu'na bakan yalıyarın üzerinde inşa edilen SRF Encinitas inziva yerinin bahçesinde.

17 Nisan'da Amerikalı öğrencim Bay Alvin Hunsicker'a, "Dinleyicilerden eski bir Hindu ilahisi olan *O Güzel Tanrı'm*ı[5] söylemesini isteyeceğim" dedim.

Bay Hunsicker, Doğu şarkılarının Amerikalılarca kolay anlaşılır olmadığını söyleyerek karşı çıktı.

"Müzik evrensel bir dildir" diye cevap verdim. "Amerikalılar bu kutsal ilahideki ruhsal ilhamı hissetmekte gecikmeyecekler."

Ertesi gece *O Güzel Tanrı*'mın dizeleri bir saatten fazla bir süre üç bin hevesli ağızdan yankılandı. Bıkıp usanmadınız, sevgili New Yorklular! Kalpleriniz sevincin bu basit şükran şarkısıyla kanatlanıp uçtu! O akşam Yaradan'ın kutsal adını sevgiyle tekrarlayan birçok insan, ilahi bir güç tarafından şifaya kavuştu.

[5] Guru Nanak'a ait şarkının sözleri şöyle:

O güzel Allah'ım, o güzel Allah'ım!
Ormanlarda yeşilsin,
Dağlarda ulusun,
Nehirlerde kıpır kıpırsın,
Okyanusta derinsin.
Hizmetkârın nazarında hizmetsin,
Sevenin gözünde sevgisin,
Kederlinin gözünde sempatisin,
Yoginin gözünde huzursun.
O güzel Allah'ım, o güzel Allah'ım,
Ayaklarında kapanırım ey Allah'ım.

1941'de Boston'daki Self-Realization Fellowship Merkezi'ni ziyaret ettim. Boston Merkezi'nin başkanı Dr. M. W. Lewis beni sanatsal bir zevkle dekore edilmiş bir suit odaya yerleştirdi. "Efendim" dedi gülümseyerek, "Amerika'daki ilk yıllarınızda bu şehirde, banyosu bile olmayan tek kişilik bir odada kalmıştınız. Boston'da aynı zamanda lüks dairelerin de olduğunu bilmenizi istedim!"

Kaliforniya'da etkinliklerle dolu yıllar hızla geçti. 1937'de Encinitas'ta bir Self-Realization Fellowship kolonisi [6] kuruldu. Kolonideki birçok faaliyetlerle, müritlere Self-Realization Fellowship idealleri doğrultusunda çok yönlü bir eğitim verilmektedir. Ayrıca kolonide yetiştirilen meyve ve sebzeler Los Angeles ve Encinitas merkezlerinde kullanılmaktadır.

"Bir tek kandan, bütün insan ırklarını yarattı." [7] "Dünya kardeşliği", geniş bir terim, ancak insan, kendini bir dünya vatandaşlığı ışığında kabul ederek, sevgi ve sevecenliğini genişletmelidir. Gerçekten "Bu benim Amerika'm, Afrika'm, benim Filipinler'im, Avrupa'm, benim Hindistan'ım vs" diyebilen kimse asla faydalı ve mutlu bir yaşam için faaliyet göstermekten yoksun kalmayacaktır.

Bedeni Hindistan dışında hiçbir toprakta yaşamamış olmasına rağmen, Sri Yukteswar bu kardeşçe gerçeği biliyordu:

"Dünya benim vatanım."

---

[6] Şimdi bu koloni, gelişen bir Aşram Merkezi oldu. Bünyesine asıl ana aşramla erkek ve kadın rahipler için münzevihaneler, yemek salonları ve üyelerle arkadaşlar için cazip bir inziva mekânı da dahil. Geniş arazinin otoyol tarafına bakan bir dizi bembeyaz sütun, altın kaplı metalden lotuslarla taçlanmış. Hint sanatında lotus, beyindeki Kozmik Bilinç merkezinin (sahasrara - ışığın bin taç yapraklı lotusu) sembolüdür.

[7] *Acts – Elçilerin İşleri 17:25.*

BÖLÜM 49

1940-1951 Yılları

Meditasyonun değerini gerçekten öğrendik ve içsel barışımızı hiçbir şeyin bozamayacağını biliyoruz. Son birkaç haftadır, toplantılarımız sırasında sirenlerin hava saldırısı uyarısını ve bombaların patlayışını duyduk, fakat hâlâ burada öğrencilerimizle toplanarak dini törenimizi yerine getirip o sayede iç huzuruna kavuşuyorlar."

Londra'daki Self-Realization Fellowship Merkezi'nin lideri tarafından cesurlukla yazılmış bu mesaj, Amerika'nın henüz İkinci Dünya Savaşı'na katılmasından önceki yıllar sırasında, savaştan harap olmuş İngiltere ve Avrupa'dan bana yollanan mektuplardan biriydi.

The Wisdom of The East Series dergisinin yayıncısı olan Dr. L. Cranmer-Byng ise 1942'de Londra'dan şöyle yazıyordu:

"*Doğu-Batı'yı* [1] okuduğumda, iki ayrı dünyadaymış gibi birbirinden ne kadar uzak yaşamları sürdürdüğümüzü fark ettim. Los Angeles'tan güzellik, düzen, sükûnet ve barış rüzgârları esiyor, tıpkı takdis ve teselliyle yüklü kutsal bir geminin, kuşatma altındaki bir limana girişi gibi.

Tıpkı bir rüyadaki gibi palmiye ağaçlarını ve okyanusa uzanan, dağ manzaralı Encinitas'taki mabedi ve her şeyin üzerinde spiritüel anlayışa sahip insanların kardeşliğini görüyorum. Birlik anlayışı içinde yaratıcı faaliyet gösteren, derin düşünceden tazeleyici bir güç kazanan bir camia bu... (...) Şafağın sökmesini bekleyerek, bir gözcü kulübesinden yazan isimsiz bir askerden bütün derneğe selamlar."

Hollywood-Kaliforniya'da Self-Realization Fellowship işçilerince inşa edilen Bütün Dinler Kilisesi (Church of All Religions) 1942'de açıldı. Bir yıl sonra San Diego-Kaliforniya'da başka bir tapınak kuruldu ve bir diğeri de, 1947'de Long Beach-Kaliforniya'da hizmete girdi. [2]

---

[1] Magazin şimdi Self - Realization ismiyle yayınlanmakta.

[2] Long Beach'teki küçük kilise artık artan ihtiyaca karşılık veremez hale gelince, cemaat 1967'de, daha geniş olan California - Fullerton'daki daha büyük Self Realization Fellowship Mabedine taşındı. (*Yayınlayanın Notu*).

PARAMAHANSA YOGANANDA

Fotograf 20 Ağustos 1950'de Pasifik Palisades, Kaliforniya'daki Self-Realization Fellowship Lake Shrine'nın açılışı sırasında çekilmiştir.

SELF - REALIZATION FELLOWSHIP LAKE SHRINE VE GANDIII DÜNYA BARIŞI ANITI

Pasifik kıyıları, Los Angeles Kaliforniya'da yer alan 4,5 hektarlık Lake Shrine (Göl Mâbed'i) 20 Ağustos 1950'de Paramahansa Yogananda tarafından hizmete açıldı. 1949'da bahçecilik ve yapı faaliyetlerini denetlediği sıralarda Paramahansaji, zaman zaman soldaki fotoğrafta görülen yüzer evde kaldı. Diğer fotoğraftaki merkezi sütunların arasında, Mahatma Gandhi'nin küllerinden bir parçanın bulunduğu oyma işlemeli lahit görülebilir. Gölün öte tarafındaki küçük Değirmen Mâbedi'nde haftalık Self-Realization Fellowship servisleri, meditasyonları ve kurslarına ait faaliyetler sürmektedir. Lake Shrine halka açıktır.

Dünyadaki en güzel arazilerden biri, Los Angeles'ın Pasifik kıyılarındaki bir cennet bahçesi, 1949'da Self-Realization Fellowship'e bağışlandı. Dört hektarlık arsa yeşil tepelerle çevrili doğal bir amfitiyatro. Dağlardan bir tacın içerisinde mavi bir mücevher gibi görünen büyük, doğal bir göl, araziye Lake Shrine (Göl Mabedi) ismini vermiş. Eski bir Hollanda tipi yel değirmeni, huzur dolu küçük bir tapınağı da barındırıyor. Çukurda yer alan bir bahçede büyük bir su çarkından doğal bir müzik yayılıyor. Çarkın oldukça yakınında Çin'den gelen iki büyük anıt, çevreyi süslüyor: Lord Buddha ve Kwan Yin. (Çin kültüründe 'İlahi Ana'.) Bir şelalenin üzerindeki bir tepede yer alan, Hz. İsa'nın gerçek büyüklükteki heykeli, huzur dolu yüzü ve cüppesinin akıcı kıvrımlarıyla akşamları göz alıcı bir şekilde aydınlatılıyor.

Lake Shrine'daki Mahatma Gandhi Dünya Barışı Anıtı'nın açılışı, Amerika'da Self-Realization Fellowship'in kuruluşunun 30. yıldönümüne[3] denk düşen 1950 yılında yapıldı. Hindistan'dan yollanan Mahatma'nın küllerinden bir parça da bin yıllık taş lahdin içine konuldu.

1951'de Hollywood'da bir Self-Realization Fellowship 'Hindistan Merkezi'[4] kuruldu. Kaliforniya'nın Vali Vekili Bay Goodwin J. Knight ve Hindistan Başkonsolosu Bay M. R. Ahuja, bana açılış töreninde eşlik ettiler. Merkezdeki "Hindistan Salonu" 250 kişilik bir toplantı salonu.

Self-Realization Fellowship merkezlerine ilk kez gelenler sık sık, yoga konusunda daha fazla aydınlatılmayı rica ederler. Genellikle duyduğum ortak soru şudur: "Bazı organizasyonların belirttiği gibi, yoganın, bir kitaptan edinilen yönergelerle değil de sadece yakınlardaki bir öğretmenin kılavuzluğuyla öğrenilmesi gerektiği doğru mu?"

Atom çağında yoga, *Self-Realization Fellowship Dersleri*[5] gibi bir eğitim yönergeleri metoduyla öğretilmelidir, aksi takdirde bu özgür kılan bilim yine, ancak seçilmiş birkaç kişinin yararlanmasıyla sınırlı kalacaktır. Her öğrencinin yanı başında ilahi bilgisi mükemmelleşmiş bir gurunun bulunabilmesi gerçekten de paha biçilmez bir nimet olacaktı. Ancak, dünyada birçok 'günahkâr' ve

---

[3] Bu yıldönümünü kutlarken, 27 Ağustos 1950'de Los Angeles'taki kutsal bir seramoniyle 500 öğrenciye *Kriya-Yoga* inisiyasyonu verdim.

[4] Çekirdek bina, bitişiğindeki mabetle birlikte büyük bir Aşram Merkezi'ni oluşturmaktadır. Merkez kendilerini Pramahansa Yogananda'nın ideallerine adamış müritler tarafından yönetilmektedir. (Yayınlayanın Notu.)

[5] Bu geniş kapsamlı, evde çalışma için geliştirilen, mektupla eğitim serisi Self-Realization Fellowship uluslararası genel merkezinden temin edilebilir. Self-Realization Fellowship, Paramahansa Yogananda tarafından, meditasyon ve ruhsal yaşam bilimi olan Kriya Yoga'yı yaymak için kurulmuştur. (Bkz. Sayfa 485.)(Yayınlayanın Notu.)

SRF HİNDİSTAN MERKEZİ'NİN İTHAF TÖRENİNDE

Bay Goodwin J. Knight, Kaliforniya'nın vali vekili (ortada), Hollywood-Kaliforniya'daki, Self Realization Fellowship Hindistan Merkezi'nin açılışı esnasında Yoganandaji ve Bay A. B. Rose ile birlikte, 8 Nisan 1951. (Yapı aşağıdaki resimde görülen mabede bitişiktir.)

SELF-REALİZATİON FELLOWSHİP MABEDİ

Bütün Dinlerin Mabedi, Hollywood, Kaliforniya.

ne yazık ki birkaç ermiş var. O halde, eğer gerçek yogilerce yazılmış yönergelerin evde uygulanması yoluyla olmazsa kitlelere yogayla nasıl yardım edilebilir?

Tek alternatif 'sokaktaki adam'ı umursamamak ve onu yoga biliminden yoksun bırakmaktır. Ama Tanrı'nın, yeniçağ için planı bu değildir. Babaji, bütün samimi Kriya Yogileri Hedef'lerine giden yollarında esirgeyeceğine ve onlara kılavuzluk edeceğine dair söz vermiştir.[6] İnsanoğlunu bekleyen dünya barışı ve refahına ulaşabilmek için tam bir gayret göstermemiz gerekiyor. Bunun için de İlahi Baba'nın çocukları sıfatını yeniden elde etmek yolundaki Kriya Yogiler'in birkaç düzinesine değil yüz binlercesine ihtiyacımız var.

Batı'da bir Self-Realization Fellowship organizasyonu -spiritüel bal için bir arı kovanı- kurma görevi bana Sri Yukteswar ve Mahavatar Babaji tarafından verildi. Bu kutsal güvene layık işler yapmak hiç de kolay olmadı.

"Bana lütfen gerçeği söyleyin, Paramahansaji, bunca çabaya değdi mi?" Bu soruyu bir akşam, San Diego Tapınağı'nın Lideri Dr. Lloyd Kennell yöneltti bana. Onun şöyle demek istediğini anladım: "Amerika'da mutlu oldunuz mu? Yoldan sapmış, yoganın yayılmasından rahatsız olarak bunu önlemek için iftiralar saçan insanlardan ne haber? Hayal kırıklıklarından, yürek sızılarından, yönetmekten aciz liderlerle gayretinizi boşa çıkaran öğrencilerden ne haber?"

"Yaradan'ın sınadığı herkes kutsanmıştır!" diye cevap verdim. "Tanrı, tekrar ve tekrar sırtıma bir yük koyacak kadar beni hatırladı." Sonra, Amerika'nın yüreğini aydınlatan imanlı, sevgi, şevk ve anlayış sahibi kimseleri düşündüm. Ve yavaş yavaş vurgulayarak devam ettim: "Ancak, cevabım evettir, binlerce kez evet! Her şeye değdi; Doğu ve Batı'nın tek bağı olan spiritüellik çerçevesinde birbirine yaklaştığını görmek, hayal ettiğimden daha bile fazlaydı."

Batı'ya büyük ilgi göstermiş olan Hindistan'ın büyük üstatları modern şartları çok iyi anlamışlardır. Doğu ve Batı'nın faziletlerine sahip bütün milletler daha iyi bir uyum içinde olana kadar, dünya sorunlarının çözülemeyeceğini biliyorlar. Her bir yarıkürenin, diğerinin verebileceğinin en iyisine ihtiyacı var.

Dünyayı dolaşırken, insanların ne kadar çok ıstırap çektiğini üzüntüyle gözledim.[7] Doğu esas olarak maddi planda, Batı ise zihinsel ve spiritüel

---

[6] Paramahansa Yogananda da Doğu ve Batı'daki bütün öğrencilerine, bu yaşamından sonra da, bütün '*Kriyaban*'ların (*Self-Realization Fellowship dersleri*ni uygulayarak, *Kriya* inisiyasyonu almış olan öğrenciler, bkz. sayfa 299 dipnot) spiritüel gelişmesine göz kulak olmayı sürdüreceğini anlattı. Bu harikulâde sözün gerçekliği, mahasamadhisinden bu yana, onun her yerde hazır ve nâzır olan rehberliğini idrak etmiş birçok Kriya Yogi'nin mektuplarıyla kanıtlanmıştır. (*Yayınlayanın Notu.*)

[7] "Etrafımda yankılanan O Ses,
Çırpınan bir deniz gibi:

Ve senin dünyan öylesine elem içinde mi,

planda acı çekmekte. Bütün milletler dengesiz uygarlıkların acı veren etkilerini hissediyorlar. Hindistan ve diğer birçok Doğu ülkesi, Amerika gibi Batılı ülkelerin olayları pratik bir şekilde ele alışından ve maddi verimliliğinden büyük yarar sağlayabilir. Diğer yandan Batılı halklar da hayatın spiritüel temelinin daha derin anlayışına ihtiyaç duymaktadırlar. Özellikle de, Hindistan'ın çok eskiçağlardan beri insanoğlunun Tanrı ile bilinçli olarak bağlantı kurabilmesi için geliştirdiği bilimsel tekniklere ihtiyaç duymaktadırlar.

Refahın dengelenmiş olduğu bir uygarlık ideali imkânsız bir hayal değildir. Yüzlerce yıl boyunca Hindistan hem spiritüel ışığa hem de geniş kitlelere yayılmış maddi refaha sahip bir ülkeydi. Son iki yüz yıllık yoksulluk, Hindistan'ın tarihinde sadece geçici karmik bir dönemdir. "Hindistan'ın hazineleri gibi" [8] dünyada binlerce yıldır zenginliği tanımlamak için kullanılan bir

> Dağılıp paramparça olmuş?
> Bak! Herşey sana yüz çeviriyor
> Sen bana yüz çevirirsen!
> Senden geri aldığım herşeyi,
> Sana zarar vermek için almadım.
> Fakat sadece, onu
> Benim kollarımda arayasın diye
> Yitirdiğine inandığın herşeyi, çocuğum,
> Senin için evde saklıyorum.
> Kalk! Tut ellerimden ve gel bana!"
>
> *Francis Thompson, "The Hound of Heaven"*

[8] Tarihi kayıtlar Hindistan'ı 18. yy.'a kadar dünyanın en refah içindeki ülkesi olarak gösterir. Aklıma gelmişken, Hindu edebiyatı ya da geleneğinde hiçbir tutanak, ilk Aryenler'in Asya'nın diğer bir bölgesinden ya da Avrupa'dan gelerek Hindistan'ı 'istilâ etmiş' olduklarına dair, Batılı tarihçilere ait teoriyi doğrulamaz. Alimler, bundan dolayı, bu tahayyül ürünü yolculuğun ne zaman başladığını tespit edemediler. Hindistan'ın Hindular'ın ezelden beri vatanı olduğuna işaret eden 'Vedalar'daki aşikârlık, çok olağandışı ve okumaya değer bir kitap olan 'Rig - Vedik Hindistan' adlı eserde izah edilmiştir. (*Abinas Chandra Das, 1921, Calcutta Üniversity.*) Prof. Das'ın iddiasına göre Hindistan'dan gelen göçmenler Avrupa ve Asya'nın çeşitli bölgelerinde yerleşerek Aryan lisanı ve folklorunu yaymışlardır. Litvanca lisanı, örneğin, birçok yönden Sanskritçe'ye çarpıcı bir benzerlik gösterir. Sanskritçe bilmeyen filozof Kant, Litvanca'nın bilimsel yapısı karşısında hayrete düşmüştü. "Bu lisan" diyordu, "bütün muammaları çözecek anahtara sahip; sadece felsefi değil, tarihi de."

Tevrat Hindistan'ın zenginliklerine değinerek, "Tarshish'in gemilerinin Ophir'den (Bombay sahilindeki Sopara) Kral Salamon'a altın ve gümüş, fildişi, maymun ve tavuskuşlarıyla algum (sandal ağacı) ve değerli taşlar" getirdiğini anlatır (II Chronicle – 2. Tarihler, 9:21,10). Yunanlı devlet adamı Megasthenes (MÖ 4. yy.) Hindistan'ın refahı hakkında bize detaylı tasvirler bırakmıştır. Pliny'nin (MS 1 yy.) anlattığına göre Romalılar Hindistan'dan yılda 50 milyon 'sesterce'lik (kitabın yayınlandığı zamanlarda yaklaşık 5.000.000 dolar karşılığı) ithalat yapmaktaydı. Ki bu o zamanlar için muazzam bir deniz ticaretine işaret eder.

Çinliler yaygın eğitim sistemi ve mükemmel idare sistemiyle zengin Hint Uygarlığı hakkında bize canlı tablolar çizerler. Çinli Rahip Fa Hsien (5. yy.) Hint halkının mutlu, dürüst ve refah içinde oluşunu anlatır. (*Samuel Beal'ın Buddhist Records of The Western World, "Batı Dünyasının Budist*

deyimdir. Refah ve bolluk, spiritüel olduğu kadar maddidir ve kozmik kanun ya da doğal dürüstlüğün yapısal bir ifadesidir. Ne Yaradan'ın tavrında ne de O'nun olağanüstü ve bereketli doğasında bir cimrilik yoktur.

Hindu kutsal yazıtları bize, insanın bu yeryüzüne Ruh'un kendini ifade edebilmesinin sonsuz yollarını daha mükemmel bir şekilde öğrenmesi amacıyla geldiğini öğretir. Bu öğretim, her bir yaşamda, maddi koşullar kanalıyla ve bunların üstesinden gelerek başarılır. Doğu ve Batı bu büyük gerçeği

---

Kayıtları" -Hindistan Çinliler'e göre Batı dünyasıydı!- Trubner, London ve Thomas Watter'ın *On Yuan Chwang's Travels in India* – *"Yuan Chwang'ın Hindistan Seyehatleri Hakkında"*, MS 629-45, Royal Asiatic Society - adlı eserlerine bakınız.)

15. yy.'da Yeni Dünya'yı keşfetmek için yola çıkan Kristof Kolomb, aslında Hindistan'a daha kısa bir ticaret yolu bulmak peşindeydi. Yüzyıllar boyunca Avrupa, Hindistan'ın ihraç mallarına heveslıydı - ipekli kumaşlar, zarif elbiseler, (öyle ince ve hafiflikte ki, 'dokunmuş hava' ya da 'görünmeyen pus' diye tarif ediliyor) kabartmalı dokumalar, danteller, halılar, el oymacılığında kullanılan aletler, zırhlar, fildişi ve fildişinden oymalar, parfümler, tütsü, sandal ağacı, çanak-çömlek, pirinç, baharatlar, mercan, altın, gümüş, inciler, yakutlar, zümrütler ve elmaslar.

İtalyan ve Portekizli tüccarlar, Vijayanagar İmparatorluğu (1336 - 1565) zamanında fevkalâde ihtişamdan duydukları hayreti gizlemezler. Arap konsolos Razzak, başşehrin ihtişamını, "Öyle gözle görülmemiş, öyle kulakla duyulmamış ki, yeryüzünde benzeri hiçbir yer yok" diye tasvir ediyor.

16. yy.'da Hindistan, uzun tarihinde ilk kez, bütünüyle yabancı bir yönetim altına girdi. Türk hükümdar Babür, 1524'te ülkeyi istila ederek, Müslüman Krallar Hanedanlığı'nı kurdu. Antik ülkeye yerleşen yeni Türk hükümdarlar, ülkenin zenginliklerini yağmalayıp, tüketmediler. Ancak, içsel ihtilafların yüzünden refah içindeki Hindistan çeşitli Avrupa ülkelerinin kurbanı oldu. En sonunda İngiltere yönetici güç olarak belirdi. Hindistan barışçıl yollardan 15 Ağustos 1947'de bağımsızlığına kavuştu.

Birçok Hintli gibi benim de şimdi artık anlatabileceğim bir hikâyem var. Kolejden tandığım bir grup genç Birinci Dünya Savaşı esnasında, bir gün bana yaklaşarak devrimsel bir harekete önderlik etmemde ısrar ettiler. Teklifi şu sözlerle reddettim: "İngiliz kardeşlerimizi öldürmek Hindistan'a fayda getirmez. Ülkemizin özgürlüğü mermilerle değil, spiritüel güç yoluyla gerçekleşecek." Daha sonra, kendilerine takviye getiren silah yüklü Alman gemilerinin Bengal'deki Diamond Limanı'nda yolları kesilerek, engelleneceği konusunda uyardım. Gençler buna aldırış etmediler, ama planları daha önceden gördüğüm gibi aksi gitti. Arkadaşlarım birkaç yıl sonra hapisten tahliye edildiler. Bir çoğu, şiddet yanlısı inançlarından vazgeçerek, Gandhi'nin ideal politik hareketine katıldı. Ve en sonunda, Hindistan'ın 'savaşı' barışçıl yollardan kazanarak özgürlüğüne kavuştuğuna tanık oldular.

Toprağın Hindistan ve Pakistan olarak ikiye bölünüşü ve ülkenin birkaç bölgesinde yaşanan kısa ancak kanlı perde arkası olaylara, aslında gösterildiği gibi fanatizm değil, ekonomik faktörler neden olmuştur. Sayısız Hindu ve Müslüman, şimdi olduğu gibi geçmişte de dostluk içinde yaşadılar. Her iki inanca ait muazzam insan kalabalıkları 'itikat ayırımı yapmayan' üstat Kabir'in (1450-1518) müritleri oldular. Kabir'in bugün bile milyonlarca takipçisi (*Kabir Panthileri*) mevcuttur. Büyük Ekber'in Müslüman hükümdarlığı esnasında bütün Hindistan'da mümkün olan en geniş inanç özgürlüğü hâkim olmuştu. Bugün, basit halkın %95'i arasında hiçbir ciddi dinsel uyuşmazlık yoktur. Gerçek Hindistan, ki bu Gandhi'yi anlayabilmiş ve O'nun izini takip eden Hindistan'dır. Huzursuz büyük şehirlerde değil, '*panchayat*'lar (yerel kurullar) tarafından özerk - idarenin basit ve adil şeklinin ezelden beri uygulandığı 700.000 köyde gerçek karakterini açığa vurur. Bağımsızlığını yeni edinen Hindistan'ın bugün karşısına çıkan problemler, onun her devirde yetiştirmekten geri kalmamış olduğu büyük adamlar tarafından mutlaka zamanında çözülecektir.

değişik yollardan öğrenmeli ve keşiflerini severek birbirleriyle paylaşmalıdırlar. Yeryüzündeki çocuklarının sefillik, hastalık ve ruhsal cehaletten özgür bir dünya uygarlığına erişmek için çaba harcaması, Yaradan'ı şüphesiz sevindirir. İnsanoğlunun (istenç özgürlüğünün [9] istismar edilişinin bir sonucu olarak) ilahi yardım kaynağını unutmuş olması, çeşitli şekillerde ortaya çıkan, bütün ızdırapların gerçek nedenidir.

Sanki soyut bir insan gibi tanımlanan "toplum"un sorumlu tutulduğu tüm kötülükler, daha gerçekçi bir tavırla, toplumun her bir bireyinin sorumluluğu olarak görülmelidir. [10] Her bakımdan mükemmel düşler ülkesi, medeni erdemin içinde çiçeklenmeden önce bireyin bağrında kök salmalıdır; içsel reformlar, doğal olarak dışsal reformlara yol açar. Kendini değişime uğratan bir insan, binlerce kişiyi değiştirebilecektir.

Zamanın sınavından geçmiş olan dünyanın bütün kutsal yazıtları özünde aynı gerçeği dile getiriyor ve insanı mükemmellik yolunda gayret göstermesi için esinlendiriyorlar. Hayatımın en mutlu dönemlerinden biri, Self-Realization dergisi için İncil'in (Yeni Ahit) bazı bölümlerini yorumladığım dönemlerdi. Çoğu, 20 yüzyıl boyunca üzücü bir şekilde yanlış anlaşılmış olan, sözlerinin gerçek anlamını kavrayabilmem için Hz. İsa'dan, bana kılavuzluk etmesini şevkle rica ettim.

Bir gece sessizce dua ederken Encinitas Aşramı'ndaki odam opal mavisi bir ışıkla doldu. Hz. İsa'nın nurlar saçan saygıdeğer suretini gördüm. Yaklaşık yirmi beş yaşlarında, seyrek sakal ve bıyıklı bir genç adam olarak gözüktü bana; ortadan ayrılmış uzun, siyah saçlarının etrafında parlayan altın renkli bir hale vardı.

Gözleri sonsuzluğu ifade eden bir biçimde harikuladeydi, ben baktıkça

---

[9] " Özgürce hizmet ederiz,
Özgürce sevmeyi seçtiğimiz için;
Sevmek ya da sevmemekle,
Ayakta kalır ya da düşeriz.
Ve bazıları düştü itaatsizliğe,
Ve böylece düştü cennetten,
En derin cehenneme.
Nasıl yüksek bir sadetten,
Nasıl derin bir kedere."

- Milton, "Paradise Lost - Kayıp Cennet"

[10] Sayesinde fenomenal âlemlerin tezahür olduğu ilâhi 'lila' oyunu, Yaradan ile yaratılmış arasındaki alışveriş kuralına dayanır. İnsanın Allah'a sunabileceği temel hediye sevgidir; ki bu O'nun cömertliğini harekete geçirmeye, uyandırmaya kâfi gelir. "Sen ve hatta bütün ulusunuz beni talan ettiniz. Bütün öşürünüzü (zekâta benzer ondalık bir vergi, aşar vergisi, Çev. Notu.) ambarıma getirin ki evimde somun olsun ve beni böyle sınayın dedi Cenab-ı Hak, size cennetin kapılarını açacağım ve üzerinize öyle lütuf yağdıracağım ki onu sığdıracak yer bulamayacaksınız." - Malachi – Malaki 3:9-10.

Paramahansa Yogananda Encinitas, Kaliforniya'daki SRF inziva yerinde.
Temmuz, 1950

değişime uğruyordu. Gözlerindeki ifadenin her ilahi değişiminde, bana aktardığı Tanrısal bilgiyi sezgiyle anladım. İhtişamlı bakışında sayısız âlemleri ayakta tutan kudreti hissettim. Ağzında kutsal bir kâse (holy grail) belirdi, sonra bu kâse benim dudaklarıma doğru yaklaştı ve tekrar İsa'ya geri döndü. Birkaç saniye sonra İsa benimle konuşmaya başladı; sözlerinin içeriği öylesine kişisel ki, onları kalbimde saklıyorum.

1950 ve 1951 yıllarında zamanımın çoğunu Kaliforniya'daki Mojave Çölü yakınlarındaki inziva evinde geçirdim. Orada *Bhagawad-Gita'*yı tercüme ettim ve yoganın çeşitli formları üzerine detaylı bir yorum[11] yazdım.

Belli bir yoga tekniğine iki ayrı yerde açıkça değinen (*Bhagawad-Gita'*da sözü edilen bu yegâne teknik, Babaji'nin basitçe *Kriya Yoga* diye adlandırdığı tekniktir) Hindistan'ın bu en kutsal kitabı ahlaki olduğu kadar uygulamalı bir öğreti de sunar. Bizim düş dünyamızın okyanusunda nefes, bireysel bilinç dalgalarına sebep olan yanılgı fırtınasıdır. Bu bireyselleşmiş dalgalar insanları ve diğer bütün maddi obje formlarını oluşturur. Lord Krishna, Bhagawad Gita'da, sadece filozofik ve ahlaki bilginin insanı bireysel varlığının acı veren rüyasından uyandırmaya yeterli olmadığını bildirerek, yoginin bedenini kontrol altına alabilmesi ve istediği anda onu saf enerjiye dönüştürebilmesini mümkün kılan kutsal bilime, yani Kriya Yoga'ya dikkati çekmiştir. Bu yogik başarının mümkün olabilmesi, Atom Çağı'nın önderleri olan modern bilim adamlarının teorik anlayışının ötesinde değildir. Bütün maddenin saf enerjiye indirgenebileceği kanıtlanmıştır.

Hindu yazıtları yogik bilimi göklere çıkarır, çünkü o bütün insanlık genelinde uygulanabilir. Nefesin gizemi, tıpkı Yaradan'a olan aşklarının ateşiyle yanarak, deneyüstü güçlere sahip, Hindu olmayan bazı mistiklerin yaşadığı olaylarda görüldüğü gibi, zaman zaman biçimsel yoga tekniklerinin kullanımı olmadan da çözülmüştür. Böyle Hıristiyan, Müslüman ve diğer ermişler gerçekten nefessiz ve hareketsiz trans (*sabikalpa samadhi*)[12] halinde gözlenmişlerdir; bu şartlar olmadan hiçbir insan Tanrısal idrakin ilk aşamalarına giremez. (Bir ermiş *nirvikalpa samadhi*, yani en yüksek samadhi'ye eriştikten sonra, artık geri dönülmez bir şekilde Yaradan ile birlik haline girmiştir; ister

---

[11] *Bhagawad - Gita* Hindistan'ın en severek okunan kutsal kitabıdır. Lord Krishna'nın müridi Arjuna'ya öğütlerini içerir: gerçeği arayanlarca uygulanabilirliği ebediyyen geçerliliğini muhafaza eden bir spiritüel kılavuzdur. *Gita*'nın mesajı, bir bağımsızlık ruhu içinde Allah sevgisi, fazilet, bilgi ve doğru eylem yoluyla insanın özgürlüğüne kavuşabileceği konusunda odaklaşır.

[12] Bölüm 26'ya bakınız. *Sabikalpa samadhi* halinde gözlenen Hıristiyan mistiklerden biri olarak Avila'dan ermiş Teresa örnek verilebilir. Ermişin bedeni hareketsizlikten öyle kaskatı kesilirdi ki, manastırdaki hayretler içindeki rahibeler onun pozisyonunu değiştiremezler ya da onun bilincini tekrar yerine getiremezlerdi.

nefes alsın, ister almasın, ister hareketsiz olsun, isterse aktif.)

17. yüzyıl Hıristiyan mistiklerinden Rahip (Brother) Lawrence bize, Tanrı idrakinin ilk kıvılcımını bir ağaca bakarken gördüğünü anlatır. Hemen hemen dünyadaki her insan bir ağaç görmüştür, ama ne yazık ki sadece birkaç kişi onda ağacın Yaratıcı'sını da görmüştür. Pek çok insan, sadece birkaç (tek-amaçlı) ermişin çaba göstermeksizin sahip olduğu bu imanın karşı konulamaz gücünü davet etmekten acizdir. Bu gerçek, Doğu'da olduğu kadar Batı'da da ve bütün dini inanç yolları için de geçerlidir. Buna rağmen sıradan insanın[13] da ilahi birliğe ulaşması mümkündür. Böyle birisinin ruhunu hatırlayabilmesi için sadece günlük yaşamında ahlaki kuralları izleyerek *Kriya* tekniğini uygulamaktan ve "Ya Rabbim, seni bilebilmenin hasreti içindeyim" diye samimiyetle çağrıda bulunmaktan başka bir şeye ihtiyacı yoktur.

Yoganın evrensel çekiciliği, onun Tanrı'ya böyle şevk içinde yanan bir aşk yolundan ziyade, (bu, sıradan insanın duygusal kabiliyetlerinin dışındadır) günlük yaşamda uygulanabilen bilimsel bir metotla yaklaşmasıdır.

Hindistan'daki birçok büyük *Jain* âlimi '*tirthakara*' (geçit inşa edenler) diye anılır. Çünkü onlar, şaşkın insanlığın, '*samsara*'nın (karmik çark, yaşam ve ölümün tekerrürü) fırtınalı denizini aşabilmesi için ihtiyacı olan geçidi gösterirler. *Samsara* (kelime anlamıyla 'olağanüstü bir akıntıyla birlikte akmak') insanı, en az zorluk gösteren yolu seçmeye ikna eder. "Her kim ki böylece dünyanın dostu olur, Tanrı'nın düşmanıdır."[14] Tanrı'nın dostu olmak için kişinin, kendisini sürekli olarak uysallıkla razı olmaya zorlayan dünyanın *mayik* yanılgısına kapılan eylemlerinin ya da kendi karmasının getirdiği kötülüklerinin üstesinden gelmesi gerekir. Karmanın demirden kanununu anlamak, samimi arayıcıları, onun bağlarından nihai kurtuluş yolunu bulmak için cesaretlendirir. Çünkü insanların *karmik* köleliği *Maya* tarafından karartılmış zihinlerin tutkularında kök salmıştır; yogi bu yüzden zihin kontrolüyle[15] ile meşgul olur.

---

[13] 'Sıradan insan' bir yerde, bir zaman spiritüel bir başlangıç yapmalıdır. "Bin millik seyahat bir adımla başlar" der Lao-Tzu. Lord Buddha: "Hiç bir insan lütuftan 'asla yakınımdan bile geçmeyecek' diye ümidini yitirmesin. Su damlaya damlaya tası doldurur, aklı selim olan damla damla bile olsa kabını faziletle doldurur."

[14] *James – Yakup 4:4*.

[15] Sebatla yanan bir lamba, rüzgârdan uzak bir köşede;
Yoginin zihni işte buna benzer,
Duyusal fırtınalara kapalı ve göğü aydınlatıp yanarak.
Zihin sükûtla kuluçkaya yatarak, kutsal alışkanlıkla yatıştığında;
Ben 'Ben'i kendi içinde seyre daldığında
Huzura erer; tarifi imkânsız coşkuyu bildiğinde
Bütün duyuların ufku ötesinde, ruha ifşa olmuş -

Karmik cehaletin örtüleri kaldırılıp atıldığında, insan kendi doğal özünü görür. Çözümü insanın yeryüzündeki konukluğunun tek amacı olan, yaşam ve ölümün gizemi, nefesle iç içe dokunmuştur. Nefessizlik ölümsüzlüktür. Bu hakikati idrak ederek Hindistan'ın antik bilgeleri nefesin verdiği ipucuna konsantre olmak yoluyla nefessizliğin kesin ve rasyonel bilimini geliştirmişlerdir.

Hindistan'ın dünyaya verebileceği hiçbir hediyesi olmasaydı, sadece *Kriya Yoga* krallara layık bir armağan olarak yeterdi.

Tevrat'ta; İbrani peygamberlerinin, Tanrı'nın nefesi, bedenle ruh arasında suptil bir bağ işlevi görmesi için yarattığının farkında olduklarını ele veren pasajlar vardır. Tevrat'ın ilk kitabında (*Genesis-Yaratılış*) şöyle açıklanır: "Yaradan insanı topraktan yarattı ve onun burun deliklerine hayat nefesini üfledi ve insan yaşayan bir ruh oldu."[16] İnsan bedeni, gerçekten de toprakta bulunan kimyasal ve metalik maddelerden ibarettir. İnsan bedeni, nefesin (gaz şeklindeki enerji) aracılığıyla hayat akımlarını ruhtan bedene aktarmazsa ne hareket edebilir ne de enerji üretebilirdi. Tabi ki aydınlanmış insanlar bu kısıtlamadan muaftırlar. İnsan bedeninde beşli *prana* ya da suptil yaşam enerjileri olarak iş gören hayat akımları, her yerde hazır ve nazır olan ruhun Om titreşiminin bir ifadesidir.

Ruhsal kaynaktan gelen ve bedensel hücrelerde parlayan, gerçeğe benzeyen, bu yaşam yansıması, insanın bedenine olan bağımlılığının tek nedenidir. Yoksa insan bir çamur parçasına böyle endişe içinde bir saygı göstermezdi. Bir insan kendini yanılgı içinde fiziksel formuyla özdeşleştirir, çünkü yaşam akımları ruhtan bedene nefes aracılığıyla öyle şiddetli bir güçle iletilir ki, insan 'sonucu' sanki 'neden' (sebep) gibi algılama yanılgısına düşer ve putperestlikle bedenin kendisinin hayata sahip olduğunu sanır.

İnsanın bilinçli hali bedenin ve nefesin idrakinde oluşur. Onun uykudaki aktif bilinçaltı hali beden ve nefesten geçici olarak zihinsel ayrılışıyla bağlantılıdır. Süper-bilinçlilik haliyse 'varlığın' beden ve nefese dayandığı

> Sadece ruha! Ve bildiğinden tereddüt etmez,
> Hakikate daha da yaklaşmak için olgun; sıkıca sarılırken Hakikate,
> Kıyaslamaz başka hiçbir hazineyi onunla,
> Ve o limana sığınmış, çalkalanamaz ve sarsılamaz
> En vahim dert tarafından,
> Bu 'huzur' haline yap çağrını,
> Yoganın bu mutlu ayrılığına;
> Çağır o mükemmel yogiyi!
>
> *Bhagawad- Gita VI: 19-23 (Sir Arnold'un tercümesinden)*

[16] *Genesis-Yaratılış 2:7.*

yanılgısından özgür olan bir aşamadır.[17] Tanrı'nın nefese ihtiyacı yoktur. O'nun suretinde yaratılmış ruh da, kendi bilincine ilk kez nefessiz duruma ulaştığında varır.

Ruhla beden arasındaki nefes bağı evrimsel karma tarafından koparıldığında, ani bir değişim olan ölüm devreye girer; fiziksel hücreler eski durumlarına, yani doğal güçsüzlüklerine geri dönerler. Kriya Yogi içinse nefes bağlantısı, karmik zorunluluğun kabaca ve davetsizce araya girmesiyle değil, bilimsel hikmet sayesinde istenildiği an kesilir. Yogi gerçek deneyimleriyle karakteristik bedensizliğinin bilincindedir ve ölümün ona, fiziksel bedenine bel bağlamamasını tavsiye etmesine ihtiyacı yoktur.

Birbirini izleyen yaşamlar boyunca insan, kendine özgü temposunda, tanrılaştırdığı hedefine doğru gelişme kaydeder. Ölüm, bu gelişmede bir kesintiye neden olmayarak, sadece insana astral bir dünyada cürufunu atması için daha elverişli, Tanrı vergisi bir ortam sunar. "Kalbindeki sıkıntıyı at. (...) Babamın evinde birçok konut var."[18] Tanrı'nın bu dünyayı ya da bundan sonraki âlemi organize ederken bize arpın tıngırtısından daha ilginç bir şey ikram edemeyecek kadar dehasını tüketmiş olması gerçekten de ihtimal dışıdır!

Ölüm varlığımızın bir imhası veya yaşamdan nihai bir kurtuluş değildir, ne de ölümsüzlüğün kapısıdır. Gerçek 'Ben'ini dünyanın zevkleri içinde kaybetmiş olan, onu astral dünyanın eterik hazları arasında tekrar bulamayacaktır. Orada sadece daha ince anlayışlara ve iyiyle güzel olana karşı (ki, bunlar aynı şeylerdir) duyarlılık edinir. Bu kaba yapılı dünya, mücadele içindeki insanın, ruhsal kimliğin ölümsüz altınını, üzerinde çekiçle dövmesi gereken örstür. Elinde, açgözlü ölümün kabul edebileceği yegâne rüşvet olan, zor kazanılmış altın hazinesini taşıyarak bir insan, fiziksel inkarnasyonun son raundunu kazanır.

Yıllar boyunca Encinitas'ta ve Los Angeles'ta Patanjali'nin Yoga Sutraları ve Hint felsefesinin diğer derin eserleri üzerine dersler verdim.

Bir akşam sınıfta öğrencilerden biri "Tanrı neden ruhla bedeni birleştirdi?" diye sordu. "Yaradılışın bu evrensel dramını harekete geçirmekteki

---

[17] "Denizin kendisi damarlarında akmadıkça, göklerden giysiler kuşanmadıkça, yıldızların tacını takmadıkça ve kendini bütün dünyanın temel vârisi olarak idrak etmedikçe ve bundan da öte, her insanın senin kadar hakkı olan temel bir vâris olduğunu fark etmedikçe; tıpkı kaybettiği altınını bulan ve tahtına çıkan bir kral gibi neşe içinde şarkı söyleyip, Tanrı'nın benliği içinde sevinçle haz duymadıkça; Tanrı'nın ezeli yollarıyla günlük yemeğin ya da gezintin kadar aşina olmadıkça ve içinden dünyanın yaratıldığı karanlık hiçlikle sıkı fıkı dost olmadıkça, bu dünyanın tadını asla gerçekten çıkaramayacaksın."

Thomas Traherne, "Centuries of Meditations - Meditasyon Çağları "

[18] *John – Yuhanna 14:1-2.*

1940-1951 Yılları

YOGANANDAJİ HİNDİSTAN BÜYÜKELÇİSİNİ AĞIRLIYOR

Hindistan'ın Amerika Büyükelçisi Bay Binay Banjan Sen Sri Yogananda ile Self-Realization Fellowship Uluslararası Merkezi'nde, Los Angeles, 4 Mart 1952. (Büyük yoginin vefatından üç gün önce.)

11 Mart'taki cenaze törenindeki konuşmasında Başkonsolos Sen şöyle dedi: "Eğer Birleşmiş Milletler'de bugün Paramahansa Yogananda gibi bir insan olsaydı, muhtemelen bu dünya şimdiki halinden daha iyi bir yerde olurdu. Bildiğim kadarıyla kimse, Hint ve Amerikan halklarını yakınlaştırmak için onun kadar gayret göstermiş değildir ve özünden onun kadar çok vermiş değildir."

amacı neydi?" Sayısız insan bu soruyu ortaya atmıştır; filozoflar da bu soruya, boşuna bir çabayla cevap aramışlardır.

"Bırakın, birkaç gizem de artık ebediyette keşfedilmek üzere kalsın" diye gülerdi Sri Yukteswar. "İnsanın sınırlı anlayışı, Tezahür Olmamış Mutlak'ın tasavvuru imkânsız nedenlerini nasıl kavrayabilir?[19] İnsanın usavurma

---

[19] "Ne benim düşüncelerim senin düşüncelerin, ne de senin yolların benim yollarım olduğu için dedi Cenab-ı Hak. Nasıl gökler yeryüzünden daha yüceyse, aynen öyle, benim yollarım da senin yollarından ve düşüncelerim senin düşüncelerinden daha yüksektir." - *Isaiah – Yeşaya* 55:8-9. Dante *The Divine Comedy*'sinde (İlâhi Komedi) şöyle der:

"O gökte bulundum en parlak nurla aydınlanmış

yeteneği, fenomenal dünyanın neden - sonuç prensibi tarafından sınırlanmıştır. Bu kısıtlı yetenek Başlangıçsız ve Nedensiz olan Tanrı'nın esrarı karşısında şaşırıp kalır. Bununla birlikte, insan aklı yaradılışın gizemlerinin derinliğini kavrayamamasına rağmen, her bilmece kendisine iman eden için Tanrı'nın kendisi tarafından eninde sonunda çözülecektir."

Samimiyetle bilge olmaya özlem duyan, arayışına başlarken her şeyden önce, ilahi şemanın basit birkaç ABC'sinde alçakgönüllülükle ustalaşmaya razı olmalı ve yaşamın 'Einstein Teorisi'nin kesin matematiksel grafiğini vaktinden önce talep etmemelidir.

"*Hiçbir insan Tanrı'yı görmemiştir;* ('zaman' içindeki, yani Maya'nın [20] göreceliliğine tabi olan hiçbir ölümlü Sonsuzu kavrayamaz) *Baba'nın bağrındaki, yegâne doğmuş Oğul* (dışa yansımış olan Mesih-Bilinci, yani Mükemmel Zekâ, Om titreşimiyle bütün yapısal görünüşe kılavuzluk ederek, Birliğin çokluk olarak ortaya çıkışını açığa vurmak için Yaratılmamış İlahi'nin derinliklerinden yayılmıştır) *O'nu beyan etmiş olan İsa'dır.* (Forma bürünmüş, ortaya çıkmış.)"[21]

"Gerçekten söylüyorum size" diyor Hz. İsa, "Oğul kendi kendine bir şey yapamaz, fakat (onun) Baba'nın yaptığını gördüğü şeyleri yapabilir. O'nun yaptığı her neyse, Oğul da bu şeyleri aynen yapar."[22]

Tanrı'nın kendini dünyada açığa vurduğu doğal olaylarla ilgili üçlü tabiatı Hindu yazıtlarında Yaratıcı Brahma, Esirgeyen Vişnu ve Tahrip Eden-Yenileyen Şiva olarak sembolize edilir. Bunların 'birde üç olan' faaliyetleri titreşen yaradılışın her tarafında sürekli olarak ortaya serilir. Mutlak, insanın kavramsal güçlerinin ötesinde olduğundan, iman sahibi Hindu O'na Üçlü

O'nun ışığıyla ve gördüğüm şeyleri söylemek için
Geri dönende ne marifet ne de bilgi kalır;
Hasret çektiği hedefine yaklaştığı için.
Aşar bu derinlik zekâmızın sınırını
Ki, asla takip ettiği yolun izini geri süremez o.
Ancak, kutsal hükümdarlıkta şahit olduğum,
Ne kaldıysa hafızamın gücüyle anımsadığım
Tamam olacak şarkı bitene kadar.

[20] Yeryüzünün devir daimi - ışıktan (gündüz) karanlığa (gece ve bunun aksi - insanoğluna, yaradılışın *maya* ya da zıtlık halleriyle âlâkasını sürekli olarak hatırlatır. (Günün geçiş sağlayan yani denge kuran şafak vaktiyle gün batımının, bundan dolayı meditasyon için yararlı olduğu gözönüne alınır.) Mayanın iki - yüzlü - dokunmuş peçesini yırtarak, yogi, aşkın birliğini idrak eder.

[21] *John - Yuhanna 1:18.*

[22] *John - Yuhanna 5:19.*

Doğasının [23] yüce, cisimleşmiş simgeleri içinde ibadet eder.

Tanrı'nın evrensel yaratıcı-koruyucu-tahrip edici sıfatları O'nun nihai yahut esas doğası değildir: Çünkü kozmik yaradılış O'nun sadece *'lila'sı*, yani yaratıcı oyunudur. [24] O'nun aslı, üçlü doğasının bütün gizemlerinin kavranışıyla bile kavranamaz. Çünkü O'nun dışsal doğası, atomların kanunlar dahilinde değişime uğrayan akışı içinde belirmiş olarak, O'nu sadece ifade eder ancak aslını ele vermez. Yaradan'ın nihai doğası ancak "Oğul Baba'nın katına yükseldiğinde" [25] bilinebilir. Kurtuluşa ermiş insan titreşimli alemleri geçerek Titreşimsiz Orijinal'e girer.

En son gizemlerin örtülerini kaldırmaları rica edildiğinde, bütün büyük peygamberler sessiz kalmışlardır. Pilate "Hakikat nedir?" diye sorduğunda [26] Hz. İsa cevap vermedi. Pilate gibi entelektüellerin azametli soruları nadiren araştırmanın ateşli ruhundan kaynaklanır. Böyle insanlar daha ziyade, ruhsal değerler [27] hakkında ikna olmamayı 'açık zihinli' olmanın bir işareti olarak görür, bu yüzden boş bir kibir ve küstahlıkla konuşurlar.

"Ben gerçeğe tanıklık etmek için doğdum, bunun için dünyaya geldim. Gerçekten yana olan herkes benim sesimi işitir." [28] İsa'nın söylediği bu birkaç kelime ciltleri doldurabilir. Tanrı'nın bir çocuğu *yaşamının örneğiyle* O'na 'tanıklık eder'. Gerçeği cisimleştirir; O'nu aynı zamanda açıklarsa, bu, iyiliğinin cömertçe taşmasıdır.

Hakikat ne teori, ne şüpheli bir felsefe sistemi ne de entelektüel sezgidir. Hakikat gerçeklikle tam bir uygunluk içindedir. İnsan için hakikat, onun gerçek doğasının, yani Ben'inin sarsılamaz bilgisidir. Hz. İsa yaşamının her bir

---

[23] Bu üçlü (Trinitarian) gerçeğin daha değişik bir kavramı da: *Sat, Tat, Om* ya da Baba, Oğul ve Kutsal Ruh'tur. Brahma - Vishnu - Shiva, Allah'ın birde üç olan ifadesini, *Tat* ya da Oğul (vibrasyonel yaradılışta her yerde hazır bulunan Mesih - Bilinci) hal'inde temsil eder. Shaktiler yani enerjiler ya da Üçlü Doğanın 'eş'leri, kozmosu titreşim yoluyla ayakta tutan temel nedensel güç olan Om yahut Kutsal Ruh'un (*Holy Ghost*) sembolleridir. Bakınız sayfa 139 ve 184 dipnot.

[24] "O Efendi .... bütün şeyleri yarattın ve senin eğlencen için yaratıldı onlar." *Revelation – Vahiy 4:11*.

[25] *John - Yuhanna 14:12*.

[26] *John - Yuhanna 18:38*.

[27] "Fazileti sev, odur sadece özgür olan;
Sana nasıl tırmanacağını öğretebilir
Boş can seslerinden daha yüksektir;
Ya da eğer Fazilet güçsüz olsaydı
Göğün kendisi onun seviyesine alçalırdı."

    - Milton, "*Comus*"

[28] *John – Yuhanna 18:37*.

eylemi ve sözüyle varlığının hakikatini -Tanrı'nın içindeki kaynağını- bildiğini kanıtladı. Her yerde hazır olan Mesih-Bilinci ile tamamıyla özdeşleşmiş olarak en sonunda basitçe, "Hakikatten yana olan herkes benim sesimi duyar" diyebiliyordu.

Buda da, insanın yeryüzündeki kısa ömrünü en iyi biçimde, ahlaksal doğasını mükemmelleştirmekle geçirebileceğine işaret ederek, metafiziksel son hakikate ışık getirmeyi soğuk bir tavırla reddetmişti. Çinli mistik Lao Zi (Tsu) haklı olarak şöyle öğretti: "Bilen anlatmaz, anlatansa bilmez." O'nun gizli kodunun deşifre edilmesi, bir insanın diğer bir insana aktaramayacağı bir hünerdir ve bu noktada yegâne öğretmen Yaradan'dır.

"Sakin ol (sükût et) ve bil ki, ben Tanrı'yım."[29] Her yerde hazır ve nazırlığıyla asla gösteriş yapmayan Tanrı, ancak kusursuz sessizlik içinde duyulabilir. Evren boyunca yaratıcı *Om* titreşimi olarak yankılanan Asıl Ses, kendisini anında, ona yönelmiş olan kullarına anlaşılabilir sözlerle tercüme eder.

Yaradılışın ilahi amacı, insan aklının kavrayabildiği kadarıyla *Vedalar*'da izah edilir. Eski bilgelerin öğrettiğine göre her insan Tanrı tarafından, Mutlak Kimliğini yeniden elde etmeden önce, Sonsuzluğun eşi olmayan ve tamamıyla kendine has belli bir niteliğini ifade edecek bir ruh olarak yaratılmıştır. Bütün insanlar, böylece İlahi Bireysel bir kimliğe bürünmüş olarak, Tanrı tarafından fark gözetmeksizin sevilir.

Milletler arasında en büyük ağabey olan Hindistan'ın ambarında biriktirdiği bilgelik bütün insanlığa mirastır. Bütün hakikat gibi Vedik hakikat de Tanrı'ya aittir, Hindistan'a değil. Zihinleri *Vedalar*'ın derinliklerini kavrayacak kadar saf hazneler olan *Rishiler*, (antik bilgeler) bütün insanlığa hizmet etmek üzere, başka bir dünyada değil de, bu yeryüzünde doğmuşlardır ve insan ırkının bir üyesidirler. Irk ya da millet ayırımları hakikat alanında anlamsızdır; çünkü bu alanda kazanılabilecek tek yeterlik ruhsal sağlık ve ruhsal uygunluktur.

Tanrı Sevgidir. O'nun yaradılış için öngörmüş olduğu plan sadece sevgi içinde kök salabilir. İnsan kalbine teselli veren, âlimce usavurmadan ziyade, bu basit düşünce değil midir? Hakikatin iç çekirdeğinin derinliklerine nüfuz edebilmiş her ermiş, ilahi bir planın var olduğuna ve bu planın harikuladeliğine şahitlik etmiştir.

Tanrı Peygamber Yeşaya'ya gayesini şu sözlerle vahyetmişti:

---

[29] *Psalms – Mezmurlar 46:10*. Yoga biliminin hedefi kişinin gerçekten Tanrı'yı bildiği' o gerekli iç sükutuna erişmektir.

PARAMAHANSA YOGANANDA - "SON TEBESSÜM"

Mahasamadhi'ye (bir yoginin bedeninden bilinçli olarak son kez çıkışı) girmeden bir saat önce Yogananda. (fotoğraf 7 Mart 1952'de, Los Angeles-Kaliforniya'da, Hindistan Konsolosu Binar R. Sen onuruna verilen bir davette çekilmiştir.)

Fotoğrafçı burada; üstadın milyonlarca arkadaşı, öğrencisi ve müridine bir elveda takdisi olarak beliren sevecen bir tebessümü yakalamış. Şimdiden ebediyete bakan gözleri, insancıl bir sıcaklık ve anlayışla dolu.

Ölüm, Tanrı'nın bu eşsiz âşığını imha edecek hiçbir güce sahip değildir. Yogananda'nın bedeninde olağanüstü bir çürümezlik haline tanık olunmuştur. (483. sayfaya bakınız.)

Ağzımdan çıkan söz (Yaratıcı Om) de öyle olacak; bana boş olarak geri dönmeyecek, fakat beni hoşnut eden şeyi gerçekleştirecek ve yapması için yolladığım işi yerine getirmekte başarılı olacak. Sevinçle yola çıkacaksın ve huzur sana yolda kılavuzluk edecek. Dağlar ve tepeler önünde tatlı nağmeler söyleyerek şenlik yapacak ve çayırdaki ağaçlar el çırpacaklar. (*Isaiah-Yeşaya 55:11-12.*)

"Sevinçle yola çıkacaksın ve huzur sana kılavuzluk edecek." Yirminci yüzyılın ağırlığı altında ezilmiş insanlar, verilen bu harikulade sözü özlemle duyarlar. Bu sözün içerdiği bütün hakikat, ilahi mirasına yeniden sahip olmak için yiğitçe çaba harcayan her inançlı insan tarafından idrak edilebilir.

Kriya Yoga'nın Doğu ve Batı'daki kutsanmış rolü henüz yeni başlamıştır. Dilerim bütün insanlar farkına varırlar ki, bütün insanlığın acılarının üstesinden gelmek için, Kendini-idrake götüren belirli bir bilimsel teknik mevcuttur.

Yeryüzüne ışıklar saçan mücevherler gibi saçılmış binlerce Kriya Yogiye sevgi düşünce dalgalarımı yollarken, sık sık minnet içinde düşünürüm:

"Ya Rabbim, bu rahibe çok büyük bir aile verdin!"

PARAMAHANSA YOGANANDA: YAŞAMINDA VE ÖLÜMÜNDE BİR YOGİ

Paramahansa Yogananda, Hindistan Başkonsolosu H. E. Binay R. Sen'in onuruna verilen bir ziyafetteki konuşmasını tamamladıktan sonra, 7 Mart 1952'de, Los Angeles-Kaliforniya'da *'mahasamadhi'*ye girdi. (Bir yoginin bedeninden son kez bilinçli olarak çıkışı.)

Büyük dünya öğretmeni sadece yaşamında değil, ölümünde de yoganın (Tanrı'yı idrak için bilimsel teknikler) değerini gözler önüne sermiştir. Hiç değişmemiş olan yüzü, dünyayı terk edişinden haftalar sonra bile çürümemişliğin ilahi görkemiyle parlamıştır.

Büyük üstadın naaşının geçici olarak kaldırıldığı Los Angeles'taki Forest Lawn Memorial Park'ın Morg Direktörü Bay Harry T. Rowe'un Self-Realization Fellowship'e gönderdiği noterden tasdikli mektuptan yapılan bazı alıntılar şöyle:

"Paramahansa Yogananda'nın ölü bedeninin gözle görülür hiçbir çürüme alameti göstermemesi, şimdiye kadar karşılaştığımız en olağandışı hadisedir. (...) Ölümünden sonraki yirminci günde bile bedeninde hiçbir fiziksel bozulma ve dağılma görülmemiştir. (...) Cildinde hiçbir küf ve deri kuruması sonucu hiçbir kırışma belirtisi yoktu. Morgumuza ait kayıtlardan bildiğimiz kadarıyla bir bedenin böyle mükemmelce korunmuş olduğu bir durumla şimdiye dek karşılaşılmamıştır. (...) Yogananda'nın naaşı geldiğinde, morg personelinin doğal olarak, tabutun cam kapağından bedenin olağan çürüme belirtilerini görmeleri bekleniyordu. Günler geçtikçe ve gözlem altındaki bedende gözle görülür bir değişme olmadıkça, hayretimiz gitgide arttı. Yogananda'nın bedeni, açıkça, olağanüstü bir çürümezlik halindeydi. (...)

Bedeninden hiçbir zaman çürümeye ait bir koku yayılmadı. 27 Mart'ta tabutun bronz kapağı kapatıldığında, Yogananda'nın fiziksel görüntüsü 7 Mart'taki durumuyla aynıydı. 27 Mart'ta, aynen öldüğü akşamki kadar taze ve çürümeye ait doğal değişimlerden etkilenmemiş haldeydi. 27 Mart'ta bedeninin herhangi görünür bir fiziksel dağılmaya maruz kalmış olduğunu söylemek mümkün değildi. Bu sebeplerden dolayı, Paramahansa Yogananda vakasının bizim tecrübelerimiz dahilinde eşsiz bir yer almakta olduğunu tekrar beyan ederiz."

1977 yılında, Paramahansa Yogananda'nın *Mahasamadhi*'sinin 25. yıldönümü nedeniyle Hindistan Hükümeti Yogananda onuruna bu pulu bastırmıştır. Pulun halka sunulmasıyla birlikte birde açıklayıcı kitapçık yayınlanmıştır. Bu kitapçıktan bazı alıntılar şöyledir:

> Paramahansa Yogananda'nın yaşamı, Tanrı aşkının mükemmelliği ve insanlığa hizmetin tam bir ifadesidir (...) Yaşamının çoğunu Hindistan dışında geçirmesine rağmen, en büyük ermişlerimiz arasında yer alır. Bıraktığı eser büyümeye ve daha parlaklıkla ışımaya devam ediyor ve dünyanın her bir yanından insanları Ruh'un hac yoluna çekiyor.

PARAMAHNASA YOGANANDA'NIN KRIYA YOGA ÖĞRETİSİYLE İLGİLİ DİĞER KAYNAKLAR

Self-Realization Fellowship tüm ülkelerdeki gerçek arayanlara yardım etmeye adanmıştır. Yıllık genel konferans ve derslerimize, tapınak ve merkezlerimizdeki meditasyon ve esinlendirici programlara ilgi duyuyorsanız, daha çok bilgi için web sayfamızı veya Enternasyonal Genel Merkezimizi ziyaret etmeye davet ederiz:

www.yogananda-srf.org

Self-Realization Fellowship
3880 San Rafael Avenue
Los Angeles, CA 90065, USA
+1 323 225-2471

PARAMAHANSA YOGANANDA'NIN YAZDIĞI DİĞER ESERLER (İNGİLİZCE)

Yayınlayan kuruluştan veya kitapçılardan temin edilebilir

Self-Realization Fellowship
3880 San Rafael Avenue • Los Angeles, California 90065-3219
Tel: 001 323 225 24 71 • Faks: 001 323 225 50 88
www.yogananda-srf.org

Autobiography of a Yogi

The Second Coming of Christ:
The Resurrection of the Christ Within You
Hz. İsa'nın orijinal öğretilerinin esin verici bir yorumu.

God Talks with Arjuna;
The Bhagavad Gita
Yeni çeviri ve açıklamalar.

Man's Eternal Quest
Paramahansa Yogananda'nın dersleri ve söyleşileri. (1. Cilt)

The Divine Romance
Paramahansa Yogananda'nın dersleri, söyleşileri ve denemeleri. (2. Cilt)

Journey to Self-Realization
Paramahansa Yogananda'nın dersleri ve söyleşileri. (3. Cilt)

Wine of the Mystic:
The Rubaiyat of Omar Khayyam — A Spiritual Interpretation
Rubailer'in gizemli dizelerinin içinde saklı mistik bilimi açıklığa kavuşturan esinlendirici bir yorumlama.

Where There Is Light:
Hayatın zorluklarının nedenlerini anlamak ve yenmek için esinlendirici düşünceler ve kısa denemeler

Whispers from Eternity
Paramahansa Yogananda'nın meditasyonun yüce mevkilerindeki kutsal deneyimlerinin ve dualarının bir derlemesi.

The Science of Religion

The Yoga of the Bhagavad Gita:
Hindistan'ın evrensel Tanrı'yı İdrak biliminin tanıtımı

The Yoga of Jesus:
İncil'in gizli öğretilerini anlatan bir eser

In the Sanctuary of the Soul:
A Guide to Effective Prayer

Inner Peace:
How to Be Calmly Active and Actively Calm

To Be Victorious in Life

Why God Permits Evil and How to Rise Above It

Living Fearlessly:
Bringing Out Your Inner Soul Strength

How You Can Talk With God

Metaphysical Meditations
Ruhsal algılamayı yücelten; 300'den fazla meditasyon, dua ve doğrulamayı içeren eser.

Scientific Healing Affirmations
Doğrulama yoluyla iyileştirme biliminin derin bir açıklaması Paramahansa Yogananda tarafından sunuluyor.

Sayings of Paramahansa Yogananda
Paramahansa Yogananda'nın kendisine yol göstermek için gelenlere, sevgiyle dolu olarak içten bir dürüstlükle, verdiği öğütlerin ve kısa deyişlerinin bir derlemesi..

Songs of the Soul
Paramahansa Yogananda tarafından yazılmış mistik şiirler.

The Law of Success
Yaşamın amaçlarına ulaşmanın dinamik prensiplerini açıklayan bir eser.

Cosmic Chants
60 ilahinin notaları ve sözlerini (İngilizce) içeren bu eser, ilahi söyleyerek Tanrı ile birliğe nasıl ulaşılacağını açıklayan bir önsözü de içermektedir.

PARAMAHANSA YOGANANDA'NIN SES KAYITLARI

Beholding the One in All

The Great Light of God

Songs of My Heart

To Make Heaven on Earth

Removing All Sorrow and Suffering

Follow the Path of Christ, Krishna, and the Masters

Awake in the Cosmic Dream

Be a Smile Millionaire

One Life Versus Reincarnation

In the Glory of the Spirit

Self-Realization: The Inner and the Outer Path

SELF-REALİZATİON FELLOWSHİP'İN YAYINLADIĞI DİĞER ESERLER

Self-Realization Fellowship'in tüm yayınları, ses ve görüntü kayıtlarının komple bir listesi Self-Realization Fellowship'ten temin edilebilir.

The Holy Science
Swami Sri Yukteswar

Only Love
Living the Spiritual Life in a Changing World
Sri Daya Mata

Finding the Joy Within You
Personal Counsel for God-Centered Living
Sri Daya Mata

God Alone
The Life and Letters of a Saint
Sri Gyanamata

"Mejda"
The Family and the Early Life of Paramahansa Yogananda
Sananda Lal Ghosh

Self-Realization
(Paramahansa Yogananda'nın 1925'te yayınlamaya başladığı 3 ayda bir çıkan dergi.)

GURULARIN SIRASI

SRF/YSS'in Hintli gurularının sırasında, Mahavatar Babaji en yüce guru olarak yer alır. O, *Kriya Yoga*'yı inançla uygulayan tüm Self-Realization Fellowship ve Yogoda Satsanga Society of India üyelerinin manevi yardım görevini üstlenmeye söz vermiştir: "Evrenin bu devresi tamamlanıncaya kadar dünyada insan şekline girmiş olarak kalacağım". (Bkz. 33. ve 37. Bölümler.)

1920 yılında Mahavatar Babaji Paramahansa Yoganandaya: "Kriya Yoga mesajını Batı'ya yaymak için seni seçtim. Tanrı idrakını algılamanın bilimsel yöntemi tüm dünyaya yayılacak; tüm insanların Sonsuz Baba'yı transandantal ve kişisel algılaması yoluyla, ülkelerin uyumunun sağlanmasına yardım edecek." dedi.

Mahavatar, kelime anlamıyla "Yüce Vücuda geliş, Kutsal Vücut Bulma" olarak çevrilebilir. *Yogavatar*, "Yoga'nın vücuda gelişi", *Jnanavatar* ise "Bilgeliğin vücuda gelişi" anlamındadır.

Paramahansa Yogananda'nın yüce müridi Rajarsi Janakananda'nın (James J. Lynn) 1953'te ona verdiği *Premavatar* unvanının anlamı "Sevginin vücuda gelişi"dir. (Bkz. S. 313 dipnot)

Sanskrit adların telaffuzu

Sanskrit adların Türkçe telaffuzu pek değişik olmakla birlikte bazı değişiklikler aşağıda belirtilmiştir:

Bhagavan Krishna
Bagavan Krişna olarak telaffuz edilir.

Mahavatar Babajı
Mahavatar Babaji olarak telaffuz edilir.

Yogavatar Lahiri Mahasaya
Yogavatar Lahiri Mahasaya olarak telaffuz edilir.

Jnanavatar Swamı Sri Yukteswar
Jananavatar Swami Siri Yukteşvar olarak telaffuz edilir.

Premavatar Paramahansa Yogananda
Premavatar Paramahansa Yogananda olarak telaffuz edilir.

Self - Realization Fellowship'in
Kurucusu Paramahansa Yogananda tarafından belirlenmiş olan
AMAÇLARI VE İDEALLERİ
Sri Mrinalini Mata, Başkan

Milletler arasında, Tanrı ile direkt kişisel bir bağlantı kurabilmek için belli bilimsel tekniklere ait bilgileri yaymak.

Yaşamın gayesinin, kişisel çaba yoluyla, insanın sınırlı fani bilincinin Tanrısal bilince doğru evrimleşmek olduğunu öğretmek ve bu amaçla dünyanın her tarafında Tanrı ile birlik için Self-Realization Fellowship (Benliğini İdrak Derneği) tapınakları kurmak, insanların evlerinde ve kalplerinde Tanrı'nın bireysel tapınaklarını kurabilmelerini teşvik etmek.

Hz. İsa tarafından öğretilen orijinal Hıristiyanlık ile Bhagawan Krishna tarafından öğretilen orijinal yoganın temeldeki birlik ve mükemmel uyumunu ifşa etmek ve hakikatin bu prensiplerinin bütün gerçek dinlerin ortak bilimsel temeli olduğunu göstermek.

Gerçek dinsel inanç yollarının en nihayetinde bizi götürdüğü tek ilahi yolun, Tanrı için günlük, bilimsel ve kendini vererek meditasyon yapma yolu olduğuna işaret etmek.

İnsanı üçlü ızdırabından özgür kılmak: Fiziksel hastalık, zihinsel dengesizlikler ve ruhsal cehalet.

"Basit yaşamak ve derin düşünmeyi" cesaretlendirmek ve bütün halklar arasında, birliklerin ilahi temelinin Tanrı ile olan akrabalığımız olduğunu öğretmek yoluyla bir kardeşlik ruhu yaymak.

Zihnin bedenden ve ruhun da zihinden daha üstün olduğunu sergilemek.

Kötünün iyiyle, kederin neşeyle, zulmün nezaketle, cehaletin de bilgelikle üstesinden gelmek.

Bilimle dini, temellerinde yatan prensiplerin birliğinin kavranması yoluyla birleştirmek.

Doğu ile Batı arasındaki kültürel ve ruhsal anlayışı desteklemek, Doğu ile Batı arasında en güzel özgün niteliklerinin değiş-tokuşunu hızlandırmak.

İnsanlığa kişinin kendi "Ben"inin genleşmiş bir formu olarak hizmet etmek.

www.ingramcontent.com/pod-product-compliance
Lightning Source LLC
Chambersburg PA
CBHW071308150426
43191CB00007B/548